抗日战争时期中国人口伤亡和财产损失调研丛书

主　编　李忠杰

副主编　李　蓉　姚金果

　　　　霍海丹　蒋建农

# 山东省百县（市、区）抗日战争时期死难者名录

## 5

山东省委党史研究室　编

◎中共党史出版社

# 山东省抗日战争时期人口伤亡和
# 财产损失课题研究办公室

(2006 年 9 月)

主　任（重大专项课题组组长）　　常连霆

副主任（重大专项课题组副组长）　席　伟

成　员　岳绍红　张绍麟　丁广斌　于文新　王成华

　　　　陈金亮　李清汉　郑世诗　宋继法　亓　涛

　　　　张启信　范伟正　李秀业　崔维志　张宜华

　　　　刘如峰　李双安　苗祥义　韩立明　刘桂林

　　　　魏子焱　张艳芳　王增乾

# 山东省抗日战争时期人口伤亡和
# 财产损失课题研究办公室

(2008 年 2 月)

主　任（重大专项课题组组长）　　常连霆

副主任（重大专项课题组副组长）　席　伟

成　员　岳绍红　张绍麟　丁广斌　侯希杰　张开增

　　　　陈金亮　李清汉　郑世诗　秦佑镇　亓　涛

　　　　张启信　范伟正　李秀业　李克彬　李风华

　　　　刘如峰　李双安　魏玉杰　韩立明

# 山东省抗日战争时期人口伤亡和
# 财产损失课题研究办公室

（2010 年 7 月）

主　任（重大专项课题组组长）　　常连霆

副主任（重大专项课题组副组长）　　席　伟　韩立明

成　员　岳绍红　张绍麟　丁广斌　张开增　褚金光

　　　　李清汉　郑世诗　秦佑镇　亓　涛　张启信

　　　　范伟正　李秀业　李克彬　李凤华　刘如峰

　　　　李双安　魏玉杰

# 山东省抗日战争时期人口伤亡和
# 财产损失课题研究办公室

（2014 年 8 月）

主　任（重大专项课题组组长）　　常连霆

副主任（重大专项课题组副组长）　　席　伟　韩立明

成　员　刘　浩　冯　英　司志兰　张开增　褚金光

　　　　杨仁祥　郑世诗　崔　康　牛国新　肖　怡

　　　　肖　梅　李秀业　李洪彦　刘宝良　张绪阳

　　　　李文进　李允富　张　华

# 《山东省百县（市、区）抗日战争时期死难者名录》编纂委员会

（2014 年 8 月）

主　任　常连霆

副主任　邱传贵　林　杰　席　伟　李晨玉

　　　　韩延明　吴士英　臧济红

成　员　姚丙华　韩立明　田同军　郭洪云　危永安

　　　　许　元　刘　浩　冯　英　司志兰　张开增

　　　　褚金光　杨仁祥　郑世诗　崔　康　牛国新

　　　　肖　怡　肖　梅　李秀业　李洪彦　刘宝良

　　　　张绪阳　李文进　李允富


主　编　常连霆

副主编　席　伟　韩立明

编　辑　赵　明　李　峰　吕　海　李草晖　邱吉元

　　　　王华艳　尹庆峰　郑功臣　贾文章　韩　莉

　　　　姜俊英　曹东亚　高培忠　刘佳慧　韩百功

　　　　李治朴　李耀德　宋元明　李海卫　封彦君

　　　　韩庆伟　刘　可　邵维霞　潘维胜　郭纪锋

　　　　刘兆东　吉薇薇　杨兴文　王玉玺　宁　峰

　　　　陈　旭　罗　丹　焦晓丽　赵建国　孙　颖

| 王红兵 | 张　丽 | 樊京荣 | 曾世芳 | 田同军 |
| 郭洪云 | 危永安 | 许　元 | 肖　夏 | 张耀龙 |
| 闫化川 | 乔士华 | 邱从强 | 刘　莹 | 孟红兵 |
| 王增乾 | 左进峰 | 马　明 | 潘　洋 | 吴秀才 |
| 张　华 | 张江山 | 朱伟波 | 耿玉石 | 秦国杰 |
| 王小龙 | 齐　薇 | 柳　晶 | | |

# 编纂说明

本名录以 2006 年山东省抗日战争时期人口伤亡和财产损失大型调研活动收集的见证人、知情人口述资料为基础整理编纂而成。

按照中央党史研究室关于开展抗日战争时期中国人口伤亡和财产损失调研方案的总体要求，在中央党史研究室的精心组织和科学指导下，山东省于 2006 年开展了抗日战争时期人口伤亡和财产损失大型调研活动。调研期间，全省组织 32 万余名乡村走访调查人员，走访调查了省内 95% 以上的行政村和 80% 以上的 70 岁以上老人，收集见证人和知情人关于日军屠杀平民的证言证词 79 万余份。此后，在中央党史研究室的指导下，山东省委党史研究室组织各市、县（市、区）委党史研究室以县（市、区）为单位认真梳理证言证词等调研资料，于 2010 年整理形成了包括 140 个县（市、区）和 16 个经济开发区、高新技术开发区的《山东省抗日战争时期伤亡人员名录》，共收录现山东行政区域范围内抗日战争期间（1937 年 7 月至 1945 年 8 月）因战争因素造成伤亡的人员 46.9 万余名。2014 年初，根据中央党史研究室关于编纂出版《抗日战争时期中国人口伤亡和财产损失调研丛书》的部署，我们以《山东省抗日战争时期伤亡人员名录》为基础，选择信息比较完整、填写比较规范的 100 个县（市、区）抗日战争时期死难人员名录，经省市县三级党史部门进一步整理、编纂，形成了《山东省百县（市、区）抗日战争时期死难者名录》，共收录死难者 169173 人。

本名录所收录的死难者，系指抗日战争时期因日本发动侵略战争，在山东境内造成死难的平民。包括被杀死、轰炸及其引起火灾等致死和因生化战、被奸淫、被迫吸毒等而死，以及因战争因素造成的饿死、冻死、累死等其他非正常死亡的平民。死难者信息主要来源于 2006 年乡村走访调查的口述资料，也有个别县（市、区）收录了文献资料中记载的部分死难者。死难者信息包含"姓名"、"籍贯"、"年龄"、"性别"、"死难时间" 5 项要素。在编纂过程中，我们尽量使各项要素达到规范、完整。但由于历史已经过去了 60 多年，行政区划有很大变动，人口迁徙规模很大，流动状况非常复杂，有的见证人和知情人对死难者信息的记忆本身就不完整；由于参与调查笔录和名录整理的人员多达数万人，对死难者信息各要素的规范和掌握也难以做到完全一致，所以，名录编纂工作非常复杂。为了保证科学性、规范性和准确性，我们尽可能采取了比较合理的处理方式，现特作如下说明：

1. "姓名"一栏中，一律以见证人和知情人的证言证词记录的死难者姓名为依据。证言证词怎么记录的，名录就怎么记载，在编纂中未作改变和加工。有些死难者姓名为乳名、绰号，有的乳名、绰号多则四个字，少则一个字；有些死难者姓名是以其家人或关联人的姓名记录的，用"××之子"、"××之家属之一"、"××之家属之二"等表述；还有些死难人员无名无姓但职业指向明确，如"卖炸鱼之妇女"、"老油匠"等；还有个别情况，是死难人员的亲属感到死难人员的乳名、绰号不雅，为其重新起了名字。上述情况都依据证言证词上的原始记录保留了其称谓。有的死难者只知道姓氏，如"杨某某"、"李××"等，在编纂中我们作了适当规范，其名字统一用"×"号代替，如"杨××"、"李××"等。

2. "籍贯"一栏中，地名为2006年调研时的名称。部分县（市、区）收录了少量非本县（市、区）籍或非山东籍，但死难地在本县（市、区）的死难者。凡山东省籍的死难人员均略去了省名，一般标明了县（市、区）、乡（镇）、村三级名称。但也有个别条目，由于证言证词记录不完整，只记录了县名或县、乡（镇）两级名称或县、村两级名称。村一级名称，有些标注了"村"字，有些标注了"社区"，有些既未标注"村"字，也未标注"社区"，在编纂中我们未作规范。对于死难者籍贯不明，但能够说明其死难时居住地点或工作、就业的组织（单位）情况的，也在此栏中予以保留。

3. "年龄"一栏中，死难者的岁数大多是见证人或知情人回忆或与同龄人比对后估算的，所以整数相对较多。由于年代久远，亦不可避免地存在着部分死难者年龄要素缺失的情况。

4. "性别"一栏中，个别死难者的性别因调查笔录漏记，其性别难以判断和核查，只能暂时空缺。另外，由于乡村风俗习惯造成的个别男性取女性名字，如"张二妮"性别为"男"等情况均保持原貌。

5. "死难时间"一栏中，由于年代久远，当事人或知情人记忆模糊，部分死难者遇难时间没有留下精确的记录。凡确认抗日战争时期死难，但无法确定具体年份的用"—"作了标示。另外，把农历和公历混淆的情况也较多见，也不排除个别把年份记错的情况。

在编纂中，对于见证人或知情人证言证词中缺漏的要素，在对应的表格栏目内采用"—"标示。

本名录所收录的 100 个县（市、区）的名称、区域范围，均为 2006 年山东省开展抗日战争时期人口伤亡和财产损失大型调研活动时的名称和区域范围。各县（市、区）死难者名录填报单位、填表人及填报时间，保留了 2009 年各县（市、区）伤亡人员名录形成时的记录，核实人、责任人除保留原核实人和责任人外，增加了 2014 年各县（市、区）复核时的核实人和责任人。名录所依据的证言证词原件存于各县（市、区）党史部门或档案馆。

编　者
2014 年 8 月

# 目　　录

# 莱州市抗日战争时期死难者名录

| 姓 名 | 籍 贯 | 年 龄 | 性 别 | 死难时间 |
|---|---|---|---|---|
| 丁云河 | 莱州市夏邱镇丁家村 | 21 | 男 | 1938 年 2 月 |
| 朱千吉 | 莱州市夏邱镇丁家村 | 21 | 男 | 1938 年 2 月 |
| 傅显章 | 莱州市文昌路街道傅家桥村 | 18 | 男 | 1938 年 2 月 |
| 杨桂田 | 莱州市沙河镇大幸台村 | 22 | 男 | 1938 年 2 月 |
| 杨华芳 | 莱州市沙河镇大幸台村 | 20 | 女 | 1938 年 2 月 |
| 邱合松 | 莱州市驿道镇邱家村 | 18 | 男 | 1938 年 2 月 |
| 吴宪洪 | 莱州市郭家店镇吴家村 | 21 | 男 | 1938 年 2 月 |
| 张付秋 | 莱州市郭家店镇元岭王家村 | 26 | 男 | 1938 年 2 月 |
| 叶洪元 | 莱州市郭家店镇西庙村 | 24 | 男 | 1938 年 2 月 |
| 任积庆 | 莱州市虎头崖镇前桥村 | 24 | 男 | 1938 年 3 月 |
| 赵玉行 | 莱州市虎头崖镇前桥村 | 26 | 男 | 1938 年 3 月 |
| 朱丙章 | 莱州市虎头崖镇神堂村 | 22 | 男 | 1938 年 3 月 |
| 姜良田 | 莱州市郭家店镇盛家村 | 18 | 男 | 1938 年 3 月 |
| 秦风亭 | 莱州市城港路街道霍旺村 | 18 | 男 | 1938 年 4 月 |
| 李玉庆 | 莱州市土山镇李家村 | 22 | 男 | 1938 年 4 月 |
| 于文正 | 莱州市虎头崖镇小沟村 | 21 | 男 | 1938 年 4 月 |
| 于德功 | 莱州市虎头崖镇小沟村 | 19 | 男 | 1938 年 4 月 |
| 李玉成 | 莱州市虎头崖镇小沟村 | 20 | 男 | 1938 年 4 月 |
| 张云来 | 莱州市金城镇后坡一村 | 42 | 男 | 1938 年 4 月 |
| 张仁忠之父 | 莱州市金城镇后坡一村 | 58 | 男 | 1938 年 4 月 |
| 张殿佐 | 莱州市金城镇后坡一村 | 64 | 男 | 1938 年 4 月 |
| 杨守堂 | 莱州市郭家店镇西山赵村 | 32 | 男 | 1938 年 4 月 |
| 张子林 | 莱州市三山岛街道前吕村 | 49 | 男 | 1938 年 5 月 |
| 张　枚 | 莱州市文昌路街道南关村 | 32 | 男 | 1938 年 5 月 |
| 张大平 | 莱州市金城镇后坡一村 | 55 | 男 | 1938 年 5 月 |
| 郭书田之弟 | 莱州市金城镇后坡一村 | 28 | 男 | 1938 年 5 月 |
| 张玉瑞 | 莱州市驿道镇古台村 | 24 | 男 | 1938 年 5 月 |
| 刘洪斌 | 莱州市驿道镇玉兰村 | 23 | 男 | 1938 年 5 月 |
| 孙付绿 | 莱州市柞村镇仙夼村 | 21 | 男 | 1938 年 5 月 |
| 赵　宽 | 莱州市程郭镇北口村 | 38 | 男 | 1938 年 5 月 |
| 张文其 | 莱州市土山镇东代村 | 52 | 男 | 1938 年 6 月 |

| 姓 名 | 籍 贯 | 年 龄 | 性 别 | 死难时间 |
|---|---|---|---|---|
| 赵华合 | 莱州市郭家店镇前赵 | 17 | 男 | 1938 年 6 月 |
| 周吉朋 | 莱州市程郭镇坎上村 | 33 | 男 | 1938 年 6 月 |
| 李亭祥 | 莱州市夏邱镇南段村 | 30 | 男 | 1938 年 8 月 |
| 刘忠州 | 莱州市夏邱镇姜家村 | 18 | 男 | 1938 年 8 月 |
| 宋启福 | 莱州市程郭镇前王门村 | 45 | 男 | 1938 年 8 月 |
| 程显池 | 莱州市程郭镇东坊北村 | 30 | 男 | 1938 年 8 月 |
| 翟升福之子 | 莱州市文昌路街道西南隅村 | 32 | 男 | 1938 年 9 月 |
| 宿铭三 | 莱州市平里店镇西北障村 | 37 | 男 | 1938 年 9 月 |
| 李国谭 | 莱州市沙河镇大李家村 | 24 | 男 | 1938 年 9 月 |
| 季兴裕 | 莱州市金城镇东季村 | 28 | 男 | 1938 年 9 月 |
| 季进学 | 莱州市金城镇东季村 | 18 | 男 | 1938 年 9 月 |
| 戚云亮 | 莱州市柞村镇新村 | 23 | 男 | 1938 年 9 月 |
| 徐成有 | 莱州市郭家店镇西山赵村 | 30 | 男 | 1938 年 9 月 |
| 王希孔 | 莱州市虎头崖镇前上庄村 | 26 | 男 | 1938 年 11 月 |
| 刘宗周 | 莱州市夏邱镇姜家村 | 18 | 男 | 1938 年 11 月 |
| 郭东文之兄 | 莱州市金城镇后三村 | 27 | 男 | 1938 年 12 月 |
| 迟洪飞 | 莱州市程郭镇东马家村 | 20 | 男 | 1938 年 12 月 |
| 王好德 | 莱州市程郭镇西朱村 | 22 | 男 | 1938 年 12 月 |
| 盛考位 | 莱州市三山岛街道东南村 | 28 | 男 | 1938 年 |
| 孙廷禄 | 莱州市三山岛街道孙家村 | 28 | 男 | 1938 年 |
| 尹照合 | 莱州市三山岛街道李家村 | 25 | 男 | 1938 年 |
| 李翔九 | 莱州市三山岛街道李家村 | 36 | 男 | 1938 年 |
| 王创朝 | 莱州市三山岛街道院上村 | — | 男 | 1938 年 |
| 董宗林 | 莱州市三山岛街道院上村 | — | 男 | 1938 年 |
| 徐来斌 | 莱州市三山岛街道徐家村 | 39 | 男 | 1938 年 |
| 张明洪 | 莱州市三山岛街道水南村 | 19 | 男 | 1938 年 |
| 孙庆夕 | 莱州市土山镇北孙家村 | 25 | 男 | 1938 年 |
| 胡赞光 | 莱州市文昌路街道毛家庄子村 | 36 | 男 | 1938 年 |
| 任英氏 | 莱州市文昌路街道东北隅村 | 40 | 女 | 1938 年 |
| 丁同兴 | 莱州市文昌路街道东岭子村 | — | 男 | 1938 年 |
| 韩夕亭 | 莱州市文昌路街道洼子村 | — | 男 | 1938 年 |
| 姜汝峰 | 莱州市文昌路街道钟家疃村 | — | 男 | 1938 年 |
| 孙洪海 | 莱州市文峰路街道崔家村 | 18 | 男 | 1938 年 |
| 王慧庆 | 莱州市文峰路街道蒜园子村 | 35 | 男 | 1938 年 |

| 姓　名 | 籍　贯 | 年　龄 | 性别 | 死难时间 |
|---|---|---|---|---|
| 李天绪 | 莱州市平里店镇西北障村 | 27 | 男 | 1938 年 |
| 姜登潘 | 莱州市平里店镇西障姜家村 | 22 | 男 | 1938 年 |
| 孙甲功 | 莱州市永安路街道海庙孙家村 | — | 男 | 1938 年 |
| 孙甲奇 | 莱州市永安路街道海庙孙家村 | — | 男 | 1938 年 |
| 赵乃积 | 莱州市朱桥镇南卢家村 | 17 | 男 | 1938 年 |
| 杨增奎 | 莱州市沙河镇大幸台村 | 21 | 男 | 1938 年 |
| 姜清溪 | 莱州市沙河镇林家村 | 17 | 男 | 1938 年 |
| 姜福刚 | 莱州市驿道镇东前村 | — | 男 | 1938 年 |
| 李洪雁 | 莱州市驿道镇皂户村 | 21 | 男 | 1938 年 |
| 张学文 | 莱州市城港路街道二十里堡村 | 24 | 男 | 1938 年 |
| 王云和 | 莱州市城港路街道东郎子埠村 | — | 男 | 1938 年 |
| 高　腾 | 莱州市城港路街道东郎子埠村 | — | 男 | 1938 年 |
| 杨法顺 | 莱州市城港路街道朱旺村 | 18 | 男 | 1938 年 |
| 藤春山 | 莱州市城港路街道朱旺村 | 26 | 男 | 1938 年 |
| 启　明 | 莱州市柞村镇东关门村 | 22 | 男 | 1938 年 |
| 迟进祥 | 莱州市柞村镇迟家村 | 23 | 男 | 1938 年 |
| 迟维芳 | 莱州市柞村镇迟家村 | 73 | 男 | 1938 年 |
| 王义信 | 莱州市郭家店镇元岭孙家村 | 24 | 男 | 1938 年 |
| 王尚玉 | 莱州市郭家店镇元岭孙家村 | 25 | 男 | 1938 年 |
| 孙恒昌 | 莱州市郭家店镇元岭孙家村 | 21 | 男 | 1938 年 |
| 李十八 | 莱州市郭家店镇元岭孙家村 | 22 | 男 | 1938 年 |
| 叶春旭 | 莱州市郭家店镇西庙村 | 22 | 男 | 1938 年 |
| 刘进祥 | 莱州市郭家店镇柴棚村 | 24 | 男 | 1938 年 |
| 刘进德 | 莱州市郭家店镇柴棚村 | 25 | 男 | 1938 年 |
| 张宝印 | 莱州市郭家店镇涧里村 | 48 | 男 | 1938 年 |
| 张顺信 | 莱州市郭家店镇涧里村 | 12 | 男 | 1938 年 |
| 史春先 | 莱州市郭家店镇郭家店村 | 37 | 女 | 1938 年 |
| 孙希合 | 莱州市郭家店镇郭家店村 | 52 | 男 | 1938 年 |
| 范宋氏 | 莱州市郭家店镇郭家店村 | 56 | 女 | 1938 年 |
| 孔玉恒 | 莱州市文昌路街道东北隅村 | 32 | 女 | 1939 年 1 月 25 日 |
| 彭国庆之妻 | 莱州市文昌路街道东北隅村 | — | 女 | 1939 年 1 月 25 日 |
| 彭金阙之父 | 莱州市文昌路街道东北隅村 | — | 男 | 1939 年 1 月 25 日 |
| 王德章 | 莱州市永安路街道西关村 | — | 男 | 1939 年 1 月 25 日 |
| 宋喜瑞 | 莱州市金城镇西滕村 | — | 男 | 1939 年 1 月 25 日 |

| 姓　名 | 籍　贯 | 年　龄 | 性　别 | 死难时间 |
|---|---|---|---|---|
| 刘洪典 | 莱州市平里店镇刘家村 | 20 | 男 | 1939 年 1 月 28 日 |
| 李文晋 | 平度市 | — | 男 | 1939 年 1 月 28 日 |
| 赵传升 | 莱州市 | — | 男 | 1939 年 1 月 |
| 彭元邦 | 莱州市文昌路街道东北隅村 | 39 | 男 | 1939 年 1 月 |
| 吕子乔 | 莱州市文昌路街道西南隅村 | 45 | 男 | 1939 年 1 月 |
| 孙尚庆 | 莱州市沙河镇代家村 | 26 | 男 | 1939 年 1 月 |
| 武云丰 | 莱州市沙河镇武家村 | 28 | 男 | 1939 年 1 月 |
| 王风晓 | 莱州市驿道镇狗爪埠村 | 18 | 男 | 1939 年 1 月 |
| 王明善 | 莱州市郭家店镇北村 | 48 | 男 | 1939 年 1 月 |
| 张克华 | 莱州市程郭镇东南坡村 | 26 | 男 | 1939 年 1 月 |
| 王吾新 | 莱州市 | — | 男 | 1939 年 1 月 |
| 郭　二 | 莱州市 | — | 男 | 1939 年 1 月 |
| 钱　× | 莱州市 | — | 男 | 1939 年 1 月 |
| 彭元帮之媳 | 莱州市 | — | 女 | 1939 年 1 月 |
| 郭秉恒 | 莱州市文昌路街道东北隅村 | — | 男 | 1939 年 1 月 |
| 徐风昌 | 莱州市文昌路街道东北隅村 | — | 男 | 1939 年 1 月 |
| 彭国庆 | 莱州市文昌路街道东北隅村 | 49 | 男 | 1939 年 1 月 |
| 王东生之子 | 莱州市文昌路街道东南隅村 | 23 | 男 | 1939 年 1 月 |
| 彭二麻子 | 莱州市文昌路街道西北隅村 | 35 | 男 | 1939 年 1 月 |
| 董洪翯 | 莱州市永安路街道亭子村 | — | 男 | 1939 年 1 月 |
| 于德章 | 莱州市 | — | 男 | 1939 年 1 月 |
| 吕福祥 | 莱州市 | — | 男 | 1939 年 1 月 |
| 杜均堂 | 莱州市 | — | 男 | 1939 年 1 月 |
| 陈生仔 | 莱州市 | 23 | 男 | 1939 年 1 月 |
| 方　× | 莱州市 | — | 男 | 1939 年 1 月 |
| 李维桢 | 莱州市文昌路街道北关村 | 29 | 男 | 1939 年 1 月 |
| 候　× | 莱州市 | — | 女 | 1939 年 1 月 |
| 李孝先 | 莱州市文昌路街道东北隅村 | — | 男 | 1939 年 1 月 |
| 冷万禄 | 莱州市文昌路街道东北隅村 | — | 男 | 1939 年 1 月 |
| 张福来 | 莱州市文昌路街道东北隅村 | 16 | 男 | 1939 年 1 月 |
| 翟恭和 | 莱州市 | — | 男 | 1939 年 1 月 |
| 赵家驹之父 | 莱州市文昌路街道西南隅村 | 32 | 男 | 1939 年 1 月 |
| 侯文满 | 莱州市文昌路街道东关村 | — | 男 | 1939 年 1 月 |
| 孙　忠 | 莱州市 | — | 男 | 1939 年 1 月 |

| 姓 名 | 籍 贯 | 年 龄 | 性 别 | 死难时间 |
|---|---|---|---|---|
| 孙寿积 | 莱州市 | — | 男 | 1939 年 1 月 |
| 刘宝元 | 莱州市 | — | 男 | 1939 年 1 月 |
| 于永发 | 莱州市城港路街道朱旺村 | 19 | 男 | 1939 年 1 月 |
| 吕福梓 | 莱州市 | — | 男 | 1939 年 1 月 |
| 刘海洲 | 莱州市 | — | 男 | 1939 年 1 月 |
| 张福奎 | 莱州市文昌路街道东北隅村 | — | 男 | 1939 年 1 月 |
| 候书增之妹 | 莱州市文昌路街道东北隅村 | — | 女 | 1939 年 1 月 |
| 郭秉恒 | 莱州市文昌路街道东北隅村 | 30 | 男 | 1939 年 1 月 |
| 王京昌 | 莱州市永安路街道西关村 | 23 | 男 | 1939 年 2 月 |
| 翟 禹 | 莱州市永安街道西关村 | 21 | 男 | 1939 年 2 月 |
| 于学谦 | 莱州市金城镇南吕村 | 52 | 男 | 1939 年 3 月 12 日 |
| 吕于氏 | 莱州市金城镇南吕村 | 60 | 女 | 1939 年 3 月 12 日 |
| 吕云效 | 莱州市金城镇南吕村 | 48 | 男 | 1939 年 3 月 12 日 |
| 吕 发 | 莱州市金城镇南吕村 | 47 | 男 | 1939 年 3 月 12 日 |
| 吕敏德 | 莱州市金城镇南吕村 | 56 | 男 | 1939 年 3 月 12 日 |
| 吕景浩 | 莱州市金城镇南吕村 | 48 | 男 | 1939 年 3 月 12 日 |
| 李邹氏 | 莱州市金城镇南吕村 | 38 | 女 | 1939 年 3 月 12 日 |
| 刘洪吉 | 莱州市土山镇土山村 | 61 | 男 | 1939 年 3 月 27 日 |
| 刘榷龙 | 莱州市土山镇土山村 | 72 | 男 | 1939 年 3 月 27 日 |
| 邱玉恒 | 莱州市土山镇土山村 | 37 | 男 | 1939 年 3 月 27 日 |
| 邱照全 | 莱州市土山镇土山村 | 31 | 男 | 1939 年 3 月 27 日 |
| 邱德忠 | 莱州市土山镇土山村 | 50 | 男 | 1939 年 3 月 27 日 |
| 邱德喜 | 莱州市土山镇土山村 | 80 | 男 | 1939 年 3 月 27 日 |
| 王庆锡 | 莱州市三山岛街道大沙埠庆村 | 48 | 男 | 1939 年 3 月 |
| 杨学先之母 | 莱州市土山镇杨家村 | 51 | 女 | 1939 年 3 月 |
| 杨学科之姐 | 莱州市土山镇杨家村 | 5 | 女 | 1939 年 3 月 |
| 潘大典 | 莱州市土山镇潘家村 | 40 | 男 | 1939 年 3 月 |
| 潘孙氏 | 莱州市土山镇潘家村 | 64 | 女 | 1939 年 3 月 |
| 潘李氏 | 莱州市土山镇潘家村 | 60 | 女 | 1939 年 3 月 |
| 潘学孔 | 莱州市土山镇潘家村 | 63 | 男 | 1939 年 3 月 |
| 潘学琪 | 莱州市土山镇潘家村 | 62 | 男 | 1939 年 3 月 |
| 潘学奎 | 莱州市土山镇潘家村 | 61 | 男 | 1939 年 3 月 |
| 潘徐氏 | 莱州市土山镇潘家村 | 65 | 女 | 1939 年 3 月 |
| 潘锡玉 | 莱州市土山镇潘家村 | 51 | 男 | 1939 年 3 月 |

| 姓 名 | 籍 贯 | 年 龄 | 性 别 | 死难时间 |
|---|---|---|---|---|
| 潘德照 | 莱州市土山镇潘家村 | 52 | 男 | 1939 年 3 月 |
| 陈玉敏 | 莱州市文昌路街道东关村 | 21 | 男 | 1939 年 3 月 |
| 季兴仁 | 莱州市金城镇东季村 | 33 | 男 | 1939 年 3 月 |
| 季崇信 | 莱州市金城镇东季村 | 32 | 男 | 1939 年 3 月 |
| 王仲模 | 莱州市金城镇南吕村 | — | 男 | 1939 年 3 月 |
| 陈永升 | 莱州市郭家店镇林格庄村 | 30 | 男 | 1939 年 3 月 |
| 李守山 | 莱州市文昌路街道西北隅村 | 34 | 男 | 1939 年 4 月 |
| 郭子斌 | 莱州市文峰路街道闫家村 | 35 | 男 | 1939 年 4 月 |
| 吕子九 | 莱州市朱桥镇岔吕村 | 29 | 男 | 1939 年 4 月 |
| 耿洪寿 | 莱州市朱桥镇耿家村 | 19 | 男 | 1939 年 4 月 |
| 姜保堂 | 莱州市驿道镇西祚村 | 30 | 男 | 1939 年 4 月 |
| 史绍东 | 莱州市城港路街道西郎子埠村 | 25 | 男 | 1939 年 4 月 |
| 王培业 | 莱州市程郭镇西朱村 | 30 | 男 | 1939 年 4 月 |
| 杨 代 | 莱州市土山镇杨王村 | 26 | 男 | 1939 年 5 月 |
| 李 童 | 莱州市文昌路街道西北隅村 | 1 | 男 | 1939 年 5 月 |
| 李滕氏 | 莱州市文昌街道西北隅村 | 32 | 女 | 1939 年 5 月 |
| 满守巨 | 莱州市永安路街道杨务沟村 | 26 | 男 | 1939 年 5 月 |
| 谭 × | 莱州市朱桥镇苗家村 | 20 | 男 | 1939 年 5 月 |
| 刘玉生 | 莱州市朱桥镇秦家村 | 16 | 男 | 1939 年 5 月 |
| 刘芝荣 | 莱州市虎头崖镇宁家村 | 50 | 男 | 1939 年 5 月 |
| 李廷桂 | 莱州市夏邱镇李家庄村 | 34 | 男 | 1939 年 5 月 |
| 张美民 | 莱州市夏邱镇温家村 | 50 | 女 | 1939 年 5 月 |
| 陈积广 | 莱州市程郭镇石格庄村 | 19 | 男 | 1939 年 5 月 |
| 徐 生 | 莱州市土山镇寨徐村 | 18 | 男 | 1939 年 6 月 |
| 宋天吉 | 莱州市驿道镇北障村 | 40 | 男 | 1939 年 6 月 |
| 冯召兴 | 莱州市柞村镇南庙村 | 30 | 男 | 1939 年 6 月 |
| 张 喜 | 莱州市程郭镇下董村 | 21 | 男 | 1939 年 6 月 |
| 于夕庆 | 莱州市文昌路街道尹家村 | 17 | 男 | 1939 年 7 月 |
| 王春旭 | 莱州市柞村镇小河圈村 | 25 | 男 | 1939 年 7 月 |
| 张克忠 | 莱州市程郭镇东南坡村 | 25 | 男 | 1939 年 7 月 |
| 于春满 | 莱州市程郭镇坎上村 | 42 | 男 | 1939 年 7 月 |
| 冯考明 | 莱州市土山镇栾家村 | 25 | 男 | 1939 年 8 月 8 日 |
| 刘在林 | 莱州市朱桥镇盛王村 | 60 | 男 | 1939 年 8 月 13 日 |
| 尹占林 | 莱州市朱桥镇大尹村 | 40 | 男 | 1939 年 8 月 |

| 姓　名 | 籍　贯 | 年龄 | 性别 | 死难时间 |
|---|---|---|---|---|
| 文化雨 | 莱州市朱桥镇招贤村 | 20 | 男 | 1939 年 8 月 |
| 王　传 | 莱州市沙河镇周村 | 28 | 男 | 1939 年 8 月 |
| 仲积善 | 莱州市沙河镇河崖村 | 30 | 男 | 1939 年 8 月 |
| 史洪鳌 | 莱州市城港路街道大原一村 | 25 | 男 | 1939 年 8 月 |
| 郭恩积 | 莱州市城港路街道西朱呆村 | 41 | 男 | 1939 年 8 月 |
| 郭荣昌 | 莱州市程郭镇东马家村 | 56 | 男 | 1939 年 8 月 |
| 龚希文 | 莱州市驿道镇朱汉村 | 40 | 男 | 1939 年 9 月 5 日 |
| 龚希显 | 莱州市驿道镇朱汉村 | 40 | 男 | 1939 年 9 月 5 日 |
| 曲福田 | 莱州市程郭镇曲家村 | 52 | 男 | 1939 年 9 月 5 日 |
| 由太良 | 莱州市城港路街道由家村 | 34 | 男 | 1939 年 9 月 |
| 李　兴 | 莱州市文峰路街道李家村 | 23 | 男 | 1939 年 9 月 |
| 姜文祥 | 莱州市文峰路街道姜家村 | 23 | 男 | 1939 年 9 月 |
| 镡锡竹 | 莱州市朱桥镇镡家村 | 68 | 男 | 1939 年 9 月 |
| 孙京春 | 莱州市驿道镇沙现村 | 16 | 男 | 1939 年 9 月 |
| 赵家永 | 莱州市城港路街道小原村 | 20 | 男 | 1939 年 9 月 |
| 孙凤奎 | 莱州市柞村镇仙夼村 | 23 | 男 | 1939 年 9 月 |
| 孙增云 | 莱州市柞村镇孙家村 | 27 | 男 | 1939 年 9 月 |
| 周善本 | 莱州市柞村镇临疃河村 | 45 | 男 | 1939 年 9 月 |
| 周　臻 | 莱州市柞村镇临疃河村 | 41 | 男 | 1939 年 9 月 |
| 耿东明 | 莱州市柞村镇临疃河村 | 39 | 男 | 1939 年 9 月 |
| 潘明春 | 莱州市柞村镇临疃河村 | 43 | 男 | 1939 年 9 月 |
| 潘铸祥 | 莱州市柞村镇临疃河村 | 38 | 男 | 1939 年 9 月 |
| 史忠海 | 莱州市程郭镇高家庄村 | 52 | 男 | 1939 年 9 月 |
| 王太合 | 莱州市郭家店镇北村 | 50 | 男 | 1939 年 10 月 1 日 |
| 刘张氏 | 莱州市金城镇埠西村 | — | 女 | 1939 年 10 月 8 日 |
| 刘秀玉 | 莱州市金城镇埠西村 | 73 | 男 | 1939 年 10 月 8 日 |
| 曲从法 | 莱州市沙河镇侯家村 | 21 | 男 | 1939 年 11 月 13 日 |
| 王瑞鹤 | 莱州市三山岛街道马格庄村 | 27 | 男 | 1939 年 11 月 |
| 王照兴 | 莱州市城港路街道军寨址村 | 25 | 男 | 1939 年 11 月 |
| 姜振林 | 莱州市驿道镇下庄村 | 20 | 男 | 1939 年 11 月 |
| 李长庆 | 莱州市驿道镇庄李村 | 22 | 男 | 1939 年 11 月 |
| 捡　瞒 | 莱州市驿道镇河南村 | 20 | 男 | 1939 年 11 月 |
| 初兰田 | 莱州市夏邱镇屯里村 | 40 | 男 | 1939 年 11 月 |
| 倪洪福 | 莱州市夏邱镇屯里村 | 49 | 男 | 1939 年 11 月 |

| 姓　名 | 籍　贯 | 年　龄 | 性　别 | 死难时间 |
|---|---|---|---|---|
| 池永茂 | 莱州市郭家店镇蒋家 | 26 | 男 | 1939 年 11 月 |
| 杨学鹏 | 莱州市程郭镇东庄村 | 18 | 男 | 1939 年 11 月 |
| 丁振清 | 大众报社 | — | 男 | 1939 年 12 月 10 日 |
| 刁树凤 | 大众报社 | — | 女 | 1939 年 12 月 10 日 |
| 于永绍 | 大众报社 | — | 男 | 1939 年 12 月 10 日 |
| 于贵三 | 大众报社 | — | 男 | 1939 年 12 月 10 日 |
| 于　章 | 大众报社 | — | 男 | 1939 年 12 月 10 日 |
| 王书俭 | 大众报社 | — | 男 | 1939 年 12 月 10 日 |
| 刘占午 | 大众报社 | — | 男 | 1939 年 12 月 10 日 |
| 刘官亨 | 大众报社 | — | 男 | 1939 年 12 月 10 日 |
| 刘松华 | 大众报社 | — | 男 | 1939 年 12 月 10 日 |
| 刘耕夫 | 大众报社 | — | 男 | 1939 年 12 月 10 日 |
| 刘巽之 | 大众报社 | — | 男 | 1939 年 12 月 10 日 |
| 孙月明 | 大众报社 | — | 男 | 1939 年 12 月 10 日 |
| 孙学通 | 大众报社 | — | 男 | 1939 年 12 月 10 日 |
| 曲立新 | 大众报社 | — | 男 | 1939 年 12 月 10 日 |
| 阮志刚 | 大众报社 | — | 男 | 1939 年 12 月 10 日 |
| 张之诸 | 大众报社 | — | 男 | 1939 年 12 月 10 日 |
| 张书先 | 大众报社 | — | 男 | 1939 年 12 月 10 日 |
| 张　文 | 大众报社 | — | 男 | 1939 年 12 月 10 日 |
| 张华琪 | 大众报社 | — | 男 | 1939 年 12 月 10 日 |
| 李永业 | 大众报社 | — | 男 | 1939 年 12 月 10 日 |
| 杜轴宇 | 大众报社 | — | 男 | 1939 年 12 月 10 日 |
| 杜深如 | 大众报社 | — | 男 | 1939 年 12 月 10 日 |
| 杨堃贤 | 大众报社 | — | 男 | 1939 年 12 月 10 日 |
| 邵文藻 | 大众报社 | — | 男 | 1939 年 12 月 10 日 |
| 邵华堂 | 大众报社 | — | 男 | 1939 年 12 月 10 日 |
| 邵桂林 | 大众报社 | — | 男 | 1939 年 12 月 10 日 |
| 邹善美 | 大众报社 | — | 女 | 1939 年 12 月 10 日 |
| 战凤峤 | 大众报社 | — | 女 | 1939 年 12 月 10 日 |
| 赵书香 | 大众报社 | — | 女 | 1939 年 12 月 10 日 |
| 赵世耕 | 大众报社 | — | 男 | 1939 年 12 月 10 日 |
| 徐业昌 | 大众报社 | — | 男 | 1939 年 12 月 10 日 |
| 徐　进 | 大众报社 | — | 男 | 1939 年 12 月 10 日 |

| 姓 名 | 籍 贯 | 年 龄 | 性 别 | 死难时间 |
|---|---|---|---|---|
| 栾维善 | 大众报社 | — | 男 | 1939 年 12 月 10 日 |
| 康绍信 | 大众报社 | — | 男 | 1939 年 12 月 10 日 |
| 刁春运 | 胶东区党委党校 | — | 男 | 1939 年 12 月 10 日 |
| 于川浦 | 胶东区党委党校 | — | 男 | 1939 年 12 月 10 日 |
| 于凤林 | 胶东区党委党校 | — | 男 | 1939 年 12 月 10 日 |
| 于世英 | 胶东区党委党校 | — | 女 | 1939 年 12 月 10 日 |
| 小 崔 | 胶东区党委党校 | — | 男 | 1939 年 12 月 10 日 |
| 门西山 | 胶东区党委党校 | — | 男 | 1939 年 12 月 10 日 |
| 王 岩 | 胶东区党委党校 | — | 男 | 1939 年 12 月 10 日 |
| 王 英 | 胶东区党委党校 | — | 女 | 1939 年 12 月 10 日 |
| 孙步堂 | 胶东区党委党校 | — | 男 | 1939 年 12 月 10 日 |
| 曲 钦 | 胶东区党委党校 | — | 女 | 1939 年 12 月 10 日 |
| 牟广义 | 胶东区党委党校 | — | 男 | 1939 年 12 月 10 日 |
| 李中山 | 胶东区党委党校 | — | 男 | 1939 年 12 月 10 日 |
| 李辰之 | 胶东区党委党校 | — | 男 | 1939 年 12 月 10 日 |
| 陈 风 | 胶东区党委党校 | — | 男 | 1939 年 12 月 10 日 |
| 战子坚 | 胶东区党委党校 | — | 男 | 1939 年 12 月 10 日 |
| 荣 木 | 胶东区党委党校 | — | 男 | 1939 年 12 月 10 日 |
| 崔 崧 | 胶东区党委党校 | — | 女 | 1939 年 12 月 10 日 |
| 隋淑英 | 胶东区党委党校 | — | 女 | 1939 年 12 月 10 日 |
| 李振云 | 胶东区党委党校 | — | 男 | 1939 年 12 月 10 日 |
| 王军光 | 胶东区党委党校 | — | 男 | 1939 年 12 月 10 日 |
| 毕 纯 | 胶东区党委党校 | — | 女 | 1939 年 12 月 10 日 |
| 王 四 | 胶东区党委党校 | — | 女 | 1939 年 12 月 10 日 |
| 方调元 | 莱州市 | — | 男 | 1939 年 12 月 |
| 李群芳 | 莱州市平里店镇东罗村 | 55 | 男 | 1939 年 12 月 |
| 刘述安 | 莱州市驿道镇三元村 | 27 | 男 | 1939 年 12 月 |
| 龚李氏 | 莱州市驿道镇朱汉村 | 30 | 女 | 1939 年 12 月 |
| 宋宝安 | 莱州市郭家店镇小兰家村 | 22 | 男 | 1939 年 12 月 |
| 胥占亭 | 莱州市郭家店镇小兰家村 | 39 | 男 | 1939 年 12 月 |
| 李继华 | 莱州市文昌路街道东南隅村 | 21 | 男 | 1939 年 |
| 蔡 田 | 莱州市文昌路街道北关村 | 21 | 男 | 1939 年 |
| 王 宝 | 莱州市文昌路街道西南隅村 | 18 | 男 | 1939 年 |
| 王喜让 | 莱州市文昌路街道西南隅村 | 22 | 男 | 1939 年 |

| 姓　名 | 籍　贯 | 年　龄 | 性　别 | 死难时间 |
|---|---|---|---|---|
| 曹洪达 | 莱州市文昌路街道西南隅村 | 29 | 男 | 1939 年 |
| 迟洪勋 | 莱州市平里店镇王河庄子村 | 34 | 男 | 1939 年 |
| 郭文吉 | 莱州市平里店镇石姜村 | 29 | 男 | 1939 年 |
| 生洪朱 | 莱州市平里店镇西罗台村 | 19 | 男 | 1939 年 |
| 冷家志 | 莱州市平里店镇西罗台村 | 19 | 男 | 1939 年 |
| 姜有胜 | 莱州市平里店镇西障姜家村 | 39 | 男 | 1939 年 |
| 姜登田 | 莱州市平里店镇西障姜家村 | 21 | 男 | 1939 年 |
| 姜廷彦 | 莱州市平里店镇芦园村 | 29 | 男 | 1939 年 |
| 王仁斋 | 莱州市平里店镇店王村 | 29 | 男 | 1939 年 |
| 郑功选 | 莱州市平里店镇郑家村 | 22 | 男 | 1939 年 |
| 杨洪恩 | 莱州市平里店镇柳行村 | 23 | 男 | 1939 年 |
| 周冠林 | 莱州市平里店镇诸流村 | 38 | 男 | 1939 年 |
| 郝瑞林 | 莱州市平里店镇麻后村 | 17 | 男 | 1939 年 |
| 张子叶 | 莱州市永安路街道西山张村 | — | 男 | 1939 年 |
| 孙甲方 | 莱州市永安路街道海庙孙家村 | — | 男 | 1939 年 |
| 张希南 | 莱州市朱桥镇上坡村 | 16 | 男 | 1939 年 |
| 于登训 | 莱州市朱桥镇下王家村 | 33 | 男 | 1939 年 |
| 尹介焕 | 莱州市朱桥镇大尹村 | 19 | 男 | 1939 年 |
| 李福庭 | 莱州市朱桥镇大王家村 | 28 | 男 | 1939 年 |
| 张成兴 | 莱州市朱桥镇小郎家村 | 20 | 男 | 1939 年 |
| 孙　民 | 莱州市朱桥镇朱桥村 | — | 女 | 1939 年 |
| 李玉桥 | 莱州市朱桥镇朱桥村 | 38 | 男 | 1939 年 |
| 秋艳娘 | 莱州市朱桥镇朱桥村 | — | 女 | 1939 年 |
| 根之母 | 莱州市朱桥镇朱桥村 | — | 女 | 1939 年 |
| 彭桂付 | 莱州市朱桥镇作阳村 | 27 | 男 | 1939 年 |
| 杨俊阁 | 莱州市朱桥镇张村 | 19 | 男 | 1939 年 |
| 于长德 | 莱州市朱桥镇呼雷于家村 | 25 | 男 | 1939 年 |
| 孙叶华 | 莱州市朱桥镇河东村 | 19 | 男 | 1939 年 |
| 孙赵氏 | 莱州市朱桥镇河东村 | 40 | 女 | 1939 年 |
| 王恩崇 | 莱州市朱桥镇苗家村 | 22 | 男 | 1939 年 |
| 王书行 | 莱州市朱桥镇秦家村 | 21 | 男 | 1939 年 |
| 耿宝庆 | 莱州市朱桥镇耿家村 | 18 | 男 | 1939 年 |
| 尼元田 | 莱州市沙河镇尼家村 | 20 | 男 | 1939 年 |
| 李锡恒 | 莱州市沙河镇院西村 | 32 | 男 | 1939 年 |

| 姓　名 | 籍　贯 | 年　龄 | 性　别 | 死难时间 |
|---|---|---|---|---|
| 孙寿积 | 莱州市虎头崖镇东宋村 | 35 | 男 | 1939 年 |
| 由永财 | 莱州市虎头崖镇新庄村 | 19 | 男 | 1939 年 |
| 栾永奎之姐 | 莱州市金城镇凤毛寨村 | 11 | 女 | 1939 年 |
| 王冲汉 | 莱州市金城镇王家村 | 22 | 男 | 1939 年 |
| 季顺茂 | 莱州市金城镇东季村 | 26 | 男 | 1939 年 |
| 滕真启 | 莱州市金城镇滕北村 | 51 | 男 | 1939 年 |
| 滕盛训 | 莱州市金城镇滕北村 | 48 | 男 | 1939 年 |
| 王岐丰 | 莱州市驿道镇三岔口村 | 30 | 男 | 1939 年 |
| 宋德昌 | 莱州市驿道镇下庄村 | 19 | 男 | 1939 年 |
| 宋振德 | 莱州市驿道镇玉兰村 | 30 | 男 | 1939 年 |
| 李德先 | 莱州市驿道镇玉兰村 | 32 | 男 | 1939 年 |
| 赵　瑞 | 莱州市驿道镇西赵村 | 22 | 男 | 1939 年 |
| 武风智 | 莱州市驿道镇官李村 | 28 | 男 | 1939 年 |
| 李供彦 | 莱州市驿道镇河南村 | 19 | 男 | 1939 年 |
| 侯远信 | 莱州市驿道镇南侯村 | 24 | 男 | 1939 年 |
| 王松山 | 莱州市驿道镇费现村 | 58 | 男 | 1939 年 |
| 李士范 | 莱州市驿道镇石角坡村 | 56 | 男 | 1939 年 |
| 孙　溪 | 莱州市城港路街道东郎子埠村 | — | 男 | 1939 年 |
| 王德财 | 莱州市城港路街道朱旺村 | 18 | 男 | 1939 年 |
| 刘洪恩 | 莱州市柞村镇增福庄村 | 18 | 男 | 1939 年 |
| 满善寿 | 莱州市三山岛街道徐家村 | — | 男 | 1939 年 |
| 张学寿 | 莱州市郭家店镇大李家村 | 20 | 男 | 1939 年 |
| 张永邦 | 莱州市郭家店镇大庙后村 | 21 | 男 | 1939 年 |
| 林正祥 | 莱州市郭家店镇小兰家村 | 25 | 男 | 1939 年 |
| 张寿年 | 莱州市郭家店镇六埠子村 | 26 | 男 | 1939 年 |
| 孙光先 | 莱州市郭家店镇古村 | 21 | 男 | 1939 年 |
| 张付太 | 莱州市郭家店镇团结村 | 25 | 男 | 1939 年 |
| 泮君良 | 莱州市郭家店镇泥沟子村 | 32 | 男 | 1939 年 |
| 张修申 | 莱州市郭家店镇前疃村 | 38 | 男 | 1939 年 |
| 彭延芳 | 莱州市郭家店镇洛庄村 | 34 | 男 | 1939 年 |
| 彭延昌 | 莱州市郭家店镇洛庄村 | 33 | 男 | 1939 年 |
| 彭　成 | 莱州市郭家店镇洛庄村 | 16 | 男 | 1939 年 |
| 刘进云 | 莱州市郭家店镇柴棚村 | 24 | 男 | 1939 年 |
| 张书贞 | 莱州市郭家店镇洞里村 | 11 | 男 | 1939 年 |

| 姓 名 | 籍 贯 | 年 龄 | 性 别 | 死难时间 |
|---|---|---|---|---|
| 姜立志 | 莱州市郭家店镇塔耳头村 | 21 | 男 | 1939 年 |
| 宋德成 | 莱州市程郭镇下董村 | 17 | 男 | 1939 年 |
| 蔡孟春 | 莱州市程郭镇下董村 | 19 | 男 | 1939 年 |
| 李世基 | 莱州市程郭镇东庄村 | 24 | 男 | 1939 年 |
| 曲子臣 | 莱州市程郭镇曲家村 | 21 | 男 | 1939 年 |
| 宋典军 | 莱州市程郭镇宋家村 | 19 | 男 | 1939 年 |
| 林丙森 | 莱州市程郭镇高郭村 | 24 | 男 | 1939 年 |
| 蒋豪文 | 莱州市程郭镇蒋家村 | 26 | 男 | 1939 年 |
| 施志明 | 莱州市三山岛街道三山岛村 | — | 男 | 1939 年 |
| 潘永田 | 莱州市三山岛街道水南村 | 26 | 男 | 1939 年 |
| 孙东宽 | 莱州市三山岛街道孙家村 | 23 | 男 | 1939 年 |
| 杨捷光 | 莱州市文昌路街道东北隅村 | 20 | 男 | 1939 年 |
| 鞠万敏 | 莱州市文昌路街道东岭子村 | — | 男 | 1939 年 |
| 冷永志 | 莱州市平里店镇西罗台村 | 19 | 男 | 1939 年 |
| 张兆东 | 莱州市三山岛街道肖家村 | 22 | 男 | 1939 年 |
| 于升吉 | 莱州市驿道镇冷夼村 | 20 | 男 | 1940 年 1 月 |
| 王振祥 | 莱州市驿道镇狗爪埠村 | 22 | 男 | 1940 年 1 月 |
| 綦召祥 | 莱州市驿道镇綦家村 | 32 | 男 | 1940 年 1 月 |
| 高恩洋 | 莱州市柞村镇十字口村 | 19 | 男 | 1940 年 1 月 |
| 曲风柱 | 莱州市夏邱镇李家庄村 | 25 | 男 | 1940 年 1 月 |
| 董克信 | 莱州市程郭镇上董村 | 46 | 男 | 1940 年 1 月 |
| 董学明 | 莱州市程郭镇上董村 | 28 | 男 | 1940 年 1 月 |
| 杨启云 | 莱州市三山岛街道仓东村 | 35 | 男 | 1940 年 2 月 8 日 |
| 赵景增 | 莱州市三山岛街道马坊村 | 32 | 男 | 1940 年 2 月 |
| 孙福昌 | 莱州市文昌路街道西北隅村 | 32 | 男 | 1940 年 2 月 |
| 李法孔 | 莱州市沙河镇河崖村 | 31 | 男 | 1940 年 2 月 |
| 徐锡功 | 莱州市驿道镇西板村 | 22 | 男 | 1940 年 2 月 |
| 姜振威 | 莱州市郭家店镇宋光村 | 24 | 男 | 1940 年 2 月 |
| 周 彦 | 莱州市郭家店镇林格庄村 | 35 | 男 | 1940 年 2 月 |
| 姜振洪 | 莱州市郭家店镇宋光村 | 22 | 男 | 1940 年 2 月 |
| 杨丰太 | 莱州市三山岛街道北杨村 | 21 | 男 | 1940 年 3 月 |
| 顾宝鼎 | 莱州市三山岛街道路宿村 | 21 | 男 | 1940 年 3 月 |
| 单锡仁 | 莱州市文昌路街道西北隅村 | 21 | 男 | 1940 年 3 月 |
| 陈洪竹 | 莱州市平里店镇后庄头村 | 22 | 男 | 1940 年 3 月 |

| 姓　名 | 籍　贯 | 年　龄 | 性　别 | 死难时间 |
|---|---|---|---|---|
| 綦凤宝 | 莱州市平里店镇城子埠村 | 24 | 男 | 1940 年 3 月 |
| 刘万祥 | 莱州市永安路街道西关村 | 18 | 男 | 1940 年 3 月 |
| 李成玉 | 莱州市朱桥镇西李村 | 32 | 男 | 1940 年 3 月 |
| 苗奎堂 | 莱州市沙河镇院上村 | 20 | 男 | 1940 年 3 月 |
| 刘德增 | 莱州市驿道镇桥沟村 | 25 | 男 | 1940 年 3 月 |
| 孙吉科 | 莱州市柞村镇大庄子村 | 20 | 男 | 1940 年 3 月 |
| 王希三 | 莱州市柞村镇消水村 | 29 | 男 | 1940 年 3 月 |
| 陈永廷 | 莱州市驿道镇沙现村 | 22 | 男 | 1940 年 3 月 |
| 孙万海 | 莱州市郭家店镇河北村 | 26 | 男 | 1940 年 3 月 |
| 董万善 | 莱州市郭家店镇陶家村 | 23 | 男 | 1940 年 3 月 |
| 孙廷良 | 莱州市程郭镇上董村 | 32 | 男 | 1940 年 3 月 |
| 任洪傲 | 莱州市程郭镇郭家村 | 22 | 男 | 1940 年 3 月 |
| 任吉才 | 莱州市沙河镇西孙村 | 42 | 男 | 1940 年 4 月 8 日 |
| 王宋氏 | 莱州市程郭镇东程村 | 70 | 女 | 1940 年 4 月 23 日 |
| 焦清梧 | 莱州市土山镇海二村 | 19 | 男 | 1940 年 4 月 |
| 徐殿臣 | 莱州市文峰路街道王家楼村 | 36 | 男 | 1940 年 4 月 |
| 李满堂 | 莱州市平里店镇南李村 | 15 | 男 | 1940 年 4 月 |
| 逄书庆 | 莱州市朱桥镇马家村 | 20 | 男 | 1940 年 4 月 |
| 冯再兴 | 莱州市朱桥镇邓家村 | 19 | 男 | 1940 年 4 月 |
| 张臣桂 | 莱州市沙河镇交通村 | 17 | 男 | 1940 年 4 月 |
| 任增福 | 莱州市夏邱镇夏南村 | 29 | 男 | 1940 年 4 月 |
| 张　彦 | 莱州市郭家店镇陶家村 | 21 | 男 | 1940 年 4 月 |
| 陶中勤 | 莱州市郭家店镇陶家村 | 72 | 男 | 1940 年 4 月 |
| 段店文 | 莱州市程郭镇坎上村 | 42 | 男 | 1940 年 4 月 |
| 张有增 | 莱州市程郭镇金牌村 | 19 | 男 | 1940 年 4 月 |
| 汪生云 | 莱州市三山岛街道三山岛村 | — | 男 | 1940 年 5 月 5 日 |
| 施升松 | 莱州市三山岛街道三山岛村 | — | 男 | 1940 年 5 月 5 日 |
| 施近礼 | 莱州市三山岛街道三山岛村 | — | 男 | 1940 年 5 月 5 日 |
| 施进秀 | 莱州市三山岛街道三山岛村 | — | 男 | 1940 年 5 月 5 日 |
| 施清汉 | 莱州市三山岛街道三山岛村 | — | 男 | 1940 年 5 月 5 日 |
| 周太顺 | 莱州市郭家店镇蒋家村 | 23 | 男 | 1940 年 5 月 13 日 |
| 史永克 | 莱州市虎头崖镇尹家村 | — | 男 | 1940 年 5 月 |
| 姜八一 | 莱州市文昌路街道前店子村 | 30 | 男 | 1940 年 5 月 |
| 孙洪喜 | 莱州市文昌路街道南关村 | 26 | 男 | 1940 年 5 月 |

| 姓 名 | 籍 贯 | 年 龄 | 性 别 | 死难时间 |
|---|---|---|---|---|
| 李振铎 | 莱州市平里店镇南李村 | 33 | 男 | 1940 年 5 月 |
| 崔京清 | 莱州市平里店镇南李村 | 34 | 男 | 1940 年 5 月 |
| 吕兆祥 | 莱州市平里店镇新光村 | 25 | 男 | 1940 年 5 月 |
| 徐金明 | 莱州市永安路街道西关村 | 30 | 男 | 1940 年 5 月 |
| 戴天福 | 莱州市永安路街道西关村 | 19 | 男 | 1940 年 5 月 |
| 陈 勇 | 莱州市驿道镇费现村 | — | 男 | 1940 年 5 月 |
| 张洪山 | 莱州市柞村镇黄山后村 | 29 | 男 | 1940 年 5 月 |
| 徐建永 | 莱州市三山岛街道徐家村 | — | 男 | 1940 年 5 月 |
| 徐振廷 | 莱州市三山岛街道徐家村 | — | 男 | 1940 年 5 月 |
| 鲍子昌 | 莱州市程郭镇清明沟村 | 18 | 男 | 1940 年 5 月 |
| 胡守智 | 莱州市程郭镇高郭村 | 43 | 男 | 1940 年 6 月 5 日 |
| 王和亭 | 莱州市金城镇小西庄村 | 28 | 男 | 1940 年 6 月 30 日 |
| 施尧典之子 | 莱州市三山岛街道三山岛村 | 9 | 男 | 1940 年 6 月 |
| 老安之女 | 莱州市三山岛街道三山岛村 | — | 女 | 1940 年 6 月 |
| 老安之妻 | 莱州市三山岛街道三山岛村 | — | 女 | 1940 年 6 月 |
| 施明良之母 | 莱州市三山岛街道三山岛村 | — | 女 | 1940 年 6 月 |
| 张联芳 | 莱州市三山岛街道草坡村 | 34 | 男 | 1940 年 6 月 |
| 刘太章 | 莱州市三山岛街道诸冯村 | 20 | 男 | 1940 年 6 月 |
| 张金发 | 莱州市文昌路街道南关村 | 17 | 男 | 1940 年 6 月 |
| 徐茂庆 | 莱州市平里店镇平里店村 | 21 | 男 | 1940 年 6 月 |
| 刘文斗 | 莱州市永安路街道西关村 | 19 | 男 | 1940 年 6 月 |
| 徐升俊 | 莱州市驿道镇东牛村 | 31 | 男 | 1940 年 6 月 |
| 徐洪善 | 莱州市驿道镇东牛村 | 31 | 男 | 1940 年 6 月 |
| 张文典 | 莱州市驿道镇古台村 | — | 男 | 1940 年 6 月 |
| 宿书林 | 莱州市柞村镇临疃河村 | 19 | 男 | 1940 年 6 月 |
| 孙进琪 | 莱州市夏邱镇白沙村 | 26 | 男 | 1940 年 6 月 |
| 毛福堂 | 莱州市夏邱镇驸马村 | 18 | 男 | 1940 年 6 月 |
| 刘京玉 | 莱州市夏邱镇埠口村 | 22 | 男 | 1940 年 6 月 |
| 赵孟廷 | 莱州市郭家店镇七里岚村 | 20 | 男 | 1940 年 6 月 |
| 张同奎 | 莱州市郭家店镇六埠子村 | 19 | 男 | 1940 年 6 月 |
| 韩亭章 | 莱州市程郭镇上董村 | 39 | 男 | 1940 年 6 月 |
| 王 寿 | 莱州市程郭镇东石桥村 | 75 | 男 | 1940 年 6 月 |
| 岳同官 | 莱州市郭家店镇北村 | 34 | 男 | 1940 年 7 月 7 日 |
| 彭占甲 | 莱州市朱桥镇作阳村 | 19 | 男 | 1940 年 7 月 |

| 姓　名 | 籍　贯 | 年　龄 | 性　别 | 死难时间 |
|---|---|---|---|---|
| 孙丕恩 | 莱州市柞村镇前张家村 | 22 | 男 | 1940 年 7 月 |
| 李太岳之子 | 莱州市程郭镇石格庄村 | 18 | 男 | 1940 年 7 月 |
| 李召本之兄 | 莱州市程郭镇石格庄村 | 16 | 男 | 1940 年 7 月 |
| 杜维德 | 莱州市程郭镇西石桥村 | 20 | 男 | 1940 年 8 月 |
| 王举杰 | 莱州市三山岛街道仓南村 | 19 | 男 | 1940 年 8 月 |
| 徐永元 | 莱州市土山镇寨徐村 | 18 | 男 | 1940 年 8 月 |
| 徐　臻 | 莱州市文昌路街道徐家疃村 | 42 | 男 | 1940 年 8 月 |
| 孙林善 | 莱州市平里店镇杨家坡村 | 31 | 男 | 1940 年 8 月 |
| 杨万庆 | 莱州市朱桥镇小张家村 | 40 | 男 | 1940 年 8 月 |
| 杨万昌 | 莱州市朱桥镇小张家村 | 32 | 男 | 1940 年 8 月 |
| 刘若谦 | 莱州市朱桥镇马家村 | 37 | 男 | 1940 年 8 月 |
| 刘东扬 | 莱州市朱桥镇刘家村 | 21 | 男 | 1940 年 8 月 |
| 孙清海 | 莱州市虎头崖镇山孙家村 | 39 | 男 | 1940 年 8 月 |
| 王梓远 | 莱州市柞村镇大黄花村 | 35 | 男 | 1940 年 8 月 |
| 周正元 | 莱州市柞村镇临疃河村 | 31 | 男 | 1940 年 8 月 |
| 王书山 | 莱州市柞村镇消水村 | 35 | 男 | 1940 年 8 月 |
| 孙洪业 | 莱州市夏邱镇槐树村 | 30 | 男 | 1940 年 8 月 |
| 王鼎洲 | 莱州市程郭镇庄里村 | 17 | 男 | 1940 年 8 月 |
| 孙书德 | 莱州市柞村镇前张家村 | 31 | 男 | 1940 年 9 月 |
| 张华昌 | 莱州市沙河镇西孙村 | 28 | 男 | 1940 年 9 月 |
| 王延吉 | 莱州市程郭镇郭古庄村 | 22 | 男 | 1940 年 9 月 |
| 赵同立 | 莱州市郭家店镇河北村 | 20 | 男 | 1940 年 9 月 |
| 胡京春 | 莱州市郭家店镇胡家村 | 39 | 男 | 1940 年 9 月 |
| 胡玉江 | 莱州市郭家店镇胡家村 | — | 男 | 1940 年 9 月 |
| 张永吉 | 莱州市郭家店镇前疃村 | 25 | 男 | 1940 年 9 月 |
| 张花安 | 莱州市郭家店镇前疃村 | 23 | 男 | 1940 年 9 月 |
| 张京法 | 莱州市郭家店镇前疃村 | 24 | 男 | 1940 年 9 月 |
| 张书仁 | 莱州市郭家店镇前疃村 | 27 | 男 | 1940 年 9 月 |
| 张长政 | 莱州市三山岛街道前昌村 | 44 | 男 | 1940 年 9 月 |
| 张文山 | 莱州市沙河镇西孙村 | 28 | 男 | 1940 年 9 月 |
| 刘殿庆 | 莱州市文峰路街道官家桥村 | 35 | 男 | 1940 年 9 月 |
| 马锡华 | 莱州市文峰路街道田家村 | 20 | 男 | 1940 年 9 月 |
| 王成寿 | 莱州市驿道镇沙现村 | 20 | 男 | 1940 年 9 月 |
| 王寿荣 | 莱州市朱桥镇庄头村 | 25 | 男 | 1940 年 9 月 |

续表

| 姓 名 | 籍 贯 | 年 龄 | 性 别 | 死难时间 |
| --- | --- | --- | --- | --- |
| 周德功 | 莱州市柞村镇大周家村 | 23 | 男 | 1940 年 9 月 |
| 孙学文 | 莱州市柞村镇仙夼村 | 34 | 男 | 1940 年 9 月 |
| 陈永堂 | 莱州市驿道镇沙现村 | 26 | 男 | 1940 年 9 月 |
| 谭洪奎 | 莱州市土山镇谭家村 | 32 | 男 | 1940 年 10 月 14 日 |
| 蒋德兴 | 莱州市程郭镇蒋家村 | 43 | 男 | 1940 年 10 月 |
| 武　先 | 莱州市程郭镇蒋家村 | 9 | 男 | 1940 年 10 月 |
| 王京绪 | — | — | 男 | 1940 年 11 月 10 日 |
| 王发浩 | 莱州市柞村镇南庙村 | 30 | 男 | 1940 年 11 月 10 日 |
| 刘夕玉之妻 | 莱州市柞村镇南庙村 | 56 | 女 | 1940 年 11 月 10 日 |
| 李风鸣 | 莱州市柞村镇南庙村 | 40 | 男 | 1940 年 11 月 10 日 |
| 满　甲 | 莱州市柞村镇南庙村 | 18 | 男 | 1940 年 11 月 10 日 |
| 李　祥 | 莱州市程郭镇东坊北村 | 41 | 男 | 1940 年 11 月 |
| 李同论 | 莱州市土山镇海沧村 | 40 | 男 | 1940 年 11 月 |
| 姜长岳 | 莱州市土山镇海沧村 | 30 | 男 | 1940 年 11 月 |
| 焦清左 | 莱州市土山镇海沧村 | 32 | 男 | 1940 年 11 月 |
| 郭同枝 | 莱州市朱桥镇马家村 | 29 | 男 | 1940 年 11 月 |
| 姜毓才 | 莱州市沙河镇东英村 | 22 | 男 | 1940 年 11 月 |
| 任子明 | 莱州市虎头崖镇虎埠村 | 32 | 男 | 1940 年 11 月 |
| 任承先 | 莱州市虎头崖镇彭家村 | 21 | 男 | 1940 年 11 月 |
| 付太成 | 莱州市虎头崖镇翟村 | 26 | 男 | 1940 年 11 月 |
| 毛玉珍 | 莱州市驿道镇毛家涧村 | 25 | 男 | 1940 年 11 月 |
| 李贾宝 | 莱州市郭家店镇后沟村 | 20 | 男 | 1940 年 11 月 |
| 谷大腚 | 莱州市郭家店镇后沟村 | 18 | 男 | 1940 年 11 月 |
| 徐风福 | 莱州市程郭镇马家庄村 | 26 | 男 | 1940 年 11 月 |
| 国普真 | 莱州市三山岛街道过西村 | 18 | 男 | 1940 年 12 月 |
| 葛洪升 | 莱州市文峰路街道张家村 | 22 | 男 | 1940 年 12 月 |
| 杨洪玉 | 莱州市朱桥镇杨家庄子村 | 22 | 男 | 1940 年 12 月 |
| 任定佐 | 莱州市虎头崖镇西原村 | 20 | 男 | 1940 年 12 月 |
| 刘云彩 | 莱州市驿道镇东狼虎埠村 | 17 | 女 | 1940 年 12 月 |
| 王培林 | 莱州市驿道镇古庄村 | 25 | 男 | 1940 年 12 月 |
| 李德章 | 莱州市驿道镇狍猛村 | 19 | 男 | 1940 年 12 月 |
| 刘登云 | 莱州市郭家店镇大栾家村 | 32 | 男 | 1940 年 12 月 |
| 周关山 | 莱州市程郭镇东南村 | 28 | 男 | 1940 年 12 月 |
| 孙维清 | 莱州市程郭镇前坊北村 | 36 | 男 | 1940 年 12 月 |

| 姓　名 | 籍　贯 | 年　龄 | 性　别 | 死难时间 |
|---|---|---|---|---|
| 高振春 | 莱州市程郭镇高郭村 | 19 | 男 | 1940 年 12 月 |
| 杨春发 | 莱州市程郭镇穆家庄子村 | 29 | 男 | 1940 年 12 月 |
| 张子民 | 莱州市 | — | 男 | 1940 年 |
| 邹方堂 | 莱州市 | — | 男 | 1940 年 |
| 汪风翔 | 莱州市三山岛街道三山岛村 | — | 男 | 1940 年 |
| 施希章 | 莱州市三山岛街道三山岛村 | — | 男 | 1940 年 |
| 施修文 | 莱州市三山岛街道三山岛村 | — | 男 | 1940 年 |
| 施荫年 | 莱州市三山岛街道三山岛村 | — | 男 | 1940 年 |
| 施启堂 | 莱州市三山岛街道三山岛村 | — | 男 | 1940 年 |
| 施绪春 | 莱州市三山岛街道三山岛村 | — | 男 | 1940 年 |
| 尹典祥 | 莱州市三山岛街道尹家村 | 36 | 男 | 1940 年 |
| 崔芝田 | 莱州市三山岛街道尹家村 | 39 | 男 | 1940 年 |
| 王慧敏 | 莱州市三山岛街道水南村 | 19 | 女 | 1940 年 |
| 王法堂 | 莱州市三山岛街道龙泉村 | 19 | 男 | 1940 年 |
| 李伯民 | 莱州市三山岛街道光明村 | 25 | 男 | 1940 年 |
| 王乐胜 | 莱州市三山岛街道天王庙村 | 28 | 男 | 1940 年 |
| 唐振才 | 莱州市城港路街道朱由一村 | 20 | 男 | 1940 年 |
| 孙洪军 | 莱州市城港路街道朱由二村 | 18 | 男 | 1940 年 |
| 朱叔文 | 莱州市城港路街道朱家村 | 25 | 男 | 1940 年 |
| 程善川 | 莱州市城港路街道柳林一村 | 48 | 男 | 1940 年 |
| 王书德 | 莱州市城港路街道柳林三村 | 20 | 男 | 1940 年 |
| 王梅五 | 莱州市三山岛街道院上村 | — | 男 | 1940 年 |
| 徐紫英 | 莱州市三山岛街道徐家村 | 27 | 男 | 1940 年 |
| 王家明 | 莱州市三山岛街道腰王村 | 33 | 男 | 1940 年 |
| 孙长政 | 莱州市三山岛街道前吕村 | 44 | 男 | 1940 年 |
| 姜松林 | 莱州市土山镇海一村 | 18 | 男 | 1940 年 |
| 吴世友 | 莱州市文昌路街道东庄头村 | 21 | 男 | 1940 年 |
| 吴世杰 | 莱州市文昌路街道东庄头村 | 30 | 男 | 1940 年 |
| 贾洪斌 | 莱州市文昌路街道东庄头村 | 21 | 男 | 1940 年 |
| 郭　森 | 莱州市文昌路街道南五里村 | 33 | 男 | 1940 年 |
| 郭淑英 | 莱州市文昌路街道洼子村 | — | 女 | 1940 年 |
| 初明全 | 莱州市文峰路街道杨家村 | 16 | 男 | 1940 年 |
| 徐作滨 | 莱州市平里店镇大沟崖村 | 19 | 男 | 1940 年 |
| 陈彩盛 | 莱州市平里店镇小兰埠村 | 19 | 男 | 1940 年 |

| 姓　名 | 籍　贯 | 年　龄 | 性　别 | 死难时间 |
|---|---|---|---|---|
| 李尧盛 | 莱州市平里店镇王河庄子村 | 22 | 男 | 1940 年 |
| 迟书志 | 莱州市平里店镇王河庄子村 | 21 | 男 | 1940 年 |
| 李振光 | 莱州市平里店镇东罗村 | 22 | 男 | 1940 年 |
| 孙显堂 | 莱州市平里店镇孙家村 | 29 | 男 | 1940 年 |
| 赵相玉 | 莱州市平里店镇西北障村 | 27 | 男 | 1940 年 |
| 宿世欣 | 莱州市平里店镇西北障村 | 36 | 男 | 1940 年 |
| 崔政体 | 莱州市平里店镇西罗台村 | 21 | 男 | 1940 年 |
| 陈洪春 | 莱州市平里店镇保旺姜家村 | 29 | 男 | 1940 年 |
| 姜开运 | 莱州市平里店镇保旺姜家村 | 24 | 男 | 1940 年 |
| 周汉文 | 莱州市平里店镇城子埠村 | 22 | 男 | 1940 年 |
| 战创亭 | 莱州市平里店镇战家村 | 19 | 男 | 1940 年 |
| 田兴昌 | 莱州市平里店镇柳行村 | 25 | 男 | 1940 年 |
| 王希春 | 莱州市平里店镇淳于村 | 42 | 男 | 1940 年 |
| 吕加祥 | 莱州市平里店镇新光村 | 24 | 男 | 1940 年 |
| 吕汉春 | 莱州市平里店镇新光村 | 35 | 男 | 1940 年 |
| 刘维丰 | 莱州市永安路街道于家村 | 30 | 男 | 1940 年 |
| 王云章 | 莱州市永安路街道西关村 | — | 男 | 1940 年 |
| 徐恩溪 | 莱州市永安路街道花园北流村 | — | 男 | 1940 年 |
| 张学孔 | 莱州市永安路街道坡子村 | — | 男 | 1940 年 |
| 四　嫚 | 莱州市永安路街道姜家村 | 40 | 女 | 1940 年 |
| 孙　× | 莱州市永安路街道姜家村 | — | 男 | 1940 年 |
| 孙建章 | 莱州市永安路街道姜家村 | — | 男 | 1940 年 |
| 姜　尧 | 莱州市永安路街道姜家村 | — | 男 | 1940 年 |
| 姜洪义之女 | 莱州市永安路街道姜家村 | — | 女 | 1940 年 |
| 姜淑贞 | 莱州市永安路街道姜家村 | — | 女 | 1940 年 |
| 连锁之父 | 莱州市永安路街道海庙于家村 | — | 男 | 1940 年 |
| 孙孝来之子 | 莱州市永安路街道海庙孙家村 | — | 男 | 1940 年 |
| 尹宝祥 | 莱州市朱桥镇大尹村 | 50 | 男 | 1940 年 |
| 郎启成 | 莱州市朱桥镇大郎家村 | 20 | 男 | 1940 年 |
| 郎洪泽 | 莱州市朱桥镇小于家村 | 16 | 男 | 1940 年 |
| 逄恩敬 | 莱州市朱桥镇马家村 | 35 | 男 | 1940 年 |
| 王芝和 | 莱州市朱桥镇由家村 | 27 | 男 | 1940 年 |
| 王梅昌 | 莱州市朱桥镇由家村 | 16 | 男 | 1940 年 |
| 李锦光 | 莱州市朱桥镇后李村 | 20 | 男 | 1940 年 |

| 姓　名 | 籍　贯 | 年　龄 | 性　别 | 死难时间 |
|---|---|---|---|---|
| 李锦华 | 莱州市朱桥镇后李村 | 23 | 男 | 1940 年 |
| 战恒功 | 莱州市朱桥镇后李村 | 37 | 男 | 1940 年 |
| 王希宽 | 莱州市朱桥镇西王村 | 18 | 男 | 1940 年 |
| 张西海 | 莱州市朱桥镇张家村 | 26 | 男 | 1940 年 |
| 吕肇敏 | 莱州市朱桥镇枣行子村 | 30 | 男 | 1940 年 |
| 谭开永 | 莱州市朱桥镇苗家村 | 20 | 男 | 1940 年 |
| 李金守 | 莱州市朱桥镇前李村 | 19 | 男 | 1940 年 |
| 李春洋 | 莱州市朱桥镇前李村 | 25 | 男 | 1940 年 |
| 戴玉营 | 莱州市朱桥镇高家村 | 27 | 男 | 1940 年 |
| 于湘谭 | 莱州市朱桥镇綦家村 | 22 | 男 | 1940 年 |
| 李焕明 | 莱州市沙河镇大李家村 | 19 | 男 | 1940 年 |
| 阴天寿 | 莱州市沙河镇阴家村 | 40 | 男 | 1940 年 |
| 张玉江 | 莱州市沙河镇岳里村 | 34 | 男 | 1940 年 |
| 王子明 | 莱州市沙河镇南王村 | 24 | 男 | 1940 年 |
| 贾元云 | 莱州市沙河镇泩里村 | 43 | 男 | 1940 年 |
| 孙书敏 | 莱州市虎头崖镇过埠孙家村 | 26 | 男 | 1940 年 |
| 任曾扬 | 莱州市虎头崖镇东大宋村 | 27 | 男 | 1940 年 |
| 王玉文 | 莱州市虎头崖镇东宋村 | 25 | 男 | 1940 年 |
| 冯世财 | 莱州市虎头崖镇冯家村 | 22 | 男 | 1940 年 |
| 宁芝年 | 莱州市虎头崖镇宁家村 | 20 | 男 | 1940 年 |
| 邓祥焕 | 莱州市虎头崖镇沟邓村 | 21 | 男 | 1940 年 |
| 邓祥财 | 莱州市虎头崖镇沟邓村 | 20 | 男 | 1940 年 |
| 刘成义 | 莱州市虎头崖镇秀东村 | 31 | 男 | 1940 年 |
| 孙云生 | 莱州市虎头崖镇郎村 | 19 | 男 | 1940 年 |
| 刘安帮 | 莱州市虎头崖镇道刘村 | 37 | 男 | 1940 年 |
| 付景绍 | 莱州市虎头崖镇翟村 | 20 | 男 | 1940 年 |
| 施永三 | 莱州市金城镇于家村 | 21 | 男 | 1940 年 |
| 刘冠益之子 | 莱州市金城镇凤毛寨村 | 19 | 男 | 1940 年 |
| 刘冠益之子 | 莱州市金城镇凤毛寨村 | 16 | 男 | 1940 年 |
| 刘光甫之祖母 | 莱州市金城镇凤毛寨村 | 69 | 女 | 1940 年 |
| 刘光菊之祖母 | 莱州市金城镇凤毛寨村 | 68 | 女 | 1940 年 |
| 刘殿元之母 | 莱州市金城镇凤毛寨村 | 62 | 女 | 1940 年 |
| 所如仁 | 莱州市金城镇凤毛寨村 | 20 | 男 | 1940 年 |
| 季恒昌 | 莱州市金城镇东季村 | 19 | 男 | 1940 年 |

| 姓 名 | 籍 贯 | 年 龄 | 性 别 | 死难时间 |
|---|---|---|---|---|
| 张 铨 | 莱州市金城镇后坡一村 | 40 | 男 | 1940 年 |
| 郭占一 | 莱州市金城镇后坡一村 | 34 | 男 | 1940 年 |
| 贾庆先 | 莱州市金城镇城子村 | 22 | 男 | 1940 年 |
| 孙丕庆 | 莱州市金城镇新立村 | 29 | 男 | 1940 年 |
| 陈美庆 | 莱州市金城镇新城村 | 19 | 男 | 1940 年 |
| 李好才 | 莱州市驿道镇上庄村 | 20 | 男 | 1940 年 |
| 李庆祥 | 莱州市驿道镇上庄村 | 26 | 男 | 1940 年 |
| 李延祥 | 莱州市驿道镇上庄村 | 27 | 男 | 1940 年 |
| 李希明 | 莱州市驿道镇上庄村 | 24 | 男 | 1940 年 |
| 李登敖 | 莱州市驿道镇上庄村 | 20 | 男 | 1940 年 |
| 姜 向 | 莱州市驿道镇下庄村 | — | 男 | 1940 年 |
| 刘玉俊 | 莱州市驿道镇东周村 | 29 | 男 | 1940 年 |
| 秦德元 | 莱州市驿道镇东周村 | 18 | 男 | 1940 年 |
| 刘希周 | 莱州市驿道镇东赵村 | 20 | 男 | 1940 年 |
| 郭风全 | 莱州市驿道镇东赵村 | 24 | 男 | 1940 年 |
| 冯云生 | 莱州市驿道镇北冯村 | 19 | 男 | 1940 年 |
| 冯善论 | 莱州市驿道镇北冯村 | 18 | 男 | 1940 年 |
| 尚希兴 | 莱州市驿道镇北障村 | 23 | 男 | 1940 年 |
| 张振约 | 莱州市驿道镇古台村 | — | 男 | 1940 年 |
| 李德喜 | 莱州市驿道镇玉兰村 | 30 | 男 | 1940 年 |
| 秦林汉 | 莱州市驿道镇石角坡村 | 36 | 男 | 1940 年 |
| 刘子政 | 莱州市驿道镇刘洼村 | 30 | 男 | 1940 年 |
| 李玉介 | 莱州市驿道镇庄李村 | 34 | 男 | 1940 年 |
| 王俭显 | 莱州市驿道镇西周村 | 19 | 男 | 1940 年 |
| 赵典升 | 莱州市驿道镇西赵村 | 50 | 男 | 1940 年 |
| 胡明圣 | 莱州市驿道镇邢胡村 | 20 | 男 | 1940 年 |
| 张东海 | 莱州市驿道镇邢胡村 | 24 | 男 | 1940 年 |
| 于升荣 | 莱州市驿道镇冷家夼村 | 17 | 男 | 1940 年 |
| 李世章 | 莱州市驿道镇冷家夼村 | 26 | 男 | 1940 年 |
| 姜隆兴 | 莱州市驿道镇张家涧村 | 17 | 男 | 1940 年 |
| 孙洪良 | 莱州市驿道镇沙现村 | 35 | 男 | 1940 年 |
| 迟学勇 | 莱州市驿道镇沙现村 | 19 | 男 | 1940 年 |
| 陈永智 | 莱州市驿道镇沙现村 | 23 | 男 | 1940 年 |
| 迟学绪 | 莱州市驿道镇迟家村 | 20 | 男 | 1940 年 |

| 姓 名 | 籍 贯 | 年 龄 | 性 别 | 死难时间 |
|---|---|---|---|---|
| 李长善 | 莱州市驿道镇花园村 | 20 | 男 | 1940 年 |
| 李廷真 | 莱州市驿道镇花园村 | 21 | 男 | 1940 年 |
| 李炳兴 | 莱州市驿道镇花园村 | 23 | 男 | 1940 年 |
| 邱同德 | 莱州市驿道镇邱家村 | 20 | 男 | 1940 年 |
| 李永令 | 莱州市驿道镇周官村 | 19 | 男 | 1940 年 |
| 武希尧 | 莱州市驿道镇官李村 | 30 | 男 | 1940 年 |
| 孙宝财 | 莱州市驿道镇驿道村 | 20 | 男 | 1940 年 |
| 高鹏著 | 莱州市驿道镇驿道村 | 23 | 男 | 1940 年 |
| 刘志红 | 莱州市驿道镇南台村 | 20 | 女 | 1940 年 |
| 侯洪奎 | 莱州市驿道镇南侯村 | 23 | 男 | 1940 年 |
| 侯献茂 | 莱州市驿道镇南侯村 | 22 | 男 | 1940 年 |
| 姜成思 | 莱州市驿道镇费现村 | 30 | 男 | 1940 年 |
| 姜希海 | 莱州市驿道镇费现村 | 22 | 男 | 1940 年 |
| 王福泉 | 莱州市驿道镇韩家村 | 35 | 男 | 1940 年 |
| 王福聚 | 莱州市驿道镇韩家村 | — | 男 | 1940 年 |
| 孙锡魁 | 莱州市城港路街道大原一村 | 32 | 男 | 1940 年 |
| 李仁德 | 莱州市城港路街道大原二村 | 29 | 男 | 1940 年 |
| 藤顺先 | 莱州市城港路街道大原二村 | — | 男 | 1940 年 |
| 孙呈洪 | 莱州市城港路街道东大原村 | 21 | 男 | 1940 年 |
| 刘宝贵 | 莱州市城港路街道东朱㫰村 | 52 | 男 | 1940 年 |
| 于夕书 | 莱州市城港路街道东泗河村 | 20 | 男 | 1940 年 |
| 高玉福 | 莱州市城港路街道东郎子埠村 | 28 | 男 | 1940 年 |
| 董国政 | 莱州市城港路街道东郎子埠村 | 17 | 男 | 1940 年 |
| 李学珍 | 莱州市城港路街道朱由村 | — | 男 | 1940 年 |
| 孙歧山 | 莱州市永安路街道路个庄村 | 23 | 男 | 1940 年 |
| 徐世仁 | 莱州市永安路街道路个庄村 | 38 | 男 | 1940 年 |
| 张云合 | 莱州市柞村镇前张家村 | 23 | 男 | 1940 年 |
| 王玉章 | 莱州市柞村镇南庙村 | 21 | 男 | 1940 年 |
| 刘 琪 | 莱州市柞村镇增福庄村 | 22 | 男 | 1940 年 |
| 吕文岐 | 莱州市夏邱镇前魏村 | 19 | 男 | 1940 年 |
| 孙万江 | 莱州市郭家店河北村 | 25 | 男 | 1940 年 |
| 仲跻文 | 莱州市郭家店镇上仲家村 | 30 | 男 | 1940 年 |
| 孙希昌 | 莱州市郭家店镇下徐家村 | 20 | 男 | 1940 年 |
| 任为勤 | 莱州市郭家店镇大李家村 | 30 | 男 | 1940 年 |

| 姓 名 | 籍 贯 | 年 龄 | 性 别 | 死难时间 |
|---|---|---|---|---|
| 茅有明 | 莱州市郭家店镇大李家村 | 30 | 男 | 1940 年 |
| 林同贵 | 莱州市郭家店镇小兰家村 | 24 | 男 | 1940 年 |
| 林吉正 | 莱州市郭家店镇山杨家村 | 20 | 男 | 1940 年 |
| 王义堂 | 莱州市郭家店镇元岭孙家村 | 26 | 男 | 1940 年 |
| 吕希文 | 莱州市郭家店镇元岭陈家村 | 20 | 男 | 1940 年 |
| 赵典华 | 莱州市郭家店镇元岭陈家村 | 20 | 男 | 1940 年 |
| 程义善 | 莱州市郭家店镇元岭陈家村 | 20 | 男 | 1940 年 |
| 刘祥贵 | 莱州市郭家店镇东埠村 | 19 | 男 | 1940 年 |
| 曹志学 | 莱州市郭家店镇东埠村 | 19 | 男 | 1940 年 |
| 谷二丁 | 莱州市郭家店镇后沟村 | 19 | 男 | 1940 年 |
| 杨升春 | 莱州市郭家店镇朱家村 | 22 | 男 | 1940 年 |
| 孙万桂 | 莱州市郭家店镇宅科村 | 33 | 男 | 1940 年 |
| 卢春茂 | 莱州市郭家店镇宋光村 | 28 | 男 | 1940 年 |
| 张肖珍 | 莱州市郭家店镇连夼村 | 19 | 男 | 1940 年 |
| 张德成 | 莱州市郭家店镇连夼村 | 20 | 男 | 1940 年 |
| 潘岐亮 | 莱州市郭家店镇泥沟子村 | 27 | 男 | 1940 年 |
| 孙发清 | 莱州市郭家店镇院庄村 | 44 | 男 | 1940 年 |
| 孙 希 | 莱州市郭家店镇院庄村 | 28 | 男 | 1940 年 |
| 姜文选 | 莱州市郭家店镇院庄村 | 30 | 男 | 1940 年 |
| 张顺永 | 莱州市郭家店镇涧里村 | 21 | 男 | 1940 年 |
| 张书洋 | 莱州市郭家店镇涧里村 | 24 | 男 | 1940 年 |
| 张 江 | 莱州市郭家店镇涧里村 | 20 | 男 | 1940 年 |
| 张进友 | 莱州市郭家店镇涧里村 | 24 | 男 | 1940 年 |
| 贾洪俞 | 莱州市郭家店镇贾家村 | 16 | 男 | 1940 年 |
| 王进先 | 莱州市郭家店镇陶家村 | 22 | 男 | 1940 年 |
| 陶文元 | 莱州市郭家店镇陶家村 | 52 | 男 | 1940 年 |
| 李忠才 | 莱州市郭家店镇高埠村 | 25 | 男 | 1940 年 |
| 张坎山 | 莱州市郭家店镇庵子村 | 37 | 男 | 1940 年 |
| 张 × | 莱州市郭家店镇宅科村 | 34 | 男 | 1940 年 |
| 刘夕财 | 莱州市郭家店镇葛城村 | 21 | 男 | 1940 年 |
| 王振伟 | 莱州市程郭镇山后村 | 20 | 男 | 1940 年 |
| 王振武 | 莱州市程郭镇山后村 | 45 | 男 | 1940 年 |
| 赵月廷 | 莱州市程郭镇山后村 | 42 | 男 | 1940 年 |
| 李寿林 | 莱州市程郭镇东庄村 | 17 | 男 | 1940 年 |

| 姓 名 | 籍 贯 | 年 龄 | 性 别 | 死难时间 |
|---|---|---|---|---|
| 李锦章 | 莱州市程郭镇后王门村 | — | 男 | 1940 年 |
| 于春成 | 莱州市程郭镇坎上村 | 35 | 男 | 1940 年 |
| 王仁堂 | 莱州市程郭镇宋家村 | 25 | 男 | 1940 年 |
| 梁欣福 | 莱州市程郭镇张家坡子村 | 27 | 男 | 1940 年 |
| 仲延高 | 莱州市程郭镇洪沟头村 | 44 | 男 | 1940 年 |
| 范振民 | 莱州市程郭镇高郭村 | 19 | 男 | 1940 年 |
| 王喜仁 | 莱州市程郭镇曹郭庄村 | 23 | 男 | 1940 年 |
| 李振东 | 莱州市程郭镇曹郭庄村 | 27 | 男 | 1940 年 |
| 宋太元 | 莱州市程郭镇菜园头村 | 29 | 男 | 1940 年 |
| 崔正体 | 莱州市平里店镇西罗台村 | 21 | 男 | 1940 年 |
| 王丰祥 | 莱州市程郭镇西朱村 | 34 | 男 | 1941 年 1 月 30 日 |
| 王玉祥 | 莱州市程郭镇西朱村 | 71 | 男 | 1941 年 1 月 30 日 |
| 王宝山 | 莱州市程郭镇西朱村 | — | 男 | 1941 年 1 月 30 日 |
| 王永合 | 莱州市三山岛街道诸冯村 | 16 | 男 | 1941 年 1 月 |
| 王守山 | 莱州市土山镇西代村 | 25 | 男 | 1941 年 1 月 |
| 杨　氏 | 莱州市土山镇柳林子村 | 70 | 女 | 1941 年 1 月 |
| 叶方荣 | 莱州市平里店镇诸流村 | 50 | 男 | 1941 年 1 月 |
| 姜进凤 | 莱州市永安路街道姜家村 | 22 | 男 | 1941 年 1 月 |
| 姜春彦 | 莱州市永安路街道姜家村 | 24 | 男 | 1941 年 1 月 |
| 郭德才 | 莱州市朱桥镇单家村 | — | 男 | 1941 年 1 月 |
| 黄凌梅 | 莱州市夏邱镇小初家村 | 22 | 男 | 1941 年 1 月 |
| 牟甲荣 | 莱州市夏邱镇牟家村 | 35 | 男 | 1941 年 1 月 |
| 赵发安 | 莱州市郭家店镇河北村 | 40 | 男 | 1941 年 1 月 |
| 胡廷闻 | 莱州市郭家店镇胡家村 | 22 | 男 | 1941 年 1 月 |
| 李风财 | 莱州市郭家店镇葛城村 | 30 | 男 | 1941 年 1 月 |
| 池元祥 | 莱州市郭家店镇蒋家村 | 23 | 男 | 1941 年 1 月 |
| 池永桂 | 莱州市郭家店镇蒋家村 | 22 | 男 | 1941 年 1 月 |
| 郝青平 | 莱州市程郭镇坎下村 | 22 | 男 | 1941 年 1 月 |
| 池永普 | 莱州市郭家店镇蒋家村 | 41 | 男 | 1941 年 2 月 2 日 |
| 马玉岐 | 莱州市柞村镇高山村 | 46 | 男 | 1941 年 2 月 3 日 |
| 马赵氏 | 莱州市柞村镇高山村 | 23 | 女 | 1941 年 2 月 3 日 |
| 翟奎兴 | 莱州市柞村镇高山村 | 47 | 男 | 1941 年 2 月 3 日 |
| 三老婆 | 莱州市柞村镇蔡格庄村 | 56 | 女 | 1941 年 2 月 27 日 |
| 毛洪升 | 莱州市柞村镇蔡格庄村 | 36 | 男 | 1941 年 2 月 27 日 |

| 姓 名 | 籍 贯 | 年 龄 | 性 别 | 死难时间 |
|---|---|---|---|---|
| 孙善福 | 莱州市柞村镇蔡格庄村 | 40 | 男 | 1941 年 2 月 27 日 |
| 马俊杰 | 莱州市城港路街道朱由一村 | 41 | 男 | 1941 年 2 月 |
| 孙传信 | 莱州市城港路街道朱由二村 | 16 | 男 | 1941 年 2 月 |
| 姜进善 | 莱州市文昌路街道北关村 | 26 | 男 | 1941 年 2 月 |
| 李洪俊 | 莱州市平里店镇东罗村 | 21 | 男 | 1941 年 2 月 |
| 郭九兴 | 莱州市驿道镇邢胡村 | 22 | 男 | 1941 年 2 月 |
| 王风书 | 莱州市驿道镇沙现村 | 21 | 男 | 1941 年 2 月 |
| 刘殿奎 | 莱州市郭家店镇小庙后村 | 24 | 男 | 1941 年 2 月 |
| 张德才 | 莱州市郭家店镇宋光村 | 28 | 男 | 1941 年 2 月 |
| 刘 石 | 莱州市郭家店镇鞠家村 | 22 | 男 | 1941 年 2 月 |
| 刘管升 | 莱州市程郭镇北边村 | 55 | 男 | 1941 年 2 月 |
| 刘英福 | 莱州市程郭镇北边村 | 28 | 男 | 1941 年 2 月 |
| 张 夕 | 莱州市程郭镇北边村 | 25 | 男 | 1941 年 2 月 |
| 卢金坤 | 莱州市程郭镇庄里村 | 16 | 男 | 1941 年 2 月 |
| 唐吉行 | 莱州市程郭镇唐家村 | 40 | 男 | 1941 年 2 月 |
| 戚经善 | 莱州市程郭镇唐家村 | 34 | 男 | 1941 年 2 月 |
| 唐吉尧 | 莱州市程郭镇唐家村 | 49 | 男 | 1941 年 3 月 4 日 |
| 张寿松 | 莱州市土山镇东薛村 | 23 | 男 | 1941 年 3 月 8 日 |
| 王惠安 | 莱州市金城镇小官庄村 | 45 | 男 | 1941 年 3 月 8 日 |
| 刘王氏 | 莱州市金城镇埠西村 | — | 女 | 1941 年 3 月 12 日 |
| 刘玉会 | 莱州市金城镇埠西村 | — | 男 | 1941 年 3 月 12 日 |
| 刘张氏 | 莱州市金城镇埠西村 | — | 女 | 1941 年 3 月 12 日 |
| 刘悦俊 | 莱州市金城镇埠西村 | — | 男 | 1941 年 3 月 12 日 |
| 刘栾氏 | 莱州市金城镇埠西村 | — | 女 | 1941 年 3 月 12 日 |
| 吕秉焕 | 莱州市金城镇埠西村 | — | 男 | 1941 年 3 月 12 日 |
| 邓超海 | 莱州市三山岛街道腰王村 | 15 | 男 | 1941 年 3 月 15 日 |
| 王痴姑 | 莱州市朱桥镇镡家村 | 60 | 女 | 1941 年 3 月 19 日 |
| 邓广文 | 莱州市三山岛街道前邓村 | 19 | 男 | 1941 年 3 月 27 日 |
| 沈若山之母 | 莱州市城港路街道上官沈家村 | — | 女 | 1941 年 3 月 29 日 |
| 沈洪飞之母 | 莱州市城港路街道上官沈家村 | 70 | 女 | 1941 年 3 月 29 日 |
| 李 固 | 平度市 | 60 | 男 | 1941 年 3 月 |
| 王若才 | 莱州市城港路街道由家村 | 20 | 男 | 1941 年 3 月 |
| 李增耀 | 莱州市三山岛街道后吕村 | 29 | 男 | 1941 年 3 月 |
| 张晓东 | 莱州市城港路街道朱由一村 | — | 男 | 1941 年 3 月 |

| 姓 名 | 籍 贯 | 年 龄 | 性 别 | 死难时间 |
|---|---|---|---|---|
| 张太昌 | 莱州市三山岛街道张家村 | 55 | 男 | 1941 年 3 月 |
| 张学耀 | 莱州市三山岛街道草坡村 | 35 | 男 | 1941 年 3 月 |
| 王家昌 | 莱州市三山岛街道腰王村 | 60 | 男 | 1941 年 3 月 |
| 任保泉 | 莱州市虎头崖镇西原村 | 24 | 男 | 1941 年 3 月 |
| 万寿康 | 莱州市金城镇万家村 | 21 | 男 | 1941 年 3 月 |
| 孙世贞 | 莱州市柞村镇孙家村 | 25 | 男 | 1941 年 3 月 |
| 郭关长 | 莱州市夏邱镇郭家村 | — | 男 | 1941 年 3 月 |
| 尹守菊 | 莱州市郭家店镇郭家店村 | 19 | 女 | 1941 年 3 月 |
| 范太吉 | 莱州市郭家店镇马台石村 | 19 | 男 | 1941 年 3 月 |
| 姜立正 | 莱州市郭家店镇七里岚村 | 20 | 男 | 1941 年 3 月 |
| 叶长庆 | 莱州市郭家店镇东庙埠河村 | 21 | 男 | 1941 年 3 月 |
| 小 学 | 莱州市郭家店镇段家村 | 18 | 男 | 1941 年 3 月 |
| 姜德茂 | 莱州市郭家店镇涧里村 | — | 男 | 1941 年 3 月 |
| 王洪岐 | 莱州市郭家店镇盛家村 | 43 | 男 | 1941 年 3 月 |
| 姜淑兰 | 莱州市郭家店镇盛家村 | 45 | 女 | 1941 年 3 月 |
| 姜振桥 | 莱州市程郭镇三十里堡村 | — | 男 | 1941 年 3 月 |
| 王有力之子 | 莱州市程郭镇唐家村 | 1 | 男 | 1941 年 3 月 |
| 唐吉礼 | 莱州市程郭镇唐家村 | 51 | 男 | 1941 年 3 月 |
| 唐有良 | 莱州市程郭镇唐家村 | 48 | 男 | 1941 年 3 月 |
| 卜继德 | 莱州市朱桥镇招贤村 | 53 | 男 | 1941 年 4 月 19 日 |
| 文 弟 | 莱州市朱桥镇招贤村 | 11 | 男 | 1941 年 4 月 19 日 |
| 文张氏 | 莱州市朱桥镇招贤村 | 62 | 女 | 1941 年 4 月 19 日 |
| 文张氏 | 莱州市朱桥镇招贤村 | 40 | 女 | 1941 年 4 月 19 日 |
| 文栾氏 | 莱州市朱桥镇招贤村 | 35 | 女 | 1941 年 4 月 19 日 |
| 老 李 | 莱州市朱桥镇招贤村 | 46 | 男 | 1941 年 4 月 19 日 |
| 许洪儒 | 莱州市朱桥镇招贤村 | 52 | 男 | 1941 年 4 月 19 日 |
| 张风阁 | 莱州市朱桥镇招贤村 | 74 | 男 | 1941 年 4 月 19 日 |
| 张孙氏 | 莱州市朱桥镇招贤村 | 50 | 女 | 1941 年 4 月 19 日 |
| 张廷善 | 莱州市朱桥镇招贤村 | 80 | 男 | 1941 年 4 月 19 日 |
| 张青德 | 莱州市朱桥镇招贤村 | 53 | 男 | 1941 年 4 月 19 日 |
| 张 俊 | 莱州市朱桥镇招贤村 | 46 | 男 | 1941 年 4 月 19 日 |
| 张美德 | 莱州市朱桥镇招贤村 | 28 | 男 | 1941 年 4 月 19 日 |
| 迟照元 | 莱州市朱桥镇招贤村 | — | 男 | 1941 年 4 月 19 日 |
| 彭登祥 | 莱州市朱桥镇招贤村 | 50 | 男 | 1941 年 4 月 19 日 |

| 姓 名 | 籍 贯 | 年 龄 | 性 别 | 死难时间 |
|---|---|---|---|---|
| 王学林 | 莱州市驿道镇三岔口村 | 55 | 男 | 1941 年 4 月 20 日 |
| 刘洪善 | 莱州市三山岛街道路宿村 | 27 | 男 | 1941 年 4 月 |
| 徐日明 | 莱州市土山镇北徐村 | 45 | 男 | 1941 年 4 月 |
| 杨满堂 | 莱州市文峰路街道田家村 | 29 | 男 | 1941 年 4 月 |
| 郝万明 | 莱州市平里店镇诸流村 | 40 | 男 | 1941 年 4 月 |
| 张典聚 | 莱州市朱桥镇上坡村 | 27 | 男 | 1941 年 4 月 |
| 李奎章 | 莱州市虎头崖镇南李村 | 23 | 男 | 1941 年 4 月 |
| 姜兰根 | 莱州市驿道镇沙现村 | 23 | 男 | 1941 年 4 月 |
| 卢同元 | 莱州市城港路街道王家村 | 28 | 男 | 1941 年 4 月 |
| 周宝奎 | 莱州市柞村镇大周家村 | 19 | 男 | 1941 年 4 月 |
| 王希丰 | 莱州市郭家店镇 | — | 男 | 1941 年 4 月 |
| 曹化林 | 莱州市郭家店镇东埠村 | 38 | 男 | 1941 年 4 月 |
| 王升合 | 莱州市郭家店镇段家村 | 25 | 男 | 1941 年 4 月 |
| 刘明友 | 莱州市郭家店镇葛城村 | 20 | 男 | 1941 年 4 月 |
| 徐焕新 | 莱州市程郭镇东埠村 | 57 | 男 | 1941 年 4 月 |
| 李召瑞 | 莱州市程郭镇石格庄村 | 32 | 男 | 1941 年 4 月 |
| 李洪珠 | 莱州市程郭镇石格庄村 | 35 | 男 | 1941 年 4 月 |
| 孙庆云 | 莱州市土山镇北孙家村 | 45 | 男 | 1941 年 5 月 10 日 |
| 孙延庆 | 莱州市土山镇北孙家村 | 47 | 男 | 1941 年 5 月 10 日 |
| 宋福来 | 莱州市程郭镇教书庄村 | 30 | 男 | 1941 年 5 月 12 日 |
| 南风亭 | 莱州市程郭镇教书庄村 | 51 | 男 | 1941 年 5 月 12 日 |
| 刘占寿 | 莱州市朱桥镇苗家村 | 34 | 男 | 1941 年 5 月 27 日 |
| 崔 刚 | 莱州市朱桥镇苗家村 | 21 | 男 | 1941 年 5 月 27 日 |
| 崔贞帮 | 莱州市朱桥镇苗家村 | 30 | 男 | 1941 年 5 月 27 日 |
| 崔振帮 | 莱州市朱桥镇苗家村 | 42 | 男 | 1941 年 5 月 27 日 |
| 崔淑花 | 莱州市朱桥镇苗家村 | 9 | 女 | 1941 年 5 月 27 日 |
| 谭开善 | 莱州市朱桥镇苗家村 | 34 | 男 | 1941 年 5 月 27 日 |
| 谭洪右 | 莱州市朱桥镇苗家村 | 31 | 男 | 1941 年 5 月 27 日 |
| 滕兆吉 | 莱州市朱桥镇苗家村 | 36 | 男 | 1941 年 5 月 27 日 |
| 张续先 | 莱州市城港路街道朱由一村 | 32 | 男 | 1941 年 5 月 |
| 张绪先 | 莱州市城港路街道朱由四村 | 42 | 男 | 1941 年 5 月 |
| 沈彩文 | 莱州市城港路街道朱家村 | 40 | 男 | 1941 年 5 月 |
| 方树模 | 莱州市城港路街道过西村 | 53 | 男 | 1941 年 5 月 |
| 马绍五 | 莱州市城港路街道李家村 | 30 | 男 | 1941 年 5 月 |

| 姓　名 | 籍　贯 | 年　龄 | 性　别 | 死难时间 |
|---|---|---|---|---|
| 任希美 | 莱州市土山镇大任家村 | 37 | 男 | 1941 年 5 月 |
| 周生奎 | 莱州市大周家村 | — | 男 | 1941 年 5 月 |
| 寿 | 莱州市平里店镇战家洼村 | 14 | 男 | 1941 年 5 月 |
| 刘国玉 | 莱州市平里店镇麻前村 | 29 | 男 | 1941 年 5 月 |
| 吕忠堂 | 莱州市沙河镇黑羊山村 | 19 | 男 | 1941 年 5 月 |
| 彭书祯 | 莱州市虎头崖镇后上庄村 | 28 | 男 | 1941 年 5 月 |
| 臧云希 | 莱州市柞村镇大臧家村 | 21 | 男 | 1941 年 5 月 |
| 王　纹 | 莱州市柞村镇消水庄村 | 17 | 女 | 1941 年 5 月 |
| 王维成 | 莱州市柞村镇消水庄村 | 22 | 男 | 1941 年 5 月 |
| 许有忠 | 莱州市郭家店镇大庙后村 | 45 | 男 | 1941 年 5 月 |
| 杨夕同 | 莱州市郭家店镇大庙后村 | 28 | 男 | 1941 年 5 月 |
| 杨德顺 | 莱州市郭家店镇大庙后村 | 30 | 男 | 1941 年 5 月 |
| 杨维腾 | 莱州市郭家店镇大庙后村 | 41 | 男 | 1941 年 5 月 |
| 叶春喜 | 莱州市郭家店镇东庙埠河村 | 20 | 男 | 1941 年 5 月 |
| 姜振聚 | 莱州市程郭镇三十里堡村 | — | 男 | 1941 年 5 月 |
| 周丰高 | 莱州市程郭镇东南坡村 | 28 | 男 | 1941 年 5 月 |
| 周玉兴 | 莱州市程郭镇东南坡村 | 55 | 男 | 1941 年 5 月 |
| 周同华 | 莱州市程郭镇东南坡村 | 27 | 男 | 1941 年 5 月 |
| 周肖山 | 莱州市程郭镇东南坡村 | 29 | 男 | 1941 年 5 月 |
| 徐成祝 | 莱州市程郭镇西埠村 | 24 | 男 | 1941 年 5 月 |
| 于贞德 | 莱州市程郭镇坎上村 | 35 | 男 | 1941 年 5 月 |
| 谭振铎 | 莱州市土山镇谭村 | 24 | 男 | 1941 年 6 月 |
| 赵　行 | 莱州市驿道镇河套杨家村 | 20 | 男 | 1941 年 6 月 |
| 毛祥云 | 莱州市文峰路街道房家村 | 36 | 男 | 1941 年 6 月 |
| 于乐倩 | 莱州市平里店镇毛家村 | 40 | 男 | 1941 年 6 月 |
| 毛振声 | 莱州市平里店镇毛家村 | 44 | 男 | 1941 年 6 月 |
| 于永喜 | 莱州市朱桥镇马家村 | 20 | 男 | 1941 年 6 月 |
| 王永德 | 莱州市朱桥镇呼雷于家村 | 19 | 男 | 1941 年 6 月 |
| 行 | 莱州市朱桥镇保旺王家村 | 20 | 男 | 1941 年 6 月 |
| 高玉弼 | 莱州市朱桥镇梁郭集村 | 18 | 男 | 1941 年 6 月 |
| 付孟才 | 莱州市沙河镇付家村 | 21 | 男 | 1941 年 6 月 |
| 彭先增 | 莱州市金城镇凤毛寨村 | 58 | 男 | 1941 年 6 月 |
| 刘希云 | 莱州市郭家店镇大栾家村 | 27 | 男 | 1941 年 6 月 |
| 贾宝丰 | 莱州市郭家店镇贾家村 | 22 | 男 | 1941 年 6 月 |

| 姓 名 | 籍 贯 | 年 龄 | 性 别 | 死难时间 |
|---|---|---|---|---|
| 杨学成 | 莱州市程郭镇东庄村 | 25 | 男 | 1941 年 6 月 |
| 王永常 | 莱州市程郭镇郭古庄村 | 41 | 男 | 1941 年 6 月 |
| 于兴旧 | 莱州市驿道镇车栾庄村 | 40 | 男 | 1941 年 7 月 12 日 |
| 于春田之女 | 莱州市驿道镇车栾庄村 | 3 | 女 | 1941 年 7 月 12 日 |
| 于春田之妻 | 莱州市驿道镇车栾庄村 | 40 | 女 | 1941 年 7 月 12 日 |
| 孙邱氏 | 莱州市驿道镇车栾庄村 | 40 | 女 | 1941 年 7 月 12 日 |
| 孙福江 | 莱州市驿道镇车栾庄村 | 42 | 男 | 1941 年 7 月 12 日 |
| 赵王氏 | 莱州市驿道镇车栾庄村 | 54 | 女 | 1941 年 7 月 12 日 |
| 赵永兴 | 莱州市驿道镇车栾庄村 | 55 | 男 | 1941 年 7 月 12 日 |
| 赵刘氏 | 莱州市驿道镇车栾庄村 | 54 | 女 | 1941 年 7 月 12 日 |
| 赵吉业之妻 | 莱州市驿道镇车栾庄村 | 50 | 女 | 1941 年 7 月 12 日 |
| 赵同叶 | 莱州市驿道镇车栾庄村 | 11 | 男 | 1941 年 7 月 12 日 |
| 赵竹叶 | 莱州市驿道镇车栾庄村 | 48 | 男 | 1941 年 7 月 12 日 |
| 赵李业 | 莱州市驿道镇车栾庄村 | 42 | 男 | 1941 年 7 月 12 日 |
| 赵学业 | 莱州市驿道镇车栾庄村 | 37 | 男 | 1941 年 7 月 12 日 |
| 赵显叶 | 莱州市驿道镇车栾庄村 | 49 | 男 | 1941 年 7 月 12 日 |
| 赵树业 | 莱州市驿道镇车栾庄村 | 47 | 男 | 1941 年 7 月 12 日 |
| 赵香叶 | 莱州市驿道镇车栾庄村 | 14 | 男 | 1941 年 7 月 12 日 |
| 赵恩科 | 莱州市驿道镇车栾庄村 | 55 | 男 | 1941 年 7 月 12 日 |
| 赵恩科之妻 | 莱州市驿道镇车栾庄村 | 53 | 女 | 1941 年 7 月 12 日 |
| 赵新业之妻 | 莱州市驿道镇车栾庄村 | 31 | 女 | 1941 年 7 月 12 日 |
| 赵德胜之子 | 莱州市驿道镇车栾庄村 | 3 | 男 | 1941 年 7 月 12 日 |
| 赵德胜之妻 | 莱州市驿道镇车栾庄村 | 30 | 女 | 1941 年 7 月 12 日 |
| 赵聪华 | 莱州市驿道镇车栾庄村 | 20 | 女 | 1941 年 7 月 12 日 |
| 赵聪南 | 莱州市驿道镇车栾庄村 | 16 | 女 | 1941 年 7 月 12 日 |
| 康贺令 | 莱州市驿道镇车栾庄村 | 45 | 男 | 1941 年 7 月 12 日 |
| 于保母 | 莱州市驿道镇东栾庄村 | 73 | 女 | 1941 年 7 月 12 日 |
| 马 喜 | 莱州市驿道镇东栾庄村 | 60 | 男 | 1941 年 7 月 12 日 |
| 赵兰兴 | 莱州市驿道镇东栾庄村 | 45 | 男 | 1941 年 7 月 12 日 |
| 赵玉兰 | 莱州市驿道镇东栾庄村 | 20 | 女 | 1941 年 7 月 12 日 |
| 赵玉兴 | 莱州市驿道镇东栾庄村 | 20 | 男 | 1941 年 7 月 12 日 |
| 赵邢氏 | 莱州市驿道镇东栾庄村 | 49 | 女 | 1941 年 7 月 12 日 |
| 赵邢氏之女 | 莱州市驿道镇东栾庄村 | 5 | 女 | 1941 年 7 月 12 日 |
| 赵李氏 | 莱州市驿道镇东栾庄村 | 52 | 女 | 1941 年 7 月 12 日 |

| 姓　名 | 籍　贯 | 年　龄 | 性　别 | 死难时间 |
|---|---|---|---|---|
| 赵思训 | 莱州市驿道镇东栾庄村 | 51 | 男 | 1941 年 7 月 12 日 |
| 赵思亭 | 莱州市驿道镇东栾庄村 | 53 | 男 | 1941 年 7 月 12 日 |
| 赵恩生 | 莱州市驿道镇东栾庄村 | 58 | 男 | 1941 年 7 月 12 日 |
| 赵恩明 | 莱州市驿道镇东栾庄村 | 53 | 男 | 1941 年 7 月 12 日 |
| 赵恩春 | 莱州市驿道镇东栾庄村 | 42 | 男 | 1941 年 7 月 12 日 |
| 赵恩积 | 莱州市驿道镇东栾庄村 | 36 | 男 | 1941 年 7 月 12 日 |
| 赵恩堂 | 莱州市驿道镇东栾庄村 | 41 | 男 | 1941 年 7 月 12 日 |
| 赵华业 | 莱州市驿道镇东栾庄村 | 17 | 男 | 1941 年 7 月 12 日 |
| 王朋年 | 莱州市驿道镇西狼虎埠村 | — | 男 | 1941 年 7 月 12 日 |
| 张　亭 | 莱州市吴家村 | — | 男 | 1941 年 7 月 |
| 赵庆泮 | 莱州市三山岛街道永盛埠村 | 18 | 男 | 1941 年 7 月 |
| 张学宝 | 莱州市三山岛街道潘家村 | 29 | 男 | 1941 年 7 月 |
| 张善修 | 莱州市城港路街道朱由一村 | 28 | 男 | 1941 年 7 月 |
| 孙　送 | 莱州市土山镇泥东村 | 19 | 男 | 1941 年 7 月 |
| 宋兆朋 | 莱州市文昌路街道仲家沟村 | 29 | 男 | 1941 年 7 月 |
| 杨建业 | 莱州市文峰路街道杨家村 | 23 | 男 | 1941 年 7 月 |
| 赵克翼 | 莱州市虎头崖镇西小宋村 | 28 | 男 | 1941 年 7 月 |
| 任恩世 | 莱州市虎头崖镇翟村 | 25 | 男 | 1941 年 7 月 |
| 刘金玉 | 莱州市驿道镇刘洼村 | 23 | 男 | 1941 年 7 月 |
| 班文汉 | 莱州市柞村镇东朱宋村 | 27 | 男 | 1941 年 7 月 |
| 宋祥瑞 | 莱州市郭家店镇小草沟村 | 26 | 男 | 1941 年 7 月 |
| 张花进 | 莱州市郭家店镇前疃村 | 31 | 男 | 1941 年 7 月 |
| 刘锡祥 | 莱州市程郭镇东蚕村 | 26 | 男 | 1941 年 7 月 |
| 王升山 | 莱州市程郭镇由家村 | 30 | 男 | 1941 年 7 月 |
| 李元贵 | 莱州市程郭镇由家村 | 31 | 男 | 1941 年 7 月 |
| 曲京书 | 莱州市程郭镇曲家村 | 60 | 男 | 1941 年 7 月 |
| 郝滨堂 | 莱州市程郭镇坎下村 | 18 | 男 | 1941 年 7 月 |
| 刘恩甫 | 莱州市驿道镇东郎虎埠村 | 50 | 男 | 1941 年 8 月 12 日 |
| 刘长尧 | 莱州市驿道镇东郎虎埠村 | 42 | 男 | 1941 年 8 月 12 日 |
| 刘顺德 | 莱州市驿道镇东郎虎埠村 | 36 | 男 | 1941 年 8 月 12 日 |
| 陈和云之妻 | 莱州市朱桥镇西李村 | 50 | 女 | 1941 年 8 月 |
| 潘立宗 | 莱州市土山镇北庄村 | 58 | 男 | 1941 年 8 月 |
| 姜明球 | 莱州市永安路街道于家村 | 48 | 男 | 1941 年 8 月 |
| 王淑荣 | 莱州市朱桥镇寺庄村 | 20 | 女 | 1941 年 8 月 |

| 姓　名 | 籍　贯 | 年　龄 | 性　别 | 死难时间 |
|---|---|---|---|---|
| 曲守禄 | 莱州市沙河镇大曲村 | 58 | 男 | 1941 年 8 月 |
| 尼锡荣 | 莱州市沙河镇尼家村 | 27 | 男 | 1941 年 8 月 |
| 尹金铭 | 莱州市虎头崖镇后上庄村 | 36 | 男 | 1941 年 8 月 |
| 滕玉俊 | 莱州市金城镇滕南村 | — | 男 | 1941 年 8 月 |
| 赵典功 | 莱州市驿道镇河东村 | 21 | 男 | 1941 年 8 月 |
| 李元希 | 莱州市驿道镇河西村 | 43 | 男 | 1941 年 8 月 |
| 孙春发 | 莱州市柞村镇大庄子村 | 27 | 男 | 1941 年 8 月 |
| 徐世凯 | 莱州市程郭镇东埠村 | 23 | 男 | 1941 年 8 月 |
| 徐长安 | 莱州市程郭镇腰刘家村 | 32 | 男 | 1941 年 8 月 |
| 焦志进 | 莱州市土山镇海沧村 | 28 | 男 | 1941 年 8 月 |
| 焦松山 | 莱州市土山镇海沧村 | 35 | 男 | 1941 年 8 月 |
| 张铭修 | 莱州市程郭镇曲家村 | 30 | 男 | 1941 年 9 月 3 日 |
| 王春芳 | 莱州市程郭镇后苏村 | 23 | 男 | 1941 年 9 月 10 日 |
| 刘东旭 | 莱州市虎头崖镇留村 | 19 | 男 | 1941 年 9 月 |
| 李汉藻 | 莱州市三山岛街道后吕村 | 32 | 男 | 1941 年 9 月 |
| 杨　欢 | 莱州市永安路街道杨务沟村 | — | 男 | 1941 年 9 月 |
| 张尧南 | 莱州市朱桥镇上坡村 | 17 | 男 | 1941 年 9 月 |
| 戚云汉 | 莱州市朱桥镇小鹿家村 | 24 | 男 | 1941 年 9 月 |
| 张汝楠 | 莱州市朱桥镇张家村 | 19 | 男 | 1941 年 9 月 |
| 曲鸣春 | 莱州市沙河镇东郑村 | 20 | 男 | 1941 年 9 月 |
| 姚振友 | 莱州市柞村镇十字口村 | 20 | 男 | 1941 年 9 月 |
| 班春官 | 莱州市柞村镇大庄子村 | 42 | 男 | 1941 年 9 月 |
| 吴林振 | 莱州市柞村镇南庙村 | 18 | 男 | 1941 年 9 月 |
| 刘希尧 | 莱州市夏邱镇李家庄村 | 47 | 男 | 1941 年 9 月 |
| 陶文聚 | 莱州市郭家店镇陶家村 | 24 | 男 | 1941 年 9 月 |
| 陶春聚 | 莱州市郭家店镇陶家村 | 20 | 男 | 1941 年 9 月 |
| 王　才 | 莱州市郭家店镇张格庄村 | 27 | 男 | 1941 年 9 月 |
| 卢显章 | 莱州市程郭镇庄里村 | 26 | 男 | 1941 年 9 月 |
| 邱延令 | 莱州市程郭镇清明沟村 | 45 | 男 | 1941 年 9 月 |
| 冯立仁 | 莱州市虎头崖镇冯家村 | 42 | 男 | 1941 年 10 月 15 日 |
| 孙友山之子 | 莱州市金城镇孙家村 | 17 | 男 | 1941 年 10 月 25 日 |
| 孙友山之母 | 莱州市金城镇孙家村 | 37 | 女 | 1941 年 10 月 25 日 |
| 孙友山之外甥 | 莱州市金城镇孙家村 | 5 | 男 | 1941 年 10 月 25 日 |
| 孙华山 | 莱州市金城镇孙家村 | 30 | 男 | 1941 年 10 月 25 日 |

| 姓　名 | 籍　贯 | 年　龄 | 性　别 | 死难时间 |
|---|---|---|---|---|
| 孙廷恩 | 莱州市金城镇孙家村 | 51 | 男 | 1941 年 10 月 25 日 |
| 孙金廷之母 | 莱州市金城镇孙家村 | 47 | 女 | 1941 年 10 月 25 日 |
| 孙恩同 | 莱州市金城镇孙家村 | 55 | 男 | 1941 年 10 月 25 日 |
| 孙祥荣之妻 | 莱州市金城镇孙家村 | 35 | 女 | 1941 年 10 月 25 日 |
| 张广起之姐 | 莱州市金城镇孙家村 | 23 | 女 | 1941 年 10 月 25 日 |
| 松　娘 | 莱州市金城镇孙家村 | 50 | 女 | 1941 年 10 月 25 日 |
| 孙会绪 | 莱州市金城镇孙家村 | 29 | 男 | 1941 年 10 月 26 日 |
| 孙发正 | 莱州市金城镇孙家村 | 17 | 女 | 1941 年 10 月 27 日 |
| 孙光宽 | 莱州市金城镇孙家村 | 20 | 女 | 1941 年 10 月 27 日 |
| 孙林祥 | 莱州市金城镇孙家村 | 30 | 男 | 1941 年 10 月 27 日 |
| 孙淑英 | 莱州市金城镇孙家村 | 80 | 女 | 1941 年 10 月 27 日 |
| 唐兆绪 | 莱州市程郭镇后苏村 | 32 | 男 | 1941 年 10 月 29 日 |
| 国孟岐 | 莱州市沙河镇国家村 | 26 | 男 | 1941 年 10 月 |
| 刘玉庆 | 莱州市郭家店镇古村 | 19 | 男 | 1941 年 10 月 |
| 苑日照 | 莱州市土山镇西薛村 | 25 | 男 | 1941 年 11 月 6 日 |
| 张书绅 | 莱州市虎头崖镇朱流村 | 56 | 男 | 1941 年 11 月 8 日 |
| 张云普 | 莱州市虎头崖镇朱流村 | 30 | 男 | 1941 年 11 月 8 日 |
| 张玉秀 | 莱州市虎头崖镇朱流村 | 20 | 男 | 1941 年 11 月 8 日 |
| 张会秀 | 莱州市虎头崖镇朱流村 | 38 | 男 | 1941 年 11 月 8 日 |
| 张典栋 | 莱州市虎头崖镇朱流村 | 70 | 男 | 1941 年 11 月 8 日 |
| 徐洪南 | 莱州市程郭镇谷口村 | 21 | 男 | 1941 年 11 月 8 日 |
| 温风亭 | 莱州市 | — | 男 | 1941 年 11 月 |
| 单吉祥 | 莱州市文昌路街道西南隅村 | 37 | 男 | 1941 年 11 月 |
| 鲍学林 | 莱州市平里店镇平里店村 | 24 | 男 | 1941 年 11 月 |
| 叶常欣 | 莱州市平里店镇诸流村 | 32 | 男 | 1941 年 11 月 |
| 毛　瑞 | 莱州市永安路街道西山张村 | — | 男 | 1941 年 11 月 |
| 张平山 | 莱州市永安路街道西山张村 | 19 | 男 | 1941 年 11 月 |
| 刘洪哲 | 莱州市朱桥镇梁郭集村 | 19 | 男 | 1941 年 11 月 |
| 于清海 | 莱州市沙河镇西杜村 | 23 | 男 | 1941 年 11 月 |
| 刘宝元 | 莱州市虎头崖镇留村 | 22 | 男 | 1941 年 11 月 |
| 王德顺 | 莱州市驿道镇三岔口村 | 20 | 男 | 1941 年 11 月 |
| 张焕正 | 莱州市驿道镇古台村 | — | 男 | 1941 年 11 月 |
| 周宝良 | 莱州市柞村镇大周家村 | 23 | 男 | 1941 年 11 月 |
| 王福太 | 莱州市柞村镇大黄花村 | 45 | 男 | 1941 年 11 月 |

| 姓 名 | 籍 贯 | 年 龄 | 性 别 | 死难时间 |
|---|---|---|---|---|
| 王学新 | 莱州市柞村镇东王庄村 | 31 | 男 | 1941 年 11 月 |
| 任洪济 | 莱州市柞村镇班家村 | 27 | 男 | 1941 年 11 月 |
| 王 群 | 莱州市程郭镇东朱村 | 70 | 男 | 1941 年 12 月 9 日 |
| 刘德升 | 莱州市程郭镇东朱村 | 62 | 男 | 1941 年 12 月 9 日 |
| 张郎氏 | 莱州市程郭镇东朱村 | 31 | 女 | 1941 年 12 月 9 日 |
| 张徐氏 | 莱州市程郭镇东朱村 | 55 | 女 | 1941 年 2 月 |
| 周二腚 | 莱州市程郭镇东朱村 | 20 | 男 | 1941 年 2 月 |
| 周善成 | 莱州市程郭镇东朱村 | 61 | 男 | 1941 年 2 月 |
| 刘德成 | 莱州市程郭镇东朱村 | 62 | 男 | 1941 年 2 月 |
| 张胡氏 | 莱州市程郭镇东朱村 | 31 | 女 | 1941 年 2 月 |
| 周善京 | 莱州市程郭镇东朱村 | 55 | 男 | 1941 年 2 月 |
| 林德茂 | 莱州市程郭镇东朱村 | 60 | 男 | 1941 年 2 月 |
| 于洪寺 | 莱州市程郭镇坎上村 | 33 | 男 | 1941 年 12 月 9 日 |
| 周士林 | 莱州市平里店镇诸流村 | 40 | 男 | 1941 年 12 月 |
| 周炳瑞 | 莱州市平里店镇诸流村 | 38 | 男 | 1941 年 12 月 |
| 刘风阁 | 莱州市驿道镇玉兰村 | 31 | 男 | 1941 年 12 月 |
| 李忠勤 | 莱州市驿道镇花园村 | 21 | 男 | 1941 年 12 月 |
| 刘文阁 | 莱州市驿道镇桥沟村 | 21 | 男 | 1941 年 12 月 |
| 荆长春 | 莱州市郭家店镇大栾家村 | 26 | 男 | 1941 年 12 月 |
| 杨风武 | 莱州市程郭镇西坊北村 | 30 | 男 | 1941 年 12 月 |
| 崔风声 | 莱州市虎头崖镇崔家村 | 36 | 男 | 1941 年 12 月 |
| 乔连生 | 莱州市 | — | 男 | 1941 年 |
| 李世庚 | 莱州市 | — | 男 | 1941 年 |
| 二 遵 | 莱州市三山岛街道三山岛村 | — | 男 | 1941 年 |
| 施国平之弟 | 莱州市三山岛街道三山岛村 | — | 男 | 1941 年 |
| 龙 氏 | 莱州市三山岛街道三山岛村 | 16 | 女 | 1941 年 |
| 施欣茂之子 | 莱州市三山岛街道三山岛村 | 3 | 男 | 1941 年 |
| 施云林 | 莱州市三山岛街道三山岛村 | 66 | 男 | 1941 年 |
| 施升阳之母 | 莱州市三山岛街道三山岛村 | 60 | 女 | 1941 年 |
| 施周谋之母 | 莱州市三山岛街道三山岛村 | — | 女 | 1941 年 |
| 施周森 | 莱州市三山岛街道三山岛村 | 15 | 男 | 1941 年 |
| 施坤章之母 | 莱州市三山岛街道三山岛村 | — | 女 | 1941 年 |
| 施坤章之大妹 | 莱州市三山岛街道三山岛村 | — | 女 | 1941 年 |
| 施坤章之二妹 | 莱州市三山岛街道三山岛村 | 1 | 女 | 1941 年 |

| 姓 名 | 籍 贯 | 年 龄 | 性 别 | 死难时间 |
|---|---|---|---|---|
| 施福年 | 莱州市三山岛街道三山岛村 | — | 男 | 1941 年 |
| 徒 师 | 莱州市三山岛街道三山岛村 | — | 男 | 1941 年 |
| 叶钟浩 | 莱州市城港路街道上官叶家村 | 20 | 男 | 1941 年 |
| 张学本 | 莱州市城郭镇大沙埠庄村 | 52 | 男 | 1941 年 |
| 孙观堂 | 莱州市城港路街道马格庄村 | 35 | 男 | 1941 年 |
| 曲培珍 | 莱州市城港路街道马格庄村 | 32 | 男 | 1941 年 |
| 杨永祥 | 莱州市三山岛街道仓东村 | 18 | 男 | 1941 年 |
| 于维清 | 莱州市三山岛街道仓北村 | 47 | 男 | 1941 年 |
| 王功海 | 莱州市三山岛街道仓西村 | 21 | 男 | 1941 年 |
| 阎水清 | 莱州市三山岛街道尹家村 | 39 | 男 | 1941 年 |
| 尹桂福 | 莱州市三山岛街道尹家村 | 21 | 男 | 1941 年 |
| 王 氏 | 莱州市三山岛街道东南村 | 28 | 女 | 1941 年 |
| 王长军 | 莱州市三山岛街道东南村 | 26 | 男 | 1941 年 |
| 王岐堂 | 莱州市三山岛街道龙泉村 | 25 | 男 | 1941 年 |
| 滕金鼎 | 莱州市三山岛街道龙泉村 | 21 | 男 | 1941 年 |
| 刘 文 | 莱州市三山岛街道后邓村 | 24 | 男 | 1941 年 |
| 李桂友 | 莱州市三山岛街道后邓村 | 27 | 男 | 1941 年 |
| 王典阁 | 莱州市三山岛街道过西村 | 32 | 男 | 1941 年 |
| 吴修奎 | 莱州市三山岛街道吴二村 | 22 | 男 | 1941 年 |
| 吴晓义 | 莱州市三山岛街道吴三村 | 21 | 男 | 1941 年 |
| 张宝仁 | 莱州市三山岛街道张家村 | 25 | 男 | 1941 年 |
| 王志山 | 莱州市三山岛街道院上村 | 35 | 男 | 1941 年 |
| 刘永春 | 莱州市城港路街道崖头刘家村 | 30 | 男 | 1941 年 |
| 王 灿 | 莱州市三山岛街道腰王村 | 30 | 女 | 1941 年 |
| 陈万元 | 莱州市土山镇陈家墩村 | 25 | 男 | 1941 年 |
| 尹德义 | 莱州市尹家村 | — | 男 | 1941 年 |
| 张修祖 | 莱州市文昌路街道大岚张村 | 48 | 男 | 1941 年 |
| 殷 恒 | 莱州市文昌路街道北关村 | 27 | 男 | 1941 年 |
| 王发章 | 莱州市文昌路街道后店子村 | 14 | 男 | 1941 年 |
| 张景昌 | 莱州市文昌路街道西南隅村 | 26 | 男 | 1941 年 |
| 郭洪章 | 莱州市文昌路街道西南隅村 | 30 | 男 | 1941 年 |
| 孙志欣 | 莱州市文昌路街道饮马池村 | 25 | 男 | 1941 年 |
| 周金堂 | 莱州市文昌路街道碑坡村 | 19 | 男 | 1941 年 |
| 魏奎章 | 莱州市文峰路街道魏家村 | 21 | 男 | 1941 年 |

| 姓 名 | 籍 贯 | 年 龄 | 性 别 | 死难时间 |
|---|---|---|---|---|
| 刘春晓 | 莱州市平里店镇小兰埠村 | 20 | 男 | 1941 年 |
| 迟洪发 | 莱州市平里店镇王河庄子村 | 21 | 男 | 1941 年 |
| 姜希正 | 莱州市平里店镇石姜村 | 32 | 男 | 1941 年 |
| 孟吉东 | 莱州市平里店镇匡家村 | 19 | 男 | 1941 年 |
| 冷希云 | 莱州市平里店镇西罗台村 | 31 | 男 | 1941 年 |
| 姜开田 | 莱州市平里店镇西障姜家村 | 24 | 男 | 1941 年 |
| 张汉臣 | 莱州市平里店镇张家埠村 | 19 | 男 | 1941 年 |
| 王咸进 | 莱州市平里店镇沟北王村 | 14 | 男 | 1941 年 |
| 张德胜 | 莱州市平里店镇店东村 | 19 | 男 | 1941 年 |
| 冷守奎 | 莱州市平里店镇保旺姜家村 | 30 | 男 | 1941 年 |
| 綦志田 | 莱州市平里店镇城子埠村 | 31 | 男 | 1941 年 |
| 綦福升 | 莱州市平里店镇城子埠村 | 25 | 男 | 1941 年 |
| 战碧玉 | 莱州市平里店镇战家村 | 23 | 男 | 1941 年 |
| 黄万禄 | 莱州市平里店镇战家洼村 | 82 | 男 | 1941 年 |
| 周太燕 | 莱州市平里店镇诸流村 | 24 | 男 | 1941 年 |
| 陈志尚 | 莱州市平里店镇高家村 | 35 | 男 | 1941 年 |
| 孟召瑞 | 莱州市平里店镇高家村 | 20 | 男 | 1941 年 |
| 鲍世昌 | 莱州市平里店镇婴里村 | 23 | 男 | 1941 年 |
| 所春升 | 莱州市平里店镇淳于村 | 29 | 男 | 1941 年 |
| 孙书堂 | 莱州市平里店镇麻一村 | 20 | 男 | 1941 年 |
| 郝宝林 | 莱州市平里店镇麻后村 | 36 | 男 | 1941 年 |
| 刘汉章 | 莱州市平里店镇麻前村 | 18 | 男 | 1941 年 |
| 姜金良 | 莱州市平里店镇麻前村 | 18 | 男 | 1941 年 |
| 吕俊英 | 莱州市平里店镇新光村 | 21 | 男 | 1941 年 |
| 于明深 | 莱州市永安路街道工农村 | 28 | 男 | 1941 年 |
| 张典美 | 莱州市朱桥镇上坡村 | 20 | 男 | 1941 年 |
| 于永超 | 莱州市朱桥镇大王村 | 20 | 男 | 1941 年 |
| 李怀志 | 莱州市朱桥镇大王村 | 20 | 男 | 1941 年 |
| 赵永德 | 莱州市朱桥镇大杨家 | 25 | 男 | 1941 年 |
| 孙龙昌 | 莱州市朱桥镇大琅琊村 | 19 | 男 | 1941 年 |
| 孙金山 | 莱州市朱桥镇小郎家 | 21 | 男 | 1941 年 |
| 孙宝玉 | 莱州市朱桥镇山上贾家村 | 17 | 男 | 1941 年 |
| 王海山 | 莱州市朱桥镇王家庄子 | 20 | 男 | 1941 年 |
| 史占芳 | 莱州市朱桥镇史家村 | 20 | 男 | 1941 年 |

| 姓 名 | 籍 贯 | 年 龄 | 性 别 | 死难时间 |
|---|---|---|---|---|
| 郝桃村 | 莱州市朱桥镇后郝村 | 17 | 男 | 1941 年 |
| 刘阳春 | 莱州市朱桥镇许家村 | 21 | 男 | 1941 年 |
| 王占桃 | 莱州市朱桥镇作阳村 | 25 | 男 | 1941 年 |
| 杨兰欣 | 莱州市朱桥镇沟子杨村 | 24 | 男 | 1941 年 |
| 孟召寿 | 莱州市朱桥镇孟村 | 48 | 男 | 1941 年 |
| 杨好本 | 莱州市朱桥镇欣木村 | 18 | 男 | 1941 年 |
| 谭云景 | 莱州市朱桥镇苗家村 | 18 | 男 | 1941 年 |
| 谭开祥 | 莱州市朱桥镇苗家村 | 24 | 男 | 1941 年 |
| 谭洪坤 | 莱州市朱桥镇苗家村 | 38 | 男 | 1941 年 |
| 尹在福 | 莱州市朱桥镇高家村 | 57 | 男 | 1941 年 |
| 穆 × | 莱州市朱桥镇高家村 | 20 | 男 | 1941 年 |
| 穆赞族 | 莱州市朱桥镇高家村 | 37 | 男 | 1941 年 |
| 鹿孟先 | 莱州市朱桥镇鹿家村 | 21 | 男 | 1941 年 |
| 鹿炳华 | 莱州市朱桥镇鹿家村 | 19 | 男 | 1941 年 |
| 黄友聚 | 莱州市朱桥镇黄家村 | 29 | 男 | 1941 年 |
| 黄树栋 | 莱州市朱桥镇黄家村 | 19 | 男 | 1941 年 |
| 杨在林 | 莱州市沙河镇杨家庄村 | 30 | 男 | 1941 年 |
| 杨星海 | 莱州市沙河镇杨家庄村 | 35 | 男 | 1941 年 |
| 贾福田 | 莱州市沙河镇杨家庄村 | 20 | 男 | 1941 年 |
| 邱世祥 | 莱州市沙河镇院上村 | 43 | 男 | 1941 年 |
| 邹万福 | 莱州市沙河镇海郑村 | 30 | 男 | 1941 年 |
| 刘振秋 | 莱州市沙河镇湾头村 | 25 | 男 | 1941 年 |
| 刘书贵 | 莱州市虎头崖镇山刘家村 | 26 | 男 | 1941 年 |
| 孙永求 | 莱州市虎头崖镇山孙家村 | 25 | 男 | 1941 年 |
| 孙德寿 | 莱州市虎头崖镇东宋村 | 22 | 男 | 1941 年 |
| 任作书 | 莱州市虎头崖镇北张村 | 24 | 男 | 1941 年 |
| 李廷云 | 莱州市虎头崖镇趴埠村 | 21 | 男 | 1941 年 |
| 孙春教 | 莱州市虎头崖镇埠孙村 | 40 | 男 | 1941 年 |
| 孙清香 | 莱州市虎头崖镇山孙村 | 33 | 男 | 1941 年 |
| 潘学书 | 莱州市虎头崖镇翟村 | 21 | 男 | 1941 年 |
| 方骐良 | 莱州市金城镇万家村 | 17 | 男 | 1941 年 |
| 王召吉 | 莱州市金城镇小西庄村 | 50 | 男 | 1941 年 |
| 王红藻 | 莱州市金城镇小西庄村 | 18 | 男 | 1941 年 |
| 王延年 | 莱州市金城镇凤毛寨村 | 67 | 男 | 1941 年 |

| 姓　名 | 籍　贯 | 年　龄 | 性　别 | 死难时间 |
|---|---|---|---|---|
| 刘万先 | 莱州市金城镇红布村 | 50 | 男 | 1941 年 |
| 刘心在 | 莱州市金城镇红布村 | — | 男 | 1941 年 |
| 杨王氏 | 莱州市金城镇红布村 | — | 女 | 1941 年 |
| 冯　春 | 莱州市金城镇城子村 | 32 | 男 | 1941 年 |
| 翟　聚 | 莱州市金城镇城子村 | 19 | 男 | 1941 年 |
| 原毓芳 | 莱州市金城镇原家村 | 45 | 男 | 1941 年 |
| 梁功荣 | 莱州市金城镇新城村 | 39 | 男 | 1941 年 |
| 殷太令 | 莱州市驿道镇三元村 | 38 | 男 | 1941 年 |
| 殷发云 | 莱州市驿道镇三元村 | 23 | 男 | 1941 年 |
| 杨寿美 | 莱州市驿道镇上庄村 | 22 | 男 | 1941 年 |
| 孙冠成 | 莱州市驿道镇下庄村 | 27 | 男 | 1941 年 |
| 宋德胜 | 莱州市驿道镇下庄村 | 27 | 男 | 1941 年 |
| 王鹏年 | 莱州市驿道镇西郎虎埠村 | 60 | 男 | 1941 年 |
| 王鹏福 | 莱州市驿道镇西郎虎埠村 | 50 | 男 | 1941 年 |
| 李顺庆 | 莱州市驿道镇夫子石村 | 23 | 男 | 1941 年 |
| 康明臣 | 莱州市驿道镇车兰庄村 | 25 | 男 | 1941 年 |
| 张化荣 | 莱州市驿道镇东牛村 | 19 | 男 | 1941 年 |
| 张化集 | 莱州市驿道镇东牛村 | 19 | 男 | 1941 年 |
| 龚有连 | 莱州市驿道镇朱汉村 | 36 | 男 | 1941 年 |
| 姜明伦 | 莱州市驿道镇东夼村 | 21 | 男 | 1941 年 |
| 刘玉寿 | 莱州市驿道镇东周村 | 19 | 男 | 1941 年 |
| 马廷龙 | 莱州市驿道镇东栾村 | 23 | 男 | 1941 年 |
| 张　涛 | 莱州市驿道镇古台村 | — | 男 | 1941 年 |
| 张永升 | 莱州市驿道镇古庄村 | 28 | 男 | 1941 年 |
| 季信义 | 莱州市驿道镇玉兰村 | 21 | 男 | 1941 年 |
| 张吉玉 | 莱州市驿道镇刘洼村 | 33 | 男 | 1941 年 |
| 迟天贵 | 莱州市驿道镇西牛村 | 21 | 男 | 1941 年 |
| 张世星 | 莱州市驿道镇西战村 | 26 | 男 | 1941 年 |
| 李万顺 | 莱州市驿道镇冷家夼村 | 65 | 男 | 1941 年 |
| 杨兆林 | 莱州市驿道镇杨家涧村 | 18 | 男 | 1941 年 |
| 李洪君 | 莱州市驿道镇花园村 | 26 | 男 | 1941 年 |
| 王凤山 | 莱州市驿道镇庙山村 | 20 | 男 | 1941 年 |
| 王凤吾 | 莱州市驿道镇庙山村 | 20 | 男 | 1941 年 |
| 童兆义 | 莱州市驿道镇狗爪埠村 | 50 | 男 | 1941 年 |

| 姓　名 | 籍　贯 | 年　龄 | 性　别 | 死难时间 |
|---|---|---|---|---|
| 吕长春 | 莱州市驿道镇狗爪埠村 | 50 | 男 | 1941 年 |
| 王进合 | 莱州市驿道镇狗爪埠村 | 32 | 男 | 1941 年 |
| 吕延进 | 莱州市驿道镇狗爪埠村 | 22 | 男 | 1941 年 |
| 高洪吉 | 莱州市驿道镇狗爪埠村 | 22 | 男 | 1941 年 |
| 芦献章 | 莱州市驿道镇庄里村 | 27 | 男 | 1941 年 |
| 高登山 | 莱州市驿道镇驿道村 | 19 | 男 | 1941 年 |
| 王太珠之子 | 莱州市驿道镇费现村 | 8 | 男 | 1941 年 |
| 王丕盛 | 莱州市驿道镇费现村 | 20 | 男 | 1941 年 |
| 王吉祥之父 | 莱州市驿道镇费现村 | 60 | 男 | 1941 年 |
| 王孟周之女 | 莱州市驿道镇费现村 | 25 | 女 | 1941 年 |
| 张发友之弟 | 莱州市驿道镇费现村 | 12 | 男 | 1941 年 |
| 侯德昌 | 莱州市驿道镇集后村 | 37 | 男 | 1941 年 |
| 韩玉京 | 莱州市驿道镇韩家村 | 20 | 男 | 1941 年 |
| 宫喜荣 | 莱州市城港路街道大原村 | — | 男 | 1941 年 |
| 孙兰芳 | 莱州市城港路街道东大原村 | 25 | 女 | 1941 年 |
| 孙　源 | 莱州市城港路街道东郎子埠村 | 23 | 男 | 1941 年 |
| 李山林 | 莱州市城港路街道朱旺村 | 23 | 男 | 1941 年 |
| 顾开安 | 莱州市城港路街道朱旺村 | 35 | 男 | 1941 年 |
| 滕玉珠 | 莱州市城港路街道朱旺村 | 21 | 男 | 1941 年 |
| 滕洪清 | 莱州市城港路街道朱旺村 | 29 | 男 | 1941 年 |
| 张玉祥 | 莱州市城港路街道肖家村 | 40 | 男 | 1941 年 |
| 秦　× | 莱州市 | 40 | 男 | 1941 年 |
| 肖尚智 | 莱州市城港路街道肖家村 | 46 | 男 | 1941 年 |
| 孙振兰 | 莱州市城港路街道海心庄村 | 19 | 女 | 1941 年 |
| 朱守祥 | 莱州市城港路街道海心庄村 | 21 | 男 | 1941 年 |
| 刘喜积 | 莱州市城港路街道淇水村 | 25 | 男 | 1941 年 |
| 陈延庆 | 莱州市城港路街道淇水村 | 30 | 男 | 1941 年 |
| 郭吉昌 | 莱州市城港路街道路个庄村 | 23 | 男 | 1941 年 |
| 彭兴德 | 莱州市城港路街道路个庄村 | 20 | 男 | 1941 年 |
| 孙洪智 | 莱州市城港路街道碾头村 | — | 男 | 1941 年 |
| 翟占顺 | 莱州市城港路街道碾头村 | 18 | 男 | 1941 年 |
| 王奎元 | 莱州市柞村镇大黄花村 | 39 | 男 | 1941 年 |
| 姜　长 | 莱州市柞村镇北寺口村 | 30 | 男 | 1941 年 |
| 姜立春 | 莱州市柞村镇北寺口村 | 62 | 男 | 1941 年 |

| 姓 名 | 籍 贯 | 年 龄 | 性 别 | 死难时间 |
|---|---|---|---|---|
| 姜立臻 | 莱州市柞村镇北寺口村 | 55 | 男 | 1941 年 |
| 姜顺爱 | 莱州市柞村镇北寺口村 | 75 | 男 | 1941 年 |
| 孙书介 | 莱州市柞村镇火神庙村 | 28 | 男 | 1941 年 |
| 魏茂功 | 莱州市夏邱镇中魏村 | 25 | 男 | 1941 年 |
| 陈 臻 | 莱州市夏邱镇白沙村 | 21 | 男 | 1941 年 |
| 宋大才 | 莱州市夏邱镇宋家村 | 36 | 男 | 1941 年 |
| 姜德海 | 莱州市夏邱镇南段村 | 18 | 男 | 1941 年 |
| 霍树昌 | 莱州市夏邱镇南段村 | 34 | 男 | 1941 年 |
| 张化兴 | 莱州市夏邱镇响万头村 | 23 | 男 | 1941 年 |
| 姜 峰 | 莱州市郭家店镇七里岚村 | 30 | 男 | 1941 年 |
| 仲跻明 | 莱州市郭家店镇上仲家村 | 32 | 男 | 1941 年 |
| 赵发先 | 莱州市郭家店镇上仲家村 | 32 | 男 | 1941 年 |
| 张永明 | 莱州市郭家店镇下徐家村 | 22 | 男 | 1941 年 |
| 许有先 | 莱州市郭家店镇大庙后村 | 21 | 男 | 1941 年 |
| 张全中 | 莱州市郭家店镇大庙后村 | 41 | 男 | 1941 年 |
| 张秀祖 | 莱州市文昌路街道大岚张村 | 48 | 男 | 1941 年 |
| 孙太庆 | 莱州市郭家店镇宅科村 | 40 | 男 | 1941 年 |
| 张振全 | 莱州市郭家店镇大庙后村 | 41 | 男 | 1941 年 |
| 宋永臻 | 莱州市郭家店镇小草沟村 | 21 | 男 | 1941 年 |
| 范德才 | 莱州市郭家店镇小草沟村 | 19 | 男 | 1941 年 |
| 宋学忠 | 莱州市郭家店镇马台石村 | 26 | 男 | 1941 年 |
| 宋修京 | 莱州市郭家店镇马台石村 | 22 | 男 | 1941 年 |
| 王长信 | 莱州市郭家店镇元岭王家村 | 21 | 男 | 1941 年 |
| 王慎堂 | 莱州市郭家店镇元岭孙家村 | 28 | 男 | 1941 年 |
| 孙忠海 | 莱州市郭家店镇元岭孙家村 | 24 | 男 | 1941 年 |
| 吕锡杰 | 莱州市郭家店镇元岭陈家村 | 20 | 男 | 1941 年 |
| 赵泊庆 | 莱州市郭家店镇元岭陈家村 | 21 | 男 | 1941 年 |
| 程元恩 | 莱州市郭家店镇元岭陈家村 | 19 | 男 | 1941 年 |
| 王顺才 | 莱州市郭家店镇太平庄村 | 42 | 男 | 1941 年 |
| 张法希 | 莱州市郭家店镇太平庄村 | 22 | 男 | 1941 年 |
| 杨永良 | 莱州市郭家店镇太平庄村 | 40 | 男 | 1941 年 |
| 王顺山 | 莱州市郭家店镇太平庄村 | 32 | 男 | 1941 年 |
| 刘玉美之祖母 | 莱州市郭家店镇东埠村 | 65 | 女 | 1941 年 |
| 刘美顺 | 莱州市郭家店镇东埠村 | 20 | 男 | 1941 年 |

| 姓　名 | 籍　贯 | 年　龄 | 性　别 | 死难时间 |
|---|---|---|---|---|
| 梁　训 | 莱州市郭家店镇东埠村 | 19 | 男 | 1941年 |
| 孙光照 | 莱州市郭家店镇古村 | 23 | 男 | 1941年 |
| 孙希才 | 莱州市郭家店镇古村 | 17 | 男 | 1941年 |
| 孙希光 | 莱州市郭家店镇古村 | 7 | 男 | 1941年 |
| 郑福君 | 莱州市郭家店镇古村 | 20 | 男 | 1941年 |
| 谷丰祥 | 莱州市郭家店镇后沟村 | 19 | 男 | 1941年 |
| 谷进财 | 莱州市郭家店镇后沟村 | 20 | 男 | 1941年 |
| 王进堂 | 莱州市郭家店镇夼里村 | 19 | 男 | 1941年 |
| 孙希全 | 莱州市郭家店镇西孙家村 | 19 | 男 | 1941年 |
| 宋林志 | 莱州市郭家店镇宋光村 | 27 | 男 | 1941年 |
| 杨春荣 | 莱州市郭家店镇张格庄 | 26 | 男 | 1941年 |
| 杨　胜 | 莱州市郭家店镇杨家村 | — | 男 | 1941年 |
| 张玉财 | 莱州市郭家店镇连夼村 | 19 | 男 | 1941年 |
| 张室兴 | 莱州市郭家店镇连夼村 | 21 | 男 | 1941年 |
| 张德佐 | 莱州市郭家店镇连夼村 | 21 | 男 | 1941年 |
| 王振堂 | 莱州市郭家店镇邹家村 | 23 | 男 | 1941年 |
| 马凳云 | 莱州市郭家店镇官后村 | 25 | 男 | 1941年 |
| 刘锡书 | 莱州市郭家店镇官后村 | 19 | 男 | 1941年 |
| 刘忠策 | 莱州市郭家店镇南村 | 22 | 男 | 1941年 |
| 赵三丁 | 莱州市郭家店镇咬狼沟 | 20 | 男 | 1941年 |
| 陶文响 | 莱州市郭家店镇陶家村 | 17 | 男 | 1941年 |
| 孙青田 | 莱州市郭家店镇柳行村 | 21 | 男 | 1941年 |
| 崔合海 | 莱州市郭家店镇柳行村 | 21 | 男 | 1941年 |
| 冯付松 | 莱州市郭家店镇段家村 | 20 | 男 | 1941年 |
| 宋典正 | 莱州市郭家店镇洛庄村 | 20 | 男 | 1941年 |
| 彭延成 | 莱州市郭家店镇洛庄村 | 20 | 男 | 1941年 |
| 曹　× | 莱州市郭家店镇洼里村 | 26 | 男 | 1941年 |
| 曹春叶 | 莱州市郭家店镇洼里村 | 24 | 男 | 1941年 |
| 曹振为之妹 | 莱州市郭家店镇洼里村 | 14 | 女 | 1941年 |
| 李天祥 | 莱州市郭家店镇院后村 | 28 | 男 | 1941年 |
| 刘云腾 | 莱州市郭家店镇涧里村 | — | 男 | 1941年 |
| 张二腚 | 莱州市郭家店镇涧里村 | 16 | 男 | 1941年 |
| 贾成珍 | 莱州市郭家店镇贾家村 | 19 | 男 | 1941年 |
| 尹宁菊 | 莱州市郭家店镇郭家店村 | 19 | 女 | 1941年 |

| 姓 名 | 籍 贯 | 年 龄 | 性 别 | 死难时间 |
|---|---|---|---|---|
| 王吉先 | 莱州市郭家店镇郭家店村 | 21 | 男 | 1941 年 |
| 池元茂 | 莱州市郭家店镇郭家店村 | 24 | 男 | 1941 年 |
| 芦云好 | 莱州市郭家店镇郭家店村 | 23 | 男 | 1941 年 |
| 范德俭 | 莱州市郭家店镇郭家店村 | 23 | 男 | 1941 年 |
| 范德菊 | 莱州市郭家店镇郭家店村 | 27 | 男 | 1941 年 |
| 荆书仁 | 莱州市郭家店镇郭家店村 | 60 | 男 | 1941 年 |
| 秦风寿 | 莱州市郭家店镇郭家店村 | 41 | 男 | 1941 年 |
| 秦风德 | 莱州市郭家店镇郭家店村 | 24 | 男 | 1941 年 |
| 崔胜美 | 莱州市郭家店镇郭家店村 | 40 | 女 | 1941 年 |
| 曹子生 | 莱州市郭家店镇埠上村 | — | 男 | 1941 年 |
| 姜立德 | 莱州市郭家店镇塔耳头村 | 23 | 男 | 1941 年 |
| 李凤同 | 莱州市郭家店镇葛城村 | 29 | 男 | 1941 年 |
| 池元贤 | 莱州市郭家店镇蒋家 | 18 | 男 | 1941 年 |
| 董仁芳 | 莱州市程郭镇下董村 | 23 | 男 | 1941 年 |
| 董永章 | 莱州市程郭镇下董村 | 20 | 男 | 1941 年 |
| 王西雨 | 莱州市程郭镇小滩村 | — | 男 | 1941 年 |
| 杨有先 | 莱州市程郭镇小滩村 | 50 | 男 | 1941 年 |
| 王并仁 | 莱州市程郭镇山后村 | 21 | 男 | 1941 年 |
| 徐福山 | 莱州市程郭镇东圈子村 | 35 | 男 | 1941 年 |
| 李召福 | 莱州市程郭镇石格庄村 | 17 | 男 | 1941 年 |
| 毛新岐 | 莱州市程郭镇后王门村 | — | 男 | 1941 年 |
| 王永如 | 莱州市程郭镇庄里村 | 24 | 男 | 1941 年 |
| 王发信 | 莱州市程郭镇曹郭庄村 | 37 | 男 | 1941 年 |
| 卢海云 | 莱州市程郭镇庄里村 | 21 | 男 | 1941 年 |
| 张明俊 | 莱州市程郭镇曲家村 | 32 | 男 | 1941 年 |
| 于修忠 | 莱州市程郭镇坎上村 | 42 | 男 | 1941 年 |
| 张洪彦 | 莱州市程郭镇坎上村 | 30 | 男 | 1941 年 |
| 宋典连 | 莱州市程郭镇宋家村 | 21 | 男 | 1941 年 |
| 金宝山 | 莱州市程郭镇宋家村 | 19 | 男 | 1941 年 |
| 李梅林 | 莱州市程郭镇沙埠庄村 | 24 | 男 | 1941 年 |
| 徐建坤 | 莱州市程郭镇谷口村 | 21 | 男 | 1941 年 |
| 王述先 | 莱州市程郭镇前武官村 | 45 | 男 | 1941 年 |
| 孙文福 | 莱州市程郭镇前武官村 | 45 | 男 | 1941 年 |
| 徐奎喜 | 莱州市程郭镇南相村 | 25 | 男 | 1941 年 |

| 姓 名 | 籍 贯 | 年 龄 | 性 别 | 死难时间 |
|---|---|---|---|---|
| 姜 歧 | 莱州市程郭镇洪沟头村 | 37 | 男 | 1941 年 |
| 孙成江 | 莱州市程郭镇桥头村 | 25 | 男 | 1941 年 |
| 盛凤山 | 莱州市程郭镇桥头村 | 19 | 男 | 1941 年 |
| 曲锦斋 | 莱州市程郭镇陶家村 | 40 | 男 | 1941 年 |
| 王金秀 | 莱州市程郭镇曹郭庄村 | 21 | 男 | 1941 年 |
| 王 琴 | 莱州市程郭镇曹郭庄村 | 22 | 男 | 1941 年 |
| 李 源 | 莱州市程郭镇曹郭庄村 | 20 | 男 | 1941 年 |
| 张明才 | 莱州市朱桥镇黄山郭村 | 31 | 男 | 1942 年 1 月 24 日 |
| 孙付平 | 莱州市郭家店镇郝家沟村 | 17 | 男 | 1942 年 1 月 24 日 |
| 郑 山 | 莱州市郭家店镇郝家沟村 | 16 | 男 | 1942 年 1 月 24 日 |
| 郑玉汉 | 莱州市郭家店镇郝家沟村 | 17 | 男 | 1942 年 1 月 24 日 |
| 顾希清 | 莱州市三山岛街道路宿村 | 33 | 男 | 1942 年 1 月 |
| 王玉森 | 莱州市土山镇大任家村 | 29 | 男 | 1942 年 1 月 |
| 孙玉璞 | 莱州市土山镇西孙村 | 25 | 男 | 1942 年 1 月 |
| 马树林 | 莱州市文昌路街道徐家疃村 | 35 | 男 | 1942 年 1 月 |
| 李成功 | 莱州市文峰路街道小于家村 | 19 | 男 | 1942 年 1 月 |
| 李德福 | 莱州市文峰路街道李家村 | 35 | 男 | 1942 年 1 月 |
| 邹福周 | 莱州市平里店镇石柱栏村 | 18 | 男 | 1942 年 1 月 |
| 王鼎臣 | 莱州市朱桥镇张村 | 33 | 男 | 1942 年 1 月 |
| 李显平 | 莱州市沙河镇大李家村 | 20 | 男 | 1942 年 1 月 |
| 宋希永 | 莱州市沙河镇小珍珠村 | 20 | 男 | 1942 年 1 月 |
| 尼官珍 | 莱州市沙河镇尼家村 | 20 | 男 | 1942 年 1 月 |
| 王智同 | 莱州市沙河镇佛台子村 | 36 | 男 | 1942 年 1 月 |
| 国瑞亭 | 莱州市沙河镇国家村 | 35 | 男 | 1942 年 1 月 |
| 刘 民 | 莱州市沙河镇河崖村 | 27 | 男 | 1942 年 1 月 |
| 战曰增 | 莱州市沙河镇战家村 | 20 | 男 | 1942 年 1 月 |
| 刘培成 | 莱州市沙河镇徐刘村 | 28 | 男 | 1942 年 1 月 |
| 李凤悟 | 莱州市驿道镇玉兰村 | 24 | 男 | 1942 年 1 月 |
| 王守洪 | 莱州市城港路街道西泗河村 | 20 | 男 | 1942 年 1 月 |
| 李洪善 | 莱州市柞村镇上马家村 | 21 | 男 | 1942 年 1 月 |
| 马恩斗 | 莱州市柞村镇高山村 | 18 | 男 | 1942 年 1 月 |
| 丁云青 | 莱州市夏邱镇丁家村 | 22 | 男 | 1942 年 1 月 |
| 王吉福 | 莱州市夏邱镇丁家村 | 39 | 男 | 1942 年 1 月 |
| 王智刀 | 莱州市夏邱镇丁家村 | 23 | 男 | 1942 年 1 月 |

| 姓　名 | 籍　贯 | 年　龄 | 性　别 | 死难时间 |
|---|---|---|---|---|
| 朱千材 | 莱州市夏邱镇丁家村 | 21 | 男 | 1942 年 1 月 |
| 曲万金 | 莱州市夏邱镇刁哥村 | 36 | 男 | 1942 年 1 月 |
| 刘启明 | 莱州市夏邱镇盆王村 | 21 | 男 | 1942 年 1 月 |
| 江仁锋 | 莱州市夏邱镇夏北村 | 23 | 男 | 1942 年 1 月 |
| 翟召宗 | 莱州市夏邱镇夏北村 | 22 | 男 | 1942 年 1 月 |
| 李珠风 | 莱州市夏邱镇夏南村 | 21 | 男 | 1942 年 1 月 |
| 王　氏 | 莱州市夏邱镇埠口村 | 20 | 女 | 1942 年 1 月 |
| 温风军 | 莱州市夏邱镇新温家村 | 21 | 男 | 1942 年 1 月 |
| 张从肖 | 莱州市程郭镇曲家村 | 24 | 男 | 1942 年 1 月 |
| 郝文举 | 莱州市程郭镇坎下村 | 22 | 男 | 1942 年 1 月 |
| 郝青高 | 莱州市程郭镇坎下村 | 22 | 男 | 1942 年 1 月 |
| 唐德福 | 莱州市程郭镇唐家村 | 19 | 男 | 1942 年 1 月 |
| 王庆云 | 莱州市程郭镇桥头村 | 30 | 男 | 1942 年 1 月 |
| 贾庄田 | 莱州市程郭镇桥头村 | 25 | 男 | 1942 年 1 月 |
| 黄发田 | 莱州市夏邱镇蒋家村 | 59 | 男 | 1942 年 2 月 24 日 |
| 林治儒 | 莱州市城港路街道柳林三村 | 29 | 男 | 1942 年 2 月 |
| 李　条 | 莱州市平里店镇后曹家埠村 | 11 | 女 | 1942 年 2 月 |
| 赵振岳 | 莱州市永安路街道杨务沟村 | 20 | 男 | 1942 年 2 月 |
| 刘学争 | 莱州市朱桥镇辛庄村 | 60 | 男 | 1942 年 2 月 |
| 王和廷 | 莱州市金城镇小西庄村 | — | 男 | 1942 年 2 月 |
| 刘洪福 | 莱州市驿道镇张徐村 | — | 男 | 1942 年 2 月 |
| 侯恩节 | 莱州市柞村镇西朱宋村 | 22 | 男 | 1942 年 2 月 |
| 王吉寿 | 莱州市夏邱镇丁家村 | 42 | 男 | 1942 年 2 月 |
| 杨欣林 | 莱州市郭家店镇杨家村 | — | 男 | 1942 年 2 月 |
| 郝青芳 | 莱州市程郭镇坎下村 | 21 | 男 | 1942 年 2 月 |
| 张奎科 | 莱州市虎头崖镇东小庄村 | 17 | 男 | 1942 年 2 月 |
| 杨　氏 | 莱州市夏邱镇白沙村 | 68 | 女 | 1942 年 3 月 2 日 |
| 李廷修 | 莱州市虎头崖镇趴埠村 | 30 | 男 | 1942 年 3 月 28 日 |
| 孙四腚 | 莱州市三山岛街道大朱石村 | 30 | 男 | 1942 年 3 月 |
| 朱京江 | 莱州市三山岛街道朱家村 | 20 | 男 | 1942 年 3 月 |
| 吴典生 | 莱州市三山岛街道吴二村 | 23 | 男 | 1942 年 3 月 |
| 刘风泉 | 莱州市三山岛街道诸冯村 | 27 | 男 | 1942 年 3 月 |
| 杨书斋 | 莱州市土山镇中杨村 | 19 | 男 | 1942 年 3 月 |
| 提方元 | 莱州市土山镇提家村 | 40 | 男 | 1942 年 3 月 |

| 姓 名 | 籍 贯 | 年 龄 | 性 别 | 死难时间 |
|---|---|---|---|---|
| 姜振永 | 莱州市五里庄村 | — | 男 | 1942 年 3 月 |
| 姜克俊 | 莱州市文昌路街道前店子村 | 40 | 男 | 1942 年 3 月 |
| 姜学增 | 莱州市平里店镇石姜村 | 41 | 男 | 1942 年 3 月 |
| 单明田 | 莱州市平里店镇前单村 | 23 | 男 | 1942 年 3 月 |
| 董太清 | 莱州市永安路街道前北流村 | 31 | 男 | 1942 年 3 月 |
| 王洪升 | 莱州市朱桥镇任胡村 | 21 | 男 | 1942 年 3 月 |
| 赵桂香 | 莱州市沙河镇杨家庄 | 22 | 男 | 1942 年 3 月 |
| 高炳章 | 莱州市沙河镇杨家庄 | 23 | 男 | 1942 年 3 月 |
| 原福德 | 莱州市沙河镇原家村 | 20 | 男 | 1942 年 3 月 |
| 张希英 | 莱州市金城镇西草坡村 | 63 | 男 | 1942 年 3 月 |
| 綦善臣 | 莱州市驿道镇綦家村 | 24 | 男 | 1942 年 3 月 |
| 于刘氏 | 莱州市城港路街道西朱呆村 | 40 | 女 | 1942 年 3 月 |
| 王金明 | 莱州市柞村镇大黄花村 | 35 | 男 | 1942 年 3 月 |
| 王花令 | 莱州市柞村镇孔家村 | — | 男 | 1942 年 3 月 |
| 张书汉 | 莱州市柞村镇北马驿村 | 26 | 男 | 1942 年 3 月 |
| 宋吉庆 | 莱州市柞村镇邢家村 | 21 | 男 | 1942 年 3 月 |
| 闽山前 | 莱州市柞村镇台头村 | — | 男 | 1942 年 3 月 |
| 宋吉文 | 莱州市柞村镇邢家村 | 21 | 男 | 1942 年 3 月 |
| 郭发盛 | 莱州市柞村镇班家村 | 18 | 男 | 1942 年 3 月 |
| 李 田 | 莱州市柞村镇新村 | 26 | 男 | 1942 年 3 月 |
| 戚矛功 | 莱州市柞村镇新村 | 24 | 男 | 1942 年 3 月 |
| 李凤绪 | 莱州市柞村镇盟格庄村 | 31 | 男 | 1942 年 3 月 |
| 沙锡良 | 莱州市夏邱镇沙家村 | 30 | 男 | 1942 年 3 月 |
| 姜洪庆 | 莱州市郭家店镇七里岚村 | 31 | 男 | 1942 年 3 月 |
| 赵进欣 | 莱州市郭家店镇七里岚村 | 30 | 男 | 1942 年 3 月 |
| 宿太春 | 莱州市郭家店镇大河南村 | 38 | 男 | 1942 年 3 月 |
| 赵志仙 | 莱州市郭家店镇后沟村 | 28 | 男 | 1942 年 3 月 |
| 曹秉训 | 莱州市郭家店镇洼里村 | 45 | 男 | 1942 年 3 月 |
| 李万春 | 莱州市郭家店镇滑家村 | 32 | 男 | 1942 年 3 月 |
| 胡文堂 | 莱州市郭家店镇滑家村 | 36 | 男 | 1942 年 3 月 |
| 胡玉达 | 莱州市郭家店镇滑家村 | 30 | 男 | 1942 年 3 月 |
| 穆玉歧 | 莱州市程郭镇三十里堡村 | 25 | 男 | 1942 年 3 月 |
| 王同月 | 莱州市程郭镇庄里村 | 29 | 男 | 1942 年 3 月 |
| 段锡朋 | 莱州市程郭镇坎上村 | 28 | 男 | 1942 年 3 月 |

| 姓　名 | 籍　贯 | 年　龄 | 性　别 | 死难时间 |
|---|---|---|---|---|
| 王月鹏 | 莱州市程郭镇洪沟头村 | 31 | 男 | 1942 年 3 月 |
| 翟懋迁 | 莱州市夏邱镇夏南村 | 31 | 男 | 1942 年 4 月 10 日 |
| 葛青山 | 莱州市柞村镇大臧家村 | 30 | 男 | 1942 年 4 月 27 日 |
| 丁玉壁 | 莱州市虎头崖镇丁家村 | 24 | 男 | 1942 年 4 月 29 日 |
| 石玉全 | 莱州市城港路街道草坡村 | 29 | 男 | 1942 年 4 月 |
| 娄发德 | 莱州市土山镇于家村 | 22 | 男 | 1942 年 4 月 |
| 姜洪皋 | 莱州市平里店镇石姜村 | 23 | 男 | 1942 年 4 月 |
| 王二嫚 | 莱州市平里店镇西北障村 | 19 | 女 | 1942 年 4 月 |
| 王兴周 | 莱州市朱桥镇庄头村 | 37 | 男 | 1942 年 4 月 |
| 刘延庆 | 莱州市虎头崖镇留村 | 32 | 男 | 1942 年 4 月 |
| 于嘉照 | 莱州市虎头崖镇于家村 | 16 | 男 | 1942 年 4 月 |
| 孙德章 | 莱州市虎头崖镇郎村 | 23 | 男 | 1942 年 4 月 |
| 李俊松 | 莱州市驿道镇大香村 | 30 | 男 | 1942 年 4 月 |
| 李学孟 | 莱州市柞村镇大马驿村 | 21 | 男 | 1942 年 4 月 |
| 孙洪财 | 莱州市柞村镇火神庙村 | 33 | 男 | 1942 年 4 月 |
| 丁国洪 | 莱州市柞村镇西朱旺村 | 17 | 男 | 1942 年 4 月 |
| 韩付全 | 莱州市程郭镇东石桥 | 53 | 男 | 1942 年 4 月 |
| 林　英 | 莱州市程郭镇东庄村 | 40 | 男 | 1942 年 4 月 |
| 唐正娱之父 | 莱州市程郭镇东庄村 | 50 | 男 | 1942 年 4 月 |
| 周玉江 | 莱州市程郭镇胡埠村 | 17 | 男 | 1942 年 4 月 |
| 赵长春 | 莱州市驿道镇河套杨家村 | 30 | 男 | 1942 年 4 月 |
| 吴成山之母 | 莱州市三山岛街道吴二村 | 48 | 女 | 1942 年 5 月 13 日 |
| 卢玉昆 | 莱州市朱桥镇南卢村 | 20 | 女 | 1942 年 5 月 30 日 |
| 綦　鹏 | 莱州市朱桥镇南卢村 | 5 | 男 | 1942 年 5 月 30 日 |
| 原洪升 | 莱州市土山镇北庄村 | 38 | 男 | 1942 年 5 月 |
| 原盛华 | 莱州市土山镇北庄村 | 41 | 男 | 1942 年 5 月 |
| 孙　周 | 莱州市土山镇浞西村 | 20 | 男 | 1942 年 5 月 |
| 秦张氏 | 莱州市文昌路街道大岚张村 | 73 | 女 | 1942 年 5 月 |
| 李铁民 | 莱州市文峰路街道铁民村 | 25 | 男 | 1942 年 5 月 |
| 赵芸田 | 莱州市平里店镇西北障村 | 26 | 男 | 1942 年 5 月 |
| 滕学孟 | 莱州市朱桥镇大琅琊村 | 21 | 男 | 1942 年 5 月 |
| 臧信亨 | 莱州市朱桥镇王家庄子村 | 42 | 男 | 1942 年 5 月 |
| 邓长发 | 莱州市朱桥镇邓家村 | 18 | 男 | 1942 年 5 月 |
| 张仕杭 | 莱州市朱桥镇西王村 | 20 | 男 | 1942 年 5 月 |

| 姓 名 | 籍 贯 | 年 龄 | 性 别 | 死难时间 |
|---|---|---|---|---|
| 张汝廷 | 莱州市朱桥镇张家村 | 35 | 男 | 1942 年 5 月 |
| 李恩培 | 莱州市朱桥镇埠上村 | 35 | 男 | 1942 年 5 月 |
| 鹿介寿 | 莱州市朱桥镇鹿家村 | 25 | 男 | 1942 年 5 月 |
| 贾五子 | 莱州市沙河镇阴家村 | 36 | 男 | 1942 年 5 月 |
| 于 欢 | 莱州市城港路街道淇水村 | 20 | 男 | 1942 年 5 月 |
| 王公山 | 莱州市柞村镇黄山后村 | 19 | 男 | 1942 年 5 月 |
| 韩林有 | 莱州市郭家店镇柳上村 | 29 | 男 | 1942 年 5 月 |
| 李风梧 | 莱州市郭家店镇葛城村 | 30 | 男 | 1942 年 5 月 |
| 李应响 | 莱州市高家集村 | — | 男 | 1942 年 5 月 |
| 李凤刚 | 莱州市程郭镇后王门村 | 15 | 男 | 1942 年 5 月 |
| 姜品先 | 莱州市程郭镇三十里堡村 | 19 | 男 | 1942 年 5 月 |
| 李 相 | 莱州市程郭镇东坊北村 | 51 | 男 | 1942 年 5 月 |
| 王修贞 | 莱州市程郭镇东南坡村 | 23 | 男 | 1942 年 5 月 |
| 张金亭 | 莱州市程郭镇东南坡村 | 23 | 男 | 1942 年 5 月 |
| 孙风池 | 莱州市程郭镇前王门村 | 30 | 男 | 1942 年 5 月 |
| 郝汉民 | 莱州市程郭镇坎下村 | 21 | 男 | 1942 年 5 月 |
| 蒋登业 | 莱州市程郭镇蒋家村 | 23 | 男 | 1942 年 6 月 10 日 |
| 张有裕 | 莱州市夏邱镇徐家村 | 38 | 男 | 1942 年 6 月 15 日 |
| 孙太民 | 莱州市郭家店镇宅科村 | 36 | 男 | 1942 年 6 月 27 日 |
| 孙太强 | 莱州市郭家店镇宅科村 | 45 | 男 | 1942 年 6 月 28 日 |
| 孙太合 | 莱州市郭家店镇宅科村 | 34 | 男 | 1942 年 6 月 29 日 |
| 徐忠兴 | 莱州市三山岛街道后吕村 | 21 | 男 | 1942 年 6 月 |
| 周万昌 | 莱州市三山岛街道诸冯村 | 21 | 男 | 1942 年 6 月 |
| 尹光严 | 莱州市土山镇尹家村 | 24 | 男 | 1942 年 6 月 |
| 孙玉清 | 莱州市土山镇西孙村 | 31 | 男 | 1942 年 6 月 |
| 王典章 | 莱州市土山镇洼子村 | 20 | 男 | 1942 年 6 月 |
| 侯镇范之兄 | 莱州市文昌路街道南关村 | 28 | 男 | 1942 年 6 月 |
| 黑金锋 | 莱州市文峰路街道西朱家村 | 16 | 男 | 1942 年 6 月 |
| 韩忠昌 | 莱州市文峰路街道东朱村 | 23 | 男 | 1942 年 6 月 |
| 李兴廷 | 莱州市四区丁家村 | — | 男 | 1942 年 6 月 |
| 姜希洪 | 莱州市平里店镇石姜村 | 34 | 男 | 1942 年 6 月 |
| 徐顺先 | 莱州市平里店镇西北障村 | — | 男 | 1942 年 6 月 |
| 苑学文 | 莱州市永安路街道西关村 | 19 | 男 | 1942 年 6 月 |
| 苗宜兴 | 莱州市永安路街道西关村 | 32 | 男 | 1942 年 6 月 |

| 姓 名 | 籍 贯 | 年 龄 | 性 别 | 死难时间 |
|---|---|---|---|---|
| 王天章 | 莱州市朱桥镇大琅琊村 | 33 | 男 | 1942 年 6 月 |
| 王刘氏 | 莱州市朱桥镇朱桥村 | 40 | 女 | 1942 年 6 月 |
| 任四喜 | 莱州市虎头崖镇东大宋村 | 22 | 男 | 1942 年 6 月 |
| 王珍琰 | 莱州市金城镇小西庄村 | 30 | 男 | 1942 年 6 月 |
| 武希崇 | 莱州市驿道镇官李村 | 20 | 男 | 1942 年 6 月 |
| 赵典英 | 莱州市驿道镇河东村 | 30 | 男 | 1942 年 6 月 |
| 王立川 | 莱州市驿道镇圈子村 | 20 | 男 | 1942 年 6 月 |
| 卞延善 | 莱州市柞村镇中朱旺村 | 30 | 男 | 1942 年 6 月 |
| 李清春 | 莱州市柞村镇盟格庄村 | 28 | 男 | 1942 年 6 月 |
| 孙聚祥 | 莱州市郭家店镇小庙后村 | 26 | 男 | 1942 年 6 月 |
| 孙丕庆 | 莱州市文昌路街道蒲家洼村 | 38 | 男 | 1942 年 7 月 |
| 满 纯 | 莱州市永安路街道杨务沟村 | 19 | 男 | 1942 年 7 月 |
| 王桂荣 | 莱州市永安路街道前北流村 | — | 男 | 1942 年 7 月 |
| 邱升远 | 莱州市朱桥镇邱家村 | 46 | 男 | 1942 年 7 月 |
| 王永德 | 莱州市朱桥镇黄家村 | 24 | 男 | 1942 年 7 月 |
| 尼世刚 | 莱州市沙河镇尼家村 | 25 | 男 | 1942 年 7 月 |
| 侯正海 | 莱州市沙河镇侯家村 | 35 | 男 | 1942 年 7 月 |
| 李锡德 | 莱州市沙河镇海郑村 | 27 | 男 | 1942 年 7 月 |
| 尹广琪 | 莱州市虎头崖镇尹家村 | 37 | 男 | 1942 年 7 月 |
| 于芝德 | 莱州市驿道镇东张村 | — | 男 | 1942 年 7 月 |
| 王永尧 | 莱州市城港路街道河套村 | 20 | 男 | 1942 年 7 月 |
| 姜云彬 | 莱州市城港路街道淇水村 | 30 | 男 | 1942 年 7 月 |
| 张明古 | 莱州市夏邱镇路响村 | 19 | 男 | 1942 年 7 月 |
| 范太忠 | 莱州市郭家店镇马台石村 | 24 | 男 | 1942 年 7 月 |
| 叶春聚 | 莱州市郭家店镇东庙埠河村 | 23 | 男 | 1942 年 7 月 |
| 王风顺 | 莱州市郭家店镇林格庄村 | 35 | 男 | 1942 年 7 月 |
| 韩明杰 | 莱州市程郭镇后武官村 | 45 | 男 | 1942 年 7 月 |
| 孙明喜 | 莱州市程郭镇前王门村 | 32 | 男 | 1942 年 7 月 |
| 张法田 | 莱州市程郭镇清明沟村 | 54 | 男 | 1942 年 7 月 |
| 由克喜 | 莱州市三山岛街道朱由四村 | — | 男 | 1942 年 7 月 |
| 王克明 | 莱州市三山岛街道诸冯村 | 16 | 男 | 1942 年 8 月 |
| 李京诺 | 莱州市土山镇李家村 | 17 | 男 | 1942 年 8 月 |
| 张书兰 | 莱州市文昌路街道十里庄村 | 42 | 男 | 1942 年 8 月 |
| 由殿佐 | 莱州市文峰路街道下班村 | 34 | 男 | 1942 年 8 月 |

| 姓 名 | 籍 贯 | 年 龄 | 性 别 | 死难时间 |
|---|---|---|---|---|
| 迟开业 | 莱州市平里店镇王河庄子村 | 50 | 男 | 1942 年 8 月 |
| 宋家骧 | 莱州市永安路街道花园村 | 24 | 男 | 1942 年 8 月 |
| 王奎谦 | 莱州市朱桥镇王家庄子村 | 19 | 男 | 1942 年 8 月 |
| 王云章 | 莱州市柞村镇西关门村 | — | 男 | 1942 年 8 月 |
| 吕腾岐 | 莱州市柞村镇陈家疃村 | 25 | 男 | 1942 年 8 月 |
| 原永振 | 莱州市柞村镇南庙村 | 19 | 男 | 1942 年 8 月 |
| 赵夕金 | 莱州市柞村镇洼子村 | 51 | 男 | 1942 年 8 月 |
| 赵 托 | 莱州市柞村镇洼子村 | 9 | 女 | 1942 年 8 月 |
| 毛顺清 | 莱州市柞村镇葛家村 | 28 | 男 | 1942 年 8 月 |
| 初中举 | 莱州市夏邱镇大初家村 | 43 | 男 | 1942 年 8 月 |
| 宋先江 | 莱州市郭家店镇小草沟村 | 24 | 男 | 1942 年 8 月 |
| 冯圭祥 | 莱州市郭家店镇段家 | 24 | 男 | 1942 年 8 月 |
| 冯夕斌 | 莱州市郭家店镇段家 | 25 | 男 | 1942 年 8 月 |
| 冯福欣 | 莱州市郭家店镇段家 | 26 | 男 | 1942 年 8 月 |
| 王进福 | 莱州市郭家店镇段家 | 24 | 男 | 1942 年 8 月 |
| 程 洪 | 莱州市程郭镇东坊北村 | 50 | 男 | 1942 年 8 月 |
| 盛锡赞 | 莱州市程郭镇桥头村 | 38 | 男 | 1942 年 8 月 |
| 王保田 | 莱州市驿道镇西周廷村 | 60 | 男 | 1942 年 8 月 |
| 王海亮 | 莱州市驿道镇西周廷村 | 26 | 男 | 1942 年 8 月 |
| 陈学叔 | 莱州市驿道镇西周廷村 | 50 | 男 | 1942 年 8 月 |
| 宋襄臣 | 莱州市永安路街道花园北流村 | 25 | 男 | 1942 年 9 月 16 日 |
| 郎锡善 | 莱州市朱桥镇小郎家村 | 54 | 男 | 1942 年 9 月 18 日 |
| 崔宪绪 | 莱州市三山岛街道崔家村 | 21 | 男 | 1942 年 9 月 |
| 姜润深 | 莱州市文昌路街道北关村 | 22 | 男 | 1942 年 9 月 |
| 杨树森 | 莱州市文昌路街道西南隅村 | 33 | 男 | 1942 年 9 月 |
| 哑 巴 | 莱州市文峰路街道田家村 | 28 | 男 | 1942 年 9 月 |
| 赵书榜 | 莱州市平里店镇赵家村 | 14 | 男 | 1942 年 9 月 |
| 姜润深 | 莱州市永安路街道姜家村 | 22 | 女 | 1942 年 9 月 |
| 李春山 | 莱州市朱桥镇枣行子村 | 22 | 男 | 1942 年 9 月 |
| 张升堂 | 莱州市朱桥镇赵官庄村 | 42 | 男 | 1942 年 9 月 |
| 张 东 | 莱州市朱桥镇赵官庄村 | 21 | 男 | 1942 年 9 月 |
| 任宝元 | 莱州市沙河镇长胜村 | 22 | 男 | 1942 年 9 月 |
| 潘玉贵 | 莱州市虎头崖镇潘家村 | 25 | 男 | 1942 年 9 月 |
| 潘积英 | 莱州市虎头崖镇潘家村 | 27 | 男 | 1942 年 9 月 |

| 姓 名 | 籍 贯 | 年 龄 | 性 别 | 死难时间 |
|---|---|---|---|---|
| 初青先 | 莱州市驿道镇初家村 | — | 男 | 1942 年 9 月 |
| 赵忠民 | 莱州市驿道镇初家村 | — | 男 | 1942 年 9 月 |
| 李永斗 | 莱州市驿道镇高家村 | 21 | 男 | 1942 年 9 月 |
| 季孟俊 | 莱州市郭家店镇嘴头村 | 21 | 男 | 1942 年 9 月 |
| 周进义 | 莱州市柞村镇大周家村 | 40 | 男 | 1942 年 9 月 |
| 姜善文 | 莱州市柞村镇东姜家村 | 26 | 男 | 1942 年 9 月 |
| 姜立合 | 莱州市柞村镇北寺口村 | 70 | 男 | 1942 年 9 月 |
| 姜泽善 | 莱州市柞村镇北寺口村 | 55 | 男 | 1942 年 9 月 |
| 王希明 | 莱州市柞村镇窝洛子村 | 45 | 男 | 1942 年 9 月 |
| 王顺发 | 莱州市柞村镇窝洛子村 | 50 | 男 | 1942 年 9 月 |
| 姚进吉 | 莱州市柞村镇窝洛子村 | 40 | 男 | 1942 年 9 月 |
| 崔仁修 | 莱州市柞村镇窝洛子村 | 40 | 男 | 1942 年 9 月 |
| 董法友 | 莱州市柞村镇窝洛子村 | 40 | 男 | 1942 年 9 月 |
| 毛顺德 | 莱州市柞村镇葛家村 | 30 | 男 | 1942 年 9 月 |
| 李宝岐 | 莱州市夏邱镇白沙村 | 21 | 男 | 1942 年 9 月 |
| 黄德良 | 莱州市夏邱镇蒋家村 | 21 | 男 | 1942 年 9 月 |
| 叶洪田 | 莱州市郭家店镇东庙埠河村 | 21 | 男 | 1942 年 9 月 |
| 李寿仁 | 莱州市郭家店镇盛家村 | 36 | 男 | 1942 年 9 月 |
| 姜文平 | 莱州市郭家店镇盛家村 | 37 | 男 | 1942 年 9 月 |
| 刘洪发 | 莱州市程郭镇罗家营村 | 35 | 男 | 1942 年 9 月 |
| 姜振皖 | 莱州市程郭镇三十里堡村 | 20 | 男 | 1942 年 9 月 |
| 郭 森 | 莱州市程郭镇郑家埠村 | 28 | 男 | 1942 年 9 月 |
| 李先堂 | 莱州市程郭镇洪沟头村 | 24 | 男 | 1942 年 9 月 |
| 李显堂 | 莱州市程郭镇洪沟头村 | 32 | 男 | 1942 年 9 月 |
| 宗延高 | 莱州市程郭镇洪沟头村 | 44 | 男 | 1942 年 9 月 |
| 国登云 | 莱州市沙河镇国家村 | 30 | 男 | 1942 年 10 月 |
| 陈吉昌 | 莱州市沙河镇国家村 | 20 | 男 | 1942 年 10 月 |
| 国发宽 | 莱州市沙河镇国家村 | 18 | 男 | 1942 年 10 月 |
| 吕忠春 | 莱州市沙河镇宋家村 | 18 | 男 | 1942 年 10 月 |
| 吕忠福 | 莱州市沙河镇宋家村 | 20 | 男 | 1942 年 10 月 |
| 宋元章 | 莱州市沙河镇宋家村 | 20 | 男 | 1942 年 10 月 |
| 宋希秋 | 莱州市沙河镇宋家村 | 19 | 男 | 1942 年 10 月 |
| 贾进学 | 莱州市沙河镇营里村 | 19 | 男 | 1942 年 10 月 |
| 月 欣 | 莱州市程郭镇前王门村 | 19 | 女 | 1942 年 10 月 |

| 姓 名 | 籍 贯 | 年 龄 | 性 别 | 死难时间 |
|---|---|---|---|---|
| 刘秉铎 | 莱州市程郭镇前王门村 | 28 | 男 | 1942 年 10 月 |
| 罗方田 | 莱州市驿道镇沙现村 | 30 | 男 | 1942 年 11 月 4 日 |
| 迟太杭 | 莱州市驿道镇沙现村 | 40 | 男 | 1942 年 11 月 5 日 |
| 张希斌 | 莱州市驿道镇坡子村 | 33 | 男 | 1942 年 11 月 15 日 |
| 张京禧 | 莱州市驿道镇坡子村 | 35 | 男 | 1942 年 11 月 15 日 |
| 张福业 | 莱州市驿道镇坡子村 | 60 | 男 | 1942 年 11 月 15 日 |
| 徐洪令 | 莱州市驿道镇坡子村 | 62 | 男 | 1942 年 11 月 15 日 |
| 仲振合 | 莱州市郭家店镇仲家村 | 25 | 男 | 1942 年 11 月 22 日 |
| 晁导令 | 莱州市郭家店镇仲家村 | 16 | 男 | 1942 年 11 月 22 日 |
| 王庆元 | 莱州市郭家店镇元岭王家村 | — | 男 | 1942 年 11 月 |
| 王玉寿 | 莱州市郭家店镇元岭王家村 | — | 男 | 1942 年 11 月 |
| 王玉音 | 莱州市郭家店镇元岭王家村 | — | 男 | 1942 年 11 月 |
| 王希德 | 莱州市郭家店镇元岭王家村 | — | 男 | 1942 年 11 月 |
| 王召吉 | 莱州市郭家店镇元岭王家村 | — | 男 | 1942 年 11 月 |
| 王召昌 | 莱州市郭家店镇元岭王家村 | — | 男 | 1942 年 11 月 |
| 孟吉柱 | 莱州市郭家店镇元岭王家村 | — | 男 | 1942 年 11 月 |
| 王云奎 | 莱州市郭家店镇元岭王家村 | — | 男 | 1942 年 11 月 |
| 刘太英 | 莱州市三山岛街道诸冯村 | 18 | 男 | 1942 年 11 月 |
| 杨学洪 | 莱州市土山镇小淀河村 | 22 | 男 | 1942 年 11 月 |
| 刘继德 | 莱州市 | 32 | 男 | 1942 年 11 月 |
| 侯国强 | 莱州市文昌路街道东关村 | 21 | 男 | 1942 年 11 月 |
| 孙福正 | 莱州市文峰路街道崔家村 | 23 | 男 | 1942 年 11 月 |
| 李万云 | 莱州市平里店镇东罗村 | 27 | 男 | 1942 年 11 月 |
| 陈世聚 | 莱州市平里店镇石柱栏村 | 21 | 男 | 1942 年 11 月 |
| 生万兴 | 莱州市平里店镇西罗台村 | 23 | 男 | 1942 年 11 月 |
| 赵风书 | 莱州市平里店镇郭于村 | 17 | 男 | 1942 年 11 月 |
| 史炳君 | 莱州市朱桥镇史家村 | 35 | 男 | 1942 年 11 月 |
| 李满堂 | 莱州市朱桥镇后李村 | 28 | 男 | 1942 年 11 月 |
| 王盛宝 | 莱州市朱桥镇寺庄村 | 22 | 男 | 1942 年 11 月 |
| 罗占玉 | 莱州市朱桥镇张村 | 29 | 男 | 1942 年 11 月 |
| 贾培荣 | 莱州市沙河镇营里村 | 22 | 男 | 1942 年 11 月 |
| 王占升 | 莱州市沙河镇西孙格庄村 | 30 | 男 | 1942 年 11 月 |
| 王林海 | 莱州市沙河镇佛台子村 | 26 | 男 | 1942 年 11 月 |
| 王俭田 | 莱州市沙河镇佛台子村 | 19 | 男 | 1942 年 11 月 |

| 姓　名 | 籍　贯 | 年龄 | 性别 | 死难时间 |
|---|---|---|---|---|
| 李宣文 | 莱州市虎头崖镇小沟村 | 24 | 男 | 1942 年 11 月 |
| 朱光灿 | 莱州市虎头崖镇朱家村 | 15 | 男 | 1942 年 11 月 |
| 任五十 | 莱州市虎头崖镇西小宋村 | 21 | 男 | 1942 年 11 月 |
| 隋顺福 | 莱州市虎头崖镇前桥村 | 35 | 男 | 1942 年 11 月 |
| 李廷祖 | 莱州市虎头崖镇趴埠村 | 22 | 男 | 1942 年 11 月 |
| 李春和 | 莱州市驿道镇夫子石村 | 44 | 男 | 1942 年 11 月 |
| 肖振谦 | 莱州市驿道镇东周村 | 28 | 男 | 1942 年 11 月 |
| 曲丕祯 | 莱州市驿道镇朱汉村 | 26 | 男 | 1942 年 11 月 |
| 李典明 | 莱州市驿道镇高家村 | 18 | 男 | 1942 年 11 月 |
| 崔典和 | 莱州市驿道镇崔家村 | 34 | 男 | 1942 年 11 月 |
| 李岐华 | 莱州市柞村镇大周家村 | 25 | 男 | 1942 年 11 月 |
| 姜立喜 | 莱州市柞村镇北寺口村 | 72 | 男 | 1942 年 11 月 |
| 张发忠 | 莱州市柞村镇陈家疃村 | 24 | 男 | 1942 年 11 月 |
| 韩寿庆 | 莱州市柞村镇陈家疃村 | 81 | 男 | 1942 年 11 月 |
| 王连相 | 莱州市郭家店镇大河南村 | 40 | 男 | 1942 年 11 月 |
| 张进田 | 莱州市郭家店镇大河南村 | 32 | 男 | 1942 年 11 月 |
| 周学孟 | 莱州市郭家店镇林格庄村 | 23 | 男 | 1942 年 11 月 |
| 李清江 | 莱州市郭家店镇贾家村 | 20 | 男 | 1942 年 11 月 |
| 杨柒山 | 莱州市程郭镇东庄村 | 18 | 男 | 1942 年 11 月 |
| 贾鸿聚 | 莱州市程郭镇桥头村 | 20 | 男 | 1942 年 11 月 |
| 盛振仟 | 莱州市程郭镇桥头村 | 28 | 男 | 1942 年 11 月 |
| 方炳高 | 莱州市程郭镇高家村 | 21 | 男 | 1942 年 11 月 |
| 王　氏 | 莱州市土山镇小任家村 | 56 | 女 | 1942 年 12 月 |
| 任永坚 | 莱州市土山镇小任家村 | 30 | 男 | 1942 年 12 月 |
| 周福堂 | 莱州市文昌路街道东关村 | 18 | 男 | 1942 年 12 月 |
| 宋继先 | 莱州市文昌路街道西南隅村 | 15 | 男 | 1942 年 12 月 |
| 刘桢德 | 莱州市朱桥镇马家村 | 22 | 男 | 1942 年 12 月 |
| 史玉慎 | 莱州市朱桥镇史家村 | 24 | 男 | 1942 年 12 月 |
| 刘若德 | 莱州市朱桥镇刘家村 | 22 | 男 | 1942 年 12 月 |
| 刘振喜 | 莱州市朱桥镇后李村 | 38 | 男 | 1942 年 12 月 |
| 郭修堂 | 莱州市朱桥镇黄山郭家村 | 22 | 男 | 1942 年 12 月 |
| 张　锐 | 莱州市沙河镇张家村 | 20 | 男 | 1942 年 12 月 |
| 孙克尧 | 莱州市虎头崖镇丁家村 | 28 | 男 | 1942 年 12 月 |
| 芮福田 | 莱州市虎头崖镇后桥村 | 37 | 男 | 1942 年 12 月 |

| 姓　名 | 籍　贯 | 年　龄 | 性　别 | 死难时间 |
|---|---|---|---|---|
| 朱济青 | 莱州市虎头崖镇朱家村 | 34 | 男 | 1942 年 12 月 |
| 郭占玉 | 莱州市朱桥镇张家村 | 29 | 男 | 1942 年 12 月 |
| 李永清 | 莱州市驿道镇东周廷村 | 49 | 男 | 1942 年 12 月 |
| 李学武 | 莱州市驿道镇大香村 | 27 | 男 | 1942 年 12 月 |
| 綦学尧 | 莱州市驿道镇桥沟村 | 27 | 男 | 1942 年 12 月 |
| 毛振义 | 莱州市柞村镇郝家村 | 29 | 男 | 1942 年 12 月 |
| 王宝森 | 莱州市柞村镇埠后村 | 17 | 男 | 1942 年 12 月 |
| 李先有 | 莱州市郭家店镇小草沟村 | 21 | 男 | 1942 年 12 月 |
| 张同行 | 莱州市郭家店镇连乔村 | 20 | 男 | 1942 年 12 月 |
| 胡京志 | 莱州市郭家店镇胡家村 | 28 | 男 | 1942 年 12 月 |
| 徐法仁 | 莱州市程郭镇下董村 | 39 | 男 | 1942 年 12 月 |
| 孙秉铎 | 莱州市程郭镇前王门村 | 28 | 男 | 1942 年 12 月 |
| 李世基 | 莱州市程郭镇洪沟头村 | 29 | 男 | 1942 年 12 月 |
| 王言吉 | 莱州市程郭镇郭古庄村 | 22 | 男 | 1942 年 12 月 |
| 曲丰斗 | 莱州市虎头崖镇埠后村 | 39 | 男 | 1942 年 12 月 |
| 孙建得 | 莱州市永安路街道海庙孙家村 | — | 男 | 1942 年 |
| 张志洪 | 莱州市永安路街道海庙坡子村 | — | 男 | 1942 年 |
| 张中海 | 莱州市永安路街道海庙坡子村 | — | 男 | 1942 年 |
| 清　山 | 莱州市永安路街道海庙于家村 | — | 男 | 1942 年 |
| 丁郭洪 | 莱州市 | — | 男 | 1942 年 |
| 王淑娥 | 莱州市 | — | 女 | 1942 年 |
| 刘玉贵 | 莱州市 | 60 | 男 | 1942 年 |
| 刘安基 | 莱州市 | — | 男 | 1942 年 |
| 初长青 | 莱州市 | — | 男 | 1942 年 |
| 吴行吉 | 莱州市 | — | 男 | 1942 年 |
| 韩明祥 | 莱州市 | — | 男 | 1942 年 |
| 林甲祥 | 莱州市城港路街道三教北流村 | 21 | 男 | 1942 年 |
| 李月申 | 莱州市城港路街道三教北流村 | 19 | 男 | 1942 年 |
| 张希高 | 莱州市朱桥镇 | — | 男 | 1942 年 |
| 施宝珍 | 莱州市三山岛街道三山岛村 | — | 男 | 1942 年 |
| 施照先 | 莱州市三山岛街道三山岛村 | — | 男 | 1942 年 |
| 张香九 | 莱州市三山岛街道大沙埠庆村 | 49 | 男 | 1942 年 |
| 赵景丽 | 莱州市三山岛街道马坊村 | 42 | 男 | 1942 年 |
| 杨秀峰 | 莱州市三山岛街道仓东村 | 36 | 男 | 1942 年 |

| 姓　名 | 籍　贯 | 年龄 | 性别 | 死难时间 |
|---|---|---|---|---|
| 王同文 | 莱州市三山岛街道仓北村 | 35 | 男 | 1942 年 |
| 安吉彬 | 莱州市三山岛街道仓北村 | 37 | 男 | 1942 年 |
| 王云生 | 莱州市三山岛街道天王庙村 | 20 | 男 | 1942 年 |
| 刘相臣 | 莱州市三山岛街道天王庙村 | 28 | 男 | 1942 年 |
| 吴贤顺 | 莱州市三山岛街道水南村 | 26 | 男 | 1942 年 |
| 张二福 | 莱州市三山岛街道水南村 | 21 | 男 | 1942 年 |
| 王玉兰 | 莱州市三山岛街道龙泉村 | 25 | 女 | 1942 年 |
| 王原氏 | 莱州市三山岛街道龙泉村 | 18 | 女 | 1942 年 |
| 徐义廷 | 莱州市三山岛街道后吕村 | 35 | 男 | 1942 年 |
| 王慧敏 | 莱州市三山岛街道曲家村 | 20 | 女 | 1942 年 |
| 徐福增 | 莱州市城港路街道朱由一村 | — | 男 | 1942 年 |
| 姜洪奎 | 莱州市城港路街道朱由一村 | — | 男 | 1942 年 |
| 孙庆昌 | 莱州市城港路街道朱由一村 | 23 | 男 | 1942 年 |
| 张进财 | 莱州市城港路街道朱由一村 | 44 | 男 | 1942 年 |
| 徐增臣 | 莱州市城港路街道朱由一村 | 29 | 男 | 1942 年 |
| 许广义 | 莱州市城港路街道朱由三村 | 16 | 男 | 1942 年 |
| 王守章 | 莱州市三山岛街道西北村 | 23 | 男 | 1942 年 |
| 王福连 | 莱州市三山岛街道西北村 | 24 | 男 | 1942 年 |
| 吴文开 | 莱州市三山岛街道吴一村 | 29 | 男 | 1942 年 |
| 吴锡桂 | 莱州市三山岛街道吴一村 | 28 | 男 | 1942 年 |
| 吴典生 | 莱州市三山岛街道吴三村 | 23 | 男 | 1942 年 |
| 邓恒德 | 莱州市三山岛街道前邓村 | 30 | 男 | 1942 年 |
| 李汉昌 | 莱州市三山岛街道前朱石村 | 42 | 男 | 1942 年 |
| 李锡章 | 莱州市三山岛街道前朱石村 | 23 | 男 | 1942 年 |
| 赵东正 | 莱州市三山岛街道赵家村 | 25 | 男 | 1942 年 |
| 尹发福 | 莱州市三山岛街道徐家村 | 21 | 男 | 1942 年 |
| 刘茂义 | 莱州市三山岛街道诸冯村 | 19 | 男 | 1942 年 |
| 曲盛华 | 莱州市三山岛街道崔家村 | 19 | 女 | 1942 年 |
| 郭其良 | 莱州市三山岛街道崔家村 | 22 | 男 | 1942 年 |
| 郭其臣 | 莱州市三山岛街道崔家村 | — | 男 | 1942 年 |
| 崔玉魁 | 莱州市三山岛街道崔家村 | 35 | 男 | 1942 年 |
| 王明山 | 莱州市三山岛街道新合村 | 20 | 男 | 1942 年 |
| 王治典 | 莱州市三山岛街道新合村 | 36 | 男 | 1942 年 |
| 李延令 | 莱州市三山岛街道路宿村 | 32 | 男 | 1942 年 |

| 姓　名 | 籍　贯 | 年龄 | 性别 | 死难时间 |
|---|---|---|---|---|
| 盛考信 | 莱州市三山岛街道东南村 | 32 | 男 | 1942 年 |
| 刘玉海 | 莱州市城港路街道 | — | 男 | 1942 年 |
| 卜召举 | 莱州市土山镇卜家村 | 15 | 男 | 1942 年 |
| 于光庆 | 莱州市土山镇于家村 | 27 | 男 | 1942 年 |
| 于栓和 | 莱州市土山镇于家村 | 18 | 男 | 1942 年 |
| 孙庆广 | 莱州市土山镇北孙家村 | 30 | 男 | 1942 年 |
| 张培庆 | 莱州市土山镇西薛村 | 34 | 男 | 1942 年 |
| 任学奎 | 莱州市土山镇娄家村 | 22 | 男 | 1942 年 |
| 秦夕林 | 莱州市文昌路街道大岚张村 | 32 | 男 | 1942 年 |
| 周　桂 | 莱州市文昌路街道毛家庄子村 | 48 | 男 | 1942 年 |
| 王忠岳 | 莱州市文昌路街道东关村 | 32 | 男 | 1942 年 |
| 周乃坚 | 莱州市文昌路街道东关村 | 20 | 男 | 1942 年 |
| 李明德 | 莱州市文昌路街道东庄头村 | 16 | 男 | 1942 年 |
| 张兆鹏 | 莱州市文昌路街道仲家沟村 | — | 男 | 1942 年 |
| 王合章 | 莱州市文昌路街道后店子村 | 18 | 男 | 1942 年 |
| 王姚氏 | 莱州市文昌路街道后店子村 | 47 | 女 | 1942 年 |
| 王春德 | 莱州市文昌路街道后店子村 | 50 | 男 | 1942 年 |
| 王积福 | 莱州市文昌路街道后店子村 | 40 | 男 | 1942 年 |
| 杨克勤 | 莱州市文昌路街道后店子村 | 60 | 男 | 1942 年 |
| 李寿松 | 莱州市文昌路街道后河村 | 19 | 男 | 1942 年 |
| 杨志强 | 莱州市文昌路街道西南隅村 | 24 | 男 | 1942 年 |
| 孙万山 | 莱州市文昌路街道前店子村 | 36 | 男 | 1942 年 |
| 姜文福 | 莱州市文昌路街道前店子村 | 42 | 男 | 1942 年 |
| 姜文兴 | 莱州市文昌路街道前店子村 | 42 | 男 | 1942 年 |
| 姜　田 | 莱州市文昌路街道前店子村 | 31 | 男 | 1942 年 |
| 姜知太 | 莱州市文昌路街道前店子村 | 20 | 男 | 1942 年 |
| 姜　锡 | 莱州市文昌路街道前店子村 | 16 | 男 | 1942 年 |
| 张云珍 | 莱州市文昌路街道南五里村 | 30 | 男 | 1942 年 |
| 张　氏 | 莱州市文昌路街道南五里村 | 31 | 女 | 1942 年 |
| 张振藻 | 莱州市文昌路街道南五里村 | 28 | 男 | 1942 年 |
| 姜　训 | 莱州市文昌路街道洼子村 | — | 男 | 1942 年 |
| 姜宝青 | 莱州市文昌路街道洼子村 | — | 男 | 1942 年 |
| 姜歧典 | 莱州市文昌路街道钟家疃村 | — | 男 | 1942 年 |
| 赵兴禄之兄 | 莱州市文昌路街道徐家疃村 | 43 | 男 | 1942 年 |

| 姓　名 | 籍　贯 | 年　龄 | 性　别 | 死难时间 |
|---|---|---|---|---|
| 李恩培 | 莱州市文昌路街道崖上村 | 38 | 男 | 1942 年 |
| 王振东 | 莱州市文昌路街道傅家桥村 | 58 | 男 | 1942 年 |
| 王振财 | 莱州市文昌路街道傅家桥村 | 42 | 男 | 1942 年 |
| 林　泰 | 莱州市文昌路街道傅家桥村 | 60 | 男 | 1942 年 |
| 侯老五 | 莱州市文昌路街道傅家桥村 | 18 | 男 | 1942 年 |
| 侯老四 | 莱州市文昌路街道傅家桥村 | 19 | 男 | 1942 年 |
| 傅延章 | 莱州市文昌路街道傅家桥村 | 18 | 男 | 1942 年 |
| 傅云臻 | 莱州市文昌路街道傅家桥村 | 20 | 男 | 1942 年 |
| 徐浩发 | 莱州市文峰路街道东光村 | 19 | 男 | 1942 年 |
| 四　群 | 莱州市平里店镇大沟崖村 | 14 | 男 | 1942 年 |
| 邹天峰 | 莱州市平里店镇石柱栏村 | 20 | 男 | 1942 年 |
| 邹宝广 | 莱州市平里店镇石柱栏村 | 21 | 男 | 1942 年 |
| 邹福义 | 莱州市平里店镇石柱栏村 | 20 | 男 | 1942 年 |
| 赵学永 | 莱州市平里店镇西北障村 | 28 | 男 | 1942 年 |
| 姜敬发 | 莱州市平里店镇西障姜家村 | 23 | 男 | 1942 年 |
| 孙书先 | 莱州市平里店镇杨家村 | 26 | 男 | 1942 年 |
| 王文周 | 莱州市平里店镇店王村 | 32 | 男 | 1942 年 |
| 罗兴洪 | 莱州市平里店镇罗家村 | 26 | 男 | 1942 年 |
| 冷其才 | 莱州市平里店镇保旺姜家村 | 19 | 男 | 1942 年 |
| 郭玉恩 | 莱州市平里店镇保旺姜家村 | 20 | 男 | 1942 年 |
| 黄金生 | 莱州市平里店镇战家洼村 | 16 | 男 | 1942 年 |
| 王云海 | 莱州市平里店镇诸流村 | 21 | 男 | 1942 年 |
| 周甲顺 | 莱州市平里店镇诸流村 | 19 | 男 | 1942 年 |
| 周茂财 | 莱州市平里店镇诸流村 | 20 | 男 | 1942 年 |
| 周春永 | 莱州市平里店镇诸流村 | 21 | 男 | 1942 年 |
| 周高元 | 莱州市平里店镇诸流村 | 23 | 男 | 1942 年 |
| 王先元 | 莱州市平里店镇高家村 | 29 | 男 | 1942 年 |
| 高淑波 | 莱州市平里店镇高家村 | 18 | 女 | 1942 年 |
| 鲍万忠 | 莱州市平里店镇婴里村 | 22 | 男 | 1942 年 |
| 潘升基 | 莱州市平里店镇淳于村 | 24 | 男 | 1942 年 |
| 孙全庆 | 莱州市平里店镇麻二村 | 49 | 男 | 1942 年 |
| 郝书叶 | 莱州市平里店镇麻后村 | 20 | 男 | 1942 年 |
| 姜华周 | 莱州市平里店镇麻前村 | 21 | 男 | 1942 年 |
| 姜庆周 | 莱州市平里店镇麻前村 | 21 | 男 | 1942 年 |

| 姓 名 | 籍 贯 | 年 龄 | 性 别 | 死难时间 |
|---|---|---|---|---|
| 姜登先 | 莱州市平里店镇麻前村 | 22 | 男 | 1942 年 |
| 王永兴 | 莱州市平里店镇西罗台村 | 23 | 男 | 1942 年 |
| 孙建英 | 莱州市永安路街道姜家村 | — | 男 | 1942 年 |
| 孙甲茂 | 莱州市永安路街道孙家村 | 28 | 男 | 1942 年 |
| 李书润 | 莱州市永安路街道杨务沟村 | 35 | 男 | 1942 年 |
| 李廷玉 | 莱州市永安路街道杨务沟村 | 24 | 男 | 1942 年 |
| 张清山 | 莱州市永安路街道西山张村 | — | 男 | 1942 年 |
| 苑学举 | 莱州市永安路街道西关村 | 26 | 女 | 1942 年 |
| 宋襄臣 | 莱州市永安路街道花园村 | 25 | 男 | 1942 年 |
| 张帮全 | 莱州市永安路街道坡子村 | — | 男 | 1942 年 |
| 孙玉传 | 莱州市永安路街道亭子村 | 38 | 男 | 1942 年 |
| 姜　光 | 莱州市永安路街道姜家村 | — | 男 | 1942 年 |
| 孙元轮 | 莱州市永安路街道海庙孙家村 | — | 男 | 1942 年 |
| 孙甲寿 | 莱州市永安路街道海庙孙家村 | — | 男 | 1942 年 |
| 姜书铭 | 莱州市永安路街道海庙孙家村 | — | 男 | 1942 年 |
| 杨守义 | 莱州市朱桥镇上坡村 | 24 | 男 | 1942 年 |
| 王玉堂 | 莱州市朱桥镇下王家村 | 21 | 男 | 1942 年 |
| 王长钦 | 莱州市朱桥镇大琅琊村 | 21 | 男 | 1942 年 |
| 王安民 | 莱州市朱桥镇大琅琊村 | 23 | 男 | 1942 年 |
| 张玉发 | 莱州市朱桥镇小张家村 | 19 | 男 | 1942 年 |
| 刘孙兴 | 莱州市朱桥镇小郎家村 | 30 | 男 | 1942 年 |
| 孙禄云 | 莱州市朱桥镇小郎家村 | 54 | 男 | 1942 年 |
| 张寿田 | 莱州市朱桥镇小郎家村 | 66 | 男 | 1942 年 |
| 张青田之妻 | 莱州市朱桥镇小郎家村 | 60 | 女 | 1942 年 |
| 李锡存之妻 | 莱州市朱桥镇小郎家村 | 72 | 女 | 1942 年 |
| 李锡臣 | 莱州市朱桥镇小郎家村 | 76 | 男 | 1942 年 |
| 李锡芝 | 莱州市朱桥镇小郎家村 | — | 男 | 1942 年 |
| 郎锡奎 | 莱州市朱桥镇小郎家村 | 58 | 男 | 1942 年 |
| 郎会治 | 莱州市朱桥镇小郎家村 | — | 男 | 1942 年 |
| 孙成聚之母 | 莱州市朱桥镇小郎家村 | — | 女 | 1942 年 |
| 韩春禄 | 莱州市朱桥镇小韩家村 | 36 | 男 | 1942 年 |
| 杨长春 | 莱州市朱桥镇山上杨家村 | 40 | 男 | 1942 年 |
| 杨邱氏 | 莱州市朱桥镇山上杨家村 | 58 | 女 | 1942 年 |
| 杨×× | 莱州市朱桥镇山上杨家村 | 38 | 女 | 1942 年 |

| 姓 名 | 籍 贯 | 年 龄 | 性 别 | 死难时间 |
|---|---|---|---|---|
| 李仁乡 | 莱州市朱桥镇山上杨家村 | 45 | 男 | 1942 年 |
| 杨淑芳 | 莱州市朱桥镇山上杨家村 | 60 | 男 | 1942 年 |
| 于锡桂 | 莱州市朱桥镇马家村 | 21 | 男 | 1942 年 |
| 郭明远 | 莱州市朱桥镇马家村 | 26 | 男 | 1942 年 |
| 于兰贵 | 莱州市朱桥镇王家庄子村 | 30 | 男 | 1942 年 |
| 刘开选 | 莱州市朱桥镇刘家村 | 27 | 男 | 1942 年 |
| 李发科 | 莱州市朱桥镇后李村 | 20 | 男 | 1942 年 |
| 王文奎 | 莱州市朱桥镇庄头村 | 22 | 男 | 1942 年 |
| 王秉政 | 莱州市朱桥镇朱桥村 | 40 | 男 | 1942 年 |
| 彭兆黎 | 莱州市朱桥镇作阳村 | 22 | 男 | 1942 年 |
| 杨文远 | 莱州市朱桥镇岔里新庄村 | — | 男 | 1942 年 |
| 刘永奎 | 莱州市朱桥镇张官刘家村 | 22 | 男 | 1942 年 |
| 张维东 | 莱州市朱桥镇张家村 | 22 | 男 | 1942 年 |
| 孙希来 | 莱州市朱桥镇沟子杨村 | 27 | 男 | 1942 年 |
| 杨学仕 | 莱州市朱桥镇沟子杨村 | 26 | 男 | 1942 年 |
| 孟广松 | 莱州市朱桥镇孟家村 | 64 | 男 | 1942 年 |
| 孟广海 | 莱州市朱桥镇孟家村 | 63 | 男 | 1942 年 |
| 孟广钱 | 莱州市朱桥镇孟家村 | 42 | 男 | 1942 年 |
| 孟广福 | 莱州市朱桥镇孟家村 | 66 | 男 | 1942 年 |
| 孟广增 | 莱州市朱桥镇孟家村 | 67 | 男 | 1942 年 |
| 孟宪同 | 莱州市朱桥镇孟家村 | 64 | 男 | 1942 年 |
| 孟昭义 | 莱州市朱桥镇孟家村 | 62 | 男 | 1942 年 |
| 孟昭川 | 莱州市朱桥镇孟家村 | 43 | 男 | 1942 年 |
| 孟昭元 | 莱州市朱桥镇孟家村 | 47 | 男 | 1942 年 |
| 孟昭范 | 莱州市朱桥镇孟家村 | 42 | 男 | 1942 年 |
| 孟昭俊 | 莱州市朱桥镇孟家村 | 46 | 男 | 1942 年 |
| 孟昭贵 | 莱州市朱桥镇孟家村 | 44 | 男 | 1942 年 |
| 孟昭禄 | 莱州市朱桥镇孟家村 | 64 | 男 | 1942 年 |
| 孟昭福 | 莱州市朱桥镇孟家村 | 66 | 男 | 1942 年 |
| 贾振明 | 莱州市朱桥镇季家村 | 40 | 男 | 1942 年 |
| 王学信 | 莱州市朱桥镇招贤村 | 42 | 男 | 1942 年 |
| 张春海 | 莱州市朱桥镇招贤村 | 25 | 男 | 1942 年 |
| 李如松 | 莱州市朱桥镇招贤村 | 38 | 男 | 1942 年 |
| 赵发堂 | 莱州市朱桥镇河东村 | 21 | 男 | 1942 年 |

| 姓 名 | 籍 贯 | 年 龄 | 性 别 | 死难时间 |
|---|---|---|---|---|
| 袁方春 | 莱州市朱桥镇苗家村 | — | 男 | 1942 年 |
| 谭云慈 | 莱州市朱桥镇苗家村 | 20 | 男 | 1942 年 |
| 修永福 | 莱州市朱桥镇修家沟村 | 38 | 男 | 1942 年 |
| 修玉久 | 莱州市朱桥镇修家沟村 | 31 | 男 | 1942 年 |
| 修玉求 | 莱州市朱桥镇修家沟村 | 33 | 男 | 1942 年 |
| 修学好 | 莱州市朱桥镇修家沟村 | 45 | 男 | 1942 年 |
| 修学来 | 莱州市朱桥镇修家沟村 | 42 | 男 | 1942 年 |
| 修学恩 | 莱州市朱桥镇修家沟村 | 62 | 男 | 1942 年 |
| 修学翠 | 莱州市朱桥镇修家沟村 | 24 | 男 | 1942 年 |
| 李长友 | 莱州市朱桥镇前李村 | 25 | 男 | 1942 年 |
| 郝世茂 | 莱州市朱桥镇前郝村 | 29 | 男 | 1942 年 |
| 张万和 | 莱州市朱桥镇赵官庄村 | 32 | 男 | 1942 年 |
| 王新庆 | 莱州市朱桥镇秦家村 | 24 | 男 | 1942 年 |
| 耿云生 | 莱州市朱桥镇耿家村 | 64 | 男 | 1942 年 |
| 耿云成 | 莱州市朱桥镇耿家村 | — | 男 | 1942 年 |
| 耿守光 | 莱州市朱桥镇耿家村 | 61 | 男 | 1942 年 |
| 耿尧光 | 莱州市朱桥镇耿家村 | 62 | 男 | 1942 年 |
| 耿学先 | 莱州市朱桥镇耿家村 | 62 | 男 | 1942 年 |
| 耿显宝 | 莱州市朱桥镇耿家村 | 59 | 男 | 1942 年 |
| 耿显杰 | 莱州市朱桥镇耿家村 | 66 | 男 | 1942 年 |
| 耿显林 | 莱州市朱桥镇耿家村 | 63 | 男 | 1942 年 |
| 耿显荣 | 莱州市朱桥镇耿家村 | 65 | 男 | 1942 年 |
| 耿会成 | 莱州市朱桥镇耿家村 | — | 男 | 1942 年 |
| 耿显福 | 莱州市朱桥镇耿家村 | 62 | 男 | 1942 年 |
| 耿启新 | 莱州市朱桥镇耿家村 | 62 | 男 | 1942 年 |
| 耿福光 | 莱州市朱桥镇耿家村 | 60 | 男 | 1942 年 |
| 李浩田 | 莱州市朱桥镇埠上村 | 40 | 男 | 1942 年 |
| 鹿令先 | 莱州市朱桥镇鹿家村 | 22 | 男 | 1942 年 |
| 鹿延忠 | 莱州市朱桥镇鹿家村 | 19 | 男 | 1942 年 |
| 鹿官法 | 莱州市朱桥镇鹿家村 | 22 | 男 | 1942 年 |
| 黄同高 | 莱州市朱桥镇黄家村 | 21 | 男 | 1942 年 |
| 黄锡洪 | 莱州市朱桥镇黄家村 | 32 | 男 | 1942 年 |
| 谭德均 | 莱州市朱桥镇镡家村 | 29 | 男 | 1942 年 |
| 宋熙雍 | 莱州市沙河镇小珍珠村 | 18 | 男 | 1942 年 |

| 姓 名 | 籍 贯 | 年 龄 | 性 别 | 死难时间 |
|---|---|---|---|---|
| 杨华文 | 莱州市沙河镇东孙村 | 27 | 男 | 1942 年 |
| 王金志 | 莱州市沙河镇北王村 | 19 | 男 | 1942 年 |
| 曲文泮 | 莱州市沙河镇民主村 | 30 | 男 | 1942 年 |
| 王成法 | 莱州市沙河镇佛台子村 | 34 | 男 | 1942 年 |
| 谭兰香 | 莱州市沙河镇沙河村 | — | 男 | 1942 年 |
| 赵天云 | 莱州市沙河镇河赵村 | 22 | 男 | 1942 年 |
| 祝发吉 | 莱州市沙河镇祝家村 | 23 | 男 | 1942 年 |
| 祝志德 | 莱州市沙河镇祝家村 | 30 | 男 | 1942 年 |
| 贾天云 | 莱州市沙河镇淀里村 | 42 | 男 | 1942 年 |
| 贾炳善 | 莱州市沙河镇淀里村 | 27 | 男 | 1942 年 |
| 李振晓 | 莱州市沙河镇黑羊山村 | 18 | 男 | 1942 年 |
| 王岐福 | 莱州市虎头崖镇丁家村 | — | 男 | 1942 年 |
| 李生本 | 莱州市虎头崖镇小沟村 | 21 | 男 | 1942 年 |
| 李学枕 | 莱州市虎头崖镇小沟村 | 20 | 男 | 1942 年 |
| 孙连其 | 莱州市虎头崖镇山孙家村 | 21 | 男 | 1942 年 |
| 宁有渠 | 莱州市虎头崖镇宁家村 | 16 | 男 | 1942 年 |
| 芮启春 | 莱州市虎头崖镇后桥村 | 20 | 男 | 1942 年 |
| 任珍堂 | 莱州市虎头崖镇庄头村 | 44 | 男 | 1942 年 |
| 汪九升 | 莱州市虎头崖镇西葛村 | 36 | 男 | 1942 年 |
| 刘永进 | 莱州市虎头崖镇趴埠村 | 22 | 男 | 1942 年 |
| 钟维军 | 莱州市虎头崖镇留村 | 29 | 男 | 1942 年 |
| 刘中长 | 莱州市虎头崖镇道刘村 | 25 | 男 | 1942 年 |
| 赵海臣 | 莱州市金城镇大西庄村 | 17 | 男 | 1942 年 |
| 谭洪祥 | 莱州市金城镇大西庄村 | 40 | 男 | 1942 年 |
| 王玉忠 | 莱州市金城镇大沙岭村 | — | 男 | 1942 年 |
| 王新业 | 莱州市金城镇大沙岭村 | — | 男 | 1942 年 |
| 李振德 | 莱州市金城镇大沙岭村 | — | 男 | 1942 年 |
| 宋维枝 | 莱州市金城镇大官庄村 | 40 | 男 | 1942 年 |
| 李学德 | 莱州市金城镇大官庄村 | 49 | 男 | 1942 年 |
| 张瑞林 | 莱州市金城镇马唐村 | 61 | 男 | 1942 年 |
| 王友三 | 莱州市金城镇凤毛寨村 | 18 | 男 | 1942 年 |
| 吕子香 | 莱州市金城镇王家村 | 22 | 男 | 1942 年 |
| 孙 升 | 莱州市金城镇龙埠村 | 35 | 男 | 1942 年 |
| 郭太昌之孙 | 莱州市金城镇后坡三村 | 8 | 男 | 1942 年 |

| 姓 名 | 籍 贯 | 年龄 | 性别 | 死难时间 |
|---|---|---|---|---|
| 郭太昌之儿媳 | 莱州市金城镇后坡三村 | 28 | 女 | 1942 年 |
| 盛春林 | 莱州市金城镇孙家村 | 27 | 男 | 1942 年 |
| 盛继元 | 莱州市金城镇孙家村 | 20 | 男 | 1942 年 |
| 季 梅 | 莱州市金城镇西季村 | 30 | 男 | 1942 年 |
| 张福堂 | 莱州市金城镇张家村 | 34 | 男 | 1942 年 |
| 吕书云 | 莱州市金城镇南昌村 | 22 | 男 | 1942 年 |
| 吕永瑞 | 莱州市金城镇南昌村 | 22 | 男 | 1942 年 |
| 原云良 | 莱州市金城镇原家村 | 21 | 男 | 1942 年 |
| 原春潮 | 莱州市金城镇原家村 | 42 | 男 | 1942 年 |
| 原恩礼 | 莱州市金城镇原家村 | 37 | 男 | 1942 年 |
| 张中汉 | 莱州市金城镇新城村 | 17 | 男 | 1942 年 |
| 胡乃作 | 莱州市驿道镇三岔口村 | 20 | 男 | 1942 年 |
| 李曰明 | 莱州市驿道镇上庄村 | 31 | 男 | 1942 年 |
| 李好秀 | 莱州市驿道镇上庄村 | 31 | 女 | 1942 年 |
| 宋德山 | 莱州市驿道镇下庄村 | 21 | 男 | 1942 年 |
| 陈学勤 | 莱州市驿道镇下庄村 | — | 男 | 1942 年 |
| 李学铺 | 莱州市驿道镇大香村 | 29 | 男 | 1942 年 |
| 张玉清 | 莱州市驿道镇周官庄村 | 22 | 男 | 1942 年 |
| 方京福 | 莱州市驿道镇马弋家村 | 16 | 男 | 1942 年 |
| 宋庆瑞 | 莱州市驿道镇马弋家村 | 29 | 男 | 1942 年 |
| 李芝荣 | 莱州市驿道镇夫子石村 | 19 | 男 | 1942 年 |
| 毛天昌 | 莱州市驿道镇毛家涧村 | 39 | 男 | 1942 年 |
| 肖瑞春 | 莱州市驿道镇东周廷村 | 32 | 男 | 1942 年 |
| 马锡令 | 莱州市驿道镇东马村 | 27 | 男 | 1942 年 |
| 冯进章 | 莱州市驿道镇东冯村 | 22 | 男 | 1942 年 |
| 张东升 | 莱州市驿道镇东张村 | 24 | 男 | 1942 年 |
| 肖仁寿 | 莱州市驿道镇东周村 | 20 | 男 | 1942 年 |
| 冯云汉 | 莱州市驿道镇北冯村 | 19 | 男 | 1942 年 |
| 冯进章 | 莱州市驿道镇北冯村 | 29 | 男 | 1942 年 |
| 宋太东 | 莱州市驿道镇玉兰村 | 29 | 男 | 1942 年 |
| 宋典训 | 莱州市驿道镇玉兰村 | 31 | 男 | 1942 年 |
| 宋振凯 | 莱州市驿道镇玉兰村 | 31 | 男 | 1942 年 |
| 刘进举 | 莱州市驿道镇刘洼村 | 22 | 男 | 1942 年 |
| 李长海 | 莱州市驿道镇庄李村 | 21 | 男 | 1942 年 |

| 姓 名 | 籍 贯 | 年 龄 | 性 别 | 死难时间 |
|---|---|---|---|---|
| 李民松 | 莱州市驿道镇庄李村 | 26 | 男 | 1942 年 |
| 龚有爵 | 莱州市驿道镇朱汉村 | 70 | 男 | 1942 年 |
| 迟天宝 | 莱州市驿道镇西牛村 | 28 | 男 | 1942 年 |
| 于金堂 | 莱州市驿道镇西周村 | 27 | 男 | 1942 年 |
| 张典奎 | 莱州市驿道镇西板村 | 23 | 男 | 1942 年 |
| 徐典木 | 莱州市驿道镇西板村 | 24 | 男 | 1942 年 |
| 徐锡昌 | 莱州市驿道镇西板村 | 17 | 男 | 1942 年 |
| 张文财 | 莱州市驿道镇西战村 | 22 | 男 | 1942 年 |
| 胡林兴 | 莱州市驿道镇邢胡村 | 27 | 男 | 1942 年 |
| 李谓令 | 莱州市驿道镇皂户村 | 20 | 男 | 1942 年 |
| 邱宝春 | 莱州市驿道镇邱家村 | 20 | 男 | 1942 年 |
| 孙玉海 | 莱州市驿道镇周官村 | 40 | 男 | 1942 年 |
| 孙奉生 | 莱州市驿道镇周官村 | 22 | 男 | 1942 年 |
| 张玉清 | 莱州市驿道镇周官村 | 26 | 男 | 1942 年 |
| 李万云 | 莱州市驿道镇周官村 | 40 | 男 | 1942 年 |
| 王守海 | 莱州市驿道镇庙山村 | 19 | 男 | 1942 年 |
| 王振田 | 莱州市驿道镇庙山村 | 28 | 男 | 1942 年 |
| 李德文 | 莱州市驿道镇河西村 | 29 | 男 | 1942 年 |
| 刘风元 | 莱州市驿道镇河南村 | 21 | 男 | 1942 年 |
| 赵德选 | 莱州市郭家店镇后赵村 | 21 | 男 | 1942 年 |
| 陈尚剑 | 莱州市郭家店镇小黄泥村 | 20 | 男 | 1942 年 |
| 陈丕俊 | 莱州市郭家店镇小黄泥村 | 22 | 男 | 1942 年 |
| 陶文双 | 莱州市郭家店镇陶家村 | 21 | 男 | 1942 年 |
| 陶 喜 | 莱州市郭家店镇陶家村 | 24 | 男 | 1942 年 |
| 刘吉德 | 莱州市驿道镇河南村 | 24 | 男 | 1942 年 |
| 童兆令 | 莱州市驿道镇狗爪埠村 | 19 | 男 | 1942 年 |
| 刘长梅 | 莱州市驿道镇狗爪埠村 | 21 | 男 | 1942 年 |
| 李金寿 | 莱州市驿道镇驿道村 | 23 | 男 | 1942 年 |
| 李登科 | 莱州市驿道镇驿道村 | 23 | 男 | 1942 年 |
| 綦瑞五 | 莱州市驿道镇驿道村 | 23 | 男 | 1942 年 |
| 傅学桂 | 莱州市驿道镇南板村 | 42 | 男 | 1942 年 |
| 史占亭 | 莱州市驿道镇神水村 | 24 | 男 | 1942 年 |
| 王风志 | 莱州市驿道镇费现村 | 24 | 男 | 1942 年 |
| 赵冲升 | 莱州市驿道镇费现村 | 21 | 男 | 1942 年 |

| 姓 名 | 籍 贯 | 年 龄 | 性 别 | 死难时间 |
|---|---|---|---|---|
| 唐福祥 | 莱州市驿道镇唐家村 | 24 | 男 | 1942 年 |
| 徐凤邦 | 莱州市驿道镇徐家村 | 18 | 男 | 1942 年 |
| 李学士 | 莱州市驿道镇新李村 | 47 | 男 | 1942 年 |
| 马洪羽 | 莱州市城港路街道小朱杲村 | 24 | 男 | 1942 年 |
| 李士广 | 莱州市城港路街道东朱杲村 | 42 | 男 | 1942 年 |
| 孙凤亭 | 莱州市城港路街道东郎子埠村 | 30 | 男 | 1942 年 |
| 董守高 | 莱州市城港路街道东郎子埠村 | 26 | 男 | 1942 年 |
| 杨顺英 | 莱州市城港路街道朱旺村 | 20 | 男 | 1942 年 |
| 夏宝焕 | 莱州市城港路街道朱旺村 | 16 | 男 | 1942 年 |
| 周德庆 | 莱州市城港路街道西郎子埠村 | 20 | 男 | 1942 年 |
| 徐学义 | 莱州市城港路街道高家村 | 45 | 男 | 1942 年 |
| 李永全 | 莱州市城港路街道淇水村 | — | 男 | 1942 年 |
| 张振山 | 莱州市城港路街道路个庄村 | 19 | 男 | 1942 年 |
| 叶明朱 | 莱州市柞村镇下张家村 | 31 | 男 | 1942 年 |
| 杨广春 | 莱州市柞村镇大庄子村 | 37 | 男 | 1942 年 |
| 孙士欣 | 莱州市柞村镇火神庙村 | 41 | 男 | 1942 年 |
| 孙付广 | 莱州市柞村镇火神庙村 | 17 | 男 | 1942 年 |
| 刘永顺 | 莱州市柞村镇蔡格庄村 | 23 | 男 | 1942 年 |
| 王希良 | 莱州市夏邱镇小初家村 | 22 | 男 | 1942 年 |
| 牟文智 | 莱州市夏邱镇牟家村 | 23 | 男 | 1942 年 |
| 宋化行 | 莱州市夏邱镇宋家村 | 36 | 男 | 1942 年 |
| 寇玉柏 | 莱州市夏邱镇寇家村 | 26 | 男 | 1942 年 |
| 泮吉志 | 莱州市郭家店镇罗家村 | 23 | 男 | 1942 年 |
| 刘洪祥 | 莱州市郭家店镇柴棚村 | 26 | 男 | 1942 年 |
| 刘进奎 | 莱州市郭家店镇柴棚村 | 25 | 男 | 1942 年 |
| 刘进廷 | 莱州市郭家店镇柴棚村 | — | 男 | 1942 年 |
| 李孟全 | 莱州市郭家店镇大李家村 | 38 | 男 | 1942 年 |
| 张希田 | 莱州市郭家店镇大李家村 | 35 | 男 | 1942 年 |
| 刘玉才 | 莱州市郭家店镇西山赵村 | 30 | 男 | 1942 年 |
| 姜云斌 | 莱州市郭家店镇七里岚村 | 28 | 男 | 1942 年 |
| 仲召各 | 莱州市郭家店镇上仲家村 | 27 | 男 | 1942 年 |
| 仲跻德 | 莱州市郭家店镇上仲家村 | 28 | 男 | 1942 年 |
| 王兰芳 | 莱州市郭家店镇上堡村 | 21 | 男 | 1942 年 |
| 王兰普 | 莱州市郭家店镇上堡村 | 39 | 男 | 1942 年 |

| 姓 名 | 籍 贯 | 年 龄 | 性 别 | 死难时间 |
|---|---|---|---|---|
| 王 学 | 莱州市郭家店镇上堡村 | 46 | 男 | 1942 年 |
| 王学善 | 莱州市郭家店镇上堡村 | 43 | 男 | 1942 年 |
| 曹 氏 | 莱州市郭家店镇上堡村 | 45 | 女 | 1942 年 |
| 张永勤 | 莱州市郭家店镇下徐家村 | 34 | 男 | 1942 年 |
| 张振元 | 莱州市郭家店镇下徐家村 | 25 | 男 | 1942 年 |
| 张新强 | 莱州市郭家店镇于家河村 | 20 | 男 | 1942 年 |
| 张老潘 | 莱州市郭家店镇大庙后村 | 32 | 男 | 1942 年 |
| 张芝珍 | 莱州市郭家店镇大庙后村 | 34 | 男 | 1942 年 |
| 张潘格 | 莱州市郭家店镇大庙后村 | 31 | 男 | 1942 年 |
| 杨维江 | 莱州市郭家店镇大庙后村 | 28 | 男 | 1942 年 |
| 李学进 | 莱州市郭家店镇大河南村 | 24 | 男 | 1942 年 |
| 王春辉 | 莱州市郭家店镇小疃村 | 18 | 男 | 1942 年 |
| 宋希顺 | 莱州市郭家店镇山前宋家村 | 26 | 男 | 1942 年 |
| 宋可法 | 莱州市郭家店镇马台石村 | 23 | 男 | 1942 年 |
| 黄进寿 | 莱州市郭家店镇元岭孙家村 | 27 | 男 | 1942 年 |
| 王京先 | 莱州市郭家店镇元岭孙家村 | 32 | 男 | 1942 年 |
| 李毛升 | 莱州市郭家店镇元岭孙家村 | 28 | 男 | 1942 年 |
| 杨进友 | 莱州市郭家店镇元岭孙家村 | 26 | 男 | 1942 年 |
| 官振亭 | 莱州市郭家店镇元岭孙家村 | 29 | 男 | 1942 年 |
| 原洪江 | 莱州市郭家店镇元岭孙家村 | 26 | 男 | 1942 年 |
| 孙书香 | 莱州市郭家店镇元岭陈家村 | 22 | 男 | 1942 年 |
| 仲跻本 | 莱州市郭家店镇凤凰寨村 | 32 | 男 | 1942 年 |
| 仲跻合 | 莱州市郭家店镇凤凰寨村 | 34 | 男 | 1942 年 |
| 林子合 | 莱州市郭家店镇凤凰寨村 | 31 | 男 | 1942 年 |
| 潘振明 | 莱州市郭家店镇太平庄村 | 27 | 男 | 1942 年 |
| 孙书顺 | 莱州市郭家店镇古村 | 20 | 男 | 1942 年 |
| 孙书提 | 莱州市郭家店镇古村 | 30 | 男 | 1942 年 |
| 黄长春 | 莱州市郭家店镇后沟村 | 21 | 男 | 1942 年 |
| 李天昌 | 莱州市郭家店镇院后村 | 20 | 男 | 1942 年 |
| 张付春 | 莱州市郭家店镇团结村 | 18 | 男 | 1942 年 |
| 杨友田 | 莱州市郭家店镇朱家村 | 22 | 男 | 1942 年 |
| 周甲合 | 莱州市郭家店镇老草沟村 | 30 | 男 | 1942 年 |
| 孙万正 | 莱州市郭家店镇西孙家村 | 27 | 男 | 1942 年 |
| 孙红军 | 莱州市郭家店镇西孙家村 | 26 | 男 | 1942 年 |

| 姓 名 | 籍 贯 | 年 龄 | 性 别 | 死难时间 |
|---|---|---|---|---|
| 孙恒永 | 莱州市郭家店镇西孙家村 | 27 | 男 | 1942 年 |
| 王永顺 | 莱州市郭家店镇观音寺王家村 | 25 | 男 | 1942 年 |
| 宋 光 | 莱州市郭家店镇宋光村 | 30 | 男 | 1942 年 |
| 张文朋 | 莱州市郭家店镇连夼村 | 24 | 男 | 1942 年 |
| 张廷集 | 莱州市郭家店镇连夼村 | 22 | 男 | 1942 年 |
| 王书先 | 莱州市郭家店镇连夼村 | 29 | 男 | 1942 年 |
| 马典好 | 莱州市郭家店镇官后村 | 21 | 男 | 1942 年 |
| 刘玉增 | 莱州市郭家店镇官后村 | 25 | 男 | 1942 年 |
| 李林开 | 莱州市郭家店镇官前村 | 20 | 男 | 1942 年 |
| 潘占志 | 莱州市郭家店镇罗家庄村 | 23 | 男 | 1942 年 |
| 崔文昌 | 莱州市郭家店镇钓鱼台村 | 20 | 男 | 1942 年 |
| 崔 良 | 莱州市郭家店镇钓鱼台村 | 18 | 男 | 1942 年 |
| 宋群臣 | 莱州市郭家店镇马台石村 | 35 | 男 | 1942 年 |
| 张花林 | 莱州市郭家店镇前疃村 | 23 | 男 | 1942 年 |
| 刘京云 | 莱州市郭家店镇南村 | 32 | 男 | 1942 年 |
| 王顺成 | 莱州市郭家店镇段家村 | 24 | 男 | 1942 年 |
| 董春山 | 莱州市郭家店镇洪家庄村 | 36 | 男 | 1942 年 |
| 曹云义 | 莱州市郭家店镇洼里村 | 42 | 男 | 1942 年 |
| 孙付永 | 莱州市郭家店镇郝家沟村 | 21 | 男 | 1942 年 |
| 李月瑞 | 莱州市郭家店镇郝家沟村 | 21 | 男 | 1942 年 |
| 郑六子 | 莱州市郭家店镇郝家沟村 | 20 | 男 | 1942 年 |
| 郑洪守 | 莱州市郭家店镇郝家沟村 | 24 | 男 | 1942 年 |
| 谭占希 | 莱州市郭家店镇郝家沟村 | 29 | 男 | 1942 年 |
| 姬成恩 | 莱州市郭家店镇姬家村 | 36 | 男 | 1942 年 |
| 崔庆华 | 莱州市郭家店镇柴棚村 | 20 | 男 | 1942 年 |
| 张 和 | 莱州市郭家店镇涧里村 | 24 | 男 | 1942 年 |
| 张书永 | 莱州市郭家店镇涧里村 | 34 | 男 | 1942 年 |
| 张 虎 | 莱州市郭家店镇涧里村 | 37 | 男 | 1942 年 |
| 卢君臣 | 莱州市郭家店镇班家村 | 22 | 男 | 1942 年 |
| 刘夕财 | 莱州市郭家店镇贾家村 | 28 | 男 | 1942 年 |
| 贾宝珠 | 莱州市郭家店镇贾家村 | 24 | 男 | 1942 年 |
| 李清枝 | 莱州市文昌路街道后河村 | 31 | 男 | 1942 年 |
| 贾宝堂 | 莱州市郭家店镇贾家村 | 22 | 男 | 1942 年 |
| 孙 岩 | 莱州市郭家店镇嘴头村 | 30 | 男 | 1942 年 |

| 姓　名 | 籍　贯 | 年　龄 | 性　别 | 死难时间 |
|---|---|---|---|---|
| 尹丁茂 | 莱州市郭家店镇郭家店村 | 21 | 男 | 1942 年 |
| 范有洁 | 莱州市郭家店镇郭家店村 | 26 | 男 | 1942 年 |
| 姜龙田 | 莱州市郭家店镇盛家村 | 23 | 男 | 1942 年 |
| 姜立亭 | 莱州市郭家店镇塔耳头村 | 32 | 男 | 1942 年 |
| 姜志田 | 莱州市郭家店镇院庄村 | 30 | 男 | 1942 年 |
| 徐文秀 | 莱州市郭家店镇蒋家村 | 29 | 男 | 1942 年 |
| 曹喜栋 | 莱州市文峰路街道曹家村 | — | 男 | 1942 年 |
| 张旭东 | 莱州市程郭镇金牌村 | 36 | 男 | 1942 年 |
| 张正元 | 莱州市程郭镇小滩村 | 31 | 男 | 1942 年 |
| 王召年 | 莱州市程郭镇山后村 | 17 | 男 | 1942 年 |
| 王振安 | 莱州市程郭镇山后村 | 17 | 男 | 1942 年 |
| 周云顶 | 莱州市程郭镇东朱村 | 33 | 男 | 1942 年 |
| 徐大洪 | 莱州市程郭镇东圈子村 | 25 | 男 | 1942 年 |
| 徐绍亭 | 莱州市程郭镇东圈子村 | 22 | 男 | 1942 年 |
| 冯浩昌 | 莱州市程郭镇北菊寺村 | 41 | 男 | 1942 年 |
| 李福祥 | 莱州市程郭镇石格庄村 | 17 | 男 | 1942 年 |
| 张文典 | 莱州市程郭镇曲家村 | 28 | 男 | 1942 年 |
| 王振彪 | 莱州市程郭镇西朱村 | 21 | 男 | 1942 年 |
| 于向云 | 莱州市程郭镇坎上村 | 33 | 男 | 1942 年 |
| 周跃庆 | 莱州市程郭镇沙埠庄村 | 26 | 男 | 1942 年 |
| 傅京年 | 莱州市程郭镇沙埠庄村 | 24 | 男 | 1942 年 |
| 姜洪友 | 莱州市程郭镇花秸岭村 | 26 | 男 | 1942 年 |
| 徐华斋 | 莱州市程郭镇谷口村 | 33 | 男 | 1942 年 |
| 刘洪庆 | 莱州市程郭镇罗家营村 | 33 | 男 | 1942 年 |
| 李高提 | 莱州市程郭镇郑家埠村 | 19 | 男 | 1942 年 |
| 张典柱 | 莱州市程郭镇金牌村 | 22 | 男 | 1942 年 |
| 杨学成 | 莱州市程郭镇南相村 | 31 | 男 | 1942 年 |
| 王寿新 | 莱州市程郭镇洪沟头村 | 26 | 男 | 1942 年 |
| 于福云 | 莱州市程郭镇曹郭庄村 | 30 | 男 | 1942 年 |
| 王洪业 | 莱州市程郭镇曹郭庄村 | 24 | 男 | 1942 年 |
| 蒋豪亭 | 莱州市程郭镇蒋家村 | 21 | 男 | 1942 年 |
| 孟传齐 | 莱州市程郭镇孟家村 | 71 | 男 | 1942 年 |
| 哑　巴 | 莱州市文峰路街道田家村 | 28 | 男 | 1942 年 |
| 黑凤昌 | 莱州市文峰路街道西朱村 | 40 | 男 | 1943 年 1 月 |

| 姓　名 | 籍　贯 | 年龄 | 性别 | 死难时间 |
|---|---|---|---|---|
| 姜文堂 | 莱州市文峰路街道彭家村 | 39 | 男 | 1943 年 1 月 |
| 王尚元 | 莱州市文峰路街道蒜园子村 | 23 | 男 | 1943 年 1 月 |
| 郑盛山 | 莱州市平里店镇郑家村 | 27 | 男 | 1943 年 1 月 |
| 郑玉山 | 莱州市平里店镇郑家村 | 20 | 男 | 1943 年 1 月 |
| 郑春山 | 莱州市平里店镇郑家村 | 17 | 男 | 1943 年 1 月 |
| 于岐良 | 莱州市朱桥镇大王家村 | 32 | 男 | 1943 年 1 月 |
| 张德庆 | 莱州市朱桥镇綦家村 | 21 | 男 | 1943 年 1 月 |
| 刘升礼 | 莱州市沙河镇刘家村 | 24 | 男 | 1943 年 1 月 |
| 刘光成 | 莱州市沙河镇刘家村 | 22 | 男 | 1943 年 1 月 |
| 于守江 | 莱州市沙河镇国家村 | 38 | 男 | 1943 年 1 月 |
| 李友堂 | 莱州市驿道镇上庄村 | 30 | 男 | 1943 年 1 月 |
| 肖振格 | 莱州市驿道镇东周村 | 23 | 男 | 1943 年 1 月 |
| 曲有仕 | 莱州市柞村镇西朱宋村 | 19 | 男 | 1943 年 1 月 |
| 杨发田 | 莱州市夏邱镇北段村 | 22 | 男 | 1943 年 1 月 |
| 牟占廷 | 莱州市夏邱镇牟家村 | 19 | 男 | 1943 年 1 月 |
| 王兴瑞 | 莱州市夏邱镇盆王村 | 26 | 男 | 1943 年 1 月 |
| 赵元聚 | 莱州市夏邱镇溪家村 | 15 | 男 | 1943 年 1 月 |
| 宋维新 | 莱州市郭家店镇宋光村 | 30 | 男 | 1943 年 1 月 |
| 栾廷华 | 莱州市程郭镇坎下村 | 18 | 男 | 1943 年 1 月 |
| 程显杰 | 莱州市程郭镇清明沟村 | 30 | 男 | 1943 年 1 月 |
| 蒋登平 | 莱州市程郭镇蒋家村 | 20 | 男 | 1943 年 2 月 18 日 |
| 任启凯 | 莱州市土山镇小任家村 | 36 | 男 | 1943 年 2 月 |
| 任锡章 | 莱州市土山镇小任家村 | 37 | 男 | 1943 年 2 月 |
| 李永令 | 莱州市平里店镇前小朱村 | 52 | 男 | 1943 年 2 月 |
| 桑志芳 | 莱州市朱桥镇桑家村 | 40 | 男 | 1943 年 2 月 |
| 孙福隆 | 莱州市夏邱镇响万头村 | 19 | 男 | 1943 年 2 月 |
| 王　丁 | 莱州市郭家店镇大河南村 | 39 | 男 | 1943 年 2 月 |
| 孙　× | 莱州市郭家店镇大河南村 | 37 | 男 | 1943 年 2 月 |
| 王宗彦 | 莱州市城港路街道河套村 | 36 | 男 | 1943 年 2 月 |
| 迟文云 | 莱州市程郭镇东马家村 | 70 | 男 | 1943 年 2 月 |
| 栾林德 | 莱州市程郭镇坎下村 | 27 | 男 | 1943 年 2 月 |
| 迟学保 | 莱州市柞村镇东姜家村 | 30 | 男 | 1943 年 3 月 10 日 |
| 孙介福 | 莱州市程郭镇西坊北村 | 32 | 男 | 1943 年 3 月 12 日 |
| 谭显俊 | 莱州市土山镇谭家村 | 24 | 男 | 1943 年 3 月 16 日 |

| 姓 名 | 籍 贯 | 年 龄 | 性 别 | 死难时间 |
|------|------|------|------|---------|
| 杨云牢 | 莱州市三山岛街道仓东村 | 16 | 男 | 1943 年 3 月 18 日 |
| 张福来 | 莱州市土山镇东薛村 | 38 | 男 | 1943 年 3 月 18 日 |
| 何寿增 | 莱州市土山镇顾家村 | 28 | 男 | 1943 年 3 月 28 日 |
| 张书清 | 莱州市郭家店镇前疃村 | 24 | 男 | 1943 年 3 月 |
| 张 广 | 莱州市三山岛街道前吕村 | 16 | 男 | 1943 年 3 月 |
| 焦文学 | 莱州市土山镇太平庄村 | 28 | 男 | 1943 年 3 月 |
| 孙培兴 | 莱州市文昌路街道驻地 | 32 | 男 | 1943 年 3 月 |
| 姜书福 | 莱州市文昌路街道前店子村 | 20 | 男 | 1943 年 3 月 |
| 王洪祥 | 莱州市文峰路街道蒜园子村 | 22 | 男 | 1943 年 3 月 |
| 宋乐善 | 莱州市永安路街道大原家村 | 26 | 男 | 1943 年 3 月 |
| 姚春敬 | 莱州市永安路街道工农村 | — | 男 | 1943 年 3 月 |
| 李京文 | 莱州市永安路街道杨务沟村 | 22 | 男 | 1943 年 3 月 |
| 宋锡安 | 莱州市永安路街道亭子村 | 18 | 男 | 1943 年 3 月 |
| 曲延正 | 莱州市沙河镇大曲村 | 19 | 男 | 1943 年 3 月 |
| 杜开义 | 莱州市沙河镇东杜村 | 25 | 男 | 1943 年 3 月 |
| 杜发明 | 莱州市沙河镇东杜村 | 31 | 男 | 1943 年 3 月 |
| 林伟锋 | 莱州市沙河镇东杜村 | 22 | 男 | 1943 年 3 月 |
| 曲 申 | 莱州市沙河镇东郑村 | 30 | 男 | 1943 年 3 月 |
| 尼克明 | 莱州市沙河镇尼家村 | 40 | 男 | 1943 年 3 月 |
| 吴天泰 | 莱州市沙河镇辛庄村 | 18 | 男 | 1943 年 3 月 |
| 丁云兰之妻 | 莱州市虎头崖镇丁家村 | 45 | 女 | 1943 年 3 月 |
| 刘洪照 | 莱州市虎头崖镇小刘家村 | 31 | 男 | 1943 年 3 月 |
| 刘志知 | 莱州市虎头崖镇西大刘村 | 28 | 男 | 1943 年 3 月 |
| 丁玉兰之妻 | 莱州市虎头崖镇丁家村 | 45 | 女 | 1943 年 3 月 |
| 丁云兰之女 | 莱州市虎头崖镇丁家村 | 19 | 女 | 1943 年 3 月 |
| 潘积行 | 莱州市虎头崖镇潘家村 | 29 | 男 | 1943 年 3 月 |
| 李云田 | 莱州市城港路街道大朱石村 | 30 | 男 | 1943 年 3 月 |
| 刘宋原 | 莱州市金城镇万家村 | 38 | 男 | 1943 年 3 月 |
| 吕品山 | 莱州市金城镇北吕村 | 32 | 男 | 1943 年 3 月 |
| 刘洪章 | 莱州市金城镇刘家村 | 57 | 男 | 1943 年 3 月 |
| 张恒轩 | 莱州市金城镇后坡村 | 44 | 男 | 1943 年 3 月 |
| 郭洪庭 | 莱州市金城镇后坡村 | 24 | 男 | 1943 年 3 月 |
| 李长松 | 莱州市驿道镇庄李村 | 26 | 男 | 1943 年 3 月 |
| 王昌令 | 莱州市驿道镇汤家村 | 60 | 男 | 1943 年 3 月 |

| 姓 名 | 籍 贯 | 年 龄 | 性 别 | 死难时间 |
|---|---|---|---|---|
| 张国财 | 莱州市驿道镇坡子村 | 26 | 男 | 1943 年 3 月 |
| 王立仁 | 莱州市驿道镇南圈子村 | 19 | 男 | 1943 年 3 月 |
| 王连芳 | 莱州市城港路街道河套村 | 32 | 男 | 1943 年 3 月 |
| 毛洪进 | 莱州市柞村镇中朱旺村 | 58 | 男 | 1943 年 3 月 |
| 刘洪江 | 莱州市柞村镇积福村 | — | 男 | 1943 年 3 月 |
| 翟兆聚 | 莱州市柞村镇高山村 | 19 | 男 | 1943 年 3 月 |
| 陈 文 | 莱州市夏邱镇白沙村 | 19 | 男 | 1943 年 3 月 |
| 周乃江 | 莱州市郭家店镇大河南村 | 32 | 男 | 1943 年 3 月 |
| 胡玉珍 | 莱州市郭家店镇滑家村 | 28 | 男 | 1943 年 3 月 |
| 刘学宝 | 莱州市程郭镇刘家村 | 33 | 男 | 1943 年 3 月 |
| 刘官清 | 莱州市程郭镇刘家村 | 57 | 男 | 1943 年 3 月 |
| 杨书田 | 莱州市程郭镇西程村 | 57 | 男 | 1943 年 3 月 |
| 杨汉章 | 莱州市程郭镇西程村 | 56 | 男 | 1943 年 3 月 |
| 王风祥 | 莱州市驿道镇塔埠村 | 51 | 男 | 1943 年 3 月 |
| 安 买 | 莱州市土山镇东薛村 | 22 | 男 | 1943 年 4 月 14 日 |
| 张福仁 | 莱州市土山镇东薛村 | 20 | 男 | 1943 年 4 月 14 日 |
| 栾建礼 | 莱州市土山镇栾家村 | 19 | 男 | 1943 年 4 月 14 日 |
| 李洪亮 | 莱州市程郭镇洪沟头村 | — | 男 | 1943 年 4 月 18 日 |
| 张进勇 | 莱州市三山岛街道朱由三村 | 19 | 男 | 1943 年 4 月 |
| 任进堂 | 莱州市土山镇小任家 | 32 | 男 | 1943 年 4 月 |
| 徐玉财 | 莱州市土山镇北徐村 | 55 | 男 | 1943 年 4 月 |
| 曲田元 | 莱州市土山镇李家村 | 50 | 男 | 1943 年 4 月 |
| 李祥基 | 莱州市土山镇李家村 | 9 | 男 | 1943 年 4 月 |
| 杨积丰 | 莱州市土山镇杨王村 | 22 | 男 | 1943 年 4 月 |
| 吴世集 | 莱州市文昌路街道东庄头村 | 15 | 男 | 1943 年 4 月 |
| 姜坚志 | 莱州市文昌路街道薄家洼村 | 42 | 男 | 1943 年 4 月 |
| 毛希有 | 莱州市平里店镇毛家村 | 32 | 男 | 1943 年 4 月 |
| 陈吉昌 | 莱州市平里店镇石姜村 | 38 | 男 | 1943 年 4 月 |
| 李炳哲 | 莱州市平里店镇西罗台村 | 33 | 男 | 1943 年 4 月 |
| 孙茂林 | 莱州市永安路街道于家村 | 24 | 男 | 1943 年 4 月 |
| 曲北海 | 莱州市沙河镇民主村 | 30 | 男 | 1943 年 4 月 |
| 韩玉申 | 莱州市沙河镇肖韩村 | — | 男 | 1943 年 4 月 |
| 高洪臣 | 莱州市沙河镇高家村 | 21 | 男 | 1943 年 4 月 |
| 曲云海 | 莱州市沙河镇蒋家村 | 32 | 男 | 1943 年 4 月 |

| 姓 名 | 籍 贯 | 年 龄 | 性 别 | 死难时间 |
|---|---|---|---|---|
| 曲尚志 | 莱州市沙河镇蒋家村 | 21 | 男 | 1943 年 4 月 |
| 孙树华 | 莱州市虎头崖镇丁家村 | 29 | 男 | 1943 年 4 月 |
| 张希修 | 莱州市虎头崖镇朱流村 | 32 | 男 | 1943 年 4 月 |
| 程幸年 | 莱州市虎头崖镇西滕村 | 16 | 男 | 1943 年 4 月 |
| 赵立有 | 莱州市虎头崖镇虎埠村 | 41 | 男 | 1943 年 4 月 |
| 王德盛 | 莱州市虎头崖镇南王村 | 18 | 男 | 1943 年 4 月 |
| 朱有先 | 莱州市虎头崖镇神堂村 | 23 | 男 | 1943 年 4 月 |
| 刘延明 | 莱州市虎头崖镇留村 | 23 | 男 | 1943 年 4 月 |
| 刘顺喜 | 莱州市虎头崖镇留村 | 21 | 男 | 1943 年 4 月 |
| 张桂然 | 莱州市驿道镇玉兰村 | 23 | 男 | 1943 年 4 月 |
| 顾开章 | 莱州市城港路街道朱旺村 | 35 | 男 | 1943 年 4 月 |
| 王军堂 | 莱州市城港路街道河套村 | 27 | 男 | 1943 年 4 月 |
| 吕振岐 | 莱州市柞村镇东朱宋村 | — | 男 | 1943 年 4 月 |
| 赵杨氏 | 莱州市柞村镇洼子村 | 76 | 女 | 1943 年 4 月 |
| 王绍发 | 莱州市夏邱镇南段村 | 36 | 男 | 1943 年 4 月 |
| 张希林 | 莱州市郭家店镇大庙后村 | 32 | 男 | 1943 年 4 月 |
| 范进福 | 莱州市郭家店镇小草沟村 | 32 | 男 | 1943 年 4 月 |
| 季万欣 | 莱州市郭家店镇高埠村 | 28 | 男 | 1943 年 4 月 |
| 徐学春 | 莱州市程郭镇东埠村 | 26 | 男 | 1943 年 4 月 |
| 李洪岐 | 莱州市程郭镇沙埠庄村 | 25 | 男 | 1943 年 4 月 |
| 孙义东 | 莱州市程郭镇前王门村 | 23 | 男 | 1943 年 4 月 |
| 程 刚 | 莱州市程郭镇桥头村 | 32 | 男 | 1943 年 4 月 |
| 姜云生 | 莱州市夏邱镇李金村 | 53 | 男 | 1943 年 5 月 2 日 |
| 姜云合 | 莱州市夏邱镇李金村 | 50 | 男 | 1943 年 5 月 2 日 |
| 姜天学 | 莱州市夏邱镇李金村 | 47 | 男 | 1943 年 5 月 2 日 |
| 姜玉祥 | 莱州市夏邱镇李金村 | 60 | 男 | 1943 年 5 月 2 日 |
| 姜春礼 | 莱州市夏邱镇李金村 | 52 | 男 | 1943 年 5 月 2 日 |
| 姜培成 | 莱州市夏邱镇李金村 | 56 | 男 | 1943 年 5 月 2 日 |
| 李进斗 | 莱州市夏邱镇李金村 | 53 | 男 | 1943 年 5 月 9 日 |
| 董明春 | 莱州市土山镇东薛村 | 30 | 男 | 1943 年 5 月 10 日 |
| 臧云山 | 莱州市柞村镇大臧家村 | 32 | 男 | 1943 年 5 月 13 日 |
| 王 氏 | 莱州市三山岛街道大朱石村 | 22 | 女 | 1943 年 5 月 |
| 刘 氏 | 莱州市三山岛街道大朱石村 | 21 | 女 | 1943 年 5 月 |
| 刘永全 | 莱州市文昌路街道南关村 | 38 | 男 | 1943 年 5 月 |

| 姓 名 | 籍 贯 | 年 龄 | 性 别 | 死难时间 |
|---|---|---|---|---|
| 孙德安 | 莱州市永安路街道于家村 | 29 | 男 | 1943 年 5 月 |
| 王凤年 | 莱州市文峰路街道大吉村 | 19 | 男 | 1943 年 5 月 |
| 班福林 | 莱州市文峰路街道下班村 | 35 | 男 | 1943 年 5 月 |
| 逄同庆 | 莱州市朱桥镇马家村 | 23 | 男 | 1943 年 5 月 |
| 于登泮 | 莱州市朱桥镇邱家村 | 33 | 男 | 1943 年 5 月 |
| 杨宝善 | 莱州市朱桥镇欣木村 | 22 | 男 | 1943 年 5 月 |
| 杜文章 | 莱州市沙河镇西杜村 | 31 | 男 | 1943 年 5 月 |
| 王春杨 | 莱州市沙河镇南王村 | 21 | 男 | 1943 年 5 月 |
| 宋学尧 | 莱州市虎头崖镇付家村 | 19 | 男 | 1943 年 5 月 |
| 綦典和 | 莱州市驿道镇桥沟村 | 22 | 男 | 1943 年 5 月 |
| 刘良田 | 莱州市柞村镇积福村 | 24 | 男 | 1943 年 5 月 |
| 胡克成 | 莱州市柞村镇高山村 | 24 | 男 | 1943 年 5 月 |
| 李士清 | 莱州市柞村镇盟格庄村 | 33 | 男 | 1943 年 5 月 |
| 朱永年 | 莱州市柞村镇蔡格庄村 | 34 | 男 | 1943 年 5 月 |
| 朱来年 | 莱州市柞村镇蔡格庄村 | 38 | 男 | 1943 年 5 月 |
| 尹吉锡 | 莱州市土山镇尹家村 | 24 | 男 | 1943 年 5 月 |
| 姜品庆 | 莱州市程郭镇三十里堡村 | 21 | 男 | 1943 年 5 月 |
| 姜瑞芝 | 莱州市程郭镇三十里堡村 | 28 | 男 | 1943 年 5 月 |
| 孙茂林 | 莱州市程郭镇东石桥村 | 39 | 男 | 1943 年 5 月 |
| 杜凤义 | 莱州市程郭镇西武官村 | 20 | 男 | 1943 年 5 月 |
| 程善家 | 莱州市程郭镇西蚕村 | 26 | 男 | 1943 年 5 月 |
| 张金廷 | 莱州市程郭镇东南坡村 | 23 | 男 | 1943 年 5 月 |
| 王修珍 | 莱州市程郭镇东南坡村 | 23 | 男 | 1943 年 5 月 |
| 毛洪彦 | 莱州市程郭镇前武官村 | 40 | 男 | 1943 年 5 月 |
| 邱永岐 | 莱州市土山镇土山村 | 29 | 男 | 1943 年 6 月 |
| 邱张氏 | 莱州市土山镇土山村 | 80 | 女 | 1943 年 6 月 |
| 尹吉宽 | 莱州市土山镇尹家村 | 19 | 男 | 1943 年 6 月 |
| 林泰 | 莱州市文昌路街道徐家疃村 | 58 | 男 | 1943 年 6 月 |
| 孙峨 | 莱州市文峰路街道下班村 | 30 | 男 | 1943 年 6 月 |
| 孙亭 | 莱州市文峰路街道下班村 | 36 | 男 | 1943 年 6 月 |
| 王晋民 | 莱州市文峰路街道上班村 | 41 | 男 | 1943 年 6 月 |
| 刘信 | 莱州市文峰路街道官家桥村 | 68 | 男 | 1943 年 6 月 |
| 刘吉田 | 莱州市朱桥镇马家村 | 27 | 男 | 1943 年 6 月 |
| 尼龙田 | 莱州市沙河镇尼家村 | 27 | 男 | 1943 年 6 月 |

| 姓　名 | 籍贯 | 年龄 | 性别 | 死难时间 |
|---|---|---|---|---|
| 王立远 | 莱州市金城镇小西庄村 | 19 | 男 | 1943 年 6 月 |
| 刘兰欣 | 莱州市驿道镇石角坡村 | 43 | 男 | 1943 年 6 月 |
| 姚海先 | 莱州市柞村镇高山村 | 17 | 男 | 1943 年 6 月 |
| 刘书田 | 莱州市柞村镇蔡格庄村 | 25 | 男 | 1943 年 6 月 |
| 宋廷兰 | 莱州市夏邱镇宋家村 | 40 | 男 | 1943 年 6 月 |
| 张德升 | 莱州市郭家店镇连夼村 | 30 | 男 | 1943 年 6 月 |
| 朱风才 | 莱州市郭家店镇官前村 | 24 | 男 | 1943 年 6 月 |
| 刘洪傲 | 莱州市程郭镇后王门村 | 32 | 男 | 1943 年 6 月 |
| 郝训信 | 莱州市程郭镇坎下村 | 22 | 男 | 1943 年 6 月 |
| 徐洪光 | 莱州市程郭镇谷口村 | 29 | 男 | 1943 年 6 月 |
| 李风新 | 莱州市程郭镇曹郭庄村 | 30 | 男 | 1943 年 6 月 |
| 宋文芝 | 莱州市程郭镇腰刘家村 | 21 | 男 | 1943 年 6 月 |
| 孙恒祥 | 莱州市城港路街道连郭庄村 | 22 | 男 | 1943 年 7 月 7 日 |
| 原永年 | 莱州市土山镇北庄村 | 22 | 男 | 1943 年 7 月 18 日 |
| 镡德茂 | 莱州市朱桥镇镡家村 | 40 | 男 | 1943 年 7 月 22 日 |
| 张家宝 | 莱州市三山岛街道潘家村 | 38 | 男 | 1943 年 7 月 |
| 尹光科 | 莱州市土山镇尹家村 | 35 | 男 | 1943 年 7 月 |
| 李买其 | 莱州市土山镇尹家村 | 18 | 男 | 1943 年 7 月 |
| 原增盛 | 莱州市土山镇北庄村 | 22 | 男 | 1943 年 7 月 |
| 徐之昌 | 莱州市土山镇西代村 | 27 | 男 | 1943 年 7 月 |
| 焦典成 | 莱州市土山镇焦家庄村 | 18 | 男 | 1943 年 7 月 |
| 徐凤仪之父 | 莱州市文昌路街道南关村 | 38 | 男 | 1943 年 7 月 |
| 孙　渊 | 莱州市平里店镇麻渠一村 | 21 | 男 | 1943 年 7 月 |
| 尼大田 | 莱州市沙河镇尼家村 | 26 | 男 | 1943 年 7 月 |
| 李兆锡 | 莱州市沙河镇呆村李家 | 35 | 男 | 1943 年 7 月 |
| 李清辉 | 莱州市沙河镇蒋家村 | 31 | 男 | 1943 年 7 月 |
| 姜成水 | 莱州市虎头崖镇虎头崖村 | 22 | 男 | 1943 年 7 月 |
| 吕品三 | 莱州市金城镇吕家村 | — | 男 | 1943 年 7 月 |
| 王老三 | 莱州市柞村镇消水村 | 19 | 男 | 1943 年 7 月 |
| 许作庆 | 莱州市郭家店镇大庙后村 | 28 | 男 | 1943 年 7 月 |
| 王文绪 | 莱州市程郭镇前武官村 | 20 | 男 | 1943 年 7 月 |
| 王文绪之妻姨 | 莱州市程郭镇前武官村 | 62 | 女 | 1943 年 7 月 |
| 王洪传 | 莱州市程郭镇前武官村 | 40 | 男 | 1943 年 7 月 |
| 王洪传之妻 | 莱州市程郭镇前武官村 | 39 | 女 | 1943 年 7 月 |

| 姓　名 | 籍　贯 | 年　龄 | 性　别 | 死难时间 |
|---|---|---|---|---|
| 徐孟彩 | 莱州市土山镇柳林子村 | 22 | 男 | 1943 年 8 月 |
| 任元三 | 莱州市土山镇海二村 | 28 | 男 | 1943 年 8 月 |
| 叶树阁 | 莱州市文昌路街道东尹家村 | 32 | 男 | 1943 年 8 月 |
| 周贵 | 莱州市文峰路街道大吉村 | 22 | 男 | 1943 年 8 月 |
| 王丕香 | 莱州市文峰路街道杏元村 | 18 | 男 | 1943 年 8 月 |
| 刘桂林 | 莱州市平里店镇店王村 | 27 | 男 | 1943 年 8 月 |
| 周高瑞 | 莱州市平里店镇诸流村 | 22 | 男 | 1943 年 8 月 |
| 鲍满清 | 莱州市平里店镇婴里村 | 23 | 男 | 1943 年 8 月 |
| 李浩仁 | 莱州市朱桥镇小郎家村 | 22 | 男 | 1943 年 8 月 |
| 李云瑞 | 莱州市朱桥镇招贤村 | 27 | 男 | 1943 年 8 月 |
| 王书善 | 莱州市沙河镇佛台子村 | 19 | 男 | 1943 年 8 月 |
| 王泽正 | 莱州市沙河镇佛台子村 | 19 | 男 | 1943 年 8 月 |
| 王　根 | 莱州市沙河镇佛台子村 | 19 | 男 | 1943 年 8 月 |
| 曲芳臻 | 莱州市沙河镇岳里村 | 25 | 男 | 1943 年 8 月 |
| 潘学镇 | 莱州市沙河镇泮家村 | 17 | 男 | 1943 年 8 月 |
| 李振东 | 莱州市沙河镇黑羊山村 | 20 | 男 | 1943 年 8 月 |
| 武世昌 | 莱州市虎头崖镇东宋村 | 27 | 男 | 1943 年 8 月 |
| 汪九陛 | 莱州市虎头崖镇西葛村 | 37 | 男 | 1943 年 8 月 |
| 葛卿祥 | 莱州市虎头崖镇西葛村 | 22 | 男 | 1943 年 8 月 |
| 贾云邦 | 莱州市虎头崖镇贾家村 | 32 | 男 | 1943 年 8 月 |
| 王信宝 | 莱州市驿道镇三岔口村 | 24 | 男 | 1943 年 8 月 |
| 李世勤 | 莱州市驿道镇高家村 | 27 | 男 | 1943 年 8 月 |
| 高福俊 | 莱州市柞村镇十字口村 | 16 | 男 | 1943 年 8 月 |
| 王万合 | 莱州市柞村镇消水庄村 | 60 | 男 | 1943 年 8 月 |
| 王书原 | 莱州市柞村镇消水庄村 | 60 | 男 | 1943 年 8 月 |
| 官福太 | 莱州市夏邱镇官家村 | 22 | 男 | 1943 年 8 月 |
| 刘丰升 | 莱州市郭家店镇班家村 | 36 | 男 | 1943 年 8 月 |
| 唐洪典 | 莱州市郭家店镇林格庄村 | 42 | 男 | 1943 年 8 月 |
| 穆玉海 | 莱州市程郭镇三十里堡村 | 50 | 男 | 1943 年 8 月 |
| 李丙新 | 莱州市程郭镇沙埠庄村 | 28 | 男 | 1943 年 8 月 |
| 李秉恩 | 莱州市程郭镇蒋家村 | 18 | 男 | 1943 年 8 月 |
| 赵云楠 | 莱州市夏邱镇蒋家村 | 28 | 男 | 1943 年 9 月 25 日 |
| 曲云轩 | 莱州市沙河镇东郑村 | 25 | 男 | 1943 年 9 月 27 日 |
| 王克坤 | 莱州市驿道镇汤家村 | 19 | 男 | 1943 年 9 月 28 日 |

| 姓 名 | 籍 贯 | 年 龄 | 性 别 | 死难时间 |
|---|---|---|---|---|
| 邱文祝 | 莱州市土山镇洼子村 | 20 | 男 | 1943 年 9 月 |
| 庄玉顺 | 莱州市文昌路街道十里庄村 | 23 | 男 | 1943 年 9 月 |
| 赵殿才 | 莱州市文昌路街道徐家疃村 | 50 | 男 | 1943 年 9 月 |
| 丁书仁 | 莱州市文峰路街道双合村 | 40 | 男 | 1943 年 9 月 |
| 李洪勤 | 莱州市朱桥镇马家村 | 20 | 男 | 1943 年 9 月 |
| 姜占成 | 莱州市沙河镇东英村 | 25 | 男 | 1943 年 9 月 |
| 尼德堂 | 莱州市沙河镇尼家村 | 30 | 男 | 1943 年 9 月 |
| 李元文 | 莱州市沙河镇民主村 | 38 | 男 | 1943 年 9 月 |
| 陶锡禹 | 莱州市沙河镇李家村 | 25 | 男 | 1943 年 9 月 |
| 刘启寿 | 莱州市沙河镇河刘村 | 26 | 男 | 1943 年 9 月 |
| 崔文智 | 莱州市沙河镇崔家村 | 28 | 男 | 1943 年 9 月 |
| 邵殿才 | 莱州市虎头崖镇邵家村 | 18 | 男 | 1943 年 9 月 |
| 王惠亭 | 莱州市金城镇滕南村 | — | 男 | 1943 年 9 月 |
| 刘会庆 | 莱州市驿道镇狗爪埠村 | 22 | 男 | 1943 年 9 月 |
| 毛顺兴 | 莱州市柞村镇火神庙村 | 31 | 男 | 1943 年 9 月 |
| 刘洪臣 | 莱州市柞村镇火神庙村 | 20 | 男 | 1943 年 9 月 |
| 吕 江 | 莱州市柞村镇东朱宋村 | — | 男 | 1943 年 9 月 |
| 吕振山 | 莱州市柞村镇东朱宋村 | — | 男 | 1943 年 9 月 |
| 小眼曾 | 莱州市柞村镇邢家村 | 21 | 男 | 1943 年 9 月 |
| 马登云 | 莱州市柞村镇新村 | 32 | 男 | 1943 年 9 月 |
| 戚京善 | 莱州市柞村镇新村 | 26 | 男 | 1943 年 9 月 |
| 刘开礼 | 莱州市沙河镇河刘家村 | 24 | 男 | 1943 年 10 月 |
| 刘启华 | 莱州市沙河镇河刘家村 | 23 | 男 | 1943 年 10 月 |
| 刘老成 | 莱州市沙河镇河刘家村 | 22 | 男 | 1943 年 10 月 |
| 王尚文 | 莱州市文峰路街道蒜园子村 | 23 | 男 | 1943 年 10 月 |
| 盛丰山 | 莱州市程郭镇桥头村 | 26 | 男 | 1943 年 10 月 |
| 杨登堂 | 莱州市城港路街道西泗河村 | 17 | 男 | 1943 年 11 月 21 日 |
| 付德村 | 莱州市城港路街道西泗河村 | 18 | 男 | 1943 年 11 月 21 日 |
| 张安兰之女 | 莱州市城港路街道西泗河村 | 19 | 女 | 1943 年 11 月 21 日 |
| 吴松军 | 莱州市三山岛街道吴二村 | 30 | 男 | 1943 年 11 月 |
| 娄占寿 | 莱州市土山镇小淀河村 | 33 | 男 | 1943 年 11 月 |
| 班锡云 | 莱州市文峰路街道下班村 | 16 | 男 | 1943 年 11 月 |
| 陈俊学 | 莱州市朱桥镇朱家前陈村 | 27 | 男 | 1943 年 11 月 |
| 刘丙其 | 莱州市虎头崖镇留村 | 31 | 男 | 1943 年 11 月 |

| 姓　名 | 籍　贯 | 年　龄 | 性　别 | 死难时间 |
|---|---|---|---|---|
| 李希禄 | 莱州市驿道镇夫子石村 | 20 | 男 | 1943 年 11 月 |
| 李桂亮 | 莱州市驿道镇夫子石村 | 35 | 男 | 1943 年 11 月 |
| 李书良 | 莱州市驿道镇庄李村 | 41 | 男 | 1943 年 11 月 |
| 李长新 | 莱州市驿道镇庄李村 | 39 | 男 | 1943 年 11 月 |
| 王志汉 | 莱州市夏邱镇夏东村 | 40 | 男 | 1943 年 11 月 |
| 宋先奎 | 莱州市郭家店镇小草沟村 | 22 | 男 | 1943 年 11 月 |
| 仲希阁 | 莱州市郭家店镇仲家村 | 21 | 男 | 1943 年 11 月 |
| 冯玉太 | 莱州市郭家店镇朱家村 | 27 | 男 | 1943 年 11 月 |
| 王永山 | 莱州市郭家店镇邹家村 | 23 | 男 | 1943 年 11 月 |
| 毛成章 | 莱州市永安路街道西山张村 | — | 男 | 1943 年 12 月 |
| 国发功 | 莱州市沙河镇国家村 | 32 | 男 | 1943 年 12 月 |
| 王宝斋 | 莱州市驿道镇沙现村 | 33 | 男 | 1943 年 12 月 |
| 王贞永 | 莱州市驿道镇庙山村 | 17 | 男 | 1943 年 12 月 |
| 满升德 | 莱州市城港路街道大原一村 | 32 | 男 | 1943 年 12 月 |
| 徐洪斌 | 莱州市程郭镇东埠村 | 32 | 男 | 1943 年 12 月 |
| 杜欣荣 | 莱州市程郭镇西武官村 | 27 | 男 | 1943 年 12 月 |
| 王举重 | 莱州市程郭镇南菊寺村 | 25 | 男 | 1943 年 12 月 |
| 王书堂 | 莱州市程郭镇清明沟村 | 28 | 男 | 1943 年 12 月 |
| 张治文 | 莱州市程郭镇清明沟村 | 23 | 男 | 1943 年 12 月 |
| 王志光 | 莱州市 | — | 男 | 1943 年 |
| 殷香阁 | 莱州市 | — | 男 | 1943 年 |
| 孙太寿 | 莱州市三山岛街道大朱石村 | 20 | 男 | 1943 年 |
| 王明庆 | 莱州市三山岛街道大沙埠庆村 | 30 | 男 | 1943 年 |
| 曲同士 | 莱州市三山岛街道仓西村 | 26 | 男 | 1943 年 |
| 曲同科 | 莱州市三山岛街道仓西村 | 21 | 男 | 1943 年 |
| 施绍章 | 莱州市三山岛街道天王庙村 | 27 | 男 | 1943 年 |
| 栾尚安 | 莱州市三山岛街道东南村 | 24 | 男 | 1943 年 |
| 杨宝厚 | 莱州市三山岛街道光明村 | 28 | 男 | 1943 年 |
| 毛守存 | 莱州市三山岛街道后邓村 | 23 | 男 | 1943 年 |
| 翟文兰 | 莱州市三山岛街道后邓村 | 23 | 男 | 1943 年 |
| 孙益灿 | 莱州市三山岛街道孙家村 | 23 | 男 | 1943 年 |
| 张发兴 | 莱州市三山岛街道单山村 | 29 | 男 | 1943 年 |
| 马军恒 | 莱州市城港路街道朱由一村 | 43 | 男 | 1943 年 |
| 王洪仁 | 莱州市城港路街道朱由一村 | 41 | 男 | 1943 年 |

| 姓　名 | 籍　贯 | 年　龄 | 性　别 | 死难时间 |
|---|---|---|---|---|
| 张振华 | 莱州市城港路街道朱由一村 | — | 男 | 1943 年 |
| 唐新兴 | 莱州市城港路街道朱由一村 | — | 男 | 1943 年 |
| 王文传 | 莱州市城港路街道朱由二村 | 26 | 男 | 1943 年 |
| 王福善 | 莱州市城港路街道朱由二村 | 26 | 男 | 1943 年 |
| 孙宝臣 | 莱州市城港路街道朱由二村 | 25 | 男 | 1943 年 |
| 孙振东 | 莱州市城港路街道朱由二村 | 25 | 男 | 1943 年 |
| 张灿正 | 莱州市城港路街道朱由二村 | 20 | 男 | 1943 年 |
| 张守瑞 | 莱州市城港路街道朱由三村 | 30 | 男 | 1943 年 |
| 吴增永 | 莱州市三山岛街道西北村 | 27 | 男 | 1943 年 |
| 吴向五 | 莱州市三山岛街道吴家村 | 30 | 男 | 1943 年 |
| 张良书 | 莱州市三山岛街道单山村 | 17 | 男 | 1943 年 |
| 吕祥坤 | 莱州市三山岛街道前吕村 | 30 | 男 | 1943 年 |
| 徐振勤 | 莱州市三山岛街道前吕村 | 25 | 男 | 1943 年 |
| 李发明 | 莱州市三山岛街道南蔡家村 | 21 | 男 | 1943 年 |
| 张鹏举 | 莱州市三山岛街道诸冯村 | 22 | 男 | 1943 年 |
| 刘明三 | 莱州市城港路街道崖头刘家村 | 19 | 男 | 1943 年 |
| 张书斋 | 莱州市三山岛街道梁家村 | 22 | 男 | 1943 年 |
| 聂希德 | 莱州市沙河镇于家村 | — | 男 | 1943 年 |
| 任送乐 | 莱州市土山镇于家村 | 35 | 男 | 1943 年 |
| 孙宗生 | 莱州市土山镇大任家村 | 32 | 男 | 1943 年 |
| 任元祥 | 莱州市土山镇小任家村 | — | 男 | 1943 年 |
| 刘秉仁 | 莱州市文昌路街道东北隅村 | 32 | 男 | 1943 年 |
| 孙福新 | 莱州市文昌路街道东关村 | 20 | 男 | 1943 年 |
| 鞠　成 | 莱州市文昌路街道东岭子 | — | 男 | 1943 年 |
| 张　渤 | 莱州市文昌路街道北关村 | 33 | 男 | 1943 年 |
| 张兆坤 | 莱州市文昌路街道仲家沟 | — | 男 | 1943 年 |
| 杨　臻 | 莱州市文昌路街道后杨村 | 51 | 男 | 1943 年 |
| 叶德堂 | 莱州市文昌路街道后河村 | 50 | 男 | 1943 年 |
| 李连欣 | 莱州市文昌路街道后河村 | 30 | 女 | 1943 年 |
| 刘恩才 | 莱州市文昌路街道西岭子村 | 24 | 男 | 1943 年 |
| 于永泉 | 莱州市文昌路街道前店子村 | 25 | 男 | 1943 年 |
| 姜子成 | 莱州市文昌路街道前店子村 | 31 | 男 | 1943 年 |
| 姜书高 | 莱州市文昌路街道前店子村 | 20 | 男 | 1943 年 |
| 姜　木 | 莱州市文昌路街道前店子村 | 30 | 男 | 1943 年 |

| 姓 名 | 籍 贯 | 年龄 | 性别 | 死难时间 |
|---|---|---|---|---|
| 姜锡章 | 莱州市文昌路街道前店子村 | 20 | 男 | 1943 年 |
| 姜锡福 | 莱州市文昌路街道前店子村 | 40 | 男 | 1943 年 |
| 张光荣 | 莱州市文昌路街道南五里村 | 18 | 男 | 1943 年 |
| 马永安 | 莱州市文昌路街道徐家疃村 | 43 | 男 | 1943 年 |
| 张清德 | 莱州市文昌路街道崖上村 | 43 | 男 | 1943 年 |
| 王安江 | 莱州市文昌路街道博家桥村 | 28 | 男 | 1943 年 |
| 王延教 | 莱州市文昌路街道博家桥村 | 28 | 男 | 1943 年 |
| 石 兴 | 莱州市文昌路街道塔埠村 | 11 | 男 | 1943 年 |
| 曹玉清 | 莱州市文昌路街道塔埠村 | 22 | 男 | 1943 年 |
| 宋世庆 | 莱州市文峰路街道田家村 | 19 | 男 | 1943 年 |
| 崔洪森 | 莱州市文峰路街道崔家村 | 36 | 男 | 1943 年 |
| 徐作良 | 莱州市平里店镇大沟崖村 | 29 | 男 | 1943 年 |
| 梁德颂 | 莱州市平里店镇大沟崖村 | 40 | 男 | 1943 年 |
| 陈彩芳 | 莱州市平里店镇后庄头村 | 20 | 男 | 1943 年 |
| 潘明德 | 莱州市平里店镇孙家村 | 62 | 男 | 1943 年 |
| 姜登举 | 莱州市平里店镇西障姜家村 | 42 | 男 | 1943 年 |
| 杨福堂 | 莱州市平里店镇杨家坡村 | 35 | 男 | 1943 年 |
| 杨占军 | 莱州市平里店镇店东村 | 22 | 男 | 1943 年 |
| 杨占吉 | 莱州市平里店镇店东村 | 18 | 男 | 1943 年 |
| 罗占敖 | 莱州市平里店镇罗家村 | 26 | 男 | 1943 年 |
| 罗廷新 | 莱州市平里店镇罗家村 | 22 | 男 | 1943 年 |
| 罗振中 | 莱州市平里店镇罗家村 | 25 | 男 | 1943 年 |
| 郑林兆 | 莱州市平里店镇郑家村 | 20 | 男 | 1943 年 |
| 高振岳 | 莱州市平里店镇城子埠村 | 39 | 男 | 1943 年 |
| 綦同祥 | 莱州市平里店镇城子埠村 | 18 | 男 | 1943 年 |
| 战 成 | 莱州市平里店镇战家村 | 60 | 男 | 1943 年 |
| 战恒恕 | 莱州市平里店镇战家村 | 40 | 男 | 1943 年 |
| 战锦华 | 莱州市平里店镇战家村 | 43 | 男 | 1943 年 |
| 战鹏程 | 莱州市平里店镇战家村 | 21 | 男 | 1943 年 |
| 徐有庆 | 莱州市平里店镇战家村 | 63 | 男 | 1943 年 |
| 张 俭 | 莱州市平里店镇诸流村 | 21 | 男 | 1943 年 |
| 周同元 | 莱州市平里店镇诸流村 | 19 | 男 | 1943 年 |
| 周春茂 | 莱州市平里店镇诸流村 | 20 | 男 | 1943 年 |
| 宿希圣 | 莱州市平里店镇宿家村 | 29 | 男 | 1943 年 |

| 姓　名 | 籍　贯 | 年龄 | 性别 | 死难时间 |
|---|---|---|---|---|
| 王洪增 | 莱州市平里店镇淳于村 | 27 | 男 | 1943 年 |
| 张芳年 | 莱州市平里店镇麻一村 | 24 | 男 | 1943 年 |
| 张增义 | 莱州市平里店镇麻一村 | 30 | 男 | 1943 年 |
| 郝九鼎 | 莱州市平里店镇麻后村 | 21 | 男 | 1943 年 |
| 郝书汉 | 莱州市平里店镇麻后村 | 23 | 男 | 1943 年 |
| 郝长松 | 莱州市平里店镇麻后村 | 21 | 男 | 1943 年 |
| 姜培根 | 莱州市平里店镇麻前村 | 21 | 男 | 1943 年 |
| 原书升 | 莱州市永安路街道大原家村 | 22 | 男 | 1943 年 |
| 张发业 | 莱州市永安路街道西山张村 | — | 男 | 1943 年 |
| 张清湖 | 莱州市永安路街道西山张村 | — | 男 | 1943 年 |
| 董洪褚 | 莱州市永安路街道亭子村 | — | 男 | 1943 年 |
| 董维奎 | 莱州市永安路街道亭子村 | 42 | 男 | 1943 年 |
| 刘云昌 | 莱州市刘家庄村 | — | 男 | 1943 年 |
| 刘希增 | 莱州市朱桥镇下王家村 | 26 | 男 | 1943 年 |
| 杨新田 | 莱州市朱桥镇大杨家村 | 38 | 男 | 1943 年 |
| 任天普 | 莱州市朱桥镇任胡村 | 20 | 男 | 1943 年 |
| 杨德财 | 莱州市朱桥镇刘家村 | 21 | 男 | 1943 年 |
| 彭书堂 | 莱州市朱桥镇后郝村 | 23 | 男 | 1943 年 |
| 王东顺 | 莱州市朱桥镇庄头村 | 40 | 男 | 1943 年 |
| 王占才 | 莱州市朱桥镇庄头村 | 43 | 男 | 1943 年 |
| 彭寿金 | 莱州市朱桥镇庄头村 | 41 | 男 | 1943 年 |
| 彭明礼 | 莱州市朱桥镇庄头村 | 32 | 男 | 1943 年 |
| 王云肖 | 莱州市朱桥镇西王村 | 26 | 男 | 1943 年 |
| 张振江 | 莱州市朱桥镇张家村 | 24 | 男 | 1943 年 |
| 刘　彦 | 莱州市朱桥镇招贤村 | 60 | 男 | 1943 年 |
| 张青德 | 莱州市朱桥镇招贤村 | 42 | 男 | 1943 年 |
| 高淑珍 | 莱州市朱桥镇招贤村 | 18 | 女 | 1943 年 |
| 王永绪 | 莱州市朱桥镇大王村 | 50 | 男 | 1943 年 |
| 刘文斗 | 莱州市朱桥镇河东村 | 17 | 男 | 1943 年 |
| 刘文江 | 莱州市朱桥镇河东村 | 18 | 男 | 1943 年 |
| 刘永太 | 莱州市朱桥镇河东村 | 45 | 男 | 1943 年 |
| 李春成 | 莱州市朱桥镇河东村 | 35 | 男 | 1943 年 |
| 谭音武 | 莱州市朱桥镇苗家村 | 23 | 男 | 1943 年 |
| 门香令 | 莱州市朱桥镇梁郭集村 | 21 | 男 | 1943 年 |

| 姓　名 | 籍　贯 | 年　龄 | 性　别 | 死难时间 |
|---|---|---|---|---|
| 彭维暖 | 莱州市朱桥镇彭家村 | 36 | 男 | 1943 年 |
| 李　明 | 莱州市沙河镇大李家村 | 20 | 男 | 1943 年 |
| 李敬钦 | 莱州市沙河镇大李家村 | 26 | 男 | 1943 年 |
| 高立功 | 莱州市沙河镇交通村 | 19 | 男 | 1943 年 |
| 王秉合 | 莱州市沙河镇朱马村 | 35 | 男 | 1943 年 |
| 张善禄 | 莱州市沙河镇张家村 | 22 | 男 | 1943 年 |
| 胡寿令 | 莱州市沙河镇李家村 | 19 | 男 | 1943 年 |
| 李培基 | 莱州市沙河镇呆村李家 | 39 | 男 | 1943 年 |
| 姜春吉 | 莱州市沙河镇林家村 | — | 男 | 1943 年 |
| 王希先 | 莱州市沙河镇南王村 | 23 | 男 | 1943 年 |
| 王　松 | 莱州市沙河镇南王村 | 19 | 男 | 1943 年 |
| 王金坚 | 莱州市沙河镇南王村 | 26 | 男 | 1943 年 |
| 王洪志 | 莱州市沙河镇南王村 | 22 | 男 | 1943 年 |
| 王德兴 | 莱州市沙河镇南王村 | 42 | 男 | 1943 年 |
| 李增玉 | 莱州市沙河镇海郑村 | 30 | 男 | 1943 年 |
| 范善锡 | 莱州市沙河镇海郑村 | 22 | 男 | 1943 年 |
| 高锡吉 | 莱州市沙河镇高家村 | 32 | 男 | 1943 年 |
| 崔增广 | 莱州市沙河镇崔家村 | 28 | 男 | 1943 年 |
| 温效益 | 莱州市沙河镇崔家村 | 25 | 男 | 1943 年 |
| 贾德升 | 莱州市沙河镇营里村 | 25 | 男 | 1943 年 |
| 张锡海 | 莱州市沙河镇蒋家村 | 32 | 男 | 1943 年 |
| 潘善明 | 莱州市虎头崖镇潘家村 | 34 | 男 | 1943 年 |
| 王　音 | 莱州市虎头崖镇小沟村 | 21 | 男 | 1943 年 |
| 刘福周 | 莱州市虎头崖镇山刘家村 | 31 | 男 | 1943 年 |
| 尹锡尧 | 莱州市虎头崖镇尹家村 | 37 | 男 | 1943 年 |
| 刘锡知 | 莱州市虎头崖镇东大刘村 | 23 | 男 | 1943 年 |
| 肖永泰 | 莱州市虎头崖镇西大刘村 | 41 | 男 | 1943 年 |
| 王学德 | 莱州市虎头崖镇西王村 | 20 | 男 | 1943 年 |
| 于文光 | 莱州市虎头崖镇虎头崖村 | 25 | 男 | 1943 年 |
| 岳景善 | 莱州市虎头崖镇虎头崖村 | 24 | 男 | 1943 年 |
| 刘清堂 | 莱州市虎头崖镇后桥村 | 21 | 男 | 1943 年 |
| 任会信 | 莱州市虎头崖镇前桥村 | 27 | 男 | 1943 年 |
| 任德正 | 莱州市虎头崖镇前桥村 | 27 | 男 | 1943 年 |
| 王希杨 | 莱州市虎头崖镇南王村 | 16 | 男 | 1943 年 |

| 姓　名 | 籍　贯 | 年　龄 | 性　别 | 死难时间 |
|---|---|---|---|---|
| 郭丕新 | 莱州市虎头崖镇神堂村 | 26 | 男 | 1943 年 |
| 高学平 | 莱州市虎头崖镇高家村 | 32 | 男 | 1943 年 |
| 高丰聚 | 莱州市虎头崖镇高家村 | 31 | 男 | 1943 年 |
| 张志成 | 莱州市虎头崖镇埠后村 | 18 | 男 | 1943 年 |
| 万字启 | 莱州市金城镇万家村 | 20 | 男 | 1943 年 |
| 张太庆 | 莱州市金城镇大西庄村 | 33 | 男 | 1943 年 |
| 刘新春 | 莱州市金城镇凤毛寨村 | 26 | 男 | 1943 年 |
| 彭宝山 | 莱州市金城镇凤毛寨村 | 56 | 男 | 1943 年 |
| 彭善庆 | 莱州市金城镇凤毛寨村 | 38 | 男 | 1943 年 |
| 王汉彬 | 莱州市金城镇王家村 | 32 | 男 | 1943 年 |
| 王恒山 | 莱州市金城镇王家村 | 20 | 男 | 1943 年 |
| 刘子成 | 莱州市金城镇刘家村 | 25 | 男 | 1943 年 |
| 刘合锡 | 莱州市金城镇刘家村 | 20 | 男 | 1943 年 |
| 郭东志 | 莱州市金城镇后坡三村 | 30 | 男 | 1943 年 |
| 郭洪晋 | 莱州市金城镇后坡三村 | 23 | 男 | 1943 年 |
| 冯玉才 | 莱州市金城镇红布村 | 20 | 男 | 1943 年 |
| 原云梁 | 莱州市金城镇原家村 | 19 | 男 | 1943 年 |
| 孙芳年 | 莱州市平里店镇麻渠一村 | 24 | 男 | 1943 年 |
| 孙增义 | 莱州市平里店镇麻渠一村 | 30 | 男 | 1943 年 |
| 李希才 | 莱州市驿道镇上庄村 | 40 | 男 | 1943 年 |
| 李昌才 | 莱州市驿道镇上庄村 | 20 | 男 | 1943 年 |
| 赵秀玉 | 莱州市驿道镇下庄村 | — | 男 | 1943 年 |
| 肖同永 | 莱州市驿道镇东周村 | 16 | 男 | 1943 年 |
| 肖振学 | 莱州市驿道镇东周村 | 29 | 男 | 1943 年 |
| 李洪贤 | 莱州市驿道镇东战村 | 30 | 男 | 1943 年 |
| 陈　文 | 莱州市驿道镇北障村 | 30 | 男 | 1943 年 |
| 张焕桂 | 莱州市驿道镇古台口村 | 25 | 男 | 1943 年 |
| 赵克宽 | 莱州市驿道镇台上村 | 20 | 男 | 1943 年 |
| 赵彦君 | 莱州市驿道镇台上村 | 20 | 男 | 1943 年 |
| 李丙彦 | 莱州市驿道镇石角坡村 | 34 | 男 | 1943 年 |
| 丁德成 | 莱州市驿道镇庄李村 | 32 | 男 | 1943 年 |
| 李德合 | 莱州市驿道镇庄李村 | 30 | 男 | 1943 年 |
| 胡作圣 | 莱州市驿道镇邢胡村 | 25 | 男 | 1943 年 |
| 李芝美 | 莱州市驿道镇张家涧村 | 23 | 女 | 1943 年 |

| 姓 名 | 籍 贯 | 年 龄 | 性 别 | 死难时间 |
|---|---|---|---|---|
| 杨笃林 | 莱州市驿道镇杨家涧村 | 25 | 男 | 1943 年 |
| 姜书德 | 莱州市驿道镇沙现村 | 28 | 男 | 1943 年 |
| 龚振仁 | 莱州市驿道镇迟家村 | 24 | 男 | 1943 年 |
| 李月德 | 莱州市驿道镇皂户村 | 23 | 男 | 1943 年 |
| 李聚堂 | 莱州市驿道镇皂户村 | 25 | 男 | 1943 年 |
| 邱芳春 | 莱州市驿道镇邱家村 | 19 | 男 | 1943 年 |
| 刘振瑞 | 莱州市驿道镇周官村 | 20 | 男 | 1943 年 |
| 孙振东 | 莱州市驿道镇周官村 | 21 | 男 | 1943 年 |
| 赵修法 | 莱州市驿道镇河东村 | 17 | 男 | 1943 年 |
| 杨绍喜 | 莱州市驿道镇泥河村 | 20 | 男 | 1943 年 |
| 王振海 | 莱州市驿道镇狗爪埠村 | 27 | 男 | 1943 年 |
| 刘长南 | 莱州市驿道镇狗爪埠村 | 24 | 男 | 1943 年 |
| 李志田 | 莱州市驿道镇驿道村 | 20 | 男 | 1943 年 |
| 高世兴 | 莱州市驿道镇驿道村 | 25 | 男 | 1943 年 |
| 李新春 | 莱州市驿道镇南板村 | 28 | 男 | 1943 年 |
| 王中海 | 莱州市驿道镇费现村 | 20 | 男 | 1943 年 |
| 王呈祥 | 莱州市驿道镇费现村 | 26 | 男 | 1943 年 |
| 张发奎 | 莱州市驿道镇费现村 | 32 | 男 | 1943 年 |
| 赵崇喜 | 莱州市驿道镇费现村 | 24 | 男 | 1943 年 |
| 李天寿 | 莱州市驿道镇高家村 | 22 | 男 | 1943 年 |
| 李延令 | 莱州市驿道镇高家村 | 30 | 男 | 1943 年 |
| 韩玉深 | 莱州市驿道镇韩家村 | 38 | 男 | 1943 年 |
| 綦有礼 | 莱州市驿道镇綦家村 | 25 | 男 | 1943 年 |
| 陈景昌 | 莱州市城港路街道十里堡村 | 20 | 男 | 1943 年 |
| 宋 修 | 莱州市城港路街道小原家村 | — | 男 | 1943 年 |
| 王加远 | 莱州市城港路街道连郭庄村 | 50 | 男 | 1943 年 |
| 王 同 | 莱州市城港路街道林家村 | 18 | 男 | 1943 年 |
| 王忠彦 | 莱州市城港路街道河套村 | 36 | 男 | 1943 年 |
| 刘如茂 | 莱州市城港路街道淇水村 | 60 | 男 | 1943 年 |
| 陈芳永 | 莱州市城港路街道淇水村 | 26 | 男 | 1943 年 |
| 王风义 | 莱州市柞村镇东朱旺村 | 23 | 男 | 1943 年 |
| 王进义 | 莱州市柞村镇南庙村 | 21 | 男 | 1943 年 |
| 张玉江 | 莱州市柞村镇前张家村 | 23 | 男 | 1943 年 |
| 赵肇举 | 莱州市文峰路街道赵家村 | — | 男 | 1943 年 |

| 姓　名 | 籍　贯 | 年　龄 | 性　别 | 死难时间 |
|---|---|---|---|---|
| 杨文令 | 莱州市夏邱镇白沙村 | 24 | 男 | 1943 年 |
| 宋廷名 | 莱州市夏邱镇宋家村 | 22 | 男 | 1943 年 |
| 官德清 | 莱州市夏邱镇官家村 | 20 | 男 | 1943 年 |
| 于锡洲 | 莱州市夏邱镇夏南村 | 23 | 男 | 1943 年 |
| 张赞书 | 莱州市夏邱镇夏南村 | 38 | 男 | 1943 年 |
| 赵兹云 | 莱州市夏邱镇埠口村 | 21 | 男 | 1943 年 |
| 温宝元 | 莱州市夏邱镇温家村 | 21 | 男 | 1943 年 |
| 姜玉兴 | 莱州市郭家店镇七里岚村 | 24 | 男 | 1943 年 |
| 王付玉 | 莱州市郭家店镇上堡村 | 32 | 男 | 1943 年 |
| 刘丰秋 | 莱州市郭家店镇大栾家村 | 25 | 男 | 1943 年 |
| 刘风顺 | 莱州市郭家店镇大栾家村 | 28 | 男 | 1943 年 |
| 荆桂忠 | 莱州市郭家店镇大栾家村 | 22 | 男 | 1943 年 |
| 李孟萼 | 莱州市郭家店镇大李家村 | 36 | 男 | 1943 年 |
| 李孟勤 | 莱州市郭家店镇大李家村 | 23 | 男 | 1943 年 |
| 杨维礼 | 莱州市郭家店镇大庙后村 | 28 | 男 | 1943 年 |
| 孙发之叔 | 莱州市郭家店镇大河南村 | 37 | 男 | 1943 年 |
| 史进正 | 莱州市郭家店镇大河南村 | 33 | 男 | 1943 年 |
| 陈丕瑞 | 莱州市郭家店镇小黄泥村 | 22 | 男 | 1943 年 |
| 陈尚伦 | 莱州市郭家店镇小黄泥村 | 32 | 男 | 1943 年 |
| 王春暖 | 莱州市郭家店镇小疃村 | 22 | 男 | 1943 年 |
| 王惠敏 | 莱州市郭家店镇马台石村 | 27 | 男 | 1943 年 |
| 王尚信 | 莱州市郭家店镇元岭孙家村 | 24 | 男 | 1943 年 |
| 孙忠祥 | 莱州市郭家店镇元岭孙家村 | 32 | 男 | 1943 年 |
| 孙　祥 | 莱州市郭家店镇元岭孙家村 | 28 | 男 | 1943 年 |
| 张文祥 | 莱州市郭家店镇元岭孙家村 | 27 | 男 | 1943 年 |
| 李进毛 | 莱州市郭家店镇元岭孙家村 | 34 | 男 | 1943 年 |
| 李进尧 | 莱州市郭家店镇元岭孙家村 | 26 | 男 | 1943 年 |
| 黄进年 | 莱州市郭家店镇元岭孙家村 | 29 | 男 | 1943 年 |
| 薛青山 | 莱州市郭家店镇元岭孙家村 | 30 | 男 | 1943 年 |
| 仲跻笑 | 莱州市郭家店镇凤凰寨村 | — | 男 | 1943 年 |
| 仲召善 | 莱州市郭家店镇凤凰寨村 | 20 | 男 | 1943 年 |
| 董华堂 | 莱州市郭家店镇凤凰寨村 | 32 | 男 | 1943 年 |
| 董希成 | 莱州市郭家店镇凤凰寨村 | 30 | 男 | 1943 年 |
| 董希海 | 莱州市郭家店镇凤凰寨村 | 39 | 男 | 1943 年 |

| 姓　名 | 籍　贯 | 年　龄 | 性　别 | 死难时间 |
|---|---|---|---|---|
| 董快刀 | 莱州市郭家店镇凤凰寨村 | 31 | 男 | 1943 年 |
| 孙书文 | 莱州市郭家店镇古村 | 27 | 男 | 1943 年 |
| 孙学佳 | 莱州市郭家店镇古村 | 19 | 男 | 1943 年 |
| 贾宝恩 | 莱州市郭家店镇后沟村 | 21 | 男 | 1943 年 |
| 郭洪祥 | 莱州市郭家店镇后沟村 | 25 | 男 | 1943 年 |
| 王　寿 | 莱州市郭家店镇夼里村 | 57 | 男 | 1943 年 |
| 陶希安 | 莱州市郭家店镇陶家村 | 28 | 男 | 1943 年 |
| 黄万德 | 莱州市郭家店镇陶家村 | 20 | 男 | 1943 年 |
| 孙成线 | 莱州市郭家店镇西山赵村 | 30 | 男 | 1943 年 |
| 吴文华 | 莱州市郭家店镇吴家村 | 22 | 男 | 1943 年 |
| 宋先昌 | 莱州市郭家店镇返岭子村 | 22 | 男 | 1943 年 |
| 宋吉作 | 莱州市郭家店镇返岭子村 | 24 | 男 | 1943 年 |
| 宋吉敏 | 莱州市郭家店镇返岭子村 | 26 | 男 | 1943 年 |
| 宋吉增 | 莱州市郭家店镇返岭子村 | 27 | 男 | 1943 年 |
| 宋　高 | 莱州市郭家店镇返岭子村 | 27 | 男 | 1943 年 |
| 张小畔 | 莱州市郭家店镇连夼村 | 19 | 男 | 1943 年 |
| 张室仁 | 莱州市郭家店镇连夼村 | 23 | 男 | 1943 年 |
| 邵进斗 | 莱州市郭家店镇邵刘村 | 23 | 男 | 1943 年 |
| 刘玉全 | 莱州市郭家店镇官后村 | 27 | 男 | 1943 年 |
| 刘许云 | 莱州市郭家店镇南村 | 17 | 男 | 1943 年 |
| 曲明希 | 莱州市郭家店镇咬狼沟村 | 23 | 男 | 1943 年 |
| 张锡本 | 莱州市郭家店镇咬狼沟村 | 23 | 男 | 1943 年 |
| 周顺德 | 莱州市郭家店镇柳上村 | 32 | 男 | 1943 年 |
| 冯锡桂 | 莱州市郭家店镇段家村 | 22 | 男 | 1943 年 |
| 彭延先 | 莱州市郭家店镇洛庄村 | 24 | 男 | 1943 年 |
| 杨　臻 | 莱州市文昌路街道后杨村 | 54 | 男 | 1945 年 |
| 胡廷江 | 莱州市郭家店镇胡家村 | 23 | 男 | 1943 年 |
| 郑月君 | 莱州市郭家店镇郝家沟村 | 27 | 男 | 1943 年 |
| 郑洪点 | 莱州市郭家店镇郝家沟村 | 26 | 男 | 1943 年 |
| 王信法 | 莱州市郭家店镇马台石村 | 19 | 男 | 1943 年 |
| 崔云山 | 莱州市郭家店镇柴棚村 | 27 | 男 | 1943 年 |
| 崔升正 | 莱州市郭家店镇柴棚村 | 36 | 男 | 1943 年 |
| 刘振忠 | 莱州市郭家店镇班家村 | 32 | 男 | 1943 年 |
| 孙太成 | 莱州市郭家店镇郭家店村 | 27 | 男 | 1943 年 |

| 姓　名 | 籍　贯 | 年　龄 | 性　别 | 死难时间 |
|---|---|---|---|---|
| 姜立清 | 莱州市郭家店镇塔耳头村 | 22 | 男 | 1943 年 |
| 姜显福 | 莱州市郭家店镇塔耳头村 | 28 | 男 | 1943 年 |
| 孙万春 | 莱州市郭家店镇宅科村 | 26 | 男 | 1943 年 |
| 穆玉龙 | 莱州市程郭镇三十里堡村 | 21 | 男 | 1943 年 |
| 董仁寿 | 莱州市程郭镇下董村 | 18 | 男 | 1943 年 |
| 王保增 | 莱州市程郭镇山后村 | 25 | 男 | 1943 年 |
| 宋德俊 | 莱州市程郭镇东庄村 | 24 | 男 | 1943 年 |
| 李永贵 | 莱州市程郭镇东庄村 | 18 | 男 | 1943 年 |
| 李秀云 | 莱州市程郭镇东南村 | 27 | 女 | 1943 年 |
| 卢吉庆 | 莱州市程郭镇北菊寺村 | 30 | 男 | 1943 年 |
| 林洪飞 | 莱州市程郭镇后王门村 | — | 男 | 1943 年 |
| 于二湖 | 莱州市程郭镇坎上村 | 22 | 男 | 1943 年 |
| 于学海 | 莱州市程郭镇坎上村 | 20 | 男 | 1943 年 |
| 李锡军 | 莱州市程郭镇李家村 | 20 | 男 | 1943 年 |
| 吕华亭 | 莱州市程郭镇沙埠庄村 | 26 | 男 | 1943 年 |
| 陈洪喜 | 莱州市程郭镇沙埠庄村 | 28 | 男 | 1943 年 |
| 于宝进 | 莱州市程郭镇郑家埠村 | 27 | 男 | 1943 年 |
| 曲　永 | 莱州市程郭镇郑家埠村 | 37 | 男 | 1943 年 |
| 张云良 | 莱州市程郭镇金牌村 | 25 | 男 | 1943 年 |
| 张锡古 | 莱州市程郭镇南宿村 | 23 | 男 | 1943 年 |
| 张凤欣 | 莱州市程郭镇南宿村 | 28 | 男 | 1943 年 |
| 张克仁 | 莱州市程郭镇南宿村 | 19 | 男 | 1943 年 |
| 王　杏 | 莱州市程郭镇洪沟头村 | 20 | 男 | 1943 年 |
| 林绍修 | 莱州市程郭镇高郭村 | 21 | 男 | 1943 年 |
| 范振贵 | 莱州市程郭镇高郭村 | 19 | 男 | 1943 年 |
| 任玉廷 | 莱州市歇山区 | — | 男 | 1943 年 |
| 翟明斋 | 莱州市翟家村 | — | 男 | 1943 年 |
| 刘忠信 | 莱州市三山岛街道诸冯村 | 16 | 男 | 1944 年 1 月 |
| 刘宝提 | 莱州市土山镇小淀河村 | 30 | 男 | 1944 年 1 月 |
| 孙云松 | 莱州市土山镇淀东村 | 20 | 男 | 1944 年 1 月 |
| 许永祥 | 莱州市文昌路街道后河村 | 15 | 男 | 1944 年 1 月 |
| 林许氏 | 莱州市文昌路街道后河村 | 25 | 女 | 1944 年 1 月 |
| 林许氏之子 | 莱州市文昌路街道后河村 | 1 | 男 | 1944 年 1 月 |
| 李有章 | 莱州市文昌路街道后河村 | 36 | 男 | 1944 年 1 月 |

| 姓　名 | 籍　贯 | 年　龄 | 性　别 | 死难时间 |
|---|---|---|---|---|
| 傅许氏 | 莱州市文昌路街道后河村 | 50 | 女 | 1944 年 1 月 |
| 姜振环 | 莱州市文峰路街道蒜园子村 | 24 | 男 | 1944 年 1 月 |
| 彭象忠 | 莱州市朱桥镇作阳 | 20 | 男 | 1944 年 1 月 |
| 刘盛林 | 莱州市朱桥镇盛王村 | 21 | 男 | 1944 年 1 月 |
| 徐　训 | 莱州市虎头崖镇雷沟村 | 26 | 男 | 1944 年 1 月 |
| 胡京圣 | 莱州市驿道镇邢胡村 | 27 | 男 | 1944 年 1 月 |
| 胡学先 | 莱州市驿道镇邢胡村 | 33 | 男 | 1944 年 1 月 |
| 姜振庆 | 莱州市郭家店镇宋光村 | 25 | 男 | 1944 年 1 月 |
| 张锡冲 | 莱州市程郭镇南宿村 | 18 | 男 | 1944 年 1 月 |
| 于延民 | 莱州市城港路街道东泗河村 | 30 | 男 | 1944 年 2 月 9 日 |
| 于守喜 | 莱州市城港路街道西泗河村 | 38 | 男 | 1944 年 2 月 9 日 |
| 王洪义 | 莱州市夏邱镇盆王村 | 20 | 男 | 1944 年 2 月 9 日 |
| 张永江 | 莱州市夏邱镇盆王村 | 23 | 男 | 1944 年 2 月 9 日 |
| 赵连甲之子 | 莱州市夏邱镇盆王村 | 2 | 男 | 1944 年 2 月 9 日 |
| 潘守信 | 莱州市土山镇北庄村 | 20 | 男 | 1944 年 2 月 10 日 |
| 张金永 | 莱州市沙河镇后刘村 | 31 | 男 | 1944 年 2 月 10 日 |
| 刘东旭 | 莱州市沙河镇后刘村 | 25 | 男 | 1944 年 2 月 11 日 |
| 刘　诚 | — | — | 男 | 1944 年 2 月 |
| 陶春虎 | 莱州市郭家店镇陶家村 | 20 | 男 | 1944 年 2 月 |
| 陈德儒 | 莱州市三山岛街道上官沈家村 | 18 | 男 | 1944 年 2 月 |
| 潘其壮 | 莱州市三山岛街道潘家村 | 25 | 男 | 1944 年 2 月 |
| 赵希祥 | 莱州市土山镇小淀河村 | 21 | 男 | 1944 年 2 月 |
| 张振华 | 莱州市文昌路街道南五里村 | 24 | 男 | 1944 年 2 月 |
| 李文见 | 莱州市平里店镇南李村 | 30 | 男 | 1944 年 2 月 |
| 李树贤 | 莱州市沙河镇李家村 | 34 | 男 | 1944 年 2 月 |
| 满善德 | 莱州市城港路街道大原一村 | 20 | 男 | 1944 年 2 月 |
| 王天寿 | 莱州市柞村镇大河圈村 | 17 | 男 | 1944 年 2 月 |
| 杨　× | 莱州市程郭镇东程村 | 25 | 男 | 1944 年 2 月 |
| 林奎典 | 莱州市程郭镇罗家营村 | 21 | 男 | 1944 年 2 月 |
| 李世升 | 莱州市三山岛街道后吕村 | 18 | 男 | 1944 年 3 月 |
| 徐文先 | 莱州市三山岛街道后吕村 | 17 | 男 | 1944 年 3 月 |
| 王学增 | 莱州市文峰路街道上王村 | 23 | 男 | 1944 年 3 月 |
| 王继本 | 莱州市平里店镇平里店村 | 23 | 男 | 1944 年 3 月 |
| 李廷京 | 莱州市平里店镇南李村 | 39 | 男 | 1944 年 3 月 |

| 姓 名 | 籍 贯 | 年 龄 | 性 别 | 死难时间 |
|---|---|---|---|---|
| 李鼎胜 | 莱州市平里店镇南李村 | 38 | 男 | 1944 年 3 月 |
| 仲召诚 | 莱州市沙河镇八里庄村 | 25 | 男 | 1944 年 3 月 |
| 刘太益 | 莱州市沙河镇八里庄村 | 23 | 男 | 1944 年 3 月 |
| 刘笃庆 | 莱州市沙河镇八里庄村 | 19 | 男 | 1944 年 3 月 |
| 王来明 | 莱州市沙河镇大珍珠村 | 22 | 男 | 1944 年 3 月 |
| 宋 华 | 莱州市沙河镇大珍珠村 | 21 | 男 | 1944 年 3 月 |
| 张福盛 | 莱州市沙河镇交通村 | 23 | 男 | 1944 年 3 月 |
| 宋上九 | 莱州市驿道镇三元村 | 28 | 男 | 1944 年 3 月 |
| 安保廷 | 莱州市驿道镇庄李村 | 40 | 男 | 1944 年 3 月 |
| 张夕臣 | 莱州市柞村镇孔家村 | — | 男 | 1944 年 3 月 |
| 孙宝洪 | 莱州市柞村镇孙家村 | 26 | 男 | 1944 年 3 月 |
| 王洋合 | 莱州市柞村镇普渡口村 | 25 | 男 | 1944 年 3 月 |
| 王春彦 | 莱州市柞村镇普渡口村 | 33 | 男 | 1944 年 3 月 |
| 李希忠 | 莱州市柞村镇盟格庄村 | 27 | 男 | 1944 年 3 月 |
| 李洪昌 | 莱州市柞村镇盟格庄村 | 26 | 男 | 1944 年 3 月 |
| 宿占成 | 莱州市郭家店镇大河南村 | 35 | 男 | 1944 年 3 月 |
| 张福升 | 莱州市土山镇东薛村 | 56 | 男 | 1944 年 4 月 5 日 |
| 苑会兴 | 莱州市土山镇东薛村 | 52 | 男 | 1944 年 4 月 5 日 |
| 刘秀东 | 莱州市土山镇娄家村 | 32 | 男 | 1944 年 4 月 6 日 |
| 曲青发 | 莱州市沙河镇东郑村 | 20 | 男 | 1944 年 4 月 10 日 |
| 姜日聚 | 莱州市柞村镇西姜家村 | — | 男 | 1944 年 4 月 12 日 |
| 王 × | 莱州市土山镇尹家村 | 11 | 女 | 1944 年 4 月 |
| 张清洁 | 莱州市土山镇东薛村 | 26 | 男 | 1944 年 4 月 |
| 于宝襄 | 莱州市平里店镇毛家村 | 28 | 男 | 1944 年 4 月 |
| 毛广业 | 莱州市平里店镇毛家村 | 20 | 男 | 1944 年 4 月 |
| 毛广成 | 莱州市平里店镇毛家村 | 22 | 男 | 1944 年 4 月 |
| 毛振麟 | 莱州市平里店镇毛家村 | 24 | 男 | 1944 年 4 月 |
| 王吉祥 | 莱州市平里店镇平里店村 | 33 | 男 | 1944 年 4 月 |
| 戴玉均 | 莱州市永安路街道西关村 | 22 | 男 | 1944 年 4 月 |
| 秦志高 | 莱州市朱桥镇邓家村 | 27 | 男 | 1944 年 4 月 |
| 刘存敬 | 莱州市朱桥镇西刘村 | 17 | 男 | 1944 年 4 月 |
| 刘书星 | 莱州市朱桥镇盛王村 | 23 | 男 | 1944 年 4 月 |
| 张文广 | 莱州市朱桥镇綦家村 | 38 | 男 | 1944 年 4 月 |
| 綦顺令 | 莱州市朱桥镇綦家村 | 39 | 男 | 1944 年 4 月 |

| 姓 名 | 籍 贯 | 年 龄 | 性 别 | 死难时间 |
|------|------|------|------|---------|
| 文学孟 | 莱州市沙河镇蒋家村 | 32 | 男 | 1944 年 4 月 |
| 汪兆明 | 莱州市虎头崖镇神堂村 | — | 男 | 1944 年 4 月 |
| 王子禄 | 莱州市夏邱镇留驾村 | 19 | 男 | 1944 年 4 月 |
| 任方元 | 莱州市程郭镇三十里堡村 | 31 | 男 | 1944 年 4 月 |
| 杨芳盛 | 莱州市程郭镇西程村 | 57 | 男 | 1944 年 4 月 |
| 徐丙功 | 莱州市程郭镇谷口村 | 27 | 男 | 1944 年 4 月 |
| 尹光晓 | 莱州市土山镇尹家村 | 40 | 男 | 1944 年 4 月 |
| 张树志 | 莱州市文昌路街道南五里村 | 30 | 男 | 1944 年 5 月 |
| 刘振祥 | 莱州市文峰路街道南十里堡村 | 18 | 男 | 1944 年 5 月 |
| 邹金永 | 莱州市平里店镇石柱栏村 | 22 | 男 | 1944 年 5 月 |
| 邹振永 | 莱州市平里店镇石柱栏村 | 39 | 男 | 1944 年 5 月 |
| 于治庆 | 莱州市永安路街道于家村 | 23 | 男 | 1944 年 5 月 |
| 于永合 | 莱州市朱桥镇由家村 | 63 | 男 | 1944 年 5 月 |
| 刘向武 | 莱州市朱桥镇刘家村 | 16 | 男 | 1944 年 5 月 |
| 王廷建 | 莱州市朱桥镇西刘村 | 21 | 男 | 1944 年 5 月 |
| 李树芬 | 莱州市朱桥镇河东村 | 24 | 男 | 1944 年 5 月 |
| 滕占书 | 莱州市朱桥镇滕冯村 | 23 | 男 | 1944 年 5 月 |
| 牛德昌 | 莱州市沙河镇西杜村 | 29 | 男 | 1944 年 5 月 |
| 王龙海 | 莱州市沙河镇佛台子村 | 27 | 男 | 1944 年 5 月 |
| 姜点祥 | 莱州市沙河镇岳里村 | 33 | 男 | 1944 年 5 月 |
| 仲召信 | 莱州市沙河镇河崖村 | 44 | 男 | 1944 年 5 月 |
| 李忠林之妻 | 莱州市沙河镇河崖村 | 33 | 女 | 1944 年 5 月 |
| 聂相云之妻 | 莱州市沙河镇河崖村 | 34 | 女 | 1944 年 5 月 |
| 侯绪礼 | 莱州市沙河镇侯家村 | 72 | 男 | 1944 年 5 月 |
| 姚启明 | 莱州市沙河镇蒋家村 | 26 | 男 | 1944 年 5 月 |
| 尹长江 | 莱州市虎头崖镇尹家村 | 28 | 男 | 1944 年 5 月 |
| 于延崇 | 莱州市城港路街道东泗河村 | 20 | 男 | 1944 年 5 月 |
| 李希龙 | 莱州市柞村镇盟格庄村 | 28 | 男 | 1944 年 5 月 |
| 张凤阁 | 莱州市夏邱镇前魏村 | 22 | 男 | 1944 年 5 月 |
| 赵锡坤 | 莱州市夏邱镇柳沟村 | 33 | 男 | 1944 年 5 月 |
| 毛 达 | 莱州市程郭镇北相村 | 25 | 男 | 1944 年 5 月 |
| 杨凤武 | 莱州市文昌路街道西南隅村 | 31 | 男 | 1944 年 6 月 |
| 方典元 | 莱州市永安路街道西关村 | 26 | 男 | 1944 年 6 月 |
| 刘恩洪 | 莱州市朱桥镇梁郭集村 | 22 | 男 | 1944 年 6 月 |

| 姓　名 | 籍　贯 | 年　龄 | 性　别 | 死难时间 |
|---|---|---|---|---|
| 毛德成 | 莱州市朱桥镇臧家村 | 30 | 男 | 1944 年 6 月 |
| 滕兴居 | 莱州市金城镇滕家村 | — | 男 | 1944 年 6 月 |
| 刘延善 | 莱州市城港路街道大原一村 | 23 | 男 | 1944 年 6 月 |
| 葛子盛 | 莱州市柞村镇大臧家村 | 22 | 男 | 1944 年 6 月 |
| 徐敏庆 | 莱州市柞村镇邢家村 | 30 | 男 | 1944 年 6 月 |
| 孙培训 | 莱州市柞村镇前张家村 | 25 | 男 | 1944 年 6 月 |
| 胡锡平 | 莱州市柞村镇高山村 | 52 | 男 | 1944 年 6 月 |
| 张洪成 | 莱州市夏邱镇沟刘村 | 25 | 男 | 1944 年 6 月 |
| 李　香 | 莱州市郭家店镇高埠村 | — | 男 | 1944 年 6 月 |
| 秦福林 | 莱州市程郭镇南菊寺村 | 37 | 男 | 1944 年 6 月 |
| 孙　丁 | 莱州市土山镇马家村 | 23 | 男 | 1944 年 7 月 |
| 焦自功 | 莱州市土山镇焦家庄村 | 18 | 男 | 1944 年 7 月 |
| 周中恩 | 莱州市永安路街道于家村 | 24 | 男 | 1944 年 7 月 |
| 李宝尚 | 莱州市朱桥镇寺庄村 | 21 | 男 | 1944 年 7 月 |
| 赵福德 | 莱州市朱桥镇枣行子村 | 30 | 男 | 1944 年 7 月 |
| 卞忠序 | 莱州市沙河镇卞家村 | 22 | 男 | 1944 年 7 月 |
| 李积基 | 莱州市沙河镇呆村李家 | 33 | 男 | 1944 年 7 月 |
| 胡太茂 | 莱州市郭家店镇胡家村 | 29 | 男 | 1944 年 7 月 |
| 孙福田 | 莱州市程郭镇东马家村 | 21 | 男 | 1944 年 7 月 |
| 卢志南 | 莱州市程郭镇庄里村 | 27 | 男 | 1944 年 7 月 |
| 姜书才 | 莱州市程郭镇坎下村 | 34 | 男 | 1944 年 7 月 |
| 张世书 | 莱州市城港路街道草坡村 | — | 男 | 1944 年 8 月 13 日 |
| 张振财 | 莱州市三山岛街道水南村 | 20 | 男 | 1944 年 8 月 |
| 王洪福 | 莱州市文昌路街道东北隅村 | 25 | 男 | 1944 年 8 月 |
| 邱锡福 | 莱州市文昌路街道东北隅村 | 18 | 男 | 1944 年 8 月 |
| 姜洪泰 | 莱州市文昌路街道南五里村 | 25 | 男 | 1944 年 8 月 |
| 王　需 | 莱州市文昌路街道徐家疃村 | 51 | 男 | 1944 年 8 月 |
| 马开宾 | 莱州市沙河镇岳里村 | 40 | 男 | 1944 年 8 月 |
| 杨云海 | 莱州市虎头崖镇杨黄村 | 20 | 男 | 1944 年 8 月 |
| 任永清 | 莱州市虎头崖镇留村 | 38 | 男 | 1944 年 8 月 |
| 刘东旭 | 莱州市虎头崖镇留村 | 23 | 男 | 1944 年 8 月 |
| 钟维善 | 莱州市虎头崖镇留村 | 18 | 男 | 1944 年 8 月 |
| 苒声明 | 莱州市金城镇刘家村 | — | 男 | 1944 年 8 月 |
| 孙其堂 | 莱州市驿道镇西周村 | 34 | 男 | 1944 年 8 月 |

| 姓　名 | 籍　贯 | 年　龄 | 性　别 | 死难时间 |
|---|---|---|---|---|
| 吴文红 | 莱州市柞村镇马家夼村 | 79 | 男 | 1944 年 8 月 |
| 翟启禄 | 莱州市夏邱镇夏南村 | 23 | 男 | 1944 年 8 月 |
| 李广正 | 莱州市郭家店镇小吕家村 | 25 | 男 | 1944 年 8 月 |
| 李显友 | 莱州市郭家店镇薛家村 | 20 | 男 | 1944 年 8 月 |
| 杨占喜 | 莱州市程郭镇北相村 | 22 | 男 | 1944 年 8 月 |
| 徐洪升 | 莱州市程郭镇谷口村 | 24 | 男 | 1944 年 8 月 |
| 邹月庆 | 莱州市程郭镇教书庄村 | 29 | 男 | 1944 年 8 月 |
| 王增荣 | 莱州市土山镇杨王村 | 34 | 男 | 1944 年 8 月 |
| 刘方元 | 莱州市土山镇尹家村 | 25 | 男 | 1944 年 8 月 |
| 李志春 | 莱州市朱桥镇朱桥村 | 18 | 男 | 1944 年 9 月 1 日 |
| 李树明 | 莱州市程郭镇洪沟头村 | 43 | 男 | 1944 年 9 月 |
| 盛聋子 | 莱州市三山岛街道沙岭村 | 38 | 男 | 1944 年 9 月 |
| 王玉亭 | 莱州市文峰路街道田家村 | 38 | 男 | 1944 年 9 月 |
| 戴云相 | 莱州市沙河镇代家村 | 27 | 男 | 1944 年 9 月 |
| 吕振礼 | 莱州市柞村镇东朱宋村 | — | 男 | 1944 年 9 月 |
| 钟嘉德 | 莱州市柞村镇西朱旺村 | 35 | 男 | 1944 年 9 月 |
| 徐洪祥 | 莱州市柞村镇西朱旺村 | 38 | 男 | 1944 年 9 月 |
| 王京云 | 莱州市柞村镇新村 | 29 | 男 | 1944 年 9 月 |
| 张洪臣 | 莱州市柞村镇蔡格庄村 | 17 | 男 | 1944 年 9 月 |
| 张文山 | 莱州市郭家店镇奄子村 | 24 | 男 | 1944 年 9 月 |
| 张成义 | 莱州市郭家店镇奄子村 | 23 | 男 | 1944 年 9 月 |
| 刘　× | 莱州市城港路街道淇水村 | 20 | 男 | 1944 年 9 月 |
| 宋福林 | 莱州市郭家店镇高埠村 | 27 | 男 | 1944 年 9 月 |
| 贾天辰 | 莱州市郭家店镇下仲村 | 25 | 男 | 1944 年 10 月 |
| 宋宝山 | 莱州市程郭镇前王门村 | 49 | 男 | 1944 年 10 月 |
| 刘锡福 | 莱州市三山岛街道诸冯村 | 17 | 男 | 1944 年 11 月 |
| 任升元 | 莱州市虎头崖镇前桥村 | 21 | 男 | 1944 年 11 月 |
| 李二腚 | 莱州市驿道镇夫子石村 | 24 | 男 | 1944 年 11 月 |
| 李德安 | 莱州市驿道镇夫子石村 | 22 | 男 | 1944 年 11 月 |
| 陈京文 | 莱州市柞村镇郝家村 | 20 | 男 | 1944 年 11 月 |
| 陈敬文 | 莱州市柞村镇郝家村 | — | 男 | 1944 年 11 月 |
| 高×× | 莱州市郭家店镇邵刘村 | 25 | 男 | 1944 年 11 月 |
| 邵云志 | 莱州市郭家店镇邵刘村 | 19 | 男 | 1944 年 11 月 |
| 邵云张 | 莱州市郭家店镇邵刘村 | 19 | 男 | 1944 年 11 月 |

| 姓　名 | 籍　贯 | 年　龄 | 性　别 | 死难时间 |
|---|---|---|---|---|
| 邵云智 | 莱州市郭家店镇邵刘村 | 40 | 男 | 1944 年 11 月 |
| 邵进奎 | 莱州市郭家店镇邵刘村 | 19 | 男 | 1944 年 11 月 |
| 段锡武 | 莱州市程郭镇坎上村 | 23 | 男 | 1944 年 11 月 |
| 徐锡令 | 莱州市程郭镇坎下村 | 51 | 男 | 1944 年 11 月 |
| 徐洪京 | 莱州市程郭镇谷口村 | 20 | 男 | 1944 年 11 月 |
| 李宝升 | 莱州市程郭镇洪沟头村 | — | 男 | 1944 年 11 月 |
| 丁九林 | 莱州市沙河镇前屯里村 | 31 | 男 | 1944 年 12 月 27 日 |
| 苑殿勋 | 莱州市沙河镇前屯里村 | 28 | 男 | 1944 年 12 月 27 日 |
| 杨凤悟 | 莱州市程郭镇西坊北村 | 34 | 男 | 1944 年 12 月 29 日 |
| 曲宝珠 | 莱州市虎头崖镇埠后村 | 26 | 男 | 1944 年 12 月 |
| 任洪君 | 莱州市土山镇太平庄村 | 30 | 男 | 1944 年 12 月 |
| 王天佑 | 莱州市文昌路街道南关村 | 34 | 男 | 1944 年 12 月 |
| 徐沛滋 | 莱州市平里店镇柳行村 | 20 | 男 | 1944 年 12 月 |
| 逄恩典 | 莱州市朱桥镇马家村 | 25 | 男 | 1944 年 12 月 |
| 姜毓浦 | 莱州市沙河镇东英村 | 20 | 男 | 1944 年 12 月 |
| 贾丰登 | 莱州市沙河镇石埠村 | 26 | 男 | 1944 年 12 月 |
| 史天良 | 莱州市柞村镇蔡格庄村 | 17 | 男 | 1944 年 12 月 |
| 孙洪雨 | 莱州市程郭镇西武官村 | 58 | 男 | 1944 年 12 月 |
| 王锡酬 | 莱州市虎头崖镇留村 | — | 男 | 1944 年 |
| 于登城 | 莱州市三山岛街道上官刘村 | 22 | 男 | 1944 年 |
| 刘万善 | 莱州市三山岛街道上官刘村 | 24 | 男 | 1944 年 |
| 王宝珍 | 莱州市三山岛街道马坊村 | 26 | 女 | 1944 年 |
| 王同祥 | 莱州市三山岛街道仓东村 | 25 | 男 | 1944 年 |
| 王秀杰 | 莱州市三山岛街道天王庙村 | 28 | 女 | 1944 年 |
| 张士俊 | 莱州市三山岛街道王贾村 | 28 | 男 | 1944 年 |
| 赵明远 | 莱州市三山岛街道王贾村 | 23 | 男 | 1944 年 |
| 孙吉善 | 莱州市三山岛街道东南村 | 23 | 男 | 1944 年 |
| 孙学进 | 莱州市三山岛街道东南村 | 26 | 男 | 1944 年 |
| 盛克江 | 莱州市三山岛街道东南村 | 23 | 男 | 1944 年 |
| 泮振东 | 莱州市三山岛街道龙泉村 | 19 | 男 | 1944 年 |
| 邓甲华 | 莱州市三山岛街道后邓村 | 25 | 男 | 1944 年 |
| 邓连玉 | 莱州市三山岛街道后邓村 | 23 | 男 | 1944 年 |
| 梁　传 | 莱州市三山岛街道后邓村 | 24 | 男 | 1944 年 |
| 梁积兴 | 莱州市三山岛街道后邓村 | 22 | 男 | 1944 年 |

| 姓　名 | 籍　贯 | 年　龄 | 性　别 | 死难时间 |
|---|---|---|---|---|
| 孙典元 | 莱州市三山岛街道孙家村 | 28 | 男 | 1944 年 |
| 孙国钧 | 莱州市三山岛街道孙家村 | 30 | 男 | 1944 年 |
| 孙贵鹏 | 莱州市三山岛街道孙家村 | 30 | 男 | 1944 年 |
| 方建荣 | 莱州市三山岛街道过西村 | — | 男 | 1944 年 |
| 方洪功 | 莱州市三山岛街道过西村 | 29 | 男 | 1944 年 |
| 吴举鹏 | 莱州市三山岛街道吴一村 | 21 | 男 | 1944 年 |
| 吴志刚 | 莱州市三山岛街道吴家村 | 28 | 男 | 1944 年 |
| 滕克昌 | 莱州市三山岛街道吴家村 | 18 | 男 | 1944 年 |
| 张锡全 | 莱州市三山岛街道张家村 | 17 | 男 | 1944 年 |
| 李奎业 | 莱州市三山岛街道单山村 | 23 | 男 | 1944 年 |
| 盛咸庆 | 莱州市三山岛街道单山村 | 38 | 男 | 1944 年 |
| 泮书本 | 莱州市三山岛街道南蔡家村 | 23 | 男 | 1944 年 |
| 马希成 | 莱州市三山岛街道徐家村 | 27 | 男 | 1944 年 |
| 徐书启 | 莱州市三山岛街道徐家村 | 30 | 男 | 1944 年 |
| 迟庆运 | 莱州市三山岛街道诸冯村 | 39 | 男 | 1944 年 |
| 滕占浩 | 莱州市三山岛街道诸冯村 | 35 | 男 | 1944 年 |
| 王贾辉 | 莱州市三山岛街道新合村 | 48 | 男 | 1944 年 |
| 刘日法 | 莱州市三区刘家村 | — | 男 | 1944 年 |
| 于春茂 | 莱州市土山镇于家村 | 32 | 男 | 1944 年 |
| 徐春芝 | 莱州市土山镇柳林子村 | 18 | 男 | 1944 年 |
| 栾延德 | 莱州市土山镇栾家村 | 25 | 男 | 1944 年 |
| 焦奎元 | 莱州市土山镇海二村 | 31 | 男 | 1944 年 |
| 刘顺才 | 莱州市郭家店镇嘴头村 | 43 | 男 | 1944 年 |
| 张积庆 | 莱州市文昌路街道东北隅村 | 25 | 男 | 1944 年 |
| 顾家臻 | 莱州市文昌路街道东庄头村 | 38 | 男 | 1944 年 |
| 孔庆昌 | 莱州市文昌路街道东岭子村 | — | 男 | 1944 年 |
| 张洪斌 | 莱州市文昌路街道东岭子村 | — | 男 | 1944 年 |
| 鞠春旭 | 莱州市文昌路街道东岭子村 | — | 男 | 1944 年 |
| 刘悦祥 | 莱州市文昌路街道仲家沟村 | — | 男 | 1944 年 |
| 侯德善 | 莱州市文昌路街道后杨村 | 30 | 男 | 1944 年 |
| 王佳章 | 莱州市文昌路街道后店子村 | 37 | 男 | 1944 年 |
| 叶永成 | 莱州市文昌路街道后店子村 | 28 | 男 | 1944 年 |
| 张书珍 | 莱州市文昌路街道南五里村 | 30 | 男 | 1944 年 |
| 武殿军 | 莱州市文昌路街道塔埠村 | 52 | 男 | 1944 年 |

| 姓 名 | 籍 贯 | 年 龄 | 性 别 | 死难时间 |
|---|---|---|---|---|
| 毛书正 | 莱州市文峰路街道八蜡庙村 | 25 | 男 | 1944 年 |
| 陈官山 | 莱州市文峰路街道西光村 | 21 | 男 | 1944 年 |
| 张振祥 | 莱州市四十里堡村 | — | 男 | 1944 年 |
| 丁玉章 | 莱州市平里店镇大沟崖村 | 42 | 男 | 1944 年 |
| 滕佩文之弟 | 莱州市平里店镇小兰埠村 | — | 男 | 1944 年 |
| 赵德庆 | 莱州市平里店镇龙家庙村 | 20 | 男 | 1944 年 |
| 陈元修 | 莱州市平里店镇后庄头村 | 20 | 男 | 1944 年 |
| 李洪贤 | 莱州市平里店镇西尹村 | 24 | 男 | 1944 年 |
| 杨作祥 | 莱州市平里店镇杨家村 | 20 | 男 | 1944 年 |
| 罗平新 | 莱州市平里店镇罗家村 | 19 | 男 | 1944 年 |
| 罗京中 | 莱州市平里店镇罗家村 | 19 | 男 | 1944 年 |
| 付典正 | 莱州市平里店镇城子埠村 | 32 | 男 | 1944 年 |
| 綦同寿 | 莱州市平里店镇城子埠村 | 23 | 男 | 1944 年 |
| 綦同贵 | 莱州市平里店镇城子埠村 | 24 | 男 | 1944 年 |
| 郝盛恩 | 莱州市平里店镇柳行村 | 25 | 男 | 1944 年 |
| 赵启运 | 莱州市平里店镇赵家村 | 20 | 男 | 1944 年 |
| 高金盛 | 莱州市平里店镇高家村 | 23 | 男 | 1944 年 |
| 宿福顺 | 莱州市平里店镇宿家村 | 24 | 男 | 1944 年 |
| 张茂荣 | 莱州市平里店镇麻一村 | 30 | 男 | 1944 年 |
| 郝文香 | 莱州市平里店镇麻后村 | 22 | 男 | 1944 年 |
| 李宝光 | 莱州市永安路街道杨务沟村 | 20 | 男 | 1944 年 |
| 李绪庆 | 莱州市永安路街道杨务沟村 | 34 | 男 | 1944 年 |
| 宋保田 | 莱州市永安路街道花园北流村 | — | 男 | 1944 年 |
| 刘考来 | 莱州市永安路街道亭子村 | 19 | 男 | 1944 年 |
| 尹宝建 | 莱州市朱桥镇大尹村 | 50 | 男 | 1944 年 |
| 王正喜 | 莱州市朱桥镇大杨家村 | 16 | 男 | 1944 年 |
| 孙占云 | 莱州市朱桥镇小郎家村 | 25 | 男 | 1944 年 |
| 杨玉斋 | 莱州市朱桥镇后赵村 | 21 | 男 | 1944 年 |
| 赵树义 | 莱州市朱桥镇寺庄村 | 16 | 男 | 1944 年 |
| 李寿信 | 莱州市朱桥镇朱桥村 | 35 | 男 | 1944 年 |
| 刘连春 | 莱州市朱桥镇许家村 | 38 | 男 | 1944 年 |
| 杨明章 | 莱州市朱桥镇张村 | 22 | 男 | 1944 年 |
| 刘德顺 | 莱州市朱桥镇张官刘家村 | 22 | 男 | 1944 年 |
| 张汝田 | 莱州市朱桥镇张家村 | 26 | 男 | 1944 年 |

| 姓 名 | 籍 贯 | 年 龄 | 性 别 | 死难时间 |
|---|---|---|---|---|
| 张锡成 | 莱州市朱桥镇张家村 | 28 | 男 | 1944 年 |
| 于启洪 | 莱州市朱桥镇呼雷于家村 | 24 | 男 | 1944 年 |
| 滕占奎 | 莱州市朱桥镇呼雷于家村 | 24 | 男 | 1944 年 |
| 修积功 | 莱州市朱桥镇修家沟村 | 28 | 男 | 1944 年 |
| 杨永祥 | 莱州市朱桥镇前杨村 | 18 | 男 | 1944 年 |
| 李京有 | 莱州市朱桥镇前杨村 | 21 | 男 | 1944 年 |
| 秦洪年 | 莱州市朱桥镇秦家村 | 22 | 男 | 1944 年 |
| 尹春晓 | 莱州市朱桥镇高家村 | 20 | 男 | 1944 年 |
| 王树范 | 莱州市朱桥镇圈子村 | 31 | 男 | 1944 年 |
| 李聘山 | 莱州市朱桥镇埠后李村 | 38 | 男 | 1944 年 |
| 张青竹 | 莱州市过西镇水南村 | — | 男 | 1944 年 |
| 黎成化 | 莱州市沙河镇屯里村 | 16 | 男 | 1944 年 |
| 于炳尧 | 莱州市沙河镇于家村 | 19 | 男 | 1944 年 |
| 张瑞云 | 莱州市沙河镇长胜村 | 47 | 男 | 1944 年 |
| 姜长乐 | 莱州市沙河镇东英村 | 20 | 男 | 1944 年 |
| 姜玉浦 | 莱州市沙河镇东英村 | 22 | 男 | 1944 年 |
| 王希连 | 莱州市沙河镇北王村 | 19 | 男 | 1944 年 |
| 刘 敏 | 莱州市沙河镇河崖村 | 24 | 男 | 1944 年 |
| 李兴仁 | 莱州市沙河镇河崖村 | 50 | 男 | 1944 年 |
| 陈秉辉 | 莱州市沙河镇前陈村 | 22 | 男 | 1944 年 |
| 崔清泗 | 莱州市沙河镇崔家村 | 23 | 男 | 1944 年 |
| 崔德洪 | 莱州市沙河镇崔家村 | 29 | 男 | 1944 年 |
| 张泮功 | 莱州市沙河镇墩张村 | 23 | 男 | 1944 年 |
| 韩兴德 | 莱州市沙河镇墩韩村 | 21 | 男 | 1944 年 |
| 张子升 | 莱州市程郭镇沙埠庄村 | — | 男 | 1944 年 |
| 孙嘉林 | 莱州市虎头崖镇东宋村 | 27 | 男 | 1944 年 |
| 赵立斗 | 莱州市虎头崖镇西小宋村 | 18 | 男 | 1944 年 |
| 孙崇贤 | 莱州市虎头崖镇西杨村 | 32 | 男 | 1944 年 |
| 任寿山 | 莱州市虎头崖镇西原村 | 25 | 男 | 1944 年 |
| 王宝玉 | 莱州市虎头崖镇邵家村 | 19 | 男 | 1944 年 |
| 任会章 | 莱州市虎头崖镇前桥村 | 27 | 男 | 1944 年 |
| 聂中合 | 莱州市虎头崖镇前桥村 | 33 | 男 | 1944 年 |
| 张正堂 | 莱州市虎头崖镇埠后村 | 20 | 男 | 1944 年 |
| 任清祥 | 莱州市虎头崖镇新庄村 | 32 | 男 | 1944 年 |

| 姓　名 | 籍　贯 | 年　龄 | 性　别 | 死难时间 |
|---|---|---|---|---|
| 滕作良 | 莱州市金城镇滕北村 | 20 | 男 | 1944 年 |
| 滕扶松 | 莱州市金城镇滕北村 | 30 | 男 | 1944 年 |
| 滕来志 | 莱州市金城镇滕北村 | 17 | 男 | 1944 年 |
| 贾国良 | 莱州市金城镇上官庄村 | 22 | 男 | 1944 年 |
| 栾桂华 | 莱州市金城镇凤毛寨村 | 42 | 男 | 1944 年 |
| 王英祥 | 莱州市金城镇石虎嘴村 | 22 | 男 | 1944 年 |
| 高玉堂 | 莱州市金城镇石虎嘴村 | 49 | 男 | 1944 年 |
| 李聋棒 | 莱州市金城镇龙埠村 | 31 | 男 | 1944 年 |
| 张如九 | 莱州市金城镇后坡一村 | 24 | 男 | 1944 年 |
| 郭登宁 | 莱州市金城镇后坡三村 | 27 | 男 | 1944 年 |
| 吕昌南 | 莱州市金城镇南吕村 | 23 | 男 | 1944 年 |
| 胡克义 | 莱州市驿道镇三岔口村 | 22 | 男 | 1944 年 |
| 姜玉林 | 莱州市驿道镇下庄村 | 29 | 男 | 1944 年 |
| 毛天民 | 莱州市驿道镇毛家涧村 | 21 | 男 | 1944 年 |
| 王志德 | 莱州市驿道镇东马村 | 19 | 男 | 1944 年 |
| 周付义 | 莱州市驿道镇东马村 | 20 | 男 | 1944 年 |
| 张希进 | 莱州市驿道镇东张村 | 28 | 男 | 1944 年 |
| 肖东岳 | 莱州市驿道镇东周村 | 25 | 男 | 1944 年 |
| 于正田 | 莱州市驿道镇东赵村 | 30 | 男 | 1944 年 |
| 侯明书 | 莱州市驿道镇东赵村 | 18 | 男 | 1944 年 |
| 刘长岁 | 莱州市驿道镇东狼虎埠村 | 22 | 男 | 1944 年 |
| 张彩令 | 莱州市驿道镇古台村 | — | 女 | 1944 年 |
| 张永庆 | 莱州市驿道镇台上村 | 21 | 男 | 1944 年 |
| 李福厚 | 莱州市驿道镇庄李村 | 25 | 男 | 1944 年 |
| 仲伟功 | 莱州市驿道镇西战村 | 30 | 男 | 1944 年 |
| 李长岳 | 莱州市驿道镇花园村 | 23 | 男 | 1944 年 |
| 刘振田 | 莱州市驿道镇周官村 | 23 | 男 | 1944 年 |
| 张玉庆 | 莱州市驿道镇周官村 | 35 | 男 | 1944 年 |
| 张崇恩 | 莱州市驿道镇周官村 | 37 | 男 | 1944 年 |
| 李丕兴 | 莱州市驿道镇周官村 | 28 | 男 | 1944 年 |
| 徐风彬 | 莱州市驿道镇泥河村 | 28 | 男 | 1944 年 |
| 高登义 | 莱州市驿道镇驿道村 | 20 | 男 | 1944 年 |
| 高鹏元 | 莱州市驿道镇驿道村 | 19 | 男 | 1944 年 |
| 王文章 | 莱州市驿道镇南板村 | 22 | 男 | 1944 年 |

| 姓　名 | 籍　贯 | 年　龄 | 性　别 | 死难时间 |
|---|---|---|---|---|
| 王和曾 | 莱州市驿道镇南圈子村 | 20 | 男 | 1944 年 |
| 王学曾 | 莱州市驿道镇南圈子村 | 20 | 男 | 1944 年 |
| 王胜业 | 莱州市驿道镇南圈子村 | 20 | 男 | 1944 年 |
| 张洪金 | 莱州市驿道镇神水村 | 28 | 男 | 1944 年 |
| 张玉海 | 莱州市驿道镇固家庄村 | 35 | 男 | 1944 年 |
| 李世军 | 莱州市驿道镇冷家夼村 | 25 | 男 | 1944 年 |
| 刘东祥 | 莱州市驿道镇三元村 | 31 | 男 | 1944 年 |
| 郅洪奎 | 莱州市驿道镇神水院村 | 45 | 男 | 1944 年 |
| 刘新亭 | 莱州市驿道镇高山村 | 20 | 男 | 1944 年 |
| 张崇吉 | 莱州市驿道镇塔埠刘家村 | 18 | 男 | 1944 年 |
| 陈景福 | 莱州市城港路街道十里堡村 | 33 | 男 | 1944 年 |
| 任祥忠 | 莱州市城港路街道小原村 | 17 | 男 | 1944 年 |
| 于庆治 | 莱州市城港路街道东泗河村 | 24 | 男 | 1944 年 |
| 李福林 | 莱州市城港路街道西郎子埠村 | 14 | 男 | 1944 年 |
| 徐绍亮 | 莱州市城港路街道高家村 | 28 | 男 | 1944 年 |
| 蒋希尧 | 莱州市城港路街道淇水村 | 24 | 男 | 1944 年 |
| 吕振松 | 莱州市柞村镇东朱宋村 | — | 男 | 1944 年 |
| 马树辉 | 莱州市柞村镇高山村 | 38 | 男 | 1944 年 |
| 刘长希 | 莱州市柞村镇孔家村 | 26 | 男 | 1944 年 |
| 王京奎 | 莱州市柞村镇孔家村 | 29 | 男 | 1944 年 |
| 杨作鑫 | 莱州市柞村镇孔家村 | 33 | 男 | 1944 年 |
| 王修堂 | 莱州市夏邱镇中魏村 | 21 | 男 | 1944 年 |
| 宋化显 | 莱州市夏邱镇宋家村 | 24 | 男 | 1944 年 |
| 姜增锡 | 莱州市夏邱镇李金村 | 19 | 男 | 1944 年 |
| 王玉增 | 莱州市夏邱镇夏东村 | 19 | 男 | 1944 年 |
| 王锡江 | 莱州市夏邱镇郭家村 | 36 | 男 | 1944 年 |
| 赵忠璧 | 莱州市夏邱镇奚家村 | 34 | 男 | 1944 年 |
| 广茂荣 | 莱州市平里店镇麻渠一村 | 30 | 男 | 1944 年 |
| 孙太何 | 莱州市郭家店镇宅科村 | 22 | 男 | 1944 年 |
| 周永兴 | 莱州市郭家店镇七里岚村 | 28 | 男 | 1944 年 |
| 徐显祥 | 莱州市郭家店镇下仲村 | 26 | 男 | 1944 年 |
| 许 × | 莱州市郭家店镇大庙后村 | 42 | 男 | 1944 年 |
| 李学尧 | 莱州市郭家店镇大河南村 | 27 | 男 | 1944 年 |
| 周典山 | 莱州市郭家店镇大河南村 | 41 | 男 | 1944 年 |

| 姓 名 | 籍 贯 | 年 龄 | 性 别 | 死难时间 |
|---|---|---|---|---|
| 王春玉 | 莱州市郭家店镇小疃村 | 25 | 男 | 1944 年 |
| 王锡战 | 莱州市郭家店镇小疃村 | 24 | 男 | 1944 年 |
| 李 欣 | 莱州市郭家店镇元岭孙家村 | 31 | 男 | 1944 年 |
| 刘善昌 | 莱州市郭家店镇东埠村 | 21 | 男 | 1944 年 |
| 仲训田 | 莱州市郭家店镇仲家村 | 25 | 男 | 1944 年 |
| 朱明贵 | 莱州市郭家店镇后沟村 | 23 | 男 | 1944 年 |
| 叶有清 | 莱州市郭家店镇团结村 | 20 | 男 | 1944 年 |
| 刘丰山 | 莱州市郭家店镇西山赵村 | 24 | 男 | 1944 年 |
| 邵云三 | 莱州市郭家店镇邵刘村 | 24 | 男 | 1944 年 |
| 马令君 | 莱州市郭家店镇官后村 | 21 | 男 | 1944 年 |
| 赵希成 | 莱州市郭家店镇河北村 | 21 | 男 | 1944 年 |
| 邵玉锡 | 莱州市郭家店镇罗家庄村 | 16 | 男 | 1944 年 |
| 吕洪运 | 莱州市郭家店镇前疃村 | 26 | 男 | 1944 年 |
| 崔合进 | 莱州市郭家店镇柳行村 | 24 | 男 | 1944 年 |
| 冯 财 | 莱州市郭家店镇段家村 | 24 | 男 | 1944 年 |
| 冯锡升 | 莱州市郭家店镇段家村 | 25 | 男 | 1944 年 |
| 段召成 | 莱州市郭家店镇段家村 | 31 | 男 | 1944 年 |
| 彭延美 | 莱州市郭家店镇洛庄村 | 22 | 男 | 1944 年 |
| 郑德田 | 莱州市郭家店镇郝家沟村 | 20 | 男 | 1944 年 |
| 尹有成 | 莱州市郭家店镇郭家店村 | 21 | 男 | 1944 年 |
| 张岐进 | 莱州市郭家店镇宅科村 | 30 | 男 | 1944 年 |
| 荆忠全 | 莱州市郭家店镇郭家店村 | 23 | 男 | 1944 年 |
| 董月泰 | 莱州市程郭镇下董村 | 17 | 男 | 1944 年 |
| 王花子 | 莱州市程郭镇山后村 | 24 | 男 | 1944 年 |
| 于志友 | 莱州市程郭镇坎上村 | 33 | 男 | 1944 年 |
| 张杰洪 | 莱州市程郭镇坎上村 | 23 | 男 | 1944 年 |
| 徐洪展 | 莱州市程郭镇谷口村 | 23 | 男 | 1944 年 |
| 杜常功 | 莱州市程郭镇金牌村 | 28 | 男 | 1944 年 |
| 孙锡书 | 莱州市程郭镇南边村 | 45 | 男 | 1944 年 |
| 贾希天 | 莱州市程郭镇桥头村 | 19 | 男 | 1944 年 |
| 李 俊 | 莱州市程郭镇曹郭村 | — | 男 | 1944 年 |
| 宋洪福 | 莱州市程郭镇菜园头村 | 22 | 男 | 1944 年 |
| 周夕平 | 莱州市程郭镇菜园头村 | 30 | 男 | 1944 年 |
| 周夕祥 | 莱州市程郭镇菜园头村 | 29 | 男 | 1944 年 |

| 姓　名 | 籍　贯 | 年　龄 | 性　别 | 死难时间 |
|---|---|---|---|---|
| 姜夕玖 | 莱州市程郭镇菜园头村 | 39 | 男 | 1944 年 |
| 姜太义 | 莱州市程郭镇菜园头村 | 26 | 男 | 1944 年 |
| 徐岐丰 | 莱州市土山镇寨徐村 | 20 | 男 | 1945 年 1 月 |
| 王成信 | 莱州市沙河镇驿塘村 | 22 | 男 | 1945 年 1 月 |
| 赵风生 | 莱州市驿道镇台上村 | 34 | 男 | 1945 年 1 月 |
| 吴寿喜 | 莱州市柞村镇盟格庄村 | 26 | 男 | 1945 年 1 月 |
| 李洪江 | 莱州市柞村镇盟格庄村 | 28 | 男 | 1945 年 1 月 |
| 姜　俊 | 莱州市文昌路街道南五里村 | 41 | 男 | 1945 年 2 月 |
| 刘臣先 | 莱州市文峰路街道张家村 | 18 | 男 | 1945 年 2 月 |
| 郭杨太 | 莱州市平里店镇郭于村 | 20 | 男 | 1945 年 2 月 |
| 孙奎锡 | 莱州市虎头崖镇西杨村 | 29 | 男 | 1945 年 2 月 |
| 曲延亮 | 莱州市沙河镇大曲家村 | 21 | 男 | 1945 年 2 月 |
| 孙绪发 | 莱州市三山岛街道三间房村 | 18 | 男 | 1945 年 3 月 |
| 吕李氏 | 莱州市三山岛街道前吕村 | 25 | 女 | 1945 年 3 月 |
| 杨法珍 | 莱州市土山镇小淀河村 | 19 | 男 | 1945 年 3 月 |
| 娄文岐 | 莱州市土山镇小淀河村 | 19 | 男 | 1945 年 3 月 |
| 张清书 | 莱州市文峰路街道龙家村 | 30 | 男 | 1945 年 3 月 |
| 王学德 | 莱州市文峰路街道上王村 | 25 | 男 | 1945 年 3 月 |
| 由正达 | 莱州市永安路街道果达埠村 | 25 | 男 | 1945 年 3 月 |
| 丁官周 | 莱州市沙河镇丁家村 | 20 | 男 | 1945 年 3 月 |
| 李芳坤 | 莱州市沙河镇大李家村 | 21 | 男 | 1945 年 3 月 |
| 王道祺 | 莱州市沙河镇王家庄村 | 38 | 男 | 1945 年 3 月 |
| 曲应福 | 莱州市沙河镇东郑村 | 23 | 男 | 1945 年 3 月 |
| 宋书鼎 | 莱州市虎头崖镇上疃村 | 24 | 男 | 1945 年 3 月 |
| 聂风云 | 莱州市虎头崖镇前桥村 | 21 | 男 | 1945 年 3 月 |
| 崔德卿 | 莱州市虎头崖镇崔家村 | 22 | 男 | 1945 年 3 月 |
| 李承春 | 莱州市驿道镇大香村 | 43 | 男 | 1945 年 3 月 |
| 高维和 | 莱州市柞村镇东朱旺村 | 37 | 男 | 1945 年 3 月 |
| 王永锡 | 莱州市柞村镇普渡口村 | 74 | 男 | 1945 年 3 月 |
| 徐　胜 | 莱州市夏邱镇徐家村 | 19 | 男 | 1945 年 3 月 |
| 宋国林 | 莱州市郭家店镇山前宋家村 | 25 | 男 | 1945 年 3 月 |
| 尹若茂 | 莱州市虎头崖镇东杨村 | 28 | 男 | 1945 年 4 月 13 日 |
| 任兰功 | 莱州市虎头崖镇东杨村 | 25 | 男 | 1945 年 4 月 13 日 |
| 刘尧盛 | 莱州市虎头崖镇东杨村 | 29 | 男 | 1945 年 4 月 13 日 |

| 姓　名 | 籍　贯 | 年　龄 | 性　别 | 死难时间 |
|---|---|---|---|---|
| 刘松山 | 莱州市虎头崖镇东杨村 | 30 | 男 | 1945 年 4 月 13 日 |
| 张云荣 | 莱州市虎头崖镇东杨村 | 28 | 男 | 1945 年 4 月 13 日 |
| 周兰兴 | 莱州市虎头崖镇东杨村 | 29 | 男 | 1945 年 4 月 13 日 |
| 姚景春 | 莱州市虎头崖镇东杨村 | 32 | 男 | 1945 年 4 月 13 日 |
| 段　仪 | 莱州市虎头崖镇东杨村 | 37 | 男 | 1945 年 4 月 13 日 |
| 崔德乡 | 莱州市虎头崖镇东杨村 | 26 | 男 | 1945 年 4 月 13 日 |
| 韩德昌 | 莱州市虎头崖镇东杨村 | 22 | 男 | 1945 年 4 月 13 日 |
| 于章尧 | 莱州市土山镇东薛村 | 23 | 男 | 1945 年 4 月 13 日 |
| 李万举 | 莱州市虎头崖镇趴埠村 | 23 | 男 | 1945 年 4 月 13 日 |
| 李京佐 | 莱州市虎头崖镇趴埠村 | 21 | 男 | 1945 年 4 月 13 日 |
| 霍凤桐 | 莱州市三山岛街道过西村 | 30 | 男 | 1945 年 4 月 |
| 邱德正 | 莱州市土山镇土山村 | 23 | 男 | 1945 年 4 月 |
| 杨盼宋 | 莱州市土山镇小淀河村 | 12 | 男 | 1945 年 4 月 |
| 娄清仁 | 莱州市土山镇小淀河村 | 50 | 男 | 1945 年 4 月 |
| 王振兴 | 莱州市文峰路街道上王村 | 24 | 男 | 1945 年 4 月 |
| 刘　发 | 莱州市文峰路街道张家村 | 18 | 男 | 1945 年 4 月 |
| 郭洪良 | 莱州市文峰路街道薛家村 | 19 | 男 | 1945 年 4 月 |
| 高云朋 | 莱州市沙河镇高家村 | 23 | 男 | 1945 年 4 月 |
| 李修南 | 莱州市沙河镇墩李村 | 27 | 男 | 1945 年 4 月 |
| 任祥增 | 莱州市虎头崖镇后桥村 | 42 | 男 | 1945 年 4 月 |
| 张云荣 | 莱州市虎头崖镇朱流村 | 31 | 男 | 1945 年 4 月 |
| 孙悦德 | 莱州市虎头崖镇西杨村 | 21 | 男 | 1945 年 4 月 |
| 高树仁 | 莱州市驿道镇驿道村 | 20 | 男 | 1945 年 4 月 |
| 高鹏合 | 莱州市驿道镇驿道村 | 19 | 男 | 1945 年 4 月 |
| 王玉洪 | 莱州市柞村镇小河圈村 | 31 | 男 | 1945 年 4 月 |
| 姜聚田 | 莱州市郭家店镇盛家村 | 21 | 男 | 1945 年 4 月 |
| 蒋盛彦 | 莱州市程郭镇蒋家村 | 29 | 男 | 1945 年 4 月 |
| 鞠成业 | 莱州市三山岛街道朱家村 | 20 | 男 | 1945 年 5 月 |
| 叶吉田 | 莱州市三山岛街道过西村 | 25 | 男 | 1945 年 5 月 |
| 吴金祥 | 莱州市三山岛街道吴二村 | 21 | 男 | 1945 年 5 月 |
| 徐春三 | 莱州市土山镇柳林子村 | 26 | 男 | 1945 年 5 月 |
| 刘明山 | 莱州市午城刘家村 | — | 男 | 1945 年 5 月 |
| 李国属 | 莱州市沙河镇大李家村 | 22 | 男 | 1945 年 5 月 |
| 王仁寿 | 莱州市三山岛街道单山村 | 25 | 男 | 1945 年 5 月 |

| 姓　名 | 籍　贯 | 年龄 | 性别 | 死难时间 |
|---|---|---|---|---|
| 张德恒 | 莱州市土山镇东薛村 | 41 | 男 | 1945 年 6 月 16 日 |
| 李德寿 | 莱州市文昌路街道南关村 | 21 | 男 | 1945 年 6 月 |
| 郭洪玲 | 莱州市文峰路街道薛家村 | 19 | 女 | 1945 年 6 月 |
| 生有礼 | 莱州市平里店镇东罗村 | 24 | 男 | 1945 年 6 月 |
| 王希山 | 莱州市虎头崖镇埠后村 | 24 | 男 | 1945 年 6 月 |
| 杨洪藻 | 莱州市柞村镇孔家村 | 22 | 男 | 1945 年 6 月 |
| 于京和 | 莱州市柞村镇高山村 | 26 | 男 | 1945 年 6 月 |
| 马英希 | 莱州市柞村镇高山村 | 32 | 男 | 1945 年 6 月 |
| 李清信 | 莱州市柞村镇盟格庄村 | 25 | 男 | 1945 年 6 月 |
| 周　学 | 莱州市夏邱镇白沙村 | 26 | 男 | 1945 年 6 月 |
| 张善仁 | 莱州市城港路街道朱由三村 | 23 | 男 | 1945 年 7 月 |
| 张福周 | 莱州市城港路街道朱由四村 | 22 | 男 | 1945 年 7 月 |
| 程存松 | 莱州市城港路街道柳林一村 | 37 | 男 | 1945 年 7 月 |
| 程存省 | 莱州市城港路街道柳林一村 | 17 | 男 | 1945 年 7 月 |
| 程普进 | 莱州市城港路街道柳林一村 | 17 | 男 | 1945 年 7 月 |
| 颜京云 | 莱州市城港路街道柳林三村 | 20 | 男 | 1945 年 7 月 |
| 刘典勋 | 莱州市城港路街道草坡村 | 19 | 男 | 1945 年 7 月 |
| 于希文 | 莱州市朱桥镇由家村 | 62 | 男 | 1945 年 7 月 |
| 王若敏 | 莱州市朱桥镇徐院村 | 23 | 男 | 1945 年 7 月 |
| 王吉荣 | 莱州市沙河镇佛台子村 | 22 | 男 | 1945 年 7 月 |
| 吴寿禄 | 莱州市柞村镇盟格庄村 | 28 | 男 | 1945 年 7 月 |
| 李清发 | 莱州市柞村镇盟格庄村 | 31 | 男 | 1945 年 7 月 |
| 李宏图 | 莱州市夏邱镇北段村 | 21 | 男 | 1945 年 7 月 |
| 宋希彦 | 莱州市郭家店镇山前宋家村 | 24 | 男 | 1945 年 7 月 |
| 王京习 | 莱州市夏邱镇埠口村 | 25 | 男 | 1945 年 8 月 |
| 刘占举 | 莱州市夏邱镇埠口村 | 25 | 男 | 1945 年 8 月 |
| 焦学仁 | 莱州市土山镇焦家庄村 | 24 | 男 | 1945 年 8 月 |
| 贾振民 | 莱州市朱桥镇山上杨家村 | 22 | 男 | 1945 年 8 月 |
| 霍凤同 | 莱州市沙河镇岳里村 | 40 | 男 | 1945 年 8 月 |
| 刘洪海 | 莱州市虎头崖镇前桥村 | 24 | 男 | 1945 年 8 月 |
| 任永杰 | 莱州市虎头崖镇留村 | 37 | 男 | 1945 年 8 月 |
| 张肖云 | 莱州市驿道镇东张村 | 22 | 男 | 1945 年 8 月 |
| 徐　京 | 莱州市柞村镇西朱宋村 | 21 | 男 | 1945 年 8 月 |
| 张守身 | 莱州市朱桥镇山上杨家村 | 21 | 男 | 1945 年 |

| 姓 名 | 籍 贯 | 年 龄 | 性 别 | 死难时间 |
|---|---|---|---|---|
| 刘华民 | 莱州市虎头崖镇山刘家村 | 33 | 男 | 1945 年 |
| 尹广永 | 莱州市虎头崖镇尹家村 | 33 | 男 | 1945 年 |
| 王桂正 | 莱州市驿道镇周官村 | 30 | 男 | 1945 年 |
| 姜云书 | 莱州市文昌路街道前店子村 | 31 | 男 | 1945 年 |
| 刘占一 | 莱州市三山岛街道马坊村 | 19 | 男 | 1945 年 |
| 彭 云 | 莱州市三山岛街道马格庄村 | 17 | 男 | 1945 年 |
| 杨植民 | 莱州市三山岛街道仓东村 | 25 | 男 | 1945 年 |
| 王增新 | 莱州市三山岛街道仓西村 | 30 | 男 | 1945 年 |
| 尹登科 | 莱州市三山岛街道尹家村 | 25 | 男 | 1945 年 |
| 尹新田 | 莱州市三山岛街道尹家村 | 26 | 男 | 1945 年 |
| 韩世功 | 莱州市三山岛街道尹家村 | 21 | 男 | 1945 年 |
| 国廷俊 | 莱州市三山岛街道王贾村 | 21 | 男 | 1945 年 |
| 杨志隋 | 莱州市三山岛街道王贾村 | 23 | 男 | 1945 年 |
| 泮 华 | 莱州市三山岛街道龙泉村 | 22 | 男 | 1945 年 |
| 唐风和 | 莱州市三山岛街道龙泉村 | 19 | 男 | 1945 年 |
| 邓连贵 | 莱州市三山岛街道后邓村 | 22 | 男 | 1945 年 |
| 邓茂进 | 莱州市三山岛街道后邓村 | 28 | 男 | 1945 年 |
| 邓维苍之母 | 莱州市三山岛街道后邓村 | 40 | 女 | 1945 年 |
| 徐同敏 | 莱州市三山岛街道后吕村 | 16 | 男 | 1945 年 |
| 孙清运 | 莱州市三山岛街道孙家村 | 27 | 男 | 1945 年 |
| 孙乐宽 | 莱州市三山岛街道孙家村 | 23 | 男 | 1945 年 |
| 孙日山 | 莱州市三山岛街道孙家村 | 28 | 男 | 1945 年 |
| 孙锦云 | 莱州市三山岛街道孙家村 | 29 | 男 | 1945 年 |
| 孙日章 | 莱州市三山岛街道朱由一村 | 25 | 男 | 1945 年 |
| 吴立爽 | 莱州市三山岛街道西北村 | 24 | 男 | 1945 年 |
| 吴官成 | 莱州市三山岛街道西北村 | 23 | 男 | 1945 年 |
| 吴茂林 | 莱州市三山岛街道西北村 | 24 | 男 | 1945 年 |
| 吴盘启 | 莱州市三山岛街道西北村 | 25 | 男 | 1945 年 |
| 吴德玉 | 莱州市三山岛街道西北村 | 22 | 男 | 1945 年 |
| 王京隆 | 莱州市三山岛街道沙埠庄 | 29 | 男 | 1945 年 |
| 原桂堂 | 莱州市三山岛街道单山村 | 25 | 男 | 1945 年 |
| 武希善 | 莱州市三山岛街道武家村 | 18 | 男 | 1945 年 |
| 程希丰 | 莱州市三山岛街道前吕村 | 20 | 男 | 1945 年 |
| 董守山 | 莱州市三山岛街道院上村 | 42 | 男 | 1945 年 |

| 姓　名 | 籍　贯 | 年　龄 | 性　别 | 死难时间 |
|---|---|---|---|---|
| 徐崇胜 | 莱州市三山岛街道徐家村 | 45 | 男 | 1945 年 |
| 徐廷玺 | 莱州市三山岛街道诸冯村 | 24 | 男 | 1945 年 |
| 崔柱山 | 莱州市三山岛街道崔家村 | 16 | 男 | 1945 年 |
| 张　镛 | 莱州市三山岛街道尹家村 | 29 | 男 | 1945 年 |
| 滕书才 | 莱州市三山岛街道大沙埠庄村 | 24 | 男 | 1945 年 |
| 卜显臣 | 莱州市土山镇卜家村 | 34 | 男 | 1945 年 |
| 王希玉 | 莱州市土山镇杨王村 | 36 | 男 | 1945 年 |
| 提进科 | 莱州市土山镇提村 | 23 | 男 | 1945 年 |
| 提典洪 | 莱州市土山镇提村 | 23 | 男 | 1945 年 |
| 潘夕芝 | 莱州市土山镇潘家村 | 22 | 男 | 1945 年 |
| 姜永善 | 莱州市文昌路街道北关村 | 28 | 男 | 1945 年 |
| 杨　锡 | 莱州市文昌路街道后杨村 | 42 | 男 | 1945 年 |
| 杨　臻 | 莱州市文昌路街道后杨村 | 54 | 男 | 1945 年 |
| 杨玉九 | 莱州市文昌路街道西南隅村 | 39 | 男 | 1945 年 |
| 陈文生 | 莱州市文峰路街道西光村 | 20 | 男 | 1945 年 |
| 任寿令 | 莱州市平里店镇小兰埠村 | 45 | 男 | 1945 年 |
| 赵尚友 | 莱州市平里店镇东北障村 | 28 | 男 | 1945 年 |
| 陈建训 | 莱州市平里店镇后庄头村 | 21 | 男 | 1945 年 |
| 姜云山 | 莱州市平里店镇西障姜家村 | 26 | 男 | 1945 年 |
| 李殿法 | 莱州市平里店镇店王村 | 19 | 男 | 1945 年 |
| 孙悦杰 | 莱州市平里店镇前小朱村 | 21 | 男 | 1945 年 |
| 彭典文 | 莱州市平里店镇前小朱村 | 16 | 男 | 1945 年 |
| 彭　锋 | 莱州市平里店镇前小朱村 | 27 | 男 | 1945 年 |
| 战祥道 | 莱州市平里店镇战家村 | 21 | 男 | 1945 年 |
| 郝华田 | 莱州市平里店镇柳行村 | 24 | 男 | 1945 年 |
| 周兴仁 | 莱州市平里店镇诸流村 | 22 | 男 | 1945 年 |
| 周若涧 | 莱州市平里店镇诸流村 | 22 | 男 | 1945 年 |
| 范安祥 | 莱州市平里店镇郭于村 | 25 | 男 | 1945 年 |
| 鲍太岳 | 莱州市平里店镇婴里村 | 21 | 男 | 1945 年 |
| 宿京昌 | 莱州市平里店宿家村 | 37 | 男 | 1945 年 |
| 曹丕仁 | 莱州市永安路街道工农村 | 22 | 男 | 1945 年 |
| 李廷进 | 莱州市永安路街道扬务沟村 | 24 | 男 | 1945 年 |
| 姜永山 | 莱州市永安路街道姜家村 | 28 | 男 | 1945 年 |
| 杨占甜 | 莱州市朱桥镇大杨家村 | 19 | 男 | 1945 年 |

| 姓　名 | 籍　贯 | 年龄 | 性别 | 死难时间 |
|---|---|---|---|---|
| 臧钦亨 | 莱州市朱桥镇王家庄子 | 19 | 男 | 1945 年 |
| 彭占铎 | 莱州市朱桥镇作阳村 | 26 | 男 | 1945 年 |
| 郭英秀 | 莱州市朱桥镇张村 | 24 | 男 | 1945 年 |
| 于启文 | 莱州市朱桥镇呼雷于家村 | 24 | 男 | 1945 年 |
| 孟昭竹 | 莱州市朱桥镇孟家村 | 24 | 男 | 1945 年 |
| 王深海 | 莱州市朱桥镇苗家村 | 25 | 男 | 1945 年 |
| 谭云田 | 莱州市朱桥镇苗家村 | 26 | 男 | 1945 年 |
| 修玉俊 | 莱州市朱桥镇修家沟 | 20 | 男 | 1945 年 |
| 王希海 | 莱州市朱桥镇前杨村 | 25 | 男 | 1945 年 |
| 卢海丰 | 莱州市朱桥镇南卢家 | 36 | 男 | 1945 年 |
| 李占洪 | 莱州市朱桥镇黄家村 | 34 | 男 | 1945 年 |
| 邵锡宽 | 莱州市朱桥镇彭家村 | 21 | 男 | 1945 年 |
| 刘进奎 | 莱州市朱桥镇谭家村 | 22 | 男 | 1945 年 |
| 丁祥伟 | 莱州市沙河镇丁家村 | 23 | 男 | 1945 年 |
| 丁祥忠 | 莱州市沙河镇丁家村 | 37 | 男 | 1945 年 |
| 王玉申 | 莱州市沙河镇石埠村 | 35 | 男 | 1945 年 |
| 张　奎 | 莱州市沙河镇张家村 | 26 | 男 | 1945 年 |
| 李兴友 | 莱州市沙河镇河崖村 | 26 | 男 | 1945 年 |
| 李德孔 | 莱州市沙河镇河崖村 | 23 | 男 | 1945 年 |
| 谢希柱 | 莱州市沙河镇驿塘村 | 20 | 男 | 1945 年 |
| 侯成信 | 莱州市沙河镇侯家村 | 29 | 男 | 1945 年 |
| 贺长江 | 莱州市沙河镇贺家村 | 19 | 男 | 1945 年 |
| 贾尚修 | 莱州市沙河镇泥里村 | 51 | 男 | 1945 年 |
| 王维成 | 莱州市沙河镇留车村 | 22 | 男 | 1945 年 |
| 崔清尧 | 莱州市沙河镇崔家村 | 19 | 男 | 1945 年 |
| 矫恒焕 | 莱州市沙河镇滕家村 | 34 | 男 | 1945 年 |
| 杨春发 | 莱州市郭家店镇杨家村 | 25 | 男 | 1945 年 |
| 任吉文 | 莱州市虎头崖镇东宋村 | 17 | 男 | 1945 年 |
| 冯明合 | 莱州市虎头崖镇东杨村 | 23 | 男 | 1945 年 |
| 刘俊堂 | 莱州市虎头崖镇后桥村 | 30 | 男 | 1945 年 |
| 刘松山 | 莱州市虎头崖镇西大刘村 | 28 | 男 | 1945 年 |
| 任修业 | 莱州市虎头崖镇西小宋村 | 25 | 男 | 1945 年 |
| 赵象恒 | 莱州市虎头崖镇西小宋村 | 30 | 男 | 1945 年 |
| 王成兴 | 莱州市虎头崖镇沟邓家村 | 39 | 男 | 1945 年 |

| 姓　名 | 籍　贯 | 年龄 | 性别 | 死难时间 |
|---|---|---|---|---|
| 刘秀东 | 莱州市虎头崖镇秀东村 | 35 | 男 | 1945 年 |
| 赵兰美 | 莱州市虎头崖镇虎埠村 | 43 | 男 | 1945 年 |
| 邵京华 | 莱州市虎头崖镇金庄村 | 23 | 男 | 1945 年 |
| 任会聚 | 莱州市虎头崖镇前桥村 | 30 | 男 | 1945 年 |
| 隋顺和 | 莱州市虎头崖镇前桥村 | 34 | 男 | 1945 年 |
| 高中立 | 莱州市虎头崖镇高家村 | 24 | 男 | 1945 年 |
| 王占其 | 莱州市虎头崖镇埠后村 | 24 | 男 | 1945 年 |
| 刘恩法 | 莱州市虎头崖镇雷沟村 | 22 | 男 | 1945 年 |
| 滕聚君 | 莱州市金城镇滕北村 | 42 | 男 | 1945 年 |
| 王天兴 | 莱州市金城镇大沙岭村 | — | 男 | 1945 年 |
| 王兰英 | 莱州市金城镇小西庄村 | 26 | 男 | 1945 年 |
| 季善常 | 莱州市金城镇东季村 | 28 | 男 | 1945 年 |
| 孙光明 | 莱州市金城镇孙家村 | 22 | 男 | 1945 年 |
| 王芝荣 | 莱州市金城镇南吕村 | 20 | 男 | 1945 年 |
| 朱有正 | 莱州市金城镇新城村 | 19 | 男 | 1945 年 |
| 鲍在宽 | 莱州市金城镇鲍李村 | 16 | 男 | 1945 年 |
| 王洪举 | 莱州市驿道镇东周村 | 23 | 男 | 1945 年 |
| 李益寿 | 莱州市驿道镇东战村 | 30 | 男 | 1945 年 |
| 王崇堂 | 莱州市驿道镇东香村 | 30 | 男 | 1945 年 |
| 赵华孟 | 莱州市驿道镇台上村 | 20 | 男 | 1945 年 |
| 刘金铎 | 莱州市驿道镇刘洼村 | 30 | 男 | 1945 年 |
| 王有倩 | 莱州市驿道镇西周村 | 22 | 男 | 1945 年 |
| 邢占伟 | 莱州市驿道镇邢胡村 | 28 | 男 | 1945 年 |
| 张典功 | 莱州市驿道镇张家涧村 | 24 | 男 | 1945 年 |
| 张典敖 | 莱州市驿道镇张家涧村 | 44 | 男 | 1945 年 |
| 李信海 | 莱州市驿道镇张家涧村 | 22 | 男 | 1945 年 |
| 李悦红 | 莱州市驿道镇张家涧村 | 26 | 男 | 1945 年 |
| 李清江 | 莱州市驿道镇张家涧村 | 28 | 男 | 1945 年 |
| 徐京民 | 莱州市驿道镇张徐村 | 23 | 男 | 1945 年 |
| 杨　柏 | 莱州市驿道镇杨家涧村 | 25 | 男 | 1945 年 |
| 杨　洪 | 莱州市驿道镇杨家涧村 | 26 | 男 | 1945 年 |
| 邱广顺 | 莱州市驿道镇邱家村 | 21 | 男 | 1945 年 |
| 孙进尚 | 莱州市驿道镇周官村 | 25 | 男 | 1945 年 |
| 张成信 | 莱州市驿道镇坡子村 | 25 | 男 | 1945 年 |

| 姓　名 | 籍　贯 | 年龄 | 性别 | 死难时间 |
|---|---|---|---|---|
| 赵子祥 | 莱州市驿道镇河东村 | 25 | 男 | 1945 年 |
| 赵凤财 | 莱州市驿道镇河东村 | 26 | 男 | 1945 年 |
| 赵恩美 | 莱州市驿道镇河东村 | 24 | 男 | 1945 年 |
| 赵殿木 | 莱州市驿道镇河东村 | 19 | 男 | 1945 年 |
| 李洪禄 | 莱州市驿道镇河西村 | 19 | 男 | 1945 年 |
| 李省山 | 莱州市驿道镇河南村 | 37 | 男 | 1945 年 |
| 韩洪显 | 莱州市驿道镇韩家村 | 25 | 男 | 1945 年 |
| 林世京 | 莱州市城港路街道大原二村 | 22 | 男 | 1945 年 |
| 史泮肇 | 莱州市城港路街道小朱杲村 | 22 | 男 | 1945 年 |
| 顾贤成 | 莱州市城港路街道朱旺村 | 22 | 男 | 1945 年 |
| 滕春佐 | 莱州市城港路街道朱旺村 | 21 | 男 | 1945 年 |
| 李成祥 | 莱州市柞村镇大马驿村 | 15 | 男 | 1945 年 |
| 王德洪 | 莱州市柞村镇南庙村 | 23 | 男 | 1945 年 |
| 叶　青 | 莱州市柞村镇大台头村 | 16 | 男 | 1945 年 |
| 王云琪 | 莱州市柞村镇消水村 | 26 | 男 | 1945 年 |
| 王元顺 | 莱州市柞村镇普渡口村 | 24 | 男 | 1945 年 |
| 王希进 | 莱州市柞村镇普渡口村 | 23 | 男 | 1945 年 |
| 王显良 | 莱州市夏邱镇小初家村 | 19 | 男 | 1945 年 |
| 姜锡玉 | 莱州市夏邱镇南段村 | 22 | 男 | 1945 年 |
| 翟召宇 | 莱州市夏邱镇夏东村 | 19 | 男 | 1945 年 |
| 刘占功 | 莱州市夏邱镇埠口村 | 23 | 男 | 1945 年 |
| 田尚庆 | 莱州市郭家店镇下仲村 | 25 | 男 | 1945 年 |
| 张有山 | 莱州市郭家店镇大庙后村 | 21 | 男 | 1945 年 |
| 杨维新 | 莱州市郭家店镇大庙后村 | 34 | 男 | 1945 年 |
| 李学义 | 莱州市郭家店镇大河南村 | 21 | 男 | 1945 年 |
| 陈丕欣 | 莱州市郭家店镇小黄泥村 | 25 | 男 | 1945 年 |
| 王春永 | 莱州市郭家店镇小疃村 | 25 | 男 | 1945 年 |
| 宋小山 | 莱州市郭家店镇山杨家村 | 24 | 男 | 1945 年 |
| 刘希珍 | 莱州市郭家店镇山杨家村 | 37 | 男 | 1945 年 |
| 宋希春 | 莱州市郭家店镇山前宋家村 | 23 | 男 | 1945 年 |
| 宋可训 | 莱州市郭家店镇马台石村 | 27 | 男 | 1945 年 |
| 王丰云 | 莱州市郭家店镇元岭王家村 | 22 | 男 | 1945 年 |
| 王丰普 | 莱州市郭家店镇元岭王家村 | 24 | 男 | 1945 年 |
| 王庆年 | 莱州市郭家店镇元岭王家村 | 21 | 男 | 1945 年 |

| 姓　名 | 籍　　贯 | 年　龄 | 性　别 | 死难时间 |
|---|---|---|---|---|
| 王希德 | 莱州市郭家店镇元岭陈家村 | 25 | 男 | 1945 年 |
| 吕文国 | 莱州市郭家店镇元岭陈家村 | 25 | 男 | 1945 年 |
| 吕洪章 | 莱州市郭家店镇元岭陈家村 | 19 | 男 | 1945 年 |
| 张春堂 | 莱州市郭家店镇东山赵村 | 28 | 男 | 1945 年 |
| 冯锡香 | 莱州市郭家店镇朱家村 | 25 | 男 | 1945 年 |
| 宋先行 | 莱州市郭家店镇返岭子村 | 34 | 男 | 1945 年 |
| 于永兴 | 莱州市郭家店镇钓鱼台村 | 32 | 男 | 1945 年 |
| 曲　光 | 莱州市郭家店镇咬狼沟村 | 20 | 男 | 1945 年 |
| 王学高 | 莱州市郭家店镇洼里村 | 26 | 男 | 1945 年 |
| 尹兴山 | 莱州市郭家店镇郭家店村 | 33 | 男 | 1945 年 |
| 尹佩文 | 莱州市郭家店镇郭家店村 | 25 | 男 | 1945 年 |
| 池永伦 | 莱州市郭家店镇蒋家村 | 19 | 男 | 1945 年 |
| 王代岳 | 莱州市程郭镇山后村 | 27 | 男 | 1945 年 |
| 穆子芳 | 莱州市程郭镇石格庄村 | 16 | 男 | 1945 年 |
| 于成法 | 莱州市程郭镇坎上村 | 29 | 男 | 1945 年 |
| 徐洪兵 | 莱州市程郭镇谷口村 | 49 | 男 | 1945 年 |
| 曲贞芳 | 莱州市程郭镇郑家埠村 | 22 | 女 | 1945 年 |
| 张先德 | 莱州市程郭镇金牌村 | 23 | 男 | 1945 年 |
| 姜敏之女 | 莱州市程郭镇洪沟头村 | 7 | 女 | 1945 年 |
| 范振宝 | 莱州市程郭镇高郭村 | 19 | 男 | 1945 年 |
| 鞠德成 | 莱州市程郭镇高郭村 | 37 | 男 | 1945 年 |
| 陈洪深 | 莱州市程郭镇教书庄村 | 25 | 男 | 1945 年 |
| 王金忠 | 莱州市程郭镇曹郭村 | 17 | 男 | 1945 年 |
| 姜太昌 | 莱州市程郭镇菜园头村 | 28 | 男 | 1945 年 |
| 姜清合 | 莱州市程郭镇菜园头村 | 39 | 男 | 1945 年 |
| 穆文原 | 莱州市程郭镇穆家庄子村 | 46 | 男 | 1945 年 |
| 滕居安 | 莱州市滕家村 | — | 男 | 1945 年 |
| 宋寿京 | 莱州市郭家店镇马台石村 | 22 | 男 | 1945 年 |
| 李作森 | 莱州市三山岛街道过西村 | — | 男 | — |
| 赵振濂 | 莱州市三山岛街道马坊村 | — | 男 | — |
| 尹孝山 | 莱州市三山岛街道尹家村 | — | 男 | — |
| 安子远 | 莱州市三山岛街道仓南村 | 21 | 男 | — |
| 张有祥 | 莱州市三山岛街道水南村 | 19 | 男 | — |
| 李　凯 | 莱州市永安路街道五个庄村 | — | 男 | — |

| 姓　名 | 籍　贯 | 年　龄 | 性　别 | 死难时间 |
|---|---|---|---|---|
| 李　栋 | 莱州市永安路街道五个庄村 | — | 男 | — |
| 霍　存 | 莱州市永安街道五个庄村 | — | 男 | — |
| 徐明瑞 | 莱州市永安路街道五个庄村 | — | 男 | — |
| 陶炳炎 | 莱州市永安路街道五个庄村 | — | 男 | — |
| 毛志昌 | 莱州市永安路街道西山张村 | — | 男 | — |
| 毛建章 | 莱州市永安路街道西山张村 | — | 男 | — |
| 张华山 | 莱州市永安路街道西山张村 | — | 男 | — |
| 张云龙 | 莱州市永安路街道西山张村 | — | 男 | — |
| 段宝忠 | 莱州市永安路街道西山张村 | — | 男 | — |
| 刘德正 | 莱州市虎头崖镇山上刘家村 | — | 男 | — |
| 刘洪昌 | 莱州市虎头崖镇山上刘家村 | — | 男 | — |
| 刘克礼 | 莱州市虎头崖镇山上刘家村 | — | 男 | — |
| 肖香田 | 莱州市驿道镇东周廷村 | — | 男 | — |
| 肖振德 | 莱州市驿道镇东周廷村 | — | 男 | — |
| 王　朋 | 莱州市驿道镇东周廷村 | — | 男 | — |
| 肖同荣 | 莱州市驿道镇东周廷村 | — | 男 | — |
| 王兴义 | 莱州市驿道镇三岔口村 | — | 男 | — |
| 胡乃永 | 莱州市驿道镇三岔口村 | — | 男 | — |
| 胡乃兴 | 莱州市驿道镇三岔口村 | — | 男 | — |
| 王有成 | 莱州市驿道镇三岔口村 | — | 男 | — |
| 徐华唐 | 莱州市驿道镇东牛村 | — | 男 | — |
| 周　聚 | 莱州市驿道镇汤家村 | — | 男 | — |
| 初明发 | 莱州市驿道镇初家村 | — | 男 | — |
| 王朋告 | 莱州市驿道镇沙现村 | 16 | 男 | — |
| 姜　良 | 莱州市驿道镇沙现村 | 17 | 男 | — |
| 姜元平 | 莱州市驿道镇沙现村 | 40 | 男 | — |
| 赵京林 | 莱州市驿道镇河东村 | — | 男 | — |
| 赵兰坤 | 莱州市驿道镇河东村 | — | 男 | — |
| 侯献茂 | 莱州市驿道镇南侯家村 | 26 | 男 | — |
| 侯洪奎 | 莱州市驿道镇南侯家村 | 25 | 男 | — |
| 刘扶民 | 莱州市驿道镇洼子村 | 30 | 男 | — |
| 王占文 | 莱州市金城镇小西庄村 | 19 | 男 | 1938 年 2 月 |
| 邵正进 | 莱州市郭家店镇罗家庄子 | 20 | 男 | 1939 年 7 月 |
| 李士竹 | 莱州市柞村镇盟格庄村 | 24 | 男 | 1940 年 1 月 |

| 姓　名 | 籍　贯 | 年龄 | 性别 | 死难时间 |
|---|---|---|---|---|
| 任永堂 | 莱州市土山镇大任家村 | 21 | 男 | 1940 年 5 月 6 日 |
| 谭克明 | 莱州市土山镇谭家村 | 22 | 男 | 1940 年 6 月 25 日 |
| 谭福文 | 莱州市土山镇谭家村 | 40 | 男 | 1940 年 6 月 30 日 |
| 李　祥 | 莱州市程郭镇东坊北村 | 40 | 男 | 1940 年 11 月 |
| 张太德 | 莱州市郭家店镇宅科村 | 45 | 男 | 1942 年 6 月 |
| 张太合 | 莱州市郭家店镇宅科村 | 34 | 男 | 1942 年 6 月 |
| 吕作绪 | 莱州市金城镇南吕村 | 23 | 男 | 1942 年 12 月 |
| 王　杰 | 莱州市文昌路街道塔埠村 | 23 | 男 | 1942 年 |
| 周绍绪 | 莱州市文昌路街道塔埠村 | 24 | 男 | 1942 年 |
| 周　臻 | 莱州市文昌路街道塔埠村 | 21 | 男 | 1942 年 |
| 李宪林 | 莱州市程郭镇曹郭村 | 21 | 男 | 1942 年 |
| 王　桩 | 莱州市程郭镇曹郭村 | 19 | 男 | 1942 年 |
| 李孟金 | 莱州市郭家店镇大李家村 | 38 | 男 | 1942 年 |
| 张希日 | 莱州市郭家店镇大李家村 | 35 | 男 | 1942 年 |
| 陈尚俭 | 莱州市郭家店镇小黄泥村 | 19 | 男 | 1942 年 |
| 徐洪先 | 莱州市柞村镇大台头村 | 22 | 男 | 1942 年 |
| 苑希功 | 莱州市土山镇东薛村 | 23 | 男 | 1943 年 4 月 20 日 |
| 董　奎 | 莱州市土山镇东薛村 | 18 | 男 | 1943 年 6 月 6 日 |
| 苑希皋 | 莱州市土山镇东薛村 | 22 | 男 | 1943 年 8 月 17 日 |
| 栾春荣 | 莱州市土山镇栾家村 | 30 | 男 | 1943 年 10 月 8 日 |
| 原丕运 | 莱州市柞村镇北马驿村 | 26 | 男 | 1943 年 10 月 |
| 徐殿林 | 莱州市柞村镇河南周家村 | 25 | 男 | 1943 年 10 月 |
| 仲召林 | 莱州市郭家店镇凤凰寨 | 27 | 男 | 1943 年 11 月 |
| 吴丕阁 | 莱州市三山岛街道永盛埠村 | 28 | 男 | 1943 年 |
| 隋占乾 | 莱州市柞村镇河南周家村 | 24 | 男 | 1944 年 3 月 |
| 韩亭枫 | 莱州市文昌路街道洼子村 | — | 男 | 1944 年 |
| 韩夕敏 | 莱州市文昌路街道洼子村 | — | 男 | 1944 年 |
| 赵庆和 | 莱州市三山岛街道永盛埠村 | 24 | 男 | 1944 年 |
| 叶秀文 | 莱州市柞村镇大台头村 | 23 | 男 | 1944 年 |
| 合　计 | **3562** | | | |

责任人：翟毓蔚　　　　　　核实人：孙玉光　　　　　　填表人：翟玉芳　赵国英

填报单位（签章）：莱州市委党史研究室　　　　　　填报时间：2009 年 5 月 6 日

# 蓬莱市抗日战争时期死难者名录

| 姓 名 | 籍 贯 | 年 龄 | 性 别 | 死难时间 |
|---|---|---|---|---|
| 于万法 | 蓬莱市刘家沟镇乌沟赵家村 | 29 | 男 | 1938 年 3 月 |
| 袁福兰 | 蓬莱市蓬莱阁街道水城村 | 18 | 男 | 1938 年 3 月 |
| 袁兰英 | 蓬莱市蓬莱阁街道水城村 | 21 | 女 | 1938 年 3 月 |
| 贺延朝 | 蓬莱市蓬莱阁街道水城村 | 27 | 男 | 1938 年 3 月 |
| 贺张氏 | 蓬莱市蓬莱阁街道水城村 | 25 | 女 | 1938 年 3 月 |
| 吴隆开 | 蓬莱市北沟镇西吴村 | 31 | 男 | 1938 年 4 月 |
| 任同忠 | 蓬莱市大辛店镇后河村 | 22 | 男 | 1938 年 4 月 |
| 任路传 | 蓬莱市大辛店镇后河村 | 18 | 男 | 1938 年 4 月 |
| 朱素仙 | 蓬莱市蓬莱阁街道水城村 | 40 | 女 | 1938 年 4 月 |
| 李世光 | 蓬莱市蓬莱阁街道水城村 | 43 | 男 | 1938 年 4 月 |
| 杜鸿云 | 蓬莱市蓬莱阁街道水城村 | 27 | 女 | 1938 年 4 月 |
| 周连翠 | 蓬莱市蓬莱阁街道水城村 | 23 | 女 | 1938 年 4 月 |
| 程秀英 | 蓬莱市蓬莱阁街道水城村 | 29 | 女 | 1938 年 4 月 |
| 隋广明 | 蓬莱市蓬莱阁街道水城村 | 30 | 男 | 1938 年 4 月 |
| 杜树霞 | 蓬莱市蓬莱阁街道水城村 | 27 | 女 | 1938 年 4 月 |
| 曲世明 | 蓬莱市北沟镇曲家庄村 | 31 | 男 | 1938 年 5 月 |
| 刘丰友 | 蓬莱市大柳行镇孚庆集村 | 39 | 男 | 1938 年 5 月 |
| 刘显明 | 蓬莱市大辛店镇二村 | — | 男 | 1938 年 5 月 |
| 于培童 | 蓬莱市大辛店镇四村 | 36 | 男 | 1938 年 5 月 |
| 荆秦化 | 蓬莱市蓬莱阁街道邹于村 | 42 | 女 | 1938 年 5 月 |
| 何开运 | 蓬莱市蓬莱阁街道林格庄村 | 21 | 男 | 1938 年 6 月 |
| 于仁吉 | 蓬莱市蓬莱阁街道林格庄村 | 19 | 男 | 1938 年 6 月 |
| 赵凤英 | 蓬莱市蓬莱阁街道西庄村 | 37 | 女 | 1938 年 6 月 |
| 刘金恕 | 蓬莱市蓬莱阁街道西庄村 | 20 | 男 | 1938 年 6 月 |
| 曲天铭 | 蓬莱市蓬莱阁街道西庄村 | 19 | 男 | 1938 年 6 月 |
| 李张氏 | 蓬莱市蓬莱阁街道西庄村 | 34 | 女 | 1938 年 6 月 |
| 白广凤 | 蓬莱市蓬莱阁街道西庄村 | 19 | 女 | 1938 年 6 月 |
| 邹本堂 | 蓬莱市村里集镇大崔家村 | 32 | 男 | 1938 年 7 月 |
| 李江山 | 蓬莱市新港街道赵格庄村 | 23 | 男 | 1938 年 8 月 |
| 解增银 | 蓬莱市北沟镇解家村 | 14 | 男 | 1938 年 9 月 |
| 刘先令 | 蓬莱市北沟镇吴家村 | — | 男 | 1938 年 9 月 |

| 姓 名 | 籍 贯 | 年 龄 | 性 别 | 死难时间 |
|---|---|---|---|---|
| 吴道通 | 蓬莱市潮水镇三寨村 | 28 | 男 | 1938 年 |
| 吴运庆 | 蓬莱市潮水镇三寨村 | 29 | 男 | 1938 年 |
| 吴超运 | 蓬莱市潮水镇三寨村 | 26 | 男 | 1938 年 |
| 宋玉坤 | 蓬莱市潮水镇三寨村 | 29 | 男 | 1938 年 |
| 宋维奇 | 蓬莱市潮水镇三寨村 | 30 | 男 | 1938 年 |
| 宋维山 | 蓬莱市潮水镇三寨村 | 26 | 男 | 1938 年 |
| 刘亚清 | 蓬莱市大辛店镇西沟刘村 | 20 | 男 | 1938 年 |
| 侯春成 | 蓬莱市北沟镇西正高家村 | 33 | 男 | 1938 年 |
| 陶中常 | 蓬莱市北沟镇孙陶村 | — | 男 | 1938 年 |
| 刘高基 | 蓬莱市北沟镇刘家村 | 31 | 男 | 1938 年 |
| 杨古兴 | 蓬莱市北沟镇北沟一村 | 38 | 男 | 1938 年 |
| 马体正 | 蓬莱市北沟镇聂家村 | 28 | 男 | 1938 年 |
| 魏巴发 | 蓬莱市北沟镇泥沟村 | 22 | 男 | 1938 年 |
| 李本思 | 蓬莱市北沟镇台上李家村 | 28 | 男 | 1938 年 |
| 李树任 | 蓬莱市大辛店镇藏家夼村 | 35 | 男 | 1938 年 |
| 王世荣 | 蓬莱市大辛店镇西石硼村 | 38 | 男 | 1938 年 |
| 邢树芝 | 蓬莱市大辛店镇邢家沟村 | 24 | 男 | 1938 年 |
| 马 朋 | 蓬莱市大辛店镇南孙家沟村 | 28 | 男 | 1938 年 |
| 王云常 | 蓬莱市大辛店镇西石硼村 | 40 | 男 | 1938 年 |
| 史英华 | 蓬莱市登州街道韩家疃村 | 35 | 男 | 1938 年 |
| 韩国华 | 蓬莱市登州街道韩家疃村 | 37 | 男 | 1938 年 |
| 韩金华 | 蓬莱市登州街道韩家疃村 | 42 | 男 | 1938 年 |
| 韩兆凤 | 蓬莱市登州街道韩家疃村 | 53 | 男 | 1938 年 |
| 韩帮哲 | 蓬莱市登州街道韩家疃村 | 38 | 男 | 1938 年 |
| 韩帮基 | 蓬莱市登州街道韩家疃村 | 26 | 男 | 1938 年 |
| 韩帮禄 | 蓬莱市登州街道韩家疃村 | 27 | 男 | 1938 年 |
| 迟太理 | 蓬莱市刘家沟镇木基迟家村 | 30 | 男 | 1938 年 |
| 赵普修 | 蓬莱市刘家沟镇赵庄村 | 85 | 男 | 1938 年 |
| 赵升间 | 蓬莱市刘家沟镇接夼刘家村 | 39 | 男 | 1938 年 |
| 卢梅梅 | 蓬莱市北沟镇田家村 | 20 | 女 | 1939 年 1 月 |
| 张永功 | 蓬莱市北沟镇田家村 | 21 | 男 | 1939 年 1 月 |
| 孙少明 | 蓬莱市新港街道湾子口村 | 27 | 男 | 1939 年 1 月 |
| 王明强 | 蓬莱市新港街道湾子口村 | 28 | 男 | 1939 年 1 月 |
| 王永财 | 蓬莱市新港街道湾子口村 | 30 | 男 | 1939 年 1 月 |

| 姓　名 | 籍　贯 | 年龄 | 性别 | 死难时间 |
|---|---|---|---|---|
| 金　刚 | 蓬莱市新港街道湾子口村 | 35 | 男 | 1939 年 1 月 |
| 李世昌 | 蓬莱市新港街道湾子口村 | 35 | 男 | 1939 年 1 月 |
| 李东明 | 蓬莱市新港街道湾子口村 | 29 | 男 | 1939 年 1 月 |
| 董学朱 | 蓬莱市新港街道湾子口村 | 20 | 男 | 1939 年 1 月 |
| 董学文 | 蓬莱市新港街道湾子口村 | 22 | 男 | 1939 年 1 月 |
| 周桂香 | 蓬莱市新港街道湾子口村 | 18 | 女 | 1939 年 1 月 |
| 周桂芳 | 蓬莱市新港街道湾子口村 | 19 | 女 | 1939 年 1 月 |
| 周　好 | 蓬莱市新港街道湾子口村 | 26 | 男 | 1939 年 1 月 |
| 孙少刚 | 蓬莱市新港街道湾子口村 | 32 | 男 | 1939 年 1 月 |
| 孙永国 | 蓬莱市新港街道湾子口村 | 34 | 男 | 1939 年 1 月 |
| 孙　圣 | 蓬莱市新港街道湾子口村 | 29 | 男 | 1939 年 1 月 |
| 孙　利 | 蓬莱市新港街道湾子口村 | 20 | 男 | 1939 年 1 月 |
| 迟　丽 | 蓬莱市新港街道湾子口村 | 16 | 女 | 1939 年 1 月 |
| 谢心欢 | 蓬莱市新港街道湾子口村 | 24 | 男 | 1939 年 1 月 |
| 李后爱 | 蓬莱市新港街道湾子口村 | 19 | 男 | 1939 年 1 月 |
| 唐太振 | 蓬莱市新港街道湾子口村 | 26 | 男 | 1939 年 1 月 |
| 张　氏 | 蓬莱市潮水镇潮水一村 | 70 | 女 | 1939 年 2 月 9 日 |
| 张　氏 | 蓬莱市潮水镇潮水一村 | 10 | 女 | 1939 年 2 月 9 日 |
| 徐　氏 | 蓬莱市潮水镇潮水一村 | 60 | 女 | 1939 年 2 月 9 日 |
| 杨　氏 | 蓬莱市潮水镇潮水一村 | 50 | 女 | 1939 年 2 月 9 日 |
| 杨建利之大奶 | 蓬莱市潮水镇潮水一村 | 52 | 女 | 1939 年 2 月 9 日 |
| 杨建利之二奶 | 蓬莱市潮水镇潮水一村 | 50 | 女 | 1939 年 2 月 9 日 |
| 杨建利之大姑 | 蓬莱市潮水镇潮水一村 | 18 | 女 | 1939 年 2 月 9 日 |
| 杨建利之二姑 | 蓬莱市潮水镇潮水一村 | 4 | 女 | 1939 年 2 月 9 日 |
| 杨建利之小姑 | 蓬莱市潮水镇潮水一村 | 2 | 女 | 1939 年 2 月 9 日 |
| 杨建利之姥爷 | 蓬莱市潮水镇潮水一村 | 78 | 男 | 1939 年 2 月 9 日 |
| 包×× | 蓬莱市潮水镇潮水一村 | 50 | 男 | 1939 年 2 月 9 日 |
| 张×× | 蓬莱市潮水镇潮水一村 | 40 | 男 | 1939 年 2 月 9 日 |
| 杨式立 | 蓬莱市潮水镇潮水二村 | 24 | 男 | 1939 年 2 月 9 日 |
| 潘×× | — | 28 | 男 | 1939 年 2 月 9 日 |
| 王玉娟 | 蓬莱市潮水镇潮水二村 | 53 | 女 | 1939 年 2 月 9 日 |
| 修同利 | 蓬莱市潮水镇潮水二村 | 29 | 男 | 1939 年 2 月 9 日 |
| 李从艺 | 蓬莱市潮水镇潮水二村 | 85 | 男 | 1939 年 2 月 9 日 |
| 冷玉琴 | 蓬莱市潮水镇潮水二村 | 23 | 女 | 1939 年 2 月 9 日 |

| 姓 名 | 籍 贯 | 年 龄 | 性 别 | 死难时间 |
|---|---|---|---|---|
| 张登册 | 蓬莱市潮水镇潮水二村 | 44 | 男 | 1939 年 2 月 9 日 |
| 张登国 | 蓬莱市潮水镇潮水二村 | 76 | 男 | 1939 年 2 月 9 日 |
| 孙淑芳 | 蓬莱市潮水镇潮水二村 | 21 | 女 | 1939 年 2 月 9 日 |
| 李福家 | 蓬莱市潮水镇潮水二村 | 34 | 男 | 1939 年 2 月 9 日 |
| 梁淑娟 | 蓬莱市潮水镇潮水二村 | 82 | 女 | 1939 年 2 月 9 日 |
| 张永康 | 蓬莱市潮水镇潮水二村 | 28 | 男 | 1939 年 2 月 9 日 |
| 赵桂花 | 蓬莱市潮水镇潮水二村 | 81 | 女 | 1939 年 2 月 9 日 |
| 张莲舫 | 蓬莱市潮水镇潮水二村 | 23 | 女 | 1939 年 2 月 9 日 |
| 张志玲 | 蓬莱市潮水镇潮水二村 | 72 | 女 | 1939 年 2 月 9 日 |
| 黄淑敏 | 蓬莱市潮水镇潮水二村 | 89 | 女 | 1939 年 2 月 9 日 |
| 李权芝 | 蓬莱市潮水镇潮水二村 | 40 | 男 | 1939 年 2 月 9 日 |
| 陈堂凤 | 蓬莱市潮水镇潮水二村 | 43 | 女 | 1939 年 2 月 9 日 |
| 孙宝志 | 蓬莱市潮水镇潮水二村 | 39 | 男 | 1939 年 2 月 9 日 |
| 张瑞嘉 | 蓬莱市潮水镇潮水二村 | 38 | 男 | 1939 年 2 月 9 日 |
| 李淑英 | 蓬莱市潮水镇潮水二村 | 87 | 女 | 1939 年 2 月 9 日 |
| 张素芹 | 蓬莱市潮水镇潮水二村 | 62 | 女 | 1939 年 2 月 9 日 |
| 周子衡 | 蓬莱市潮水镇潮水二村 | 66 | 男 | 1939 年 2 月 9 日 |
| 张鹏光 | 蓬莱市潮水镇潮水二村 | 27 | 男 | 1939 年 2 月 9 日 |
| 李春芳 | 蓬莱市潮水镇潮水二村 | 50 | 男 | 1939 年 2 月 9 日 |
| 张廷术 | 蓬莱市潮水镇潮水三村 | 30 | 男 | 1939 年 2 月 9 日 |
| 张廷新 | 蓬莱市潮水镇潮水三村 | 40 | 男 | 1939 年 2 月 9 日 |
| 张永峰 | 蓬莱市潮水镇潮水三村 | 35 | 男 | 1939 年 2 月 9 日 |
| 张居麟 | 蓬莱市潮水镇潮水三村 | 37 | 男 | 1939 年 2 月 9 日 |
| 张明禄 | 蓬莱市潮水镇潮水三村 | 43 | 男 | 1939 年 2 月 9 日 |
| 张明通 | 蓬莱市潮水镇潮水三村 | 40 | 男 | 1939 年 2 月 9 日 |
| 刘 畅 | 蓬莱市潮水镇潮水三村 | 30 | 男 | 1939 年 2 月 9 日 |
| 张春财 | 蓬莱市潮水镇潮水三村 | 32 | 男 | 1939 年 2 月 9 日 |
| 张居开 | 蓬莱市潮水镇潮水三村 | 30 | 男 | 1939 年 2 月 9 日 |
| 张居兰 | 蓬莱市潮水镇潮水三村 | 30 | 女 | 1939 年 2 月 9 日 |
| 张惠兰 | 蓬莱市潮水镇潮水三村 | 30 | 女 | 1939 年 2 月 9 日 |
| 张善公 | 蓬莱市潮水镇潮水三村 | 35 | 男 | 1939 年 2 月 9 日 |
| 张信财 | 蓬莱市潮水镇潮水三村 | 40 | 男 | 1939 年 2 月 9 日 |
| 张春家 | 蓬莱市潮水镇潮水三村 | 35 | 男 | 1939 年 2 月 9 日 |
| 张永家 | 蓬莱市潮水镇潮水三村 | 32 | 男 | 1939 年 2 月 9 日 |

| 姓 名 | 籍 贯 | 年 龄 | 性 别 | 死难时间 |
|---|---|---|---|---|
| 张庆家 | 蓬莱市潮水镇潮水三村 | 38 | 男 | 1939 年 2 月 9 日 |
| 张士男 | 蓬莱市潮水镇潮水三村 | 35 | 男 | 1939 年 2 月 9 日 |
| 王学智 | 蓬莱市潮水镇潮水三村 | 31 | 男 | 1939 年 2 月 9 日 |
| 张罗氏 | 蓬莱市潮水镇潮水三村 | 27 | 女 | 1939 年 2 月 9 日 |
| 张法家 | 蓬莱市潮水镇潮水三村 | 24 | 男 | 1939 年 2 月 9 日 |
| 张 × | 蓬莱市潮水镇潮水四村 | 20 | 男 | 1939 年 2 月 9 日 |
| 张信福 | 蓬莱市潮水镇潮水四村 | 27 | 男 | 1939 年 2 月 9 日 |
| 刘诗浩 | 蓬莱市潮水镇店上村 | 23 | 男 | 1939 年 2 月 9 日 |
| 张 氏 | 蓬莱市潮水镇店上村 | 22 | 女 | 1939 年 2 月 9 日 |
| 张氏之子 | 蓬莱市潮水镇店上村 | 5 | 男 | 1939 年 2 月 9 日 |
| 刘师林 | 蓬莱市潮水镇店上村 | 25 | 男 | 1939 年 2 月 9 日 |
| 王 氏 | 蓬莱市潮水镇店上村 | 26 | 女 | 1939 年 2 月 9 日 |
| 王氏之女 | 蓬莱市潮水镇店上村 | 7 | 女 | 1939 年 2 月 9 日 |
| 李 氏 | 蓬莱市潮水镇店上村 | 22 | 女 | 1939 年 2 月 9 日 |
| 刘师能 | 蓬莱市潮水镇店上村 | 23 | 男 | 1939 年 2 月 9 日 |
| 王 氏 | 蓬莱市潮水镇店上村 | 22 | 女 | 1939 年 2 月 9 日 |
| 吴春来 | 蓬莱市潮水镇店上村 | 23 | 男 | 1939 年 2 月 9 日 |
| 赵 氏 | 蓬莱市潮水镇店上村 | 22 | 女 | 1939 年 2 月 9 日 |
| 赵氏之子 | 蓬莱市潮水镇店上村 | 4 | 男 | 1939 年 2 月 9 日 |
| 高来福 | 蓬莱市潮水镇店上村 | 27 | 男 | 1939 年 2 月 9 日 |
| 赵来发 | 蓬莱市潮水镇店上村 | 25 | 男 | 1939 年 2 月 9 日 |
| 张 氏 | 蓬莱市潮水镇店上村 | 23 | 女 | 1939 年 2 月 9 日 |
| 赵来财 | 蓬莱市潮水镇店上村 | 23 | 男 | 1939 年 2 月 9 日 |
| 高 氏 | 蓬莱市潮水镇店上村 | 23 | 女 | 1939 年 2 月 9 日 |
| 王洪来 | 蓬莱市潮水镇店上村 | 27 | 男 | 1939 年 2 月 9 日 |
| 王洪东 | 蓬莱市潮水镇店上村 | 26 | 男 | 1939 年 2 月 9 日 |
| 王中东 | 蓬莱市潮水镇店上村 | 23 | 男 | 1939 年 2 月 9 日 |
| 张延军 | 蓬莱市潮水镇店上村 | 23 | 男 | 1939 年 2 月 9 日 |
| 李 氏 | 蓬莱市潮水镇店上村 | 23 | 女 | 1939 年 2 月 9 日 |
| 李中来 | 蓬莱市潮水镇店上村 | 23 | 男 | 1939 年 2 月 9 日 |
| 刘 氏 | 蓬莱市潮水镇店上村 | 22 | 女 | 1939 年 2 月 9 日 |
| 路×× | 蓬莱市潮水镇店上村 | 27 | 男 | 1939 年 2 月 9 日 |
| 赵 氏 | 蓬莱市潮水镇店上村 | 27 | 女 | 1939 年 2 月 9 日 |
| 崔秉权 | 蓬莱市潮水镇店上村 | 25 | 男 | 1939 年 2 月 9 日 |

| 姓　名 | 籍　贯 | 年　龄 | 性　别 | 死难时间 |
|---|---|---|---|---|
| 张　氏 | 蓬莱市潮水镇店上村 | 26 | 女 | 1939 年 2 月 9 日 |
| 李中汉 | 蓬莱市潮水镇店上村 | 27 | 男 | 1939 年 2 月 9 日 |
| 葛　氏 | 蓬莱市潮水镇店上村 | 26 | 女 | 1939 年 2 月 9 日 |
| 高日山 | 蓬莱市潮水镇店上村 | 22 | 男 | 1939 年 2 月 9 日 |
| 苗　氏 | 蓬莱市潮水镇店上村 | 11 | 女 | 1939 年 2 月 9 日 |
| 刘孔富 | 蓬莱市潮水镇店上村 | 28 | 男 | 1939 年 2 月 9 日 |
| 刘　莹 | 蓬莱市潮水镇店上村 | 15 | 女 | 1939 年 2 月 9 日 |
| 狗　子 | 蓬莱市潮水镇店上村 | 3 | 男 | 1939 年 2 月 9 日 |
| 刘师元 | 蓬莱市潮水镇店上村 | 27 | 男 | 1939 年 2 月 9 日 |
| 李　氏 | 蓬莱市潮水镇店上村 | 25 | 女 | 1939 年 2 月 9 日 |
| 李氏之子 | 蓬莱市潮水镇店上村 | 4 | 男 | 1939 年 2 月 9 日 |
| 刘师家 | 蓬莱市潮水镇店上村 | 22 | 男 | 1939 年 2 月 9 日 |
| 赵　氏 | 蓬莱市潮水镇店上村 | 22 | 女 | 1939 年 2 月 9 日 |
| 刘师亮 | 蓬莱市潮水镇店上村 | 21 | 男 | 1939 年 2 月 9 日 |
| 吕文科 | 蓬莱市潮水镇三寨村 | 23 | 男 | 1939 年 2 月 |
| 吕中云 | 蓬莱市潮水镇三寨村 | 25 | 男 | 1939 年 2 月 |
| 吕文经 | 蓬莱市潮水镇三寨村 | 30 | 男 | 1939 年 2 月 |
| 吕文善 | 蓬莱市潮水镇三寨村 | 26 | 男 | 1939 年 2 月 |
| 吕文彬 | 蓬莱市潮水镇三寨村 | 28 | 男 | 1939 年 2 月 |
| 吴明运 | 蓬莱市潮水镇三寨村 | 25 | 男 | 1939 年 2 月 |
| 吴道法 | 蓬莱市潮水镇三寨村 | 21 | 男 | 1939 年 2 月 |
| 张和家 | 蓬莱市潮水镇潮水四村 | 34 | 男 | 1939 年 2 月 |
| 张　超 | 蓬莱市潮水镇潮水四村 | 39 | 男 | 1939 年 2 月 |
| 王奎芳 | 蓬莱市潮水镇潮水四村 | 36 | 男 | 1939 年 2 月 |
| 张树平 | 蓬莱市潮水镇潮水四村 | 29 | 男 | 1939 年 2 月 |
| 谢德崇 | 蓬莱市潮水镇潮水四村 | 34 | 男 | 1939 年 2 月 |
| 李元英 | 蓬莱市潮水镇潮水四村 | 29 | 女 | 1939 年 2 月 |
| 孙淑玉 | 蓬莱市潮水镇潮水四村 | 35 | 女 | 1939 年 2 月 |
| 张善宝 | 蓬莱市潮水镇潮水四村 | 42 | 男 | 1939 年 2 月 |
| 张玉民 | 蓬莱市潮水镇潮水四村 | 44 | 男 | 1939 年 2 月 |
| 张加林 | 蓬莱市潮水镇潮水四村 | 29 | 男 | 1939 年 2 月 |
| 张绍英 | 蓬莱市潮水镇潮水四村 | 31 | 女 | 1939 年 2 月 |
| 张春池 | 蓬莱市潮水镇潮水四村 | 42 | 男 | 1939 年 2 月 |
| 张吉声 | 蓬莱市潮水镇潮水四村 | 41 | 男 | 1939 年 2 月 |

| 姓　名 | 籍　贯 | 年　龄 | 性　别 | 死难时间 |
|---|---|---|---|---|
| 张居松 | 蓬莱市潮水镇潮水四村 | 29 | 男 | 1939 年 2 月 |
| 曹玉英 | 蓬莱市潮水镇潮水四村 | 34 | 女 | 1939 年 2 月 |
| 王淑珍 | 蓬莱市潮水镇潮水四村 | 44 | 女 | 1939 年 2 月 |
| 赵玉香 | 蓬莱市潮水镇潮水四村 | 44 | 女 | 1939 年 2 月 |
| 张善品 | 蓬莱市潮水镇潮水四村 | 54 | 男 | 1939 年 2 月 |
| 张善东 | 蓬莱市潮水镇潮水四村 | 19 | 男 | 1939 年 2 月 |
| 张学诗 | 蓬莱市潮水镇潮水四村 | 24 | 男 | 1939 年 2 月 |
| 张祖吉 | 蓬莱市潮水镇潮水四村 | 41 | 男 | 1939 年 2 月 |
| 张洪家 | 蓬莱市潮水镇潮水四村 | 45 | 男 | 1939 年 2 月 |
| 张玉瑞 | 蓬莱市潮水镇潮水四村 | 49 | 男 | 1939 年 2 月 |
| 李茂昌 | 蓬莱市潮水镇潮水四村 | 52 | 男 | 1939 年 2 月 |
| 张延齐 | 蓬莱市潮水镇潮水四村 | 41 | 男 | 1939 年 2 月 |
| 张立峰 | 蓬莱市潮水镇潮水三村 | 40 | 男 | 1939 年 2 月 |
| 吴丕玉 | 蓬莱市潮水镇潮水二村 | 18 | 男 | 1939 年 2 月 |
| 杨积安 | 蓬莱市潮水镇潮水二村 | 40 | 男 | 1939 年 2 月 |
| 杨式吉 | 蓬莱市潮水镇潮水二村 | 24 | 男 | 1939 年 2 月 |
| 盛玉辉 | 蓬莱市潮水镇潮水二村 | 53 | 男 | 1939 年 2 月 |
| 盛喜顺 | 蓬莱市潮水镇潮水二村 | 23 | 男 | 1939 年 2 月 |
| 张绍伟 | 蓬莱市潮水镇潮水二村 | 62 | 男 | 1939 年 2 月 |
| 刘金亮之姐夫 | 蓬莱市潮水镇潮水二村 | 58 | 男 | 1939 年 2 月 |
| 盛玉山 | 蓬莱市潮水镇潮水二村 | 56 | 男 | 1939 年 2 月 |
| 盛喜杰 | 蓬莱市潮水镇潮水二村 | 23 | 男 | 1939 年 2 月 |
| 张善昌 | 蓬莱市潮水镇潮水一村 | 62 | 男 | 1939 年 2 月 |
| 杨亭作 | 蓬莱市潮水镇潮水一村 | 76 | 男 | 1939 年 2 月 |
| 张加堂 | 蓬莱市潮水镇潮水一村 | 22 | 男 | 1939 年 2 月 |
| 张尔树 | 蓬莱市潮水镇潮水一村 | 37 | 男 | 1939 年 2 月 |
| 张占雨 | 蓬莱市潮水镇潮水一村 | 50 | 男 | 1939 年 2 月 |
| 张高德 | 蓬莱市潮水镇潮水一村 | 25 | 男 | 1939 年 2 月 |
| 张振铎 | 蓬莱市潮水镇潮水一村 | 42 | 男 | 1939 年 2 月 |
| 张加训 | 蓬莱市潮水镇潮水一村 | 13 | 男 | 1939 年 2 月 |
| 张树本 | 蓬莱市潮水镇潮水一村 | 22 | 男 | 1939 年 2 月 |
| 张京道 | 蓬莱市潮水镇潮水一村 | 13 | 男 | 1939 年 2 月 |
| 张善贵 | 蓬莱市潮水镇潮水一村 | 60 | 男 | 1939 年 2 月 |
| 吴善员 | 蓬莱市潮水镇潮水一村 | 50 | 男 | 1939 年 2 月 |

| 姓 名 | 籍 贯 | 年 龄 | 性 别 | 死难时间 |
|---|---|---|---|---|
| 盛家园 | 蓬莱市潮水镇潮水一村 | 51 | 男 | 1939 年 2 月 |
| 张荫庆 | 蓬莱市潮水镇潮水一村 | 32 | 女 | 1939 年 2 月 |
| 李万年 | 蓬莱市潮水镇潮水村 | 45 | 男 | 1939 年 2 月 |
| 李德日 | 蓬莱市潮水镇潮水村 | 5 | 男 | 1939 年 2 月 |
| 李 氏 | 蓬莱市潮水镇潮水村 | 33 | 女 | 1939 年 2 月 |
| 李 氏 | 蓬莱市潮水镇潮水村 | 17 | 女 | 1939 年 2 月 |
| 李福善 | 蓬莱市潮水镇潮水村 | 28 | 男 | 1939 年 2 月 |
| 徐成怀 | 蓬莱市潮水镇潮水四村 | 27 | 男 | 1939 年 2 月 |
| 罗永清 | 蓬莱市潮水镇潮水四村 | 29 | 男 | 1939 年 2 月 |
| 于振美 | 蓬莱市潮水镇潮水四村 | 26 | 女 | 1939 年 2 月 |
| 刘凯锡 | 蓬莱市潮水镇潮水四村 | 26 | 男 | 1939 年 2 月 |
| 吴玉风 | 蓬莱市潮水镇潮水四村 | 26 | 女 | 1939 年 2 月 |
| 王淑美 | 蓬莱市潮水镇潮水四村 | 16 | 女 | 1939 年 2 月 |
| 马春兰 | 蓬莱市潮水镇潮水四村 | 21 | 女 | 1939 年 2 月 |
| 孙木卿 | 蓬莱市潮水镇潮水四村 | 21 | 女 | 1939 年 2 月 |
| 李一心 | 蓬莱市潮水镇潮水四村 | 17 | 男 | 1939 年 2 月 |
| 张志武 | 蓬莱市潮水镇潮水四村 | 22 | 男 | 1939 年 2 月 |
| 邹志珠 | 蓬莱市潮水镇潮水四村 | 22 | 女 | 1939 年 2 月 |
| 张钦木 | 蓬莱市潮水镇潮水四村 | 21 | 男 | 1939 年 2 月 |
| 张兴良 | 蓬莱市潮水镇潮水四村 | 22 | 男 | 1939 年 2 月 |
| 刘香芝 | 蓬莱市潮水镇潮水四村 | 22 | 女 | 1939 年 2 月 |
| 张玉进 | 蓬莱市潮水镇潮水四村 | 18 | 男 | 1939 年 2 月 |
| 张海燕 | 蓬莱市潮水镇潮水四村 | 16 | 女 | 1939 年 2 月 |
| 顾云兰 | 蓬莱市潮水镇潮水四村 | 21 | 女 | 1939 年 2 月 |
| 张加缓 | 蓬莱市潮水镇潮水四村 | 24 | 男 | 1939 年 2 月 |
| 范学尧 | 蓬莱市潮水镇潮水四村 | 19 | 男 | 1939 年 2 月 |
| 张绍家 | 蓬莱市潮水镇潮水四村 | 22 | 男 | 1939 年 2 月 |
| 张善义 | 蓬莱市潮水镇潮水四村 | 22 | 男 | 1939 年 2 月 |
| 曹桂香 | 蓬莱市潮水镇潮水四村 | 24 | 女 | 1939 年 2 月 |
| 张居坤 | 蓬莱市潮水镇潮水四村 | 24 | 男 | 1939 年 2 月 |
| 张善牧 | 蓬莱市潮水镇潮水四村 | 22 | 男 | 1939 年 2 月 |
| 生秉德 | 蓬莱市潮水镇潮水四村 | 25 | 男 | 1939 年 2 月 |
| 陆吉胜 | 蓬莱市潮水镇潮水四村 | 26 | 男 | 1939 年 2 月 |
| 张树会 | 蓬莱市潮水镇潮水四村 | 21 | 男 | 1939 年 2 月 |

| 姓 名 | 籍 贯 | 年 龄 | 性 别 | 死难时间 |
|---|---|---|---|---|
| 朱桂荣 | 蓬莱市潮水镇潮水四村 | 22 | 女 | 1939 年 2 月 |
| 刘翠花 | 蓬莱市潮水镇潮水四村 | 22 | 女 | 1939 年 2 月 |
| 曲翠芝 | 蓬莱市潮水镇潮水四村 | 23 | 女 | 1939 年 2 月 |
| 范玉兰 | 蓬莱市潮水镇潮水四村 | 20 | 女 | 1939 年 2 月 |
| 李学文 | 蓬莱市潮水镇潮水四村 | 24 | 男 | 1939 年 2 月 |
| 张文谦 | 蓬莱市潮水镇潮水四村 | 27 | 男 | 1939 年 2 月 |
| 孟淑珍 | 蓬莱市潮水镇潮水四村 | 24 | 女 | 1939 年 2 月 |
| 张春官 | 蓬莱市潮水镇潮水四村 | 28 | 男 | 1939 年 2 月 |
| 张宪超 | 蓬莱市潮水镇潮水四村 | 19 | 男 | 1939 年 2 月 |
| 张善欣 | 蓬莱市潮水镇潮水四村 | 29 | 男 | 1939 年 2 月 |
| 张同太 | 蓬莱市潮水镇潮水四村 | 27 | 男 | 1939 年 2 月 |
| 张玉荣 | 蓬莱市潮水镇潮水四村 | 21 | 女 | 1939 年 2 月 |
| 张加松 | 蓬莱市潮水镇潮水四村 | 24 | 男 | 1939 年 2 月 |
| 张志业 | 蓬莱市潮水镇潮水四村 | 27 | 男 | 1939 年 2 月 |
| 张乐庆 | 蓬莱市潮水镇潮水四村 | 26 | 男 | 1939 年 2 月 |
| 宫淑卿 | 蓬莱市潮水镇潮水四村 | 25 | 女 | 1939 年 2 月 |
| 汤惠芝 | 蓬莱市潮水镇富阳汤家村 | 21 | 女 | 1939 年 2 月 |
| 王启山 | 蓬莱市潮水镇潮水四村 | 22 | 男 | 1939 年 2 月 |
| 张祖祥 | 蓬莱市潮水镇潮水四村 | 24 | 男 | 1939 年 2 月 |
| 赵 奎 | 蓬莱市潮水镇潮水四村 | 32 | 男 | 1939 年 2 月 |
| 马素香 | 蓬莱市潮水镇潮水四村 | 29 | 女 | 1939 年 2 月 |
| 唐允华 | 蓬莱市潮水镇唐家村 | 27 | 女 | 1939 年 2 月 |
| 郭丽荣 | 蓬莱市潮水镇张窑村 | 27 | 女 | 1939 年 2 月 |
| 杨宝珠 | 蓬莱市潮水镇潮水四村 | 33 | 女 | 1939 年 2 月 |
| 张文清 | 蓬莱市潮水镇潮水四村 | 31 | 女 | 1939 年 2 月 |
| 刘爱静 | 蓬莱市潮水镇潮水四村 | 26 | 女 | 1939 年 2 月 |
| 刘爱军 | 蓬莱市潮水镇潮水四村 | 26 | 男 | 1939 年 2 月 |
| 耿玉华 | 蓬莱市新港街道湾子口村 | 24 | 女 | 1939 年 2 月 |
| 耿佳林 | 蓬莱市新港街道湾子口村 | 28 | 男 | 1939 年 2 月 |
| 董学珠 | 蓬莱市新港街道湾子口村 | 21 | 男 | 1939 年 2 月 |
| 董学武 | 蓬莱市新港街道湾子口村 | 23 | 男 | 1939 年 2 月 |
| 谢心火 | 蓬莱市新港街道湾子口村 | 13 | 男 | 1939 年 2 月 |
| 田大军 | 蓬莱市新港街道湾子口村 | 28 | 男 | 1939 年 2 月 |
| 谢在君 | 蓬莱市新港街道湾子口村 | 30 | 女 | 1939 年 2 月 |

| 姓　名 | 籍　贯 | 年龄 | 性别 | 死难时间 |
|---|---|---|---|---|
| 谢永家 | 蓬莱市新港街道湾子口村 | 18 | 男 | 1939 年 2 月 |
| 谢在家 | 蓬莱市新港街道湾子口村 | 30 | 男 | 1939 年 2 月 |
| 金大庆 | 蓬莱市新港街道湾子口村 | 37 | 男 | 1939 年 2 月 |
| 王江河 | 蓬莱市新港街道湾子口村 | 32 | 男 | 1939 年 2 月 |
| 郝永全 | 蓬莱市新港街道湾子口村 | 26 | 男 | 1939 年 2 月 |
| 王美丽 | 蓬莱市新港街道湾子口村 | 27 | 女 | 1939 年 2 月 |
| 王新奇 | 蓬莱市新港街道湾子口村 | 27 | 女 | 1939 年 2 月 |
| 周庆生 | 蓬莱市新港街道湾子口村 | 36 | 男 | 1939 年 2 月 |
| 李　栋 | 蓬莱市新港街道湾子口村 | 34 | 男 | 1939 年 2 月 |
| 孙　洋 | 蓬莱市新港街道湾子口村 | 40 | 男 | 1939 年 2 月 |
| 刘大基 | 蓬莱市北沟镇刘家村 | 37 | 男 | 1939 年 3 月 |
| 刘　福 | 蓬莱市北沟镇刘家村 | 29 | 男 | 1939 年 3 月 |
| 曲　钦 | 蓬莱市潮水镇费东村 | 25 | 女 | 1939 年 3 月 |
| 李本太 | 蓬莱市蓬莱阁街道西庄村 | 19 | 男 | 1939 年 3 月 |
| 白鸣兰 | 蓬莱市蓬莱阁街道西庄村 | 18 | 女 | 1939 年 3 月 |
| 姜赵氏 | 蓬莱市蓬莱阁街道西庄村 | 29 | 女 | 1939 年 3 月 |
| 王　明 | 蓬莱市北沟镇王李村 | 25 | 男 | 1939 年 4 月 |
| 曲官晓 | 蓬莱市北沟镇曲家庄村 | 37 | 男 | 1939 年 4 月 |
| 杨绪新 | 蓬莱市北沟镇北沟三村 | — | 男 | 1939 年 4 月 |
| 田永红 | 蓬莱市大辛店镇田家村 | 19 | 男 | 1939 年 4 月 |
| 田永伎 | 蓬莱市大辛店镇田家村 | 31 | 男 | 1939 年 4 月 |
| 田永财 | 蓬莱市大辛店镇田家村 | 30 | 男 | 1939 年 4 月 |
| 田希年 | 蓬莱市大辛店镇田家村 | 37 | 男 | 1939 年 4 月 |
| 田永合 | 蓬莱市大辛店镇田家村 | 25 | 男 | 1939 年 4 月 |
| 王昭地 | 蓬莱市新港街道赵格庄村 | 25 | 男 | 1939 年 4 月 |
| 孙　伟 | 蓬莱市新港街道湾子口村 | 41 | 男 | 1939 年 4 月 |
| 孙　阳 | 蓬莱市新港街道湾子口村 | 42 | 男 | 1939 年 4 月 |
| 王亲云 | 蓬莱市新港街道湾子口村 | 30 | 男 | 1939 年 4 月 |
| 崔子云 | 蓬莱市新港街道湾子口村 | 30 | 男 | 1939 年 4 月 |
| 崔山西 | 蓬莱市新港街道湾子口村 | 27 | 男 | 1939 年 4 月 |
| 王大树 | 蓬莱市新港街道湾子口村 | 21 | 男 | 1939 年 4 月 |
| 王少叶 | 蓬莱市新港街道湾子口村 | 30 | 男 | 1939 年 4 月 |
| 孙　强 | 蓬莱市新港街道湾子口村 | 26 | 男 | 1939 年 4 月 |
| 孙　健 | 蓬莱市新港街道湾子口村 | 25 | 男 | 1939 年 4 月 |

| 姓 名 | 籍 贯 | 年 龄 | 性 别 | 死难时间 |
|---|---|---|---|---|
| 李为中 | 蓬莱市新港街道湾子口村 | 32 | 男 | 1939 年 4 月 |
| 李为华 | 蓬莱市新港街道湾子口村 | 40 | 男 | 1939 年 4 月 |
| 李为仁 | 蓬莱市新港街道湾子口村 | 45 | 男 | 1939 年 4 月 |
| 崔光明 | 蓬莱市新港街道湾子口村 | 30 | 男 | 1939 年 4 月 |
| 王法国 | 蓬莱市新港街道湾子口村 | 25 | 男 | 1939 年 4 月 |
| 庞 显 | 蓬莱市新港街道湾子口村 | 26 | 男 | 1939 年 4 月 |
| 姜寅举 | 蓬莱市北沟镇小姜家村 | 40 | 男 | 1939 年 5 月 |
| 田希和 | 蓬莱市大辛店镇田家村 | 24 | 男 | 1939 年 5 月 |
| 高淑琴 | 蓬莱市蓬莱阁街道西庄村 | 36 | 女 | 1939 年 5 月 |
| 白仁基 | 蓬莱市蓬莱阁街道西庄村 | 38 | 男 | 1939 年 5 月 |
| 姜秀玲 | 蓬莱市蓬莱阁街道西庄村 | 38 | 女 | 1939 年 5 月 |
| 张泽春 | 蓬莱市蓬莱阁街道西庄村 | 35 | 男 | 1939 年 5 月 |
| 白 锟 | 蓬莱市蓬莱阁街道西庄村 | 28 | 男 | 1939 年 5 月 |
| 白于氏 | 蓬莱市蓬莱阁街道西庄村 | 27 | 女 | 1939 年 5 月 |
| 白鸣书 | 蓬莱市蓬莱阁街道西庄村 | 10 | 男 | 1939 年 5 月 |
| 白鸣虞 | 蓬莱市蓬莱阁街道西庄村 | 8 | 男 | 1939 年 5 月 |
| 崔富喜 | 蓬莱市村里集镇大崔家村 | 20 | 男 | 1939 年 6 月 |
| 张世大 | 蓬莱市北沟镇两铭村 | 37 | 男 | 1939 年 7 月 |
| 张天开 | 蓬莱市北沟镇河润村 | 35 | 男 | 1939 年 7 月 |
| 陈进财 | 蓬莱市村里集镇车里张家村 | 22 | 男 | 1939 年 7 月 |
| 李新成 | 蓬莱市蓬莱阁街道水城村 | 31 | 男 | 1939 年 7 月 |
| 田淑珍 | 蓬莱市蓬莱阁街道水城村 | 30 | 女 | 1939 年 7 月 |
| 李老贵 | 蓬莱市蓬莱阁街道水城村 | 53 | 男 | 1939 年 7 月 |
| 李张氏 | 蓬莱市蓬莱阁街道水城村 | 51 | 女 | 1939 年 7 月 |
| 李小英 | 蓬莱市蓬莱阁街道水城村 | 28 | 女 | 1939 年 7 月 |
| 李小兰 | 蓬莱市蓬莱阁街道水城村 | 26 | 女 | 1939 年 7 月 |
| 李宝成 | 蓬莱市蓬莱阁街道水城村 | 25 | 男 | 1939 年 7 月 |
| 栾凤仪 | 蓬莱市蓬莱阁街道水城村 | 20 | 男 | 1939 年 7 月 |
| 高春信 | 蓬莱市蓬莱阁街道水城村 | 27 | 男 | 1939 年 7 月 |
| 白良机 | 蓬莱市蓬莱阁街道林格庄村 | 35 | 男 | 1939 年 7 月 |
| 宋一山 | 蓬莱市新港街道铜井村 | 37 | 男 | 1939 年 7 月 |
| 宋一任 | 蓬莱市新港街道铜井村 | 27 | 男 | 1939 年 7 月 |
| 宋一昌 | 蓬莱市新港街道铜井村 | 28 | 男 | 1939 年 7 月 |
| 宋一民 | 蓬莱市新港街道铜井村 | 28 | 男 | 1939 年 7 月 |

| 姓　名 | 籍　贯 | 年　龄 | 性　别 | 死难时间 |
|---|---|---|---|---|
| 宋可学 | 蓬莱市新港街道铜井村 | 26 | 男 | 1939 年 7 月 |
| 宋可志 | 蓬莱市新港街道铜井村 | 26 | 男 | 1939 年 7 月 |
| 宋可来 | 蓬莱市新港街道铜井村 | 25 | 男 | 1939 年 7 月 |
| 宋士刚 | 蓬莱市新港街道铜井村 | 40 | 男 | 1939 年 7 月 |
| 宋士海 | 蓬莱市新港街道铜井村 | 42 | 男 | 1939 年 7 月 |
| 宋士东 | 蓬莱市新港街道铜井村 | 42 | 男 | 1939 年 7 月 |
| 宋士桐 | 蓬莱市新港街道铜井村 | 42 | 男 | 1939 年 7 月 |
| 宋敬一 | 蓬莱市新港街道铜井村 | 43 | 男 | 1939 年 7 月 |
| 庞铁锤 | 蓬莱市新港街道湾子口村 | 24 | 男 | 1939 年 7 月 |
| 李铁蛋 | 蓬莱市新港街道湾子口村 | 22 | 男 | 1939 年 7 月 |
| 董一保 | 蓬莱市新港街道湾子口村 | 18 | 男 | 1939 年 7 月 |
| 董一卫 | 蓬莱市新港街道湾子口村 | 20 | 男 | 1939 年 7 月 |
| 李财明 | 蓬莱市新港街道湾子口村 | 40 | 男 | 1939 年 7 月 |
| 谢忠武 | 蓬莱市新港街道湾子口村 | 25 | 男 | 1939 年 7 月 |
| 谢明富 | 蓬莱市新港街道湾子口村 | 45 | 男 | 1939 年 7 月 |
| 姜忠健 | 蓬莱市新港街道湾子口村 | 30 | 男 | 1939 年 7 月 |
| 谢　强 | 蓬莱市新港街道湾子口村 | 30 | 男 | 1939 年 7 月 |
| 崔大山 | 蓬莱市新港街道湾子口村 | 28 | 男 | 1939 年 7 月 |
| 高启明 | 蓬莱市新港街道湾子口村 | 42 | 男 | 1939 年 7 月 |
| 郝大山 | 蓬莱市新港街道湾子口村 | 20 | 男 | 1939 年 7 月 |
| 郝大明 | 蓬莱市新港街道湾子口村 | 21 | 男 | 1939 年 7 月 |
| 郝大伟 | 蓬莱市新港街道湾子口村 | 22 | 男 | 1939 年 7 月 |
| 郝一清 | 蓬莱市新港街道湾子口村 | 27 | 男 | 1939 年 7 月 |
| 周少奇 | 蓬莱市新港街道湾子口村 | 24 | 男 | 1939 年 7 月 |
| 周少敏 | 蓬莱市新港街道湾子口村 | 30 | 女 | 1939 年 7 月 |
| 周　山 | 蓬莱市新港街道湾子口村 | 32 | 男 | 1939 年 7 月 |
| 王东平 | 蓬莱市新港街道湾子口村 | 27 | 男 | 1939 年 7 月 |
| 张永乐 | 蓬莱市北沟镇田家村 | 22 | 男 | 1939 年 9 月 |
| 孙成路 | 蓬莱市村里集镇邓格庄村 | 18 | 男 | 1939 年 9 月 |
| 司兆刚 | 蓬莱市紫荆山街道司家庄村 | 10 | 男 | 1939 年 9 月 |
| 司兆来 | 蓬莱市紫荆山街道司家庄村 | 3 | 男 | 1939 年 9 月 |
| 宁兆兰 | 蓬莱市紫荆山街道司家庄村 | 39 | 女 | 1939 年 9 月 |
| 于延成 | 蓬莱市紫荆山街道司家庄村 | 79 | 女 | 1939 年 9 月 |
| 王贵成 | 蓬莱市新港街道大蔡家村 | 42 | 男 | 1939 年 10 月 |

| 姓 名 | 籍 贯 | 年 龄 | 性 别 | 死难时间 |
|---|---|---|---|---|
| 王贵切 | 蓬莱市新港街道大蔡家村 | 39 | 男 | 1939 年 10 月 |
| 高伟礼 | 蓬莱市新港街道大蔡家村 | 29 | 男 | 1939 年 10 月 |
| 蔡卫明 | 蓬莱市新港街道大蔡家村 | 56 | 男 | 1939 年 10 月 |
| 王李氏 | 蓬莱市新港街道大蔡家村 | 67 | 女 | 1939 年 10 月 |
| 蔡毅伟 | 蓬莱市新港街道大蔡家村 | 33 | 男 | 1939 年 10 月 |
| 蔡东强 | 蓬莱市新港街道大蔡家村 | 35 | 男 | 1939 年 10 月 |
| 蔡礼章 | 蓬莱市新港街道大蔡家村 | 27 | 男 | 1939 年 10 月 |
| 许福善 | 蓬莱市新港街道大皂许家村 | 39 | 男 | 1939 年 10 月 |
| 许李氏 | 蓬莱市新港街道大皂许家村 | 37 | 女 | 1939 年 10 月 |
| 许 桂 | 蓬莱市新港街道大皂许家村 | 12 | 男 | 1939 年 10 月 |
| 许 花 | 蓬莱市新港街道大皂许家村 | 9 | 女 | 1939 年 10 月 |
| 许福寿 | 蓬莱市新港街道大皂许家村 | 42 | 男 | 1939 年 10 月 |
| 许张氏 | 蓬莱市新港街道大皂许家村 | 38 | 女 | 1939 年 10 月 |
| 许亭轩 | 蓬莱市新港街道大皂许家村 | 36 | 男 | 1939 年 10 月 |
| 梁永泰 | 蓬莱市新港街道大皂许家村 | 50 | 男 | 1939 年 10 月 |
| 李彩霞 | 蓬莱市新港街道大皂许家村 | 46 | 女 | 1939 年 10 月 |
| 梁文军 | 蓬莱市新港街道大皂许家村 | 22 | 男 | 1939 年 10 月 |
| 梁雪梅 | 蓬莱市新港街道大皂许家村 | 20 | 女 | 1939 年 10 月 |
| 梁一铁 | 蓬莱市新港街道大皂许家村 | 17 | 男 | 1939 年 10 月 |
| 于家顺 | 蓬莱市新港街道大皂许家村 | 47 | 男 | 1939 年 10 月 |
| 于梁氏 | 蓬莱市新港街道大皂许家村 | 43 | 女 | 1939 年 10 月 |
| 许守财 | 蓬莱市新港街道大皂许家村 | 47 | 男 | 1939 年 10 月 |
| 王翠华 | 蓬莱市新港街道大皂许家村 | 42 | 女 | 1939 年 10 月 |
| 王景文 | 蓬莱市新港街道山北头村 | 31 | 男 | 1939 年 10 月 |
| 孙明玉 | 蓬莱市新港街道山北头村 | 29 | 男 | 1939 年 10 月 |
| 王仁兴 | 蓬莱市新港街道山北头村 | 20 | 男 | 1939 年 10 月 |
| 陈树兴 | 蓬莱市新港街道山北头村 | 25 | 男 | 1939 年 10 月 |
| 隋殿磷 | 蓬莱市新港街道山北头村 | 35 | 男 | 1939 年 10 月 |
| 葛福海 | 蓬莱市新港街道山北头村 | 20 | 男 | 1939 年 10 月 |
| 唐连思 | 蓬莱市新港街道山北头村 | 30 | 男 | 1939 年 10 月 |
| 丛克康 | 蓬莱市新港街道安香丛家村 | 40 | 男 | 1939 年 10 月 |
| 宋德起 | 蓬莱市新港街道铜井村 | 43 | 男 | 1939 年 10 月 |
| 杨 嫚 | 蓬莱市新港街道铜井村 | 31 | 女 | 1939 年 10 月 |
| 杨小丫 | 蓬莱市新港街道铜井村 | 14 | 女 | 1939 年 10 月 |

| 姓 名 | 籍 贯 | 年 龄 | 性 别 | 死难时间 |
|---|---|---|---|---|
| 杨小丽 | 蓬莱市新港街道铜井村 | 12 | 女 | 1939 年 10 月 |
| 景法茂 | 蓬莱市新港街道铜井村 | 66 | 男 | 1939 年 10 月 |
| 景兆集 | 蓬莱市新港街道铜井村 | 25 | 男 | 1939 年 10 月 |
| 景兆波 | 蓬莱市新港街道铜井村 | 27 | 男 | 1939 年 10 月 |
| 景兆山 | 蓬莱市新港街道铜井村 | 28 | 男 | 1939 年 10 月 |
| 景兆峰 | 蓬莱市新港街道铜井村 | 30 | 男 | 1939 年 10 月 |
| 景兆国 | 蓬莱市新港街道铜井村 | 32 | 男 | 1939 年 10 月 |
| 李永茂 | 蓬莱市新港街道铜井村 | 28 | 男 | 1939 年 10 月 |
| 吴老会 | 蓬莱市新港街道铜井村 | 55 | 男 | 1939 年 10 月 |
| 王乃泉 | 蓬莱市新港街道铜井村 | 12 | 男 | 1939 年 10 月 |
| 王乃千 | 蓬莱市新港街道铜井村 | 13 | 男 | 1939 年 10 月 |
| 王乃礼 | 蓬莱市新港街道铜井村 | 13 | 男 | 1939 年 10 月 |
| 王乃才 | 蓬莱市新港街道铜井村 | 15 | 男 | 1939 年 10 月 |
| 王乃诗 | 蓬莱市新港街道铜井村 | 14 | 男 | 1939 年 10 月 |
| 王西平 | 蓬莱市新港街道湾子口村 | 19 | 男 | 1939 年 10 月 |
| 王南平 | 蓬莱市新港街道湾子口村 | 22 | 男 | 1939 年 10 月 |
| 王北平 | 蓬莱市新港街道湾子口村 | 32 | 男 | 1939 年 10 月 |
| 董山东 | 蓬莱市新港街道湾子口村 | 62 | 男 | 1939 年 10 月 |
| 董山西 | 蓬莱市新港街道湾子口村 | 47 | 男 | 1939 年 10 月 |
| 王法仁 | 蓬莱市新港街道湾子口村 | 25 | 男 | 1939 年 10 月 |
| 马山云 | 蓬莱市新港街道湾子口村 | 27 | 男 | 1939 年 10 月 |
| 孙庆永 | 蓬莱市新港街道湾子口村 | 25 | 男 | 1939 年 10 月 |
| 董少山 | 蓬莱市新港街道湾子口村 | 16 | 男 | 1939 年 10 月 |
| 董少平 | 蓬莱市新港街道湾子口村 | 32 | 男 | 1939 年 10 月 |
| 王少明 | 蓬莱市新港街道湾子口村 | 10 | 男 | 1939 年 10 月 |
| 王建华 | 蓬莱市新港街道湾子口村 | 14 | 男 | 1939 年 10 月 |
| 王在明 | 蓬莱市新港街道湾子口村 | 27 | 男 | 1939 年 10 月 |
| 王进冒 | 蓬莱市新港街道湾子口村 | 16 | 男 | 1939 年 10 月 |
| 王进宝 | 蓬莱市新港街道湾子口村 | 25 | 男 | 1939 年 10 月 |
| 付天明 | 蓬莱市新港街道湾子口村 | 31 | 男 | 1939 年 10 月 |
| 王进昆 | 蓬莱市新港街道湾子口村 | 27 | 男 | 1939 年 10 月 |
| 王文明 | 蓬莱市新港街道湾子口村 | 26 | 男 | 1939 年 10 月 |
| 董玉来 | 蓬莱市新港街道湾子口村 | 21 | 男 | 1939 年 10 月 |
| 祝贵玉 | 蓬莱市北沟镇高里疖村 | 20 | 女 | 1939 年 11 月 |

| 姓　名 | 籍　贯 | 年　龄 | 性　别 | 死难时间 |
|---|---|---|---|---|
| 李春修 | 蓬莱市村里集镇王庄村 | 37 | 男 | 1939 年 11 月 |
| 薛堂德 | 蓬莱市村里集镇上薛家村 | 25 | 男 | 1939 年 11 月 |
| 薛玉德 | 蓬莱市村里集镇上薛家村 | 26 | 男 | 1939 年 11 月 |
| 薛行德 | 蓬莱市村里集镇上薛家村 | 27 | 男 | 1939 年 11 月 |
| 蔡光东 | 蓬莱市新港街道大蔡家村 | 25 | 男 | 1939 年 11 月 |
| 蔡　洁 | 蓬莱市新港街道大蔡家村 | 45 | 男 | 1939 年 11 月 |
| 王守礼 | 蓬莱市新港街道大皂许家村 | 30 | 男 | 1939 年 11 月 |
| 张小妮 | 蓬莱市新港街道大皂许家村 | 26 | 女 | 1939 年 11 月 |
| 姜大义 | 蓬莱市新港街道大皂许家村 | 39 | 男 | 1939 年 11 月 |
| 王泰勇 | 蓬莱市新港街道大皂许家村 | 42 | 男 | 1939 年 11 月 |
| 王诣熹 | 蓬莱市新港街道山北头村 | 29 | 男 | 1939 年 11 月 |
| 刘人钢 | 蓬莱市新港街道山北头村 | 39 | 男 | 1939 年 11 月 |
| 王乃智 | 蓬莱市新港街道铜井村 | 14 | 男 | 1939 年 11 月 |
| 王高氏 | 蓬莱市新港街道铜井村 | 19 | 女 | 1939 年 11 月 |
| 陈厚海 | 蓬莱市新港街道铜井村 | 31 | 男 | 1939 年 11 月 |
| 陈洪江 | 蓬莱市新港街道铜井村 | 6 | 男 | 1939 年 11 月 |
| 孙成明 | 蓬莱市新港街道湾子口村 | 12 | 男 | 1939 年 11 月 |
| 崔财宝 | 蓬莱市新港街道湾子口村 | 19 | 男 | 1939 年 11 月 |
| 金山曰 | 蓬莱市新港街道湾子口村 | 36 | 男 | 1939 年 11 月 |
| 金水曰 | 蓬莱市新港街道湾子口村 | 39 | 男 | 1939 年 11 月 |
| 张善道 | 蓬莱市潮水镇潮水一村 | 22 | 男 | 1939 年 12 月 |
| 李成文 | 蓬莱市村里集镇王庄村 | 27 | 男 | 1939 年 |
| 周茂兴 | 蓬莱市北沟镇高家庄村 | 39 | 男 | 1939 年 |
| 慕维兰 | 蓬莱市北沟镇下朱潘村 | 25 | 男 | 1939 年 |
| 曲光远 | 蓬莱市北沟镇北王绪村 | 32 | 男 | 1939 年 |
| 周元熏 | 蓬莱市村里集镇王庄村 | 20 | 男 | 1939 年 |
| 周洪彬 | 蓬莱市村里集镇村里集村 | 20 | 男 | 1939 年 |
| 周志汉 | 蓬莱市村里集镇村里集村 | 23 | 男 | 1939 年 |
| 孙卜盛 | 蓬莱市大辛店镇蔡家庄村 | 17 | 男 | 1939 年 |
| 孙学通 | 蓬莱市大辛店镇北李庄村 | 19 | 男 | 1939 年 |
| 王云海 | 蓬莱市大辛店镇三十里堡村 | 28 | 男 | 1939 年 |
| 李存玉 | 蓬莱市大辛店镇三十里堡村 | 30 | 男 | 1939 年 |
| 李存品 | 蓬莱市大辛店镇三十里堡村 | 36 | 男 | 1939 年 |
| 李培作 | 蓬莱市大辛店镇榛子沟村 | 23 | 男 | 1939 年 |

| 姓 名 | 籍 贯 | 年 龄 | 性 别 | 死难时间 |
|---|---|---|---|---|
| 杨奎芳 | 蓬莱市大辛店镇大杨家村 | 25 | 男 | 1939 年 |
| 邹本俭 | 蓬莱市大辛店镇大二甲村 | — | 男 | 1939 年 |
| 徐文江 | 蓬莱市大辛店镇回家村 | 31 | 男 | 1939 年 |
| 杨德青 | 蓬莱市大辛店镇小杨家村 | 35 | 男 | 1939 年 |
| 刘汪凯 | 蓬莱市大辛店镇西许家沟村 | 59 | 男 | 1939 年 |
| 李存恩 | 蓬莱市大辛店镇三十里堡村 | 30 | 男 | 1939 年 |
| 李存惠 | 蓬莱市大辛店镇三十里堡村 | 26 | 男 | 1939 年 |
| 李存担 | 蓬莱市大辛店镇三十里堡村 | 24 | 男 | 1939 年 |
| 李存英 | 蓬莱市大辛店镇三十里堡村 | 25 | 男 | 1939 年 |
| 田永茂 | 蓬莱市大辛店镇田家村 | 24 | 男 | 1939 年 |
| 王否田 | 蓬莱市大辛店镇西石硼村 | 41 | 男 | 1939 年 |
| 田洪朋 | 蓬莱市登州街道凤凰村 | 37 | 男 | 1939 年 |
| 李存囤 | 蓬莱市登州街道遇驾沟村 | 15 | 男 | 1939 年 |
| 刘振芳 | 蓬莱市紫荆山街道石岛村 | 25 | 男 | 1939 年 |
| 耿厚德 | 蓬莱市紫荆山街道石岛村 | 20 | 男 | 1939 年 |
| 周正学 | 蓬莱市紫荆山街道石岛村 | 29 | 男 | 1939 年 |
| 孙宗汉 | 蓬莱市紫荆山街道武霖村 | 30 | 男 | 1939 年 |
| 庄文学 | 蓬莱市大辛店镇南孙沟村 | 39 | 男 | 1940 年 1 月 |
| 马进福 | 蓬莱市大辛店镇南孙沟村 | 20 | 男 | 1940 年 1 月 |
| 王元财 | 蓬莱市大辛店镇院后村 | 26 | 男 | 1940 年 1 月 |
| 杨宝库 | 蓬莱市北沟镇北沟一村 | 37 | 男 | 1940 年 1 月 |
| 刘德生 | 蓬莱市村里集镇战驾庄村 | 22 | 男 | 1940 年 1 月 |
| 陈平山 | 蓬莱市村里集镇陈家沟村 | 21 | 男 | 1940 年 1 月 |
| 代心红 | 蓬莱市村里集镇西代家村 | 22 | 男 | 1940 年 1 月 |
| 代忠昌 | 蓬莱市村里集镇西代家村 | 17 | 男 | 1940 年 1 月 |
| 孙善经 | 蓬莱市村里集镇西代家村 | 24 | 男 | 1940 年 1 月 |
| 代明亮 | 蓬莱市村里集镇西代家村 | 24 | 男 | 1940 年 1 月 |
| 郭玉江 | 蓬莱市北沟镇曲家庄村 | 30 | 男 | 1940 年 3 月 |
| 刘振升 | 蓬莱市北沟镇刘家村 | 37 | 男 | 1940 年 3 月 |
| 杨同升 | 蓬莱市北沟镇西南王村 | 35 | 男 | 1940 年 3 月 |
| 赵日明 | 蓬莱市北沟镇西南王村 | 29 | 男 | 1940 年 3 月 |
| 潘春福 | 蓬莱市村里集南官山村 | 28 | 男 | 1940 年 3 月 |
| 吴世开 | 蓬莱市村里集镇南官山村 | 24 | 男 | 1940 年 3 月 |
| 姜从仑 | 蓬莱市大柳行镇虎路线村 | 86 | 男 | 1940 年 3 月 |

| 姓　名 | 籍　贯 | 年　龄 | 性　别 | 死难时间 |
|---|---|---|---|---|
| 芦为福 | 蓬莱市紫荆山街道石岛村 | 25 | 男 | 1940 年 3 月 |
| 罗宗建 | 蓬莱市北沟镇南罗村 | 17 | 男 | 1940 年 4 月 |
| 宋世英 | 蓬莱市潮水镇三寨村 | 29 | 男 | 1940 年 4 月 |
| 苗供太 | 蓬莱市潮水镇三寨村 | 30 | 男 | 1940 年 4 月 |
| 吴道松 | 蓬莱市潮水镇三寨村 | 26 | 男 | 1940 年 4 月 |
| 吴方运 | 蓬莱市潮水镇三寨村 | 30 | 男 | 1940 年 4 月 |
| 吴道恺 | 蓬莱市潮水镇三寨村 | 28 | 男 | 1940 年 4 月 |
| 吴玉祥 | 蓬莱市潮水镇三寨村 | 27 | 男 | 1940 年 4 月 |
| 吴起运 | 蓬莱市潮水镇三寨村 | 26 | 男 | 1940 年 4 月 |
| 吴龙海 | 蓬莱市潮水镇三寨村 | 25 | 男 | 1940 年 4 月 |
| 吴龙江 | 蓬莱市潮水镇三寨村 | 27 | 男 | 1940 年 4 月 |
| 王化德 | 蓬莱市大辛店镇于家店村 | 32 | 男 | 1940 年 4 月 |
| 巩太保 | 蓬莱市村里集镇站马张家村 | 23 | 男 | 1940 年 5 月 |
| 巩德奎 | 蓬莱市村里集镇站马张家村 | 31 | 男 | 1940 年 5 月 |
| 汪观民 | 蓬莱市村里集镇大柱村 | 33 | 男 | 1940 年 6 月 |
| 汪观有 | 蓬莱市村里集镇大柱村 | 33 | 男 | 1940 年 6 月 |
| 小观春 | 蓬莱市村里集镇大柱村 | 7 | 男 | 1940 年 6 月 |
| 李清田 | 蓬莱市村里集镇王庄村 | 60 | 男 | 1940 年 6 月 |
| 张玉祥 | 蓬莱市村里集镇高张家村 | 25 | 男 | 1940 年 6 月 |
| 崔富金 | 蓬莱市村里集镇大崔家村 | 24 | 男 | 1940 年 6 月 |
| 张永春 | 蓬莱市村里集镇大崔家村 | 38 | 男 | 1940 年 6 月 |
| 方荣兴 | 蓬莱市村里集镇石门口村 | 56 | 男 | 1940 年 6 月 |
| 由先信 | 蓬莱市村里集镇石门口村 | 48 | 男 | 1940 年 6 月 |
| 邢林生 | 蓬莱市村里集镇石门口村 | 49 | 男 | 1940 年 6 月 |
| 隋桂芳 | 蓬莱市村里集镇村里集村 | 37 | 男 | 1940 年 6 月 |
| 隋桂梅 | 蓬莱市村里集镇村里集村 | 36 | 男 | 1940 年 6 月 |
| 隋长林 | 蓬莱市村里集镇村里集村 | 42 | 男 | 1940 年 6 月 |
| 隋书汉 | 蓬莱市村里集镇村里集村 | 26 | 男 | 1940 年 6 月 |
| 李茂东 | 蓬莱市村里集镇古城李家村 | 44 | 男 | 1940 年 6 月 |
| 李宗书 | 蓬莱市村里集镇古城李家村 | 46 | 男 | 1940 年 6 月 |
| 李仁林 | 蓬莱市村里集镇古城李家村 | 47 | 男 | 1940 年 6 月 |
| 李宝林 | 蓬莱市村里集镇古城李家村 | 46 | 男 | 1940 年 6 月 |
| 李茂兴 | 蓬莱市村里集镇古城李家村 | 50 | 男 | 1940 年 6 月 |
| 李洪书 | 蓬莱市村里集镇古城李家村 | 56 | 男 | 1940 年 6 月 |

| 姓 名 | 籍 贯 | 年 龄 | 性 别 | 死难时间 |
|---|---|---|---|---|
| 李洪中 | 蓬莱市村里集镇古城李家村 | 50 | 男 | 1940 年 6 月 |
| 陈海民 | 蓬莱市村里集镇陈家沟村 | 34 | 男 | 1940 年 6 月 |
| 陈陆泉 | 蓬莱市村里集镇陈家沟村 | 38 | 男 | 1940 年 6 月 |
| 陈中泉 | 蓬莱市村里集镇陈家沟村 | 40 | 男 | 1940 年 6 月 |
| 陈老更 | 蓬莱市村里集镇陈家沟村 | 61 | 男 | 1940 年 6 月 |
| 陈友亮 | 蓬莱市村里集镇陈家沟村 | 62 | 男 | 1940 年 6 月 |
| 陈发财 | 蓬莱市村里集镇陈家沟村 | 48 | 男 | 1940 年 6 月 |
| 代忠功 | 蓬莱市村里集镇西代家村 | 21 | 男 | 1940 年 6 月 |
| 吴希有 | 蓬莱市刘家沟镇木基迟家村 | 37 | 男 | 1940 年 6 月 |
| 杨君荣 | 蓬莱市小门家镇大狗李村 | 28 | 男 | 1940 年 6 月 |
| 王国丰 | 蓬莱市小门家镇大狗李村 | 20 | 男 | 1940 年 6 月 |
| 王福厚 | 蓬莱市北沟镇解家村 | 23 | 男 | 1940 年 7 月 |
| 于乐文 | 蓬莱市村里集镇王庄村 | 28 | 男 | 1940 年 7 月 |
| 李申清 | 蓬莱市村里集镇王庄村 | 25 | 男 | 1940 年 7 月 |
| 李成明 | 蓬莱市村里集镇王庄村 | 21 | 男 | 1940 年 7 月 |
| 高汉文 | 蓬莱市村里集镇高张家村 | 37 | 女 | 1940 年 7 月 |
| 张为经 | 蓬莱市村里集镇高张家村 | 31 | 女 | 1940 年 7 月 |
| 张汉全 | 蓬莱市村里集镇高张家村 | 27 | 女 | 1940 年 7 月 |
| 张贵全 | 蓬莱市村里集镇高张家村 | 29 | 女 | 1940 年 7 月 |
| 高桂花 | 蓬莱市村里集镇高张家村 | 46 | 女 | 1940 年 7 月 |
| 高培兰 | 蓬莱市村里集镇高张家村 | 57 | 女 | 1940 年 7 月 |
| 高培满 | 蓬莱市村里集镇高张家村 | 36 | 男 | 1940 年 7 月 |
| 高培财 | 蓬莱市村里集镇高张家村 | 27 | 男 | 1940 年 7 月 |
| 张维金 | 蓬莱市村里集镇高张家村 | 29 | 男 | 1940 年 7 月 |
| 张有财 | 蓬莱市村里集镇高张家村 | 35 | 男 | 1940 年 7 月 |
| 高云兰 | 蓬莱市村里集镇高张家村 | 29 | 女 | 1940 年 7 月 |
| 高生亮 | 蓬莱市村里集镇高张家村 | 27 | 男 | 1940 年 7 月 |
| 门兆爽 | 蓬莱市村里集镇上门家村 | 21 | 男 | 1940 年 7 月 |
| 门荣喜 | 蓬莱市村里集镇下门家村 | 20 | 男 | 1940 年 7 月 |
| 崔富保 | 蓬莱市村里集镇大崔家村 | 21 | 男 | 1940 年 7 月 |
| 崔富茂 | 蓬莱市村里集镇大崔家村 | 20 | 男 | 1940 年 7 月 |
| 孙义文 | 蓬莱市村里集镇古城东村 | 35 | 男 | 1940 年 7 月 |
| 孙有芳 | 蓬莱市村里集镇古城东村 | 67 | 女 | 1940 年 7 月 |
| 王志山 | 蓬莱市村里集镇古城东村 | 48 | 男 | 1940 年 7 月 |

| 姓 名 | 籍 贯 | 年 龄 | 性 别 | 死难时间 |
|---|---|---|---|---|
| 王张氏 | 蓬莱市村里集镇古城东村 | 62 | 女 | 1940 年 7 月 |
| 刘 祥 | 蓬莱市村里集镇战驾庄村 | 43 | 男 | 1940 年 7 月 |
| 巩兆云 | 蓬莱市村里集镇巩家村 | 46 | 男 | 1940 年 7 月 |
| 巩连山 | 蓬莱市村里集镇巩家村 | 38 | 男 | 1940 年 7 月 |
| 巩兆林 | 蓬莱市村里集镇巩家村 | 70 | 男 | 1940 年 7 月 |
| 巩学文 | 蓬莱市村里集镇巩家村 | 28 | 男 | 1940 年 7 月 |
| 巩连日 | 蓬莱市村里集镇巩家村 | 46 | 男 | 1940 年 7 月 |
| 巩进昌 | 蓬莱市村里集镇巩家村 | 34 | 男 | 1940 年 7 月 |
| 于云路 | 蓬莱市村里集镇柳格庄村 | 22 | 男 | 1940 年 7 月 |
| 于洪中 | 蓬莱市村里集镇柳格庄村 | 19 | 男 | 1940 年 7 月 |
| 于乐中 | 蓬莱市村里集镇柳格庄村 | 31 | 男 | 1940 年 7 月 |
| 于山林 | 蓬莱市村里集镇柳格庄村 | 29 | 男 | 1940 年 7 月 |
| 于希康 | 蓬莱市村里集镇柳格庄村 | 24 | 男 | 1940 年 7 月 |
| 于云普 | 蓬莱市村里集镇柳格庄村 | 40 | 男 | 1940 年 7 月 |
| 于正中 | 蓬莱市村里集镇柳格庄村 | 39 | 男 | 1940 年 7 月 |
| 于云天 | 蓬莱市村里集镇柳格庄村 | 36 | 男 | 1940 年 7 月 |
| 于希文 | 蓬莱市村里集镇柳格庄村 | 31 | 男 | 1940 年 7 月 |
| 于策林 | 蓬莱市村里集镇柳格庄村 | 25 | 男 | 1940 年 7 月 |
| 于希殿 | 蓬莱市村里集镇柳格庄村 | 41 | 男 | 1940 年 7 月 |
| 苗可仁 | 蓬莱市村里集镇苗家村 | 37 | 男 | 1940 年 7 月 |
| 苗志元 | 蓬莱市村里集镇苗家村 | 26 | 男 | 1940 年 7 月 |
| 门曰山 | 蓬莱市村里集镇苗家村 | 24 | 男 | 1940 年 7 月 |
| 纪生成 | 蓬莱市村里集镇苗家村 | 25 | 男 | 1940 年 7 月 |
| 纪洪生 | 蓬莱市村里集镇苗家村 | 20 | 男 | 1940 年 7 月 |
| 王可智 | 蓬莱市村里集镇苗家村 | 29 | 男 | 1940 年 7 月 |
| 苗生元 | 蓬莱市村里集镇苗家村 | 36 | 男 | 1940 年 7 月 |
| 纪江年 | 蓬莱市村里集镇苗家村 | 27 | 男 | 1940 年 7 月 |
| 纪洪喜 | 蓬莱市村里集镇苗家村 | 29 | 男 | 1940 年 7 月 |
| 门洪运 | 蓬莱市村里集镇苗家村 | 31 | 男 | 1940 年 7 月 |
| 王有生 | 蓬莱市村里集镇苗家村 | 25 | 男 | 1940 年 7 月 |
| 薛凤德 | 蓬莱市村里集镇上薛家村 | 30 | 男 | 1940 年 7 月 |
| 代忠修 | 蓬莱市村里集镇西代家村 | 51 | 男 | 1940 年 7 月 |
| 代忠槐 | 蓬莱市村里集镇西代家村 | 56 | 男 | 1940 年 7 月 |
| 代心福 | 蓬莱市村里集镇西代家村 | 51 | 男 | 1940 年 7 月 |

| 姓 名 | 籍 贯 | 年 龄 | 性 别 | 死难时间 |
|---|---|---|---|---|
| 代忠茂 | 蓬莱市村里集镇西代家村 | 47 | 男 | 1940 年 7 月 |
| 代忠寿 | 蓬莱市村里集镇西代家村 | 49 | 男 | 1940 年 7 月 |
| 潘 清 | 蓬莱市村里集大刘家村 | 24 | 男 | 1940 年 7 月 |
| 薛轩德 | 蓬莱市村里集镇上薛家村 | 8 | 男 | 1940 年 7 月 |
| 张日辉 | 蓬莱市村里集镇炉上张家村 | 40 | 男 | 1940 年 7 月 |
| 田永周 | 蓬莱市大辛店镇田家村 | 20 | 男 | 1940 年 7 月 |
| 梁志文 | 蓬莱市刘家沟镇五十堡村 | 33 | 男 | 1940 年 7 月 |
| 郑若予 | 蓬莱市刘家沟镇大郑家村 | 25 | 男 | 1940 年 7 月 |
| 邹宗兰 | 蓬莱市蓬莱阁街道邹于村 | 40 | 女 | 1940 年 7 月 |
| 邹自功 | 蓬莱市蓬莱阁街道邹于村 | 35 | 男 | 1940 年 7 月 |
| 贾素英 | 蓬莱市蓬莱阁街道邹于村 | 35 | 女 | 1940 年 7 月 |
| 刘运霞 | 蓬莱市蓬莱阁街道邹于村 | 32 | 女 | 1940 年 7 月 |
| 吴熠庭 | 蓬莱市蓬莱阁街道邹于村 | 30 | 男 | 1940 年 7 月 |
| 何桂兰 | 蓬莱市蓬莱阁街道邹于村 | 35 | 女 | 1940 年 7 月 |
| 邹同存 | 蓬莱市蓬莱阁街道邹于村 | 37 | 男 | 1940 年 7 月 |
| 杨文利 | 蓬莱市蓬莱阁街道邹于村 | 30 | 男 | 1940 年 7 月 |
| 杨税右 | 蓬莱市蓬莱阁街道邹于村 | 25 | 男 | 1940 年 7 月 |
| 王佳绪 | 蓬莱市蓬莱阁街道邹于村 | 28 | 男 | 1940 年 7 月 |
| 邹军华 | 蓬莱市蓬莱阁街道邹于村 | 36 | 男 | 1940 年 7 月 |
| 孙建敏 | 蓬莱市蓬莱阁街道邹于村 | 40 | 女 | 1940 年 7 月 |
| 王登伦 | 蓬莱市潮水镇三寨村 | 29 | 男 | 1940 年 8 月 |
| 王登丰 | 蓬莱市潮水镇三寨村 | 22 | 男 | 1940 年 8 月 |
| 吴道乙 | 蓬莱市潮水镇三寨村 | 27 | 男 | 1940 年 8 月 |
| 吴道启 | 蓬莱市潮水镇三寨村 | 26 | 男 | 1940 年 8 月 |
| 王连桐 | 蓬莱市潮水镇三寨村 | 29 | 男 | 1940 年 8 月 |
| 吴文智 | 蓬莱市潮水镇三寨村 | 27 | 男 | 1940 年 8 月 |
| 吴道芬 | 蓬莱市潮水镇三寨村 | 26 | 男 | 1940 年 8 月 |
| 宋居智 | 蓬莱市潮水镇费东村 | 28 | 男 | 1940 年 8 月 |
| 陈久礼 | 蓬莱市潮水镇富阳蔡家村 | 17 | 男 | 1940 年 8 月 |
| 黄受健 | 蓬莱市潮水镇大黄家村 | 20 | 男 | 1940 年 8 月 |
| 赵国超 | 蓬莱市村里集镇大赵家村 | 23 | 男 | 1940 年 8 月 |
| 高世增 | 蓬莱市大辛店镇井湾高家村 | — | 男 | 1940 年 8 月 |
| 周敬兴 | 蓬莱市大辛店镇井高村 | — | 男 | 1940 年 8 月 |
| 张进喜 | 蓬莱市大辛店镇官道于庄村 | 39 | 男 | 1940 年 8 月 |

| 姓 名 | 籍 贯 | 年 龄 | 性 别 | 死难时间 |
|---|---|---|---|---|
| 赵国通 | 蓬莱市蓬莱阁街道水城村 | 37 | 男 | 1940 年 8 月 |
| 李守义 | 蓬莱市蓬莱阁街道水城村 | 42 | 男 | 1940 年 8 月 |
| 孙淑婷 | 蓬莱市蓬莱阁街道水城村 | 38 | 女 | 1940 年 8 月 |
| 孙采庆 | 蓬莱市蓬莱阁街道水城村 | 44 | 女 | 1940 年 8 月 |
| 赵秉义 | 蓬莱市蓬莱阁街道水城村 | 18 | 男 | 1940 年 8 月 |
| 赵秉鸿 | 蓬莱市蓬莱阁街道水城村 | 16 | 男 | 1940 年 8 月 |
| 李爱兰 | 蓬莱市蓬莱阁街道水城村 | 20 | 女 | 1940 年 8 月 |
| 李爱菊 | 蓬莱市蓬莱阁街道水城村 | 19 | 女 | 1940 年 8 月 |
| 邹同津 | 蓬莱市蓬莱阁街道邹于村 | 40 | 男 | 1940 年 8 月 |
| 张自然 | 蓬莱市蓬莱阁街道邹于村 | 28 | 男 | 1940 年 8 月 |
| 史淑珍 | 蓬莱市蓬莱阁街道邹于村 | 30 | 女 | 1940 年 8 月 |
| 由桂发 | 蓬莱市村里集镇石门口村 | 29 | 男 | 1940 年 9 月 |
| 由贵钦 | 蓬莱市村里集镇石门口村 | 37 | 男 | 1940 年 9 月 |
| 由贵财 | 蓬莱市村里集镇石门口村 | 26 | 男 | 1940 年 9 月 |
| 方永泉 | 蓬莱市村里集镇石门口村 | 43 | 男 | 1940 年 9 月 |
| 方志泉 | 蓬莱市村里集镇石门口村 | 28 | 男 | 1940 年 9 月 |
| 徐海丰 | 蓬莱市村里集镇石门口村 | 33 | 男 | 1940 年 9 月 |
| 由生先 | 蓬莱市村里集镇石门口村 | 27 | 男 | 1940 年 9 月 |
| 德全之女 | 蓬莱市村里集镇辛旺集村 | 7 | 女 | 1940 年 10 月 |
| 德全之子 | 蓬莱市村里集镇辛旺集村 | 4 | 男 | 1940 年 10 月 |
| 德全之子 | 蓬莱市村里集镇辛旺集村 | 2 | 男 | 1940 年 10 月 |
| 张宜昌 | 蓬莱市村里集镇辛旺集村 | 75 | 男 | 1940 年 10 月 |
| 刘心才 | 蓬莱市村里集镇温石汤村 | 22 | 男 | 1940 年 11 月 |
| 柳中喜 | 蓬莱市大柳行镇侯格庄村 | 35 | 男 | 1940 年 11 月 |
| 刘洪志 | 蓬莱市大柳行镇侯格庄村 | 30 | 男 | 1940 年 11 月 |
| 孔林方 | 蓬莱市大柳行镇侯格庄村 | 28 | 男 | 1940 年 11 月 |
| 刘德财 | 蓬莱市大柳行镇侯格庄村 | 41 | 男 | 1940 年 11 月 |
| 王曰金 | 蓬莱市大柳行镇侯格庄村 | 29 | 男 | 1940 年 11 月 |
| 蔡世臣 | 蓬莱市新港街道大蔡家村 | 70 | 男 | 1940 年 11 月 |
| 蔡俊军 | 蓬莱市新港街道大蔡家村 | 40 | 男 | 1940 年 11 月 |
| 蔡同光 | 蓬莱市新港街道大蔡家村 | 30 | 男 | 1940 年 11 月 |
| 邹华清 | 蓬莱市新港街道大蔡家村 | 50 | 男 | 1940 年 11 月 |
| 蔡忠武 | 蓬莱市新港街道大蔡家村 | 29 | 男 | 1940 年 11 月 |
| 李少翠 | 蓬莱市新港街道大皂许家村 | 40 | 女 | 1940 年 11 月 |

| 姓 名 | 籍 贯 | 年 龄 | 性 别 | 死难时间 |
|---|---|---|---|---|
| 张泰勇 | 蓬莱市新港街道大皂许家村 | 20 | 男 | 1940 年 11 月 |
| 张泰安 | 蓬莱市新港街道大皂许家村 | 18 | 男 | 1940 年 11 月 |
| 许成文 | 蓬莱市新港街道大皂许家村 | 54 | 男 | 1940 年 11 月 |
| 许卉海 | 蓬莱市新港街道大皂许家村 | 38 | 男 | 1940 年 11 月 |
| 徐卉水 | 蓬莱市新港街道大皂许家村 | 37 | 男 | 1940 年 11 月 |
| 梁庆斗 | 蓬莱市新港街道大皂许家村 | 58 | 男 | 1940 年 11 月 |
| 殷成业 | 蓬莱市新港街道大皂许家村 | 60 | 男 | 1940 年 11 月 |
| 许先发 | 蓬莱市新港街道大皂许家村 | 41 | 男 | 1940 年 11 月 |
| 许王氏 | 蓬莱市新港街道大皂许家村 | 38 | 女 | 1940 年 11 月 |
| 许 婷 | 蓬莱市新港街道大皂许家村 | 19 | 女 | 1940 年 11 月 |
| 许 文 | 蓬莱市新港街道大皂许家村 | 18 | 男 | 1940 年 11 月 |
| 王在俭 | 蓬莱市新港街道铜井村 | 8 | 男 | 1940 年 11 月 |
| 王文作 | 蓬莱市新港街道铜井村 | 10 | 男 | 1940 年 11 月 |
| 王来松 | 蓬莱市新港街道铜井村 | 30 | 男 | 1940 年 11 月 |
| 宋士钱 | 蓬莱市新港街道铜井村 | 35 | 男 | 1940 年 11 月 |
| 宋士弟 | 蓬莱市新港街道铜井村 | 36 | 男 | 1940 年 11 月 |
| 景兆东 | 蓬莱市新港街道铜井村 | 26 | 男 | 1940 年 11 月 |
| 景兆亮 | 蓬莱市新港街道铜井村 | 30 | 男 | 1940 年 11 月 |
| 金土曰 | 蓬莱市新港街道湾子口村 | 32 | 男 | 1940 年 11 月 |
| 王会金 | 蓬莱市新港街道湾子口村 | 50 | 男 | 1940 年 11 月 |
| 崔玉山 | 蓬莱市新港街道湾子口村 | 54 | 男 | 1940 年 11 月 |
| 王忠山 | 蓬莱市新港街道湾子口村 | 37 | 男 | 1940 年 11 月 |
| 王在西 | 蓬莱市新港街道湾子口村 | 22 | 男 | 1940 年 11 月 |
| 李乐山 | 蓬莱市新港街道湾子口村 | 10 | 男 | 1940 年 11 月 |
| 李天天 | 蓬莱市新港街道湾子口村 | 5 | 男 | 1940 年 11 月 |
| 谢在天 | 蓬莱市新港街道湾子口村 | 47 | 男 | 1940 年 11 月 |
| 董少刚 | 蓬莱市新港街道湾子口村 | 40 | 男 | 1940 年 11 月 |
| 金立明 | 蓬莱市新港街道湾子口村 | 29 | 男 | 1940 年 11 月 |
| 庞 伟 | 蓬莱市新港街道湾子口村 | 18 | 男 | 1940 年 11 月 |
| 周山明 | 蓬莱市新港街道湾子口村 | 27 | 男 | 1940 年 11 月 |
| 王树声 | 蓬莱市潮水镇潮水三村 | 24 | 男 | 1940 年 12 月 |
| 苏晓风 | 蓬莱市潮水镇潮水一村 | 25 | 男 | 1940 年 12 月 |
| 黄立业 | 蓬莱市潮水镇大黄家村 | 27 | 男 | 1940 年 12 月 |
| 张少岩 | 蓬莱市潮水镇潮水村 | 25 | 女 | 1940 年 12 月 |

| 姓 名 | 籍 贯 | 年龄 | 性别 | 死难时间 |
|---|---|---|---|---|
| 宋雪梅 | 蓬莱市村里集镇宋家村 | 20 | 女 | 1940 年 12 月 |
| 隋凤英 | 蓬莱市村里集镇村里集村 | 24 | 女 | 1940 年 12 月 |
| 于德全 | 蓬莱市村里集镇黄泥沟村 | 22 | 男 | 1940 年 12 月 |
| 孙一萍 | 蓬莱市村里集镇南官山村 | 26 | 男 | 1940 年 12 月 |
| 王雁尊 | 蓬莱市村里集镇南官山村 | 23 | 男 | 1940 年 12 月 |
| 邹宗庆 | 蓬莱市蓬莱阁街道邹于村 | 35 | 男 | 1940 年 12 月 |
| 柳淑珍 | 蓬莱市蓬莱阁街道邹于村 | 32 | 女 | 1940 年 12 月 |
| 栾汝俊 | 蓬莱市蓬莱阁街道邹于村 | 40 | 男 | 1940 年 12 月 |
| 王淑青 | 蓬莱市蓬莱阁街道邹于村 | 36 | 女 | 1940 年 12 月 |
| 于从品 | 蓬莱市蓬莱阁街道邹于村 | 32 | 男 | 1940 年 12 月 |
| 孙恒英 | 蓬莱市蓬莱阁街道邹于村 | 30 | 女 | 1940 年 12 月 |
| 李辰之 | 蓬莱市紫荆山街道万寿村 | 21 | 男 | 1940 年 12 月 |
| 高振波 | 蓬莱市北沟镇上口高家村 | 20 | 男 | 1940 年 |
| 申同祥 | 蓬莱市北沟镇上口赵家村 | 18 | 男 | 1940 年 |
| 王天明 | 蓬莱市北沟镇草店村 | 29 | 男 | 1940 年 |
| 高丕淑 | 蓬莱市北沟镇高家庄村 | — | 男 | 1940 年 |
| 王国升 | 蓬莱市北沟镇王李村 | 35 | 男 | 1940 年 |
| 王日明 | 蓬莱市北沟镇王李村 | 29 | 男 | 1940 年 |
| 李祥远 | 蓬莱市北沟镇下朱潘村 | 20 | 男 | 1940 年 |
| 刘可瑞 | 蓬莱市北沟镇沟刘村 | 30 | 男 | 1940 年 |
| 王昌槐 | 蓬莱市北沟镇高里夼村 | 39 | 男 | 1940 年 |
| 姜永才 | 蓬莱市北沟镇大姜家村 | — | 男 | 1940 年 |
| 刘方基 | 蓬莱市北沟镇刘家村 | 35 | 男 | 1940 年 |
| 赵大成 | 蓬莱市北沟镇西南王村 | 64 | 男 | 1940 年 |
| 史业贵 | 蓬莱市北沟镇大史家村 | 25 | 男 | 1940 年 |
| 李忠尧 | 蓬莱市北沟镇北罗村 | 22 | 男 | 1940 年 |
| 张长柱 | 蓬莱市村里集镇英格庄村 | 26 | 男 | 1940 年 |
| 李成丹 | 蓬莱市村里集镇王庄村 | 28 | 男 | 1940 年 |
| 李聚斌 | 蓬莱市村里集镇王庄村 | 23 | 男 | 1940 年 |
| 于洪仁 | 蓬莱市村里集镇邓格庄村 | 20 | 男 | 1940 年 |
| 张万八 | 蓬莱市村里集镇辛旺集村 | 24 | 男 | 1940 年 |
| 张供福 | 蓬莱市村里集镇辛旺集村 | 22 | 男 | 1940 年 |
| 杜 英 | 蓬莱市大辛店镇遇驾夼村 | 28 | 男 | 1940 年 |
| 赵天喜 | 蓬莱市大辛店镇遇驾夼村 | 20 | 男 | 1940 年 |

| 姓 名 | 籍 贯 | 年 龄 | 性 别 | 死难时间 |
|---|---|---|---|---|
| 王克智 | 蓬莱市大辛店镇遇驾夼村 | 22 | 男 | 1940 年 |
| 王作积 | 蓬莱市大辛店镇遇驾夼村 | 21 | 男 | 1940 年 |
| 孙运堂 | 蓬莱市大辛店镇蔡家庄村 | 44 | 男 | 1940 年 |
| 孙新相 | 蓬莱市大辛店镇蔡家庄村 | 40 | 男 | 1940 年 |
| 杨春怀 | 蓬莱市大辛店镇大杨家村 | 25 | 男 | 1940 年 |
| 杨春渡 | 蓬莱市大辛店镇大杨家村 | 24 | 男 | 1940 年 |
| 纪有年 | 蓬莱市大辛店镇西师古庄村 | 30 | 男 | 1940 年 |
| 邹积建 | 蓬莱市大辛店镇小杨家村 | 20 | 男 | 1940 年 |
| 李永业 | 蓬莱市大辛店镇小二甲村 | 26 | 男 | 1940 年 |
| 孙日祉 | 蓬莱市大辛店镇孙家沟村 | — | 男 | 1940 年 |
| 陈雅堂 | 蓬莱市大辛店镇高庄村 | 36 | 男 | 1940 年 |
| 徐瑞茂 | 蓬莱市大辛店镇三十里堡村 | — | 男 | 1940 年 |
| 李存岚 | 蓬莱市大辛店镇三十里堡村 | — | 男 | 1940 年 |
| 李士元 | 蓬莱市大辛店镇三十里堡村 | — | 男 | 1940 年 |
| 李学孔 | 蓬莱市大辛店镇后杨头村 | 26 | 男 | 1940 年 |
| 李华智 | 蓬莱市大辛店镇龙阳村 | 18 | 男 | 1940 年 |
| 曲福厚 | 蓬莱市大辛店镇龙阳村 | 29 | 男 | 1940 年 |
| 王人亨 | 蓬莱市大辛店镇遇驾夼村 | 35 | 男 | 1940 年 |
| 杜长寿 | 蓬莱市大辛店镇遇驾夼村 | 26 | 男 | 1940 年 |
| 宫瑞屏 | 蓬莱市大辛店镇遇驾夼村 | 21 | 男 | 1940 年 |
| 孙世运 | 蓬莱市大辛店镇遇驾夼村 | 27 | 男 | 1940 年 |
| 翟良能 | 蓬莱市大辛店镇遇驾夼村 | 29 | 男 | 1940 年 |
| 王世户 | 蓬莱市大辛店镇西石硼村 | 30 | 男 | 1940 年 |
| 张长荣 | 蓬莱市大辛店镇夏侯村 | 32 | 男 | 1940 年 |
| 张长赏 | 蓬莱市大辛店镇夏侯村 | 40 | 男 | 1940 年 |
| 李式恒 | 蓬莱市登州街道遇驾沟村 | 28 | 男 | 1940 年 |
| 李存树 | 蓬莱市登州街道遇驾沟村 | 31 | 男 | 1940 年 |
| 李式选 | 蓬莱市登州街道遇驾沟村 | 50 | 男 | 1940 年 |
| 李存训 | 蓬莱市登州街道遇驾沟村 | 19 | 男 | 1940 年 |
| 王开选 | 蓬莱市登州街道遇驾沟村 | 27 | 男 | 1940 年 |
| 赵福久 | 蓬莱市登州街道遇驾沟村 | 22 | 男 | 1940 年 |
| 赵福运 | 蓬莱市登州街道遇驾沟村 | 23 | 男 | 1940 年 |
| 王大功 | 蓬莱市登州街道三里沟村 | 20 | 男 | 1940 年 |
| 孙德奎 | 蓬莱市登州街道乐河村 | 31 | 男 | 1940 年 |

| 姓 名 | 籍 贯 | 年 龄 | 性 别 | 死难时间 |
|---|---|---|---|---|
| 陈家士 | 蓬莱市南王街道廿埠村 | 30 | 男 | 1940 年 |
| 刘思连 | 蓬莱市南王街道柳行村 | 23 | 男 | 1940 年 |
| 刘东旭 | 蓬莱市南王街道雨刘村 | — | 男 | 1940 年 |
| 王秀兰 | 蓬莱市蓬莱阁街道林格庄村 | 27 | 女 | 1940 年 |
| 蔺光欣 | 蓬莱市蓬莱阁街道林格庄村 | 28 | 女 | 1940 年 |
| 王鹏举 | 蓬莱市紫荆山街道武霖村 | 42 | 男 | 1940 年 |
| 刘先林 | 蓬莱市紫荆山街道武霖村 | 39 | 男 | 1940 年 |
| 李本洪 | 蓬莱市紫荆山街道西关村 | 23 | 男 | 1940 年 |
| 王兰英 | 蓬莱市紫荆山街道西关村 | 20 | 女 | 1940 年 |
| 于长龙 | 蓬莱市村里集镇邓格庄村 | 47 | 男 | 1941 年 1 月 |
| 李作彬 | 蓬莱市村里集镇炉北花夼村 | 28 | 男 | 1941 年 1 月 |
| 李作顺 | 蓬莱市村里集镇炉北花夼村 | 41 | 男 | 1941 年 1 月 |
| 王炳金 | 蓬莱市村里集镇炉南花夼村 | 3 | 女 | 1941 年 1 月 |
| 王 权 | 蓬莱市村里集镇炉南花夼村 | 60 | 男 | 1941 年 1 月 |
| 王炳潍 | 蓬莱市村里集镇炉南花夼村 | 43 | 男 | 1941 年 1 月 |
| 代心河 | 蓬莱市村里集西代家村 | 27 | 男 | 1941 年 1 月 |
| 李作路 | 蓬莱市村里集北花夼村 | 43 | 男 | 1941 年 1 月 |
| 李世好 | 蓬莱市村里集北花夼村 | 23 | 男 | 1941 年 1 月 |
| 李世运 | 蓬莱市村里集北花夼村 | 8 | 女 | 1941 年 1 月 |
| 李世访 | 蓬莱市村里集北花夼村 | 41 | 男 | 1941 年 1 月 |
| 李作同 | 蓬莱市村里集北花夼村 | 64 | 男 | 1941 年 1 月 |
| 郭运机 | 蓬莱市刘家沟镇五十堡村 | 37 | 男 | 1941 年 1 月 |
| 韩文元 | 蓬莱市小门家镇姜家沟村 | 23 | 男 | 1941 年 1 月 |
| 杨清义 | 蓬莱市大辛店镇大杨家村 | 20 | 男 | 1941 年 1 月 |
| 姜会元 | 蓬莱市北沟镇北沟村 | 35 | 男 | 1941 年 2 月 |
| 杨作开 | 蓬莱市北沟镇西南王村 | 35 | 男 | 1941 年 3 月 |
| 王肇基 | 蓬莱市村里集镇李家沟村 | 23 | 男 | 1941 年 3 月 |
| 赵恒英 | 蓬莱市村里集镇大赵家村 | 31 | 男 | 1941 年 3 月 |
| 赵恒贵 | 蓬莱市村里集镇大赵家村 | 27 | 男 | 1941 年 3 月 |
| 李恒义 | 蓬莱市大辛店镇藏家夼村 | 32 | 男 | 1941 年 3 月 |
| 蔡常乐 | 蓬莱市新港街道大蔡家村 | 33 | 男 | 1941 年 3 月 |
| 蔡鸿书 | 蓬莱市新港街道大蔡家村 | 35 | 男 | 1941 年 3 月 |
| 蔡邱里 | 蓬莱市新港街道大蔡家村 | 23 | 男 | 1941 年 3 月 |
| 蔡永琪 | 蓬莱市新港街道大蔡家村 | 28 | 男 | 1941 年 3 月 |

| 姓 名 | 籍 贯 | 年 龄 | 性 别 | 死难时间 |
|---|---|---|---|---|
| 蔡新川 | 蓬莱市新港街道大蔡家村 | 31 | 男 | 1941 年 3 月 |
| 蔡志一 | 蓬莱市新港街道大蔡家村 | 42 | 男 | 1941 年 3 月 |
| 蔡长仁 | 蓬莱市新港街道大蔡家村 | 37 | 男 | 1941 年 3 月 |
| 孙培芝 | 蓬莱市新港街道营子里村 | 25 | 女 | 1941 年 3 月 |
| 王玉珍 | 蓬莱市新港街道营子里村 | 30 | 女 | 1941 年 3 月 |
| 马佩芬 | 蓬莱市新港街道营子里村 | 39 | 女 | 1941 年 3 月 |
| 梁彩虹 | 蓬莱市新港街道营子里村 | 39 | 女 | 1941 年 3 月 |
| 孙金苓 | 蓬莱市新港街道营子里村 | 30 | 女 | 1941 年 3 月 |
| 梁 忠 | 蓬莱市新港街道大皂许家村 | 38 | 男 | 1941 年 3 月 |
| 梁殷氏 | 蓬莱市新港街道大皂许家村 | 36 | 女 | 1941 年 3 月 |
| 梁立顺 | 蓬莱市新港街道大皂许家村 | 18 | 男 | 1941 年 3 月 |
| 许绍发 | 蓬莱市新港街道大皂许家村 | 21 | 男 | 1941 年 3 月 |
| 许真氏 | 蓬莱市新港街道大皂许家村 | 19 | 女 | 1941 年 3 月 |
| 徐 栋 | 蓬莱市新港街道大皂许家村 | 2 | 男 | 1941 年 3 月 |
| 孙 春 | 蓬莱市新港街道大皂许家村 | 28 | 男 | 1941 年 3 月 |
| 王二立 | 蓬莱市新港街道大皂许家村 | 33 | 男 | 1941 年 3 月 |
| 许大禹 | 蓬莱市新港街道大皂许家村 | 43 | 男 | 1941 年 3 月 |
| 许忠禹 | 蓬莱市新港街道大皂许家村 | 41 | 男 | 1941 年 3 月 |
| 真学禹 | 蓬莱市新港街道大皂许家村 | 40 | 男 | 1941 年 3 月 |
| 真胡氏 | 蓬莱市新港街道大皂许家村 | 36 | 女 | 1941 年 3 月 |
| 真学来 | 蓬莱市新港街道大皂许家村 | 75 | 男 | 1941 年 3 月 |
| 真学伟 | 蓬莱市新港街道大皂许家村 | 13 | 男 | 1941 年 3 月 |
| 许丰年 | 蓬莱市新港街道大皂许家村 | 43 | 男 | 1941 年 3 月 |
| 许丰顺 | 蓬莱市新港街道大皂许家村 | 41 | 男 | 1941 年 3 月 |
| 许丰山 | 蓬莱市新港街道大皂许家村 | 37 | 男 | 1941 年 3 月 |
| 李大安 | 蓬莱市新港街道大皂许家村 | 47 | 男 | 1941 年 3 月 |
| 李陈氏 | 蓬莱市新港街道大皂许家村 | 43 | 女 | 1941 年 3 月 |
| 李小妹 | 蓬莱市新港街道大皂许家村 | 24 | 女 | 1941 年 3 月 |
| 丛超行 | 蓬莱市新港街道安香丛家村 | 60 | 男 | 1941 年 3 月 |
| 丛廷勃 | 蓬莱市新港街道安香丛家村 | 40 | 男 | 1941 年 3 月 |
| 丛廷训 | 蓬莱市新港街道安香丛家村 | 35 | 男 | 1941 年 3 月 |
| 丛殿牧 | 蓬莱市新港街道安香丛家村 | 42 | 男 | 1941 年 3 月 |
| 丛殿烈 | 蓬莱市新港街道安香丛家村 | 28 | 男 | 1941 年 3 月 |
| 丛廷宝 | 蓬莱市新港街道安香丛家村 | 58 | 男 | 1941 年 3 月 |

| 姓 名 | 籍 贯 | 年 龄 | 性 别 | 死难时间 |
|---|---|---|---|---|
| 丛廷冠 | 蓬莱市新港街道安香丛家村 | 42 | 男 | 1941 年 3 月 |
| 王东辉 | 蓬莱市新港街道铜井村 | 25 | 男 | 1941 年 3 月 |
| 景德民 | 蓬莱市新港街道铜井村 | 24 | 男 | 1941 年 3 月 |
| 景兆同 | 蓬莱市新港街道铜井村 | 31 | 男 | 1941 年 3 月 |
| 景兆林 | 蓬莱市新港街道铜井村 | 29 | 男 | 1941 年 3 月 |
| 景德进 | 蓬莱市新港街道铜井村 | 35 | 男 | 1941 年 3 月 |
| 马兆宽 | 蓬莱市新港街道铜井村 | 26 | 男 | 1941 年 3 月 |
| 姚经波 | 蓬莱市新港街道铜井村 | 32 | 男 | 1941 年 3 月 |
| 姚经福 | 蓬莱市新港街道铜井村 | 52 | 男 | 1941 年 3 月 |
| 姚经喜 | 蓬莱市新港街道铜井村 | 27 | 男 | 1941 年 3 月 |
| 孙学明 | 蓬莱市新港街道湾子口村 | 42 | 男 | 1941 年 3 月 |
| 王天明 | 蓬莱市新港街道湾子口村 | 30 | 男 | 1941 年 3 月 |
| 孙立田 | 蓬莱市新港街道湾子口村 | 35 | 男 | 1941 年 3 月 |
| 庞 刚 | 蓬莱市新港街道湾子口村 | 27 | 男 | 1941 年 3 月 |
| 郝一伟 | 蓬莱市新港街道湾子口村 | 25 | 男 | 1941 年 3 月 |
| 王月山 | 蓬莱市新港街道湾子口村 | 45 | 男 | 1941 年 3 月 |
| 李心明 | 蓬莱市新港街道湾子口村 | 29 | 男 | 1941 年 3 月 |
| 崔少明 | 蓬莱市新港街道湾子口村 | 27 | 男 | 1941 年 3 月 |
| 崔少山 | 蓬莱市新港街道湾子口村 | 31 | 男 | 1941 年 3 月 |
| 王财强 | 蓬莱市新港街道湾子口村 | 35 | 男 | 1941 年 3 月 |
| 王山明 | 蓬莱市新港街道湾子口村 | 42 | 男 | 1941 年 3 月 |
| 王山西 | 蓬莱市新港街道湾子口村 | 40 | 男 | 1941 年 3 月 |
| 王大怀 | 蓬莱市新港街道湾子口村 | 30 | 男 | 1941 年 3 月 |
| 崔玉明 | 蓬莱市新港街道湾子口村 | 27 | 男 | 1941 年 3 月 |
| 王明山 | 蓬莱市新港街道湾子口村 | 12 | 男 | 1941 年 3 月 |
| 孙立明 | 蓬莱市新港街道湾子口村 | 19 | 男 | 1941 年 3 月 |
| 金山天 | 蓬莱市新港街道湾子口村 | 27 | 男 | 1941 年 3 月 |
| 金利来 | 蓬莱市新港街道湾子口村 | 29 | 男 | 1941 年 3 月 |
| 金秋来 | 蓬莱市新港街道湾子口村 | 30 | 男 | 1941 年 3 月 |
| 金玉山 | 蓬莱市新港街道湾子口村 | 27 | 男 | 1941 年 3 月 |
| 刘同月 | 蓬莱市潮水镇善集村 | 20 | 男 | 1941 年 4 月 |
| 刘可化 | 蓬莱市潮水镇善集村 | 19 | 男 | 1941 年 4 月 |
| 梁大海 | 蓬莱市村里集镇汤前村 | 48 | 男 | 1941 年 4 月 |
| 徐茂海 | 蓬莱市村里集镇石门口村 | 26 | 男 | 1941 年 4 月 |

| 姓 名 | 籍 贯 | 年龄 | 性别 | 死难时间 |
|---|---|---|---|---|
| 方 兴 | 蓬莱市村里集镇石门口村 | 30 | 男 | 1941 年 4 月 |
| 邢有为 | 蓬莱市村里集镇石门口村 | 40 | 男 | 1941 年 4 月 |
| 由君新 | 蓬莱市村里集镇石门口村 | 25 | 男 | 1941 年 4 月 |
| 张殿卿 | 蓬莱市大辛店镇大呼家村 | 35 | 男 | 1941 年 4 月 |
| 刘芳梧 | 蓬莱市刘家沟镇安香于家村 | 34 | 男 | 1941 年 4 月 |
| 袁奎武 | 蓬莱市刘家沟镇孙家庄村 | 26 | 男 | 1941 年 4 月 |
| 姜同元 | 蓬莱市村里集镇老崔沟村 | 32 | 男 | 1941 年 5 月 |
| 刘志喜 | 蓬莱市村里集镇小柱村 | 30 | 男 | 1941 年 5 月 |
| 于文乐 | 蓬莱市村里集镇黄泥沟村 | 51 | 男 | 1941 年 5 月 |
| 张干堂 | 蓬莱市村里集镇英格庄村 | 39 | 男 | 1941 年 5 月 |
| 刘耀魁 | 蓬莱市大辛店镇小泊村 | 34 | 男 | 1941 年 5 月 |
| 付永基 | 蓬莱市刘家沟镇付家村 | 18 | 男 | 1941 年 5 月 |
| 宋 刚 | 蓬莱市村里集镇宋家村 | 32 | 男 | 1941 年 6 月 |
| 赵恒起 | 蓬莱市村里集镇大赵家村 | 27 | 男 | 1941 年 6 月 |
| 孙广西 | 蓬莱市村里集镇古城东村 | 53 | 男 | 1941 年 6 月 |
| 孙洪志 | 蓬莱市村里集镇古城东村 | 45 | 男 | 1941 年 6 月 |
| 王生文 | 蓬莱市村里集镇古城东村 | 32 | 男 | 1941 年 6 月 |
| 孙志永 | 蓬莱市村里集镇古城东村 | 24 | 男 | 1941 年 6 月 |
| 孙洪钦 | 蓬莱市村里集镇古城东村 | 34 | 男 | 1941 年 6 月 |
| 刘殿旗 | 蓬莱市村里集镇后辛旺村 | 49 | 男 | 1941 年 6 月 |
| 刘云英 | 蓬莱市村里集镇后辛旺村 | 35 | 男 | 1941 年 6 月 |
| 刘 卓 | 蓬莱市村里集镇后辛旺村 | 36 | 男 | 1941 年 6 月 |
| 李文广 | 蓬莱市村里集镇后辛旺村 | 40 | 男 | 1941 年 6 月 |
| 李张氏 | 蓬莱市村里集镇后辛旺村 | 42 | 女 | 1941 年 6 月 |
| 范会芳 | 蓬莱市村里集镇后辛旺村 | 38 | 男 | 1941 年 6 月 |
| 范巩氏 | 蓬莱市村里集镇后辛旺村 | 48 | 女 | 1941 年 6 月 |
| 范长芳 | 蓬莱市村里集镇后辛旺村 | 37 | 男 | 1941 年 6 月 |
| 刘英文 | 蓬莱市村里集镇后辛旺村 | 44 | 男 | 1941 年 6 月 |
| 刘 秀 | 蓬莱市村里集镇后辛旺村 | 41 | 男 | 1941 年 6 月 |
| 白玉芬 | 蓬莱市蓬莱阁街道林格庄村 | 45 | 女 | 1941 年 6 月 |
| 宋学会 | 蓬莱市村里集镇宋家村 | 22 | 男 | 1941 年 7 月 |
| 门行礼 | 蓬莱市村里集镇上王家村 | 18 | 男 | 1941 年 7 月 |
| 张义宝 | 蓬莱市村里集镇张家沟村 | 32 | 男 | 1941 年 7 月 |
| 崔金矩 | 蓬莱市村里集镇小崔家村 | 30 | 男 | 1941 年 7 月 |

| 姓　名 | 籍　贯 | 年　龄 | 性　别 | 死难时间 |
|---|---|---|---|---|
| 于丙成 | 蓬莱市村里集镇小柱村 | 27 | 男 | 1941 年 7 月 |
| 于文德 | 蓬莱市村里集镇小柱村 | 36 | 男 | 1941 年 7 月 |
| 张为告 | 蓬莱市村里集镇高张家村 | 27 | 男 | 1941 年 8 月 |
| 门兆日 | 蓬莱市村里集镇上门家村 | 23 | 男 | 1941 年 8 月 |
| 周守仁 | 蓬莱市村里集镇张家沟村 | 24 | 男 | 1941 年 8 月 |
| 赵国强 | 蓬莱市村里集镇大赵家村 | 19 | 男 | 1941 年 8 月 |
| 王丙礼 | 蓬莱市村里集镇苗家村 | 34 | 男 | 1941 年 8 月 |
| 王殿香 | 蓬莱市村里集镇苗家村 | 20 | 男 | 1941 年 8 月 |
| 于文珍 | 蓬莱市村里集镇黄泥沟村 | 58 | 男 | 1941 年 8 月 |
| 于德清 | 蓬莱市村里集镇黄泥沟村 | 47 | 男 | 1941 年 8 月 |
| 小明礼 | 蓬莱市村里集镇黄泥沟村 | 40 | 男 | 1941 年 8 月 |
| 王世会 | 蓬莱市大柳行镇河西村 | — | 男 | 1941 年 8 月 |
| 王云祥 | 蓬莱市大辛店镇西石硼村 | 42 | 男 | 1941 年 8 月 |
| 卢　番 | 蓬莱市大辛店镇二村 | 46 | 男 | 1941 年 8 月 |
| 迟文明 | 蓬莱市大辛店镇二村 | 39 | 男 | 1941 年 8 月 |
| 张茂令 | 蓬莱市村里集镇张家沟村 | 24 | 男 | 1941 年 9 月 |
| 王洪彬 | 蓬莱市村里集镇古城东村 | 36 | 男 | 1941 年 9 月 |
| 孙玉海 | 蓬莱市村里集镇古城东村 | 21 | 男 | 1941 年 9 月 |
| 陈维林 | 蓬莱市村里集镇陈家沟村 | 28 | 男 | 1941 年 9 月 |
| 陈德平 | 蓬莱市村里集镇陈家沟村 | 21 | 男 | 1941 年 9 月 |
| 陈九红 | 蓬莱市村里集镇陈家沟村 | 31 | 男 | 1941 年 9 月 |
| 陈云全 | 蓬莱市村里集镇陈家沟村 | 24 | 男 | 1941 年 9 月 |
| 陈九天 | 蓬莱市村里集镇陈家沟村 | 30 | 男 | 1941 年 9 月 |
| 陈维成 | 蓬莱市村里集镇陈家沟村 | 41 | 男 | 1941 年 9 月 |
| 陈江会 | 蓬莱市村里集镇陈家沟村 | 52 | 男 | 1941 年 9 月 |
| 陈维河 | 蓬莱市村里集镇陈家沟村 | 47 | 男 | 1941 年 9 月 |
| 陈维金 | 蓬莱市村里集镇陈家沟村 | 31 | 男 | 1941 年 9 月 |
| 陈海全 | 蓬莱市村里集镇陈家沟村 | 50 | 男 | 1941 年 9 月 |
| 陈进全 | 蓬莱市村里集镇陈家沟村 | 42 | 男 | 1941 年 9 月 |
| 陈维九 | 蓬莱市村里集镇陈家沟村 | 34 | 男 | 1941 年 9 月 |
| 曲进宝 | 蓬莱市村里集镇炉南花夼村 | 18 | 男 | 1941 年 9 月 |
| 李世昌 | 蓬莱市村里集镇炉南花夼村 | 54 | 男 | 1941 年 9 月 |
| 王官来 | 蓬莱市村里集镇炉南花夼村 | 48 | 男 | 1941 年 9 月 |
| 王炳伦 | 蓬莱市村里集镇炉南花夼村 | 30 | 男 | 1941 年 9 月 |

| 姓 名 | 籍 贯 | 年龄 | 性别 | 死难时间 |
|---|---|---|---|---|
| 巩进学 | 蓬莱市村里集站马张家村 | 30 | 男 | 1941 年 9 月 |
| 张殿庆 | 蓬莱市村里集站马张家村 | 33 | 男 | 1941 年 9 月 |
| 贾开友 | 蓬莱市村里集站马张家村 | 33 | 男 | 1941 年 9 月 |
| 于鸿全 | 蓬莱市大辛店镇皂户于家村 | 31 | 男 | 1941 年 9 月 |
| 巩玉昌 | 蓬莱市村里集镇巩家村 | 31 | 男 | 1941 年 10 月 |
| 郝 永 | 蓬莱市村里集巩家村 | 40 | 男 | 1941 年 11 月 |
| 郝 × | 蓬莱市村里集巩家村 | 41 | 男 | 1941 年 11 月 |
| 隋凤胜 | 蓬莱市村里集镇村里集村 | 47 | 男 | 1941 年 11 月 |
| 隋凤东 | 蓬莱市村里集镇村里集村 | 36 | 男 | 1941 年 11 月 |
| 孙广财 | 蓬莱市村里集镇村里集村 | 23 | 男 | 1941 年 11 月 |
| 孙忠敏 | 蓬莱市村里集镇村里集村 | 31 | 男 | 1941 年 11 月 |
| 王仲氏 | 蓬莱市大柳行镇沟刘村 | 32 | 女 | 1941 年 11 月 |
| 丁士武 | 蓬莱市北沟镇大丁家村 | 20 | 男 | 1941 年 12 月 |
| 潘春洪 | 蓬莱市村里集镇大刘家村 | 40 | 男 | 1941 年 12 月 |
| 刘本发 | 蓬莱市村里集镇大刘家村 | 72 | 男 | 1941 年 12 月 |
| 刘焕梅 | 蓬莱市村里集镇大刘家村 | 39 | 男 | 1941 年 12 月 |
| 李凤英 | 蓬莱市北沟镇草店村 | 20 | 女 | 1941 年 |
| 李福荣 | 蓬莱市北沟镇周家村 | 30 | 男 | 1941 年 |
| 王宗瑞 | 蓬莱市北沟镇港里村 | 21 | 男 | 1941 年 |
| 任茂顺 | 蓬莱市北沟镇孟家村 | 20 | 男 | 1941 年 |
| 赵德光 | 蓬莱市北沟镇孟家村 | 35 | 男 | 1941 年 |
| 任春达 | 蓬莱市北沟镇孟家村 | 37 | 男 | 1941 年 |
| 任茂质 | 蓬莱市北沟镇孟家村 | 33 | 男 | 1941 年 |
| 孟庆发 | 蓬莱市北沟镇孟家村 | 35 | 男 | 1941 年 |
| 郝先梅 | 蓬莱市北沟镇舒郝村 | 21 | 男 | 1941 年 |
| 王维贵 | 蓬莱市北沟镇北唐村 | — | 男 | 1941 年 |
| 高丕叔 | 蓬莱市北沟镇荆魏村 | 45 | 男 | 1941 年 |
| 荆寿恒 | 蓬莱市北沟镇荆家庄村 | 38 | 男 | 1941 年 |
| 卢锡兴 | 蓬莱市北沟镇田家村 | — | 男 | 1941 年 |
| 许维卿 | 蓬莱市北沟镇许家村 | 26 | 男 | 1941 年 |
| 陈进彩 | 蓬莱市村里集镇车里张家村 | 27 | 男 | 1941 年 |
| 宋岗夫 | 蓬莱市村里集镇宋家村 | 27 | 男 | 1941 年 |
| 孙清德 | 蓬莱市村里集镇邓格庄村 | 20 | 男 | 1941 年 |
| 门宜间 | 蓬莱市村里集镇上门家村 | 25 | 男 | 1941 年 |

| 姓 名 | 籍 贯 | 年 龄 | 性 别 | 死难时间 |
|---|---|---|---|---|
| 隋治邦 | 蓬莱市村里集镇村里集村 | 25 | 男 | 1941 年 |
| 于云有 | 蓬莱市村里集镇柳格庄村 | 19 | 男 | 1941 年 |
| 于维江 | 蓬莱市村里集镇小柱村 | 27 | 男 | 1941 年 |
| 齐维常 | 蓬莱市大柳行镇齐家沟村 | 21 | 男 | 1941 年 |
| 姜守海 | 蓬莱市大柳行镇虎路线村 | — | 男 | 1941 年 |
| 周志熙 | 蓬莱市大辛店镇井湾周家村 | — | 男 | 1941 年 |
| 周焕福 | 蓬莱市大辛店镇井湾周家村 | — | 男 | 1941 年 |
| 王廷法 | 蓬莱市大辛店镇河西村 | 22 | 男 | 1941 年 |
| 丁连成 | 蓬莱市大辛店镇河西村 | 44 | 男 | 1941 年 |
| 刘文寿 | 蓬莱市大辛店镇护驾沟村 | 25 | 男 | 1941 年 |
| 刘振文 | 蓬莱市大辛店镇护驾沟村 | 24 | 男 | 1941 年 |
| 陈九荣 | 蓬莱市大辛店镇高庄村 | 29 | 男 | 1941 年 |
| 孙茂源 | 蓬莱市大辛店镇五甲村 | 37 | 男 | 1941 年 |
| 刘耀奎 | 蓬莱市大辛店镇小泊村 | 34 | 男 | 1941 年 |
| 汤受义 | 蓬莱市大辛店镇葛洼村 | 41 | 男 | 1941 年 |
| 汤贤考 | 蓬莱市大辛店镇葛洼村 | 21 | 男 | 1941 年 |
| 杜世英 | 蓬莱市大辛店镇遇驾夼村 | 21 | 男 | 1941 年 |
| 王凤仙 | 蓬莱市大辛店镇遇驾夼村 | 19 | 女 | 1941 年 |
| 张培林 | 蓬莱市大辛店镇夏侯村 | 30 | 男 | 1941 年 |
| 王会强 | 蓬莱市大辛店镇三甲村 | 35 | 男 | 1941 年 |
| 丛向贤 | 蓬莱市登州街道汤邱村 | 28 | 女 | 1941 年 |
| 丛 光 | 蓬莱市登州街道汤邱村 | 2 | 男 | 1941 年 |
| 丛 明 | 蓬莱市登州街道汤邱村 | 4 | 男 | 1941 年 |
| 王树荣 | 蓬莱市登州街道汤邱村 | 16 | 女 | 1941 年 |
| 胡尊先 | 蓬莱市登州街道韩家疃村 | 24 | 男 | 1941 年 |
| 李永青 | 蓬莱市登州街道诸谷村 | 63 | 男 | 1941 年 |
| 付永荃 | 蓬莱市刘家沟镇海头村 | 18 | 男 | 1941 年 |
| 刘玉祥 | 蓬莱市南王街道雨刘村 | — | 男 | 1941 年 |
| 王元柏 | 蓬莱市南王街道磕王村 | 29 | 男 | 1941 年 |
| 刘振庭 | 蓬莱市小门家镇巨山沟村 | 21 | 男 | 1941 年 |
| 周远昌 | 蓬莱市紫荆山街道拦驾疃村 | 42 | 男 | 1941 年 |
| 孙成宽 | 蓬莱市村里集镇邓格庄村 | 26 | 男 | 1942 年 1 月 |
| 张为刚 | 蓬莱市村里集镇高张家村 | 27 | 男 | 1942 年 1 月 |
| 门大德 | 蓬莱市村里集镇下门家村 | 26 | 男 | 1942 年 1 月 |

| 姓　名 | 籍　贯 | 年　龄 | 性　别 | 死难时间 |
|---|---|---|---|---|
| 刘明书 | 蓬莱市村里集镇大刘家村 | 26 | 男 | 1942 年 1 月 |
| 薛芝明 | 蓬莱市村里集镇下薛家村 | 23 | 男 | 1942 年 1 月 |
| 吕道廷 | 蓬莱市刘家沟镇吕家沟村 | 20 | 男 | 1942 年 1 月 |
| 吕振茂 | 蓬莱市刘家沟镇吕家沟村 | 32 | 男 | 1942 年 1 月 |
| 吕振通 | 蓬莱市刘家沟镇吕家沟村 | 18 | 男 | 1942 年 1 月 |
| 张元思 | 蓬莱市村里集镇车里张家村 | 21 | 男 | 1942 年 2 月 |
| 门兆杰 | 蓬莱市村里集镇上门家村 | 20 | 男 | 1942 年 2 月 |
| 张如海 | 蓬莱市村里集镇石门口村 | 24 | 男 | 1942 年 2 月 |
| 于合中 | 蓬莱市村里集镇柳格庄村 | 22 | 男 | 1942 年 2 月 |
| 于　霞 | 蓬莱市村里集镇柳格庄村 | 24 | 男 | 1942 年 2 月 |
| 冷绍宾 | 蓬莱市大辛店镇龙阳村 | 31 | 男 | 1942 年 2 月 |
| 孙乐山 | 蓬莱市新港街道营子里村 | 40 | 男 | 1942 年 2 月 |
| 王淑珍 | 蓬莱市新港街道营子里村 | 42 | 女 | 1942 年 2 月 |
| 朱宝先 | 蓬莱市新港街道营子里村 | 56 | 男 | 1942 年 2 月 |
| 闫光辉 | 蓬莱市新港街道营子里村 | 43 | 男 | 1942 年 2 月 |
| 张思忠 | 蓬莱市新港街道营子里村 | 50 | 男 | 1942 年 2 月 |
| 张春云 | 蓬莱市新港街道营子里村 | 52 | 女 | 1942 年 2 月 |
| 张春文 | 蓬莱市新港街道营子里村 | 50 | 男 | 1942 年 2 月 |
| 孙明云 | 蓬莱市新港街道营子里村 | 50 | 男 | 1942 年 2 月 |
| 闫光乐 | 蓬莱市新港街道营子里村 | 40 | 男 | 1942 年 2 月 |
| 宋永华 | 蓬莱市新港街道营子里村 | 49 | 女 | 1942 年 2 月 |
| 刘桂香 | 蓬莱市新港街道营子里村 | 40 | 女 | 1942 年 2 月 |
| 闫学光 | 蓬莱市新港街道营子里村 | 45 | 男 | 1942 年 2 月 |
| 张连荣 | 蓬莱市新港街道营子里村 | 42 | 女 | 1942 年 2 月 |
| 陈淑卿 | 蓬莱市新港街道营子里村 | 45 | 女 | 1942 年 2 月 |
| 周淑兰 | 蓬莱市新港街道营子里村 | 43 | 女 | 1942 年 2 月 |
| 武大圣 | 蓬莱市新港街道营子里村 | 40 | 男 | 1942 年 2 月 |
| 梁淑英 | 蓬莱市新港街道营子里村 | 50 | 女 | 1942 年 2 月 |
| 薛淑玉 | 蓬莱市新港街道营子里村 | 47 | 女 | 1942 年 2 月 |
| 武永全 | 蓬莱市新港街道营子里村 | 40 | 男 | 1942 年 2 月 |
| 王贵芳 | 蓬莱市新港街道营子里村 | 39 | 女 | 1942 年 2 月 |
| 宋进财 | 蓬莱市新港街道营子里村 | 50 | 女 | 1942 年 2 月 |
| 朱宝仁 | 蓬莱市新港街道营子里村 | 42 | 男 | 1942 年 2 月 |
| 杨玉芹 | 蓬莱市新港街道营子里村 | 43 | 女 | 1942 年 2 月 |

| 姓 名 | 籍 贯 | 年 龄 | 性 别 | 死难时间 |
|---|---|---|---|---|
| 姚永林 | 蓬莱市新港街道营子里村 | 45 | 男 | 1942 年 2 月 |
| 王淑容 | 蓬莱市新港街道营子里村 | 40 | 女 | 1942 年 2 月 |
| 王选悟 | 蓬莱市新港街道营子里村 | 38 | 男 | 1942 年 2 月 |
| 马玉瑞 | 蓬莱市新港街道营子里村 | 39 | 男 | 1942 年 2 月 |
| 王进贤 | 蓬莱市新港街道营子里村 | 50 | 男 | 1942 年 2 月 |
| 刘瑞卿 | 蓬莱市新港街道营子里村 | 48 | 女 | 1942 年 2 月 |
| 武永年 | 蓬莱市新港街道营子里村 | 50 | 男 | 1942 年 2 月 |
| 朱有章 | 蓬莱市新港街道营子里村 | 50 | 男 | 1942 年 2 月 |
| 李小兵 | 蓬莱市新港街道大皂许家村 | 20 | 男 | 1942 年 2 月 |
| 许廷第 | 蓬莱市新港街道大皂许家村 | 36 | 男 | 1942 年 2 月 |
| 许王氏 | 蓬莱市新港街道大皂许家村 | 32 | 女 | 1942 年 2 月 |
| 许红霞 | 蓬莱市新港街道大皂许家村 | 11 | 女 | 1942 年 2 月 |
| 许兴福 | 蓬莱市新港街道大皂许家村 | 38 | 男 | 1942 年 2 月 |
| 许王氏 | 蓬莱市新港街道大皂许家村 | 36 | 女 | 1942 年 2 月 |
| 许兴禄 | 蓬莱市新港街道大皂许家村 | 35 | 男 | 1942 年 2 月 |
| 许郑氏 | 蓬莱市新港街道大皂许家村 | 32 | 女 | 1942 年 2 月 |
| 许兴寿 | 蓬莱市新港街道大皂许家村 | 30 | 男 | 1942 年 2 月 |
| 许 勇 | 蓬莱市新港街道大皂许家村 | 21 | 男 | 1942 年 2 月 |
| 许 武 | 蓬莱市新港街道大皂许家村 | 18 | 男 | 1942 年 2 月 |
| 许喜来 | 蓬莱市新港街道大皂许家村 | 30 | 男 | 1942 年 2 月 |
| 许梁氏 | 蓬莱市新港街道大皂许家村 | 28 | 女 | 1942 年 2 月 |
| 许 惠 | 蓬莱市新港街道大皂许家村 | 9 | 女 | 1942 年 2 月 |
| 梁学武 | 蓬莱市新港街道大皂许家村 | 23 | 男 | 1942 年 2 月 |
| 许守业 | 蓬莱市新港街道大皂许家村 | 21 | 男 | 1942 年 2 月 |
| 许立业 | 蓬莱市新港街道大皂许家村 | 20 | 男 | 1942 年 2 月 |
| 许真氏 | 蓬莱市新港街道大皂许家村 | 18 | 女 | 1942 年 2 月 |
| 许留强 | 蓬莱市新港街道大皂许家村 | 46 | 男 | 1942 年 2 月 |
| 华光明 | 蓬莱市新港街道大皂许家村 | 61 | 男 | 1942 年 2 月 |
| 刘守业 | 蓬莱市新港街道大皂许家村 | 42 | 男 | 1942 年 2 月 |
| 吴运福 | 蓬莱市新港街道大皂许家村 | 45 | 男 | 1942 年 2 月 |
| 郑大发 | 蓬莱市新港街道大皂许家村 | 32 | 男 | 1942 年 2 月 |
| 盛学仁 | 蓬莱市新港街道大皂许家村 | 63 | 男 | 1942 年 2 月 |
| 许守喜 | 蓬莱市新港街道大皂许家村 | 65 | 男 | 1942 年 2 月 |
| 刘芳桔 | 蓬莱市新港街道山北头村 | 45 | 男 | 1942 年 2 月 |

| 姓　名 | 籍　贯 | 年　龄 | 性　别 | 死难时间 |
|---|---|---|---|---|
| 郝北煌 | 蓬莱市新港街道山北头村 | 40 | 男 | 1942 年 2 月 |
| 方尤民 | 蓬莱市新港街道山北头村 | 45 | 女 | 1942 年 2 月 |
| 王　刚 | 蓬莱市新港街道山北头村 | 39 | 男 | 1942 年 2 月 |
| 马伟年 | 蓬莱市新港街道山北头村 | 25 | 男 | 1942 年 2 月 |
| 史树文 | 蓬莱市新港街道山北头村 | 25 | 男 | 1942 年 2 月 |
| 郝维考 | 蓬莱市新港街道山北头村 | 38 | 男 | 1942 年 2 月 |
| 孙兆治 | 蓬莱市新港街道山北头村 | 29 | 男 | 1942 年 2 月 |
| 孙富荣 | 蓬莱市新港街道山北头村 | 18 | 女 | 1942 年 2 月 |
| 丛廷颂 | 蓬莱市新港街道安香丛家村 | 48 | 男 | 1942 年 2 月 |
| 丛廷森 | 蓬莱市新港街道安香丛家村 | 34 | 男 | 1942 年 2 月 |
| 丛林门 | 蓬莱市新港街道安香丛家村 | 50 | 男 | 1942 年 2 月 |
| 丛日兴 | 蓬莱市新港街道安香丛家村 | 26 | 男 | 1942 年 2 月 |
| 丛日素 | 蓬莱市新港街道安香丛家村 | 16 | 男 | 1942 年 2 月 |
| 丛日义 | 蓬莱市新港街道安香丛家村 | 10 | 男 | 1942 年 2 月 |
| 丛兆庆 | 蓬莱市新港街道安香丛家村 | 51 | 男 | 1942 年 2 月 |
| 丛兆孚 | 蓬莱市新港街道安香丛家村 | 48 | 男 | 1942 年 2 月 |
| 丛日道 | 蓬莱市新港街道安香丛家村 | 53 | 男 | 1942 年 2 月 |
| 宋可桐 | 蓬莱市新港街道铜井村 | 21 | 男 | 1942 年 2 月 |
| 宋可留 | 蓬莱市新港街道铜井村 | 23 | 男 | 1942 年 2 月 |
| 宋可栋 | 蓬莱市新港街道铜井村 | 23 | 男 | 1942 年 2 月 |
| 金东来 | 蓬莱市新港街道湾子口村 | 32 | 男 | 1942 年 2 月 |
| 王传峰 | 蓬莱市新港街道湾子口村 | 26 | 男 | 1942 年 2 月 |
| 王立明 | 蓬莱市新港街道湾子口村 | 40 | 男 | 1942 年 2 月 |
| 郝山岗 | 蓬莱市新港街道湾子口村 | 19 | 男 | 1942 年 2 月 |
| 王火明 | 蓬莱市新港街道湾子口村 | 25 | 男 | 1942 年 2 月 |
| 金立功 | 蓬莱市新港街道湾子口村 | 32 | 男 | 1942 年 2 月 |
| 金立群 | 蓬莱市新港街道湾子口村 | 25 | 男 | 1942 年 2 月 |
| 金在明 | 蓬莱市新港街道湾子口村 | 16 | 男 | 1942 年 2 月 |
| 王进昌 | 蓬莱市新港街道湾子口村 | 19 | 男 | 1942 年 2 月 |
| 李云龙 | 蓬莱市新港街道湾子口村 | 32 | 男 | 1942 年 2 月 |
| 周淑平 | 蓬莱市新港街道湾子口村 | 25 | 男 | 1942 年 2 月 |
| 王美山 | 蓬莱市新港街道湾子口村 | 42 | 男 | 1942 年 2 月 |
| 孙进伟 | 蓬莱市新港街道湾子口村 | 50 | 男 | 1942 年 2 月 |
| 金洪山 | 蓬莱市新港街道湾子口村 | 32 | 男 | 1942 年 2 月 |

| 姓　名 | 籍　贯 | 年　龄 | 性　别 | 死难时间 |
|---|---|---|---|---|
| 周木苏 | 蓬莱市潮水镇潮水三村 | 26 | 女 | 1942 年 3 月 |
| 李焕明 | 蓬莱市潮水镇富阳张家村 | 24 | 男 | 1942 年 3 月 |
| 邢林隆 | 蓬莱市村里集镇高张家村 | 36 | 男 | 1942 年 3 月 |
| 戴廷树 | 蓬莱市大柳行镇东流院村 | — | 男 | 1942 年 4 月 |
| 代中毫 | 蓬莱市大柳行镇俺口村 | 24 | 男 | 1942 年 4 月 |
| 代中利 | 蓬莱市大柳行镇俺口村 | 28 | 男 | 1942 年 4 月 |
| 何开通 | 蓬莱市蓬莱阁街道林格庄村 | 25 | 男 | 1942 年 4 月 |
| 李素琴 | 蓬莱市蓬莱阁街道林格庄村 | 24 | 女 | 1942 年 4 月 |
| 何姜慧 | 蓬莱市蓬莱阁街道林格庄村 | 5 | 女 | 1942 年 4 月 |
| 何坤明 | 蓬莱市蓬莱阁街道林格庄村 | 3 | 男 | 1942 年 4 月 |
| 卫承厚 | 蓬莱市潮水镇富阳张家村 | 23 | 男 | 1942 年 5 月 |
| 门福田 | 蓬莱市村里集镇下门家村 | 24 | 男 | 1942 年 5 月 |
| 门景云 | 蓬莱市村里集镇下门家村 | 26 | 男 | 1942 年 5 月 |
| 门官朴 | 蓬莱市村里集镇下门家村 | 24 | 男 | 1942 年 5 月 |
| 门子前 | 蓬莱市村里集镇下门家村 | 31 | 男 | 1942 年 5 月 |
| 门顺田 | 蓬莱市村里集镇下门家村 | 38 | 男 | 1942 年 5 月 |
| 门官孟 | 蓬莱市村里集镇下门家村 | 30 | 男 | 1942 年 5 月 |
| 门青云 | 蓬莱市村里集镇下门家村 | 32 | 男 | 1942 年 5 月 |
| 门宗杰 | 蓬莱市村里集镇下门家村 | 28 | 男 | 1942 年 5 月 |
| 代丰年 | 蓬莱市大柳行镇俺口村 | 27 | 男 | 1942 年 5 月 |
| 代振有 | 蓬莱市大柳行镇俺口村 | 33 | 男 | 1942 年 5 月 |
| 曲景厚 | 蓬莱市大柳行镇俺口村 | 30 | 男 | 1942 年 5 月 |
| 代振美 | 蓬莱市大柳行镇俺口村 | 28 | 男 | 1942 年 5 月 |
| 代振名 | 蓬莱市大柳行镇俺口村 | 33 | 男 | 1942 年 5 月 |
| 王树公 | 蓬莱市大柳行镇炉头村 | 30 | 男 | 1942 年 5 月 |
| 于培瑾 | 蓬莱市大辛店镇皂户于家村 | 55 | 男 | 1942 年 5 月 |
| 刘如成 | 蓬莱市刘家沟镇乌沟刘家村 | 22 | 男 | 1942 年 5 月 |
| 蔡世景 | 蓬莱市新港街道大蔡家村 | 33 | 男 | 1942 年 5 月 |
| 张杰海 | 蓬莱市新港街道大蔡家村 | 30 | 男 | 1942 年 5 月 |
| 武大会 | 蓬莱市新港街道营子里村 | 49 | 男 | 1942 年 5 月 |
| 孙然宜 | 蓬莱市新港街道营子里村 | 48 | 男 | 1942 年 5 月 |
| 王子芹 | 蓬莱市新港街道营子里村 | 47 | 男 | 1942 年 5 月 |
| 张山宝 | 蓬莱市新港街道营子里村 | 45 | 男 | 1942 年 5 月 |
| 周俊英 | 蓬莱市新港街道营子里村 | 40 | 女 | 1942 年 5 月 |

| 姓 名 | 籍 贯 | 年 龄 | 性 别 | 死难时间 |
|---|---|---|---|---|
| 马玉珠 | 蓬莱市新港街道营子里村 | 38 | 男 | 1942 年 5 月 |
| 王成玉 | 蓬莱市新港街道营子里村 | 40 | 女 | 1942 年 5 月 |
| 张训迪 | 蓬莱市新港街道营子里村 | 50 | 男 | 1942 年 5 月 |
| 魏仁雪 | 蓬莱市新港街道营子里村 | 40 | 女 | 1942 年 5 月 |
| 詹培良 | 蓬莱市新港街道营子里村 | 42 | 男 | 1942 年 5 月 |
| 田立军 | 蓬莱市新港街道营子里村 | 45 | 男 | 1942 年 5 月 |
| 孙兆君 | 蓬莱市新港街道营子里村 | 50 | 男 | 1942 年 5 月 |
| 赵桂英 | 蓬莱市新港街道营子里村 | 35 | 女 | 1942 年 5 月 |
| 许放先 | 蓬莱市新港街道大皂许家村 | 58 | 男 | 1942 年 5 月 |
| 李成安 | 蓬莱市新港街道大皂许家村 | 58 | 男 | 1942 年 5 月 |
| 刘海金 | 蓬莱市新港街道大皂许家村 | 23 | 男 | 1942 年 5 月 |
| 王方氏 | 蓬莱市新港街道山北头村 | 38 | 女 | 1942 年 5 月 |
| 周沛清 | 蓬莱市新港街道山北头村 | 29 | 男 | 1942 年 5 月 |
| 周金荣 | 蓬莱市新港街道山北头村 | 25 | 男 | 1942 年 5 月 |
| 朴学发 | 蓬莱市新港街道山北头村 | 42 | 男 | 1942 年 5 月 |
| 吕杨发 | 蓬莱市新港街道山北头村 | 35 | 男 | 1942 年 5 月 |
| 张振庆 | 蓬莱市新港街道山北头村 | 30 | 男 | 1942 年 5 月 |
| 刘许氏 | 蓬莱市新港街道山北头村 | 29 | 女 | 1942 年 5 月 |
| 郝秦氏 | 蓬莱市新港街道山北头村 | 30 | 女 | 1942 年 5 月 |
| 王晋臣 | 蓬莱市新港街道山北头村 | 35 | 男 | 1942 年 5 月 |
| 朴全忠 | 蓬莱市新港街道山北头村 | 39 | 男 | 1942 年 5 月 |
| 徐延松 | 蓬莱市新港街道山北头村 | 45 | 男 | 1942 年 5 月 |
| 张振学 | 蓬莱市新港街道山北头村 | 30 | 男 | 1942 年 5 月 |
| 周长林 | 蓬莱市新港街道山北头村 | 29 | 男 | 1942 年 5 月 |
| 丛廷台 | 蓬莱市新港街道安香丛家村 | 56 | 男 | 1942 年 5 月 |
| 丛廷表 | 蓬莱市新港街道安香丛家村 | 57 | 男 | 1942 年 5 月 |
| 丛廷海 | 蓬莱市新港街道安香丛家村 | 32 | 男 | 1942 年 5 月 |
| 丛文光 | 蓬莱市新港街道安香丛家村 | 38 | 男 | 1942 年 5 月 |
| 徐玉清 | 蓬莱市新港街道安香丛家村 | 40 | 男 | 1942 年 5 月 |
| 刘典龙 | 蓬莱市新港街道安香丛家村 | 24 | 男 | 1942 年 5 月 |
| 吕存实 | 蓬莱市新港街道安香丛家村 | 60 | 男 | 1942 年 5 月 |
| 马向上 | 蓬莱市新港街道安香丛家村 | 42 | 男 | 1942 年 5 月 |
| 丛维琮 | 蓬莱市新港街道安香丛家村 | 52 | 男 | 1942 年 5 月 |
| 丛敦门 | 蓬莱市新港街道安香丛家村 | 45 | 男 | 1942 年 5 月 |

| 姓　名 | 籍　贯 | 年龄 | 性别 | 死难时间 |
|---|---|---|---|---|
| 祝承德 | 蓬莱市新港街道安香丛家村 | 26 | 男 | 1942 年 5 月 |
| 姚文德 | 蓬莱市新港街道铜井村 | 28 | 男 | 1942 年 5 月 |
| 姚文昌 | 蓬莱市新港街道铜井村 | 29 | 男 | 1942 年 5 月 |
| 姚文方 | 蓬莱市新港街道铜井村 | 27 | 男 | 1942 年 5 月 |
| 陈可礼 | 蓬莱市新港街道铜井村 | — | 男 | 1942 年 5 月 |
| 王富刚 | 蓬莱市新港街道湾子口村 | 37 | 男 | 1942 年 5 月 |
| 王贵建 | 蓬莱市新港街道湾子口村 | 27 | 男 | 1942 年 5 月 |
| 董少强 | 蓬莱市新港街道湾子口村 | 19 | 男 | 1942 年 5 月 |
| 董云来 | 蓬莱市新港街道湾子口村 | 26 | 男 | 1942 年 5 月 |
| 孙进业 | 蓬莱市新港街道湾子口村 | 20 | 男 | 1942 年 5 月 |
| 孙进云 | 蓬莱市新港街道湾子口村 | 14 | 男 | 1942 年 5 月 |
| 王　仪 | 蓬莱市新港街道湾子口村 | 37 | 男 | 1942 年 5 月 |
| 王　武 | 蓬莱市新港街道湾子口村 | 34 | 男 | 1942 年 5 月 |
| 孙　浩 | 蓬莱市新港街道湾子口村 | 34 | 男 | 1942 年 5 月 |
| 门进云 | 蓬莱市村里集镇下门家村 | 24 | 男 | 1942 年 6 月 |
| 门官弟 | 蓬莱市村里集镇下门家村 | 29 | 男 | 1942 年 6 月 |
| 门同乙 | 蓬莱市村里集镇下门家村 | 30 | 男 | 1942 年 6 月 |
| 付玉英 | 蓬莱市村里集镇下门家村 | 20 | 女 | 1942 年 6 月 |
| 崔明新 | 蓬莱市村里集镇大崔家村 | 19 | 男 | 1942 年 6 月 |
| 于云地 | 蓬莱市村里集镇柳格庄村 | 26 | 男 | 1942 年 6 月 |
| 于春中 | 蓬莱市村里集镇柳格庄村 | 65 | 男 | 1942 年 6 月 |
| 于德水 | 蓬莱市村里集镇柳格庄村 | 69 | 男 | 1942 年 6 月 |
| 于希建 | 蓬莱市村里集镇柳格庄村 | 52 | 男 | 1942 年 6 月 |
| 于希山 | 蓬莱市村里集镇柳格庄村 | 60 | 男 | 1942 年 6 月 |
| 于希凯 | 蓬莱市村里集镇柳格庄村 | 57 | 男 | 1942 年 6 月 |
| 于万水 | 蓬莱市村里集镇柳格庄村 | 72 | 男 | 1942 年 6 月 |
| 陈有更 | 蓬莱市村里集镇陈家沟村 | 32 | 男 | 1942 年 6 月 |
| 陈光义 | 蓬莱市大柳行镇上陈家村 | — | 男 | 1942 年 6 月 |
| 张永清 | 蓬莱市大辛店镇藏家夼村 | 18 | 男 | 1942 年 6 月 |
| 张永丰 | 蓬莱市大辛店镇藏家夼村 | 19 | 男 | 1942 年 6 月 |
| 徐中山 | 蓬莱市大辛店镇一村 | 28 | 男 | 1942 年 6 月 |
| 姜国才 | 蓬莱市刘家沟镇刘家沟村 | 27 | 男 | 1942 年 6 月 |
| 邹梅香 | 蓬莱市潮水镇潮水四村 | 22 | 女 | 1942 年 7 月 |
| 刘翠兰 | 蓬莱市潮水镇潮水四村 | 24 | 女 | 1942 年 7 月 |

| 姓　名 | 籍　贯 | 年龄 | 性别 | 死难时间 |
|---|---|---|---|---|
| 张良欣 | 蓬莱市潮水镇潮水四村 | 28 | 男 | 1942 年 7 月 |
| 周茂堂 | 蓬莱市潮水镇潮水四村 | 27 | 男 | 1942 年 7 月 |
| 曲芝兰 | 蓬莱市潮水镇潮水四村 | 32 | 女 | 1942 年 7 月 |
| 张志明 | 蓬莱市潮水镇潮水四村 | 23 | 男 | 1942 年 7 月 |
| 刘跃玉 | 蓬莱市潮水镇潮水四村 | 23 | 男 | 1942 年 7 月 |
| 万云卿 | 蓬莱市潮水镇潮水四村 | 27 | 男 | 1942 年 7 月 |
| 马凤珍 | 蓬莱市潮水镇潮水二村 | 31 | 女 | 1942 年 7 月 |
| 于洪芝 | 蓬莱市村里集镇车里张家村 | 55 | 男 | 1942 年 7 月 |
| 张世选 | 蓬莱市村里集镇车里张家村 | 50 | 男 | 1942 年 7 月 |
| 张本径 | 蓬莱市村里集镇车里张家村 | 20 | 男 | 1942 年 7 月 |
| 宋世庆 | 蓬莱市村里集镇宋家村 | 28 | 男 | 1942 年 7 月 |
| 于洪宝 | 蓬莱市村里集镇邓格庄村 | 22 | 男 | 1942 年 7 月 |
| 门宜利 | 蓬莱市村里集镇上门家村 | 27 | 男 | 1942 年 7 月 |
| 隋化彬 | 蓬莱市村里集镇村里集村 | 30 | 男 | 1942 年 7 月 |
| 隋玉琪 | 蓬莱市村里集镇村里集村 | 30 | 男 | 1942 年 7 月 |
| 巩庆好 | 蓬莱市村里集镇巩家村 | 32 | 男 | 1942 年 7 月 |
| 高进林 | 蓬莱市村里集镇巩家村 | 45 | 男 | 1942 年 7 月 |
| 李进孝 | 蓬莱市村里集镇巩家村 | 52 | 男 | 1942 年 7 月 |
| 巩学修 | 蓬莱市村里集镇巩家村 | 63 | 男 | 1942 年 7 月 |
| 巩学海 | 蓬莱市村里集镇巩家村 | 57 | 男 | 1942 年 7 月 |
| 巩寿连 | 蓬莱市村里集镇巩家村 | 68 | 男 | 1942 年 7 月 |
| 巩学成 | 蓬莱市村里集镇巩家村 | 25 | 男 | 1942 年 7 月 |
| 巩学昌 | 蓬莱市村里集镇巩家村 | 39 | 男 | 1942 年 7 月 |
| 巩　一 | 蓬莱市村里集镇巩家村 | 40 | 男 | 1942 年 7 月 |
| 巩京山 | 蓬莱市村里集镇巩家村 | 57 | 男 | 1942 年 7 月 |
| 李玉林 | 蓬莱市村里集镇巩家村 | 52 | 男 | 1942 年 7 月 |
| 李庄林 | 蓬莱市村里集镇巩家村 | 48 | 男 | 1942 年 7 月 |
| 巩学生 | 蓬莱市村里集镇巩家村 | 34 | 男 | 1942 年 7 月 |
| 巩美林 | 蓬莱市村里集镇巩家村 | 45 | 男 | 1942 年 7 月 |
| 巩兆福 | 蓬莱市村里集镇巩家村 | 36 | 男 | 1942 年 7 月 |
| 巩玉山 | 蓬莱市村里集镇巩家村 | 29 | 男 | 1942 年 7 月 |
| 巩玉海 | 蓬莱市村里集镇巩家村 | 19 | 男 | 1942 年 7 月 |
| 巩佩军 | 蓬莱市村里集镇巩家村 | 21 | 男 | 1942 年 7 月 |
| 巩玉章 | 蓬莱市村里集镇巩家村 | 40 | 男 | 1942 年 7 月 |

| 姓 名 | 籍 贯 | 年 龄 | 性 别 | 死难时间 |
|---|---|---|---|---|
| 巩寿利 | 蓬莱市村里集镇巩家村 | 35 | 男 | 1942 年 7 月 |
| 巩福成 | 蓬莱市村里集镇巩家村 | 34 | 男 | 1942 年 7 月 |
| 巩竹宜 | 蓬莱市村里集镇巩家村 | 18 | 男 | 1942 年 7 月 |
| 巩安宜 | 蓬莱市村里集镇巩家村 | 34 | 男 | 1942 年 7 月 |
| 安　子 | 蓬莱市村里集镇巩家村 | 17 | 男 | 1942 年 7 月 |
| 薛跃德 | 蓬莱市村里集上薛家村 | 31 | 男 | 1942 年 7 月 |
| 薛廷华 | 蓬莱市村里集上薛家村 | 34 | 男 | 1942 年 7 月 |
| 李青修 | 蓬莱市刘家沟镇吕家沟村 | 32 | 男 | 1942 年 7 月 |
| 逄×× | 蓬莱市刘家沟镇乌沟逄家村 | 25 | 男 | 1942 年 7 月 |
| 秦义乐 | 蓬莱市北沟镇荆魏村 | 31 | 男 | 1942 年 8 月 |
| 史启振 | 蓬莱市北沟镇小史家村 | 35 | 男 | 1942 年 8 月 |
| 宋义云 | 蓬莱市北沟镇小史家村 | 27 | 男 | 1942 年 8 月 |
| 柳延彬 | 蓬莱市北沟镇小史家村 | 26 | 男 | 1942 年 8 月 |
| 柳春东 | 蓬莱市北沟镇小史家村 | 18 | 男 | 1942 年 8 月 |
| 姜常源 | 蓬莱市潮水镇潮水一村 | 30 | 男 | 1942 年 8 月 |
| 李庭贵 | 蓬莱市潮水镇富阳张家村 | 22 | 男 | 1942 年 8 月 |
| 刘少梅 | 蓬莱市村里集镇温石汤村 | 25 | 女 | 1942 年 8 月 |
| 李景德 | 蓬莱市大辛店镇莫庄村 | 29 | 男 | 1942 年 8 月 |
| 杜宝利 | 蓬莱市大辛店镇杜家村 | 27 | 男 | 1942 年 8 月 |
| 秦行昌 | 蓬莱市北沟镇汪家村 | 29 | 男 | 1942 年 9 月 |
| 隋世春 | 蓬莱市潮水镇小雪村 | 18 | 男 | 1942 年 9 月 |
| 汪×× | 蓬莱市村里集镇大柱村 | 29 | 男 | 1942 年 9 月 |
| 张德珠 | 蓬莱市村里集镇辛旺集村 | 52 | 男 | 1942 年 9 月 |
| 张直昌 | 蓬莱市村里集镇辛旺集村 | 37 | 男 | 1942 年 9 月 |
| 李臣栋 | 蓬莱市村里集镇辛旺集村 | 52 | 男 | 1942 年 9 月 |
| 张满林 | 蓬莱市村里集镇辛旺集村 | 40 | 男 | 1942 年 9 月 |
| 张树林 | 蓬莱市村里集镇辛旺集村 | 37 | 男 | 1942 年 9 月 |
| 张郝氏 | 蓬莱市村里集镇辛旺集村 | 48 | 女 | 1942 年 9 月 |
| 张巩氏 | 蓬莱市村里集镇辛旺集村 | 70 | 女 | 1942 年 9 月 |
| 张栋林 | 蓬莱市村里集镇辛旺集村 | 36 | 男 | 1942 年 9 月 |
| 张同全 | 蓬莱市村里集镇辛旺集村 | 58 | 男 | 1942 年 9 月 |
| 张路林 | 蓬莱市村里集镇辛旺集村 | 24 | 男 | 1942 年 9 月 |
| 张美林 | 蓬莱市村里集镇辛旺集村 | 35 | 男 | 1942 年 9 月 |
| 张作汉 | 蓬莱市村里集镇高张家村 | 31 | 男 | 1942 年 9 月 |

| 姓 名 | 籍 贯 | 年 龄 | 性 别 | 死难时间 |
|---|---|---|---|---|
| 高师进 | 蓬莱市村里集镇高张家村 | 26 | 男 | 1942 年 9 月 |
| 张文进 | 蓬莱市村里集镇高张家村 | 29 | 男 | 1942 年 9 月 |
| 胡福九 | 蓬莱市村里集镇高张家村 | 27 | 男 | 1942 年 9 月 |
| 胡国文 | 蓬莱市村里集镇高张家村 | 28 | 男 | 1942 年 9 月 |
| 胡文章 | 蓬莱市村里集镇高张家村 | 51 | 男 | 1942 年 9 月 |
| 高进学 | 蓬莱市村里集镇高张家村 | 43 | 男 | 1942 年 9 月 |
| 张维宗 | 蓬莱市村里集镇高张家村 | 29 | 男 | 1942 年 9 月 |
| 王连芳 | 蓬莱市村里集镇上王家村 | 36 | 男 | 1942 年 9 月 |
| 王进宝 | 蓬莱市村里集镇后辛旺村 | 36 | 男 | 1942 年 9 月 |
| 范祥林 | 蓬莱市村里集镇后辛旺村 | 40 | 男 | 1942 年 9 月 |
| 刘殿邦 | 蓬莱市村里集镇后辛旺村 | 50 | 男 | 1942 年 9 月 |
| 纪春增 | 蓬莱市村里集镇苗家村 | 62 | 男 | 1942 年 9 月 |
| 刘运培 | 蓬莱市村里集镇大刘家村 | 21 | 男 | 1942 年 9 月 |
| 刘焕香 | 蓬莱市村里集镇大刘家村 | 37 | 男 | 1942 年 9 月 |
| 刘茂增 | 蓬莱市村里集镇大刘家村 | 23 | 男 | 1942 年 9 月 |
| 陈进德 | 蓬莱市村里集镇大刘家村 | 30 | 男 | 1942 年 9 月 |
| 高长祥 | 蓬莱市大辛店镇井湾高家村 | — | 男 | 1942 年 9 月 |
| 刘振庆 | 蓬莱市刘家沟镇解西村 | 29 | 男 | 1942 年 9 月 |
| 崔富永 | 蓬莱市村里集镇大崔家村 | 22 | 男 | 1942 年 10 月 |
| 巩学富 | 蓬莱市村里集镇巩家村 | 32 | 男 | 1942 年 10 月 |
| 刘克家 | 蓬莱市潮水镇庄官村 | 27 | 男 | 1942 年 11 月 |
| 张启贤 | 蓬莱市潮水镇小雪村 | 21 | 男 | 1942 年 11 月 |
| 宋红章 | 蓬莱市村里集镇宋家村 | 18 | 男 | 1942 年 11 月 |
| 宋世宾 | 蓬莱市村里集镇宋家村 | 22 | 男 | 1942 年 11 月 |
| 汪作勤 | 蓬莱市村里集镇大柱村 | 31 | 男 | 1942 年 11 月 |
| 汪本贤 | 蓬莱市村里集镇大柱村 | 33 | 男 | 1942 年 11 月 |
| 修仁锐 | 蓬莱市村里集镇后吴家村 | 24 | 男 | 1942 年 11 月 |
| 刘焕庚 | 蓬莱市村里集镇大刘家村 | 22 | 男 | 1942 年 11 月 |
| 潘世山 | 蓬莱市村里集镇大刘家村 | 29 | 男 | 1942 年 11 月 |
| 时文林 | 蓬莱市大柳行镇时金河村 | 50 | 男 | 1942 年 11 月 |
| 齐元举 | 蓬莱市大柳行镇齐家沟村 | 27 | 男 | 1942 年 11 月 |
| 姜义庆 | 蓬莱市大柳行镇强家沟村 | 35 | 男 | 1942 年 11 月 |
| 姜富庆 | 蓬莱市大柳行镇强家沟村 | 36 | 男 | 1942 年 11 月 |
| 李淑芬 | 蓬莱市紫荆山街道万寿村 | 18 | 女 | 1942 年 11 月 |

| 姓　名 | 籍　贯 | 年　龄 | 性　别 | 死难时间 |
|---|---|---|---|---|
| 景清云 | 蓬莱市紫荆山街道武霖村 | 43 | 男 | 1942 年 11 月 |
| 刘恒龙 | 蓬莱市北沟镇沟刘村 | 19 | 男 | 1942 年 12 月 |
| 李聚文 | 蓬莱市村里集镇王庄村 | 22 | 男 | 1942 年 12 月 |
| 刘恩迎 | 蓬莱市村里集镇温石汤村 | 18 | 男 | 1942 年 12 月 |
| 于文华 | 蓬莱市村里集镇后吴家村 | 24 | 男 | 1942 年 12 月 |
| 吴德选 | 蓬莱市村里集镇后吴家村 | 28 | 男 | 1942 年 12 月 |
| 于顺德 | 蓬莱市村里集镇小柱村 | 24 | 男 | 1942 年 12 月 |
| 王振东 | 蓬莱市村里集上薛家村 | 25 | 男 | 1942 年 12 月 |
| 刘宝堂 | 蓬莱市村里集镇大刘家村 | 29 | 男 | 1942 年 12 月 |
| 骆锅雪 | 蓬莱市村里集镇郝家村 | 32 | 男 | 1942 年 12 月 |
| 张书汉 | 蓬莱市村里集镇郝家村 | 31 | 男 | 1942 年 12 月 |
| 李耀崇 | 蓬莱市大辛店镇藏夼村 | 26 | 男 | 1942 年 12 月 |
| 李恒民 | 蓬莱市大辛店镇藏夼村 | 17 | 男 | 1942 年 12 月 |
| 张学店 | 蓬莱市大辛店镇藏夼村 | 48 | 男 | 1942 年 12 月 |
| 迟建民 | 蓬莱市大辛店镇莫庄村 | 39 | 男 | 1942 年 12 月 |
| 杨美吾 | 蓬莱市刘家沟镇向阳村 | 17 | 男 | 1942 年 12 月 |
| 杨美春 | 蓬莱市刘家沟镇向阳村 | 17 | 男 | 1942 年 12 月 |
| 刘允万 | 蓬莱市刘家沟镇刘沟村 | 80 | 男 | 1942 年 12 月 |
| 蒋新敏 | 蓬莱市蓬莱阁街道水城村 | 47 | 男 | 1942 年 12 月 |
| 高惠芳 | 蓬莱市蓬莱阁街道水城村 | 45 | 女 | 1942 年 12 月 |
| 李惠英 | 蓬莱市蓬莱阁街道水城村 | 40 | 女 | 1942 年 12 月 |
| 葛焕珠 | 蓬莱市蓬莱阁街道水城村 | 32 | 男 | 1942 年 12 月 |
| 张聚丰 | 蓬莱市蓬莱阁街道水城村 | 36 | 男 | 1942 年 12 月 |
| 孙树芝 | 蓬莱市蓬莱阁街道水城村 | 38 | 男 | 1942 年 12 月 |
| 高玺芳 | 蓬莱市北沟镇上口高家村 | 26 | 男 | 1942 年 |
| 高国芳 | 蓬莱市北沟镇上口高家村 | 22 | 男 | 1942 年 |
| 王　军 | 蓬莱市北沟镇草店村 | 30 | 男 | 1942 年 |
| 李焕新 | 蓬莱市北沟镇上口李家村 | 31 | 男 | 1942 年 |
| 李先民 | 蓬莱市北沟镇上口李家村 | 28 | 男 | 1942 年 |
| 王维明 | 蓬莱市北沟镇港里村 | 21 | 男 | 1942 年 |
| 李承志 | 蓬莱市北沟镇北林院村 | 24 | 男 | 1942 年 |
| 王昌孟 | 蓬莱市北沟镇北林院村 | 23 | 男 | 1942 年 |
| 徐智堂 | 蓬莱市北沟镇南王绪村 | 25 | 男 | 1942 年 |
| 王　生 | 蓬莱市北沟镇南王绪村 | 35 | 男 | 1942 年 |

| 姓 名 | 籍 贯 | 年龄 | 性别 | 死难时间 |
|---|---|---|---|---|
| 孟庆权 | 蓬莱市北沟镇孟家村 | 26 | 男 | 1942 年 |
| 任可茂 | 蓬莱市北沟镇孟家村 | 36 | 男 | 1942 年 |
| 孟庆忠 | 蓬莱市北沟镇孟家村 | 22 | 男 | 1942 年 |
| 任茂春 | 蓬莱市北沟镇孟家村 | 27 | 男 | 1942 年 |
| 柳延虎 | 蓬莱市北沟镇孟家村 | 36 | 男 | 1942 年 |
| 李发翠 | 蓬莱市北沟镇下朱潘村 | 24 | 男 | 1942 年 |
| 李发营 | 蓬莱市北沟镇下朱潘村 | 24 | 男 | 1942 年 |
| 白瑞香 | 蓬莱市北沟镇下朱潘村 | 43 | 男 | 1942 年 |
| 李兆碧 | 蓬莱市北沟镇下朱潘村 | 41 | 男 | 1942 年 |
| 司文乐 | 蓬莱市北沟镇大丁家村 | 22 | 男 | 1942 年 |
| 王世学 | 蓬莱市北沟镇高里夼村 | 26 | 男 | 1942 年 |
| 杨茂绪 | 蓬莱市北沟镇北沟一村 | 31 | 男 | 1942 年 |
| 侯万瑞 | 蓬莱市北沟镇西正李家村 | 28 | 男 | 1942 年 |
| 罗绍舫 | 蓬莱市北沟镇北罗村 | 25 | 男 | 1942 年 |
| 韩庆祥 | 蓬莱市北沟镇聂家村 | 32 | 男 | 1942 年 |
| 聂示福 | 蓬莱市北沟镇聂家村 | 29 | 男 | 1942 年 |
| 王同和 | 蓬莱市北沟镇王格庄村 | 25 | 男 | 1942 年 |
| 王同兰 | 蓬莱市北沟镇王格庄村 | 22 | 女 | 1942 年 |
| 聂希德 | 蓬莱市北沟镇泥沟村 | 23 | 男 | 1942 年 |
| 李太令 | 蓬莱市北沟镇台上李家 | 25 | 男 | 1942 年 |
| 李书会 | 蓬莱市北沟镇台上李家 | 24 | 男 | 1942 年 |
| 杨存富 | 蓬莱市潮水镇富阳蔡家村 | 31 | 男 | 1942 年 |
| 宋剑波 | 蓬莱市村里集镇宋家村 | 22 | 男 | 1942 年 |
| 宋允和 | 蓬莱市村里集镇宋家村 | 18 | 男 | 1942 年 |
| 李少补 | 蓬莱市村里集镇王庄村 | 20 | 男 | 1942 年 |
| 周洪成 | 蓬莱市村里集镇王庄村 | 22 | 男 | 1942 年 |
| 林焕成 | 蓬莱市村里集镇王庄村 | 25 | 男 | 1942 年 |
| 高玉山 | 蓬莱市村里集镇王庄村 | 26 | 男 | 1942 年 |
| 宋世民 | 蓬莱市村里集镇宋家村 | 26 | 男 | 1942 年 |
| 于长水 | 蓬莱市村里集镇邓格庄村 | 22 | 男 | 1942 年 |
| 邢 珍 | 蓬莱市村里集镇石门口村 | 22 | 男 | 1942 年 |
| 陈雁山 | 蓬莱市村里集镇村里集村 | 28 | 男 | 1942 年 |
| 李洪快 | 蓬莱市村里集镇古城李家村 | 27 | 男 | 1942 年 |
| 于树清 | 蓬莱市村里集镇小柱村 | 20 | 男 | 1942 年 |

| 姓 名 | 籍 贯 | 年 龄 | 性 别 | 死难时间 |
|---|---|---|---|---|
| 于忠信 | 蓬莱市村里集镇小柱村 | 27 | 男 | 1942 年 |
| 于云海 | 蓬莱市村里集镇小柱村 | 22 | 男 | 1942 年 |
| 于德祥 | 蓬莱市村里集镇黄泥沟村 | 22 | 男 | 1942 年 |
| 姜景福 | 蓬莱市大柳行镇虎路线村 | — | 男 | 1942 年 |
| 姜典训 | 蓬莱市大柳行镇虎路线村 | — | 男 | 1942 年 |
| 王玉芹 | 蓬莱市大辛店镇遇驾夼村 | 26 | 女 | 1942 年 |
| 翟良图 | 蓬莱市大辛店镇崮寺店村 | — | 男 | 1942 年 |
| 赵凤桐 | 蓬莱市大辛店镇吴李村 | 23 | 男 | 1942 年 |
| 陈光和 | 蓬莱市大辛店镇吴李村 | 23 | 男 | 1942 年 |
| 王李氏 | 蓬莱市大辛店镇南郑村 | 38 | 女 | 1942 年 |
| 郑 氏 | 蓬莱市大辛店镇南郑村 | 37 | 女 | 1942 年 |
| 刘玉荣 | 蓬莱市大辛店镇南郑村 | 36 | 女 | 1942 年 |
| 郑元花 | 蓬莱市大辛店镇南郑村 | 36 | 女 | 1942 年 |
| 张有芝 | 蓬莱市大辛店镇南郑村 | 37 | 女 | 1942 年 |
| 邢崔田 | 蓬莱市大辛店镇邢沟村 | 25 | 男 | 1942 年 |
| 汤作古 | 蓬莱市大辛店镇川汤村 | 60 | 男 | 1942 年 |
| 王化民 | 蓬莱市大辛店镇回家村 | 26 | 男 | 1942 年 |
| 盖守成 | 蓬莱市大辛店镇西师古庄村 | 20 | 男 | 1942 年 |
| 王国思 | 蓬莱市大辛店镇小二甲村 | 24 | 男 | 1942 年 |
| 张泽武 | 蓬莱市大辛店镇战家村 | 30 | 男 | 1942 年 |
| 杨奎亮 | 蓬莱市大辛店镇小杨家村 | 23 | 男 | 1942 年 |
| 谢德双 | 蓬莱市大辛店镇黑岚沟村 | 39 | 男 | 1942 年 |
| 陈 氏 | 蓬莱市大辛店镇大泊村 | 48 | 女 | 1942 年 |
| 迟宝恺 | 蓬莱市大辛店镇三村 | 47 | 男 | 1942 年 |
| 孙良图 | 蓬莱市大辛店镇孙家沟村 | 35 | 男 | 1942 年 |
| 孙良七 | 蓬莱市大辛店镇孙家沟村 | 47 | 男 | 1942 年 |
| 门兆富 | 蓬莱市大辛店镇王庄村 | 22 | 男 | 1942 年 |
| 刘延发 | 蓬莱市大辛店镇柳家村 | 22 | 男 | 1942 年 |
| 王人庆 | 蓬莱市大辛店镇遇驾夼村 | 35 | 男 | 1942 年 |
| 王庆宫 | 蓬莱市大辛店镇西石硼村 | 28 | 男 | 1942 年 |
| 张培锦 | 蓬莱市大辛店镇夏侯村 | 35 | 男 | 1942 年 |
| 张有朋 | 蓬莱市大辛店镇夏侯村 | 40 | 女 | 1942 年 |
| 李保红 | 蓬莱市大辛店镇槐树庄村 | 19 | 男 | 1942 年 |
| 张 光 | 蓬莱市登州街道汤邱村 | 11 | 男 | 1942 年 |

| 姓　名 | 籍　贯 | 年　龄 | 性　别 | 死难时间 |
|---|---|---|---|---|
| 苏世铎 | 蓬莱市登州街道塌地桥村 | 34 | 男 | 1942 年 |
| 李心义 | 蓬莱市登州街道李家疃村 | 21 | 男 | 1942 年 |
| 姜振和 | 蓬莱市登州街道长裕村 | 23 | 男 | 1942 年 |
| 唐　兹 | 蓬莱市登州街道长裕村 | 37 | 男 | 1942 年 |
| 韩国训 | 蓬莱市登州街道韩家疃村 | 30 | 女 | 1942 年 |
| 徐福南 | 蓬莱市登州街道凤凰村 | 20 | 男 | 1942 年 |
| 赵世栋 | 蓬莱市刘家沟镇西赵家村 | 21 | 男 | 1942 年 |
| 张友余 | 蓬莱市南王街道三包村 | 26 | 男 | 1942 年 |
| 邹玉礼 | 蓬莱市南王街道贯里村 | — | 男 | 1942 年 |
| 刘廷钧 | 蓬莱市南王街道平刘村 | 22 | 男 | 1942 年 |
| 赵洪杰 | 蓬莱市小门家镇巨山沟村 | 22 | 男 | 1942 年 |
| 张勇田 | 蓬莱市小门家镇巨山沟村 | 32 | 男 | 1942 年 |
| 史大径 | 蓬莱市紫荆山街道史家沟村 | 25 | 男 | 1942 年 |
| 史大径之妻 | 蓬莱市紫荆山街道史家沟村 | 25 | 女 | 1942 年 |
| 秦光珠 | 蓬莱市紫荆山街道石岛村 | 20 | 男 | 1942 年 |
| 韩世英 | 蓬莱市紫荆山街道武霖村 | 24 | 女 | 1942 年 |
| 姜振和 | 蓬莱市紫荆山街道西关村 | 26 | 男 | 1942 年 |
| 王贤东 | 蓬莱市刘家沟镇北王庄村 | 27 | 男 | 1943 年 1 月 |
| 韩广泰 | 蓬莱市刘家沟镇乌沟沈家村 | 22 | 男 | 1943 年 1 月 |
| 黎　安 | 蓬莱市刘家沟镇接夼姜家村 | 30 | 男 | 1943 年 1 月 |
| 邹张氏 | 蓬莱市蓬莱阁街道邹于村 | 45 | 女 | 1943 年 1 月 |
| 史世昌 | 蓬莱市蓬莱阁街道邹于村 | 40 | 男 | 1943 年 1 月 |
| 孙桂香 | 蓬莱市蓬莱阁街道邹于村 | 42 | 女 | 1943 年 1 月 |
| 邹广福 | 蓬莱市蓬莱阁街道邹于村 | 35 | 男 | 1943 年 1 月 |
| 仲福珍 | 蓬莱市蓬莱阁街道邹于村 | 37 | 女 | 1943 年 1 月 |
| 葛恒香 | 蓬莱市蓬莱阁街道邹于村 | 38 | 女 | 1943 年 1 月 |
| 刘顺利 | 蓬莱市小门家镇大狗李村 | 26 | 男 | 1943 年 1 月 |
| 杨金石 | 蓬莱市小门家镇大狗李村 | 23 | 男 | 1943 年 1 月 |
| 陈进先 | 蓬莱市村里集镇陈家沟村 | 38 | 男 | 1943 年 1 月 |
| 于希文 | 蓬莱市村里集镇柳格庄村 | 21 | 男 | 1943 年 1 月 |
| 于荣中 | 蓬莱市村里集镇柳格庄村 | 30 | 男 | 1943 年 1 月 |
| 张山林 | 蓬莱市村里集镇辛旺集村 | 29 | 男 | 1943 年 2 月 |
| 门官起 | 蓬莱市村里集镇下门家村 | 22 | 男 | 1943 年 2 月 |
| 巩富成 | 蓬莱市村里集镇巩家村 | 50 | 男 | 1943 年 2 月 |

| 姓　名 | 籍　贯 | 年　龄 | 性　别 | 死难时间 |
|---|---|---|---|---|
| 巩地山 | 蓬莱市村里集镇巩家村 | 42 | 男 | 1943 年 2 月 |
| 张人德 | 蓬莱市村里集镇英格庄村 | 23 | 男 | 1943 年 3 月 |
| 陈合德 | 蓬莱市村里集镇大柱村 | 29 | 男 | 1943 年 3 月 |
| 纪有贵 | 蓬莱市北沟镇吴家村 | — | 男 | 1943 年 4 月 |
| 周守义 | 蓬莱市村里集镇张家沟村 | 28 | 男 | 1943 年 4 月 |
| 张敬章 | 蓬莱市村里集镇张家沟村 | 25 | 男 | 1943 年 4 月 |
| 徐子敬 | 蓬莱市村里集镇石门口村 | 24 | 男 | 1943 年 4 月 |
| 丁法仁 | 蓬莱市大辛店镇王庄村 | 26 | 男 | 1943 年 4 月 |
| 刘作基 | 蓬莱市大辛店镇罗家村 | 21 | 男 | 1943 年 4 月 |
| 林　毅 | 蓬莱市北沟镇上魏村 | 25 | 女 | 1943 年 5 月 |
| 韩　贵 | 蓬莱市北沟镇高里夼村 | 23 | 男 | 1943 年 5 月 |
| 张焕春 | 蓬莱市北沟镇两铭村 | 42 | 男 | 1943 年 5 月 |
| 周　兴 | 蓬莱市北沟镇栾家口村 | 20 | 男 | 1943 年 5 月 |
| 高　良 | 蓬莱市北沟镇栾家口村 | 21 | 男 | 1943 年 5 月 |
| 刘继农 | 蓬莱市潮水镇庄官村 | 18 | 男 | 1943 年 5 月 |
| 李公春 | 蓬莱市潮水镇淳于村 | 40 | 男 | 1943 年 5 月 |
| 邹学敏 | 蓬莱市潮水镇淳于村 | 33 | 男 | 1943 年 5 月 |
| 邹学心 | 蓬莱市潮水镇淳于村 | 34 | 男 | 1943 年 5 月 |
| 邹学忠 | 蓬莱市潮水镇淳于村 | 40 | 男 | 1943 年 5 月 |
| 邹学军 | 蓬莱市潮水镇淳于村 | 40 | 男 | 1943 年 5 月 |
| 邹功新 | 蓬莱市潮水镇淳于村 | 26 | 男 | 1943 年 5 月 |
| 邹功河 | 蓬莱市潮水镇淳于村 | 30 | 男 | 1943 年 5 月 |
| 邹功富 | 蓬莱市潮水镇淳于村 | 40 | 男 | 1943 年 5 月 |
| 邹功林 | 蓬莱市潮水镇淳于村 | 40 | 男 | 1943 年 5 月 |
| 邹功正 | 蓬莱市潮水镇淳于村 | 40 | 男 | 1943 年 5 月 |
| 邹功江 | 蓬莱市潮水镇淳于村 | 40 | 男 | 1943 年 5 月 |
| 李少华 | 蓬莱市潮水镇淳于村 | 33 | 男 | 1943 年 5 月 |
| 李心长 | 蓬莱市潮水镇淳于村 | 34 | 男 | 1943 年 5 月 |
| 李心敏 | 蓬莱市潮水镇淳于村 | 36 | 男 | 1943 年 5 月 |
| 李大兴 | 蓬莱市潮水镇淳于村 | 38 | 男 | 1943 年 5 月 |
| 李　敏 | 蓬莱市潮水镇淳于村 | 40 | 男 | 1943 年 5 月 |
| 李川喜 | 蓬莱市潮水镇淳于村 | 40 | 男 | 1943 年 5 月 |
| 李少纯 | 蓬莱市潮水镇淳于村 | 40 | 男 | 1943 年 5 月 |
| 徐正明 | 蓬莱市潮水镇淳于村 | 34 | 男 | 1943 年 5 月 |

| 姓　名 | 籍　贯 | 年龄 | 性别 | 死难时间 |
|---|---|---|---|---|
| 刘春会 | 蓬莱市潮水镇淳于村 | 40 | 男 | 1943 年 5 月 |
| 刘正华 | 蓬莱市潮水镇淳于村 | 34 | 男 | 1943 年 5 月 |
| 张　宏 | 蓬莱市潮水镇淳于村 | 34 | 男 | 1943 年 5 月 |
| 张正开 | 蓬莱市潮水镇淳于村 | 24 | 男 | 1943 年 5 月 |
| 张少华 | 蓬莱市潮水镇淳于村 | 26 | 男 | 1943 年 5 月 |
| 张成华 | 蓬莱市潮水镇淳于村 | 28 | 男 | 1943 年 5 月 |
| 张少春 | 蓬莱市潮水镇淳于村 | 29 | 男 | 1943 年 5 月 |
| 张少敏 | 蓬莱市潮水镇淳于村 | 30 | 男 | 1943 年 5 月 |
| 徐洪年 | 蓬莱市潮水镇淳于村 | 40 | 男 | 1943 年 5 月 |
| 刘　双 | 蓬莱市潮水镇淳于村 | 25 | 男 | 1943 年 5 月 |
| 刘世家 | 蓬莱市潮水镇淳于村 | 21 | 男 | 1943 年 5 月 |
| 刘世益 | 蓬莱市潮水镇淳于村 | 24 | 男 | 1943 年 5 月 |
| 刘　江 | 蓬莱市潮水镇潮水村 | 27 | 男 | 1943 年 5 月 |
| 刘百红 | 蓬莱市潮水镇潮水村 | 22 | 男 | 1943 年 5 月 |
| 刘永家 | 蓬莱市潮水镇潮水村 | 24 | 男 | 1943 年 5 月 |
| 邹　波 | 蓬莱市潮水镇潮水村 | 35 | 男 | 1943 年 5 月 |
| 邹　新 | 蓬莱市潮水镇潮水村 | 40 | 男 | 1943 年 5 月 |
| 朝山子 | 蓬莱市村里集镇辛旺集村 | 19 | 男 | 1943 年 5 月 |
| 朱万荣 | 蓬莱市大柳行镇门楼村 | 26 | 男 | 1943 年 5 月 |
| 朱元浩 | 蓬莱市大柳行镇门楼村 | 21 | 男 | 1943 年 5 月 |
| 朱元佩 | 蓬莱市大柳行镇门楼村 | 22 | 男 | 1943 年 5 月 |
| 朱万英 | 蓬莱市大柳行镇门楼村 | 25 | 男 | 1943 年 5 月 |
| 刘　慕 | 蓬莱市刘家沟镇解西村 | 21 | 男 | 1943 年 5 月 |
| 李秉恒 | 蓬莱市北沟镇兴隆庄村 | 36 | 男 | 1943 年 6 月 |
| 李　新 | 蓬莱市潮水镇潮水四村 | 19 | 男 | 1943 年 6 月 |
| 张琴声 | 蓬莱市潮水镇潮水四村 | 20 | 男 | 1943 年 6 月 |
| 张晶全 | 蓬莱市村里集镇辛旺集村 | 39 | 男 | 1943 年 6 月 |
| 于守道 | 蓬莱市村里集镇柳格庄村 | 29 | 男 | 1943 年 6 月 |
| 于乐文 | 蓬莱市村里集镇小柱村 | 22 | 男 | 1943 年 6 月 |
| 张学官 | 蓬莱市大辛店镇藏夼村 | 19 | 男 | 1943 年 6 月 |
| 黄启绍 | 蓬莱市大辛店镇驻驾庄村 | 28 | 男 | 1943 年 6 月 |
| 陈九祥 | 蓬莱市大辛店镇周梁村 | 20 | 男 | 1943 年 6 月 |
| 宋喜太 | 蓬莱市小门家镇姜家沟村 | 26 | 男 | 1943 年 6 月 |
| 马进德 | 蓬莱市新港街道营子里村 | 52 | 男 | 1943 年 6 月 |

| 姓　名 | 籍　贯 | 年　龄 | 性　别 | 死难时间 |
|---|---|---|---|---|
| 孙乐边 | 蓬莱市新港街道营子里村 | 52 | 男 | 1943 年 6 月 |
| 刘淑员 | 蓬莱市新港街道营子里村 | 35 | 女 | 1943 年 6 月 |
| 迟淑英 | 蓬莱市新港街道营子里村 | 36 | 女 | 1943 年 6 月 |
| 王丛珍 | 蓬莱市新港街道营子里村 | 30 | 女 | 1943 年 6 月 |
| 刘会贤 | 蓬莱市新港街道营子里村 | 35 | 女 | 1943 年 6 月 |
| 孙东明 | 蓬莱市新港街道营子里村 | 40 | 男 | 1943 年 6 月 |
| 张盛发 | 蓬莱市新港街道营子里村 | 42 | 男 | 1943 年 6 月 |
| 赵承业 | 蓬莱市新港街道大皂许家村 | 18 | 男 | 1943 年 6 月 |
| 许永和 | 蓬莱市新港街道大皂许家村 | 48 | 男 | 1943 年 6 月 |
| 许廷勋 | 蓬莱市新港街道大皂许家村 | 56 | 男 | 1943 年 6 月 |
| 许守义 | 蓬莱市新港街道大皂许家村 | 52 | 男 | 1943 年 6 月 |
| 真泰喜 | 蓬莱市新港街道大皂许家村 | 44 | 男 | 1943 年 6 月 |
| 单守成 | 蓬莱市新港街道大皂许家村 | 42 | 男 | 1943 年 6 月 |
| 单李氏 | 蓬莱市新港街道大皂许家村 | 36 | 女 | 1943 年 6 月 |
| 单二保 | 蓬莱市新港街道大皂许家村 | 12 | 男 | 1943 年 6 月 |
| 左永善 | 蓬莱市新港街道大皂许家村 | 38 | 男 | 1943 年 6 月 |
| 左许氏 | 蓬莱市新港街道大皂许家村 | 35 | 女 | 1943 年 6 月 |
| 左　庆 | 蓬莱市新港街道大皂许家村 | 14 | 男 | 1943 年 6 月 |
| 左　丰 | 蓬莱市新港街道大皂许家村 | 13 | 男 | 1943 年 6 月 |
| 许家禹 | 蓬莱市新港街道大皂许家村 | 58 | 男 | 1943 年 6 月 |
| 许家玉 | 蓬莱市新港街道大皂许家村 | 55 | 男 | 1943 年 6 月 |
| 许学成 | 蓬莱市新港街道大皂许家村 | 25 | 男 | 1943 年 6 月 |
| 郝锦瑞 | 蓬莱市新港街道山北头村 | 25 | 男 | 1943 年 6 月 |
| 刘宗友 | 蓬莱市新港街道山北头村 | 20 | 男 | 1943 年 6 月 |
| 刘佃章 | 蓬莱市新港街道山北头村 | 22 | 男 | 1943 年 6 月 |
| 郝维谦 | 蓬莱市新港街道山北头村 | 35 | 男 | 1943 年 6 月 |
| 解丰义 | 蓬莱市新港街道山北头村 | 39 | 男 | 1943 年 6 月 |
| 郝兆升 | 蓬莱市新港街道山北头村 | 30 | 男 | 1943 年 6 月 |
| 郝树权 | 蓬莱市新港街道山北头村 | 26 | 男 | 1943 年 6 月 |
| 管进财 | 蓬莱市新港街道山北头村 | 24 | 男 | 1943 年 6 月 |
| 刘宗瑨 | 蓬莱市新港街道山北头村 | 28 | 男 | 1943 年 6 月 |
| 郝树义 | 蓬莱市新港街道山北头村 | 24 | 男 | 1943 年 6 月 |
| 吕凤仪 | 蓬莱市新港街道山北头村 | 29 | 男 | 1943 年 6 月 |
| 郝树桢 | 蓬莱市新港街道山北头村 | 28 | 男 | 1943 年 6 月 |

| 姓　名 | 籍　贯 | 年　龄 | 性　别 | 死难时间 |
|---|---|---|---|---|
| 郝树植 | 蓬莱市新港街道山北头村 | 25 | 男 | 1943 年 6 月 |
| 丛宴门 | 蓬莱市新港街道安香丛家村 | 23 | 男 | 1943 年 6 月 |
| 张文喜 | 蓬莱市新港街道安香丛家村 | 24 | 男 | 1943 年 6 月 |
| 宋秀山 | 蓬莱市新港街道安香丛家村 | 27 | 男 | 1943 年 6 月 |
| 丛会门 | 蓬莱市新港街道安香丛家村 | 22 | 男 | 1943 年 6 月 |
| 苗克辉 | 蓬莱市新港街道安香丛家村 | 25 | 男 | 1943 年 6 月 |
| 郑德林 | 蓬莱市新港街道安香丛家村 | 24 | 男 | 1943 年 6 月 |
| 王克立 | 蓬莱市新港街道安香丛家村 | 42 | 男 | 1943 年 6 月 |
| 崔健守 | 蓬莱市新港街道安香丛家村 | 33 | 男 | 1943 年 6 月 |
| 崔健有 | 蓬莱市新港街道安香丛家村 | 26 | 男 | 1943 年 6 月 |
| 王殿有 | 蓬莱市新港街道安香丛家村 | 45 | 男 | 1943 年 6 月 |
| 崔守一 | 蓬莱市新港街道安香丛家村 | 43 | 男 | 1943 年 6 月 |
| 丛殿丕 | 蓬莱市新港街道安香丛家村 | 44 | 男 | 1943 年 6 月 |
| 陈可一 | 蓬莱市新港街道铜井村 | 60 | 男 | 1943 年 6 月 |
| 王文甫 | 蓬莱市新港街道铜井村 | 60 | 男 | 1943 年 6 月 |
| 王文年 | 蓬莱市新港街道铜井村 | 69 | 男 | 1943 年 6 月 |
| 王文勇 | 蓬莱市新港街道铜井村 | 69 | 男 | 1943 年 6 月 |
| 王文俭 | 蓬莱市新港街道铜井村 | 52 | 男 | 1943 年 6 月 |
| 宋德勇 | 蓬莱市新港街道铜井村 | 52 | 男 | 1943 年 6 月 |
| 宋可云 | 蓬莱市新港街道铜井村 | 40 | 男 | 1943 年 6 月 |
| 宋可氏 | 蓬莱市新港街道铜井村 | 60 | 女 | 1943 年 6 月 |
| 宋学礼 | 蓬莱市新港街道铜井村 | 27 | 男 | 1943 年 6 月 |
| 宋士家 | 蓬莱市新港街道铜井村 | 50 | 男 | 1943 年 6 月 |
| 宋学敬 | 蓬莱市新港街道铜井村 | 51 | 男 | 1943 年 6 月 |
| 宋一德 | 蓬莱市新港街道铜井村 | 51 | 男 | 1943 年 6 月 |
| 宋光大 | 蓬莱市新港街道铜井村 | 41 | 男 | 1943 年 6 月 |
| 张世基 | 蓬莱市北沟镇两铭村 | 21 | 男 | 1943 年 7 月 |
| 崔志喜 | 蓬莱市村里集镇古城东村 | 29 | 男 | 1943 年 7 月 |
| 王仁厚 | 蓬莱市村里集镇古城东村 | 47 | 男 | 1943 年 7 月 |
| 王仁志 | 蓬莱市村里集镇古城东村 | 53 | 男 | 1943 年 7 月 |
| 孙志刚 | 蓬莱市村里集镇古城东村 | 49 | 男 | 1943 年 7 月 |
| 王兆财 | 蓬莱市村里集镇古城东村 | 27 | 男 | 1943 年 7 月 |
| 王洪生 | 蓬莱市村里集镇古城东村 | 68 | 男 | 1943 年 7 月 |
| 孙广智 | 蓬莱市村里集镇古城东村 | 54 | 男 | 1943 年 7 月 |

| 姓 名 | 籍 贯 | 年 龄 | 性 别 | 死难时间 |
|---|---|---|---|---|
| 王利智 | 蓬莱市村里集镇古城东村 | 42 | 男 | 1943 年 7 月 |
| 孙广生 | 蓬莱市村里集镇古城东村 | 28 | 男 | 1943 年 7 月 |
| 王福禄 | 蓬莱市村里集镇古城东村 | 36 | 男 | 1943 年 7 月 |
| 由贵禄 | 蓬莱市村里集镇石门口村 | 19 | 男 | 1943 年 7 月 |
| 陈义官 | 蓬莱市村里集镇村里集村 | 61 | 男 | 1943 年 7 月 |
| 隋志财 | 蓬莱市村里集镇村里集村 | 27 | 男 | 1943 年 7 月 |
| 王胜文 | 蓬莱市村里集镇村里集村 | 20 | 男 | 1943 年 7 月 |
| 隋广寿 | 蓬莱市村里集镇村里集村 | 43 | 男 | 1943 年 7 月 |
| 隋成日 | 蓬莱市村里集镇村里集村 | 40 | 男 | 1943 年 7 月 |
| 隋吉财 | 蓬莱市村里集镇村里集村 | 45 | 男 | 1943 年 7 月 |
| 隋训伟 | 蓬莱市村里集镇村里集村 | 37 | 男 | 1943 年 7 月 |
| 刘有志 | 蓬莱市村里集镇村里集村 | 28 | 男 | 1943 年 7 月 |
| 陈进元 | 蓬莱市村里集镇陈家沟村 | 56 | 男 | 1943 年 7 月 |
| 陈维勋 | 蓬莱市村里集镇陈家沟村 | 44 | 男 | 1943 年 7 月 |
| 陈维元 | 蓬莱市村里集镇陈家沟村 | 60 | 男 | 1943 年 7 月 |
| 陈玺会 | 蓬莱市村里集镇陈家沟村 | 26 | 男 | 1943 年 7 月 |
| 陈洪生 | 蓬莱市村里集镇陈家沟村 | 42 | 男 | 1943 年 7 月 |
| 陈生全 | 蓬莱市村里集镇陈家沟村 | 19 | 男 | 1943 年 7 月 |
| 巩信昌 | 蓬莱市村里集镇巩家村 | 32 | 男 | 1943 年 7 月 |
| 巩莱昌 | 蓬莱市村里集镇巩家村 | 46 | 男 | 1943 年 7 月 |
| 巩修业 | 蓬莱市村里集镇巩家村 | 42 | 男 | 1943 年 7 月 |
| 巩传昌 | 蓬莱市村里集镇巩家村 | 54 | 男 | 1943 年 7 月 |
| 巩兆业 | 蓬莱市村里集镇巩家村 | 42 | 男 | 1943 年 7 月 |
| 刘 店 | 蓬莱市村里集镇后辛旺村 | 44 | 男 | 1943 年 7 月 |
| 刘志伟 | 蓬莱市村里集镇后辛旺村 | 38 | 男 | 1943 年 7 月 |
| 刘 山 | 蓬莱市村里集镇后辛旺村 | 40 | 男 | 1943 年 7 月 |
| 王殿礼 | 蓬莱市村里集镇苗家村 | 21 | 男 | 1943 年 7 月 |
| 呼广生 | 蓬莱市大辛店镇大呼家村 | 25 | 男 | 1943 年 7 月 |
| 汤贤新 | 蓬莱市大辛店镇葛洼村 | 35 | 男 | 1943 年 7 月 |
| 汤传英 | 蓬莱市潮水镇富阳张家村 | 25 | 男 | 1943 年 8 月 |
| 刘永保 | 蓬莱市潮水镇善集村 | 48 | 男 | 1943 年 8 月 |
| 刘中月 | 蓬莱市潮水镇善集村 | 19 | 男 | 1943 年 8 月 |
| 宋修广 | 蓬莱市村里集镇宋家村 | 26 | 男 | 1943 年 8 月 |
| 赵永谋 | 蓬莱市村里集镇大赵家村 | 23 | 男 | 1943 年 8 月 |

| 姓　名 | 籍　贯 | 年　龄 | 性　别 | 死难时间 |
|---|---|---|---|---|
| 陈成山 | 蓬莱市村里集镇巩家村 | 19 | 男 | 1943 年 8 月 |
| 巩锦秀 | 蓬莱市村里集镇巩家村 | 60 | 男 | 1943 年 8 月 |
| 巩培业 | 蓬莱市村里集镇巩家村 | 43 | 男 | 1943 年 8 月 |
| 王休三 | 蓬莱市村里集镇大赵家村 | 23 | 男 | 1943 年 8 月 |
| 倪兆亨 | 蓬莱市大辛店镇二村 | 47 | 男 | 1943 年 8 月 |
| 刘焕林 | 蓬莱市刘家沟镇刘家沟村 | 22 | 男 | 1943 年 8 月 |
| 孙炳传 | 蓬莱市北沟镇孙家村 | 29 | 男 | 1943 年 9 月 |
| 张焕锋 | 蓬莱市北沟镇两铭村 | 24 | 男 | 1943 年 9 月 |
| 于云天 | 蓬莱市村里集镇辛旺集村 | 27 | 男 | 1943 年 9 月 |
| 于林路 | 蓬莱市村里集镇辛旺集村 | 50 | 男 | 1943 年 9 月 |
| 刘　全 | 蓬莱市村里集镇辛旺集村 | 40 | 男 | 1943 年 9 月 |
| 张胡全 | 蓬莱市村里集镇辛旺集村 | 42 | 男 | 1943 年 9 月 |
| 于云清 | 蓬莱市村里集镇柳格庄村 | 24 | 男 | 1943 年 9 月 |
| 于希德 | 蓬莱市村里集镇柳格庄村 | 42 | 男 | 1943 年 9 月 |
| 梁仲氏 | 蓬莱市大柳行镇荆子夼村 | 45 | 女 | 1943 年 9 月 |
| 李焕策 | 蓬莱市北沟镇西正李家 | 31 | 男 | 1943 年 11 月 |
| 宋世安 | 蓬莱市村里集镇宋家村 | 24 | 男 | 1943 年 11 月 |
| 李术国 | 蓬莱市村里集镇古城李家村 | 47 | 男 | 1943 年 11 月 |
| 李洪千 | 蓬莱市村里集镇古城李家村 | 44 | 男 | 1943 年 11 月 |
| 李中善 | 蓬莱市村里集镇古城李家村 | 51 | 男 | 1943 年 11 月 |
| 李洪年 | 蓬莱市村里集镇古城李家村 | 45 | 男 | 1943 年 11 月 |
| 李中勤 | 蓬莱市村里集镇古城李家村 | 49 | 男 | 1943 年 11 月 |
| 来术茂 | 蓬莱市村里集镇古城李家村 | 35 | 男 | 1943 年 11 月 |
| 王维新 | 蓬莱市村里集镇小柱村 | 19 | 男 | 1943 年 11 月 |
| 丁法义 | 蓬莱市大辛店镇王庄村 | 30 | 男 | 1943 年 11 月 |
| 萧爱欣 | 蓬莱市蓬莱阁街道林格庄村 | 28 | 女 | 1943 年 11 月 |
| 王玉梅 | 蓬莱市蓬莱阁街道林格庄村 | 17 | 女 | 1943 年 11 月 |
| 孙志来 | 蓬莱市北沟镇孙家村 | — | 男 | 1943 年 12 月 |
| 姜洪善 | 蓬莱市北沟镇孙家村 | — | 男 | 1943 年 12 月 |
| 孙元直 | 蓬莱市潮水镇上营村 | 30 | 男 | 1943 年 12 月 |
| 张云长 | 蓬莱市村里集镇辛旺集村 | 38 | 男 | 1943 年 12 月 |
| 张海全 | 蓬莱市村里集镇辛旺集村 | 34 | 男 | 1943 年 12 月 |
| 陈进花 | 蓬莱市村里集镇后辛旺村 | 29 | 男 | 1943 年 12 月 |
| 赵恒有 | 蓬莱市大辛店镇小赵家村 | 45 | 男 | 1943 年 12 月 |

| 姓 名 | 籍 贯 | 年 龄 | 性 别 | 死难时间 |
|---|---|---|---|---|
| 张云同 | 蓬莱市刘家沟镇十甲村 | — | 男 | 1943 年 12 月 |
| 姜长山 | 蓬莱市北沟镇上口姜家村 | 20 | 男 | 1943 年 |
| 吕春深 | 蓬莱市北沟镇吕冯村 | 23 | 男 | 1943 年 |
| 王焕明 | 蓬莱市北沟镇上寺夼村 | 15 | 男 | 1943 年 |
| 高文积 | 蓬莱市北沟镇高家庄村 | 35 | 男 | 1943 年 |
| 李发桥 | 蓬莱市北沟镇上朱潘村 | 25 | 男 | 1943 年 |
| 陈玉太 | 蓬莱市北沟镇港里村 | 20 | 男 | 1943 年 |
| 王宗强 | 蓬莱市北沟镇港里村 | 30 | 男 | 1943 年 |
| 闫永江 | 蓬莱市北沟镇后营村 | — | 男 | 1943 年 |
| 闫中珍 | 蓬莱市北沟镇后营村 | — | 男 | 1943 年 |
| 马志有 | 蓬莱市北沟镇后营村 | — | 男 | 1943 年 |
| 李祥利 | 蓬莱市北沟镇下朱潘村 | 25 | 男 | 1943 年 |
| 王茂积 | 蓬莱市北沟镇山王村 | 20 | 男 | 1943 年 |
| 王加声 | 蓬莱市北沟镇白家沟村 | 21 | 男 | 1943 年 |
| 王乐道 | 蓬莱市北沟镇白家沟村 | 21 | 男 | 1943 年 |
| 陆家帮 | 蓬莱市北沟镇白家沟村 | 24 | 男 | 1943 年 |
| 刘树章 | 蓬莱市北沟镇大丁家村 | 26 | 男 | 1943 年 |
| 刘仕英 | 蓬莱市北沟镇高里夼村 | 22 | 男 | 1943 年 |
| 王同绪 | 蓬莱市北沟镇舒郝村 | 38 | 男 | 1943 年 |
| 侯万成 | 蓬莱市北沟镇西正李家村 | 20 | 男 | 1943 年 |
| 罗思忠 | 蓬莱市北沟镇北罗村 | 23 | 男 | 1943 年 |
| 聂晨光 | 蓬莱市北沟镇西泊子村 | 30 | 男 | 1943 年 |
| 丁兆顺 | 蓬莱市北沟镇栾家口村 | 30 | 男 | 1943 年 |
| 周广良 | 蓬莱市北沟镇栾家口村 | 43 | 男 | 1943 年 |
| 余德福 | 蓬莱市北沟镇泥沟村 | 24 | 男 | 1943 年 |
| 李秉亘 | 蓬莱市北沟镇兴隆庄村 | 26 | 男 | 1943 年 |
| 张志远 | 蓬莱市北沟镇兴隆庄村 | 28 | 男 | 1943 年 |
| 王继兴 | 蓬莱市潮水镇三寨村 | 18 | 男 | 1943 年 |
| 王连清 | 蓬莱市潮水镇三寨村 | 25 | 男 | 1943 年 |
| 陈堂山 | 蓬莱市潮水镇三寨村 | 28 | 男 | 1943 年 |
| 宋之茂 | 蓬莱市潮水镇三寨村 | 30 | 男 | 1943 年 |
| 吕文友 | 蓬莱市潮水镇三寨村 | 26 | 男 | 1943 年 |
| 宋维青 | 蓬莱市潮水镇三寨村 | 29 | 男 | 1943 年 |
| 宋乾玉 | 蓬莱市潮水镇三寨村 | 27 | 男 | 1943 年 |

| 姓　名 | 籍　贯 | 年　龄 | 性　别 | 死难时间 |
|---|---|---|---|---|
| 宋维伦 | 蓬莱市潮水镇三寨村 | 27 | 男 | 1943 年 |
| 宋维俭 | 蓬莱市潮水镇三寨村 | 29 | 男 | 1943 年 |
| 佐福利 | 蓬莱市村里集镇村里集村 | 36 | 男 | 1943 年 |
| 隋志训 | 蓬莱市村里集镇村里集村 | 19 | 男 | 1943 年 |
| 王维祥 | 蓬莱市村里集镇小柱村 | 29 | 男 | 1943 年 |
| 姜作洲 | 蓬莱市大柳行镇虎路线村 | — | 男 | 1943 年 |
| 李泉生 | 蓬莱市大辛店镇西蒋庄村 | 20 | 男 | 1943 年 |
| 黄受珍 | 蓬莱市大辛店镇东黄家村 | 32 | 男 | 1943 年 |
| 张武基 | 蓬莱市大辛店镇藏家夼村 | 37 | 男 | 1943 年 |
| 李元昌 | 蓬莱市大辛店镇大夺沟村 | 22 | 男 | 1943 年 |
| 李恒堂 | 蓬莱市大辛店镇大夺沟村 | 25 | 男 | 1943 年 |
| 张本大 | 蓬莱市大辛店镇三十里堡村 | 30 | 男 | 1943 年 |
| 郑前贤 | 蓬莱市大辛店镇三十里堡村 | 20 | 男 | 1943 年 |
| 李存怡 | 蓬莱市大辛店镇三十里堡村 | 22 | 男 | 1943 年 |
| 王维一 | 蓬莱市大辛店镇石门张家村 | 19 | 男 | 1943 年 |
| 刘风庆 | 蓬莱市大辛店镇朱刘庄村 | 22 | 男 | 1943 年 |
| 韩同腊 | 蓬莱市大辛店镇沙庄村 | 24 | 男 | 1943 年 |
| 王永祥 | 蓬莱市大辛店镇方沟村 | 46 | 男 | 1943 年 |
| 陈本立 | 蓬莱市大辛店镇邢沟村 | 26 | 男 | 1943 年 |
| 王可福 | 蓬莱市大辛店镇龙山店村 | 37 | 男 | 1943 年 |
| 祝广宝 | 蓬莱市大辛店镇西杨店村 | 19 | 男 | 1943 年 |
| 王有常 | 蓬莱市大辛店镇西杨店村 | 24 | 男 | 1943 年 |
| 刘永仁 | 蓬莱市大辛店镇东院村 | 25 | 男 | 1943 年 |
| 刘永声 | 蓬莱市大辛店镇东院村 | 20 | 男 | 1943 年 |
| 王德荣 | 蓬莱市大辛店镇东杨店村 | 27 | 男 | 1943 年 |
| 梁德修 | 蓬莱市大辛店镇东杨店村 | 31 | 男 | 1943 年 |
| 孙长乐 | 蓬莱市大辛店镇东杨店村 | 32 | 男 | 1943 年 |
| 齐淑玉 | 蓬莱市大辛店镇仙人李家村 | — | 女 | 1943 年 |
| 孙山元 | 蓬莱市大辛店镇四甲村 | — | 男 | 1943 年 |
| 浦事顺 | 蓬莱市大辛店镇川李村 | 50 | 男 | 1943 年 |
| 孙本民 | 蓬莱市大辛店镇五甲村 | 30 | 男 | 1943 年 |
| 孙培爽 | 蓬莱市大辛店镇五甲村 | 19 | 男 | 1943 年 |
| 呼广礼 | 蓬莱市大辛店镇大呼家村 | 38 | 男 | 1943 年 |
| 浦召宏 | 蓬莱市大辛店镇大呼家村 | 45 | 男 | 1943 年 |

| 姓 名 | 籍 贯 | 年 龄 | 性 别 | 死难时间 |
|---|---|---|---|---|
| 汤福泰 | 蓬莱市大辛店镇富阳汤家村 | 65 | 男 | 1943 年 |
| 汤正霞 | 蓬莱市大辛店镇富阳汤家村 | 19 | 男 | 1943 年 |
| 汤正和 | 蓬莱市大辛店镇富阳汤家村 | 18 | 男 | 1943 年 |
| 迟永昌 | 蓬莱市大辛店镇大迟家村 | 20 | 男 | 1943 年 |
| 李式烈 | 蓬莱市大辛店镇三十堡村 | 30 | 男 | 1943 年 |
| 李式树 | 蓬莱市大辛店镇三十堡村 | 27 | 男 | 1943 年 |
| 李前珠 | 蓬莱市大辛店镇三十堡村 | 38 | 男 | 1943 年 |
| 李式红 | 蓬莱市大辛店镇三十堡村 | 32 | 男 | 1943 年 |
| 李配芳 | 蓬莱市大辛店镇仙人李家村 | 42 | 男 | 1943 年 |
| 李玉芳 | 蓬莱市大辛店镇仙人李家村 | 45 | 男 | 1943 年 |
| 姜有实 | 蓬莱市大辛店镇柳家村 | 24 | 男 | 1943 年 |
| 姜德顺 | 蓬莱市大辛店镇柳家村 | 23 | 男 | 1943 年 |
| 李国柱 | 蓬莱市大辛店镇仙人李家村 | — | 男 | 1943 年 |
| 王云章 | 蓬莱市大辛店镇沙沟村 | 32 | 男 | 1943 年 |
| 宁文喜 | 蓬莱市大辛店镇宁沟村 | 19 | 男 | 1943 年 |
| 王学礼 | 蓬莱市大辛店镇后河村 | 26 | 男 | 1943 年 |
| 迟喜智 | 蓬莱市大辛店镇一村 | 45 | 男 | 1943 年 |
| 刘绍远 | 蓬莱市大辛店镇龙阳村 | 38 | 男 | 1943 年 |
| 浦 顺 | 蓬莱市大辛店镇川李村 | 50 | 男 | 1943 年 |
| 刘 勤 | 蓬莱市刘家沟镇安香店村 | 26 | 男 | 1943 年 |
| 王之辅 | 蓬莱市刘家沟镇安香店村 | 19 | 男 | 1943 年 |
| 刘青信 | 蓬莱市刘家沟镇安香店村 | 22 | 女 | 1943 年 |
| 梁焕宗 | 蓬莱市刘家沟镇解东村 | 22 | 男 | 1943 年 |
| 王得文 | 蓬莱市刘家沟镇海头村 | 43 | 男 | 1943 年 |
| 王世琅 | 蓬莱市刘家沟镇海头村 | 20 | 男 | 1943 年 |
| 赵日通 | 蓬莱市刘家沟镇墟里村 | 21 | 男 | 1943 年 |
| 杨天勇 | 蓬莱市刘家沟镇马家沟村 | 24 | 男 | 1943 年 |
| 姜崇基 | 蓬莱市刘家沟镇姜家村 | 30 | 男 | 1943 年 |
| 王应稼 | 蓬莱市南王街道杏王村 | 24 | 男 | 1943 年 |
| 刘纯功 | 蓬莱市南王街道雨刘村 | 81 | 男 | 1943 年 |
| 李化芬 | 蓬莱市南王街道大李家村 | 27 | 男 | 1943 年 |
| 崔德元 | 蓬莱市紫荆山街道武霖村 | 20 | 男 | 1943 年 |
| 崔德智 | 蓬莱市紫荆山街道武霖村 | 20 | 男 | 1943 年 |
| 姜振德 | 蓬莱市紫荆山街道西关村 | 28 | 男 | 1943 年 |

| 姓　名 | 籍　贯 | 年　龄 | 性　别 | 死难时间 |
|---|---|---|---|---|
| 于文华 | 蓬莱市紫荆山街道西关村 | 23 | 男 | 1943 年 |
| 刘德顺 | 蓬莱市村里集镇战驾庄村 | 33 | 男 | 1944 年 1 月 |
| 刘风利 | 蓬莱市刘家沟镇南吴家村 | 74 | 男 | 1944 年 1 月 |
| 吴凯树 | 蓬莱市刘家沟镇南吴家村 | 75 | 男 | 1944 年 1 月 |
| 郭家海 | 蓬莱市刘家沟镇南吴家村 | 72 | 男 | 1944 年 1 月 |
| 郭维会 | 蓬莱市刘家沟镇南吴家村 | — | 男 | 1944 年 1 月 |
| 曲道善 | 蓬莱市刘家沟镇南吴家村 | — | 男 | 1944 年 1 月 |
| 郭家焕 | 蓬莱市刘家沟镇南吴家村 | 74 | 男 | 1944 年 1 月 |
| 曲道明 | 蓬莱市刘家沟镇南吴家村 | 75 | 男 | 1944 年 1 月 |
| 李吉祥 | 蓬莱市刘家沟镇南吴家村 | 75 | 男 | 1944 年 1 月 |
| 郭家拱 | 蓬莱市刘家沟镇南吴家村 | 43 | 男 | 1944 年 1 月 |
| 杨学有 | 蓬莱市小门家镇姜沟村 | 29 | 男 | 1944 年 1 月 |
| 王焕亭 | 蓬莱市北沟镇解家村 | 23 | 男 | 1944 年 2 月 |
| 王学顺 | 蓬莱市大辛店镇郭庄村 | 44 | 男 | 1944 年 2 月 |
| 郑子永 | 蓬莱市刘家沟镇大郑家村 | 18 | 男 | 1944 年 2 月 |
| 孙德明 | 蓬莱市刘家沟镇乌沟逄家村 | 21 | 男 | 1944 年 2 月 |
| 司安宾 | 蓬莱市刘家沟镇乌沟逄家村 | 19 | 男 | 1944 年 2 月 |
| 司元善 | 蓬莱市刘家沟镇乌沟逄家村 | 28 | 男 | 1944 年 2 月 |
| 罗宗安 | 蓬莱市北沟镇南罗村 | 24 | 男 | 1944 年 3 月 |
| 赵会治 | 蓬莱市潮水镇草泊村 | 30 | 男 | 1944 年 3 月 |
| 赵会民 | 蓬莱市潮水镇草泊村 | 37 | 男 | 1944 年 3 月 |
| 赵会海 | 蓬莱市潮水镇草泊村 | — | 男 | 1944 年 3 月 |
| 赵民成 | 蓬莱市潮水镇草泊村 | — | 男 | 1944 年 3 月 |
| 于振卿 | 蓬莱市潮水镇峰山李家村 | 21 | 男 | 1944 年 3 月 |
| 葛启宪 | 蓬莱市潮水镇大葛家村 | 23 | 男 | 1944 年 3 月 |
| 门同林 | 蓬莱市村里集镇下门家村 | 24 | 男 | 1944 年 3 月 |
| 于普中 | 蓬莱市村里集镇柳格庄村 | 19 | 男 | 1944 年 3 月 |
| 纪洪盈 | 蓬莱市村里集镇古城苗家村 | 33 | 男 | 1944 年 3 月 |
| 王光先 | 蓬莱市村里集镇古城苗家村 | 30 | 男 | 1944 年 3 月 |
| 吴裕富 | 蓬莱市刘家沟镇南吴家村 | 31 | 男 | 1944 年 3 月 |
| 黄贵璞 | 蓬莱市刘家沟镇乌沟沈家村 | 21 | 男 | 1944 年 3 月 |
| 曲廷华 | 蓬莱市潮水镇峰山李家村 | 22 | 男 | 1944 年 4 月 |
| 刘世金 | 蓬莱市村里集镇温石汤村 | 52 | 男 | 1944 年 4 月 |
| 刘金淑 | 蓬莱市村里集镇温石汤村 | 32 | 男 | 1944 年 4 月 |

| 姓 名 | 籍 贯 | 年 龄 | 性 别 | 死难时间 |
|---|---|---|---|---|
| 冷王氏 | 蓬莱市村里集镇温石汤村 | — | 女 | 1944 年 4 月 |
| 张元吉 | 蓬莱市大柳行镇上岚子村 | 60 | 男 | 1944 年 4 月 |
| 周培新 | 蓬莱市大辛店镇井湾周周村 | — | 男 | 1944 年 4 月 |
| 魏永斌 | 蓬莱市北沟镇上魏村 | 19 | 男 | 1944 年 5 月 |
| 王玉花 | 蓬莱市村里集镇陈家沟村 | 34 | 女 | 1944 年 5 月 |
| 陈九怀 | 蓬莱市大辛店镇周梁村 | 19 | 男 | 1944 年 5 月 |
| 赵恺茂 | 蓬莱市刘家沟镇五十堡村 | 28 | 男 | 1944 年 5 月 |
| 赵章茂 | 蓬莱市刘家沟镇五十堡村 | 30 | 男 | 1944 年 5 月 |
| 孙名和 | 蓬莱市北沟镇北沟二村 | 23 | 男 | 1944 年 6 月 |
| 周传家 | 蓬莱市北沟镇栾家口村 | 22 | 男 | 1944 年 6 月 |
| 高景方 | 蓬莱市北沟镇栾家口村 | 21 | 男 | 1944 年 6 月 |
| 赵 晓 | 蓬莱市北沟镇栾家口村 | 20 | 男 | 1944 年 6 月 |
| 曲义有 | 蓬莱市北沟镇栾家口村 | 19 | 男 | 1944 年 6 月 |
| 高 明 | 蓬莱市北沟镇栾家口村 | 19 | 男 | 1944 年 6 月 |
| 门官强 | 蓬莱市村里集镇下门家村 | 36 | 男 | 1944 年 6 月 |
| 吴德进 | 蓬莱市村里集镇炉前吴家村 | 33 | 男 | 1944 年 6 月 |
| 吴世春 | 蓬莱市村里集镇炉前吴家村 | 30 | 男 | 1944 年 6 月 |
| 吴全中 | 蓬莱市村里集镇炉前吴家村 | 38 | 男 | 1944 年 6 月 |
| 连作贤 | 蓬莱市大辛店镇周梁村 | — | 男 | 1944 年 6 月 |
| 梁志宽 | 蓬莱市刘家沟镇五十堡村 | 44 | 男 | 1944 年 6 月 |
| 黄国刚 | 蓬莱市潮水镇大黄家村 | 20 | 男 | 1944 年 7 月 |
| 赵会杰 | 蓬莱市潮水镇草泊村 | 37 | 男 | 1944 年 7 月 |
| 张善衡 | 蓬莱市潮水镇潮水四村 | 33 | 男 | 1944 年 7 月 |
| 张运欣 | 蓬莱市潮水镇潮水四村 | 22 | 男 | 1944 年 7 月 |
| 张祖功 | 蓬莱市潮水镇潮水四村 | 23 | 男 | 1944 年 7 月 |
| 胡绍文 | 蓬莱市潮水镇潮水四村 | 24 | 男 | 1944 年 7 月 |
| 张善波 | 蓬莱市潮水镇潮水四村 | 19 | 男 | 1944 年 7 月 |
| 宋世德 | 蓬莱市村里集镇宋家村 | 24 | 男 | 1944 年 7 月 |
| 宋学洲 | 蓬莱市村里集镇宋家村 | 24 | 男 | 1944 年 7 月 |
| 刘希相 | 蓬莱市刘家沟镇接岙刘家村 | 24 | 男 | 1944 年 7 月 |
| 白天霖 | 蓬莱市蓬莱阁街道林格庄村 | 29 | 男 | 1944 年 7 月 |
| 周桂英 | 蓬莱市蓬莱阁街道林格庄村 | 30 | 女 | 1944 年 7 月 |
| 白小霖 | 蓬莱市蓬莱阁街道林格庄村 | 11 | 男 | 1944 年 7 月 |
| 白林霖 | 蓬莱市蓬莱阁街道林格庄村 | 9 | 女 | 1944 年 7 月 |

| 姓名 | 籍贯 | 年龄 | 性别 | 死难时间 |
|------|------|------|------|----------|
| 丁玉恒 | 蓬莱市北沟镇大丁家村 | — | 男 | 1944 年 8 月 |
| 刘可效 | 蓬莱市北沟镇沟刘村 | 30 | 男 | 1944 年 8 月 |
| 刘子龙 | 蓬莱市北沟镇沟刘村 | 30 | 男 | 1944 年 8 月 |
| 李玉兰 | 蓬莱市村里集镇陈家沟村 | 36 | 女 | 1944 年 8 月 |
| 代建波 | 蓬莱市村里集镇西代家村 | 21 | 男 | 1944 年 8 月 |
| 代明礼 | 蓬莱市村里集镇西代家村 | 22 | 男 | 1944 年 8 月 |
| 刘馥香 | 蓬莱市刘家沟镇刘家沟村 | 20 | 女 | 1944 年 8 月 |
| 郝 斌 | 蓬莱市刘家沟镇马家沟村 | 28 | 男 | 1944 年 8 月 |
| 曲元东 | 蓬莱市紫荆山街道三里桥村 | 16 | 男 | 1944 年 8 月 |
| 李爱玲 | 蓬莱市紫荆山街道三里桥村 | 39 | 女 | 1944 年 8 月 |
| 张孟起 | 蓬莱市紫荆山街道石岛村 | 24 | 男 | 1944 年 8 月 |
| 张有任 | 蓬莱市北沟镇南罗村 | 30 | 男 | 1944 年 9 月 |
| 王仁和 | 蓬莱市村里集镇苗家村 | 23 | 男 | 1944 年 9 月 |
| 王恒江 | 蓬莱市村里集镇苗家村 | 21 | 男 | 1944 年 9 月 |
| 吴世有 | 蓬莱市村里集镇炉前吴家村 | 45 | 男 | 1944 年 9 月 |
| 包世义 | 蓬莱市刘家沟镇南王庄村 | 42 | 男 | 1944 年 9 月 |
| 王富贵 | 蓬莱市蓬莱阁街道林格庄村 | 61 | 男 | 1944 年 9 月 |
| 李学文 | 蓬莱市北沟镇水沟村 | 27 | 男 | 1944 年 11 月 |
| 张成来 | 蓬莱市大辛店镇邱山店村 | 19 | 男 | 1944 年 11 月 |
| 张洪财 | 蓬莱市刘家沟镇西赵家村 | 20 | 男 | 1944 年 11 月 |
| 于学良 | 蓬莱市北沟镇沟刘村 | 20 | 男 | 1944 年 12 月 |
| 宋本初 | 蓬莱市北沟镇徐宋村 | 32 | 男 | 1944 年 12 月 |
| 姜代梅 | 蓬莱市北沟镇徐宋村 | 30 | 女 | 1944 年 12 月 |
| 宋得留 | 蓬莱市北沟镇徐宋村 | 6 | 男 | 1944 年 12 月 |
| 宋得弟 | 蓬莱市北沟镇徐宋村 | 4 | 男 | 1944 年 12 月 |
| 宋汉林 | 蓬莱市北沟镇徐宋村 | 29 | 男 | 1944 年 12 月 |
| 张 民 | 蓬莱市北沟镇徐宋村 | 28 | 女 | 1944 年 12 月 |
| 宋 川 | 蓬莱市北沟镇徐宋村 | 15 | 女 | 1944 年 12 月 |
| 宋维林 | 蓬莱市北沟镇徐宋村 | 56 | 男 | 1944 年 12 月 |
| 刘可佩 | 蓬莱市潮水镇善集村 | 17 | 男 | 1944 年 12 月 |
| 姜永来 | 蓬莱市潮水镇潮水四村 | 26 | 男 | 1944 年 12 月 |
| 王开基 | 蓬莱市潮水镇潮水四村 | 37 | 男 | 1944 年 12 月 |
| 陈吉昌 | 蓬莱市潮水镇潮水四村 | 37 | 男 | 1944 年 12 月 |
| 赵淑兰 | 蓬莱市大辛店镇谭沟村 | 26 | 女 | 1944 年 12 月 |

| 姓 名 | 籍 贯 | 年 龄 | 性 别 | 死难时间 |
|---|---|---|---|---|
| 迟亭瑞 | 蓬莱市大辛店镇四村 | 38 | 男 | 1944 年 12 月 |
| 梁绍温 | 蓬莱市刘家沟镇解西村 | 22 | 男 | 1944 年 12 月 |
| 吕长耀 | 蓬莱市北沟镇吕冯村 | 41 | 男 | 1944 年 |
| 冯月卿 | 蓬莱市北沟镇吕冯村 | 17 | 男 | 1944 年 |
| 吕 涛 | 蓬莱市北沟镇吕冯村 | 27 | 男 | 1944 年 |
| 赵德增 | 蓬莱市北沟镇上口赵家村 | 22 | 男 | 1944 年 |
| 李珊芝 | 蓬莱市北沟镇上口李家村 | 23 | 女 | 1944 年 |
| 李应增 | 蓬莱市北沟镇李家村 | — | 男 | 1944 年 |
| 李金山 | 蓬莱市北沟镇李家村 | — | 男 | 1944 年 |
| 李景业 | 蓬莱市北沟镇李家村 | — | 男 | 1944 年 |
| 周传春 | 蓬莱市北沟镇高家庄村 | 23 | 男 | 1944 年 |
| 高文战 | 蓬莱市北沟镇高家庄村 | 38 | 男 | 1944 年 |
| 任茂通 | 蓬莱市北沟镇孟家村 | 33 | 男 | 1944 年 |
| 孟庆测 | 蓬莱市北沟镇孟家村 | 35 | 男 | 1944 年 |
| 高丕良 | 蓬莱市北沟镇孟家村 | 32 | 男 | 1944 年 |
| 张田芳 | 蓬莱市北沟镇下朱潘村 | 26 | 男 | 1944 年 |
| 赵成珍 | 蓬莱市北沟镇山王村 | 21 | 男 | 1944 年 |
| 王宗喜 | 蓬莱市北沟镇山王村 | 22 | 男 | 1944 年 |
| 陆家忠 | 蓬莱市北沟镇白家沟村 | 30 | 男 | 1944 年 |
| 孙培信 | 蓬莱市北沟镇大孙家村 | — | 男 | 1944 年 |
| 周锡令 | 蓬莱市北沟镇孙家村 | 35 | 男 | 1944 年 |
| 郝先修 | 蓬莱市北沟镇三十里店村 | 30 | 男 | 1944 年 |
| 郝宏云 | 蓬莱市北沟镇三十里店村 | 50 | 男 | 1944 年 |
| 郝远德 | 蓬莱市北沟镇三十里店村 | 45 | 男 | 1944 年 |
| 郝远欣 | 蓬莱市北沟镇三十里店村 | 48 | 男 | 1944 年 |
| 马永昌 | 蓬莱市北沟镇舒郝村 | 28 | 男 | 1944 年 |
| 王希章 | 蓬莱市北沟镇舒郝村 | 34 | 男 | 1944 年 |
| 刘荣隆 | 蓬莱市北沟镇北唐村 | 36 | 男 | 1944 年 |
| 唐龙胜 | 蓬莱市北沟镇北唐村 | 41 | 男 | 1944 年 |
| 杨化海 | 蓬莱市北沟镇汪家庄村 | — | 男 | 1944 年 |
| 马成兴 | 蓬莱市北沟镇哈家村 | 22 | 男 | 1944 年 |
| 秦嘉畅 | 蓬莱市北沟镇荆魏村 | 40 | 男 | 1944 年 |
| 李功长 | 蓬莱市北沟镇李家庄村 | 23 | 男 | 1944 年 |
| 罗成吉 | 蓬莱市北沟镇北罗村 | 31 | 男 | 1944 年 |

| 姓 名 | 籍 贯 | 年 龄 | 性 别 | 死难时间 |
|---|---|---|---|---|
| 张 普 | 蓬莱市北沟镇北罗村 | 48 | 男 | 1944 年 |
| 周茂生 | 蓬莱市北沟镇栾家口村 | 20 | 男 | 1944 年 |
| 曲祥修 | 蓬莱市北沟镇北王绪村 | — | 男 | 1944 年 |
| 李本清 | 蓬莱市北沟镇台上李家村 | 48 | 男 | 1944 年 |
| 许守安 | 蓬莱市北沟镇冶王村 | 25 | 男 | 1944 年 |
| 张世林 | 蓬莱市北沟镇兴隆庄村 | 38 | 男 | 1944 年 |
| 张登顺 | 蓬莱市潮水镇潮水四村 | 20 | 男 | 1944 年 |
| 李成举 | 蓬莱市村里集镇王庄村 | 23 | 男 | 1944 年 |
| 宋允书 | 蓬莱市村里集镇宋家村 | — | 男 | 1944 年 |
| 隋玉训 | 蓬莱市村里集镇村里集村 | 22 | 男 | 1944 年 |
| 李洪光 | 蓬莱市村里集镇古城李家村 | 31 | 男 | 1944 年 |
| 代洪启 | 蓬莱市村里集镇西代家村 | 18 | 男 | 1944 年 |
| 王春茂 | 蓬莱市大柳行镇东石硼村 | — | 男 | 1944 年 |
| 王作云 | 蓬莱市大辛店镇遇驾夼村 | 36 | 男 | 1944 年 |
| 李永兰 | 蓬莱市大辛店镇北李庄村 | 18 | 男 | 1944 年 |
| 李全科 | 蓬莱市大辛店镇西蒋庄村 | 19 | 男 | 1944 年 |
| 李泉迎 | 蓬莱市大辛店镇西蒋庄村 | 18 | 男 | 1944 年 |
| 张景春 | 蓬莱市大辛店镇藏夼村 | 35 | 男 | 1944 年 |
| 张奠基 | 蓬莱市大辛店镇藏夼村 | 37 | 男 | 1944 年 |
| 王维宏 | 蓬莱市大辛店镇石门张家村 | 25 | 男 | 1944 年 |
| 王维连 | 蓬莱市大辛店镇石门张家村 | 20 | 男 | 1944 年 |
| 王维顺 | 蓬莱市大辛店镇石门张家村 | 28 | 男 | 1944 年 |
| 张方田 | 蓬莱市大辛店镇石门张家村 | 25 | 男 | 1944 年 |
| 张志奎 | 蓬莱市大辛店镇石门张家村 | 23 | 男 | 1944 年 |
| 张冠英 | 蓬莱市大辛店镇石门张家村 | 20 | 男 | 1944 年 |
| 刘宝芬 | 蓬莱市大辛店镇朱刘庄村 | — | 男 | 1944 年 |
| 迟贤勇 | 蓬莱市大辛店镇方沟村 | 49 | 男 | 1944 年 |
| 齐希仁 | 蓬莱市大辛店镇齐家庄村 | 44 | 男 | 1944 年 |
| 齐元培 | 蓬莱市大辛店镇齐家庄村 | 11 | 男 | 1944 年 |
| 齐元环 | 蓬莱市大辛店镇齐家庄村 | 15 | 男 | 1944 年 |
| 陈学禹 | 蓬莱市大辛店镇响吕村 | — | 男 | 1944 年 |
| 李敬财 | 蓬莱市大辛店镇榛子沟村 | 22 | 男 | 1944 年 |
| 罗华礼 | 蓬莱市大辛店镇仙人罗家村 | 71 | 男 | 1944 年 |
| 张善基 | 蓬莱市大辛店镇仙人罗家村 | 28 | 男 | 1944 年 |

| 姓 名 | 籍 贯 | 年 龄 | 性 别 | 死难时间 |
|---|---|---|---|---|
| 牟雪山 | 蓬莱市大辛店镇仙人罗家村 | 20 | 男 | 1944 年 |
| 仲振亚 | 蓬莱市大辛店镇仙人罗家村 | 21 | 男 | 1944 年 |
| 炳龙先 | 蓬莱市大辛店镇仙人罗家村 | 23 | 男 | 1944 年 |
| 张有绊 | 蓬莱市大辛店镇石门曲家村 | — | 男 | 1944 年 |
| 张有瀛 | 蓬莱市大辛店镇石门曲家村 | — | 男 | 1944 年 |
| 孙凤先 | 蓬莱市大辛店镇龙山店村 | 39 | 男 | 1944 年 |
| 李云发 | 蓬莱市大辛店镇龙山店村 | 44 | 男 | 1944 年 |
| 于连照 | 蓬莱市大辛店镇回家村 | 24 | 男 | 1944 年 |
| 王加荣 | 蓬莱市大辛店镇西师古庄村 | 31 | 男 | 1944 年 |
| 宫恩宝 | 蓬莱市大辛店镇东宫庄村 | 22 | 男 | 1944 年 |
| 宫玉廉 | 蓬莱市大辛店镇东宫庄村 | 22 | 男 | 1944 年 |
| 宫恩锡 | 蓬莱市大辛店镇东宫庄村 | 24 | 男 | 1944 年 |
| 宋士祯 | 蓬莱市大辛店镇山上宋村 | 58 | 男 | 1944 年 |
| 姚世伦 | 蓬莱市大辛店镇翟庄村 | 51 | 男 | 1944 年 |
| 张泽观 | 蓬莱市大辛店镇战家村 | 47 | 男 | 1944 年 |
| 刘万平 | 蓬莱市大辛店镇战家村 | 22 | 男 | 1944 年 |
| 孙聚园 | 蓬莱市大辛店镇五甲村 | 25 | 男 | 1944 年 |
| 杨奎旭 | 蓬莱市大辛店镇小杨家村 | 18 | 男 | 1944 年 |
| 王立芝 | 蓬莱市大辛店镇院后村 | 22 | 男 | 1944 年 |
| 初光武 | 蓬莱市大辛店镇浦里张村 | 23 | 男 | 1944 年 |
| 张学勤 | 蓬莱市大辛店镇浦里张村 | 22 | 男 | 1944 年 |
| 朱振祥 | 蓬莱市大辛店镇小宋村 | 41 | 男 | 1944 年 |
| 呼振业 | 蓬莱市大辛店镇母官都村 | 53 | 男 | 1944 年 |
| 迟玉庆 | 蓬莱市大辛店镇大迟村 | 50 | 男 | 1944 年 |
| 刘发荣 | 蓬莱市大辛店镇小泊村 | 24 | 男 | 1944 年 |
| 王刘氏 | 蓬莱市大辛店镇川王村 | 55 | 女 | 1944 年 |
| 战文广 | 蓬莱市大辛店镇战庄村 | 31 | 男 | 1944 年 |
| 王洪军 | 蓬莱市大辛店镇沙沟村 | 22 | 男 | 1944 年 |
| 田世香 | 蓬莱市大辛店镇沙沟村 | 23 | 男 | 1944 年 |
| 宋德行 | 蓬莱市大辛店镇沙沟村 | 23 | 男 | 1944 年 |
| 田世学 | 蓬莱市大辛店镇沙沟村 | 24 | 男 | 1944 年 |
| 宋显照 | 蓬莱市大辛店镇沙沟村 | 23 | 男 | 1944 年 |
| 刘方通 | 蓬莱市大辛店镇沙沟村 | 23 | 男 | 1944 年 |
| 倪兆亭 | 蓬莱市大辛店镇宁沟村 | 22 | 男 | 1944 年 |

| 姓 名 | 籍 贯 | 年 龄 | 性 别 | 死难时间 |
|---|---|---|---|---|
| 宁学祥 | 蓬莱市大辛店镇宁沟村 | 21 | 男 | 1944 年 |
| 宁松林 | 蓬莱市大辛店镇宁沟村 | 8 | 男 | 1944 年 |
| 张吉庆 | 蓬莱市大辛店镇北张庄村 | 40 | 男 | 1944 年 |
| 王宪国 | 蓬莱市大辛店镇北张庄村 | 23 | 男 | 1944 年 |
| 宋佩霖 | 蓬莱市大辛店镇龙阳村 | 34 | 男 | 1944 年 |
| 白福山 | 蓬莱市大辛店镇小赵家村 | 21 | 男 | 1944 年 |
| 王福财 | 蓬莱市大辛店镇川王村 | 23 | 男 | 1944 年 |
| 李兆瑞 | 蓬莱市大辛店镇川李村 | 60 | 男 | 1944 年 |
| 王云敬 | 蓬莱市大辛店镇西石硼村 | 30 | 男 | 1944 年 |
| 韩友玉 | 蓬莱市大辛店镇邱山店村 | 20 | 男 | 1944 年 |
| 张长江 | 蓬莱市登州街道塌地桥村 | 22 | 男 | 1944 年 |
| 隋作业 | 蓬莱市登州街道塌地桥村 | 19 | 男 | 1944 年 |
| 苏奇全 | 蓬莱市登州街道塌地桥村 | 44 | 男 | 1944 年 |
| 宁文忠 | 蓬莱市登州街道塌地桥村 | 25 | 男 | 1944 年 |
| 宁文运 | 蓬莱市登州街道塌地桥村 | 23 | 男 | 1944 年 |
| 孙延生 | 蓬莱市登州街道掺驾疃村 | 41 | 男 | 1944 年 |
| 葛永丰 | 蓬莱市登州街道掺驾疃村 | 33 | 男 | 1944 年 |
| 沈维学 | 蓬莱市登州街道掺驾疃村 | 32 | 男 | 1944 年 |
| 王心悦 | 蓬莱市登州街道掺驾疃村 | 35 | 男 | 1944 年 |
| 左忠发 | 蓬莱市登州街道东关村 | 24 | 男 | 1944 年 |
| 王祥和 | 蓬莱市登州街道李家疃村 | 20 | 男 | 1944 年 |
| 温长裕 | 蓬莱市登州街道长裕村 | 23 | 男 | 1944 年 |
| 宋恩福 | 蓬莱市登州街道长裕村 | 30 | 男 | 1944 年 |
| 郝云林 | 蓬莱市登州街道凤凰村 | 21 | 男 | 1944 年 |
| 彭国顿 | 蓬莱市刘家沟镇木基迟家村 | 23 | 男 | 1944 年 |
| 尤盛春 | 蓬莱市刘家沟镇西赵家村 | 23 | 男 | 1944 年 |
| 赵世梁 | 蓬莱市刘家沟镇西赵家村 | 27 | 男 | 1944 年 |
| 王世财 | 蓬莱市刘家沟镇海头村 | 31 | 男 | 1944 年 |
| 王淑春 | 蓬莱市刘家沟镇海头村 | 15 | 男 | 1944 年 |
| 程绍亮 | 蓬莱市刘家沟镇乌沟苗家村 | 28 | 男 | 1944 年 |
| 李年修 | 蓬莱市南王街道大院村 | 25 | 男 | 1944 年 |
| 包同阁 | 蓬莱市南王街道三包村 | 26 | 男 | 1944 年 |
| 迟云喜 | 蓬莱市南王街道南王村 | 18 | 男 | 1944 年 |
| 刘世露 | 蓬莱市南王街道伍庄村 | 28 | 男 | 1944 年 |

| 姓 名 | 籍 贯 | 年 龄 | 性 别 | 死难时间 |
|---|---|---|---|---|
| 吕基田 | 蓬莱市南王街道杏吕村 | 28 | 男 | 1944 年 |
| 包玉奴 | 蓬莱市南王街道七里庄村 | 27 | 女 | 1944 年 |
| 姚刘氏 | 蓬莱市南王街道七里庄村 | 27 | 女 | 1944 年 |
| 姚同法 | 蓬莱市南王街道七里庄村 | 57 | 男 | 1944 年 |
| 李化永 | 蓬莱市南王街道大李家村 | 23 | 男 | 1944 年 |
| 徐殿良 | 蓬莱市南王街道徐沟村 | 16 | 男 | 1944 年 |
| 张兆坤 | 蓬莱市小门家镇巨山沟村 | 19 | 男 | 1944 年 |
| 宋可文 | 蓬莱市新港街道铜井村 | 25 | 男 | 1945 年 1 月 |
| 宋学一 | 蓬莱市新港街道铜井村 | 31 | 男 | 1945 年 1 月 |
| 陈方水 | 蓬莱市新港街道铜井村 | 40 | 男 | 1945 年 1 月 |
| 王晓军 | 蓬莱市新港街道铜井村 | 20 | 男 | 1945 年 1 月 |
| 宋光杨 | 蓬莱市新港街道铜井村 | 55 | 男 | 1945 年 1 月 |
| 景德丰 | 蓬莱市新港街道铜井村 | 30 | 男 | 1945 年 1 月 |
| 姚文基 | 蓬莱市新港街道铜井村 | 29 | 男 | 1945 年 1 月 |
| 王文礼 | 蓬莱市新港街道铜井村 | 26 | 男 | 1945 年 1 月 |
| 郝美兰 | 蓬莱市新港街道湾子口村 | 58 | 女 | 1945 年 1 月 |
| 崔玉山 | 蓬莱市新港街道湾子口村 | 42 | 男 | 1945 年 1 月 |
| 崔永玲 | 蓬莱市新港街道湾子口村 | 38 | 女 | 1945 年 1 月 |
| 崔兰花 | 蓬莱市新港街道湾子口村 | 50 | 女 | 1945 年 1 月 |
| 王东义 | 蓬莱市新港街道湾子口村 | 25 | 男 | 1945 年 1 月 |
| 孙曰明 | 蓬莱市新港街道湾子口村 | 29 | 男 | 1945 年 1 月 |
| 崔工商 | 蓬莱市新港街道湾子口村 | 34 | 男 | 1945 年 1 月 |
| 崔来发 | 蓬莱市新港街道湾子口村 | 37 | 男 | 1945 年 1 月 |
| 张学勤 | 蓬莱市大辛店镇二村 | — | 男 | 1945 年 2 月 |
| 姜孝忠 | 蓬莱市紫荆山街道拦驾疃村 | 37 | 男 | 1945 年 2 月 |
| 卫继宽 | 蓬莱市紫荆山街道拦驾疃村 | 32 | 男 | 1945 年 2 月 |
| 卫兆吉 | 蓬莱市紫荆山街道拦驾疃村 | 47 | 男 | 1945 年 2 月 |
| 王启成 | 蓬莱市紫荆山街道马家泊村 | 52 | 男 | 1945 年 2 月 |
| 张世锋 | 蓬莱市北沟镇兴隆庄村 | 20 | 男 | 1945 年 3 月 |
| 耿相元 | 蓬莱市潮水镇富阳蔡家村 | 20 | 男 | 1945 年 3 月 |
| 刘中焕 | 蓬莱市潮水镇善集村 | 21 | 男 | 1945 年 3 月 |
| 刘日周 | 蓬莱市潮水镇善集村 | 23 | 男 | 1945 年 3 月 |
| 周克喜 | 蓬莱市村里集镇张家沟村 | 33 | 男 | 1945 年 3 月 |
| 周有梅 | 蓬莱市大柳行镇门楼村 | — | 男 | 1945 年 3 月 |

| 姓 名 | 籍 贯 | 年 龄 | 性 别 | 死难时间 |
|---|---|---|---|---|
| 朱士刚 | 蓬莱市大柳行镇门楼村 | — | 男 | 1945 年 3 月 |
| 周典宝 | 蓬莱市大柳行镇门楼村 | — | 男 | 1945 年 3 月 |
| 陈光诗 | 蓬莱市大柳行镇卧鹿村 | 21 | 男 | 1945 年 3 月 |
| 赵世桐 | 蓬莱市刘家沟镇西赵家村 | 26 | 男 | 1945 年 3 月 |
| 鲁云起 | 蓬莱市刘家沟镇乌沟沈家村 | 21 | 男 | 1945 年 3 月 |
| 张有乾 | 蓬莱市北沟镇南罗村 | 18 | 男 | 1945 年 4 月 |
| 门日增 | 蓬莱市村里集镇下门家村 | 24 | 男 | 1945 年 4 月 |
| 张长为 | 蓬莱市村里集镇石门口村 | 20 | 男 | 1945 年 4 月 |
| 周可乐 | 蓬莱市大柳行镇门楼村 | — | 男 | 1945 年 4 月 |
| 李宗平 | 蓬莱市大辛店镇兰东村 | 22 | 男 | 1945 年 4 月 |
| 刘任田 | 蓬莱市刘家沟镇刘家沟村 | 22 | 男 | 1945 年 4 月 |
| 梁凤英 | 蓬莱市新港街道营子里村 | 43 | 女 | 1945 年 4 月 |
| 迟淑玉 | 蓬莱市新港街道营子里村 | 30 | 女 | 1945 年 4 月 |
| 王良贵 | 蓬莱市新港街道营子里村 | 50 | 男 | 1945 年 4 月 |
| 许喜明 | 蓬莱市新港街道大皂许村 | 23 | 男 | 1945 年 4 月 |
| 许二奎 | 蓬莱市新港街道大皂许家村 | 15 | 男 | 1945 年 4 月 |
| 段发明 | 蓬莱市新港街道大皂许家村 | 58 | 男 | 1945 年 4 月 |
| 梁涌泉 | 蓬莱市新港街道大皂许家村 | 46 | 男 | 1945 年 4 月 |
| 王 柱 | 蓬莱市新港街道大皂许家村 | 26 | 男 | 1945 年 4 月 |
| 张成功 | 蓬莱市新港街道大皂许家村 | 26 | 男 | 1945 年 4 月 |
| 许维庆 | 蓬莱市新港街道大皂许家村 | 20 | 男 | 1945 年 4 月 |
| 刘振岩 | 蓬莱市新港街道山北头村 | 26 | 男 | 1945 年 4 月 |
| 郝维悖 | 蓬莱市新港街道山北头村 | 45 | 男 | 1945 年 4 月 |
| 丛克开 | 蓬莱市新港街道安香丛家村 | 36 | 男 | 1945 年 4 月 |
| 崔克茂 | 蓬莱市新港街道安香丛家村 | 40 | 男 | 1945 年 4 月 |
| 崔恒有 | 蓬莱市新港街道安香丛家村 | 38 | 男 | 1945 年 4 月 |
| 崔恒足 | 蓬莱市新港街道安香丛家村 | 36 | 男 | 1945 年 4 月 |
| 张同文 | 蓬莱市新港街道安香丛家村 | 28 | 男 | 1945 年 4 月 |
| 王有为 | 蓬莱市新港街道湾子口村 | 36 | 男 | 1945 年 4 月 |
| 王果如 | 蓬莱市新港街道湾子口村 | 36 | 男 | 1945 年 4 月 |
| 崔行东 | 蓬莱市新港街道湾子口村 | 34 | 男 | 1945 年 4 月 |
| 李 铣 | 蓬莱市紫荆山街道万寿村 | 25 | 男 | 1945 年 4 月 |
| 李珍琳 | 蓬莱市紫荆山街道武霖村 | 31 | 女 | 1945 年 4 月 |
| 黄前远 | 蓬莱市潮水镇大黄家村 | 24 | 男 | 1945 年 5 月 |

| 姓　名 | 籍　贯 | 年　龄 | 性　别 | 死难时间 |
|---|---|---|---|---|
| 柳玉亭 | 蓬莱市村里集上薛家村 | 32 | 男 | 1945 年 5 月 |
| 周洪信 | 蓬莱市大柳行镇门楼村 | — | 男 | 1945 年 5 月 |
| 迟大贤 | 蓬莱市大辛店镇大泊村 | 27 | 男 | 1945 年 5 月 |
| 吴法寅 | 蓬莱市刘家沟镇南吴家村 | 18 | 男 | 1945 年 5 月 |
| 丛登槐 | 蓬莱市刘家沟镇南吴家村 | 18 | 男 | 1945 年 5 月 |
| 李本吉 | 蓬莱市蓬莱阁街道西庄村 | 29 | 男 | 1945 年 5 月 |
| 李宝田 | 蓬莱市蓬莱阁街道西庄村 | 24 | 男 | 1945 年 5 月 |
| 张鸿信 | 蓬莱市蓬莱阁街道西庄村 | 40 | 女 | 1945 年 5 月 |
| 赵绥芝 | 蓬莱市蓬莱阁街道西庄村 | 40 | 男 | 1945 年 5 月 |
| 白　银 | 蓬莱市蓬莱阁街道西庄村 | 38 | 男 | 1945 年 5 月 |
| 刘佩兰 | 蓬莱市蓬莱阁街道西庄村 | 33 | 女 | 1945 年 5 月 |
| 李本玉 | 蓬莱市蓬莱阁街道西庄村 | 32 | 男 | 1945 年 5 月 |
| 刘有道 | 蓬莱市蓬莱阁街道西庄村 | 28 | 男 | 1945 年 5 月 |
| 李义田 | 蓬莱市蓬莱阁街道西庄村 | 27 | 男 | 1945 年 5 月 |
| 徐梅芳 | 蓬莱市蓬莱阁街道西庄村 | 25 | 女 | 1945 年 5 月 |
| 杨松古 | 蓬莱市小门家镇大狗李村 | 19 | 男 | 1945 年 5 月 |
| 刘金玉 | 蓬莱市新港街道铜井村 | 22 | 男 | 1945 年 5 月 |
| 马太兴 | 蓬莱市新港街道铜井村 | 18 | 男 | 1945 年 5 月 |
| 张泰坤 | 蓬莱市北沟镇王李村 | 20 | 男 | 1945 年 6 月 |
| 马天加 | 蓬莱市北沟镇红山马家村 | 28 | 男 | 1945 年 6 月 |
| 周　强 | 蓬莱市北沟镇栾家口村 | 18 | 男 | 1945 年 6 月 |
| 代心生 | 蓬莱市村里集镇西代家村 | 20 | 男 | 1945 年 6 月 |
| 代常福 | 蓬莱市村里集镇西代家村 | 24 | 男 | 1945 年 6 月 |
| 周典麟 | 蓬莱市大柳行镇门楼村 | — | 男 | 1945 年 6 月 |
| 李恒贵 | 蓬莱市大辛店镇藏家夼村 | 18 | 男 | 1945 年 6 月 |
| 张克祥 | 蓬莱市大辛店镇藏家夼村 | 18 | 男 | 1945 年 6 月 |
| 孙管良 | 蓬莱市刘家沟镇凤眼村 | 41 | 男 | 1945 年 6 月 |
| 卢大本 | 蓬莱市刘家沟镇接夼卢家村 | 22 | 男 | 1945 年 6 月 |
| 董太良 | 蓬莱市大柳行镇门楼村 | — | 男 | 1945 年 7 月 |
| 王玉珠 | 蓬莱市大辛店镇何家村 | 17 | 男 | 1945 年 7 月 |
| 刘洪智 | 蓬莱市刘家沟镇刘家沟村 | 19 | 男 | 1945 年 7 月 |
| 刘茂起 | 蓬莱市刘家沟镇刘家沟村 | 29 | 男 | 1945 年 7 月 |
| 刘烦清 | 蓬莱市刘家沟镇刘家沟村 | — | 男 | 1945 年 7 月 |
| 李克恕 | 蓬莱市紫荆山街道李庄村 | 21 | 男 | 1945 年 7 月 |

| 姓 名 | 籍 贯 | 年龄 | 性别 | 死难时间 |
|---|---|---|---|---|
| 吴丕环 | 蓬莱市北沟镇西正李家村 | 41 | 男 | 1945 年 8 月 |
| 黄受基 | 蓬莱市潮水镇大黄家村 | 20 | 男 | 1945 年 8 月 |
| 黄国恩 | 蓬莱市潮水镇大黄家村 | 22 | 男 | 1945 年 8 月 |
| 黄国恕 | 蓬莱市潮水镇大黄家村 | 24 | 男 | 1945 年 8 月 |
| 隋元恕 | 蓬莱市潮水镇小雪村 | 19 | 男 | 1945 年 8 月 |
| 崔明福 | 蓬莱市村里集镇大崔家村 | 25 | 男 | 1945 年 8 月 |
| 栾福光 | 蓬莱市村里集镇村里集村 | 21 | 男 | 1945 年 8 月 |
| 曹有忠 | 蓬莱市大柳行镇门楼村 | — | 男 | 1945 年 8 月 |
| 周　经 | 蓬莱市大柳行镇门楼村 | — | 男 | 1945 年 8 月 |
| 王永太 | 蓬莱市大柳行镇门楼村 | — | 男 | 1945 年 8 月 |
| 朱元亭 | 蓬莱市大柳行镇门楼村 | — | 男 | 1945 年 8 月 |
| 迟传玉 | 蓬莱市大辛店镇大迟家村 | 24 | 男 | 1945 年 8 月 |
| 于尔祥 | 蓬莱市大辛店镇皂户于家村 | — | 男 | 1945 年 8 月 |
| 汤贤宽 | 蓬莱市大辛店镇葛洼村 | 33 | 男 | 1945 年 8 月 |
| 王士宏 | 蓬莱市大辛店镇川王村 | 68 | 男 | 1945 年 8 月 |
| 郭维谭 | 蓬莱市刘家沟镇南吴家村 | 18 | 男 | 1945 年 8 月 |
| 杨奎江 | 蓬莱市大辛店镇大杨家村 | 26 | 男 | 1945 年 |
| 娄德民 | 蓬莱市大柳行镇齐家沟村 | 22 | 男 | 1945 年 |
| 王功德 | 蓬莱市北沟镇曲家沟村 | — | 男 | 1945 年 |
| 李建生 | 蓬莱市北沟镇上口李家 | 28 | 男 | 1945 年 |
| 李禄荣 | 蓬莱市北沟镇周家村 | 18 | 男 | 1945 年 |
| 周茂刚 | 蓬莱市北沟镇高家庄村 | — | 男 | 1945 年 |
| 王宗传 | 蓬莱市北沟镇港里村 | 25 | 男 | 1945 年 |
| 贺学超 | 蓬莱市北沟镇北林院村 | 24 | 男 | 1945 年 |
| 王世伟 | 蓬莱市北沟镇北林院村 | 28 | 男 | 1945 年 |
| 徐维顺 | 蓬莱市北沟镇徐家集村 | 20 | 男 | 1945 年 |
| 徐维春 | 蓬莱市北沟镇徐家集村 | 22 | 男 | 1945 年 |
| 焦绪忠 | 蓬莱市北沟镇徐家集村 | 27 | 男 | 1945 年 |
| 栾业胜 | 蓬莱市北沟镇徐家集村 | 21 | 男 | 1945 年 |
| 丁吉祥 | 蓬莱市北沟镇徐家集村 | 25 | 男 | 1945 年 |
| 徐维才 | 蓬莱市北沟镇徐家集村 | 26 | 男 | 1945 年 |
| 韩益宽 | 蓬莱市北沟镇高里夼村 | 23 | 男 | 1945 年 |
| 孙忠任 | 蓬莱市北沟镇孙家村 | — | 男 | 1945 年 |
| 马耀东 | 蓬莱市北沟镇舒郝村 | 23 | 男 | 1945 年 |

| 姓　名 | 籍　贯 | 年　龄 | 性　别 | 死难时间 |
|---|---|---|---|---|
| 吴培忠 | 蓬莱市北沟镇西正李家村 | 28 | 男 | 1945 年 |
| 哈桂基 | 蓬莱市北沟镇哈家村 | 23 | 男 | 1945 年 |
| 陈学斌 | 蓬莱市北沟镇荆魏村 | 25 | 男 | 1945 年 |
| 王乃臣 | 蓬莱市北沟镇北罗村 | 24 | 男 | 1945 年 |
| 王宗和 | 蓬莱市北沟镇王格庄村 | 29 | 男 | 1945 年 |
| 王宗达 | 蓬莱市北沟镇西泊子村 | — | 男 | 1945 年 |
| 高绪兴 | 蓬莱市北沟镇栾家口村 | 28 | 男 | 1945 年 |
| 刘克功 | 蓬莱市北沟镇北王绪村 | 33 | 男 | 1945 年 |
| 许振强 | 蓬莱市北沟镇许家村 | 25 | 男 | 1945 年 |
| 赵会化 | 蓬莱市潮水镇草泊村 | 38 | 男 | 1945 年 |
| 宋允乐 | 蓬莱市村里集镇宋家村 | 26 | 男 | 1945 年 |
| 宋克红 | 蓬莱市村里集镇宋家村 | 25 | 男 | 1945 年 |
| 赵国敬 | 蓬莱市村里集镇大赵家村 | 24 | 男 | 1945 年 |
| 姜克厚 | 蓬莱市大柳行镇觅鹿夼村 | 56 | 男 | 1945 年 |
| 姜国良 | 蓬莱市大柳行镇觅鹿夼村 | — | 男 | 1945 年 |
| 姜国来 | 蓬莱市大柳行镇觅鹿夼村 | 72 | 男 | 1945 年 |
| 姜培贤 | 蓬莱市大柳行镇虎路线村 | — | 男 | 1945 年 |
| 李光谨 | 蓬莱市大辛店镇崮寺店村 | — | 男 | 1945 年 |
| 王可义 | 蓬莱市大辛店镇夼沟村 | — | 男 | 1945 年 |
| 孙作林 | 蓬莱市大辛店镇蔡家庄村 | — | 男 | 1945 年 |
| 方召烈 | 蓬莱市大辛店镇西蒋庄村 | 20 | 男 | 1945 年 |
| 张永宁 | 蓬莱市大辛店镇藏家夼村 | 17 | 男 | 1945 年 |
| 王庭礼 | 蓬莱市大辛店镇石门张家村 | 25 | 男 | 1945 年 |
| 张金荣 | 蓬莱市大辛店镇石门张家村 | 35 | 男 | 1945 年 |
| 孙培礼 | 蓬莱市大辛店镇五甲村 | 26 | 男 | 1945 年 |
| 孙培瑞 | 蓬莱市大辛店镇五甲村 | 15 | 男 | 1945 年 |
| 孙培官 | 蓬莱市大辛店镇五甲村 | 18 | 男 | 1945 年 |
| 刘汪澡 | 蓬莱市大辛店镇西许沟村 | 19 | 男 | 1945 年 |
| 方长春 | 蓬莱市登州街道塌地桥村 | 26 | 男 | 1945 年 |
| 刘兴举 | 蓬莱市登州街道东关村 | 28 | 男 | 1945 年 |
| 李心顺 | 蓬莱市登州街道李家村 | 20 | 男 | 1945 年 |
| 刘兴举 | 蓬莱市登州街道长裕村 | 31 | 男 | 1945 年 |
| 宁毓亭 | 蓬莱市登州街道塌地桥村 | 19 | 男 | 1945 年 |
| 刘善基 | 蓬莱市登州街道诸谷村 | 33 | 男 | 1945 年 |

| 姓　名 | 籍　贯 | 年龄 | 性别 | 死难时间 |
|---|---|---|---|---|
| 杨振武 | 蓬莱市刘家沟镇乌沟郭家村 | 28 | 男 | 1945 年 |
| 柳盛春 | 蓬莱市刘家沟镇木基迟家村 | 22 | 男 | 1945 年 |
| 赵士略 | 蓬莱市刘家沟镇赵庄村 | 27 | 男 | 1945 年 |
| 苗志军 | 蓬莱市刘家沟镇乌沟苗家村 | — | 男 | 1945 年 |
| 赵学贵 | 蓬莱市刘家沟镇三赵村 | — | 男 | 1945 年 |
| 姜福寿 | 蓬莱市刘家沟镇接夼刘家村 | 22 | 男 | 1945 年 |
| 郝名全 | 蓬莱市刘家沟镇马家沟村 | 45 | 男 | 1945 年 |
| 马好盛 | 蓬莱市刘家沟镇马家沟村 | 26 | 男 | 1945 年 |
| 马安德 | 蓬莱市刘家沟镇马家沟村 | 17 | 男 | 1945 年 |
| 梁玉球 | 蓬莱市刘家沟镇范家村 | 40 | 男 | 1945 年 |
| 袁佩道 | 蓬莱市刘家沟镇接夼袁家村 | 23 | 男 | 1945 年 |
| 卢小本 | 蓬莱市刘家沟镇接夼卢家村 | 21 | 男 | 1945 年 |
| 石永忠 | 蓬莱市南王街道泊宋村 | — | 男 | 1945 年 |
| 方兆户 | 蓬莱市南王街道方家村 | 43 | 男 | 1945 年 |
| 张高田 | 蓬莱市南王街道南王村 | 26 | 男 | 1945 年 |
| 姚庆时 | 蓬莱市南王街道七里庄村 | 37 | 男 | 1945 年 |
| 姜恒岩 | 蓬莱市南王街道卫庄村 | 21 | 男 | 1945 年 |
| 姜恒芳 | 蓬莱市南王街道卫庄村 | — | 男 | 1945 年 |
| 战志远 | 蓬莱市小门家镇巨山沟村 | 29 | 男 | 1945 年 |
| 赵德明 | 蓬莱市小门家镇巨山沟村 | 20 | 男 | 1945 年 |
| 徐德宝 | 蓬莱市小门家镇巨山沟村 | 24 | 男 | 1945 年 |
| 杨成右 | 蓬莱市小门家镇大狗李村 | 22 | 男 | 1945 年 |
| 何文才 | 蓬莱市小门家镇姜沟村 | 24 | 男 | 1945 年 |
| 张振远 | 蓬莱市紫荆山街道西关村 | 28 | 男 | 1945 年 |
| 秦光益 | 蓬莱市紫荆山街道北秦村 | 52 | 男 | 1945 年 |
| 王孙氏 | 蓬莱市紫荆山街道西关村 | — | 女 | 1945 年 |
| 成培通 | 蓬莱市北沟镇解家村 | 21 | 男 | — |
| 初光武 | 蓬莱市大辛店镇二村 | — | 男 | — |
| 连作节 | 蓬莱市大辛店镇周梁村 | — | 男 | — |
| 孙培海 | 蓬莱市大辛店镇四甲村 | — | 男 | — |
| 李世云 | 蓬莱市南王街道柳行村 | 35 | 男 | — |
| 王继国 | 蓬莱市南王街道大丁家村 | — | 男 | — |
| 高士忠 | 蓬莱市蓬莱阁街道邹于村 | 28 | 男 | 1938 年 |
| 刘希广 | 蓬莱刘家沟镇接夼刘家村 | 43 | 男 | 1938 年 |

| 姓　名 | 籍　贯 | 年　龄 | 性　别 | 死难时间 |
|---|---|---|---|---|
| 曹要荣 | 蓬莱刘家沟镇接夼刘家村 | 25 | 男 | 1938 年 |
| 曹本德 | 蓬莱刘家沟镇接夼刘家村 | 27 | 男 | 1938 年 |
| 李也古 | 蓬莱市新港街道官庄村 | 50 | 男 | 1938 年 3 月 |
| 张儒学 | 蓬莱市新港街道官庄村 | 49 | 男 | 1938 年 3 月 |
| 张焕理 | 蓬莱市新港街道官庄村 | 62 | 男 | 1938 年 3 月 |
| 季心朋 | 蓬莱市新港街道刘旺村 | 27 | 男 | 1938 年 3 月 |
| 杨日山 | 蓬莱市新港街道刘旺村 | 40 | 男 | 1938 年 3 月 |
| 付少明 | 蓬莱市新港街道刘旺村 | 29 | 男 | 1938 年 3 月 |
| 邹宗谦 | 蓬莱市蓬莱阁街道邹于村 | 24 | 男 | 1938 年 4 月 |
| 宋承裕 | 蓬莱市蓬莱阁街道邹于村 | 28 | 男 | 1938 年 4 月 |
| 邹同家 | 蓬莱市蓬莱阁街道邹于村 | 28 | 男 | 1938 年 4 月 |
| 赵元茂 | 蓬莱市蓬莱阁街道邹于村 | 26 | 男 | 1938 年 4 月 |
| 刘丰福 | 蓬莱市大柳行镇孚庆集村 | 21 | 男 | 1938 年 5 月 |
| 刘丰乐 | 蓬莱市大柳行镇孚庆集村 | 35 | 男 | 1938 年 5 月 |
| 刘元岐 | 蓬莱市大柳行镇孚庆集村 | 36 | 男 | 1938 年 5 月 |
| 刘丰庆 | 蓬莱市大柳行镇孚庆集村 | 30 | 男 | 1938 年 5 月 |
| 姜善周 | 蓬莱市大柳行镇孚庆集村 | 28 | 男 | 1938 年 5 月 |
| 姜岐周 | 蓬莱市大柳行镇孚庆集村 | 25 | 男 | 1938 年 5 月 |
| 邹同恒 | 蓬莱市蓬莱阁街道邹于村 | 30 | 男 | 1938 年 6 月 |
| 于仁厚 | 蓬莱市蓬莱阁街道邹于村 | 32 | 男 | 1938 年 6 月 |
| 刘　少 | 蓬莱市新港街道刘旺村 | 18 | 男 | 1938 年 6 月 |
| 马财强 | 蓬莱市新港街道刘旺村 | 21 | 男 | 1938 年 6 月 |
| 马山明 | 蓬莱市新港街道刘旺村 | 32 | 男 | 1938 年 6 月 |
| 李山西 | 蓬莱市新港街道刘旺村 | 45 | 男 | 1938 年 6 月 |
| 许赵氏 | 蓬莱市新港街道大皂许家村 | 55 | 女 | 1938 年 8 月 |
| 王　路 | 蓬莱市新港街道大皂许家村 | 30 | 男 | 1938 年 8 月 |
| 梁大柱 | 蓬莱市新港街道大皂许家村 | 25 | 男 | 1938 年 8 月 |
| 姜绍章 | 蓬莱市大柳行镇姜家村 | 18 | 男 | 1938 年 9 月 |
| 孙培武 | 蓬莱市新港街道刘旺村 | 37 | 男 | 1938 年 9 月 |
| 孙　娟 | 蓬莱市新港街道刘旺村 | 18 | 女 | 1938 年 9 月 |
| 吴永纯 | 蓬莱市新港街道刘旺村 | 35 | 男 | 1938 年 9 月 |
| 王李氏 | 蓬莱市新港街道刘旺村 | 36 | 女 | 1938 年 9 月 |
| 吕　仪 | 蓬莱市新港街道刘旺村 | 37 | 男 | 1938 年 9 月 |
| 唐　平 | 蓬莱市北沟镇北唐村 | 39 | 男 | 1938 年 |

| 姓 名 | 籍 贯 | 年 龄 | 性 别 | 死难时间 |
|---|---|---|---|---|
| 刘义平 | 蓬莱市北沟镇北唐村 | 40 | 男 | 1938 年 |
| 李士仪 | 蓬莱市刘家沟镇李庄村 | 86 | 男 | 1938 年 |
| 郑红军 | 蓬莱市刘家沟镇大郑家村 | 18 | 男 | 1938 年 |
| 刘希连 | 蓬莱市刘家沟镇接夼刘家村 | 37 | 男 | 1938 年 |
| 于德会 | 蓬莱市蓬莱阁街道林格庄村 | 31 | 男 | 1939 年 3 月 |
| 刘云高 | 蓬莱市新港街道中村 | 24 | 男 | 1939 年 4 月 |
| 刘福田 | 蓬莱市新港街道中村 | 49 | 男 | 1939 年 4 月 |
| 孙瑞令 | 蓬莱市新港街道矫格庄村 | 24 | 男 | 1939 年 4 月 |
| 孙家计 | 蓬莱市新港街道矫格庄村 | 32 | 男 | 1939 年 4 月 |
| 孙思业 | 蓬莱市新港街道矫格庄村 | 31 | 男 | 1939 年 4 月 |
| 孙宗俊 | 蓬莱市新港街道矫格庄村 | 27 | 男 | 1939 年 4 月 |
| 张 贤 | 蓬莱市大柳行镇大柳行村 | 26 | 男 | 1939 年 5 月 |
| 邹秉刚 | 蓬莱市蓬莱阁街道西庄村 | 35 | 男 | 1939 年 5 月 |
| 李启田 | 蓬莱市蓬莱阁街道西庄村 | 25 | 男 | 1939 年 5 月 |
| 崔连武 | 蓬莱市蓬莱阁街道西庄村 | 34 | 男 | 1939 年 5 月 |
| 宁秉昆 | 蓬莱市蓬莱阁街道小皂村 | 42 | 男 | 1939 年 5 月 |
| 贺凤翔 | 蓬莱市蓬莱阁街道小皂村 | 36 | 男 | 1939 年 5 月 |
| 杨立荣 | 蓬莱市蓬莱阁街道小皂村 | 40 | 男 | 1939 年 5 月 |
| 孙德文 | 蓬莱市蓬莱阁街道小皂村 | 39 | 男 | 1939 年 5 月 |
| 李枝荣 | 蓬莱市蓬莱阁街道小皂村 | 36 | 女 | 1939 年 5 月 |
| 孙建华 | 蓬莱市蓬莱阁街道小皂村 | 5 | 男 | 1939 年 5 月 |
| 孙凤仪 | 蓬莱市蓬莱阁街道小皂村 | 7 | 女 | 1939 年 5 月 |
| 张祖宏 | 蓬莱市新港街道官庄村 | 69 | 男 | 1939 年 6 月 |
| 胡宗英 | 蓬莱市新港街道官庄村 | 70 | 女 | 1939 年 6 月 |
| 迟移会 | 蓬莱市新港街道官庄村 | 49 | 女 | 1939 年 6 月 |
| 宋宗私 | 蓬莱市新港街道官庄村 | 52 | 男 | 1939 年 6 月 |
| 李法吉 | 蓬莱市新港街道官庄村 | 78 | 男 | 1939 年 6 月 |
| 茅吉民 | 蓬莱市新港街道官庄村 | 76 | 女 | 1939 年 6 月 |
| 孙本荣 | 蓬莱市新港街道矫格庄村 | 40 | 男 | 1939 年 6 月 |
| 孙序堂 | 蓬莱市新港街道矫格庄村 | 22 | 男 | 1939 年 6 月 |
| 孙昭法 | 蓬莱市新港街道矫格庄村 | 33 | 男 | 1939 年 6 月 |
| 孙法录 | 蓬莱市新港街道矫格庄村 | 32 | 男 | 1939 年 6 月 |
| 张爱梅 | 蓬莱市蓬莱阁街道林格庄村 | 17 | 女 | 1939 年 7 月 |
| 曲菲丽 | 蓬莱市蓬莱阁街道林格庄村 | 33 | 女 | 1939 年 7 月 |

| 姓　名 | 籍　贯 | 年　龄 | 性　别 | 死难时间 |
|---|---|---|---|---|
| 宁有祥 | 蓬莱市蓬莱阁街道小皂村 | 34 | 男 | 1939 年 7 月 |
| 宁明书 | 蓬莱市蓬莱阁街道小皂村 | 29 | 男 | 1939 年 7 月 |
| 宁有朋 | 蓬莱市蓬莱阁街道小皂村 | 7 | 男 | 1939 年 7 月 |
| 曲和英 | 蓬莱市蓬莱阁街道水城村 | 20 | 男 | 1939 年 7 月 |
| 任德山 | 蓬莱市蓬莱阁街道水城村 | 25 | 男 | 1939 年 7 月 |
| 张修道 | 蓬莱市小门家镇西张庄村 | 24 | 男 | 1939 年 8 月 |
| 曹恒运 | 蓬莱市新港街道中村 | 31 | 男 | 1939 年 9 月 |
| 吕振英 | 蓬莱市新港街道官庄村 | 67 | 女 | 1939 年 9 月 |
| 张景海 | 蓬莱市新港街道官庄村 | 72 | 男 | 1939 年 9 月 |
| 吴淑琴 | 蓬莱市新港街道官庄村 | 70 | 女 | 1939 年 9 月 |
| 孙立贤 | 蓬莱市新港街道矫格庄村 | 32 | 男 | 1939 年 9 月 |
| 孙通常 | 蓬莱市新港街道矫格庄村 | 39 | 男 | 1939 年 9 月 |
| 刘田生 | 蓬莱市新港街道矫格庄村 | 26 | 男 | 1939 年 9 月 |
| 孙礼德 | 蓬莱市新港街道矫格庄村 | 22 | 男 | 1939 年 9 月 |
| 孙宗渭 | 蓬莱市新港街道矫格庄村 | 24 | 男 | 1939 年 9 月 |
| 陈立民 | 蓬莱市村里集镇大柱村 | 49 | 男 | 1939 年 10 月 |
| 王玉芬 | 蓬莱市蓬莱阁街道小皂村 | 36 | 女 | 1939 年 11 月 |
| 张树茂 | 蓬莱市大柳行镇大柳行村 | — | 男 | 1939 年 12 月 |
| 张德山 | 蓬莱市大柳行镇大柳行村 | — | 男 | 1939 年 12 月 |
| 林传家 | 蓬莱市大柳行镇大柳行村 | — | 男 | 1939 年 12 月 |
| 张等武 | 蓬莱市大柳行镇大柳行村 | — | 男 | 1939 年 12 月 |
| 张起贵 | 蓬莱市大柳行镇大柳行村 | — | 男 | 1939 年 12 月 |
| 王　× | 蓬莱市刘家沟镇北王庄村 | 25 | 男 | 1939 年 |
| 鲁培志 | 蓬莱市蓬莱阁街道小皂村 | 36 | 男 | 1940 年 1 月 |
| 王云兰 | 蓬莱市新港街道官庄村 | 63 | 女 | 1940 年 2 月 |
| 杜传贵 | 蓬莱市新港街道矫格庄村 | 26 | 男 | 1940 年 2 月 |
| 孙芝法 | 蓬莱市新港街道矫格庄村 | 22 | 男 | 1940 年 2 月 |
| 孙道才 | 蓬莱市新港街道矫格庄村 | 23 | 男 | 1940 年 2 月 |
| 张　浩 | 蓬莱市新港街道刘旺村 | 34 | 男 | 1940 年 2 月 |
| 张成人 | 蓬莱市新港街道刘旺村 | 35 | 男 | 1940 年 2 月 |
| 张永生 | 蓬莱市新港街道刘旺村 | 32 | 男 | 1940 年 2 月 |
| 王仁成 | 蓬莱市新港街道刘旺村 | 30 | 男 | 1940 年 2 月 |
| 孙有功 | 蓬莱市新港街道湾子口村 | 27 | 男 | 1940 年 2 月 |
| 孙有伟 | 蓬莱市新港街道湾子口村 | 25 | 男 | 1940 年 2 月 |

| 姓　名 | 籍　贯 | 年　龄 | 性　别 | 死难时间 |
|---|---|---|---|---|
| 王刚金 | 蓬莱市新港街道湾子口村 | 52 | 男 | 1940 年 2 月 |
| 王存壮 | 蓬莱市新港街道湾子口村 | 51 | 男 | 1940 年 2 月 |
| 张在善 | 蓬莱市大柳行镇大柳行村 | 38 | 男 | 1940 年 3 月 |
| 李良林 | 蓬莱市蓬莱阁街道邹于村 | 45 | 男 | 1940 年 4 月 |
| 冯日兰 | 蓬莱市蓬莱阁街道邹于村 | 36 | 女 | 1940 年 4 月 |
| 赵元兰 | 蓬莱市蓬莱阁街道邹于村 | 52 | 女 | 1940 年 4 月 |
| 蒋刘氏 | 蓬莱市蓬莱阁街道邹于村 | 55 | 女 | 1940 年 4 月 |
| 王淑珍 | 蓬莱市蓬莱阁街道邹于村 | 37 | 女 | 1940 年 4 月 |
| 姜继兰 | 蓬莱市蓬莱阁街道邹于村 | 37 | 女 | 1940 年 4 月 |
| 于从岳 | 蓬莱市蓬莱阁街道邹于村 | 52 | 男 | 1940 年 4 月 |
| 邹旭卿 | 蓬莱市蓬莱阁街道邹于村 | 32 | 女 | 1940 年 4 月 |
| 栾汝祥 | 蓬莱市蓬莱阁街道邹于村 | 33 | 男 | 1940 年 4 月 |
| 蒋汝珍 | 蓬莱市蓬莱阁街道邹于村 | 30 | 女 | 1940 年 4 月 |
| 刘自福 | 蓬莱市蓬莱阁街道邹于村 | 45 | 男 | 1940 年 4 月 |
| 郑贾氏 | 蓬莱市蓬莱阁街道邹于村 | 45 | 女 | 1940 年 4 月 |
| 于仁茂 | 蓬莱市蓬莱阁街道邹于村 | 48 | 男 | 1940 年 4 月 |
| 秦福云 | 蓬莱市蓬莱阁街道邹于村 | 60 | 女 | 1940 年 4 月 |
| 鲁兆庚 | 蓬莱市新港街道东村 | 85 | 男 | 1940 年 4 月 |
| 郭　华 | 蓬莱市新港街道东村 | 33 | 男 | 1940 年 4 月 |
| 孙海东 | 蓬莱市新港街道大皂家村 | 23 | 男 | 1940 年 4 月 |
| 孙人龙 | 蓬莱市新港街道大皂家村 | 21 | 男 | 1940 年 4 月 |
| 王振明 | 蓬莱市蓬莱阁街道小皂村 | 26 | 男 | 1940 年 5 月 |
| 徐家会 | 蓬莱市蓬莱阁街道小皂村 | 30 | 男 | 1940 年 5 月 |
| 杨昌海 | 蓬莱市蓬莱阁街道小皂村 | 30 | 男 | 1940 年 5 月 |
| 王正礼 | 蓬莱市蓬莱阁街道小皂村 | 25 | 男 | 1940 年 5 月 |
| 许家横 | 蓬莱市蓬莱阁街道小皂村 | 24 | 男 | 1940 年 5 月 |
| 宋云朋 | 蓬莱市新港街道中村 | 34 | 男 | 1940 年 5 月 |
| 李连琨 | 蓬莱市新港街道官庄村 | 60 | 男 | 1940 年 5 月 |
| 张惠之 | 蓬莱市新港街道官庄村 | 62 | 女 | 1940 年 5 月 |
| 王廷英 | 蓬莱市新港街道官庄村 | 70 | 女 | 1940 年 5 月 |
| 孙　祥 | 蓬莱市新港街道矫格庄村 | 40 | 男 | 1940 年 5 月 |
| 孙　序 | 蓬莱市新港街道矫格庄村 | 20 | 男 | 1940 年 5 月 |
| 王仁仪 | 蓬莱市新港街道刘旺村 | 29 | 男 | 1940 年 5 月 |
| 王乐山 | 蓬莱市新港街道湾子口村 | 45 | 男 | 1940 年 5 月 |

| 姓 名 | 籍 贯 | 年 龄 | 性 别 | 死难时间 |
|---|---|---|---|---|
| 郑喜成 | 蓬莱市蓬莱阁街道抹直口村 | 26 | 男 | 1940 年 6 月 |
| 孙维怀 | 蓬莱市新港街道刘旺村 | 30 | 男 | 1940 年 6 月 |
| 郝相士 | 蓬莱市新港街道湾子口村 | 28 | 男 | 1940 年 6 月 |
| 郝志江 | 蓬莱市新港街道湾子口村 | 37 | 男 | 1940 年 6 月 |
| 郝志达 | 蓬莱市新港街道湾子口村 | 38 | 男 | 1940 年 6 月 |
| 郝志发 | 蓬莱市新港街道湾子口村 | 35 | 男 | 1940 年 6 月 |
| 宁有达 | 蓬莱市蓬莱阁街道小皂村 | 42 | 男 | 1940 年 7 月 |
| 孙德俊 | 蓬莱市新港街道矫格庄村 | 35 | 男 | 1940 年 7 月 |
| 徐正松 | 蓬莱市新港街道矫格庄村 | 25 | 男 | 1940 年 7 月 |
| 孙法盼 | 蓬莱市新港街道矫格庄村 | 38 | 男 | 1940 年 7 月 |
| 孙序经 | 蓬莱市新港街道矫格庄村 | 31 | 男 | 1940 年 7 月 |
| 孙乐明 | 蓬莱市新港街道矫格庄村 | 33 | 男 | 1940 年 7 月 |
| 邹自坤 | 蓬莱市蓬莱阁街道西庄村 | 17 | 男 | 1940 年 8 月 |
| 王国晨 | 蓬莱市蓬莱阁街道西庄村 | 15 | 男 | 1940 年 8 月 |
| 赵有来 | 蓬莱市蓬莱阁街道西庄村 | 30 | 男 | 1940 年 8 月 |
| 李金堂 | 蓬莱市蓬莱阁街道西庄村 | 28 | 男 | 1940 年 8 月 |
| 张恩浦 | 蓬莱市蓬莱阁街道西庄村 | 26 | 男 | 1940 年 8 月 |
| 李家田 | 蓬莱市蓬莱阁街道西庄村 | 29 | 男 | 1940 年 8 月 |
| 王继光 | 蓬莱市潮水镇三寨村 | 27 | 男 | 1940 年 9 月 |
| 王连捷 | 蓬莱市潮水镇三寨村 | 26 | 男 | 1940 年 9 月 |
| 陈毓祥 | 蓬莱市蓬莱阁街道小皂村 | 40 | 男 | 1940 年 9 月 |
| 吕风鸣 | 蓬莱市蓬莱阁街道小皂村 | 27 | 男 | 1940 年 9 月 |
| 周宏强 | 蓬莱市蓬莱阁街道小皂村 | 27 | 男 | 1940 年 9 月 |
| 宋太山 | 蓬莱市新港街道中村 | 59 | 男 | 1940 年 9 月 |
| 刘香令 | 蓬莱市新港街道矫格庄村 | 29 | 男 | 1940 年 9 月 |
| 李玉栗 | 蓬莱市新港街道矫格庄村 | 28 | 女 | 1940 年 9 月 |
| 王 ✕ | 蓬莱市新港街道矫格庄村 | 23 | 女 | 1940 年 9 月 |
| 孙永业 | 蓬莱市新港街道刘旺村 | 29 | 男 | 1940 年 9 月 |
| 孙维章 | 蓬莱市新港街道刘旺村 | 27 | 男 | 1940 年 9 月 |
| 孙维喜 | 蓬莱市新港街道刘旺村 | 29 | 男 | 1940 年 9 月 |
| 孙永波 | 蓬莱市新港街道刘旺村 | 17 | 男 | 1940 年 9 月 |
| 孙立功 | 蓬莱市新港街道刘旺村 | 30 | 男 | 1940 年 9 月 |
| 王存海 | 蓬莱市新港街道湾子口村 | 42 | 男 | 1940 年 9 月 |
| 王红亮 | 蓬莱市新港街道湾子口村 | 40 | 男 | 1940 年 9 月 |

| 姓　名 | 籍　贯 | 年　龄 | 性　别 | 死难时间 |
|---|---|---|---|---|
| 孙立群 | 蓬莱市新港街道刘旺村 | 32 | 男 | 1940 年 11 月 |
| 安促成 | 蓬莱市新港街道刘旺村 | 25 | 男 | 1940 年 11 月 |
| 王登福 | 蓬莱市潮水镇三寨村 | 27 | 男 | 1940 年 12 月 |
| 谢德玲 | 蓬莱市新港街道刘旺村 | 34 | 男 | 1940 年 12 月 |
| 张忠强 | 蓬莱市新港街道刘旺村 | 36 | 男 | 1940 年 12 月 |
| 孙乐义 | 蓬莱市新港街道刘旺村 | 27 | 男 | 1940 年 12 月 |
| 高廷银 | 蓬莱市大柳行镇燕子夼村 | 27 | 男 | 1940 年 |
| 高廷介 | 蓬莱市大柳行镇燕子夼村 | 29 | 男 | 1940 年 |
| 刘守信 | 蓬莱市蓬莱阁街道抹直口村 | 33 | 男 | 1940 年 |
| 葛读京 | 蓬莱市蓬莱阁街道抹直口村 | 42 | 男 | 1940 年 |
| 彭永弟 | 蓬莱市蓬莱阁街道小皂村 | 24 | 男 | 1941 年 1 月 |
| 宁维相 | 蓬莱市蓬莱阁街道小皂村 | 24 | 男 | 1941 年 1 月 |
| 王明洽 | 蓬莱市蓬莱阁街道小皂村 | 31 | 男 | 1941 年 1 月 |
| 韩素珍 | 蓬莱市蓬莱阁街道小皂村 | 16 | 女 | 1941 年 2 月 |
| 刘复香 | 蓬莱市新港街道西村 | 21 | 女 | 1941 年 2 月 |
| 宋运安 | 蓬莱市新港街道中村 | 20 | 男 | 1941 年 2 月 |
| 孙洪宾 | 蓬莱市新港街道矫格庄村 | 39 | 男 | 1941 年 2 月 |
| 张喜和 | 蓬莱市新港街道矫格庄村 | 37 | 男 | 1941 年 2 月 |
| 孙老泉 | 蓬莱市新港街道矫格庄村 | 40 | 男 | 1941 年 2 月 |
| 谢风仙 | 蓬莱市新港街道湾子口村 | 25 | 女 | 1941 年 2 月 |
| 陈可同 | 蓬莱市新港街道铜井村 | 22 | 男 | 1941 年 2 月 |
| 姚之林 | 蓬莱市新港街道铜井村 | 35 | 男 | 1941 年 2 月 |
| 姚文起 | 蓬莱市新港街道铜井村 | 40 | 男 | 1941 年 2 月 |
| 王世坚 | 蓬莱市刘家沟镇北王庄村 | 24 | 男 | 1941 年 3 月 |
| 张积臣 | 蓬莱市小门家镇西张庄村 | 21 | 男 | 1941 年 3 月 |
| 张国厚 | 蓬莱市小门家镇西张庄村 | 22 | 男 | 1941 年 3 月 |
| 宋学海 | 蓬莱市新港街道中村 | 41 | 男 | 1941 年 5 月 |
| 陶玉禾 | 蓬莱市新港街道中村 | 51 | 男 | 1941 年 5 月 |
| 孙运泉 | 蓬莱市新港街道矫格庄村 | 37 | 男 | 1941 年 5 月 |
| 刘乞堂 | 蓬莱市新港街道矫格庄村 | 39 | 男 | 1941 年 5 月 |
| 刘乞柱 | 蓬莱市新港街道矫格庄村 | 32 | 男 | 1941 年 5 月 |
| 周进财 | 蓬莱市新港街道刘旺村 | 34 | 男 | 1941 年 5 月 |
| 王玉风 | 蓬莱市新港街道湾子口村 | 27 | 女 | 1941 年 5 月 |
| 张云华 | 蓬莱市新港街道湾子口村 | 29 | 女 | 1941 年 5 月 |

| 姓 名 | 籍 贯 | 年 龄 | 性 别 | 死难时间 |
|------|------|------|------|---------|
| 刘义云 | 蓬莱市新港街道湾子口村 | 27 | 女 | 1941 年 5 月 |
| 杨宝绪 | 蓬莱市北沟镇北沟三村 | 27 | 男 | 1941 年 6 月 |
| 秦×× | 蓬莱市蓬莱阁街道林格庄村 | 23 | 男 | 1941 年 6 月 |
| 骆启帮 | 蓬莱市新港街道官庄村 | 72 | 男 | 1941 年 6 月 |
| 姚启莲 | 蓬莱市新港街道官庄村 | 70 | 女 | 1941 年 6 月 |
| 吴子文 | 蓬莱市新港街道官庄村 | 62 | 女 | 1941 年 6 月 |
| 刘进昌 | 蓬莱市新港街道刘旺村 | 24 | 男 | 1941 年 6 月 |
| 刘进宝 | 蓬莱市新港街道刘旺村 | 27 | 男 | 1941 年 6 月 |
| 赵希第 | 蓬莱市刘家沟镇西赵村 | 27 | 男 | 1941 年 7 月 |
| 陈志生 | 蓬莱市村里集镇大柱村 | 39 | 男 | 1941 年 9 月 |
| 宋诗江 | 蓬莱市新港街道中村 | 59 | 男 | 1941 年 9 月 |
| 邵进斌 | 蓬莱市新港街道刘旺村 | 42 | 男 | 1941 年 9 月 |
| 王建财 | 蓬莱市新港街道刘旺村 | 17 | 男 | 1941 年 9 月 |
| 徐小明 | 蓬莱市新港街道刘旺村 | 19 | 男 | 1941 年 9 月 |
| 马成强 | 蓬莱市新港街道刘旺村 | 21 | 男 | 1941 年 9 月 |
| 孙永庆 | 蓬莱市新港街道刘旺村 | 30 | 男 | 1941 年 9 月 |
| 张道音 | 蓬莱市新港街道官庄村 | 31 | 男 | 1941 年 11 月 |
| 季淑芝 | 蓬莱市新港街道官庄村 | 59 | 女 | 1941 年 11 月 |
| 张俊卿 | 蓬莱市新港街道官庄村 | 48 | 男 | 1941 年 11 月 |
| 孙寿明 | 蓬莱市新港街道矫格庄村 | 31 | 男 | 1941 年 11 月 |
| 孙宗芳 | 蓬莱市新港街道矫格庄村 | 36 | 男 | 1941 年 11 月 |
| 付庆永 | 蓬莱市新港街道刘旺村 | 24 | 男 | 1941 年 11 月 |
| 谢再西 | 蓬莱市新港街道刘旺村 | 23 | 男 | 1941 年 11 月 |
| 王卫生 | 蓬莱市新港街道湾子口村 | 38 | 男 | 1941 年 11 月 |
| 王卫海 | 蓬莱市新港街道湾子口村 | 45 | 男 | 1941 年 11 月 |
| 王卫明 | 蓬莱市新港街道湾子口村 | 39 | 男 | 1941 年 11 月 |
| 谢祖川 | 蓬莱市新港街道刘旺村 | 20 | 男 | 1941 年 12 月 |
| 孙财山 | 蓬莱市新港街道刘旺村 | 40 | 男 | 1941 年 12 月 |
| 谢贵山 | 蓬莱市新港街道刘旺村 | 27 | 男 | 1941 年 12 月 |
| 刘天合 | 蓬莱市大柳行镇初格庄村 | 34 | 男 | 1941 年 |
| 刘元星 | 蓬莱市大柳行镇初格庄村 | 32 | 男 | 1941 年 |
| 刘希传 | 蓬莱市大柳行镇初格庄村 | 28 | 男 | 1941 年 |
| 刘本豪 | 蓬莱市大柳行镇初格庄村 | 35 | 男 | 1941 年 |
| 刘希畔 | 蓬莱市大柳行镇初格庄村 | 27 | 男 | 1941 年 |

| 姓 名 | 籍 贯 | 年 龄 | 性 别 | 死难时间 |
|---|---|---|---|---|
| 丛有财 | 蓬莱市登州街道汤邱村 | 21 | 男 | 1941 年 |
| 丛有福 | 蓬莱市登州街道汤邱村 | 21 | 男 | 1941 年 |
| 丛光山 | 蓬莱市登州街道汤邱村 | 49 | 男 | 1941 年 |
| 史学山 | 蓬莱市刘家沟镇付家村 | 33 | 男 | 1941 年 |
| 高廷兰 | 蓬莱市大柳行镇燕子夼村 | 30 | 男 | 1941 年 |
| 葛兆基 | 蓬莱市蓬莱阁街道抹直口村 | 28 | 男 | 1942 年 2 月 |
| 孙金亮 | 蓬莱市新港街道大皂孙家村 | 35 | 男 | 1942 年 2 月 |
| 孙福禄 | 蓬莱市新港街道大皂孙家村 | 42 | 男 | 1942 年 2 月 |
| 孙凤铭 | 蓬莱市新港街道大皂孙家村 | 19 | 男 | 1942 年 2 月 |
| 刘作本 | 蓬莱市新港街道中村 | 22 | 男 | 1942 年 2 月 |
| 孙庆功 | 蓬莱市新港街道矫格庄村 | 40 | 男 | 1942 年 2 月 |
| 博 宇 | 蓬莱市新港街道刘旺村 | 30 | 男 | 1942 年 2 月 |
| 沈 年 | 蓬莱市新港街道刘旺村 | 30 | 男 | 1942 年 2 月 |
| 陈志英 | 蓬莱市蓬莱阁街道抹直口村 | 30 | 男 | 1942 年 5 月 |
| 葛焕瑞 | 蓬莱市蓬莱阁街道抹直口村 | 33 | 男 | 1942 年 5 月 |
| 孙福贵 | 蓬莱市新港街道大皂孙家村 | 45 | 男 | 1942 年 5 月 |
| 孙焕达 | 蓬莱市新港街道大皂孙家村 | 42 | 男 | 1942 年 5 月 |
| 孙焕勇 | 蓬莱市新港街道大皂孙家村 | 33 | 男 | 1942 年 5 月 |
| 宋承通 | 蓬莱市新港街道官庄村 | 72 | 男 | 1942 年 5 月 |
| 孙立书 | 蓬莱市新港街道矫格庄村 | 22 | 男 | 1942 年 5 月 |
| 孙立信 | 蓬莱市新港街道矫格庄村 | 25 | 男 | 1942 年 5 月 |
| 孙树泉 | 蓬莱市新港街道矫格庄村 | 30 | 男 | 1942 年 5 月 |
| 迟 疑 | 蓬莱市新港街道刘旺村 | 28 | 男 | 1942 年 5 月 |
| 于 乐 | 蓬莱市新港街道刘旺村 | 29 | 男 | 1942 年 5 月 |
| 于 杰 | 蓬莱市新港街道刘旺村 | 29 | 男 | 1942 年 5 月 |
| 姚尚旗 | 蓬莱市刘家沟镇安香于家村 | 86 | 男 | 1942 年 6 月 |
| 孙子茗 | 蓬莱市新港街道官庄村 | 68 | 女 | 1942 年 6 月 |
| 李连芝 | 蓬莱市新港街道官庄村 | 79 | 女 | 1942 年 6 月 |
| 杨家树 | 蓬莱市新港街道官庄村 | 78 | 男 | 1942 年 6 月 |
| 孙义江 | 蓬莱市新港街道官庄村 | 80 | 男 | 1942 年 6 月 |
| 孙焕桐 | 蓬莱市新港街道矫格庄村 | 30 | 男 | 1942 年 6 月 |
| 孙宗澜 | 蓬莱市新港街道矫格庄村 | 31 | 男 | 1942 年 6 月 |
| 孙立业 | 蓬莱市新港街道矫格庄村 | 32 | 男 | 1942 年 6 月 |
| 姜玉海 | 蓬莱市新港街道矫格庄村 | 27 | 男 | 1942 年 6 月 |

| 姓 名 | 籍 贯 | 年 龄 | 性 别 | 死难时间 |
|------|------|------|------|--------|
| 孙立修 | 蓬莱市新港街道矫格庄村 | 22 | 男 | 1942 年 6 月 |
| 周维明 | 蓬莱市大柳行镇土屋村 | 27 | 男 | 1942 年 8 月 |
| 周洪发 | 蓬莱市大柳行镇土屋村 | 29 | 男 | 1942 年 8 月 |
| 周维宽 | 蓬莱市大柳行镇土屋村 | 30 | 男 | 1942 年 8 月 |
| 周洪海 | 蓬莱市大柳行镇土屋村 | 28 | 男 | 1942 年 8 月 |
| 刘展金 | 蓬莱市村里集镇后辛旺村 | 42 | 男 | 1942 年 9 月 |
| 刘公文 | 蓬莱市村里集镇后辛旺村 | 38 | 男 | 1942 年 9 月 |
| 宁金禄 | 蓬莱市新港街道西村 | 30 | 男 | 1942 年 9 月 |
| 孙德石 | 蓬莱市新港街道中村 | 63 | 男 | 1942 年 9 月 |
| 孙厚书 | 蓬莱市新港街道中村 | 43 | 男 | 1942 年 9 月 |
| 孙芝成 | 蓬莱市新港街道矫格庄村 | 30 | 男 | 1942 年 9 月 |
| 孙芝文 | 蓬莱市新港街道矫格庄村 | 28 | 男 | 1942 年 9 月 |
| 崔老五 | 蓬莱市新港街道矫格庄村 | 31 | 男 | 1942 年 9 月 |
| 李孟真 | 蓬莱市新港街道刘旺村 | 30 | 女 | 1942 年 9 月 |
| 齐学云 | 蓬莱市新港街道刘旺村 | 28 | 女 | 1942 年 9 月 |
| 王淑香 | 蓬莱市新港街道刘旺村 | 28 | 女 | 1942 年 9 月 |
| 卢少杰 | 蓬莱市新港街道刘旺村 | 28 | 男 | 1942 年 9 月 |
| 时可良 | 蓬莱市大柳行镇时金河村 | 21 | 男 | 1942 年 11 月 |
| 时洪发 | 蓬莱市大柳行镇时金河村 | 28 | 男 | 1942 年 11 月 |
| 时希金 | 蓬莱市大柳行镇时金河村 | 31 | 男 | 1942 年 11 月 |
| 时长明 | 蓬莱市大柳行镇时金河村 | 42 | 男 | 1942 年 11 月 |
| 时长和 | 蓬莱市大柳行镇时金河村 | 45 | 男 | 1942 年 11 月 |
| 孙宗沅 | 蓬莱市新港街道矫格庄村 | 39 | 男 | 1942 年 11 月 |
| 谢晓云 | 蓬莱市新港街道刘旺村 | 30 | 男 | 1942 年 11 月 |
| 王书文 | 蓬莱市新港街道湾子口村 | 43 | 男 | 1942 年 12 月 |
| 高廷茂 | 蓬莱市大柳行镇燕子夼村 | 32 | 男 | 1942 年 |
| 王大模 | 蓬莱市登州街道汤邱村 | 47 | 男 | 1942 年 |
| 刘心富 | 蓬莱市登州街道汤邱村 | 27 | 男 | 1942 年 |
| 刘笑梅 | 蓬莱市刘家沟镇东赵村 | 22 | 女 | 1942 年 |
| 李×× | 蓬莱市刘家沟镇乌沟李庄村 | 88 | 男 | 1942 年 |
| 吕忠孝 | 蓬莱市小门家镇吕沟村 | 30 | 男 | 1942 年 |
| 朱元成 | 蓬莱市大柳行镇门楼村 | 24 | 男 | 1943 年 3 月 |
| 孙人浩 | 蓬莱市新港街道大皂家村 | 29 | 男 | 1943 年 3 月 |
| 刘李氏 | 蓬莱市新港街道中村 | 45 | 女 | 1943 年 3 月 |

| 姓 名 | 籍 贯 | 年 龄 | 性 别 | 死难时间 |
|---|---|---|---|---|
| 刘 宇 | 蓬莱市新港街道中村 | 12 | 男 | 1943 年 3 月 |
| 宋传经 | 蓬莱市新港街道中村 | 29 | 男 | 1943 年 3 月 |
| 宋传秋 | 蓬莱市新港街道中村 | 57 | 男 | 1943 年 3 月 |
| 宋永兰 | 蓬莱市新港街道许马村 | 30 | 女 | 1943 年 3 月 |
| 杨永堂 | 蓬莱市新港街道许马村 | 26 | 男 | 1943 年 3 月 |
| 顾秀华 | 蓬莱市新港街道许马村 | 21 | 女 | 1943 年 3 月 |
| 孙德铭 | 蓬莱市新港街道许马村 | 32 | 男 | 1943 年 3 月 |
| 孙道智 | 蓬莱市新港街道矫格庄村 | 39 | 男 | 1943 年 3 月 |
| 曲建波 | 蓬莱市新港街道刘旺村 | 15 | 女 | 1943 年 3 月 |
| 王莹莹 | 蓬莱市新港街道刘旺村 | 14 | 女 | 1943 年 3 月 |
| 孙 浩 | 蓬莱市新港街道刘旺村 | 30 | 男 | 1943 年 3 月 |
| 王联合 | 蓬莱市新港街道湾子口村 | 42 | 男 | 1943 年 3 月 |
| 王建文 | 蓬莱市新港街道湾子口村 | 42 | 男 | 1943 年 3 月 |
| 王建设 | 蓬莱市新港街道湾子口村 | 40 | 男 | 1943 年 3 月 |
| 王登科 | 蓬莱市潮水镇三寨村 | 29 | 男 | 1943 年 5 月 |
| 刘师强 | 蓬莱市潮水镇淳于村 | 17 | 男 | 1943 年 5 月 |
| 张先基 | 蓬莱市刘家沟镇乌沟张家村 | 22 | 男 | 1943 年 5 月 |
| 宁焕斌 | 蓬莱市蓬莱阁街道小皂村 | 29 | 男 | 1943 年 5 月 |
| 宁金英 | 蓬莱市蓬莱阁街道小皂村 | 31 | 男 | 1943 年 5 月 |
| 宁光兴 | 蓬莱市蓬莱阁街道小皂村 | 33 | 男 | 1943 年 5 月 |
| 孙金来 | 蓬莱市新港街道大皂孙家村 | 27 | 男 | 1943 年 5 月 |
| 孙选德 | 蓬莱市新港街道大皂孙家村 | 26 | 男 | 1943 年 5 月 |
| 孙增产 | 蓬莱市新港街道大皂孙家村 | 23 | 男 | 1943 年 5 月 |
| 孙金峰 | 蓬莱市新港街道大皂孙家村 | 29 | 男 | 1943 年 5 月 |
| 孙人超 | 蓬莱市新港街道大皂孙家村 | 32 | 男 | 1943 年 5 月 |
| 孙慕武 | 蓬莱市新港街道大皂孙家村 | 41 | 男 | 1943 年 5 月 |
| 张福含 | 蓬莱市新港街道中村 | 21 | 男 | 1943 年 5 月 |
| 张福顺 | 蓬莱市新港街道中村 | 27 | 男 | 1943 年 5 月 |
| 闫环扪 | 蓬莱市新港街道官庄村 | 70 | 男 | 1943 年 5 月 |
| 孙德名 | 蓬莱市新港街道许马村 | 60 | 男 | 1943 年 5 月 |
| 丛淑琴 | 蓬莱市新港街道许马村 | 58 | 女 | 1943 年 5 月 |
| 李友功 | 蓬莱市新港街道刘旺村 | 27 | 男 | 1943 年 5 月 |
| 李有璞 | 蓬莱市新港街道刘旺村 | 25 | 男 | 1943 年 5 月 |
| 李工商 | 蓬莱市新港街道刘旺村 | 34 | 男 | 1943 年 5 月 |

| 姓　名 | 籍　贯 | 年　龄 | 性　别 | 死难时间 |
|---|---|---|---|---|
| 金来山 | 蓬莱市新港街道湾子口村 | 52 | 男 | 1943 年 5 月 |
| 金来有 | 蓬莱市新港街道湾子口村 | 51 | 男 | 1943 年 5 月 |
| 金来贵 | 蓬莱市新港街道湾子口村 | 43 | 男 | 1943 年 5 月 |
| 吴连孚 | 蓬莱市潮水镇三寨村 | 29 | 男 | 1943 年 6 月 |
| 王延生 | 蓬莱市潮水镇三寨村 | 25 | 男 | 1943 年 7 月 |
| 王仁禄 | 蓬莱市村里集镇战驾庄村 | 41 | 男 | 1943 年 7 月 |
| 王东圣 | 蓬莱市村里集镇战驾庄村 | 52 | 男 | 1943 年 7 月 |
| 王福东 | 蓬莱市村里集镇战驾庄村 | 21 | 男 | 1943 年 7 月 |
| 刘生林 | 蓬莱市村里集镇战驾庄村 | 39 | 男 | 1943 年 7 月 |
| 梁中兴 | 蓬莱市村里集镇车里张家村 | 44 | 男 | 1943 年 7 月 |
| 范福贵 | 蓬莱市村里集镇后辛旺村 | 36 | 男 | 1943 年 7 月 |
| 刘　海 | 蓬莱市村里集镇后辛旺村 | 40 | 男 | 1943 年 7 月 |
| 刘　英 | 蓬莱市村里集镇后辛旺村 | 34 | 男 | 1943 年 7 月 |
| 王英俊 | 蓬莱市村里集镇后辛旺村 | 37 | 男 | 1943 年 7 月 |
| 刘佩云 | 蓬莱市村里集镇后辛旺村 | 33 | 男 | 1943 年 7 月 |
| 刘　路 | 蓬莱市村里集镇后辛旺村 | 33 | 男 | 1943 年 7 月 |
| 范亦芳 | 蓬莱市村里集镇后辛旺村 | 38 | 男 | 1943 年 7 月 |
| 孙洪栋 | 蓬莱市新港街道矫格庄村 | 37 | 男 | 1943 年 7 月 |
| 孙宗润 | 蓬莱市新港街道矫格庄村 | 38 | 男 | 1943 年 7 月 |
| 孙道发 | 蓬莱市新港街道矫格庄村 | 24 | 男 | 1943 年 7 月 |
| 孙宗病 | 蓬莱市新港街道矫格庄村 | 27 | 男 | 1943 年 7 月 |
| 孙宗宾 | 蓬莱市新港街道矫格庄村 | 25 | 男 | 1943 年 7 月 |
| 孙洪德 | 蓬莱市新港街道矫格庄村 | 29 | 男 | 1943 年 7 月 |
| 李成武 | 蓬莱市新港街道矫格庄村 | 23 | 男 | 1943 年 7 月 |
| 谢来统 | 蓬莱市新港街道刘旺村 | 37 | 男 | 1943 年 7 月 |
| 李　梅 | 蓬莱市北沟镇北沟三村 | 21 | 女 | 1943 年 8 月 |
| 杨　基 | 蓬莱市北沟镇北沟三村 | 18 | 男 | 1943 年 8 月 |
| 王行信 | 蓬莱市北沟镇北沟二村 | 16 | 男 | 1943 年 8 月 |
| 高玉山 | 蓬莱市村里集镇邓格庄村 | 26 | 男 | 1943 年 8 月 |
| 高芳忠 | 蓬莱市蓬莱阁街道林格庄村 | 18 | 男 | 1943 年 8 月 |
| 孙惟光 | 蓬莱市蓬莱阁街道林格庄村 | 40 | 男 | 1943 年 8 月 |
| 白广升 | 蓬莱市蓬莱阁街道林格庄村 | 40 | 男 | 1943 年 8 月 |
| 刘士斌 | 蓬莱市蓬莱阁街道林格庄村 | 28 | 男 | 1943 年 8 月 |
| 刘普玉 | 蓬莱市蓬莱阁街道林格庄村 | 21 | 男 | 1943 年 8 月 |

| 姓 名 | 籍 贯 | 年 龄 | 性 别 | 死难时间 |
|---|---|---|---|---|
| 王德海 | 蓬莱市蓬莱阁街道林格庄村 | 30 | 男 | 1943 年 8 月 |
| 栾克信 | 蓬莱市蓬莱阁街道林格庄村 | 34 | 男 | 1943 年 8 月 |
| 任福全 | 蓬莱市蓬莱阁街道林格庄村 | 35 | 男 | 1943 年 8 月 |
| 贺忠林 | 蓬莱市蓬莱阁街道林格庄村 | 31 | 男 | 1943 年 8 月 |
| 李文东 | 蓬莱市新港街道刘旺村 | 38 | 男 | 1943 年 8 月 |
| 付维新 | 蓬莱市刘家沟镇付家村 | 25 | 男 | 1943 年 9 月 |
| 刘厚锡 | 蓬莱市刘家沟镇解东村 | 30 | 男 | 1943 年 9 月 |
| 王廷瑞 | 蓬莱市刘家沟镇乌沟苗家村 | 18 | 男 | 1943 年 9 月 |
| 孙良根 | 蓬莱市刘家沟镇乌沟苗家村 | 45 | 男 | 1943 年 9 月 |
| 苗志彬 | 蓬莱市刘家沟镇乌沟苗家村 | 32 | 男 | 1943 年 9 月 |
| 苗志友 | 蓬莱市刘家沟镇乌沟苗家村 | 21 | 男 | 1943 年 9 月 |
| 韩广泰 | 蓬莱市刘家沟镇乌沟苗家村 | 32 | 男 | 1943 年 9 月 |
| 谢 义 | 蓬莱市新港街道刘旺村 | 37 | 男 | 1943 年 9 月 |
| 张文来 | 蓬莱市新港街道刘旺村 | 41 | 男 | 1943 年 9 月 |
| 王普东 | 蓬莱市新港街道刘旺村 | 39 | 男 | 1943 年 9 月 |
| 李掀起 | 蓬莱市新港街道刘旺村 | 41 | 男 | 1943 年 9 月 |
| 谢风云 | 蓬莱市新港街道刘旺村 | 42 | 男 | 1943 年 9 月 |
| 李准云 | 蓬莱市新港街道刘旺村 | 41 | 男 | 1943 年 9 月 |
| 许唯一 | 蓬莱市新港街道大皂许家村 | 67 | 男 | 1943 年 9 月 |
| 许方亭 | 蓬莱市新港街道大皂许家村 | 72 | 男 | 1943 年 9 月 |
| 许真氏 | 蓬莱市新港街道大皂许家村 | 68 | 女 | 1943 年 9 月 |
| 姚镜桐 | 蓬莱市新港街道铜井村 | 37 | 男 | 1943 年 9 月 |
| 姚淑元 | 蓬莱市新港街道许马村 | 35 | 男 | 1943 年 10 月 |
| 孙道会 | 蓬莱市新港街道矫格庄村 | 25 | 男 | 1943 年 10 月 |
| 倪梅昌 | 蓬莱市新港街道矫格庄村 | 24 | 男 | 1943 年 10 月 |
| 孙思谦 | 蓬莱市新港街道矫格庄村 | 27 | 男 | 1943 年 10 月 |
| 孙慕华 | 蓬莱市新港街道大皂家村 | 60 | 男 | 1943 年 11 月 |
| 孙航修 | 蓬莱市新港街道大皂家村 | 48 | 男 | 1943 年 11 月 |
| 高培胜 | 蓬莱市村里集镇邓格庄村 | 31 | 男 | 1943 年 12 月 |
| 张专菊 | 蓬莱市新港街道中村 | 23 | 女 | 1943 年 12 月 |
| 尚旭东 | 蓬莱市新港街道矫格庄村 | 30 | 男 | 1943 年 12 月 |
| 左艳梅 | 蓬莱市新港街道矫格庄村 | 29 | 女 | 1943 年 12 月 |
| 孙焕国 | 蓬莱市新港街道矫格庄村 | 38 | 男 | 1943 年 12 月 |
| 孙思傑 | 蓬莱市新港街道矫格庄村 | 26 | 男 | 1943 年 12 月 |

| 姓　名 | 籍　贯 | 年龄 | 性别 | 死难时间 |
|---|---|---|---|---|
| 郑发和 | 蓬莱市新港街道矫格庄村 | 33 | 男 | 1943 年 12 月 |
| 孙龙泉 | 蓬莱市新港街道矫格庄村 | 38 | 男 | 1943 年 12 月 |
| 于　波 | 蓬莱市新港街道刘旺村 | 18 | 女 | 1943 年 12 月 |
| 谢存红 | 蓬莱市新港街道刘旺村 | 21 | 女 | 1943 年 12 月 |
| 谢　理 | 蓬莱市新港街道刘旺村 | 30 | 男 | 1943 年 12 月 |
| 于裔红 | 蓬莱市新港街道刘旺村 | 26 | 男 | 1943 年 12 月 |
| 谢红亮 | 蓬莱市新港街道刘旺村 | 28 | 男 | 1943 年 12 月 |
| 谢刚亮 | 蓬莱市新港街道刘旺村 | 30 | 男 | 1943 年 12 月 |
| 谢存金 | 蓬莱市新港街道刘旺村 | 28 | 男 | 1943 年 12 月 |
| 金来武 | 蓬莱市新港街道湾子口村 | 42 | 男 | 1943 年 12 月 |
| 崔运发 | 蓬莱市新港街道湾子口村 | 40 | 男 | 1943 年 12 月 |
| 崔运来 | 蓬莱市新港街道湾子口村 | 42 | 男 | 1943 年 12 月 |
| 高廷斌 | 蓬莱市大柳行镇燕子夼村 | 35 | 男 | 1943 年 |
| 李　福 | 蓬莱市北沟镇西正李家村 | 37 | 男 | 1943 年 |
| 刘华春 | 蓬莱市潮水镇淳于村 | 34 | 男 | 1943 年 |
| 刘乃宝 | 蓬莱市潮水镇淳于村 | 30 | 男 | 1943 年 |
| 刘心敏 | 蓬莱市潮水镇淳于村 | 33 | 男 | 1943 年 |
| 王成新 | 蓬莱市潮水镇淳于村 | 40 | 男 | 1943 年 |
| 王　军 | 蓬莱市潮水镇淳于村 | 33 | 男 | 1943 年 |
| 王　会 | 蓬莱市潮水镇淳于村 | 40 | 男 | 1943 年 |
| 刘少正 | 蓬莱市潮水镇淳于村 | 40 | 男 | 1943 年 |
| 王炳发 | 蓬莱市刘家沟镇付家村 | 17 | 男 | 1943 年 |
| 刘志田 | 蓬莱市刘家沟镇接夼刘家村 | 19 | 男 | 1943 年 |
| 孙人玉 | 蓬莱市新港街道大皂孙家村 | 45 | 男 | 1944 年 1 月 |
| 孙人良 | 蓬莱市新港街道大皂孙家村 | 28 | 男 | 1944 年 1 月 |
| 孙高照 | 蓬莱市新港街道大皂孙家村 | 23 | 男 | 1944 年 1 月 |
| 孙艳丽 | 蓬莱市新港街道大皂孙家村 | 26 | 女 | 1944 年 1 月 |
| 孙人东 | 蓬莱市新港街道大皂孙家村 | 31 | 男 | 1944 年 1 月 |
| 王维盼 | 蓬莱市新港街道大皂孙家村 | 51 | 男 | 1944 年 1 月 |
| 孙　宜 | 蓬莱市新港街道大皂孙家村 | 60 | 男 | 1944 年 1 月 |
| 孙　永 | 蓬莱市新港街道大皂孙家村 | 42 | 男 | 1944 年 1 月 |
| 宋专胜 | 蓬莱市新港街道中村 | 68 | 男 | 1944 年 1 月 |
| 于乐宝 | 蓬莱市新港街道刘旺村 | 27 | 男 | 1944 年 1 月 |
| 吴永成 | 蓬莱市新港街道刘旺村 | 21 | 男 | 1944 年 1 月 |

| 姓 名 | 籍 贯 | 年 龄 | 性 别 | 死难时间 |
|---|---|---|---|---|
| 于红亮 | 蓬莱市新港街道刘旺村 | 33 | 男 | 1944 年 1 月 |
| 崔运好 | 蓬莱市新港街道湾子口村 | 39 | 男 | 1944 年 1 月 |
| 王保刚 | 蓬莱市新港街道湾子口村 | 38 | 男 | 1944 年 1 月 |
| 王一见 | 蓬莱市新港街道湾子口村 | 38 | 男 | 1944 年 1 月 |
| 王一林 | 蓬莱市新港街道湾子口村 | 35 | 男 | 1944 年 1 月 |
| 王一凡 | 蓬莱市新港街道湾子口村 | 37 | 男 | 1944 年 1 月 |
| 王裕伟 | 蓬莱市北沟镇北沟二村 | 16 | 男 | 1944 年 2 月 |
| 张联局 | 蓬莱市新港街道刘旺村 | 32 | 男 | 1944 年 2 月 |
| 张都建 | 蓬莱市新港街道刘旺村 | 19 | 男 | 1944 年 2 月 |
| 李新配 | 蓬莱市新港街道刘旺村 | 21 | 男 | 1944 年 2 月 |
| 张程功 | 蓬莱市新港街道刘旺村 | 40 | 男 | 1944 年 2 月 |
| 谢先进 | 蓬莱市新港街道刘旺村 | 38 | 男 | 1944 年 2 月 |
| 吴永连 | 蓬莱市新港街道刘旺村 | 36 | 男 | 1944 年 2 月 |
| 李南风 | 蓬莱市新港街道刘旺村 | 38 | 男 | 1944 年 2 月 |
| 李陈器 | 蓬莱市新港街道刘旺村 | 32 | 男 | 1944 年 2 月 |
| 王等会 | 蓬莱市新港街道刘旺村 | 37 | 男 | 1944 年 2 月 |
| 杨宽绪 | 蓬莱市北沟镇北沟三村 | 37 | 男 | 1944 年 3 月 |
| 杨 平 | 蓬莱市北沟镇北沟三村 | 21 | 男 | 1944 年 3 月 |
| 李玉瑞 | 蓬莱市潮水镇峰山李家村 | 20 | 男 | 1944 年 3 月 |
| 曲廷英 | 蓬莱市潮水镇峰山李家村 | 24 | 男 | 1944 年 3 月 |
| 李永吉 | 蓬莱市潮水镇峰山李家村 | 24 | 男 | 1944 年 3 月 |
| 王 钦 | 蓬莱市潮水镇淳于村 | 24 | 男 | 1944 年 3 月 |
| 王 宏 | 蓬莱市潮水镇淳于村 | 28 | 男 | 1944 年 3 月 |
| 王 正 | 蓬莱市潮水镇淳于村 | 24 | 男 | 1944 年 3 月 |
| 王 红 | 蓬莱市潮水镇淳于村 | 28 | 男 | 1944 年 3 月 |
| 王 新 | 蓬莱市潮水镇淳于村 | 24 | 男 | 1944 年 3 月 |
| 王 中 | 蓬莱市潮水镇淳于村 | 28 | 男 | 1944 年 3 月 |
| 王少春 | 蓬莱市潮水镇淳于村 | 29 | 男 | 1944 年 3 月 |
| 王维正 | 蓬莱市潮水镇淳于村 | 26 | 男 | 1944 年 3 月 |
| 王少敏 | 蓬莱市潮水镇淳于村 | 39 | 男 | 1944 年 3 月 |
| 王春敏 | 蓬莱市潮水镇淳于村 | 31 | 男 | 1944 年 3 月 |
| 王立春 | 蓬莱市潮水镇淳于村 | 33 | 男 | 1944 年 3 月 |
| 王 辉 | 蓬莱市潮水镇淳于村 | 34 | 男 | 1944 年 3 月 |
| 王维海 | 蓬莱市潮水镇淳于村 | 34 | 男 | 1944 年 3 月 |

| 姓 名 | 籍 贯 | 年 龄 | 性 别 | 死难时间 |
|---|---|---|---|---|
| 王 富 | 蓬莱市潮水镇淳于村 | 33 | 男 | 1944 年 3 月 |
| 徐洪力 | 蓬莱市潮水镇淳于村 | 30 | 男 | 1944 年 3 月 |
| 徐洪林 | 蓬莱市潮水镇淳于村 | 25 | 男 | 1944 年 3 月 |
| 徐洪江 | 蓬莱市潮水镇淳于村 | 22 | 男 | 1944 年 3 月 |
| 徐洪文 | 蓬莱市潮水镇淳于村 | 20 | 男 | 1944 年 3 月 |
| 韩仁兰 | 蓬莱市蓬莱阁街道抹直口村 | 24 | 女 | 1944 年 3 月 |
| 许家业 | 蓬莱市蓬莱阁街道小皂村 | 33 | 男 | 1944 年 3 月 |
| 孙盼涛 | 蓬莱市新港街道大皂家村 | 36 | 男 | 1944 年 3 月 |
| 孙盼禄 | 蓬莱市新港街道大皂家村 | 24 | 男 | 1944 年 3 月 |
| 孙金升 | 蓬莱市新港街道大皂家村 | 28 | 男 | 1944 年 3 月 |
| 孙先礼 | 蓬莱市新港街道大皂家村 | 32 | 男 | 1944 年 3 月 |
| 孙变修 | 蓬莱市新港街道大皂家村 | 35 | 男 | 1944 年 3 月 |
| 孙有田 | 蓬莱市新港街道大皂家村 | 29 | 男 | 1944 年 3 月 |
| 孙思津 | 蓬莱市新港街道矫格庄村 | 26 | 男 | 1944 年 3 月 |
| 孙道安 | 蓬莱市新港街道矫格庄村 | 39 | 男 | 1944 年 3 月 |
| 李云山 | 蓬莱市新港街道矫格庄村 | 32 | 男 | 1944 年 3 月 |
| 孙威德 | 蓬莱市新港街道矫格庄村 | 37 | 男 | 1944 年 3 月 |
| 孙吉德 | 蓬莱市新港街道矫格庄村 | 32 | 男 | 1944 年 3 月 |
| 孙洪洲 | 蓬莱市新港街道矫格庄村 | 28 | 男 | 1944 年 3 月 |
| 孙立等 | 蓬莱市新港街道矫格庄村 | 25 | 男 | 1944 年 3 月 |
| 张法胡 | 蓬莱市新港街道刘旺村 | 24 | 男 | 1944 年 3 月 |
| 马士恩 | 蓬莱市新港街道东村 | 87 | 男 | 1944 年 4 月 |
| 张维斌 | 蓬莱市新港街道大皂孙家村 | 18 | 男 | 1944 年 4 月 |
| 李树林 | 蓬莱市新港街道大皂孙家村 | 24 | 男 | 1944 年 4 月 |
| 孙宝业 | 蓬莱市新港街道大皂孙家村 | 26 | 男 | 1944 年 4 月 |
| 孙宝祥 | 蓬莱市新港街道大皂孙家村 | 21 | 男 | 1944 年 4 月 |
| 宋时耀 | 蓬莱市新港街道中村 | 42 | 男 | 1944 年 4 月 |
| 宋光学 | 蓬莱市新港街道中村 | 56 | 男 | 1944 年 4 月 |
| 孙洪坊 | 蓬莱市新港街道矫格庄村 | 28 | 男 | 1944 年 4 月 |
| 孙洪才 | 蓬莱市新港街道矫格庄村 | 26 | 男 | 1944 年 4 月 |
| 孙洪述 | 蓬莱市新港街道矫格庄村 | 23 | 男 | 1944 年 4 月 |
| 陈 军 | 蓬莱市新港街道矫格庄村 | 28 | 男 | 1944 年 4 月 |
| 李成壁 | 蓬莱市新港街道矫格庄村 | 22 | 男 | 1944 年 4 月 |
| 孙思初 | 蓬莱市新港街道矫格庄村 | 23 | 男 | 1944 年 4 月 |

| 姓 名 | 籍 贯 | 年 龄 | 性 别 | 死难时间 |
|---|---|---|---|---|
| 孙如刚 | 蓬莱市新港街道矫格庄村 | 31 | 男 | 1944 年 4 月 |
| 孙成法 | 蓬莱市新港街道矫格庄村 | 28 | 男 | 1944 年 4 月 |
| 李亚武 | 蓬莱市新港街道刘旺村 | 28 | 男 | 1944 年 4 月 |
| 谢在远 | 蓬莱市新港街道刘旺村 | 32 | 男 | 1944 年 4 月 |
| 谢在殿 | 蓬莱市新港街道刘旺村 | 22 | 男 | 1944 年 4 月 |
| 谢法船 | 蓬莱市新港街道刘旺村 | 31 | 男 | 1944 年 4 月 |
| 孙培起 | 蓬莱市新港街道刘旺村 | 33 | 男 | 1944 年 4 月 |
| 张守礼 | 蓬莱市新港街道刘旺村 | 28 | 男 | 1944 年 4 月 |
| 孙维顶 | 蓬莱市新港街道刘旺村 | 30 | 男 | 1944 年 4 月 |
| 周玉祥 | 蓬莱市新港街道刘旺村 | 26 | 男 | 1944 年 4 月 |
| 谢毕成 | 蓬莱市新港街道刘旺村 | 18 | 男 | 1944 年 4 月 |
| 李多谋 | 蓬莱市新港街道刘旺村 | 13 | 男 | 1944 年 4 月 |
| 王忠刚 | 蓬莱市新港街道湾子口村 | 35 | 男 | 1944 年 4 月 |
| 王文东 | 蓬莱市新港街道湾子口村 | 32 | 男 | 1944 年 4 月 |
| 王 义 | 蓬莱市新港街道湾子口村 | 31 | 男 | 1944 年 4 月 |
| 孙文东 | 蓬莱市新港街道湾子口村 | 30 | 男 | 1944 年 4 月 |
| 孙云强 | 蓬莱市新港街道湾子口村 | 43 | 男 | 1944 年 4 月 |
| 孙丽青 | 蓬莱市新港街道湾子口村 | 35 | 女 | 1944 年 4 月 |
| 郝在来 | 蓬莱市新港街道湾子口村 | 42 | 男 | 1944 年 4 月 |
| 邹 果 | 蓬莱市潮水镇淳于村 | 30 | 男 | 1944 年 5 月 |
| 邹黄代 | 蓬莱市潮水镇淳于村 | 68 | 男 | 1944 年 5 月 |
| 王兆卿 | 蓬莱市潮水镇淳于村 | 65 | 男 | 1944 年 5 月 |
| 徐大余 | 蓬莱市潮水镇淳于村 | 80 | 男 | 1944 年 5 月 |
| 李相关 | 蓬莱市新港街道刘旺村 | 19 | 男 | 1944 年 5 月 |
| 谢励成 | 蓬莱市新港街道刘旺村 | 31 | 男 | 1944 年 5 月 |
| 张志连 | 蓬莱市新港街道刘旺村 | 26 | 男 | 1944 年 5 月 |
| 李充分 | 蓬莱市新港街道刘旺村 | 37 | 男 | 1944 年 5 月 |
| 李永会 | 蓬莱市新港街道刘旺村 | 40 | 男 | 1944 年 5 月 |
| 迟宗玉 | 蓬莱市刘家沟镇木基迟家村 | 35 | 男 | 1944 年 6 月 |
| 许唯祖 | 蓬莱市新港街道大皂许家村 | 59 | 男 | 1944 年 7 月 |
| 景兆焕 | 蓬莱市新港街道铜井村 | 26 | 男 | 1944 年 7 月 |
| 孙大业 | 蓬莱市新港街道大皂家村 | 30 | 男 | 1944 年 8 月 |
| 孙木业 | 蓬莱市新港街道大皂家村 | 28 | 男 | 1944 年 8 月 |
| 孙加承 | 蓬莱市新港街道大皂家村 | 40 | 男 | 1944 年 8 月 |

| 姓　名 | 籍　贯 | 年　龄 | 性　别 | 死难时间 |
|---|---|---|---|---|
| 孙加勋 | 蓬莱市新港街道大皂孙家村 | 38 | 男 | 1944 年 8 月 |
| 孙李晨 | 蓬莱市新港街道大皂孙家村 | 41 | 男 | 1944 年 8 月 |
| 孙授坤 | 蓬莱市新港街道大皂孙家村 | 30 | 男 | 1944 年 8 月 |
| 孙前进 | 蓬莱市新港街道大皂孙家村 | 24 | 男 | 1944 年 8 月 |
| 孙授礼 | 蓬莱市新港街道大皂孙家村 | 25 | 男 | 1944 年 8 月 |
| 孙先后 | 蓬莱市新港街道大皂孙家村 | 26 | 女 | 1944 年 8 月 |
| 孙宜达 | 蓬莱市新港街道大皂孙家村 | 35 | 男 | 1944 年 8 月 |
| 宋　娥 | 蓬莱市新港街道中村 | 2 | 女 | 1944 年 8 月 |
| 刘李氏 | 蓬莱市新港街道中村 | 79 | 女 | 1944 年 8 月 |
| 孙洪人 | 蓬莱市新港街道矫格庄村 | 35 | 男 | 1944 年 8 月 |
| 孙道兴 | 蓬莱市新港街道矫格庄村 | 25 | 男 | 1944 年 8 月 |
| 孙树基 | 蓬莱市新港街道矫格庄村 | 28 | 男 | 1944 年 8 月 |
| 孙思人 | 蓬莱市新港街道矫格庄村 | 26 | 男 | 1944 年 8 月 |
| 郝在建 | 蓬莱市新港街道湾子口村 | 38 | 男 | 1944 年 8 月 |
| 郝慎平 | 蓬莱市北沟镇舒郝村 | 36 | 男 | 1944 年 9 月 |
| 王登仁 | 蓬莱市潮水镇三寨村 | 31 | 男 | 1944 年 9 月 |
| 白良斌 | 蓬莱市蓬莱阁街道林格庄村 | 29 | 男 | 1944 年 9 月 |
| 李金田 | 蓬莱市蓬莱阁街道林格庄村 | 31 | 男 | 1944 年 9 月 |
| 曲恒久 | 蓬莱市蓬莱阁街道林格庄村 | 19 | 男 | 1944 年 9 月 |
| 白天苍 | 蓬莱市蓬莱阁街道林格庄村 | 35 | 男 | 1944 年 9 月 |
| 王心壮 | 蓬莱市新港街道刘旺村 | 25 | 男 | 1944 年 10 月 |
| 谢在升 | 蓬莱市新港街道刘旺村 | 20 | 男 | 1944 年 10 月 |
| 谢心弟 | 蓬莱市新港街道刘旺村 | 12 | 男 | 1944 年 10 月 |
| 武佩花 | 蓬莱市新港街道刘旺村 | 24 | 男 | 1944 年 10 月 |
| 孙正确 | 蓬莱市新港街道大皂孙家村 | 19 | 男 | 1944 年 11 月 |
| 孙得获 | 蓬莱市新港街道大皂孙家村 | 17 | 男 | 1944 年 11 月 |
| 李运壮 | 蓬莱市新港街道刘旺村 | 32 | 男 | 1944 年 11 月 |
| 李有障 | 蓬莱市新港街道刘旺村 | 33 | 男 | 1944 年 11 月 |
| 李　荣 | 蓬莱市新港街道刘旺村 | 21 | 男 | 1944 年 11 月 |
| 郑　有 | 蓬莱市新港街道刘旺村 | 30 | 男 | 1944 年 11 月 |
| 郑有好 | 蓬莱市新港街道刘旺村 | 25 | 男 | 1944 年 11 月 |
| 王运气 | 蓬莱市新港街道刘旺村 | 24 | 男 | 1944 年 11 月 |
| 王希好 | 蓬莱市新港街道刘旺村 | 25 | 男 | 1944 年 11 月 |
| 吴大庆 | 蓬莱市新港街道刘旺村 | 39 | 男 | 1944 年 11 月 |

| 姓 名 | 籍 贯 | 年龄 | 性别 | 死难时间 |
|---|---|---|---|---|
| 李江河 | 蓬莱市新港街道刘旺村 | 36 | 男 | 1944 年 11 月 |
| 郝在兴 | 蓬莱市新港街道湾子口村 | 39 | 男 | 1944 年 11 月 |
| 郝玉红 | 蓬莱市新港街道湾子口村 | 27 | 女 | 1944 年 11 月 |
| 张元雨 | 蓬莱市大柳行镇上岚子村 | 32 | 男 | 1944 年 12 月 |
| 曲云江 | 蓬莱市大柳行镇上岚子村 | 35 | 男 | 1944 年 12 月 |
| 张尚忠 | 蓬莱市大柳行镇上岚子村 | 30 | 男 | 1944 年 12 月 |
| 张春德 | 蓬莱市大柳行镇上岚子村 | 31 | 男 | 1944 年 12 月 |
| 张芹忠 | 蓬莱市大柳行镇上岚子村 | 40 | 男 | 1944 年 12 月 |
| 赵宜河 | 蓬莱市大柳行镇上岚子村 | 45 | 男 | 1944 年 12 月 |
| 张祥忠 | 蓬莱市大柳行镇上岚子村 | 37 | 男 | 1944 年 12 月 |
| 孙洪江 | 蓬莱市蓬莱阁街道水城村 | 22 | 男 | 1944 年 12 月 |
| 孙宜家 | 蓬莱市新港街道大皂孙家村 | 23 | 男 | 1944 年 12 月 |
| 郭大祥 | 蓬莱市新港街道大皂孙家村 | 21 | 男 | 1944 年 12 月 |
| 柳 基 | 蓬莱市新港街道中村 | 37 | 男 | 1944 年 12 月 |
| 李冬瑞 | 蓬莱市新港街道刘旺村 | 32 | 男 | 1944 年 12 月 |
| 卢仁义 | 蓬莱市新港街道刘旺村 | 36 | 男 | 1944 年 12 月 |
| 李大树 | 蓬莱市新港街道刘旺村 | 41 | 男 | 1944 年 12 月 |
| 王学仪 | 蓬莱市新港街道刘旺村 | 30 | 男 | 1944 年 12 月 |
| 王同利 | 蓬莱市新港街道刘旺村 | 30 | 男 | 1944 年 12 月 |
| 张吉凤 | 蓬莱市新港街道湾子口村 | 34 | 女 | 1944 年 12 月 |
| 刘青艳 | 蓬莱市新港街道湾子口村 | 38 | 女 | 1944 年 12 月 |
| 王成玲 | 蓬莱市新港街道湾子口村 | 38 | 女 | 1944 年 12 月 |
| 王 波 | 蓬莱市潮水镇淳于村 | 40 | 男 | 1944 年 |
| 王 敏 | 蓬莱市潮水镇淳于村 | 40 | 男 | 1944 年 |
| 刘正富 | 蓬莱市潮水镇淳于村 | 40 | 男 | 1944 年 |
| 刘正太 | 蓬莱市潮水镇淳于村 | 30 | 男 | 1944 年 |
| 苏德基 | 蓬莱市登州街道塌地桥村 | 17 | 男 | 1944 年 |
| 李丹贵 | 蓬莱市登州街道塌地桥村 | 19 | 男 | 1944 年 |
| 宁学士 | 蓬莱市登州街道塌地桥村 | 25 | 男 | 1944 年 |
| 隋牛大 | 蓬莱市登州街道塌地桥村 | 19 | 男 | 1944 年 |
| 宁志头 | 蓬莱市登州街道塌地桥村 | 29 | 男 | 1944 年 |
| 李日王 | 蓬莱市登州街道塌地桥村 | 28 | 男 | 1944 年 |
| 李 熠 | 蓬莱市登州街道塌地桥村 | 24 | 男 | 1944 年 |
| 李 花 | 蓬莱市登州街道塌地桥村 | 16 | 女 | 1944 年 |

| 姓 名 | 籍 贯 | 年 龄 | 性 别 | 死难时间 |
|---|---|---|---|---|
| 李 妮 | 蓬莱市登州街道塌地桥村 | 15 | 女 | 1944 年 |
| 张显木 | 蓬莱市登州街道塌地桥村 | 22 | 男 | 1944 年 |
| 许大木 | 蓬莱市刘家沟镇付家村 | 30 | 男 | 1944 年 |
| 刘忠庆 | 蓬莱市刘家沟镇解东村 | 21 | 男 | 1944 年 |
| 苗志德 | 蓬莱市刘家沟镇乌沟苗家村 | 30 | 男 | 1944 年 |
| 柳建第 | 蓬莱市新港街道中村 | 21 | 男 | 1945 年 1 月 |
| 谢在青 | 蓬莱市新港街道官庄村 | 38 | 男 | 1945 年 1 月 |
| 王桂琴 | 蓬莱市新港街道刘旺村 | 30 | 女 | 1945 年 1 月 |
| 李桂香 | 蓬莱市新港街道刘旺村 | 36 | 女 | 1945 年 1 月 |
| 孙万市 | 蓬莱市新港街道刘旺村 | 30 | 男 | 1945 年 1 月 |
| 张 好 | 蓬莱市新港街道刘旺村 | 30 | 男 | 1945 年 1 月 |
| 王桂玉 | 蓬莱市新港街道湾子口村 | 37 | 女 | 1945 年 1 月 |
| 彭玉成 | 蓬莱市刘家沟镇乌沟童家村 | 23 | 男 | 1945 年 2 月 |
| 金玉喜 | 蓬莱市新港街道湾子口村 | 48 | 男 | 1945 年 2 月 |
| 马全福 | 蓬莱市新港街道矫格庄村 | 25 | 男 | 1945 年 3 月 |
| 孙心然 | 蓬莱市新港街道矫格庄村 | 22 | 男 | 1945 年 3 月 |
| 赵进财 | 蓬莱市新港街道刘旺村 | 21 | 男 | 1945 年 3 月 |
| 张进斌 | 蓬莱市新港街道刘旺村 | 20 | 男 | 1945 年 3 月 |
| 申延明 | 蓬莱市新港街道刘旺村 | 28 | 男 | 1945 年 3 月 |
| 郑进昌 | 蓬莱市新港街道刘旺村 | 26 | 男 | 1945 年 3 月 |
| 申明财 | 蓬莱市新港街道刘旺村 | 32 | 男 | 1945 年 3 月 |
| 金开玉 | 蓬莱市新港街道湾子口村 | 39 | 男 | 1945 年 3 月 |
| 金开宝 | 蓬莱市新港街道湾子口村 | 45 | 男 | 1945 年 3 月 |
| 金开礼 | 蓬莱市新港街道湾子口村 | 43 | 男 | 1945 年 3 月 |
| 周进明 | 蓬莱市新港街道刘旺村 | 30 | 男 | 1945 年 4 月 |
| 李礼利 | 蓬莱市新港街道刘旺村 | 26 | 男 | 1945 年 4 月 |
| 朱洪岩 | 蓬莱市大辛店镇东师古庄村 | — | 男 | 1945 年 5 月 |
| 朱士前 | 蓬莱市大辛店镇东师古庄村 | — | 男 | 1945 年 5 月 |
| 朱士云 | 蓬莱市大辛店镇东师古庄村 | 30 | 男 | 1945 年 5 月 |
| 王宝洪 | 蓬莱市刘家沟镇东赵村 | 28 | 男 | 1945 年 6 月 |
| 葛承梅 | 蓬莱市蓬莱阁街道抹直口村 | 45 | 女 | 1945 年 6 月 |
| 李桂龙 | 蓬莱市北沟镇周家村 | 18 | 男 | 1945 年 |
| 李守萍 | 蓬莱市北沟镇周家村 | 18 | 男 | 1945 年 |
| 刘胜春 | 蓬莱市刘家沟镇解东村 | 24 | 男 | 1945 年 |

| 姓 名 | 籍 贯 | 年 龄 | 性 别 | 死难时间 |
|---|---|---|---|---|
| 胡万广 | 蓬莱市刘家沟镇解东村 | 23 | 男 | 1945 年 |
| 时希恩 | 蓬莱市大柳行镇时金河村 | 35 | 男 | — |
| 曹桂荣 | 蓬莱市刘家沟镇乌沟张家村 | 72 | 女 | — |
| 宋彩霞 | 蓬莱市刘家沟镇乌沟张家村 | 74 | 女 | — |
| 贾玉英 | 蓬莱市刘家沟镇乌沟张家村 | 76 | 女 | — |
| 曹桂香 | 蓬莱市刘家沟镇乌沟张家村 | 74 | 女 | — |
| 王淑英 | 蓬莱市刘家沟镇乌沟张家村 | 76 | 女 | — |
| 张桂芬 | 蓬莱市刘家沟镇乌沟张家村 | 74 | 女 | — |
| 张桂霞 | 蓬莱市刘家沟镇乌沟张家村 | 75 | 女 | — |
| 刘桂英 | 蓬莱市刘家沟镇乌沟张家村 | 70 | 女 | — |
| 于福娥 | 蓬莱市刘家沟镇乌沟张家村 | 72 | 女 | — |
| 周少兰 | 蓬莱市刘家沟镇乌沟张家村 | 74 | 女 | — |
| 李平芬 | 蓬莱市刘家沟镇乌沟张家村 | 76 | 女 | — |
| 朴秀兰 | 蓬莱市刘家沟镇乌沟张家村 | 76 | 女 | — |
| 于洪志 | 蓬莱市刘家沟镇乌沟张家村 | 78 | 男 | — |
| 沈连萍 | 蓬莱市刘家沟镇乌沟张家村 | 76 | 女 | — |
| 王淑云 | 蓬莱市刘家沟镇乌沟张家村 | 75 | 女 | — |
| 回光远 | 蓬莱市刘家沟镇乌沟张家村 | 74 | 男 | — |
| 刘连香 | 蓬莱市刘家沟镇乌沟张家村 | 76 | 女 | — |
| 聂志远 | 蓬莱市刘家沟镇乌沟张家村 | 74 | 男 | — |
| 周百明 | 蓬莱市刘家沟镇乌沟张家村 | 76 | 男 | — |
| 吴淑兰 | 蓬莱市刘家沟镇乌沟张家村 | 75 | 女 | — |
| 代世欣 | 蓬莱市刘家沟镇乌沟张家村 | 79 | 女 | — |
| 孙兰香 | 蓬莱市刘家沟镇乌沟张家村 | 78 | 女 | — |
| 张玉琢 | 蓬莱市刘家沟镇乌沟张家村 | 80 | 男 | — |
| 于宪清 | 蓬莱市刘家沟镇乌沟张家村 | 74 | 男 | — |
| 李淑香 | 蓬莱市刘家沟镇乌沟张家村 | 81 | 女 | — |
| 于桂敏 | 蓬莱市刘家沟镇乌沟张家村 | 84 | 女 | — |
| 王选径 | 蓬莱市刘家沟镇乌沟张家村 | 76 | 男 | — |
| **合 计** | **2916** | | | |

责任人：王旭东　　　　　　　核实人：王德武　刘会春　　　　　填表人：刘会春

填报单位：蓬莱市委党史研究室　　　　　　　　　　　　　　填报时间：2009 年 5 月 8 日

# 招远市抗日战争时期死难者名录

| 姓 名 | 籍 贯 | 年 龄 | 性 别 | 死难时间 |
|---|---|---|---|---|
| 张仁兴 | 招远市辛庄镇大庄家村 | 21 | 男 | 1938 年 |
| 邵芳焦 | 招远市金岭镇邵家村 | — | 男 | 1938 年 2 月 |
| 邵振友 | 招远市金岭镇中村 | 20 | 男 | 1938 年 3 月 |
| 栾宝德 | 招远市阜山镇栾家河村 | 26 | 男 | 1938 年 5 月 |
| 刘朋南 | 招远市大秦家镇孙家村 | 18 | 男 | 1938 年 5 月 |
| 张玉亭 | 招远市玲珑镇西庄头村 | 28 | 男 | 1938 年 5 月 |
| 冯中木 | 招远市玲珑镇冯家村 | 35 | 男 | 1938 年 5 月 |
| 栾庆田 | 招远市玲珑镇冯家村 | 40 | 男 | 1938 年 5 月 |
| 王笃令 | 招远市阜山镇九曲村 | 66 | 男 | 1938 年 6 月 9 日 |
| 闫京田 | 招远市开发区芮里村 | 25 | 男 | 1938 年 9 月 |
| 王祖玉 | 招远市齐山镇玉甲村 | 21 | 男 | 1938 年秋 |
| 王炳玉 | 招远市齐山镇玉甲村 | 22 | 男 | 1938 年秋 |
| 王吉元之子 | 招远市齐山镇玉甲村 | 20 | 男 | 1938 年秋 |
| 闫尚义 | 招远市齐山镇南辛庄村 | 20 | 男 | 1938 年 10 月 |
| 周玉林 | 招远市开发区周家村 | — | 男 | 1938 年 |
| 张福经 | 招远市开发区张格庄村 | — | 男 | 1938 年 |
| 林海田 | 招远市张星镇川里林家村 | | 男 | 1938 年 |
| 王子友 | 招远市张星镇北里庄村 | 27 | 男 | 1938 年 |
| 王瑞发 | 招远市张星镇张星西村 | 43 | 男 | 1938 年 |
| 赵瑞珍 | 招远市张星镇赵家村 | 27 | 男 | 1938 年 |
| 林工良 | 招远市阜山镇西大夼村 | — | 男 | 1938 年 |
| 徐茂华 | 招远市毕郭镇埠上村 | — | 男 | 1938 年 |
| 孙任民 | 招远市蚕庄镇南孙家村 | 23 | 男 | 1938 年 |
| 陈宝泰 | 招远市蚕庄镇蚕庄村 | 52 | 男 | 1938 年 |
| 刘丰文之妻 | 招远市蚕庄镇柳杭村 | — | 女 | 1938 年 |
| 考国富 | 招远市芝梦街道考家村 | 38 | 男 | 1938 年 |
| 李圣春 | 招远市泉山街道郭家庄子村 | 28 | 男 | 1938 年 |
| 李穆希 | 招远市泉山街道郭家庄子村 | — | 男 | 1938 年 |
| 宋 氏 | 招远市夏甸镇上东庄村 | 52 | 女 | 1938 年 |
| 吴朋福之祖母 | 招远市齐山镇大吴家村 | — | 女 | 1938 年 |
| 张振英 | 招远市玲珑镇西庄头村 | — | 男 | 1939 年 1 月 19 日 |

| 姓　名 | 籍　贯 | 年　龄 | 性　别 | 死难时间 |
|---|---|---|---|---|
| 杨行三 | 招远市蚕庄镇马埠陈家村 | 15 | 男 | 1939 年 2 月 |
| 尹有学 | 招远市开发区张格庄村 | 22 | 男 | 1939 年 2 月 |
| 王孟春 | 招远市蚕庄镇盛家村 | 43 | 男 | 1939 年 2 月 |
| 王柏春 | 招远市蚕庄镇盛家村 | 40 | 男 | 1939 年 2 月 |
| 王柏寿 | 招远市蚕庄镇盛家村 | 40 | 男 | 1939 年 2 月 |
| 盛魁元 | 招远市蚕庄镇盛家村 | 37 | 男 | 1939 年 2 月 |
| 曲狗剩 | 招远市蚕庄镇盛家村 | 17 | 男 | 1939 年 2 月 |
| 曲　昌 | 招远市蚕庄镇盛家村 | 17 | 男 | 1939 年 2 月 |
| 盛殿元 | 招远市蚕庄镇盛家村 | 16 | 男 | 1939 年 2 月 |
| 陆希月 | 招远市蚕庄镇陆家村 | 21 | 男 | 1939 年 2 月 |
| 王老好 | 招远市蚕庄镇陆家村 | 55 | 男 | 1939 年 2 月 |
| 姜胜堂 | 招远市夏甸镇上东庄村 | 19 | 男 | 1939 年 2 月 |
| 王清瑞 | 招远市张星镇张星东村 | — | 男 | 1939 年 3 月 |
| 潘仁寿 | 招远市夏甸镇大罗家村 | 21 | 男 | 1939 年 3 月 |
| 李继祖 | 招远市辛庄镇大涝洼村 | — | 男 | 1939 年 3 月 |
| 李金顺 | 招远市辛庄镇大涝洼村 | — | 男 | 1939 年 3 月 |
| 李瑞曾 | 招远市辛庄镇大涝洼村 | — | 男 | 1939 年 3 月 |
| 李经魁 | 招远市辛庄镇大涝洼村 | — | 男 | 1939 年 3 月 |
| 郭天佑 | 招远市张星镇庙头郭家村 | — | 男 | 1939 年春 |
| 刘加祥 | 招远市大秦家镇孙家村 | — | 男 | 1939 年春 |
| 刘新青 | 招远市蚕庄镇柳杭村 | — | 男 | 1939 年 4 月 |
| 李士达 | 招远市辛庄镇东沟李家村 | 35 | 男 | 1939 年 4 月 |
| 李振升 | 招远市辛庄镇洼孙家村 | 45 | 男 | 1939 年 4 月 |
| 孙王氏 | 招远市蚕庄镇后孙家村 | 41 | 女 | 1939 年 5 月 |
| 林玉曾 | 招远市阜山镇牟疃村 | 41 | 男 | 1939 年 6 月 |
| 丛增才 | 招远市开发区滕家村 | — | 男 | 1939 年 7 月 |
| 王玉杰 | 招远市辛庄镇北截村 | 19 | 男 | 1939 年 7 月 |
| 刘金腾 | 招远市罗峰街道城南张家庄村 | 21 | 男 | 1939 年 8 月 |
| 花常青 | 招远市张星镇北洼子村 | 60 | 男 | 1939 年 8 月 |
| 程步兰 | 招远市张星镇北洼子村 | 65 | 男 | 1939 年 8 月 |
| 李日新 | 招远市毕郭镇大霞坞村 | 29 | 男 | 1939 年 8 月 |
| 刘玉林 | 招远市毕郭镇大霞坞村 | 24 | 男 | 1939 年 8 月 |
| 牟昌德 | 招远市毕郭镇大霞坞村 | 17 | 男 | 1939 年 8 月 |
| 纪希敬 | 招远市毕郭镇西城子村 | — | 男 | 1939 年 8 月 |

| 姓 名 | 籍 贯 | 年 龄 | 性 别 | 死难时间 |
|---|---|---|---|---|
| 付书朋 | 招远市毕郭镇富裕庄村 | 27 | 男 | 1939 年 8 月 |
| 王绪中 | 招远市蚕庄镇大诸流村 | 39 | 男 | 1939 年 8 月 |
| 蒋学会 | 招远市玲珑镇大蒋家村 | 33 | 男 | 1939 年 8 月 |
| 王国庆 | 招远市夏甸镇王家屯村 | — | 男 | 1939 年 8 月 |
| 吕金芳 | 招远市阜山镇吕家村 | 19 | 男 | 1939 年 9 月 |
| 王好泉 | 招远市蚕庄镇小诸流村 | 19 | 男 | 1939 年 9 月 |
| 杨风茚 | 招远市夏甸镇南邢家村 | 19 | 男 | 1939 年 9 月 |
| 王日平 | 招远市张星镇虎龙斗村 | — | 男 | 1939 年秋 |
| 栾万田 | 招远市张星镇后栾家村 | 40 | 男 | 1939 年 10 月 |
| 栾庆随 | 招远市张星镇后栾家村 | 43 | 男 | 1939 年 10 月 |
| 阎桂茂 | 招远市阜山镇西罗家村 | 32 | 男 | 1939 年 10 月 |
| 张洪道 | 招远市齐山镇南台村 | 27 | 男 | 1939 年 10 月 |
| 秦 亭 | 招远市阜山镇大梁家村 | — | 男 | 1939 年 10 月 28 日 |
| 李 氏 | 招远市阜山镇大梁家村 | — | 女 | 1939 年 10 月 28 日 |
| 王有金 | 招远市张星镇北里庄村 | 28 | 男 | 1939 年 11 月 |
| 战本利 | 招远市毕郭镇东杨格庄村 | 16 | 男 | 1939 年 11 月 |
| 陈桂荣之子 | 招远市泉山街道汤前村 | — | 男 | 1939 年 11 月 |
| 张秀书之兄 | 招远市泉山街道汤前村 | — | 男 | 1939 年 11 月 |
| 吴洪宝 | 招远市齐山镇朱疃村 | 52 | 男 | 1939 年 12 月 |
| 吴永年 | 招远市齐山镇下林庄村 | 25 | 男 | 1939 年 12 月 |
| 吴 臻 | 招远市齐山镇下林庄村 | 22 | 男 | 1939 年 12 月 |
| 吴永昌 | 招远市齐山镇下林庄村 | 28 | 男 | 1939 年 12 月 |
| 张桂堂 | 招远市齐山镇下林庄村 | 21 | 男 | 1939 年 12 月 |
| 张书翠 | 招远市齐山镇下林庄村 | 35 | 男 | 1939 年 12 月 |
| 张 堂 | 招远市齐山镇下林庄村 | 37 | 男 | 1939 年 12 月 |
| 张书兴 | 招远市齐山镇下林庄村 | 33 | 男 | 1939 年 12 月 |
| 张书臣 | 招远市齐山镇下林庄村 | 34 | 男 | 1939 年 12 月 |
| 吴洪宝 | 招远市齐山镇下林庄村 | — | 男 | 1939 年 12 月 |
| 李国贤 | 招远市齐山镇下林庄村 | 48 | 男 | 1939 年 12 月 |
| 李国善 | 招远市齐山镇下林庄村 | 37 | 男 | 1939 年 12 月 |
| 李国安 | 招远市齐山镇下林庄村 | 30 | 男 | 1939 年 12 月 |
| 张从合 | 招远市齐山镇下林庄村 | 31 | 男 | 1939 年 12 月 |
| 李丙文 | 招远市齐山镇下林庄村 | 41 | 男 | 1939 年 12 月 |
| 李丙南 | 招远市齐山镇下林庄村 | 38 | 男 | 1939 年 12 月 |

| 姓 名 | 籍 贯 | 年龄 | 性别 | 死难时间 |
|---|---|---|---|---|
| 李国山 | 招远市齐山镇下林庄村 | 28 | 男 | 1939 年 12 月 |
| 孙 莫 | 招远市辛庄镇洼孙家村 | 17 | 女 | 1939 年 12 月 2 日 |
| 黄振瑞 | 招远市辛庄镇洼孙家村 | 30 | 男 | 1939 年 12 月 2 日 |
| 李 升 | 招远市阜山镇李格庄村 | 27 | 男 | 1939 年 |
| 李日田 | 招远市开发区埠后村 | 19 | 男 | 1939 年 |
| 于敏相 | 招远市张星镇北于家庄子村 | 26 | 男 | 1939 年 |
| 林青河 | 招远市张星镇川里林家村 | — | 男 | 1939 年 |
| 林春利 | 招远市张星镇川里林家村 | — | 男 | 1939 年 |
| 林洪业之母 | 招远市张星镇川里林家村 | — | 女 | 1939 年 |
| 杜东绪之弟 | 招远市张星镇杜家北村 | — | 男 | 1939 年 |
| 杜洪青之弟 | 招远市张星镇杜家北村 | — | 男 | 1939 年 |
| 杜 田 | 招远市张星镇杜家北村 | 17 | 男 | 1939 年 |
| 赵瑞义 | 招远市张星镇赵家村 | 30 | 男 | 1939 年 |
| 孙学芳 | 招远市阜山镇李格庄村 | 21 | 男 | 1939 年 |
| 李奎德 | 招远市阜山镇李家沟村 | 26 | 男 | 1939 年 |
| 姜文光 | 招远市毕郭镇东寨里村 | 26 | 男 | 1939 年 |
| 刘仁基 | 招远市毕郭镇埠上村 | — | 男 | 1939 年 |
| 李孙氏 | 招远市毕郭镇南泊子村 | — | 女 | 1939 年 |
| 王 铁 | 招远市毕郭镇南泊子村 | — | 男 | 1939 年 |
| 王铁之妹 | 招远市毕郭镇南泊子村 | — | 女 | 1939 年 |
| 李学志之姐 | 招远市毕郭镇南泊子村 | — | 女 | 1939 年 |
| 王知见之妻 | 招远市毕郭镇南泊子村 | — | 女 | 1939 年 |
| 于孟达 | 招远市大秦家镇黑顶于家村 | 19 | 男 | 1939 年 |
| 秦宝全 | 招远市大秦家镇大秦家村 | 23 | 男 | 1939 年 |
| 赵 鲁 | 招远市金岭镇寨里村 | 27 | 男 | 1939 年 |
| 于宝敏 | 招远市金岭镇西店村 | 26 | 男 | 1939 年 |
| 冯书法 | 招远市蚕庄镇灵山冯家村 | 19 | 男 | 1939 年 |
| 冯永堂 | 招远市蚕庄镇灵山冯家村 | 25 | 男 | 1939 年 |
| 李建功 | 招远市梦芝街道张华刘家村 | 18 | 男 | 1939 年 |
| 吕桂升 | 招远市泉山街道北坞党村 | — | 男 | 1939 年 |
| 刘元胜 | 招远市夏甸镇大庄子村 | 41 | 男 | 1939 年 |
| 冯进鹏 | 招远市夏甸镇前路家村 | — | 男 | 1939 年 |
| 李风胜 | 招远市夏甸镇高山洼村 | 22 | 男 | 1939 年 |
| 刘积录 | 招远市夏甸镇大庄子村 | 39 | 男 | 1939 年 |

| 姓　名 | 籍　贯 | 年　龄 | 性　别 | 死难时间 |
|---|---|---|---|---|
| 王进才 | 招远市齐山镇铁夼村 | 23 | 男 | 1939 年 |
| 王登寿 | 招远市齐山镇铁夼村 | 42 | 男 | 1939 年 |
| 张　展 | 招远市齐山镇张家院村 | — | 男 | 1939 年 |
| 高珠俭 | 招远市齐山镇河上沟村 | 30 | 男 | 1939 年 |
| 栾喜法 | 招远市齐山镇庙西村 | 27 | 男 | 1939 年 |
| 张开胜 | 招远市齐山镇北寨子村 | 26 | 男 | 1939 年 |
| 李孟桃 | 招远市辛庄镇磁口村 | 45 | 男 | 1939 年 |
| 李孟飞 | 招远市辛庄镇磁口村 | 40 | 男 | 1939 年 |
| 郭大廷 | 招远市辛庄镇磁口村 | 18 | 男 | 1939 年 |
| 李桂林 | 招远市毕郭镇河南村 | 20 | 男 | 1940 年 1 月 |
| 臧新堂 | 招远市夏甸镇臧述庄村 | 20 | 男 | 1940 年 1 月 |
| 杨夏芳 | 招远市道头镇东肇家沟村 | 19 | 男 | 1940 年 1 月 |
| 张洪玉 | 招远市开发区芮里村 | 30 | 男 | 1940 年 2 月 |
| 王克寺 | 招远市张星镇北里庄村 | 20 | 男 | 1940 年 2 月 |
| 王　立 | 招远市毕郭镇东杨格庄村 | 22 | 男 | 1940 年 2 月 |
| 陈德全 | 招远市大秦家镇阎家沟村 | 22 | 男 | 1940 年 2 月 |
| 黄德成 | 招远市蚕庄镇塔山黄家村 | 20 | 男 | 1940 年 2 月 |
| 刘瑞山 | 招远市夏甸镇西河北村 | 27 | 男 | 1940 年 2 月 |
| 刘希山 | 招远市夏甸镇西河北村 | 25 | 男 | 1940 年 2 月 |
| 曹玉利 | 招远市夏甸镇南单家村 | 18 | 男 | 1940 年 2 月 |
| 王贵才 | 招远市辛庄镇北截村 | 25 | 男 | 1940 年 2 月 |
| 张兴海 | 招远市开发区芮里村 | 19 | 男 | 1940 年 3 月 |
| 王正洪之妻 | 招远市阜山镇扒山蒋家村 | 19 | 女 | 1940 年 3 月 |
| 李学文 | 招远市毕郭镇毕郭三村 | 24 | 男 | 1940 年 3 月 |
| 孙永太 | 招远市毕郭镇庙子夼村 | 27 | 男 | 1940 年 3 月 |
| 杨吉利 | 招远市金岭镇原疃村 | 20 | 男 | 1940 年 3 月 |
| 王同福 | 招远市金岭镇西梧桐夼村 | 37 | 男 | 1940 年 3 月 |
| 冯培绪 | 招远市蚕庄镇灵山冯家村 | 57 | 男 | 1940 年 3 月 |
| 王公一 | 招远市蚕庄镇王家沟子村 | 26 | 男 | 1940 年 3 月 |
| 黄锡坤 | 招远市蚕庄镇塔山黄家村 | 20 | 男 | 1940 年 3 月 |
| 王洪恩 | 招远市蚕庄镇前庄子村 | 65 | 男 | 1940 年 3 月 |
| 姜洪来 | 招远市蚕庄镇前庄子村 | 30 | 男 | 1940 年 3 月 |
| 王　公 | 招远市蚕庄镇王家沟子村 | 25 | 男 | 1940 年 3 月 |
| 冯丕续 | 招远市蚕庄镇灵山冯家村 | 35 | 男 | 1940 年 3 月 |

| 姓 名 | 籍 贯 | 年 龄 | 性 别 | 死难时间 |
|---|---|---|---|---|
| 董作云 | 招远市夏甸镇曹孟村 | — | 男 | 1940 年 3 月 |
| 薄桂吉 | 招远市夏甸镇薄家村 | 21 | 男 | 1940 年 3 月 |
| 薄道更 | 招远市夏甸镇薄家村 | 25 | 男 | 1940 年 3 月 |
| 李西生 | 招远市夏甸镇东丁家村 | 42 | 男 | 1940 年 3 月 |
| 李广茂 | 招远市齐山镇西肇甲沟村 | 25 | 男 | 1940 年 3 月 |
| 刘宝善 | 招远市阜山镇牟疃村 | 20 | 男 | 1940 年 4 月 |
| 王国南 | 招远市阜山镇南院庄村 | 28 | 男 | 1940 年 4 月 |
| 李邦臣 | 招远市阜山镇南院庄村 | 30 | 男 | 1940 年 4 月 |
| 纪天胜 | 招远市毕郭镇西城子村 | 34 | 男 | 1940 年 4 月 |
| 邢乐治 | 招远市毕郭镇黑都泊村 | 24 | 男 | 1940 年 4 月 |
| 张为甲 | 招远市夏甸镇下庄村 | 39 | 男 | 1940 年 4 月 |
| 王方熙 | 招远市辛庄镇马连沟村 | 31 | 男 | 1940 年 4 月 |
| 王灯云 | 招远市阜山镇草店村 | 17 | 男 | 1940 年 5 月 1 日 |
| 王桂登 | 招远市夏甸镇南单家村 | 51 | 男 | 1940 年 5 月 8 日 |
| 孙福章 | 招远市夏甸镇南单家村 | 50 | 男 | 1940 年 5 月 8 日 |
| 孙思明 | 招远市夏甸镇南单家村 | 60 | 男 | 1940 年 5 月 8 日 |
| 李德发 | 招远市夏甸镇南单家村 | 50 | 男 | 1940 年 5 月 8 日 |
| 郝洪章 | 招远市张星镇大郝家村 | 39 | 男 | 1940 年 5 月 17 日 |
| 吕永喜 | 招远市阜山镇吕家村 | 31 | 男 | 1940 年 5 月 |
| 刘振松 | 招远市辛庄镇白石夼村 | 30 | 男 | 1940 年 5 月 |
| 李国财 | 招远市毕郭镇大霞坞村 | 40 | 男 | 1940 年 6 月 1 日 |
| 李奎方 | 招远市毕郭镇大霞坞村 | 46 | 男 | 1940 年 6 月 1 日 |
| 李克义 | 招远市毕郭镇大曲庄村 | — | 男 | 1940 年 6 月 1 日 |
| 孙景升 | 招远市泉山街道汤前村 | — | 男 | 1940 年 6 月 |
| 张令祥 | 招远市开发区芮里村 | 26 | 男 | 1940 年 6 月 |
| 张令善 | 招远市开发区芮里村 | 28 | 男 | 1940 年 6 月 |
| 纪洪昌 | 招远市张星镇纪山纪家村 | 19 | 男 | 1940 年 6 月 |
| 纪松山 | 招远市张星镇纪山纪家村 | 20 | 男 | 1940 年 6 月 |
| 温世奎 | 招远市张星镇唐埠曲家村 | 24 | 男 | 1940 年 6 月 |
| 王佐臣 | 招远市张星镇英里村 | 26 | 男 | 1940 年 6 月 |
| 王立祥 | 招远市张星镇英里村 | 20 | 男 | 1940 年 6 月 |
| 王吉全 | 招远市张星镇北曹家庄村 | 20 | 男 | 1940 年 6 月 |
| 栾成泉之妻 | 招远市张星镇北栾家河村 | 35 | 女 | 1940 年 6 月 |
| 刘洋春 | 招远市阜山镇小涝泊村 | 21 | 男 | 1940 年 6 月 |

| 姓 名 | 籍 贯 | 年 龄 | 性 别 | 死难时间 |
|---|---|---|---|---|
| 刘希盛 | 招远市阜山镇小涝泊村 | 24 | 男 | 1940 年 6 月 |
| 吕凌霄 | 招远市阜山镇庙后吕家村 | 30 | 男 | 1940 年 6 月 |
| 温升友 | 招远市毕郭镇沙沟村 | 17 | 男 | 1940 年 6 月 |
| 刘明臻 | 招远市毕郭镇大曲庄村 | — | 男 | 1940 年 6 月 |
| 李子聚 | 招远市毕郭镇大曲庄村 | — | 男 | 1940 年 6 月 |
| 刘海南 | 招远市毕郭镇大曲庄村 | — | 男 | 1940 年 6 月 |
| 刘国兴 | 招远市毕郭镇大曲庄村 | — | 男 | 1940 年 6 月 |
| 李法明 | 招远市毕郭镇大曲庄村 | — | 男 | 1940 年 6 月 |
| 刘奎京 | 招远市毕郭镇大曲庄村 | — | 男 | 1940 年 6 月 |
| 李子桂 | 招远市毕郭镇大曲庄村 | — | 男 | 1940 年 6 月 |
| 李德才 | 招远市金岭镇沟李家村 | 33 | 男 | 1940 年 6 月 |
| 王奎友 | 招远市金岭镇小河头村 | 31 | 男 | 1940 年 6 月 |
| 冯功堂 | 招远市蚕庄镇灵山冯家村 | 21 | 男 | 1940 年 6 月 |
| 杨义增 | 招远市蚕庄镇灵山冯家村 | 25 | 男 | 1940 年 6 月 |
| 王德忠 | 招远市蚕庄镇灵山冯家村 | 28 | 男 | 1940 年 6 月 |
| 王启山 | 招远市蚕庄镇灵山冯家村 | 18 | 男 | 1940 年 6 月 |
| 冯延令 | 招远市蚕庄镇灵山冯家村 | 36 | 男 | 1940 年 6 月 |
| 吕长起 | 招远市蚕庄镇后孙家村 | 19 | 男 | 1940 年 6 月 |
| 王世坤 | 招远市蚕庄镇南孙家村 | 19 | 男 | 1940 年 6 月 |
| 徐芳春 | 招远市蚕庄镇马埠徐家村 | — | 男 | 1940 年 6 月 |
| 朗益懋 | 招远市蚕庄镇灵山冯家村 | 20 | 男 | 1940 年 6 月 |
| 王大本 | 招远市蚕庄镇灵山冯家村 | 25 | 男 | 1940 年 6 月 |
| 冯 斗 | 招远市蚕庄镇山后冯家村 | 15 | 男 | 1940 年 6 月 |
| 李洪聚 | 招远市夏甸镇小路家村 | 15 | 男 | 1940 年 6 月 |
| 臧付令 | 招远市夏甸镇臧家村 | 21 | 男 | 1940 年 6 月 |
| 臧福兴 | 招远市夏甸镇上庄村 | 21 | 男 | 1940 年 6 月 |
| 董德茂 | 招远市夏甸镇下庄村 | 22 | 男 | 1940 年 6 月 |
| 臧治红 | 招远市夏甸镇下庄村 | 17 | 男 | 1940 年 6 月 |
| 张洪文 | 招远市夏甸镇王家屯村 | — | 男 | 1940 年 6 月 |
| 吴德太 | 招远市齐山镇大吴家村 | — | 男 | 1940 年 6 月 |
| 刘振丰 | 招远市辛庄镇白石夼村 | 29 | 男 | 1940 年 6 月 |
| 刘德辉 | 招远市辛庄镇白石夼村 | 22 | 男 | 1940 年 6 月 |
| 李考祥 | 招远市辛庄镇东沟李家村 | 31 | 男 | 1940 年 6 月 |
| 王京华 | 招远市辛庄镇西良村 | 20 | 男 | 1940 年 6 月 |

| 姓　名 | 籍　贯 | 年龄 | 性别 | 死难时间 |
|---|---|---|---|---|
| 王财南 | 招远市辛庄镇西良村 | 32 | 男 | 1940 年 6 月 |
| 杨发堂 | 招远市齐山镇范家屋村 | 35 | 男 | 1940 年 6 月 |
| 刘洪海 | 招远市阜山镇牟疃村 | 31 | 男 | 1940 年 7 月 |
| 张立强 | 招远市毕郭镇毕郭二村 | 23 | 男 | 1940 年 7 月 |
| 陈殿厚 | 招远市毕郭镇朱家庄村 | 15 | 男 | 1940 年 7 月 |
| 孙书官 | 招远市齐山镇孙家夼村 | 20 | 男 | 1940 年 7 月 |
| 林　氏 | 招远市张星镇仓口陈家村 | 45 | 女 | 1940 年 8 月 |
| 姜　氏 | 招远市张星镇仓口陈家村 | 40 | 女 | 1940 年 8 月 |
| 苗　氏 | 招远市张星镇仓口陈家村 | 40 | 女 | 1940 年 8 月 |
| 陈玉伦之祖母 | 招远市张星镇仓口陈家村 | 56 | 女 | 1940 年 8 月 |
| 陈瑞英之祖母 | 招远市张星镇仓口陈家村 | 60 | 女 | 1940 年 8 月 |
| 林　茂 | 招远市阜山镇牟疃村 | 19 | 男 | 1940 年 8 月 |
| 徐松山 | 招远市阜山镇北院庄村 | 18 | 男 | 1940 年 8 月 |
| 刘希亮 | 招远市阜山镇小涝泊村 | 20 | 男 | 1940 年 8 月 |
| 陈军山 | 招远市毕郭镇陈家庄村 | 17 | 男 | 1940 年 8 月 |
| 滕兴亭 | 招远市大秦家镇青杨堡村 | 21 | 男 | 1940 年 8 月 |
| 刘安仁 | 招远市金岭镇中华山村 | 28 | 男 | 1940 年 8 月 |
| 冯松令 | 招远市蚕庄镇灵山冯家村 | 37 | 男 | 1940 年 8 月 |
| 刘福安 | 招远市泉山街道南坞党村 | 19 | 男 | 1940 年 8 月 |
| 于焕吉 | 招远市夏甸镇西芝下村 | 20 | 男 | 1940 年 8 月 |
| 张洪君 | 招远市夏甸镇王家屯村 | — | 男 | 1940 年 8 月 |
| 程义合 | 招远市夏甸镇王家屯村 | — | 男 | 1940 年 8 月 |
| 栾克智 | 招远市夏甸镇山前兰家村 | — | 男 | 1940 年 8 月 |
| 于作福 | 招远市辛庄镇于家村 | 48 | 男 | 1940 年 8 月 |
| 张立香 | 招远市阜山镇大官里庄村 | 20 | 男 | 1940 年 9 月 |
| 李冬业 | 招远市毕郭镇岭上村 | 22 | 男 | 1940 年 9 月 |
| 原玉发 | 招远市金岭镇山上原家村 | 20 | 男 | 1940 年 9 月 |
| 吕金锡 | 招远市金岭镇朱家村 | 81 | 男 | 1940 年 9 月 |
| 大　珍 | 招远市蚕庄镇大诸流村 | 9 | 女 | 1940 年 9 月 |
| 薄玉更之妻 | 招远市夏甸镇薄家村 | 40 | 女 | 1940 年 9 月 |
| 薄仁更 | 招远市夏甸镇薄家村 | 21 | 男 | 1940 年 9 月 |
| 郝　氏 | 招远市阜山镇大梁家村 | — | 女 | 1940 年 10 月 24 日 |
| 秦学敏 | 招远市阜山镇大梁家村 | — | 男 | 1940 年 10 月 24 日 |
| 梁　德 | 招远市阜山镇大梁家村 | — | 男 | 1940 年 10 月 24 日 |

| 姓 名 | 籍 贯 | 年 龄 | 性 别 | 死难时间 |
|---|---|---|---|---|
| 宋守章 | 招远市罗峰街道石门孟家村 | 28 | 男 | 1940 年 10 月 |
| 李信法 | 招远市阜山镇小官里庄村 | 29 | 男 | 1940 年 10 月 |
| 任利国 | 招远市阜山镇李格庄村 | 26 | 男 | 1940 年 10 月 |
| 杨保本 | 招远市阜山镇迟家村 | 21 | 男 | 1940 年 10 月 |
| 刘元桂 | 招远市阜山镇古山屯村 | 19 | 男 | 1940 年 10 月 |
| 郭丰奎 | 招远市毕郭镇东寨里村 | 25 | 男 | 1940 年 10 月 |
| 王福吉 | 招远市金岭镇小河头村 | 17 | 男 | 1940 年 10 月 |
| 陈克金 | 招远市金岭镇大户陈家村 | 19 | 男 | 1940 年 10 月 |
| 臧系秀 | 招远市夏甸镇臧述庄村 | 19 | 男 | 1940 年 10 月 |
| 马章吉 | 招远市夏甸镇新马家村 | — | 男 | 1940 年 10 月 |
| 姜洪彦 | 招远市夏甸镇大罗家村 | 20 | 男 | 1940 年 10 月 |
| 王官敖 | 招远市夏甸镇王家屯村 | — | 男 | 1940 年 10 月 |
| 张青山 | 招远市齐山镇道东村 | 23 | 男 | 1940 年 10 月 |
| 于庆连 | 招远市齐山镇庄家坡村 | 37 | 男 | 1940 年 10 月 |
| 盛主昌 | 招远市齐山镇盛家沟村 | 21 | 男 | 1940 年 10 月 |
| 孙桂华 | 招远市张星镇北马家村 | 27 | 男 | 1940 年 11 月 |
| 李仁善 | 招远市阜山镇下观堡村 | 21 | 男 | 1940 年 11 月 |
| 李文庆 | 招远市阜山镇下观堡村 | 37 | 男 | 1940 年 11 月 |
| 万国良 | 招远市阜山镇万家村 | 16 | 男 | 1940 年 11 月 |
| 高登林 | 招远市阜山镇冯草洼村 | 22 | 男 | 1940 年 11 月 |
| 李天海 | 招远市阜山镇古山屯村 | 22 | 男 | 1940 年 11 月 |
| 曹 魁 | 招远市阜山镇东罗家村 | 20 | 男 | 1940 年 11 月 |
| 徐庭海 | 招远市阜山镇汪家村 | 22 | 男 | 1940 年 11 月 |
| 徐中和 | 招远市阜山镇汪家村 | 24 | 男 | 1940 年 11 月 |
| 姜永功 | 招远市阜山镇汪家村 | 18 | 男 | 1940 年 11 月 |
| 梁朋军 | 招远市阜山镇小梁家村 | 24 | 男 | 1940 年 11 月 |
| 李书信 | 招远市阜山镇南院庄村 | 18 | 男 | 1940 年 11 月 |
| 吕永行 | 招远市阜山镇吕家村 | 33 | 男 | 1940 年 11 月 |
| 战 林 | 招远市毕郭镇东杨格庄村 | 19 | 男 | 1940 年 11 月 |
| 李子欣 | 招远市毕郭镇西杨格庄村 | 18 | 男 | 1940 年 11 月 |
| 纪升德 | 招远市毕郭镇西城子村 | 21 | 男 | 1940 年 11 月 |
| 陈加林 | 招远市金岭镇大户陈家村 | 22 | 男 | 1940 年 11 月 |
| 冯 勋 | 招远市夏甸镇时家村 | 20 | 男 | 1940 年 11 月 |
| 孙才义 | 招远市夏甸镇大龙夼村 | 17 | 男 | 1940 年 11 月 |

| 姓　名 | 籍　贯 | 年龄 | 性别 | 死难时间 |
|---|---|---|---|---|
| 丁喜春 | 招远市齐山镇汪家院村 | 24 | 男 | 1940 年 11 月 |
| 吴张氏 | 招远市齐山镇朱疃村 | 50 | 女 | 1940 年 12 月 18 日 |
| 得　才 | 招远市齐山镇朱疃村 | 35 | 男 | 1940 年 12 月 18 日 |
| 闫张氏 | 招远市齐山镇朱疃村 | 60 | 女 | 1940 年 12 月 18 日 |
| 李新民 | 招远市罗峰街道西观村 | 22 | 男 | 1940 年 12 月 |
| 姜振邦 | 招远市阜山镇阎家村 | 26 | 男 | 1940 年 12 月 |
| 王奎文 | 招远市金岭镇小河头村 | 21 | 男 | 1940 年 12 月 |
| 刘实香 | 招远市梦芝街道瓦里村 | 38 | 男 | 1940 年 12 月 |
| 徐阳春 | 招远市夏甸镇勾下店村 | — | 男 | 1940 年 12 月 |
| 刘松山 | 招远市夏甸镇南邢家村 | 22 | 男 | 1940 年 12 月 |
| 杨树胜 | 招远市夏甸镇南邢家村 | 33 | 男 | 1940 年 12 月 |
| 王桂山 | 招远市夏甸镇勾下店村 | 25 | 男 | 1940 年 12 月 |
| 曹德敬 | 招远市夏甸镇勾下店村 | 36 | 男 | 1940 年 12 月 |
| 王家瑞 | 招远市夏甸镇新村北村 | 17 | 男 | 1940 年 12 月 |
| 刘全志 | 招远市夏甸镇西河北村 | 17 | 男 | 1940 年 12 月 |
| 栾亭峰 | 招远市夏甸镇山前兰家村 | — | 男 | 1940 年 12 月 |
| 王合斌之母 | 招远市齐山镇玉甲村 | 50 | 女 | 1940 年 12 月 |
| 王陈氏 | 招远市齐山镇玉甲村 | 45 | 女 | 1940 年 12 月 |
| 王祖寿 | 招远市齐山镇玉甲村 | 50 | 男 | 1940 年 12 月 |
| 康元山 | 招远市辛庄镇前康家村 | 44 | 男 | 1940 年 12 月 |
| 王子成 | 招远市张星镇北里庄村 | 30 | 男 | 1940 年冬 |
| 王志俊 | 招远市开发区姚格庄村 | 52 | 男 | 1940 年 |
| 刘学胜 | 招远市罗峰街道城南张家庄村 | 21 | 男 | 1940 年 |
| 陈孝顺 | 招远市罗峰街道城南张家庄村 | 18 | 男 | 1940 年 |
| 宋春熙 | 招远市罗峰街道城南宋家村 | 21 | 男 | 1940 年 |
| 宋吉道 | 招远市罗峰街道城南宋家村 | 20 | 男 | 1940 年 |
| 栾川平 | 招远市张星镇山西栾家村 | 21 | 男 | 1940 年 |
| 王敬志 | 招远市张星镇大岚村 | 12 | 男 | 1940 年 |
| 林茂田 | 招远市张星镇川里林家村 | — | 男 | 1940 年 |
| 王玉香 | 招远市张星镇河埃村 | 26 | 男 | 1940 年 |
| 川　乐 | 招远市张星镇张星西村 | 29 | 男 | 1940 年 |
| 宋天刚 | 招远市张星镇卧龙宋家村 | 17 | 男 | 1940 年 |
| 蒋孟年 | 招远市张星镇蒋家村 | 18 | 男 | 1940 年 |
| 刘日强 | 招远市阜山镇上刘家村 | 29 | 男 | 1940 年 |

| 姓 名 | 籍 贯 | 年 龄 | 性 别 | 死难时间 |
|---|---|---|---|---|
| 张桂和 | 招远市阜山镇牟疃村 | 20 | 男 | 1940 年 |
| 李 荣 | 招远市阜山镇阎家村 | 20 | 女 | 1940 年 |
| 张学海 | 招远市阜山镇北院庄村 | 19 | 男 | 1940 年 |
| 孙殿成 | 招远市阜山镇北院庄村 | 19 | 男 | 1940 年 |
| 吕振义 | 招远市阜山镇吕家村 | 27 | 男 | 1940 年 |
| 张殿宾 | 招远市毕郭镇大曲庄村 | 38 | 男 | 1940 年 |
| 姜元守 | 招远市毕郭镇东寨里村 | 26 | 男 | 1940 年 |
| 徐英华 | 招远市毕郭镇埠上村 | 30 | 男 | 1940 年 |
| 张 茂 | 招远市毕郭镇大霞坞村 | 30 | 男 | 1940 年 |
| 单丙证 | 招远市毕郭镇西沟子村 | 20 | 男 | 1940 年 |
| 郭世德 | 招远市毕郭镇南泊子村 | 14 | 男 | 1940 年 |
| 迟仁海 | 招远市毕郭镇泊子村 | 25 | 男 | 1940 年 |
| 杨学道 | 招远市毕郭镇庙子夼村 | 30 | 男 | 1940 年 |
| 杨春田 | 招远市毕郭镇庙子夼村 | 37 | 男 | 1940 年 |
| 吕恒仁 | 招远市毕郭镇官地洼村 | 50 | 男 | 1940 年 |
| 梁广福 | 招远市毕郭镇埠上村 | — | 男 | 1940 年 |
| 孙会义之母 | 招远市毕郭镇埠上村 | — | 女 | 1940 年 |
| 林 发 | 招远市毕郭镇东庄村 | — | 男 | 1940 年 |
| 郭世德 | 招远市毕郭镇庙子夼村 | — | 男 | 1940 年 |
| 迟仁海 | 招远市毕郭镇庙子夼村 | — | 男 | 1940 年 |
| 路方生 | 招远市大秦家镇高家村 | 27 | 男 | 1940 年 |
| 孙明升 | 招远市大秦家镇朱范村 | — | 男 | 1940 年 |
| 王明荣 | 招远市金岭镇官庄村 | 21 | 男 | 1940 年 |
| 郭宝金 | 招远市金岭镇原疃郭家村 | 22 | 男 | 1940 年 |
| 侯子正 | 招远市金岭镇山上马家村 | 23 | 男 | 1940 年 |
| 孙守月 | 招远市金岭镇山上孙家村 | 31 | 男 | 1940 年 |
| 王丕承 | 招远市金岭镇山上孙家村 | 25 | 男 | 1940 年 |
| 邵永聚 | 招远市金岭镇寨里村 | 20 | 男 | 1940 年 |
| 朱清合 | 招远市金岭镇朱家村 | 20 | 男 | 1940 年 |
| 于希和 | 招远市金岭镇中村 | 32 | 男 | 1940 年 |
| 李洪才 | 招远市金岭镇台上村 | 24 | 男 | 1940 年 |
| 杨永山 | 招远市金岭镇大河头村 | 19 | 男 | 1940 年 |
| 刘松林 | 招远市金岭镇草沟头村 | 32 | 男 | 1940 年 |
| 王洪信 | 招远市金岭镇西梧桐夼村 | 21 | 男 | 1940 年 |

| 姓 名 | 籍 贯 | 年 龄 | 性 别 | 死难时间 |
|---|---|---|---|---|
| 刘福江 | 招远市金岭镇中华山村 | 25 | 男 | 1940 年 |
| 王玉增 | 招远市蚕庄镇灵山冯家村 | 25 | 男 | 1940 年 |
| 曲绍光 | 招远市蚕庄镇盛家村 | 38 | 男 | 1940 年 |
| 刘广仁 | 招远市蚕庄镇香沟村 | 20 | 男 | 1940 年 |
| 刘成善 | 招远市蚕庄镇香沟村 | 20 | 男 | 1940 年 |
| 孙从仁 | 招远市蚕庄镇小河刘家村 | 26 | 男 | 1940 年 |
| 孙星民 | 招远市蚕庄镇南孙家村 | 30 | 男 | 1940 年 |
| 孙善庆 | 招远市蚕庄镇南孙家村 | 40 | 男 | 1940 年 |
| 陆希超 | 招远市蚕庄镇陆家村 | 40 | 男 | 1940 年 |
| 王松杨 | 招远市蚕庄镇李格庄村 | 40 | 男 | 1940 年 |
| 王吉平 | 招远市蚕庄镇林家村 | 20 | 男 | 1940 年 |
| 路春芳 | 招远市玲珑镇磨山夼路家 | 27 | 男 | 1940 年 |
| 王宝文 | 招远市玲珑镇玉泉庄村 | 27 | 男 | 1940 年 |
| 蒋洪思 | 招远市玲珑镇小蒋家村 | — | 男 | 1940 年 |
| 温 伍 | 招远市梦芝街道山口温家村 | 36 | 男 | 1940 年 |
| 臧培进 | 招远市夏甸镇山榛沟村 | — | 男 | 1940 年 |
| 赵忠文 | 招远市夏甸镇陡崖曹家村 | 29 | 男 | 1940 年 |
| 孙顺林 | 招远市夏甸镇陡崖曹家村 | 19 | 男 | 1940 年 |
| 路茂海 | 招远市夏甸镇小路家村 | 16 | 男 | 1940 年 |
| 董万芹 | 招远市夏甸镇曹孟村 | — | 男 | 1940 年 |
| 刘政之 | 招远市夏甸镇大庄子村 | — | 男 | 1940 年 |
| 刘敏之 | 招远市夏甸镇大庄子村 | — | 男 | 1940 年 |
| 刘新之 | 招远市夏甸镇大庄子村 | — | 男 | 1940 年 |
| 路 增 | 招远市夏甸镇下董家村 | 31 | 男 | 1940 年 |
| 刘德风 | 招远市夏甸镇下董家村 | 23 | 男 | 1940 年 |
| 路 盛 | 招远市夏甸镇下董家村 | 21 | 男 | 1940 年 |
| 董占学 | 招远市夏甸镇下董家村 | 26 | 男 | 1940 年 |
| 王 志 | 招远市夏甸镇禾木程家村 | 28 | 男 | 1940 年 |
| 张桂林 | 招远市夏甸镇臧述庄村 | 19 | 男 | 1940 年 |
| 臧之奎 | 招远市夏甸镇臧述庄村 | 36 | 男 | 1940 年 |
| 刘家岐 | 招远市夏甸镇东河北村 | 19 | 男 | 1940 年 |
| 刘存昌 | 招远市夏甸镇东河北村 | 21 | 男 | 1940 年 |
| 杨义山 | 招远市夏甸镇下庄村 | 41 | 男 | 1940 年 |
| 刘齐民 | 招远市夏甸镇大庄子村 | 27 | 男 | 1940 年 |

| 姓 名 | 籍 贯 | 年 龄 | 性 别 | 死难时间 |
|---|---|---|---|---|
| 田桂安 | 招远市夏甸镇上东庄村 | 24 | 男 | 1940 年 |
| 杨玉兴 | 招远市夏甸镇上东庄村 | 32 | 男 | 1940 年 |
| 孙赵氏 | 招远市齐山镇孙家夼村 | 57 | 女 | 1940 年 |
| 梁胜敦 | 招远市齐山镇大尹格庄村 | 24 | 男 | 1940 年 |
| 谢乃右 | 招远市齐山镇状元头村 | 21 | 男 | 1940 年 |
| 邱忠堂 | 招远市齐山镇东沟子村 | 37 | 男 | 1940 年 |
| 蒋善桂 | 招远市齐山镇蒋家坡村 | 18 | 男 | 1940 年 |
| 高殿邦 | 招远市齐山镇河上沟村 | 44 | 男 | 1940 年 |
| 吴廷对 | 招远市齐山镇大吴家村 | 27 | 男 | 1940 年 |
| 吴刚云 | 招远市齐山镇大吴家村 | 23 | 男 | 1940 年 |
| 戴福田 | 招远市齐山镇小泊子村 | 37 | 男 | 1940 年 |
| 孙洪敖 | 招远市齐山镇小泊子村 | 34 | 男 | 1940 年 |
| 孙士敬 | 招远市齐山镇小泊子村 | 28 | 男 | 1940 年 |
| 梁希玉 | 招远市齐山镇大尹格庄村 | 21 | 男 | 1940 年 |
| 张学京 | 招远市齐山镇大尹格庄村 | 27 | 男 | 1940 年 |
| 任甲祥 | 招远市齐山镇北寨子村 | 19 | 男 | 1940 年 |
| 王昆田 | 招远市辛庄镇北截村 | 27 | 男 | 1940 年 |
| 李景顺 | 招远市辛庄镇磁口村 | 10 | 男 | 1940 年 |
| 张文良之外祖母 | 招远市辛庄镇磁口村 | — | 女 | 1940 年 |
| 李希国 | 招远市辛庄镇洼曲家村 | 50 | 男 | 1940 年 |
| 庄述古 | 招远市辛庄镇后康村 | 46 | 男 | 1940 年 |
| 张克智 | 招远市张星镇宅科村 | 25 | 男 | 1941 年 1 月 |
| 杨斋成 | 招远市阜山镇老马思家村 | 31 | 男 | 1941 年 1 月 |
| 陈文军 | 招远市阜山镇老马思家村 | 27 | 男 | 1941 年 1 月 |
| 曹 福 | 招远市阜山镇东罗家村 | 19 | 男 | 1941 年 1 月 |
| 董好乐 | 招远市夏甸镇下董家村 | 16 | 男 | 1941 年 1 月 |
| 臧福芹 | 招远市夏甸镇臧述庄村 | 42 | 男 | 1941 年 1 月 |
| 臧春合 | 招远市夏甸镇臧述庄村 | 31 | 男 | 1941 年 1 月 |
| 臧 维 | 招远市夏甸镇臧述庄村 | 29 | 男 | 1941 年 1 月 |
| 刘会芝 | 招远市夏甸镇大庄子村 | 24 | 男 | 1941 年 1 月 |
| 张桂芳 | 招远市夏甸镇小尹格庄村 | 18 | 男 | 1941 年 1 月 |
| 杨占丰 | 招远市夏甸镇曹家洼村 | 17 | 男 | 1941 年 1 月 |
| 孙祥德 | 招远市齐山镇孙家夼村 | 31 | 男 | 1941 年 1 月 |
| 孙全德 | 招远市齐山镇梁家村 | 26 | 男 | 1941 年 1 月 |

| 姓　名 | 籍　贯 | 年　龄 | 性　别 | 死难时间 |
|---|---|---|---|---|
| 李永盛 | 招远市齐山镇岔道村 | 19 | 男 | 1941 年 1 月 |
| 张寿学 | 招远市齐山镇下林庄村 | 21 | 男 | 1941 年 1 月 |
| 宋希元 | 招远市阜山镇李家庄子村 | 36 | 男 | 1941 年 2 月 |
| 陈德安 | 招远市大秦家镇阎家沟村 | 18 | 男 | 1941 年 2 月 |
| 刘丹桂 | 招远市金岭镇西岭上村 | 22 | 男 | 1941 年 2 月 |
| 王风义 | 招远市蚕庄镇山后白家村 | 36 | 男 | 1941 年 2 月 |
| 王汝舟 | 招远市蚕庄镇诸流庞家村 | 34 | 男 | 1941 年 2 月 |
| 曲守山 | 招远市蚕庄镇南孙家村 | 36 | 男 | 1941 年 2 月 |
| 白恩荣 | 招远市蚕庄镇山后冯家村 | 50 | 男 | 1941 年 2 月 |
| 白恩润 | 招远市蚕庄镇山后冯家村 | 48 | 男 | 1941 年 2 月 |
| 陈绍栋 | 招远市蚕庄镇山后冯家村 | 52 | 男 | 1941 年 2 月 |
| 杨玉科 | 招远市蚕庄镇山后冯家村 | 36 | 男 | 1941 年 2 月 |
| 孙学奎 | 招远市蚕庄镇山后冯家村 | 52 | 男 | 1941 年 2 月 |
| 王文科 | 招远市蚕庄镇山后白家村 | 52 | 男 | 1941 年 2 月 |
| 温　江 | 招远市玲珑镇寨子村 | 19 | 男 | 1941 年 2 月 |
| 闫尧彬 | 招远市梦芝街道黄土崖村 | 37 | 男 | 1941 年 2 月 |
| 王家平 | 招远市梦芝街道黄土崖村 | 33 | 男 | 1941 年 2 月 |
| 温　峨 | 招远市梦芝街道山口温家村 | 21 | 男 | 1941 年 2 月 |
| 杨玉信 | 招远市夏甸镇下东庄村 | 20 | 男 | 1941 年 2 月 |
| 李宝廷 | 招远市齐山镇高家圈村 | 31 | 男 | 1941 年 2 月 |
| 王俊英 | 招远市齐山镇于夼村 | 33 | 男 | 1941 年 2 月 |
| 曹风阁 | 招远市齐山镇柳甲沟村 | 33 | 男 | 1941 年 2 月 |
| 姜太山 | 招远市张星镇枣林姜家村 | 21 | 男 | 1941 年 3 月 |
| 于春芳 | 招远市张星镇北于家庄子村 | 28 | 男 | 1941 年 3 月 |
| 秦京亭 | 招远市阜山镇李家沟村 | 17 | 男 | 1941 年 3 月 |
| 万进合 | 招远市阜山镇万家村 | 21 | 男 | 1941 年 3 月 |
| 陈启山 | 招远市阜山镇老马思家村 | 30 | 男 | 1941 年 3 月 |
| 刘绍海 | 招远市阜山镇古山屯村 | 22 | 男 | 1941 年 3 月 |
| 万学通 | 招远市大秦家镇万家村 | 48 | 男 | 1941 年 3 月 |
| 冯维丛 | 招远市蚕庄镇灵山冯家村 | 39 | 男 | 1941 年 3 月 |
| 盛兰芳 | 招远市蚕庄镇盛家村 | 27 | 男 | 1941 年 3 月 |
| 隋永宽 | 招远市蚕庄镇诸流隋家村 | 70 | 男 | 1941 年 3 月 |
| 隋万海之妻 | 招远市蚕庄镇诸流隋家村 | 72 | 女 | 1941 年 3 月 |
| 王　× | 招远市蚕庄镇诸流隋家村 | 17 | 男 | 1941 年 3 月 |

| 姓　名 | 籍　贯 | 年 龄 | 性 别 | 死难时间 |
|---|---|---|---|---|
| 张洪义 | 招远市玲珑镇冯家村 | 26 | 男 | 1941 年 3 月 |
| 李维国 | 招远市玲珑镇玲珑沟上村 | 33 | 男 | 1941 年 3 月 |
| 王学刚 | 招远市梦芝街道埃子王家村 | 24 | 男 | 1941 年 3 月 |
| 王元培 | 招远市梦芝街道埃子王家村 | 24 | 男 | 1941 年 3 月 |
| 王德乐 | 招远市泉山街道南关东村 | 19 | 男 | 1941 年 3 月 |
| 张　永 | 招远市夏甸镇南张家庄子村 | 20 | 男 | 1941 年 3 月 |
| 臧玉珠 | 招远市夏甸镇隋家村 | 18 | 男 | 1941 年 3 月 |
| 董学道 | 招远市夏甸镇下庄村 | 20 | 男 | 1941 年 3 月 |
| 孙治林 | 招远市齐山镇孙家夼村 | 29 | 男 | 1941 年 3 月 |
| 吴德宋 | 招远市齐山镇大吴家村 | 22 | 男 | 1941 年 3 月 |
| 李广登 | 招远市齐山镇西肇甲沟村 | 26 | 男 | 1941 年 3 月 |
| 路寿云 | 招远市玲珑镇磨山夼路家 | — | 男 | 1941 年春 |
| 王书月 | 招远市罗峰街道石门孟家村 | 31 | 男 | 1941 年 4 月 |
| 付　钧 | 招远市罗峰街道丁家庄子村 | 26 | 男 | 1941 年 4 月 |
| 张丙财 | 招远市毕郭镇河西村 | 40 | 男 | 1941 年 4 月 |
| 刘士明 | 招远市毕郭镇刘家村 | 36 | 男 | 1941 年 4 月 |
| 于志道 | 招远市毕郭镇富裕庄村 | 24 | 男 | 1941 年 4 月 |
| 欧岱山 | 招远市毕郭镇西万福庄村 | 29 | 男 | 1941 年 4 月 |
| 徐丛敏 | 招远市毕郭镇西万福庄村 | 20 | 男 | 1941 年 4 月 |
| 赵学盛 | 招远市夏甸镇官里庄村 | 26 | 男 | 1941 年 4 月 |
| 徐芝堂 | 招远市夏甸镇西曹家村 | 16 | 男 | 1941 年 4 月 |
| 徐学仁 | 招远市夏甸镇西曹家村 | 25 | 男 | 1941 年 4 月 |
| 孙志先 | 招远市齐山镇孙家夼村 | 21 | 男 | 1941 年 4 月 |
| 孙德京 | 招远市齐山镇孙家夼村 | 20 | 男 | 1941 年 4 月 |
| 杨云峰 | 招远市齐山镇苏家庄子村 | 35 | 男 | 1941 年 4 月 |
| 孙洪军 | 招远市罗峰街道石门孙家村 | 21 | 男 | 1941 年 5 月 |
| 孙世欣 | 招远市罗峰街道石门孙家村 | 19 | 男 | 1941 年 5 月 |
| 于元曾 | 招远市张星镇北于家庄子村 | 21 | 男 | 1941 年 5 月 |
| 宋声同 | 招远市张星镇年头宋家村 | 21 | 男 | 1941 年 5 月 |
| 曲永庆 | 招远市阜山镇北涝泊村 | 19 | 男 | 1941 年 5 月 |
| 陈月山 | 招远市阜山镇峰山后村 | 21 | 男 | 1941 年 5 月 |
| 温志善 | 招远市金岭镇山上汪家村 | 36 | 男 | 1941 年 5 月 |
| 马登敖 | 招远市金岭镇掉钟头村 | 39 | 男 | 1941 年 5 月 |
| 王喜珠 | 招远市金岭镇小河头村 | 29 | 男 | 1941 年 5 月 |

| 姓 名 | 籍 贯 | 年 龄 | 性 别 | 死难时间 |
|---|---|---|---|---|
| 王刘氏 | 招远市金岭镇皂户王家村 | 43 | 女 | 1941 年 5 月 |
| 原世山 | 招远市蚕庄镇塔山原家村 | 35 | 男 | 1941 年 5 月 |
| 陈小嫚 | 招远市蚕庄镇塔山原家村 | 12 | 女 | 1941 年 5 月 |
| 巨云开 | 招远市夏甸镇庙前村 | 17 | 男 | 1941 年 5 月 |
| 吕本臣 | 招远市夏甸镇大罗家村 | 22 | 男 | 1941 年 5 月 |
| 孙付贵 | 招远市齐山镇岔道村 | 24 | 男 | 1941 年 5 月 |
| 刘殿功 | 招远市辛庄镇洼孙家村 | 28 | 男 | 1941 年 5 月 |
| 刘殿顺 | 招远市辛庄镇洼孙家村 | 31 | 男 | 1941 年 5 月 |
| 孙元仁 | 招远市开发区滕家村 | — | 男 | 1941 年 6 月 |
| 滕元道 | 招远市开发区滕家村 | — | 男 | 1941 年 6 月 |
| 王玉新 | 招远市罗峰街道南炉村 | 41 | 男 | 1941 年 6 月 |
| 于永鑫 | 招远市张星镇北于家庄子村 | 22 | 男 | 1941 年 6 月 |
| 万国新 | 招远市阜山镇万家村 | 20 | 男 | 1941 年 6 月 |
| 王玉山 | 招远市阜山镇汪家村 | 18 | 男 | 1941 年 6 月 |
| 潘子义 | 招远市阜山镇冯草洼村 | 32 | 男 | 1941 年 6 月 |
| 纪颜春 | 招远市毕郭镇西城子村 | 45 | 男 | 1941 年 6 月 |
| 姜进亨 | 招远市毕郭镇东寨里村 | 22 | 男 | 1941 年 6 月 |
| 苏德茂 | 招远市毕郭镇吴家村 | 21 | 男 | 1941 年 6 月 |
| 孙长山 | 招远市毕郭镇河南村 | 21 | 男 | 1941 年 6 月 |
| 孙善山 | 招远市毕郭镇河南村 | 21 | 男 | 1941 年 6 月 |
| 孙 健 | 招远市大秦家镇孙家村 | 22 | 男 | 1941 年 6 月 |
| 曹洪彬 | 招远市大秦家镇孙家村 | 21 | 男 | 1941 年 6 月 |
| 孙汉方 | 招远市大秦家镇孙家村 | 32 | 男 | 1941 年 6 月 |
| 曹永先 | 招远市大秦家镇孙家村 | 18 | 男 | 1941 年 6 月 |
| 马 骏 | 招远市金岭镇掉钟头村 | 23 | 男 | 1941 年 6 月 |
| 李丕林 | 招远市夏甸镇臧述庄村 | 31 | 男 | 1941 年 6 月 |
| 李洪秀 | 招远市夏甸镇大夼村 | 18 | 男 | 1941 年 6 月 |
| 温京堂 | 招远市齐山镇岔道村 | 22 | 男 | 1941 年 6 月 |
| 李志安 | 招远市阜山镇李家沟村 | 32 | 男 | 1941 年 7 月 |
| 李吉修 | 招远市毕郭镇东城子村 | 23 | 男 | 1941 年 7 月 |
| 张金奎 | 招远市毕郭镇吴家村 | 21 | 男 | 1941 年 7 月 |
| 秦昌令 | 招远市毕郭镇东秦家村 | 21 | 男 | 1941 年 7 月 |
| 蒋小连 | 招远市玲珑镇小蒋家村 | — | 男 | 1941 年 7 月 |
| 孙龙云 | 招远市夏甸镇小罗家村 | 50 | 男 | 1941 年 7 月 |

续表

| 姓 名 | 籍 贯 | 年 龄 | 性 别 | 死难时间 |
|---|---|---|---|---|
| 孙寿山 | 招远市夏甸镇小罗家村 | 20 | 男 | 1941 年 7 月 |
| 左荣合 | 招远市夏甸镇车元口村 | 25 | 男 | 1941 年 7 月 |
| 李建青 | 招远市齐山镇岔道村 | 33 | 男 | 1941 年 7 月 |
| 郭恒太 | 招远市齐山镇岔道村 | 37 | 男 | 1941 年 7 月 |
| 张杰臣 | 招远市辛庄镇老店村 | 36 | 男 | 1941 年 7 月 |
| 王殿庆 | 招远市辛庄镇北截村 | 24 | 男 | 1941 年 7 月 |
| 王锡田 | 招远市辛庄镇北截村 | 41 | 男 | 1941 年 7 月 |
| 王恒发 | 招远市辛庄镇北截村 | 33 | 男 | 1941 年 7 月 |
| 刘福通 | 招远市开发区横掌刘家村 | 26 | 男 | 1941 年 8 月 |
| 郝世训 | 招远市张星镇小郝家村 | 25 | 男 | 1941 年 8 月 |
| 阎明信 | 招远市阜山镇西罗家村 | 30 | 男 | 1941 年 8 月 |
| 吕太兴 | 招远市阜山镇吕家村 | 39 | 男 | 1941 年 8 月 |
| 王洪荣 | 招远市阜山镇韩家村 | 22 | 男 | 1941 年 8 月 |
| 薛成国 | 招远市毕郭镇峭山后村 | 19 | 男 | 1941 年 8 月 |
| 郭宝全 | 招远市金岭镇原疃郭家村 | 21 | 男 | 1941 年 8 月 |
| 杨之君 | 招远市蚕庄镇西曲城村 | 36 | 男 | 1941 年 8 月 |
| 张吉桐 | 招远市蚕庄镇大韩家村 | 21 | 男 | 1941 年 8 月 |
| 高桂彬 | 招远市玲珑镇玲珑高家村 | 19 | 男 | 1941 年 8 月 |
| 李成九之妻 | 招远市毕郭镇大霞坞村 | 29 | 女 | 1941 年 9 月 |
| 童绍增 | 招远市蚕庄镇童家村 | 47 | 男 | 1941 年 9 月 |
| 王福成 | 招远市夏甸镇新村北村 | 25 | 男 | 1941 年 9 月 |
| 薄　太 | 招远市夏甸镇薄家村 | 25 | 男 | 1941 年 9 月 |
| 刘善光 | 招远市夏甸镇大庄子村 | 40 | 男 | 1941 年 9 月 |
| 郝长松 | 招远市张星镇大郝家村 | 38 | 男 | 1941 年秋 |
| 梁　燕 | 招远市阜山镇小梁家村 | — | 男 | 1941 年 10 月 24 日 |
| 薛作功 | 招远市开发区滕家村 | 25 | 男 | 1941 年 10 月 |
| 杜洪吉 | 招远市张星镇杜家北村 | 30 | 男 | 1941 年 10 月 |
| 王廷栋 | 招远市张星镇地北头王家村 | 34 | 男 | 1941 年 10 月 |
| 林奎一 | 招远市张星镇地北头王家村 | 20 | 男 | 1941 年 10 月 |
| 王风国 | 招远市阜山镇龙王沟村 | 17 | 男 | 1941 年 10 月 |
| 姜风学 | 招远市阜山镇韩家村 | 26 | 男 | 1941 年 10 月 |
| 梁学福 | 招远市阜山镇小梁家村 | — | 男 | 1941 年 10 月 |
| 刘云吉 | 招远市毕郭镇西杨格庄村 | 18 | 男 | 1941 年 10 月 |
| 张朋华 | 招远市毕郭镇河南村 | 31 | 男 | 1941 年 10 月 |

| 姓　名 | 籍　贯 | 年　龄 | 性　别 | 死难时间 |
|---|---|---|---|---|
| 于守山 | 招远市毕郭镇富裕庄村 | 23 | 男 | 1941 年 10 月 |
| 孙庆恩 | 招远市毕郭镇埠上村 | 28 | 男 | 1941 年 10 月 |
| 刘芝初 | 招远市夏甸镇河西庄子村 | 31 | 男 | 1941 年 10 月 |
| 臧福玉 | 招远市夏甸镇臧述庄村 | 24 | 男 | 1941 年 10 月 |
| 马贞吉 | 招远市夏甸镇马家村 | 30 | 男 | 1941 年 10 月 |
| 姚垂训 | 招远市齐山镇道头东村 | 21 | 男 | 1941 年 10 月 |
| 张兰英 | 招远市齐山镇董家村 | 27 | 女 | 1941 年 10 月 |
| 李春祥之祖母 | 招远市阜山镇草店村 | 61 | 女 | 1941 年 11 月 12 日 |
| 宋瑞章 | 招远市罗峰街道石门孟家村 | 25 | 男 | 1941 年 11 月 |
| 张殿荣之妻 | 招远市张星镇宅科村 | 30 | 女 | 1941 年 11 月 |
| 阎香亭 | 招远市阜山镇西罗家村 | 28 | 男 | 1941 年 11 月 |
| 陈　敏 | 招远市毕郭镇东万福庄村 | 18 | 男 | 1941 年 11 月 |
| 林桂香 | 招远市毕郭镇犁儿埠村 | 18 | 男 | 1941 年 11 月 |
| 徐　随 | 招远市毕郭镇犁儿埠村 | 32 | 男 | 1941 年 11 月 |
| 刘克青 | 招远市毕郭镇西庄村 | 20 | 男 | 1941 年 11 月 |
| 滕海云 | 招远市大秦家镇大转山堡村 | 36 | 男 | 1941 年 11 月 |
| 单友兰 | 招远市金岭镇侯家沟村 | 35 | 男 | 1941 年 11 月 |
| 赵善盛 | 招远市夏甸镇官里庄村 | 24 | 男 | 1941 年 11 月 |
| 曹善兰 | 招远市夏甸镇陡崖曹家村 | 16 | 男 | 1941 年 11 月 |
| 吕长德 | 招远市夏甸镇大罗家村 | 19 | 男 | 1941 年 11 月 |
| 杨增茂 | 招远市齐山镇后疃村 | 32 | 男 | 1941 年 11 月 |
| 兰孟桃 | 招远市齐山镇北寨子村 | — | 男 | 1941 年 11 月 |
| 王顺昌 | 招远市齐山镇于夼村 | 17 | 男 | 1941 年 11 月 |
| 秦　香 | 招远市毕郭镇岭上村 | 30 | 男 | 1941 年 12 月 21 日 |
| 林宝亭 | 招远市张星镇川里林家村 | 20 | 男 | 1941 年 12 月 |
| 李丕玉 | 招远市毕郭镇东杨格庄村 | 32 | 男 | 1941 年 12 月 |
| 李丕成 | 招远市毕郭镇东杨格庄村 | 34 | 男 | 1941 年 12 月 |
| 张玉民 | 招远市玲珑镇柳家村 | 28 | 男 | 1941 年 12 月 |
| 李　玲 | 招远市夏甸镇高山洼村 | — | 女 | 1941 年 12 月 |
| 杨万友 | 招远市夏甸镇勾下店村 | 31 | 男 | 1941 年 12 月 |
| 滕振祥 | 招远市开发区埠后村 | 19 | 男 | 1941 年 |
| 谢汉庆 | 招远市罗峰街道谢家庄村 | 48 | 男 | 1941 年 |
| 郝大绍 | 招远市张星镇小郝家村 | 24 | 男 | 1941 年 |
| 徐学孟 | 招远市张星镇北马家村 | 22 | 男 | 1941 年 |

| 姓　名 | 籍　贯 | 年　龄 | 性　别 | 死难时间 |
|---|---|---|---|---|
| 王明顺 | 招远市张星镇大岚村 | 21 | 男 | 1941 年 |
| 丛长清 | 招远市张星镇丛家村 | 47 | 男 | 1941 年 |
| 孙升芳 | 招远市张星镇石对头村 | 31 | 男 | 1941 年 |
| 赵登德 | 招远市张星镇赵家村 | — | 男 | 1941 年 |
| 赵洪泉 | 招远市张星镇赵家村 | — | 男 | 1941 年 |
| 李宝田 | 招远市阜山镇李格庄村 | 23 | 男 | 1941 年 |
| 李志新 | 招远市阜山镇李家沟村 | 27 | 男 | 1941 年 |
| 迟宝义 | 招远市阜山镇迟家村 | 19 | 男 | 1941 年 |
| 陈国山 | 招远市阜山镇老马思家村 | 25 | 男 | 1941 年 |
| 王良春 | 招远市毕郭镇东杨格庄村 | 22 | 男 | 1941 年 |
| 王　海 | 招远市毕郭镇东杨格庄村 | 17 | 男 | 1941 年 |
| 纪尧付 | 招远市毕郭镇西城子村 | 19 | 男 | 1941 年 |
| 孙崇文 | 招远市毕郭镇河南村 | 25 | 男 | 1941 年 |
| 刘洪祥 | 招远市毕郭镇埠上村 | 19 | 男 | 1941 年 |
| 刘朋云 | 招远市毕郭镇西庄村 | 28 | 男 | 1941 年 |
| 李丰义 | 招远市毕郭镇大霞坞村 | 20 | 男 | 1941 年 |
| 邢乐荣 | 招远市毕郭镇黑都泊村 | 21 | 男 | 1941 年 |
| 李　铎 | 招远市毕郭镇黑都泊村 | 21 | 男 | 1941 年 |
| 温中侨 | 招远市毕郭镇南泊子村 | 41 | 男 | 1941 年 |
| 林守福 | 招远市毕郭镇南泊子村 | 26 | 男 | 1941 年 |
| 杨学福 | 招远市毕郭镇庙子夼村 | 30 | 男 | 1941 年 |
| 李寿工 | 招远市毕郭镇西杨格庄 | — | 男 | 1941 年 |
| 林守福 | 招远市毕郭镇庙子夼村 | — | 男 | 1941 年 |
| 杨玉泉 | 招远市毕郭镇炮手庄村 | — | 男 | 1941 年 |
| 李志芹 | 招远市大秦家镇孙家村 | 20 | 男 | 1941 年 |
| 秦宝福 | 招远市大秦家镇老秦家村 | 21 | 男 | 1941 年 |
| 郭宝臣 | 招远市金岭镇原疃郭家村 | — | 男 | 1941 年 |
| 邹其发 | 招远市金岭镇邹家村 | 21 | 男 | 1941 年 |
| 马书正 | 招远市金岭镇掉钟头村 | 45 | 男 | 1941 年 |
| 刘运滕 | 招远市金岭镇寨里村 | 16 | 男 | 1941 年 |
| 唐廷文 | 招远市金岭镇唐家村 | 19 | 男 | 1941 年 |
| 刘万亭 | 招远市金岭镇朱家村 | 23 | 男 | 1941 年 |
| 李大卫 | 招远市金岭镇中村 | 39 | 男 | 1941 年 |
| 李梅芳 | 招远市金岭镇台上村 | 18 | 男 | 1941 年 |

| 姓 名 | 籍 贯 | 年 龄 | 性 别 | 死难时间 |
|---|---|---|---|---|
| 刘贝让 | 招远市金岭镇侯家沟村 | 25 | 男 | 1941 年 |
| 刘桂元 | 招远市金岭镇古宅村 | 24 | 男 | 1941 年 |
| 王永和 | 招远市金岭镇西梧桐夼村 | 21 | 男 | 1941 年 |
| 刘尚仁 | 招远市金岭镇中华山村 | 39 | 男 | 1941 年 |
| 王奎章之女 | 招远市金岭镇皂户王家村 | 20 | 女 | 1941 年 |
| 侯化普 | 招远市蚕庄镇山后侯家村 | 30 | 男 | 1941 年 |
| 孙从海 | 招远市蚕庄镇小河刘家村 | 25 | 男 | 1941 年 |
| 路丕臣 | 招远市玲珑镇磨山夼路家 | 36 | 男 | 1941 年 |
| 郑绍康 | 招远市玲珑镇虎王庄村 | 45 | 男 | 1941 年 |
| 李心荣 | 招远市玲珑镇后花园村 | — | 男 | 1941 年 |
| 王云升 | 招远市玲珑镇寨子村 | 20 | 男 | 1941 年 |
| 路学田 | 招远市玲珑镇山前路家村 | — | 男 | 1941 年 |
| 王志春 | 招远市玲珑镇山前路家村 | — | 男 | 1941 年 |
| 路建山 | 招远市玲珑镇山前路家村 | — | 男 | 1941 年 |
| 赵典培 | 招远市梦芝街道埃子赵家村 | — | 男 | 1941 年 |
| 刘大平 | 招远市梦芝街道埃子赵家村 | — | 男 | 1941 年 |
| 刘国胜 | 招远市梦芝街道埃子赵家村 | — | 男 | 1941 年 |
| 张桂春 | 招远市芝梦街道张家庵村 | 23 | 男 | 1941 年 |
| 刘田云 | 招远市泉山街道南坞党村 | — | 男 | 1941 年 |
| 刘文兴 | 招远市夏甸镇石咀村 | 24 | 男 | 1941 年 |
| 臧福训 | 招远市夏甸镇臧述庄村 | — | 男 | 1941 年 |
| 王新城 | 招远市夏甸镇新村北村 | 21 | 男 | 1941 年 |
| 刘国臣 | 招远市夏甸镇大庄子村 | 28 | 男 | 1941 年 |
| 于进海 | 招远市夏甸镇曹家洼村 | 35 | 男 | 1941 年 |
| 张 柱 | 招远市夏甸镇新旺庄村 | 28 | 男 | 1941 年 |
| 李成义 | 招远市夏甸镇留仙庄村 | — | 男 | 1941 年 |
| 刘春暖 | 招远市夏甸镇留仙庄村 | 27 | 男 | 1941 年 |
| 李存义 | 招远市夏甸镇留仙庄村 | 20 | 男 | 1941 年 |
| 丁为贞 | 招远市夏甸镇留仙庄村 | 25 | 男 | 1941 年 |
| 张风玉 | 招远市夏甸镇南张家庄子村 | 28 | 男 | 1941 年 |
| 董好善 | 招远市夏甸镇下董家村 | 30 | 男 | 1941 年 |
| 冯文昭 | 招远市夏甸镇时家村 | 21 | 男 | 1941 年 |
| 左福合 | 招远市夏甸镇车元口村 | 30 | 男 | 1941 年 |
| 刘子谦 | 招远市夏甸镇后路家村 | 17 | 男 | 1941 年 |

| 姓　名 | 籍　贯 | 年　龄 | 性　别 | 死难时间 |
|---|---|---|---|---|
| 程光生 | 招远市夏甸镇禾木程家村 | 24 | 男 | 1941 年 |
| 杨育才 | 招远市夏甸镇南邢家村 | 25 | 男 | 1941 年 |
| 李士信 | 招远市夏甸镇凰巢坡村 | 19 | 男 | 1941 年 |
| 闫对本 | 招远市夏甸镇臧述庄村 | 21 | 男 | 1941 年 |
| 路振忠 | 招远市夏甸镇小路家村 | 29 | 男 | 1941 年 |
| 阎兆美 | 招远市夏甸镇东河南村 | 17 | 男 | 1941 年 |
| 刘家居 | 招远市夏甸镇西河北村 | 20 | 男 | 1941 年 |
| 刘春法 | 招远市夏甸镇杨家庄村 | 19 | 男 | 1941 年 |
| 张绍先 | 招远市夏甸镇杨家庄村 | 22 | 男 | 1941 年 |
| 李　法 | 招远市夏甸镇东丁家村 | 29 | 男 | 1941 年 |
| 姜宝堂 | 招远市夏甸镇官里庄村 | 21 | 男 | 1941 年 |
| 刘学奎 | 招远市夏甸镇上东庄村 | 16 | 男 | 1941 年 |
| 宋风岐 | 招远市夏甸镇下东庄村 | 23 | 男 | 1941 年 |
| 杨庆和 | 招远市夏甸镇上沟庄村 | 17 | 男 | 1941 年 |
| 闫学友 | 招远市齐山镇朱疃村 | 37 | 男 | 1941 年 |
| 刘忠青 | 招远市齐山镇朱疃村 | 23 | 男 | 1941 年 |
| 马尚科 | 招远市齐山镇马家村 | 40 | 男 | 1941 年 |
| 马进兰 | 招远市齐山镇马家村 | 33 | 男 | 1941 年 |
| 马玉兰 | 招远市齐山镇马家村 | 29 | 男 | 1941 年 |
| 马学孟 | 招远市齐山镇马家村 | 25 | 男 | 1941 年 |
| 车福进 | 招远市齐山镇状元头村 | 36 | 男 | 1941 年 |
| 高朋训之女 | 招远市齐山镇铁夼村 | 17 | 女 | 1941 年 |
| 吴学成之祖母 | 招远市齐山镇大吴家村 | — | 女 | 1941 年 |
| 李德成 | 招远市齐山镇大吴家村 | — | 男 | 1941 年 |
| 于×× | 招远市齐山镇庄家坡村 | — | 男 | 1941 年 |
| 迟宝春 | 招远市齐山镇东沟子村 | 27 | 男 | 1941 年 |
| 李国太 | 招远市齐山镇庙西村 | 27 | 男 | 1941 年 |
| 孙书德 | 招远市齐山镇梁家村 | 21 | 男 | 1941 年 |
| 孙士善 | 招远市齐山镇小泊子村 | 30 | 男 | 1941 年 |
| 张风仁 | 招远市齐山镇下林庄村 | 26 | 男 | 1941 年 |
| 张维芳 | 招远市辛庄镇磁口村 | 21 | 男 | 1941 年 |
| 徐焕章 | 招远市辛庄镇高家庄子村 | 51 | 男 | 1941 年 |
| 黄振林 | 招远市辛庄镇洼孙家村 | 38 | 男 | 1941 年 |
| 邢克义 | 招远市辛庄镇东北村 | 42 | 男 | 1941 年 |

| 姓 名 | 籍 贯 | 年龄 | 性别 | 死难时间 |
|------|------|------|------|----------|
| 范进才 | 招远市梦芝街道西城夼村 | 18 | 男 | 1942 年 1 月 1 日 |
| 孙洪仁 | 招远市梦芝街道西城夼村 | 19 | 男 | 1942 年 1 月 1 日 |
| 童增芳 | 招远市辛庄镇洼孙家村 | 21 | 女 | 1942 年 1 月 11 日 |
| 秦朋飞 | 招远市大秦家镇水口村 | 31 | 男 | 1942 年 1 月 |
| 董申章 | 招远市金岭镇南冯家村 | 27 | 男 | 1942 年 1 月 |
| 邵正义 | 招远市金岭镇寨里村 | 18 | 男 | 1942 年 1 月 |
| 刘孟星 | 招远市夏甸镇车元口村 | 32 | 男 | 1942 年 1 月 |
| 刘青林 | 招远市夏甸镇西河北村 | 28 | 男 | 1942 年 1 月 |
| 杨日德 | 招远市齐山镇孙家院村 | 30 | 男 | 1942 年 1 月 |
| 郭庆善 | 招远市齐山镇北周家村 | 24 | 男 | 1942 年 1 月 |
| 万桃山 | 招远市阜山镇万家村 | 20 | 男 | 1942 年 2 月 |
| 刘春新 | 招远市蚕庄镇西崔家村 | 30 | 男 | 1942 年 2 月 |
| 刘春茂 | 招远市蚕庄镇西崔家村 | 32 | 男 | 1942 年 2 月 |
| 曲占山 | 招远市蚕庄镇前孙家村 | — | 男 | 1942 年 2 月 |
| 杜亭洲 | 招远市梦芝街道北岭村 | 20 | 男 | 1942 年 2 月 |
| 王 橡 | 招远市泉山街道王家疃村 | 24 | 男 | 1942 年 2 月 |
| 刘金奎 | 招远市夏甸镇道北庄子村 | 35 | 男 | 1942 年 2 月 |
| 于铭臣 | 招远市夏甸镇马家村 | 28 | 男 | 1942 年 2 月 |
| 闫学中 | 招远市齐山镇朱疃村 | 35 | 男 | 1942 年 2 月 |
| 吴廷言 | 招远市齐山镇大吴家村 | 35 | 男 | 1942 年 2 月 |
| 曹风明 | 招远市齐山镇南柳家沟村 | 33 | 男 | 1942 年 2 月 |
| 李贤训 | 招远市齐山镇岭上路家村 | 23 | 男 | 1942 年 2 月 |
| 杨合士 | 招远市齐山镇苏家庄子村 | 18 | 男 | 1942 年 3 月 20 日 |
| 栾连芳 | 招远市阜山镇栾家河村 | 42 | 男 | 1942 年 3 月 |
| 迟宝春 | 招远市阜山镇迟家村 | 27 | 男 | 1942 年 3 月 |
| 温 见 | 招远市阜山镇东温家庄村 | 60 | 男 | 1942 年 3 月 |
| 郭为成 | 招远市毕郭镇东寨里村 | 29 | 男 | 1942 年 3 月 |
| 张之盛 | 招远市毕郭镇河西村 | 20 | 男 | 1942 年 3 月 |
| 于风郭 | 招远市毕郭镇吴家村 | 23 | 男 | 1942 年 3 月 |
| 孙臣忠 | 招远市毕郭镇刘家村 | 36 | 男 | 1942 年 3 月 |
| 衣子欣 | 招远市毕郭镇官地村 | 33 | 男 | 1942 年 3 月 |
| 徐炳令 | 招远市毕郭镇西万福庄村 | 46 | 男 | 1942 年 3 月 |
| 滕新田 | 招远市毕郭镇滕家村 | 32 | 男 | 1942 年 3 月 |
| 单中汉 | 招远市毕郭镇西沟子村 | 18 | 男 | 1942 年 3 月 |

| 姓　名 | 籍　贯 | 年　龄 | 性　别 | 死难时间 |
|---|---|---|---|---|
| 纪德治 | 招远市毕郭镇西城子村 | 40 | 男 | 1942 年 3 月 |
| 纪春云 | 招远市毕郭镇西城子村 | 20 | 男 | 1942 年 3 月 |
| 刘风林 | 招远市毕郭镇刘家村 | 22 | 男 | 1942 年 3 月 |
| 杨翠合 | 招远市大秦家镇小杨家村 | 21 | 男 | 1942 年 3 月 |
| 陈衍斌 | 招远市金岭镇山里陈家村 | 29 | 男 | 1942 年 3 月 |
| 于德贤 | 招远市金岭镇大户陈家村 | 27 | 男 | 1942 年 3 月 |
| 刘孟占 | 招远市金岭镇侯家沟村 | — | 男 | 1942 年 3 月 |
| 陈克贵 | 招远市金岭镇侯家沟村 | — | 男 | 1942 年 3 月 |
| 刘文明 | 招远市金岭镇侯家沟村 | — | 男 | 1942 年 3 月 |
| 杨冯氏 | 招远市金岭镇草沟头村 | 21 | 女 | 1942 年 3 月 |
| 路科进 | 招远市玲珑镇吕格庄村 | 35 | 男 | 1942 年 3 月 |
| 张常福 | 招远市玲珑镇龙泉庄村 | — | 男 | 1942 年 3 月 |
| 董占翠 | 招远市夏甸镇下董家村 | 28 | 男 | 1942 年 3 月 |
| 冯命全 | 招远市夏甸镇时家村 | 19 | 男 | 1942 年 3 月 |
| 毛进仁 | 招远市夏甸镇泮家河村 | 25 | 男 | 1942 年 3 月 |
| 王玉庆 | 招远市夏甸镇下东庄村 | 30 | 男 | 1942 年 3 月 |
| 栾亭好 | 招远市夏甸镇山前兰家村 | — | 男 | 1942 年 3 月 |
| 杨积善 | 招远市齐山镇道头西村 | 21 | 男 | 1942 年 3 月 |
| 杨合团 | 招远市齐山镇苏家庄子村 | 21 | 男 | 1942 年 3 月 |
| 刘　法 | 招远市齐山镇汪家院村 | 36 | 男 | 1942 年 3 月 |
| 孙云霄 | 招远市齐山镇汪家院村 | 50 | 男 | 1942 年 3 月 |
| 孙　庆 | 招远市齐山镇汪家院村 | 40 | 男 | 1942 年 3 月 |
| 汪维盛 | 招远市齐山镇汪家院村 | 20 | 男 | 1942 年 3 月 |
| 高　升 | 招远市齐山镇汪家院村 | 18 | 男 | 1942 年 3 月 |
| 汪维祥 | 招远市齐山镇汪家院村 | 17 | 男 | 1942 年 3 月 |
| 王吉章 | 招远市齐山镇立甲疃村 | 20 | 男 | 1942 年 3 月 |
| 王克春 | 招远市齐山镇立甲疃村 | 28 | 男 | 1942 年 3 月 |
| 孙德云 | 招远市齐山镇孙家夼村 | 32 | 男 | 1942 年 3 月 |
| 苏天明 | 招远市齐山镇大泊子村 | 22 | 男 | 1942 年 3 月 |
| 汪华亭 | 招远市齐山镇汪家院村 | 20 | 男 | 1942 年 3 月 |
| 单宝义 | 招远市齐山镇汪家院村 | 19 | 男 | 1942 年 3 月 |
| 孙世香 | 招远市齐山镇汪家院村 | 25 | 男 | 1942 年 3 月 |
| 刘兆全 | 招远市辛庄镇朱家村 | 37 | 男 | 1942 年 3 月 |
| 杨成德 | 招远市齐山镇东肇家沟村 | 22 | 男 | 1942 年春 |

| 姓 名 | 籍 贯 | 年 龄 | 性 别 | 死难时间 |
|---|---|---|---|---|
| 于乐春 | 招远市张星镇后大里村 | 29 | 男 | 1942 年 4 月 |
| 徐 波 | 招远市张星镇徐家村 | 23 | 男 | 1942 年 4 月 |
| 姜孟孔 | 招远市张星镇枣林姜家村 | 41 | 男 | 1942 年 4 月 |
| 栾莲松 | 招远市阜山镇栾家河村 | 21 | 男 | 1942 年 4 月 |
| 宁安青 | 招远市阜山镇宁家村 | 31 | 男 | 1942 年 4 月 |
| 宁咸甫 | 招远市阜山镇宁家村 | 20 | 男 | 1942 年 4 月 |
| 刘士京 | 招远市毕郭镇刘家村 | 23 | 男 | 1942 年 4 月 |
| 陈炳丕 | 招远市毕郭镇张家村 | 26 | 男 | 1942 年 4 月 |
| 尹德本 | 招远市毕郭镇程家洼村 | 31 | 男 | 1942 年 4 月 |
| 程 宽 | 招远市毕郭镇程家洼村 | 19 | 男 | 1942 年 4 月 |
| 徐从学 | 招远市毕郭镇西万福庄村 | 23 | 男 | 1942 年 4 月 |
| 刘占五 | 招远市金岭镇西岭上村 | 19 | 男 | 1942 年 4 月 |
| 刘官亨 | 招远市金岭镇西岭上村 | 25 | 男 | 1942 年 4 月 |
| 张连石 | 招远市金岭镇掉钟头村 | 18 | 男 | 1942 年 4 月 |
| 张丕训 | 招远市金岭镇掉钟头村 | 18 | 男 | 1942 年 4 月 |
| 张军师 | 招远市金岭镇掉钟头村 | 17 | 男 | 1942 年 4 月 |
| 张吉庆 | 招远市蚕庄镇堰后村 | 45 | 男 | 1942 年 4 月 |
| 张中平 | 招远市玲珑镇欧家夼村 | 26 | 男 | 1942 年 4 月 |
| 路文寿 | 招远市玲珑镇吕格庄村 | 32 | 男 | 1942 年 4 月 |
| 马文成 | 招远市夏甸镇马家村 | 19 | 男 | 1942 年 4 月 |
| 杨宝吉 | 招远市齐山镇南辛庄村 | 41 | 男 | 1942 年 4 月 |
| 孙世良 | 招远市阜山镇草店村 | 61 | 男 | 1942 年 5 月 6 日 |
| 阎书忠 | 招远市开发区埠后村 | 25 | 男 | 1942 年 5 月 |
| 赵进德 | 招远市罗峰街道楼里头村 | 35 | 男 | 1942 年 5 月 |
| 王有相 | 招远市张星镇北里庄村 | 19 | 男 | 1942 年 5 月 |
| 姜学斋 | 招远市张星镇枣林姜家村 | 20 | 男 | 1942 年 5 月 |
| 姜学校 | 招远市张星镇枣林姜家村 | 22 | 男 | 1942 年 5 月 |
| 于永寿 | 招远市张星镇北于家庄子村 | 34 | 男 | 1942 年 5 月 |
| 孙希荣 | 招远市张星镇英里村 | 25 | 男 | 1942 年 5 月 |
| 王焕宝 | 招远市张星镇下院村 | 34 | 男 | 1942 年 5 月 |
| 徐延礼 | 招远市张星镇下院村 | 22 | 男 | 1942 年 5 月 |
| 张金海 | 招远市张星镇宅科村 | 33 | 男 | 1942 年 5 月 |
| 童 起 | 招远市张星镇东战家村 | 10 | 男 | 1942 年 5 月 |
| 栾云亭 | 招远市阜山镇栾家河村 | 22 | 男 | 1942 年 5 月 |

| 姓　名 | 籍　贯 | 年　龄 | 性　别 | 死难时间 |
|---|---|---|---|---|
| 杨立芳 | 招远市阜山镇阎家村 | 20 | 男 | 1942 年 5 月 |
| 姜臣夫 | 招远市毕郭镇刘家村 | 18 | 男 | 1942 年 5 月 |
| 杨春喜 | 招远市毕郭镇庙子夼村 | 25 | 男 | 1942 年 5 月 |
| 张丛业之伯父 | 招远市毕郭镇河西村 | 30 | 男 | 1942 年 5 月 |
| 唐德喜 | 招远市金岭镇唐家村 | 22 | 男 | 1942 年 5 月 |
| 刘全本 | 招远市蚕庄镇西曲城村 | 20 | 男 | 1942 年 5 月 |
| 孙　谦 | 招远市梦芝街道张华刘家村 | 20 | 男 | 1942 年 5 月 |
| 宋国纪 | 招远市梦芝街道西宋村 | 32 | 男 | 1942 年 5 月 |
| 王显章 | 招远市夏甸镇岚东村 | 20 | 男 | 1942 年 5 月 |
| 程光文 | 招远市夏甸镇禾木程家村 | 31 | 男 | 1942 年 5 月 |
| 邵炳志 | 招远市夏甸镇禾木程家村 | 30 | 男 | 1942 年 5 月 |
| 王平义 | 招远市夏甸镇臧述庄村 | 18 | 男 | 1942 年 5 月 |
| 李才山 | 招远市夏甸镇西河北村 | 39 | 男 | 1942 年 5 月 |
| 李文焕 | 招远市夏甸镇东丁家村 | 24 | 男 | 1942 年 5 月 |
| 张桂秋 | 招远市夏甸镇小尹格庄村 | 18 | 男 | 1942 年 5 月 |
| 杨锡令 | 招远市夏甸镇下东庄村 | 33 | 男 | 1942 年 5 月 |
| 曹永福 | 招远市齐山镇贺甲庄子村 | 30 | 男 | 1942 年 5 月 |
| 李琴堂 | 招远市齐山镇南李家庄子村 | 23 | 男 | 1942 年 5 月 |
| 李为仁 | 招远市齐山镇东肇家沟村 | 20 | 男 | 1942 年 5 月 |
| 王茂田 | 招远市辛庄镇徐家疃村 | 43 | 男 | 1942 年 5 月 |
| 王少华 | 招远市辛庄镇徐家疃村 | 36 | 男 | 1942 年 5 月 |
| 黄振芳 | 招远市辛庄镇洼孙家村 | 36 | 男 | 1942 年 5 月 |
| 李为德 | 招远市齐山镇北寨子村 | 24 | 男 | 1942 年 5 月 |
| 刘家坤 | 招远市齐山镇半壁店村 | 42 | 男 | 1942 年 5 月 |
| 杨合仁 | 招远市齐山镇温家村 | 23 | 男 | 1942 年 5 月 |
| 李吉全 | 招远市罗峰街道龙王庙下村 | 22 | 男 | 1942 年 6 月 |
| 路惠昌 | 招远市罗峰街道龙王庙下村 | 22 | 男 | 1942 年 6 月 |
| 李　福 | 招远市张星镇盛家庄村 | 28 | 男 | 1942 年 6 月 |
| 侯淑南 | 招远市阜山镇万家村 | 22 | 女 | 1942 年 6 月 |
| 梁洪亮 | 招远市阜山镇大梁家村 | 33 | 男 | 1942 年 6 月 |
| 徐从福 | 招远市毕郭镇西万福庄村 | 23 | 男 | 1942 年 6 月 |
| 莒长青 | 招远市毕郭镇南崔家村 | 25 | 男 | 1942 年 6 月 |
| 孙秀仁 | 招远市毕郭镇南崔家村 | 23 | 男 | 1942 年 6 月 |
| 张希奎 | 招远市大秦家镇兴旺庄村 | 23 | 男 | 1942 年 6 月 |

| 姓　名 | 籍　贯 | 年　龄 | 性　别 | 死难时间 |
|---|---|---|---|---|
| 刘建启之婶 | 招远市大秦家镇朱范村 | — | 女 | 1942 年 6 月 |
| 初元祥 | 招远市金岭镇前崔家村 | 31 | 男 | 1942 年 6 月 |
| 隋志松 | 招远市金岭镇山上隋家村 | 16 | 男 | 1942 年 6 月 |
| 吕敬堂 | 招远市泉山街道北关东村 | 19 | 男 | 1942 年 6 月 |
| 刘善学 | 招远市夏甸镇河西庄子村 | 26 | 男 | 1942 年 6 月 |
| 刘本贤 | 招远市夏甸镇河西庄子村 | 24 | 男 | 1942 年 6 月 |
| 刘文固 | 招远市夏甸镇西河北村 | 28 | 男 | 1942 年 6 月 |
| 杨明山 | 招远市夏甸镇巨岩村 | 33 | 男 | 1942 年 6 月 |
| 徐　万 | 招远市辛庄镇后沟子村 | 25 | 男 | 1942 年 6 月 |
| 徐建恒 | 招远市辛庄镇后沟子村 | 43 | 男 | 1942 年 6 月 |
| 李增茂 | 招远市辛庄镇小涝洼村 | 28 | 男 | 1942 年 6 月 |
| 李登智 | 招远市辛庄镇小涝洼村 | 33 | 男 | 1942 年 6 月 |
| 徐勤芳 | 招远市辛庄镇小西庄村 | 51 | 男 | 1942 年 6 月 |
| 刘永祥之妻 | 招远市辛庄镇石虎孙家村 | 39 | 女 | 1942 年 6 月 |
| 曹洪玉 | 招远市齐山镇南柳家沟村 | 42 | 男 | 1942 年 6 月 |
| 原世福 | 招远市蚕庄镇塔山原家村 | 52 | 男 | 1942 年 7 月 |
| 蒋风铜 | 招远市玲珑镇小蒋家村 | — | 男 | 1942 年 7 月 |
| 王守仁 | 招远市玲珑镇吕格庄村 | 14 | 男 | 1942 年 7 月 |
| 刘福胜 | 招远市夏甸镇河西庄子村 | 36 | 男 | 1942 年 7 月 |
| 徐英春 | 招远市辛庄镇高家庄子村 | 52 | 男 | 1942 年 7 月 |
| 刘永祥 | 招远市辛庄镇石虎孙家村 | 67 | 男 | 1942 年 7 月 |
| 刘徐氏 | 招远市毕郭镇河南村 | 34 | 女 | 1942 年 8 月 15 日 |
| 谢德仙 | 招远市齐山镇南柳家沟村 | 21 | 男 | 1942 年 8 月 15 日 |
| 曹洪喜 | 招远市齐山镇南柳家沟村 | 18 | 男 | 1942 年 8 月 15 日 |
| 滕欣桂 | 招远市开发区滕家村 | 21 | 男 | 1942 年 8 月 |
| 曹仁军 | 招远市开发区横掌曹家村 | — | 男 | 1942 年 8 月 |
| 李士林 | 招远市罗峰街道西观村 | 33 | 男 | 1942 年 8 月 |
| 迟洪奎 | 招远市罗峰街道西坞党村 | 23 | 男 | 1942 年 8 月 |
| 苑仁忠 | 招远市张星镇苑家村 | 18 | 男 | 1942 年 8 月 |
| 李炳合 | 招远市张星镇盛家庄村 | — | 男 | 1942 年 8 月 |
| 马永宽 | 招远市阜山镇水旺庄村 | 30 | 男 | 1942 年 8 月 |
| 刘云平 | 招远市毕郭镇西杨格庄村 | 33 | 男 | 1942 年 8 月 |
| 纪希成 | 招远市毕郭镇西城子村 | 22 | 男 | 1942 年 8 月 |
| 杨从学 | 招远市毕郭镇东寨里村 | 32 | 男 | 1942 年 8 月 |

| 姓 名 | 籍 贯 | 年 龄 | 性 别 | 死难时间 |
|---|---|---|---|---|
| 郭大元 | 招远市毕郭镇毕郭三村 | 17 | 男 | 1942 年 8 月 |
| 王贞亮 | 招远市金岭镇官庄村 | 37 | 男 | 1942 年 8 月 |
| 王书起 | 招远市金岭镇官庄村 | 21 | 男 | 1942 年 8 月 |
| 王振东 | 招远市金岭镇官庄村 | 22 | 男 | 1942 年 8 月 |
| 陈子平 | 招远市金岭镇山里陈家村 | 37 | 男 | 1942 年 8 月 |
| 陈好琴 | 招远市金岭镇大户陈家村 | 34 | 男 | 1942 年 8 月 |
| 陈克敬 | 招远市金岭镇侯家沟村 | — | 男 | 1942 年 8 月 |
| 冯立芬 | 招远市蚕庄镇灵山冯家村 | 19 | 女 | 1942 年 8 月 |
| 陆希霖 | 招远市蚕庄镇陆家村 | 34 | 男 | 1942 年 8 月 |
| 兰 维 | 招远市玲珑镇欧家夼村 | 20 | 男 | 1942 年 8 月 |
| 杨日传 | 招远市玲珑镇小郝家村 | 22 | 男 | 1942 年 8 月 |
| 刘登州 | 招远市玲珑镇鲁格庄村 | 29 | 男 | 1942 年 8 月 |
| 赵信元 | 招远市夏甸镇官里庄村 | 29 | 男 | 1942 年 8 月 |
| 时立本 | 招远市夏甸镇时家村 | 22 | 男 | 1942 年 8 月 |
| 王成俭 | 招远市夏甸镇小路家村 | 17 | 男 | 1942 年 8 月 |
| 薄孟瑞 | 招远市夏甸镇薄家村 | 21 | 男 | 1942 年 8 月 |
| 薄文忠 | 招远市夏甸镇薄家村 | 23 | 男 | 1942 年 8 月 |
| 蔡京福 | 招远市齐山镇贺甲庄子村 | 33 | 男 | 1942 年 8 月 |
| 宋玉禄 | 招远市辛庄镇小西庄村 | 31 | 男 | 1942 年 8 月 |
| 苏王氏 | 招远市辛庄镇官道村 | 35 | 女 | 1942 年 8 月 |
| 张协和 | 招远市玲珑镇东庄头村 | 44 | 男 | 1942 年 9 月 10 日 |
| 张金铭 | 招远市玲珑镇东庄头村 | 21 | 男 | 1942 年 9 月 10 日 |
| 张云生 | 招远市张星镇付家村 | 37 | 男 | 1942 年 9 月 |
| 付国海 | 招远市张星镇付家村 | 38 | 男 | 1942 年 9 月 |
| 王志亭之父 | 招远市张星镇石棚村 | 43 | 男 | 1942 年 9 月 |
| 刘 准 | 招远市阜山镇北院庄村 | 25 | 男 | 1942 年 9 月 |
| 滕兴云 | 招远市大秦家镇大转山堡村 | 28 | 男 | 1942 年 9 月 |
| 于学尼 | 招远市大秦家镇庞家村 | 29 | 男 | 1942 年 9 月 |
| 贾永乐 | 招远市金岭镇贾家村 | 25 | 男 | 1942 年 9 月 |
| 李发敖 | 招远市玲珑镇山前村 | 19 | 男 | 1942 年 9 月 |
| 张协合 | 招远市泉山街道汤前村 | — | 男 | 1942 年 9 月 |
| 张金铭 | 招远市泉山街道汤前村 | — | 男 | 1942 年 9 月 |
| 董廷彦 | 招远市夏甸镇曹孟村 | — | 男 | 1942 年 9 月 |
| 张永堂 | 招远市夏甸镇小尹格庄村 | 20 | 男 | 1942 年 9 月 |

| 姓 名 | 籍 贯 | 年 龄 | 性 别 | 死难时间 |
|---|---|---|---|---|
| 王好木 | 招远市齐山镇道头东村 | 24 | 男 | 1942 年 9 月 |
| 王进山 | 招远市辛庄镇高家庄子村 | 21 | 男 | 1942 年 9 月 |
| 王喜双 | 招远市张星镇北里庄村 | 30 | 男 | 1942 年秋 |
| 张显信 | 招远市张星镇北里庄村 | 28 | 男 | 1942 年秋 |
| 冯登傲 | 招远市金岭镇北冯家村 | — | 男 | 1942 年秋 |
| 王守道 | 招远市金岭镇官庄村 | — | 男 | 1942 年秋 |
| 牟殿奎 | 招远市蚕庄镇路格庄村 | 56 | 男 | 1942 年秋 |
| 刘同志 | 招远市夏甸镇河西庄子村 | 24 | 男 | 1942 年 10 月 |
| 王寿田 | 招远市张星镇杜家西村 | 15 | 男 | 1942 年 10 月 |
| 王立功 | 招远市张星镇石棚村 | 26 | 男 | 1942 年 10 月 |
| 李万秀 | 招远市阜山镇阎家村 | 22 | 男 | 1942 年 10 月 |
| 阎桂焕 | 招远市阜山镇西罗家村 | 18 | 男 | 1942 年 10 月 |
| 王亚夫 | 招远市阜山镇汪家村 | 29 | 男 | 1942 年 10 月 |
| 于 建 | 招远市毕郭镇小许家村 | 21 | 男 | 1942 年 10 月 |
| 滕日善 | 招远市毕郭镇南崔家村 | 19 | 男 | 1942 年 10 月 |
| 陈炳为 | 招远市毕郭镇张家村 | 19 | 男 | 1942 年 10 月 |
| 王芸湘 | 招远市毕郭镇程家洼村 | 20 | 男 | 1942 年 10 月 |
| 徐丛智 | 招远市毕郭镇西万福庄村 | 23 | 男 | 1942 年 10 月 |
| 刘悦青 | 招远市毕郭镇西庄村 | 21 | 男 | 1942 年 10 月 |
| 刘克功 | 招远市毕郭镇西庄村 | 29 | 男 | 1942 年 10 月 |
| 李书策 | 招远市大秦家镇孙家村 | 22 | 男 | 1942 年 10 月 |
| 李志欣 | 招远市大秦家镇孙家村 | — | 男 | 1942 年 10 月 |
| 董连江 | 招远市夏甸镇曹孟村 | — | 男 | 1942 年 10 月 |
| 董万立 | 招远市夏甸镇曹孟村 | — | 男 | 1942 年 10 月 |
| 刘家梁 | 招远市夏甸镇河西庄子村 | 24 | 男 | 1942 年 10 月 |
| 于青吉 | 招远市夏甸镇西芝下村 | 26 | 男 | 1942 年 10 月 |
| 巨德海 | 招远市夏甸镇庙前村 | 18 | 男 | 1942 年 10 月 |
| 于保山 | 招远市夏甸镇老甲沟村 | 35 | 男 | 1942 年 10 月 |
| 刘月臣 | 招远市齐山镇官里庄村 | 31 | 男 | 1942 年 10 月 |
| 杨思民 | 招远市齐山镇东肇家沟村 | 22 | 男 | 1942 年 10 月 |
| 孙士孟 | 招远市齐山镇大泊子村 | 21 | 男 | 1942 年 10 月 |
| 杨万胜 | 招远市齐山镇邹格庄村 | 25 | 男 | 1942 年 10 月 |
| 陈殿福 | 招远市齐山镇张秀家村 | 14 | 男 | 1942 年 10 月 |
| 徐 正 | 招远市齐山镇徐家庄村 | 35 | 男 | 1942 年 10 月 |

| 姓 名 | 籍 贯 | 年 龄 | 性 别 | 死难时间 |
|---|---|---|---|---|
| 孙宝义 | 招远市齐山镇小泊子村 | 31 | 男 | 1942 年 10 月 |
| 吴宝庆 | 招远市齐山镇下林庄村 | 19 | 男 | 1942 年 10 月 |
| 李宽斌 | 招远市辛庄镇西良村 | 48 | 男 | 1942 年 10 月 |
| 李从亮 | 招远市齐山镇西肇甲沟村 | 23 | 男 | 1942 年 10 月 |
| 马治奎 | 招远市齐山镇北寨子村 | — | 男 | 1942 年 11 月 14 日 |
| 隋 德 | 招远市齐山镇北寨子村 | — | 男 | 1942 年 11 月 14 日 |
| 迟书常 | 招远市阜山镇迟家村 | — | 男 | 1942 年 11 月 23 日 |
| 徐同德 | 招远市开发区徐家村 | 27 | 男 | 1942 年 11 月 |
| 温念岗 | 招远市开发区温家村 | 24 | 男 | 1942 年 11 月 |
| 曹春亭 | 招远市开发区横掌曹家村 | 21 | 男 | 1942 年 11 月 |
| 孙明德 | 招远市罗峰街道郭家埠村 | 24 | 男 | 1942 年 11 月 |
| 郭顺城 | 招远市罗峰街道龙王庙下村 | 30 | 男 | 1942 年 11 月 |
| 张廷英 | 招远市张星镇埠南张家村 | 22 | 男 | 1942 年 11 月 |
| 陈恒山 | 招远市阜山镇老马思家村 | 20 | 男 | 1942 年 11 月 |
| 李殿堂 | 招远市阜山镇汪家村 | 22 | 男 | 1942 年 11 月 |
| 徐言发 | 招远市毕郭镇西杨格庄村 | 24 | 男 | 1942 年 11 月 |
| 苏万庆 | 招远市毕郭镇吴家村 | 23 | 男 | 1942 年 11 月 |
| 刘士元 | 招远市毕郭镇刘家村 | 35 | 男 | 1942 年 11 月 |
| 孙日明 | 招远市毕郭镇南泊子村 | 19 | 男 | 1942 年 11 月 |
| 王龙信 | 招远市毕郭镇官地洼村 | 25 | 男 | 1942 年 11 月 |
| 杨玉春 | 招远市金岭镇钟家村 | 58 | 男 | 1942 年 11 月 |
| 李 浩 | 招远市玲珑镇鲁格庄村 | 32 | 男 | 1942 年 11 月 |
| 臧 悦 | 招远市夏甸镇山榛沟村 | — | 男 | 1942 年 11 月 |
| 刘子成之妻 | 招远市夏甸镇石咀村 | 19 | 女 | 1942 年 11 月 |
| 薄玉更 | 招远市夏甸镇薄家村 | — | 男 | 1942 年 11 月 |
| 薄友更 | 招远市夏甸镇薄家村 | — | 男 | 1942 年 11 月 |
| 薄世更 | 招远市夏甸镇薄家村 | — | 男 | 1942 年 11 月 |
| 孙洪礼 | 招远市夏甸镇小罗家村 | 71 | 男 | 1942 年 11 月 |
| 臧元征 | 招远市夏甸镇上庄村 | 60 | 男 | 1942 年 11 月 |
| 臧明垛 | 招远市夏甸镇上庄村 | 28 | 男 | 1942 年 11 月 |
| 臧明新 | 招远市夏甸镇上庄村 | 30 | 男 | 1942 年 11 月 |
| 臧文礼 | 招远市夏甸镇上庄村 | 55 | 男 | 1942 年 11 月 |
| 张 氏 | 招远市夏甸镇上庄村 | 58 | 女 | 1942 年 11 月 |
| 李华祥 | 招远市夏甸镇范家庄村 | 28 | 男 | 1942 年 11 月 |

| 姓 名 | 籍 贯 | 年 龄 | 性 别 | 死难时间 |
|---|---|---|---|---|
| 薄锡芳 | 招远市夏甸镇薄家村 | 20 | 男 | 1942 年 11 月 |
| 马洪吉 | 招远市夏甸镇马家村 | 24 | 男 | 1942 年 11 月 |
| 臧寿美 | 招远市夏甸镇山榛沟村 | 26 | 男 | 1942 年 11 月 |
| 宋克明 | 招远市夏甸镇上东庄村 | 45 | 男 | 1942 年 11 月 |
| 原好连 | 招远市夏甸镇英庄夼村 | — | 男 | 1942 年 11 月 |
| 原京玉 | 招远市夏甸镇英庄夼村 | — | 男 | 1942 年 11 月 |
| 赵坤芳 | 招远市夏甸镇大夼村 | 23 | 男 | 1942 年 11 月 |
| 赵财云 | 招远市夏甸镇大夼村 | 41 | 男 | 1942 年 11 月 |
| 小 逃 | 招远市夏甸镇大夼村 | — | 男 | 1942 年 11 月 |
| 孙世碌 | 招远市齐山镇南辛庄村 | — | 男 | 1942 年 11 月 |
| 闫聚山 | 招远市齐山镇南辛庄村 | — | 男 | 1942 年 11 月 |
| 闫 明 | 招远市齐山镇南辛庄村 | — | 男 | 1942 年 11 月 |
| 李方贵 | 招远市齐山镇南辛庄村 | — | 男 | 1942 年 11 月 |
| 刘军才 | 招远市齐山镇南辛庄村 | — | 男 | 1942 年 11 月 |
| 刘军平 | 招远市齐山镇南辛庄村 | 20 | 男 | 1942 年 11 月 |
| 郭升阳 | 招远市齐山镇雀头孙家村 | 27 | 男 | 1942 年 11 月 |
| 曹顺田 | 招远市齐山镇雀头孙家村 | 40 | 男 | 1942 年 11 月 |
| 王洪德 | 招远市齐山镇南辛庄村 | — | 男 | 1942 年 11 月 |
| 姜云生 | 招远市齐山镇温家村 | 23 | 男 | 1942 年 11 月 |
| 刘吉安 | 招远市齐山镇董家村 | 19 | 男 | 1942 年 11 月 |
| 梁希彦 | 招远市齐山镇大尹格庄村 | 23 | 男 | 1942 年 11 月 |
| 温汝信 | 招远市齐山镇大尹格庄村 | 24 | 男 | 1942 年 11 月 |
| 曹洪春 | 招远市齐山镇大尹格庄村 | 30 | 男 | 1942 年 11 月 |
| 刘德堂 | 招远市齐山镇南寨子村 | 24 | 男 | 1942 年 11 月 |
| 刘吉宽 | 招远市齐山镇董家村 | 19 | 男 | 1942 年 11 月 |
| 马为山 | 招远市齐山镇董家村 | 26 | 男 | 1942 年 11 月 |
| 刘吉胜 | 招远市齐山镇董家村 | 24 | 男 | 1942 年 11 月 |
| 郝金声 | 招远市齐山镇松岚子村 | 30 | 男 | 1942 年 12 月 21 日 |
| 郝京声 | 招远市齐山镇松岚子村 | 35 | 男 | 1942 年 12 月 21 日 |
| 王启令 | 招远市齐山镇松岚子村 | 40 | 男 | 1942 年 12 月 21 日 |
| 郝著声 | 招远市齐山镇松岚子村 | 24 | 男 | 1942 年 12 月 21 日 |
| 王举清 | 招远市齐山镇松岚子村 | 45 | 男 | 1942 年 12 月 21 日 |
| 王启臣 | 招远市齐山镇松岚子村 | 40 | 男 | 1942 年 12 月 21 日 |
| 郑国主 | 招远市齐山镇松岚子村 | 37 | 男 | 1942 年 12 月 21 日 |

| 姓 名 | 籍 贯 | 年 龄 | 性 别 | 死难时间 |
|---|---|---|---|---|
| 王万福 | 招远市齐山镇松岚子村 | 60 | 男 | 1942 年 12 月 21 日 |
| 王顺新 | 招远市齐山镇松岚子村 | 14 | 男 | 1942 年 12 月 21 日 |
| 郑学斗之母 | 招远市齐山镇松岚子村 | — | 女 | 1942 年 12 月 21 日 |
| 吴克进 | 招远市齐山镇下林庄村 | 20 | 男 | 1942 年 12 月 21 日 |
| 李东岐 | 招远市金岭镇古宅村 | — | 男 | 1942 年 12 月 23 日 |
| 李振香 | 招远市金岭镇古宅村 | — | 男 | 1942 年 12 月 23 日 |
| 李振兰 | 招远市金岭镇古宅村 | 46 | 男 | 1942 年 12 月 23 日 |
| 李振英 | 招远市金岭镇古宅村 | — | 男 | 1942 年 12 月 23 日 |
| 李尊山 | 招远市金岭镇古宅村 | — | 男 | 1942 年 12 月 23 日 |
| 李振明 | 招远市金岭镇古宅村 | — | 男 | 1942 年 12 月 23 日 |
| 李建文 | 招远市金岭镇古宅村 | — | 男 | 1942 年 12 月 23 日 |
| 李元山 | 招远市金岭镇古宅村 | — | 男 | 1942 年 12 月 23 日 |
| 李成元 | 招远市金岭镇古宅村 | — | 男 | 1942 年 12 月 23 日 |
| 李成国之父 | 招远市金岭镇古宅村 | — | 男 | 1942 年 12 月 23 日 |
| 李好玉之叔 | 招远市金岭镇古宅村 | — | 男 | 1942 年 12 月 23 日 |
| 林廷透之叔 | 招远市金岭镇古宅村 | — | 男 | 1942 年 12 月 23 日 |
| 林俊暖 | 招远市金岭镇古宅村 | — | 男 | 1942 年 12 月 23 日 |
| 杨坤义 | 招远市金岭镇古宅村 | 59 | 男 | 1942 年 12 月 23 日 |
| 杨坤秀 | 招远市金岭镇古宅村 | 35 | 男 | 1942 年 12 月 23 日 |
| 刘居恩 | 招远市金岭镇古宅村 | — | 男 | 1942 年 12 月 23 日 |
| 刘维谦 | 招远市金岭镇古宅村 | — | 男 | 1942 年 12 月 23 日 |
| 刘尊海 | 招远市金岭镇古宅村 | — | 男 | 1942 年 12 月 23 日 |
| 栾天佑 | 招远市张星镇前栾家村 | 32 | 男 | 1942 年 12 月 |
| 徐金善 | 招远市张星镇下院村 | 40 | 男 | 1942 年 12 月 |
| 迟忠善 | 招远市阜山镇迟家村 | 49 | 男 | 1942 年 12 月 |
| 马友恕 | 招远市阜山镇东马家村 | 20 | 男 | 1942 年 12 月 |
| 李乐山 | 招远市毕郭镇东杨格庄村 | 43 | 男 | 1942 年 12 月 |
| 孙学宽 | 招远市毕郭镇南崔家村 | 20 | 男 | 1942 年 12 月 |
| 刘明钦 | 招远市毕郭镇刘家村 | 25 | 男 | 1942 年 12 月 |
| 李风振 | 招远市毕郭镇张家村 | 37 | 男 | 1942 年 12 月 |
| 徐焕章 | 招远市毕郭镇犁儿埠村 | 30 | 男 | 1942 年 12 月 |
| 陈德琨 | 招远市毕郭镇犁儿埠村 | 33 | 男 | 1942 年 12 月 |
| 陈德欣 | 招远市毕郭镇犁儿埠村 | 21 | 男 | 1942 年 12 月 |
| 许吉宽 | 招远市毕郭镇犁儿埠村 | 22 | 男 | 1942 年 12 月 |

| 姓 名 | 籍 贯 | 年 龄 | 性 别 | 死难时间 |
|---|---|---|---|---|
| 李桂林 | 招远市毕郭镇岭上村 | 26 | 男 | 1942 年 12 月 |
| 张同林 | 招远市毕郭镇岭上村 | 22 | 男 | 1942 年 12 月 |
| 邱文宝 | 招远市毕郭镇西沟子村 | 42 | 男 | 1942 年 12 月 |
| 夏 爱 | 招远市毕郭镇西沟子村 | 19 | 男 | 1942 年 12 月 |
| 单丙坚 | 招远市毕郭镇西沟子村 | 19 | 男 | 1942 年 12 月 |
| 邹学孔 | 招远市毕郭镇西沟子村 | 18 | 男 | 1942 年 12 月 |
| 孙绍科 | 招远市大秦家镇孙家村 | 17 | 男 | 1942 年 12 月 |
| 原好学 | 招远市大秦家镇小杨家村 | 33 | 男 | 1942 年 12 月 |
| 刘明礼 | 招远市金岭镇中华山村 | 26 | 男 | 1942 年 12 月 |
| 杨京伯 | 招远市金岭镇古宅村 | 28 | 男 | 1942 年 12 月 |
| 刘维池之母 | 招远市金岭镇古宅村 | 63 | 女 | 1942 年 12 月 |
| 魏玉谅 | 招远市玲珑镇欧家夼村 | 20 | 男 | 1942 年 12 月 |
| 栾元太 | 招远市玲珑镇冯家村 | 19 | 男 | 1942 年 12 月 |
| 郭进仁 | 招远市泉山街道焦格庄村 | 20 | 男 | 1942 年 12 月 |
| 王学立 | 招远市夏甸镇岚东村 | 37 | 男 | 1942 年 12 月 |
| 杨万桂 | 招远市夏甸镇勾下店村 | 19 | 男 | 1942 年 12 月 |
| 曹明月 | 招远市夏甸镇勾下店村 | 18 | 男 | 1942 年 12 月 |
| 王金堂 | 招远市夏甸镇新村北村 | 18 | 男 | 1942 年 12 月 |
| 杨书芳 | 招远市夏甸镇下庄村 | 18 | 男 | 1942 年 12 月 |
| 王茂春 | 招远市夏甸镇段家村 | 26 | 男 | 1942 年 12 月 |
| 吕本朋 | 招远市夏甸镇大罗家村 | 35 | 男 | 1942 年 12 月 |
| 杨华太 | 招远市夏甸镇巨岩村 | 23 | 男 | 1942 年 12 月 |
| 张书军 | 招远市齐山镇北周家村 | 30 | 男 | 1942 年 12 月 |
| 王德信 | 招远市齐山镇北周家村 | 28 | 男 | 1942 年 12 月 |
| 张洪明 | 招远市齐山镇张家院村 | 23 | 男 | 1942 年 12 月 |
| 孙世先 | 招远市齐山镇孙家夼村 | 20 | 男 | 1942 年 12 月 |
| 孙书福 | 招远市齐山镇孙家夼村 | 28 | 男 | 1942 年 12 月 |
| 李 华 | 招远市齐山镇岔道村 | 22 | 男 | 1942 年 12 月 |
| 王德训 | 招远市齐山镇小泊子村 | 29 | 男 | 1942 年 12 月 |
| 曹永江 | 招远市辛庄镇曹家村 | 33 | 男 | 1942 年 12 月 |
| 李广朋 | 招远市齐山镇西肇甲沟村 | 25 | 男 | 1942 年 12 月 |
| 曹学田 | 招远市齐山镇雀头孙家村 | 20 | 男 | 1942 年 12 月 |
| 徐寿泉 | 招远市辛庄镇高家庄子村 | 20 | 男 | 1942 年 |
| 李继恩 | 招远市开发区中五里村 | 33 | 男 | 1942 年 |

| 姓 名 | 籍 贯 | 年 龄 | 性 别 | 死难时间 |
|---|---|---|---|---|
| 王凤成 | 招远市开发区张格庄村 | 10 | 男 | 1942 年 |
| 王作儒 | 招远市开发区张格庄村 | — | 男 | 1942 年 |
| 尹升敫 | 招远市开发区张格庄村 | — | 男 | 1942 年 |
| 尹洪世 | 招远市开发区张格庄村 | — | 男 | 1942 年 |
| 谢寿村 | 招远市罗峰街道谢家庄村 | 25 | 男 | 1942 年 |
| 孙富海 | 招远市罗峰街道石门孙家村 | 37 | 男 | 1942 年 |
| 杨天玉 | 招远市罗峰街道楼里头村 | 27 | 男 | 1942 年 |
| 曹凤殿 | 招远市罗峰街道大曹家村 | — | 男 | 1942 年 |
| 宋学章 | 招远市罗峰街道石门孟家村 | 24 | 男 | 1942 年 |
| 王如合 | 招远市张星镇河埃村 | 30 | 男 | 1942 年 |
| 王学行 | 招远市张星镇北坡子村 | 22 | 男 | 1942 年 |
| 杜书彦 | 招远市张星镇杜家北村 | 28 | 男 | 1942 年 |
| 杜龙辰 | 招远市张星镇杜家西村 | 22 | 男 | 1942 年 |
| 温玉本 | 招远市张星镇唐埠曲家村 | 21 | 男 | 1942 年 |
| 李文龙 | 招远市张星镇北曹家庄村 | 21 | 男 | 1942 年 |
| 王准志 | 招远市张星镇大岚村 | 18 | 女 | 1942 年 |
| 王瑞山 | 招远市张星镇丛家村 | 46 | 男 | 1942 年 |
| 丛成道 | 招远市张星镇丛家村 | 40 | 男 | 1942 年 |
| 丛善乐 | 招远市张星镇丛家村 | 50 | 男 | 1942 年 |
| 丛登翠 | 招远市张星镇丛家村 | 40 | 男 | 1942 年 |
| 李广孝 | 招远市张星镇狗山李家村 | — | 男 | 1942 年 |
| 杜学森之姐 | 招远市张星镇杜家北村 | — | 女 | 1942 年 |
| 杜明志 | 招远市张星镇杜家北村 | — | 男 | 1942 年 |
| 王占凤 | 招远市张星镇圈子村 | — | 男 | 1942 年 |
| 梅忠孝 | 招远市阜山镇解家村 | 21 | 男 | 1942 年 |
| 任乐本 | 招远市阜山镇李格庄村 | 20 | 男 | 1942 年 |
| 林玉甫 | 招远市阜山镇牟瞳村 | 22 | 男 | 1942 年 |
| 秦凤英 | 招远市阜山镇姜家村 | 26 | 男 | 1942 年 |
| 苏青云 | 招远市阜山镇北涝泊村 | 43 | 男 | 1942 年 |
| 姜正华 | 招远市阜山镇金家沟村 | 32 | 男 | 1942 年 |
| 刘学恕 | 招远市阜山镇牟瞳村 | — | 男 | 1942 年 |
| 刘侯敏 | 招远市阜山镇牟瞳村 | — | 男 | 1942 年 |
| 刘希才 | 招远市阜山镇古山屯村 | — | 男 | 1942 年 |
| 高振南 | 招远市阜山镇高家岭村 | 50 | 男 | 1942 年 |

| 姓 名 | 籍 贯 | 年 龄 | 性 别 | 死难时间 |
|---|---|---|---|---|
| 杨宝平 | 招远市毕郭镇西城子村 | 24 | 男 | 1942 年 |
| 雷德山 | 招远市毕郭镇东寨里村 | 42 | 男 | 1942 年 |
| 杨明礼 | 招远市毕郭镇东寨里村 | 25 | 男 | 1942 年 |
| 刘文典 | 招远市毕郭镇河南村 | 26 | 男 | 1942 年 |
| 程开兴 | 招远市毕郭镇程家洼村 | 22 | 男 | 1942 年 |
| 孙奎武 | 招远市毕郭镇埠上村 | 29 | 男 | 1942 年 |
| 刘德贤 | 招远市毕郭镇埠上村 | 19 | 男 | 1942 年 |
| 徐从团 | 招远市毕郭镇官地村 | 30 | 男 | 1942 年 |
| 林 兴 | 招远市毕郭镇东万福庄村 | 25 | 男 | 1942 年 |
| 李克明 | 招远市毕郭镇大霞坞村 | 29 | 男 | 1942 年 |
| 孙庆云 | 招远市毕郭镇埠上村 | — | 男 | 1942 年 |
| 孙殿仕 | 招远市毕郭镇犁儿埠村 | 28 | 男 | 1942 年 |
| 郭文臣 | 招远市毕郭镇毕郭三村 | — | 男 | 1942 年 |
| 孙天胜 | 招远市大秦家镇孙家村 | 20 | 男 | 1942 年 |
| 孙兰盛 | 招远市大秦家镇孙家村 | 18 | 男 | 1942 年 |
| 侯荣南 | 招远市大秦家镇侯家村 | 20 | 男 | 1942 年 |
| 孙守芳 | 招远市大秦家镇孙家村 | — | 男 | 1942 年 |
| 刘洪基 | 招远市大秦家镇东于家村 | 20 | 男 | 1942 年 |
| 宋振先 | 招远市金岭镇于家埃村 | 22 | 男 | 1942 年 |
| 郭日兴 | 招远市金岭镇原疃郭家村 | 17 | 男 | 1942 年 |
| 马云亭 | 招远市金岭镇掉钟头村 | 25 | 男 | 1942 年 |
| 张丕信 | 招远市金岭镇掉钟头村 | 17 | 男 | 1942 年 |
| 张连更 | 招远市金岭镇掉钟头村 | 24 | 男 | 1942 年 |
| 邵桂荣 | 招远市金岭镇埠南村 | 26 | 男 | 1942 年 |
| 邵桂林 | 招远市金岭镇埠南村 | 25 | 男 | 1942 年 |
| 隋桂臣 | 招远市金岭镇山上隋家村 | 22 | 男 | 1942 年 |
| 李有勤 | 招远市金岭镇山上李家村 | 29 | 男 | 1942 年 |
| 于孟吉 | 招远市金岭镇中村 | 22 | 男 | 1942 年 |
| 于伯显 | 招远市金岭镇中村 | 38 | 男 | 1942 年 |
| 王维曾 | 招远市金岭镇中村 | 32 | 男 | 1942 年 |
| 于金发 | 招远市金岭镇中村 | 27 | 男 | 1942 年 |
| 杨振华 | 招远市金岭镇员外沟村 | 32 | 男 | 1942 年 |
| 杨日生 | 招远市金岭镇大河头村 | 22 | 男 | 1942 年 |
| 杨天寿 | 招远市金岭镇洼吕家村 | 33 | 男 | 1942 年 |

| 姓　名 | 籍　贯 | 年　龄 | 性　别 | 死难时间 |
|---|---|---|---|---|
| 李中山 | 招远市金岭镇古宅村 | 30 | 男 | 1942 年 |
| 刘桂堂 | 招远市金岭镇古宅村 | 38 | 男 | 1942 年 |
| 杨铁山 | 招远市金岭镇古宅村 | 32 | 男 | 1942 年 |
| 刘兴阳 | 招远市金岭镇西华山村 | 28 | 男 | 1942 年 |
| 李浦然 | 招远市金岭镇上夼村 | — | 男 | 1942 年 |
| 李浩然 | 招远市金岭镇上夼村 | — | 男 | 1942 年 |
| 刁加玉 | 招远市金岭镇草沟头村 | 37 | 男 | 1942 年 |
| 杨胜元 | 招远市金岭镇黄泥沟村 | 33 | 男 | 1942 年 |
| 王兆福 | 招远市金岭镇官庄村 | — | 男 | 1942 年 |
| 王　益 | 招远市金岭镇官庄村 | — | 男 | 1942 年 |
| 王文潘 | 招远市金岭镇官庄村 | — | 男 | 1942 年 |
| 王维藩 | 招远市金岭镇官庄村 | — | 男 | 1942 年 |
| 邵洪升 | 招远市金岭镇山上李家村 | 32 | 男 | 1942 年 |
| 李　正 | 招远市齐山镇庙西村 | 20 | 男 | 1942 年 |
| 李潘林 | 招远市金岭镇上李家村 | 28 | 男 | 1942 年 |
| 赵孟聚 | 招远市金岭镇赵书策村 | 40 | 男 | 1942 年 |
| 韩风官 | 招远市蚕庄镇大韩家村 | 20 | 男 | 1942 年 |
| 王葆堂 | 招远市蚕庄镇盛家村 | 37 | 男 | 1942 年 |
| 盛寿德 | 招远市蚕庄镇盛家村 | 23 | 男 | 1942 年 |
| 王孟奎 | 招远市蚕庄镇诸流王家村 | 40 | 男 | 1942 年 |
| 王福茂 | 招远市蚕庄镇囫囵河村 | 17 | 男 | 1942 年 |
| 孙广升 | 招远市蚕庄镇南孙家村 | 28 | 男 | 1942 年 |
| 丁守义 | 招远市蚕庄镇丁家村 | 29 | 男 | 1942 年 |
| 原书昌 | 招远市蚕庄镇塔山原家村 | 26 | 男 | 1942 年 |
| 王好全 | 招远市蚕庄镇马埠王家村 | 19 | 男 | 1942 年 |
| 孙京青 | 招远市蚕庄镇南孙家村 | 40 | 男 | 1942 年 |
| 孙念赐 | 招远市蚕庄镇南孙家村 | 40 | 男 | 1942 年 |
| 孙　利 | 招远市蚕庄镇南孙家村 | 25 | 女 | 1942 年 |
| 邵官宾 | 招远市蚕庄镇蚕庄村 | 29 | 男 | 1942 年 |
| 王殿元 | 招远市蚕庄镇囫囵河村 | 63 | 男 | 1942 年 |
| 王发令 | 招远市蚕庄镇囫囵河村 | 68 | 男 | 1942 年 |
| 王殿胜 | 招远市蚕庄镇囫囵河村 | 70 | 男 | 1942 年 |
| 王好田 | 招远市蚕庄镇囫囵河村 | 56 | 男 | 1942 年 |
| 吕桂格 | 招远市玲珑镇磨山夼路家 | 24 | 男 | 1942 年 |

| 姓 名 | 籍 贯 | 年 龄 | 性 别 | 死难时间 |
|---|---|---|---|---|
| 王宝寿 | 招远市玲珑镇虎王庄村 | 19 | 男 | 1942 年 |
| 王心荣 | 招远市玲珑镇虎王庄村 | 36 | 男 | 1942 年 |
| 蒋凤义 | 招远市玲珑镇小蒋家村 | — | 男 | 1942 年 |
| 蒋廷举 | 招远市玲珑镇小蒋家村 | — | 男 | 1942 年 |
| 李心好 | 招远市玲珑镇后花园村 | — | 男 | 1942 年 |
| 大 乐 | 招远市玲珑镇后花园村 | — | 男 | 1942 年 |
| 刘炳利 | 招远市梦芝街道张华刘家村 | 55 | 男 | 1942 年 |
| 路松岳 | 招远市梦芝街道路家河村 | 25 | 男 | 1942 年 |
| 王颜训 | 招远市芝梦街道张家庵村 | 23 | 男 | 1942 年 |
| 孙学民 | 招远市梦芝街道瓦里村 | 21 | 男 | 1942 年 |
| 王家利 | 招远市梦芝街道黄土崖村 | 22 | 男 | 1942 年 |
| 李庆元 | 招远市泉山街道吴家咀村 | 14 | 男 | 1942 年 |
| 李吉禄 | 招远市泉山街道吴家咀村 | 12 | 男 | 1942 年 |
| 赵玉亭 | 招远市泉山街道南坞党村 | 21 | 男 | 1942 年 |
| 张宝军 | 招远市夏甸镇上东庄村 | 21 | 男 | 1942 年 |
| 侯风利 | 招远市夏甸镇上东庄村 | 25 | 男 | 1942 年 |
| 陈风信 | 招远市夏甸镇上东庄村 | 40 | 男 | 1942 年 |
| 董洪亭 | 招远市夏甸镇曹孟村 | — | 男 | 1942 年 |
| 董洪德 | 招远市夏甸镇曹孟村 | — | 男 | 1942 年 |
| 董和暖 | 招远市夏甸镇曹孟村 | — | 男 | 1942 年 |
| 董月中 | 招远市夏甸镇曹孟村 | — | 男 | 1942 年 |
| 董 群 | 招远市夏甸镇曹孟村 | — | 男 | 1942 年 |
| 董为能 | 招远市夏甸镇曹孟村 | — | 男 | 1942 年 |
| 董为顺 | 招远市夏甸镇曹孟村 | 29 | 男 | 1942 年 |
| 董为军 | 招远市夏甸镇曹孟村 | 26 | 男 | 1942 年 |
| 董日跃 | 招远市夏甸镇曹孟村 | — | 男 | 1942 年 |
| 刘耕田 | 招远市夏甸镇曹孟村 | | 男 | 1942 年 |
| 刘徐氏 | 招远市夏甸镇河西庄子村 | — | 女 | 1942 年 |
| 刘善进 | 招远市夏甸镇河西庄子村 | — | 男 | 1942 年 |
| 刘善信 | 招远市夏甸镇河西庄子村 | — | 男 | 1942 年 |
| 刘高胜 | 招远市夏甸镇河西庄子村 | — | 男 | 1942 年 |
| 刘连初 | 招远市夏甸镇河西庄子村 | — | 男 | 1942 年 |
| 张丰开 | 招远市夏甸镇南张家庄村 | 50 | 男 | 1942 年 |
| 张永坤 | 招远市夏甸镇南张家庄村 | 18 | 男 | 1942 年 |

| 姓　名 | 籍　贯 | 年　龄 | 性　别 | 死难时间 |
|---|---|---|---|---|
| 于凤吉 | 招远市夏甸镇西芝下村 | 50 | 男 | 1942 年 |
| 路玲元 | 招远市夏甸镇小路家村 | — | 男 | 1942 年 |
| 王福文 | 招远市夏甸镇臧述庄村 | — | 男 | 1942 年 |
| 赵文先 | 招远市夏甸镇西芝下村 | 55 | 男 | 1942 年 |
| 赵树仑 | 招远市夏甸镇西芝下村 | 18 | 男 | 1942 年 |
| 刘喜志 | 招远市夏甸镇道北庄子村 | — | 男 | 1942 年 |
| 刘仁之 | 招远市夏甸镇大庄子村 | 32 | 男 | 1942 年 |
| 王春东 | 招远市夏甸镇新旺庄村 | 32 | 男 | 1942 年 |
| 王得志 | 招远市夏甸镇禾木程家村 | 25 | 男 | 1942 年 |
| 王明熙 | 招远市夏甸镇禾木程家村 | 28 | 男 | 1942 年 |
| 程义财 | 招远市夏甸镇禾木程家村 | 45 | 男 | 1942 年 |
| 韩忠祥 | 招远市夏甸镇青龙夼村 | — | 男 | 1942 年 |
| 童香林 | 招远市夏甸镇杨家庄村 | 30 | 男 | 1942 年 |
| 赵福奎 | 招远市夏甸镇段家村 | 13 | 男 | 1942 年 |
| 万　顺 | 招远市夏甸镇新旺庄村 | 41 | 男 | 1942 年 |
| 王顺利 | 招远市夏甸镇新旺庄村 | 25 | 男 | 1942 年 |
| 迟桂彦 | 招远市夏甸镇新旺庄村 | 17 | 男 | 1942 年 |
| 刘金奎 | 招远市夏甸镇留仙庄村 | — | 男 | 1942 年 |
| 刘芝初 | 招远市夏甸镇留仙庄村 | — | 男 | 1942 年 |
| 杨进贵 | 招远市夏甸镇泥湾子村 | — | 男 | 1942 年 |
| 王寿明 | 招远市夏甸镇岚东村 | 19 | 男 | 1942 年 |
| 左主合 | 招远市夏甸镇车元口村 | 27 | 男 | 1942 年 |
| 曹洪春 | 招远市夏甸镇勾下店村 | 31 | 男 | 1942 年 |
| 童管仲 | 招远市夏甸镇乔家庄村 | 31 | 男 | 1942 年 |
| 刘善山 | 招远市夏甸镇西河北村 | 23 | 男 | 1942 年 |
| 时希敏 | 招远市夏甸镇西河北村 | 24 | 男 | 1942 年 |
| 李凤彦 | 招远市夏甸镇高山洼村 | 31 | 男 | 1942 年 |
| 李孟周 | 招远市夏甸镇高山洼村 | 20 | 男 | 1942 年 |
| 李元德 | 招远市夏甸镇大庄子村 | 28 | 男 | 1942 年 |
| 张忠绍 | 招远市夏甸镇小尹格庄村 | 18 | 男 | 1942 年 |
| 赵万松 | 招远市夏甸镇官里庄村 | 50 | 男 | 1942 年 |
| 姜珍洪 | 招远市夏甸镇官里庄村 | 24 | 男 | 1942 年 |
| 王孟彩 | 招远市夏甸镇泥湾子村 | 29 | 男 | 1942 年 |
| 王瑞茂 | 招远市夏甸镇小罗家村 | 21 | 男 | 1942 年 |

| 姓　名 | 籍　贯 | 年　龄 | 性　别 | 死难时间 |
|---|---|---|---|---|
| 杨芝堂 | 招远市夏甸镇西曹家村 | 25 | 男 | 1942 年 |
| 宋思茂 | 招远市夏甸镇山罩李家村 | 24 | 男 | 1942 年 |
| 王仁章 | 招远市夏甸镇南单家村 | 19 | 男 | 1942 年 |
| 李德兴 | 招远市夏甸镇南单家村 | 39 | 男 | 1942 年 |
| 李振铎 | 招远市齐山镇道头东村 | 18 | 男 | 1942 年 |
| 杨好圣 | 招远市齐山镇范家屋村 | 23 | 男 | 1942 年 |
| 杨好成 | 招远市齐山镇范家屋村 | 21 | 男 | 1942 年 |
| 刘欣祥 | 招远市齐山镇马家村 | 30 | 男 | 1942 年 |
| 马尚尊 | 招远市齐山镇马家村 | 27 | 男 | 1942 年 |
| 吴乐元 | 招远市齐山镇大吴家村 | — | 男 | 1942 年 |
| 张地方 | 招远市齐山镇张家院村 | — | 男 | 1942 年 |
| 张寿元 | 招远市齐山镇张家院村 | — | 男 | 1942 年 |
| 张开元 | 招远市齐山镇张家院村 | — | 男 | 1942 年 |
| 张丰山 | 招远市齐山镇张家院村 | — | 男 | 1942 年 |
| 赵万华 | 招远市齐山镇南寨子村 | 32 | 男 | 1942 年 |
| 李亭芳 | 招远市齐山镇胡家埠村 | 37 | 男 | 1942 年 |
| 杨福瑞 | 招远市齐山镇胡家埠村 | 17 | 男 | 1942 年 |
| 刘　松 | 招远市齐山镇北寨子村 | — | 男 | 1942 年 |
| 任甲太 | 招远市齐山镇北寨子村 | — | 男 | 1942 年 |
| 郑国立 | 招远市齐山镇于夼村 | 37 | 男 | 1942 年 |
| 王万福 | 招远市齐山镇于夼村 | 60 | 男 | 1942 年 |
| 王顺新 | 招远市齐山镇于夼村 | 14 | 男 | 1942 年 |
| 郑刘氏 | 招远市齐山镇于夼村 | 38 | 女 | 1942 年 |
| 王兵文 | 招远市齐山镇于夼村 | 20 | 男 | 1942 年 |
| 杨书丕 | 招远市齐山镇苏家庄子村 | 22 | 男 | 1942 年 |
| 苏天松 | 招远市齐山镇苏家庄子村 | 27 | 男 | 1942 年 |
| 李宝云 | 招远市齐山镇岔道村 | 36 | 男 | 1942 年 |
| 孙　林 | 招远市齐山镇南马驻埠村 | 19 | 男 | 1942 年 |
| 王万金 | 招远市齐山镇徐家庄村 | 16 | 男 | 1942 年 |
| 王　敏 | 招远市齐山镇徐家庄村 | 29 | 男 | 1942 年 |
| 徐宝善 | 招远市齐山镇徐家庄村 | 31 | 男 | 1942 年 |
| 童宪忠 | 招远市齐山镇于夼村 | 19 | 男 | 1942 年 |
| 王友主 | 招远市齐山镇于夼村 | 31 | 男 | 1942 年 |
| 陈元立 | 招远市齐山镇小泊子村 | 14 | 男 | 1942 年 |

| 姓 名 | 籍 贯 | 年 龄 | 性 别 | 死难时间 |
|---|---|---|---|---|
| 赵 信 | 招远市齐山镇车家坡村 | 18 | 男 | 1942 年 |
| 于彩云 | 招远市齐山镇车家坡村 | 22 | 男 | 1942 年 |
| 温占太 | 招远市齐山镇大尹格庄村 | 22 | 男 | 1942 年 |
| 张振茂 | 招远市齐山镇大尹格庄村 | 30 | 男 | 1942 年 |
| 李广胜 | 招远市齐山镇西肇甲沟村 | 30 | 男 | 1942 年 |
| 王京山 | 招远市齐山镇北寨子村 | 35 | 男 | 1942 年 |
| 考进山 | 招远市齐山镇北寨子村 | 38 | 男 | 1942 年 |
| 王吉才 | 招远市齐山镇北寨子村 | 26 | 男 | 1942 年 |
| 考 正 | 招远市齐山镇北寨子村 | 22 | 男 | 1942 年 |
| 杨春芳 | 招远市齐山镇齐山店村 | 22 | 女 | 1942 年 |
| 张洪寿 | 招远市齐山镇下林庄村 | 23 | 男 | 1942 年 |
| 孙 林 | 招远市齐山镇马家村 | 19 | 男 | 1942 年 |
| 刘恒久 | 招远市辛庄镇大刘家村 | 22 | 男 | 1942 年 |
| 陈锡林 | 招远市辛庄镇马埠庄子村 | 21 | 男 | 1942 年 |
| 朱德坤 | 招远市辛庄镇马埠庄子村 | 30 | 男 | 1942 年 |
| 张风彩 | 招远市辛庄镇马埠庄子村 | 40 | 男 | 1942 年 |
| 陈殿聚 | 招远市辛庄镇马埠庄子村 | 23 | 男 | 1942 年 |
| 张振彩 | 招远市辛庄镇马埠庄子村 | 33 | 男 | 1942 年 |
| 王召丰 | 招远市辛庄镇北截村 | 35 | 男 | 1942 年 |
| 潘秀云 | 招远市辛庄镇南潘家村 | 33 | 男 | 1942 年 |
| 刘子彦 | 招远市辛庄镇东良村 | 20 | 男 | 1942 年 |
| 刘君玉 | 招远市辛庄镇东良村 | 19 | 男 | 1942 年 |
| 刘兴宾 | 招远市辛庄镇东良村 | 39 | 男 | 1942 年 |
| 王寿彦 | 招远市辛庄镇西良村 | 45 | 男 | 1942 年 |
| 刘从尧 | 招远市辛庄镇大刘家村 | — | 男 | 1942 年 |
| 刘庆功 | 招远市辛庄镇大刘家村 | — | 男 | 1942 年 |
| 刘胜中之女 | 招远市辛庄镇大刘家村 | — | 女 | 1942 年 |
| 刘宪全 | 招远市辛庄镇大刘家村 | — | 男 | 1942 年 |
| 滕 氏 | 招远市大秦家镇黑顶于家村 | — | 女 | 1943 年 1 月 |
| 张万茂 | 招远市金岭镇山上张家村 | 22 | 男 | 1943 年 1 月 |
| 刘洪信 | 招远市金岭镇山上姜家村 | 40 | 男 | 1943 年 1 月 |
| 杨法胜 | 招远市蚕庄镇东曲城村 | 22 | 男 | 1943 年 1 月 |
| 杨福熙 | 招远市芝梦街道十里铺村 | 25 | 男 | 1943 年 1 月 |
| 李玉珍 | 招远市夏甸镇时家村 | — | 男 | 1943 年 1 月 |

| 姓 名 | 籍 贯 | 年 龄 | 性 别 | 死难时间 |
|---|---|---|---|---|
| 李廷芳 | 招远市齐山镇梁家村 | 20 | 男 | 1943 年 1 月 |
| 李玉兴 | 招远市齐山镇梁家村 | 18 | 男 | 1943 年 1 月 |
| 李保全 | 招远市齐山镇梁家村 | 19 | 男 | 1943 年 1 月 |
| 李保顺 | 招远市齐山镇梁家村 | 18 | 男 | 1943 年 1 月 |
| 李兴方 | 招远市齐山镇梁家村 | 28 | 男 | 1943 年 1 月 |
| 王德起 | 招远市辛庄镇西良村 | 35 | 男 | 1943 年 1 月 |
| 杨夏芳 | 招远市齐山镇东肇家沟村 | 22 | 男 | 1943 年 1 月 |
| 于洪交 | 招远市张星镇前大里村 | 30 | 男 | 1943 年 2 月 |
| 栾学安 | 招远市阜山镇栾家河村 | 30 | 男 | 1943 年 2 月 |
| 王 忠 | 招远市阜山镇许家庄子村 | 23 | 男 | 1943 年 2 月 |
| 吕太声 | 招远市阜山镇李家庄子村 | 23 | 男 | 1943 年 2 月 |
| 李万德 | 招远市阜山镇阎家村 | 27 | 男 | 1943 年 2 月 |
| 马明山 | 招远市阜山镇东马家村 | 51 | 男 | 1943 年 2 月 |
| 马友秀 | 招远市阜山镇东马家村 | 34 | 男 | 1943 年 2 月 |
| 马友宽 | 招远市阜山镇东马家村 | 33 | 男 | 1943 年 2 月 |
| 马学友 | 招远市金岭镇山上马家村 | 31 | 男 | 1943 年 2 月 |
| 孙文荣 | 招远市金岭镇山上孙家村 | 18 | 男 | 1943 年 2 月 |
| 冯友莱 | 招远市金岭镇侯家沟村 | — | 男 | 1943 年 2 月 |
| 孙和聚 | 招远市蚕庄镇南孙家村 | — | 男 | 1943 年 2 月 |
| 高天水 | 招远市玲珑镇高家疃村 | 26 | 男 | 1943 年 2 月 |
| 孙仁兴 | 招远市梦芝街道石城夼村 | 27 | 男 | 1943 年 2 月 |
| 孙武本 | 招远市泉山街道汤前村 | — | 男 | 1943 年 2 月 |
| 郭尚课 | 招远市泉山街道张石埠村 | 19 | 男 | 1943 年 2 月 |
| 兰茂义 | 招远市夏甸镇山前兰家村 | 16 | 男 | 1943 年 2 月 |
| 兰丰来 | 招远市夏甸镇山前兰家村 | 6 | 男 | 1943 年 2 月 |
| 兰廷岁 | 招远市夏甸镇山前兰家村 | — | 男 | 1943 年 2 月 |
| 兰茂德 | 招远市夏甸镇山前兰家村 | — | 男 | 1943 年 2 月 |
| 兰茂仁 | 招远市夏甸镇山前兰家村 | — | 男 | 1943 年 2 月 |
| 张乐亭 | 招远市夏甸镇南张家庄村 | 32 | 男 | 1943 年 2 月 |
| 王明德 | 招远市齐山镇道头西村 | 24 | 男 | 1943 年 2 月 |
| 闫 胜 | 招远市齐山镇向阳岭村 | 42 | 男 | 1943 年 2 月 |
| 孙忠兵 | 招远市齐山镇南柳家沟村 | 25 | 男 | 1943 年 2 月 |
| 许孙氏 | 招远市齐山镇许家院村 | 40 | 女 | 1943 年 3 月 22 日 |
| 张玉元 | 招远市开发区芮里村 | 23 | 男 | 1943 年 3 月 |

| 姓　名 | 籍　贯 | 年　龄 | 性　别 | 死难时间 |
|---|---|---|---|---|
| 张兴元 | 招远市开发区芮里村 | 25 | 男 | 1943 年 3 月 |
| 杨春和 | 招远市罗峰街道石门郭家村 | 30 | 男 | 1943 年 3 月 |
| 徐吉明 | 招远市张星镇徐家村 | 43 | 男 | 1943 年 3 月 |
| 徐从鑫 | 招远市毕郭镇西万福庄村 | 33 | 男 | 1943 年 3 月 |
| 刘士玉 | 招远市毕郭镇刘家村 | 40 | 男 | 1943 年 3 月 |
| 郭明亮 | 招远市毕郭镇刘家村 | 19 | 男 | 1943 年 3 月 |
| 滕兴太 | 招远市大秦家镇大转山堡村 | 22 | 男 | 1943 年 3 月 |
| 路瑞合 | 招远市玲珑镇吕格庄村 | 33 | 男 | 1943 年 3 月 |
| 路尚法 | 招远市玲珑镇吕格庄村 | 35 | 男 | 1943 年 3 月 |
| 张玉欣 | 招远市芝梦街道张家庵村 | 21 | 男 | 1943 年 3 月 |
| 郭进忠 | 招远市泉山街道焦格庄村 | 38 | 男 | 1943 年 3 月 |
| 刘殿金 | 招远市泉山街道张石埠村 | 26 | 男 | 1943 年 3 月 |
| 马世昌 | 招远市夏甸镇新马家村 | 24 | 男 | 1943 年 3 月 |
| 杨　科 | 招远市夏甸镇曹家洼村 | 22 | 男 | 1943 年 3 月 |
| 刘学山 | 招远市辛庄镇朱家村 | 34 | 男 | 1943 年 3 月 |
| 刘宝庆 | 招远市齐山镇南柳家沟村 | 28 | 男 | 1943 年 3 月 |
| 刘宝善 | 招远市齐山镇南柳家沟村 | 38 | 男 | 1943 年 3 月 |
| 张立洪 | 招远市齐山镇银庄村 | 27 | 男 | 1943 年 3 月 |
| 王茂福 | 招远市张星镇张星东村 | 28 | 男 | 1943 年春 |
| 梁洪兴 | 招远市张星镇小疃村 | 49 | 男 | 1943 年春 |
| 谢德兴 | 招远市齐山镇贺甲庄子村 | — | 男 | 1943 年春 |
| 李希彦 | 招远市开发区埠后村 | 18 | 男 | 1943 年 4 月 |
| 孙世俊 | 招远市罗峰街道石门郭家村 | 24 | 男 | 1943 年 4 月 |
| 王庆功 | 招远市张星镇地北头王家村 | 34 | 男 | 1943 年 4 月 |
| 王若顺 | 招远市张星镇地北头王家村 | 33 | 男 | 1943 年 4 月 |
| 赵春山 | 招远市张星镇赵家村 | 20 | 男 | 1943 年 4 月 |
| 姜登山 | 招远市张星镇枣林姜家村 | 25 | 男 | 1943 年 4 月 |
| 赵亭茂 | 招远市阜山镇北洚泊村 | 26 | 男 | 1943 年 4 月 |
| 原风西 | 招远市大秦家镇原家村 | 31 | 男 | 1943 年 4 月 |
| 杨立元 | 招远市金岭镇黄泥沟村 | 34 | 男 | 1943 年 4 月 |
| 宋殿邦 | 招远市蚕庄镇小河刘家村 | 21 | 男 | 1943 年 4 月 |
| 温明桂 | 招远市芝梦街道十里铺村 | 30 | 男 | 1943 年 4 月 |
| 温锡山 | 招远市芝梦街道十里铺村 | 22 | 男 | 1943 年 4 月 |
| 温法坤 | 招远市芝梦街道十里铺村 | — | 男 | 1943 年 4 月 |

| 姓 名 | 籍 贯 | 年 龄 | 性 别 | 死难时间 |
|---|---|---|---|---|
| 杨玉伦 | 招远市夏甸镇下东庄村 | 23 | 男 | 1943 年 4 月 |
| 杨桂茂 | 招远市夏甸镇下东庄村 | 22 | 男 | 1943 年 4 月 |
| 杨桂福之兄 | 招远市夏甸镇下东庄村 | 28 | 男 | 1943 年 4 月 |
| 徐 芳 | 招远市夏甸镇下东庄村 | 26 | 男 | 1943 年 4 月 |
| 杨金堂 | 招远市夏甸镇下东庄村 | 25 | 男 | 1943 年 4 月 |
| 孙书佐 | 招远市齐山镇孙家夼村 | 23 | 男 | 1943 年 4 月 |
| 刘仁中 | 招远市辛庄镇大刘家村 | 27 | 男 | 1943 年 4 月 |
| 王守汉 | 招远市辛庄镇湖汪村 | 38 | 男 | 1943 年 4 月 |
| 王述尧 | 招远市罗峰街道城里村 | 25 | 男 | 1943 年 5 月 |
| 宋悦贵 | 招远市罗峰街道石门孟家村 | 38 | 男 | 1943 年 5 月 |
| 马友忠 | 招远市阜山镇东马家村 | 25 | 男 | 1943 年 5 月 |
| 王 校 | 招远市阜山镇张炳堡村 | 28 | 男 | 1943 年 5 月 |
| 邵福太 | 招远市金岭镇寨里村 | 26 | 男 | 1943 年 5 月 |
| 冯升堂 | 招远市蚕庄镇灵山冯家村 | 45 | 男 | 1943 年 5 月 |
| 陈建训 | 招远市玲珑镇前花园村 | 28 | 男 | 1943 年 5 月 |
| 张其琢 | 招远市玲珑镇官家河村 | 33 | 男 | 1943 年 5 月 |
| 王德洪 | 招远市玲珑镇龙泉庄村 | 28 | 男 | 1943 年 5 月 |
| 郭进寿 | 招远市泉山街道焦格庄村 | 45 | 男 | 1943 年 5 月 |
| 乔金红 | 招远市辛庄镇乔家村 | 34 | 男 | 1943 年 5 月 |
| 曹德章 | 招远市开发区横掌曹家村 | 45 | 男 | 1943 年 6 月 |
| 曹仙明 | 招远市开发区横掌曹家村 | 46 | 男 | 1943 年 6 月 |
| 曹德芳 | 招远市开发区横掌曹家村 | 38 | 男 | 1943 年 6 月 |
| 曹凡阁 | 招远市开发区横掌曹家村 | 29 | 男 | 1943 年 6 月 |
| 曹德才 | 招远市开发区横掌曹家村 | 37 | 男 | 1943 年 6 月 |
| 曹仁学 | 招远市开发区横掌曹家村 | — | 男 | 1943 年 6 月 |
| 史桂丹 | 招远市开发区史家村 | 42 | 男 | 1943 年 6 月 |
| 史永顺 | 招远市开发区史家村 | 45 | 男 | 1943 年 6 月 |
| 吕平元 | 招远市开发区横掌吕家村 | 43 | 男 | 1943 年 6 月 |
| 吕学堂 | 招远市开发区横掌吕家村 | 45 | 男 | 1943 年 6 月 |
| 迟仁成 | 招远市罗峰街道西坞党村 | 55 | 男 | 1943 年 6 月 |
| 王永春 | 招远市张星镇羊家村 | 25 | 男 | 1943 年 6 月 |
| 宁玉堂 | 招远市阜山镇宁家村 | 36 | 男 | 1943 年 6 月 |
| 衣文明 | 招远市毕郭镇毕郭一村 | 34 | 男 | 1943 年 6 月 |
| 王维福 | 招远市金岭镇皂户王家村 | 40 | 男 | 1943 年 6 月 |

| 姓 名 | 籍 贯 | 年 龄 | 性 别 | 死难时间 |
|------|------|------|------|---------|
| 刘文华 | 招远市金岭镇原疃村 | — | 男 | 1943 年 6 月 |
| 冯会吉 | 招远市蚕庄镇灵山冯家村 | 43 | 男 | 1943 年 6 月 |
| 于文智 | 招远市夏甸镇西芝下村 | 21 | 男 | 1943 年 6 月 |
| 薄福杰 | 招远市夏甸镇薄家村 | 39 | 男 | 1943 年 6 月 |
| 徐智礼 | 招远市辛庄镇埠后村 | 25 | 男 | 1943 年 6 月 |
| 王洪顺 | 招远市辛庄镇西北村 | 21 | 男 | 1943 年 6 月 |
| 王洪顺 | 招远市辛庄镇西南村 | 16 | 男 | 1943 年 6 月 |
| 王永红 | 招远市辛庄镇北台上村 | 40 | 男 | 1943 年 6 月 |
| 王际升 | 招远市辛庄镇北台上村 | 50 | 男 | 1943 年 6 月 |
| 谢增选 | 招远市齐山镇南柳家沟村 | 20 | 男 | 1943 年 6 月 |
| 李广开 | 招远市齐山镇西肇甲沟村 | 23 | 男 | 1943 年 6 月 |
| 李少章 | 招远市齐山镇银庄村 | 23 | 男 | 1943 年 6 月 |
| 战京正 | 招远市张星镇西战家村 | 69 | 男 | 1943 年 7 月 |
| 马洪喜 | 招远市金岭镇山上张家村 | 21 | 男 | 1943 年 7 月 |
| 张福星 | 招远市金岭镇山上张家村 | 39 | 男 | 1943 年 7 月 |
| 刘大恒 | 招远市金岭镇中华山村 | 17 | 男 | 1943 年 7 月 |
| 邵殿锡 | 招远市金岭镇山上李家村 | 31 | 男 | 1943 年 7 月 |
| 梁树楠 | 招远市玲珑镇玲珑沟上村 | 42 | 男 | 1943 年 7 月 |
| 臧合春 | 招远市齐山镇官里庄村 | 28 | 男 | 1943 年 7 月 |
| 邱宝山 | 招远市齐山镇东沟子村 | 22 | 男 | 1943 年 7 月 |
| 孟显胜 | 招远市齐山镇岭上路家村 | 33 | 男 | 1943 年 7 月 |
| 滕兴桂 | 招远市开发区滕家村 | 23 | 男 | 1943 年 8 月 |
| 宋彬寿 | 招远市罗峰街道石门大宋家村 | 36 | 男 | 1943 年 8 月 |
| 孙学良 | 招远市毕郭镇南崔家村 | 21 | 男 | 1943 年 8 月 |
| 徐丰林 | 招远市毕郭镇西万福庄村 | 38 | 男 | 1943 年 8 月 |
| 刘克让 | 招远市金岭镇北水口村 | 28 | 男 | 1943 年 8 月 |
| 杨天民 | 招远市金岭镇洼吕家村 | 24 | 男 | 1943 年 8 月 |
| 王洪模 | 招远市金岭镇西梧桐夼村 | 22 | 男 | 1943 年 8 月 |
| 李广孝 | 招远市玲珑镇龙泉庄村 | 46 | 男 | 1943 年 8 月 |
| 张德华 | 招远市芝梦街道张家庵村 | 21 | 男 | 1943 年 8 月 |
| 薄玉更之子 | 招远市夏甸镇薄家村 | 16 | 男 | 1943 年 8 月 |
| 王桂芳 | 招远市夏甸镇勾下店村 | 21 | 男 | 1943 年 8 月 |
| 薄吉更 | 招远市夏甸镇薄家村 | 24 | 男 | 1943 年 8 月 |
| 薄恒堂 | 招远市夏甸镇薄家村 | 24 | 男 | 1943 年 8 月 |

| 姓 名 | 籍 贯 | 年 龄 | 性 别 | 死难时间 |
|------|------|------|------|--------|
| 刘 同 | 招远市齐山镇孙家庄村 | 32 | 男 | 1943 年 8 月 |
| 刘常海 | 招远市辛庄镇郭家村 | 38 | 男 | 1943 年 8 月 |
| 王祚田 | 招远市辛庄镇小董家村 | 23 | 男 | 1943 年 8 月 |
| 董会岐 | 招远市辛庄镇小董家村 | 45 | 男 | 1943 年 8 月 |
| 曹万通 | 招远市齐山镇南柳家沟村 | 35 | 男 | 1943 年 8 月 |
| 林寿家 | 招远市张星镇奶子场村 | 23 | 男 | 1943 年 9 月 |
| 王金印 | 招远市开发区姚格庄村 | 20 | 男 | 1943 年 9 月 |
| 张吉庆 | 招远市开发区芮里村 | 26 | 男 | 1943 年 9 月 |
| 栾庆信 | 招远市张星镇后栾家村 | 50 | 男 | 1943 年 9 月 |
| 李德龙之母 | 招远市张星镇后栾家村 | 60 | 女 | 1943 年 9 月 |
| 滕建家 | 招远市毕郭镇滕家村 | 40 | 男 | 1943 年 9 月 |
| 韩学功 | 招远市大秦家镇西岔河村 | 26 | 男 | 1943 年 9 月 |
| 赵书策 | 招远市金岭镇赵家沟村 | 18 | 男 | 1943 年 9 月 |
| 吕桂兰 | 招远市玲珑镇磨山夼路家村 | 22 | 男 | 1943 年 9 月 |
| 徐云兵 | 招远市夏甸镇小罗家村 | 38 | 男 | 1943 年 9 月 |
| 于子谦 | 招远市夏甸镇小罗家村 | 24 | 男 | 1943 年 9 月 |
| 王锡海 | 招远市夏甸镇小罗家村 | 21 | 男 | 1943 年 9 月 |
| 王锡敬 | 招远市夏甸镇小罗家村 | 27 | 男 | 1943 年 9 月 |
| 刘万甫 | 招远市辛庄镇朱家村 | 33 | 男 | 1943 年 9 月 |
| 单延坤 | 招远市辛庄镇后康家村 | 23 | 男 | 1943 年 9 月 |
| 邵尊荣 | 招远市金岭镇东店村 | 30 | 男 | 1943 年秋 |
| 王德昌 | 招远市蚕庄镇荆王家村 | 43 | 男 | 1943 年秋 |
| 于金田 | 招远市蚕庄镇荆王家村 | 40 | 男 | 1943 年秋 |
| 战考令 | 招远市张星镇西战家村 | 31 | 男 | 1943 年 10 月 |
| 王书斌 | 招远市张星镇西战家村 | 23 | 男 | 1943 年 10 月 |
| 战松月 | 招远市张星镇西战家村 | 29 | 男 | 1943 年 10 月 |
| 孙 氏 | 招远市张星镇石棚村 | 68 | 女 | 1943 年 10 月 |
| 迟合兴 | 招远市阜山镇迟家村 | 28 | 男 | 1943 年 10 月 |
| 刘宝贤 | 招远市金岭镇上刘家村 | 34 | 男 | 1943 年 10 月 |
| 刘世民 | 招远市金岭镇上刘家村 | 23 | 男 | 1943 年 10 月 |
| 刘风岐 | 招远市金岭镇中华山村 | 28 | 男 | 1943 年 10 月 |
| 王天文 | 招远市蚕庄镇西山王家村 | — | 男 | 1943 年 10 月 |
| 王盛童 | 招远市蚕庄镇西山王家村 | — | 男 | 1943 年 10 月 |
| 刘 氏 | 招远市蚕庄镇西山王家村 | — | 女 | 1943 年 10 月 |

| 姓 名 | 籍 贯 | 年 龄 | 性 别 | 死难时间 |
|---|---|---|---|---|
| 臧明仁 | 招远市夏甸镇下庄村 | 26 | 男 | 1943 年 10 月 |
| 谢青云 | 招远市齐山镇贺甲庄子村 | 13 | 男 | 1943 年 10 月 |
| 张学田 | 招远市阜山镇栾家店村 | 26 | 男 | 1943 年 11 月 |
| 刘 芳 | 招远市毕郭镇大曲庄村 | 36 | 男 | 1943 年 11 月 |
| 侯仁南 | 招远市大秦家镇侯家村 | 24 | 男 | 1943 年 11 月 |
| 原树德 | 招远市蚕庄镇塔山原家村 | 18 | 男 | 1943 年 11 月 |
| 郭洪春 | 招远市梦芝街道石城夼村 | 27 | 男 | 1943 年 11 月 |
| 范秀才 | 招远市梦芝街道石城夼村 | 23 | 男 | 1943 年 11 月 |
| 刘新傲 | 招远市泉山街道张石埠村 | 44 | 男 | 1943 年 11 月 |
| 张 梁 | 招远市夏甸镇小尹格庄村 | 17 | 女 | 1943 年 11 月 |
| 张大嫚 | 招远市夏甸镇小尹格庄村 | 18 | 女 | 1943 年 11 月 |
| 张明燕 | 招远市夏甸镇小尹格庄村 | 21 | 男 | 1943 年 11 月 |
| 张仁寿 | 招远市夏甸镇小尹格庄村 | 20 | 男 | 1943 年 11 月 |
| 张仁德 | 招远市夏甸镇小尹格庄村 | 19 | 男 | 1943 年 11 月 |
| 李 战 | 招远市齐山镇前仓村 | 23 | 男 | 1943 年 11 月 |
| 孙 峰 | 招远市齐山镇河上沟村 | 29 | 男 | 1943 年 11 月 |
| 高洪俭 | 招远市齐山镇河上沟村 | 20 | 男 | 1943 年 11 月 |
| 刘世杰 | 招远市辛庄镇东良村 | 31 | 男 | 1943 年 11 月 |
| 栾焕福 | 招远市张星镇山西栾家村 | 18 | 男 | 1943 年 12 月 |
| 蔡仙田 | 招远市张星镇蔡家村 | 20 | 男 | 1943 年 12 月 |
| 林玉洲 | 招远市张星镇川里林家村 | 21 | 男 | 1943 年 12 月 |
| 谢兴国 | 招远市金岭镇南截村 | 21 | 男 | 1943 年 12 月 |
| 董有念 | 招远市金岭镇南截村 | 23 | 男 | 1943 年 12 月 |
| 曲宝建 | 招远市金岭镇北水口村 | 18 | 男 | 1943 年 12 月 |
| 孙洪玉 | 招远市蚕庄镇小河刘家村 | 19 | 男 | 1943 年 12 月 |
| 宋学孟 | 招远市梦芝街道城西史家村 | 22 | 男 | 1943 年 12 月 |
| 臧乐善 | 招锭市夏甸镇上庄村 | 23 | 男 | 1943 年 12 月 |
| 王永均 | 招远市辛庄镇汪家村 | 18 | 男 | 1943 年 12 月 |
| 李彤恩 | 招远市开发区中五里村 | 38 | 男 | 1943 年 |
| 刘兴龙 | 招远市开发区张格庄村 | 14 | 男 | 1943 年 |
| 孙保平 | 招远市开发区姚格庄村 | 38 | 男 | 1943 年 |
| 杨书宽 | 招远市罗峰街道城里村 | 18 | 男 | 1943 年 |
| 郭德堂 | 招远市罗峰街道西吕家村 | 24 | 男 | 1943 年 |
| 曹士孟 | 招远市罗峰街道大曹家村 | 24 | 男 | 1943 年 |

| 姓　名 | 籍　贯 | 年　龄 | 性　别 | 死难时间 |
|---|---|---|---|---|
| 曹　玉 | 招远市罗峰街道大曹家村 | 一 | 男 | 1943 年 |
| 谢元吉 | 招远市罗峰街道谢家庄村 | 26 | 男 | 1943 年 |
| 谢升关 | 招远市罗峰街道赵家庵村 | 29 | 男 | 1943 年 |
| 宋　连 | 招远市罗峰街道石门郭家村 | 18 | 男 | 1943 年 |
| 杨宏山 | 招远市罗峰街道石门郭家村 | 21 | 男 | 1943 年 |
| 宋振玉 | 招远市罗峰街道石门郭家村 | 20 | 男 | 1943 年 |
| 马中道 | 招远市张星镇石对头马家村 | 19 | 男 | 1943 年 |
| 王聚永 | 招远市张星镇圈子村 | 22 | 男 | 1943 年 |
| 欧西良 | 招远市张星镇欧家村 | 26 | 男 | 1943 年 |
| 王庆恩 | 招远市张星镇大岚村 | 24 | 男 | 1943 年 |
| 李玉铎 | 招远市张星镇大李家村 | 20 | 男 | 1943 年 |
| 高树训 | 招远市张星镇狗山李家村 | 32 | 男 | 1943 年 |
| 段元堂 | 招远市张星镇段家洼村 | 26 | 男 | 1943 年 |
| 王和亭 | 招远市张星镇大岚村 | 23 | 男 | 1943 年 |
| 王作汉 | 招远市张星镇大岚村 | 32 | 男 | 1943 年 |
| 丛成庆之母 | 招远市张星镇丛家村 | 48 | 女 | 1943 年 |
| 张青锦 | 招远市张星镇北里庄村 | 40 | 男 | 1943 年 |
| 王玉寿 | 招远市张星镇河埃村 | 36 | 男 | 1943 年 |
| 宋言臣 | 招远市张星镇年头宋家村 | 28 | 男 | 1943 年 |
| 马书平 | 招远市张星镇沙沟马家村 | 30 | 男 | 1943 年 |
| 王宝廷 | 招远市张星镇沙沟马家村 | 23 | 男 | 1943 年 |
| 杜伦堂 | 招远市张星镇杜家北村 | 一 | 男 | 1943 年 |
| 林殿元 | 招远市阜山镇西大夼村 | 23 | 男 | 1943 年 |
| 张德丕 | 招远市阜山镇乐土夼村 | 26 | 男 | 1943 年 |
| 李万顺 | 招远市阜山镇阎家村 | 23 | 男 | 1943 年 |
| 宁安志 | 招远市阜山镇宁家村 | 28 | 男 | 1943 年 |
| 建　国 | 招远市阜山镇庙后吕家村 | 20 | 男 | 1943 年 |
| 李万德 | 招远市阜山镇庙后吕家村 | 22 | 男 | 1943 年 |
| 刘吉财 | 招远市阜山镇牟疃村 | 一 | 男 | 1943 年 |
| 王云吉 | 招远市阜山镇九曲村 | 22 | 男 | 1943 年 |
| 王国令之长工 | 招远市阜山镇九曲村 | 25 | 男 | 1943 年 |
| 秦风英 | 招远市阜山镇秦家沟村 | 26 | 男 | 1943 年 |
| 刘桂松 | 招远市毕郭镇大曲庄村 | 22 | 男 | 1943 年 |
| 杨祖增 | 招远市毕郭镇东寨里村 | 26 | 男 | 1943 年 |

| 姓 名 | 籍 贯 | 年 龄 | 性 别 | 死难时间 |
|---|---|---|---|---|
| 张希俊 | 招远市毕郭镇河南村 | 26 | 男 | 1943 年 |
| 耿仁福 | 招远市毕郭镇埠上村 | 20 | 男 | 1943 年 |
| 衣亭芳 | 招远市毕郭镇官地村 | 29 | 男 | 1943 年 |
| 陈聚山 | 招远市毕郭镇东寨里村 | 50 | 男 | 1943 年 |
| 方世兴 | 招远市毕郭镇方家村 | 39 | 男 | 1943 年 |
| 吕禾声 | 招远市毕郭镇官地洼村 | — | 男 | 1943 年 |
| 杨德俭 | 招远市毕郭镇庙子夼村 | — | 男 | 1943 年 |
| 李春山 | 招远市毕郭镇黑都泊村 | 49 | 男 | 1943 年 |
| 邢克进 | 招远市毕郭镇黑都泊村 | 48 | 男 | 1943 年 |
| 于悦实 | 招远市大秦家镇黑顶于家村 | 31 | 男 | 1943 年 |
| 王福合 | 招远市大秦家镇兴旺庄村 | 43 | 男 | 1943 年 |
| 路 盛 | 招远市大秦家镇高家村 | 18 | 男 | 1943 年 |
| 王汉文 | 招远市金岭镇官庄村 | 33 | 男 | 1943 年 |
| 侯仁明 | 招远市金岭镇山上马家村 | 20 | 男 | 1943 年 |
| 孙文聚 | 招远市金岭镇山上孙家村 | 33 | 男 | 1943 年 |
| 马桂义 | 招远市金岭镇山上姜家村 | 19 | 男 | 1943 年 |
| 隋桂荣 | 招远市金岭镇山上隋家村 | 47 | 男 | 1943 年 |
| 冯炳芹 | 招远市金岭镇北冯家村 | 29 | 男 | 1943 年 |
| 李丕枝 | 招远市金岭镇古宅村 | 24 | 男 | 1943 年 |
| 李成京 | 招远市金岭镇上夼村 | 21 | 男 | 1943 年 |
| 冯京山 | 招远市金岭镇南冯家村 | 28 | 男 | 1943 年 |
| 马占广 | 招远市金岭镇山上侯家村 | — | 男 | 1943 年 |
| 刘平南 | 招远市金岭镇上刘家村 | — | 男 | 1943 年 |
| 刘忠香 | 招远市金岭镇上刘家村 | — | 男 | 1943 年 |
| 刘忠才 | 招远市金岭镇上刘家村 | — | 男 | 1943 年 |
| 吕洪元 | 招远市金岭镇上刘家村 | — | 男 | 1943 年 |
| 郝明德 | 招远市蚕庄镇坡石山村 | 27 | 男 | 1943 年 |
| 张丕元 | 招远市蚕庄镇堰后村 | 30 | 男 | 1943 年 |
| 刘学三 | 招远市蚕庄镇柳杭村 | 25 | 男 | 1943 年 |
| 王镜青 | 招远市蚕庄镇小渚流村 | 20 | 男 | 1943 年 |
| 刘 暖 | 招远市蚕庄镇香沟村 | 24 | 男 | 1943 年 |
| 齐登高 | 招远市蚕庄镇香沟村 | 28 | 男 | 1943 年 |
| 齐玉田 | 招远市蚕庄镇香沟村 | — | 男 | 1943 年 |
| 丁占元 | 招远市蚕庄镇丁家村 | 30 | 男 | 1943 年 |

| 姓　名 | 籍　贯 | 年　龄 | 性　别 | 死难时间 |
|---|---|---|---|---|
| 丁桂更 | 招远市蚕庄镇丁家村 | 29 | 男 | 1943 年 |
| 李树达 | 招远市蚕庄镇丁家村 | 32 | 男 | 1943 年 |
| 路春彩 | 招远市玲珑镇磨山夼路家 | 18 | 男 | 1943 年 |
| 王万寿 | 招远市玲珑镇虎王庄村 | 22 | 男 | 1943 年 |
| 蒋风岑 | 招远市玲珑镇小蒋家村 | — | 男 | 1943 年 |
| 冯国令 | 招远市玲珑镇前花园村 | — | 男 | 1943 年 |
| 李心田 | 招远市玲珑镇后花园村 | — | 男 | 1943 年 |
| 高×× | 招远市玲珑镇罗山李家村 | 10 | 女 | 1943 年 |
| 李洪全 | 招远市玲珑镇龙泉庄村 | — | 男 | 1943 年 |
| 李洪兰 | 招远市玲珑镇龙泉庄村 | — | 男 | 1943 年 |
| 李经论 | 招远市玲珑镇龙泉庄村 | — | 男 | 1943 年 |
| 王正基 | 招远市玲珑镇王家村 | 46 | 男 | 1943 年 |
| 蒋学奎 | 招远市玲珑镇大蒋家村 | — | 男 | 1943 年 |
| 张呈顺 | 招远市梦芝街道张华张家村 | 45 | 男 | 1943 年 |
| 张万才 | 招远市梦芝街道张华张家村 | 22 | 男 | 1943 年 |
| 张长顺之妻 | 招远市梦芝街道张华张家村 | 31 | 女 | 1943 年 |
| 王义增 | 招远市梦芝街道十里铺村 | 31 | 男 | 1943 年 |
| 杨金秀 | 招远市梦芝街道十里铺村 | 32 | 男 | 1943 年 |
| 张　茂 | 招远市梦芝街道十里铺村 | 30 | 男 | 1943 年 |
| 温都培 | 招远市梦芝街道十里铺村 | 31 | 男 | 1943 年 |
| 张子兴 | 招远市梦芝街道十里铺村 | 31 | 男 | 1943 年 |
| 杨金锡 | 招远市梦芝街道十里铺村 | 32 | 男 | 1943 年 |
| 闫尧山 | 招远市梦芝街道黄土崖村 | 28 | 男 | 1943 年 |
| 彭　桂 | 招远市泉山街道汤前村 | — | 男 | 1943 年 |
| 孙姿本 | 招远市泉山街道汤前村 | — | 男 | 1943 年 |
| 孙正本 | 招远市泉山街道汤前村 | — | 男 | 1943 年 |
| 王　照 | 招远市泉山街道焦格庄村 | — | 男 | 1943 年 |
| 王　玲 | 招远市泉山街道焦格庄村 | — | 女 | 1943 年 |
| 王德新 | 招远市泉山街道焦格庄村 | — | 男 | 1943 年 |
| 郭学福 | 招远市泉山街道张石埠村 | 19 | 男 | 1943 年 |
| 董瑞圣 | 招远市夏甸镇曹孟村 | — | 男 | 1943 年 |
| 林振福 | 招远市夏甸镇安沟村 | — | 男 | 1943 年 |
| 董廷哲 | 招远市夏甸镇下董家村 | 35 | 男 | 1943 年 |
| 刘元敬 | 招远市夏甸镇大庄子村 | — | 男 | 1943 年 |

| 姓 名 | 籍 贯 | 年 龄 | 性 别 | 死难时间 |
|---|---|---|---|---|
| 姜风玉 | 招远市夏甸镇下董家村 | 34 | 男 | 1943 年 |
| 董玉慧 | 招远市夏甸镇下董家村 | 46 | 男 | 1943 年 |
| 盛云福 | 招远市夏甸镇青龙夼村 | — | 男 | 1943 年 |
| 吕云官 | 招远市夏甸镇杨家庄村 | 26 | 男 | 1943 年 |
| 刘作合 | 招远市夏甸镇车元口村 | 30 | 男 | 1943 年 |
| 段 六 | 招远市夏甸镇段家村 | 55 | 男 | 1943 年 |
| 陈友德 | 招远市夏甸镇杨家庄村 | 25 | 男 | 1943 年 |
| 王 氏 | 招远市夏甸镇新村北村 | 60 | 女 | 1943 年 |
| 臧明德 | 招远市夏甸镇上庄村 | 63 | 男 | 1943 年 |
| 冯进学 | 招远市夏甸镇前路家村 | 21 | 男 | 1943 年 |
| 段 三 | 招远市夏甸镇段家村 | 45 | 男 | 1943 年 |
| 段 体 | 招远市夏甸镇段家村 | 55 | 男 | 1943 年 |
| 杨春贵 | 招远市夏甸镇段家村 | 50 | 男 | 1943 年 |
| 任开增 | 招远市夏甸镇西河南村 | 50 | 男 | 1943 年 |
| 任福云 | 招远市夏甸镇西河南村 | 52 | 男 | 1943 年 |
| 吕书亭 | 招远市夏甸镇西河南村 | 28 | 男 | 1943 年 |
| 王丰进 | 招远市夏甸镇留仙庄村 | — | 男 | 1943 年 |
| 臧 仙 | 招远市夏甸镇留仙庄村 | 27 | 男 | 1943 年 |
| 王丰有 | 招远市夏甸镇留仙庄村 | 20 | 男 | 1943 年 |
| 杨进才 | 招远市夏甸镇泥湾子村 | — | 男 | 1943 年 |
| 赵 岚 | 招远市夏甸镇范家庄村 | 12 | 男 | 1943 年 |
| 董占云 | 招远市夏甸镇下黄家村 | 21 | 男 | 1943 年 |
| 杨万庆 | 招远市夏甸镇勾下店村 | 36 | 男 | 1943 年 |
| 徐元吉 | 招远市夏甸镇勾下店村 | 49 | 男 | 1943 年 |
| 张桂兰 | 招远市夏甸镇小尹格庄村 | 20 | 男 | 1943 年 |
| 邱进铎 | 招远市夏甸镇泮家河村 | 37 | 男 | 1943 年 |
| 张德安 | 招远市夏甸镇上东庄村 | 27 | 男 | 1943 年 |
| 徐学道 | 招远市夏甸镇西曹家村 | 26 | 男 | 1943 年 |
| 杨善堂 | 招远市夏甸镇西曹家村 | 22 | 男 | 1943 年 |
| 李德欣 | 招远市夏甸镇南单家村 | 27 | 男 | 1943 年 |
| 隋廷志 | 招远市齐山镇道头东村 | 20 | 男 | 1943 年 |
| 王录民 | 招远市齐山镇玉甲村 | 21 | 男 | 1943 年 |
| 孙梅胜 | 招远市齐山镇孙家夼村 | 55 | 男 | 1943 年 |
| 高朋元 | 招远市齐山镇铁夼村 | 30 | 男 | 1943 年 |

| 姓 名 | 籍 贯 | 年 龄 | 性 别 | 死难时间 |
|---|---|---|---|---|
| 高锡民 | 招远市齐山镇铁夼村 | 31 | 男 | 1943 年 |
| 高朋华 | 招远市齐山镇铁夼村 | 30 | 男 | 1943 年 |
| 王忠义 | 招远市齐山镇立甲疃村 | 19 | 男 | 1943 年 |
| 李德义 | 招远市齐山镇前仓村 | 25 | 男 | 1943 年 |
| 曹希兴 | 招远市齐山镇南寨子村 | 22 | 男 | 1943 年 |
| 张宝军 | 招远市齐山镇南孙家村 | 21 | 男 | 1943 年 |
| 孙书广 | 招远市齐山镇孙家夼村 | 31 | 男 | 1943 年 |
| 苏升山 | 招远市齐山镇苏家庄子村 | 25 | 男 | 1943 年 |
| 苏学庆 | 招远市齐山镇苏家庄子村 | 39 | 男 | 1943 年 |
| 孙祥德 | 招远市齐山镇梁家村 | 17 | 男 | 1943 年 |
| 徐 江 | 招远市齐山镇徐家庄村 | 46 | 男 | 1943 年 |
| 李从孔 | 招远市齐山镇西肇甲沟村 | 18 | 男 | 1943 年 |
| 原顺法 | 招远市齐山镇小原家村 | 29 | 男 | 1943 年 |
| 王德训 | 招远市齐山镇北周家村 | 27 | 男 | 1943 年 |
| 杨青军 | 招远市齐山镇东肇家沟村 | 38 | 男 | 1943 年 |
| 杨玉春 | 招远市齐山镇齐山店村 | 20 | 女 | 1943 年 |
| 杨天瑞 | 招远市齐山镇齐山店村 | 32 | 男 | 1943 年 |
| 吴 顺 | 招远市齐山镇下林庄村 | 28 | 男 | 1943 年 |
| 于彩云 | 招远市齐山镇南寨子村 | 30 | 男 | 1943 年 |
| 李洪晋 | 招远市齐山镇南寨子村 | 30 | 男 | 1943 年 |
| 原克顺 | 招远市齐山镇贾家沟村 | — | 男 | 1943 年 |
| 王春清 | 招远市辛庄镇北截村 | 23 | 男 | 1943 年 |
| 刘其云 | 招远市辛庄镇老店村 | 19 | 男 | 1943 年 |
| 李华亭 | 招远市辛庄镇大涝洼村 | — | 男 | 1943 年 |
| 康绍蓬之妻 | 招远市辛庄镇后康村 | 27 | 女 | 1943 年 |
| 康道贤 | 招远市辛庄镇后康村 | 36 | 男 | 1943 年 |
| 刘玉鉴 | 招远市玲珑镇鲁格庄村 | 17 | 男 | 1944 年 1 月 |
| 马文甲 | 招远市夏甸镇新马家村 | 40 | 男 | 1944 年 1 月 |
| 李安堂 | 招远市齐山镇南李家庄子村 | 22 | 男 | 1944 年 1 月 |
| 李桂田 | 招远市阜山镇大李家村 | 35 | 男 | 1944 年 2 月 |
| 栾作谦 | 招远市阜山镇林家埃子村 | 32 | 男 | 1944 年 2 月 |
| 刘儒英 | 招远市阜山镇牟疃村 | 38 | 男 | 1944 年 2 月 |
| 闫振宏 | 招远市阜山镇栾家店村 | — | 男 | 1944 年 2 月 |
| 徐俭敢 | 招远市毕郭镇官地洼村 | 20 | 男 | 1944 年 2 月 |

| 姓 名 | 籍 贯 | 年 龄 | 性 别 | 死难时间 |
|---|---|---|---|---|
| 秦建福 | 招远市大秦家镇小秦家村 | 18 | 男 | 1944 年 2 月 |
| 滕利贤 | 招远市大秦家镇大转山堡村 | 20 | 男 | 1944 年 2 月 |
| 陈元宝 | 招远市金岭镇山里陈家村 | 34 | 男 | 1944 年 2 月 |
| 刘志起 | 招远市蚕庄镇前庄子村 | 40 | 男 | 1944 年 2 月 |
| 秦好木 | 招远市玲珑镇小民庄村 | 22 | 男 | 1944 年 2 月 |
| 冯国聚 | 招远市玲珑镇前花园村 | 22 | 男 | 1944 年 2 月 |
| 路成九 | 招远市玲珑镇磨山夼路家村 | 34 | 男 | 1944 年 2 月 |
| 于祥敬 | 招远市玲珑镇龙泉庄村 | 21 | 男 | 1944 年 2 月 |
| 刘希志 | 招远市夏甸镇道北庄子村 | 34 | 男 | 1944 年 2 月 |
| 贾汉小 | 招远市齐山镇贾家沟村 | 18 | 男 | 1944 年 2 月 |
| 吕松林 | 招远市齐山镇状元头村 | 28 | 男 | 1944 年 2 月 |
| 吴 华 | 招远市齐山镇下林庄村 | 24 | 男 | 1944 年 2 月 |
| 李洪聚 | 招远市齐山镇大吴家村 | 22 | 男 | 1944 年 2 月 |
| 刘兆瑞 | 招远市辛庄镇宅上村 | 23 | 男 | 1944 年 2 月 |
| 孙恒山 | 招远市开发区后柳行村 | 29 | 男 | 1944 年 3 月 |
| 杨桂林 | 招远市开发区杨家大沟村 | 23 | 男 | 1944 年 3 月 |
| 曹仙亭 | 招远市开发区横掌曹家村 | 34 | 男 | 1944 年 3 月 |
| 栾振官 | 招远市张星镇前栾家村 | 22 | 男 | 1944 年 3 月 |
| 姜同尧 | 招远市张星镇羊家村 | 27 | 男 | 1944 年 3 月 |
| 姜 文 | 招远市张星镇枣林姜家村 | 24 | 男 | 1944 年 3 月 |
| 张益厚 | 招远市张星镇埠南张家村 | 26 | 男 | 1944 年 3 月 |
| 林风田 | 招远市张星镇川里林家村 | 33 | 男 | 1944 年 3 月 |
| 韩桂美 | 招远市张星镇口后韩家村 | 43 | 男 | 1944 年 3 月 |
| 段兰田 | 招远市张星镇段家洼村 | 40 | 男 | 1944 年 3 月 |
| 孙绍吉 | 招远市阜山镇李格庄村 | 24 | 男 | 1944 年 3 月 |
| 罗 修 | 招远市毕郭镇毕郭三村 | 29 | 男 | 1944 年 3 月 |
| 陈玉宝 | 招远市大秦家镇阎家沟村 | 54 | 男 | 1944 年 3 月 |
| 李和顺 | 招远市金岭镇山上李家村 | 25 | 男 | 1944 年 3 月 |
| 宋占科 | 招远市蚕庄镇小河宋家村 | 25 | 男 | 1944 年 3 月 |
| 王德善 | 招远市蚕庄镇荆王家村 | 19 | 男 | 1944 年 3 月 |
| 于永田 | 招远市蚕庄镇荆王家村 | 24 | 男 | 1944 年 3 月 |
| 吴洪本 | 招远市蚕庄镇小河刘家村 | 21 | 男 | 1944 年 3 月 |
| 隋占瑞 | 招远市蚕庄镇堵流隋家村 | 20 | 男 | 1944 年 3 月 |
| 徐才林 | 招远市玲珑镇柳家村 | 25 | 男 | 1944 年 3 月 |

| 姓 名 | 籍 贯 | 年 龄 | 性 别 | 死难时间 |
|---|---|---|---|---|
| 高树春 | 招远市玲珑镇高家疃村 | 20 | 男 | 1944 年 3 月 |
| 原 彬 | 招远市夏甸镇银山后村 | 28 | 男 | 1944 年 3 月 |
| 原学义 | 招远市夏甸镇银山后村 | 28 | 男 | 1944 年 3 月 |
| 步春来 | 招远市夏甸镇英庄夼村 | — | 男 | 1944 年 3 月 |
| 王 秋 | 招远市辛庄镇郭家村 | 20 | 男 | 1944 年 3 月 |
| 曹进亚 | 招远市齐山镇铁夼村 | 34 | 男 | 1944 年 3 月 |
| 徐德轩 | 招远市泉山街道北坞党村 | — | 男 | 1944 年 4 月 8 日 |
| 曹建都 | 招远市开发区横掌曹家村 | 31 | 男 | 1944 年 4 月 |
| 王云腾 | 招远市张星镇王家庄子村 | 24 | 男 | 1944 年 4 月 |
| 刘新亭 | 招远市毕郭镇刘家村 | 23 | 男 | 1944 年 4 月 |
| 王月香 | 招远市毕郭镇东万福庄村 | 45 | 男 | 1944 年 4 月 |
| 李凤祥 | 招远市毕郭镇东城子村 | 23 | 男 | 1944 年 4 月 |
| 王洪宝 | 招远市大秦家镇大转山堡村 | 23 | 男 | 1944 年 4 月 |
| 王德奎 | 招远市金岭镇西梧桐夼村 | 22 | 男 | 1944 年 4 月 |
| 杨忠琴 | 招远市梦芝街道增甲沟村 | 21 | 男 | 1944 年 4 月 |
| 董树成 | 招远市夏甸镇曹孟村 | — | 男 | 1944 年 4 月 |
| 原顺清 | 招远市齐山镇小原家村 | 23 | 男 | 1944 年 4 月 |
| 王永开 | 招远市齐山镇王家村 | 46 | 男 | 1944 年 4 月 |
| 王永祥 | 招远市齐山镇王家村 | 30 | 男 | 1944 年 4 月 |
| 齐玉禄 | 招远市齐山镇王家村 | 35 | 男 | 1944 年 4 月 |
| 康言全 | 招远市齐山镇王家村 | 31 | 男 | 1944 年 4 月 |
| 李玉山 | 招远市辛庄镇台子李家村 | 36 | 男 | 1944 年 4 月 |
| 刘鹏聚 | 招远市辛庄镇东良村 | 82 | 男 | 1944 年 4 月 |
| 高锡田 | 招远市齐山镇铁夼村 | 31 | 男 | 1944 年 4 月 |
| 迟云亭 | 招远市罗峰街道石星河村 | 27 | 男 | 1944 年 5 月 |
| 宋宏顺 | 招远市罗峰街道石门郭家村 | 46 | 男 | 1944 年 5 月 |
| 邢学敬 | 招远市张星镇槐树庄村 | 28 | 男 | 1944 年 5 月 |
| 徐万义 | 招远市阜山镇大李家村 | 45 | 男 | 1944 年 5 月 |
| 吕功声 | 招远市阜山镇李家庄子村 | 23 | 男 | 1944 年 5 月 |
| 徐天彦 | 招远市毕郭镇西万福庄村 | 27 | 男 | 1944 年 5 月 |
| 温崇德 | 招远市毕郭镇朱家庄村 | 20 | 男 | 1944 年 5 月 |
| 于进日 | 招远市金岭镇大河头村 | — | 男 | 1944 年 5 月 |
| 王永山 | 招远市金岭镇大河头村 | — | 男 | 1944 年 5 月 |
| 周凤祥 | 招远市金岭镇大河头村 | — | 男 | 1944 年 5 月 |

| 姓　名 | 籍　贯 | 年　龄 | 性　别 | 死难时间 |
|---|---|---|---|---|
| 王好宾 | 招远市金岭镇大河头村 | — | 男 | 1944 年 5 月 |
| 王治法 | 招远市金岭镇大河头村 | — | 男 | 1944 年 5 月 |
| 吴东升 | 招远市蚕庄镇小河刘家村 | 23 | 男 | 1944 年 5 月 |
| 魏日法 | 招远市玲珑镇欧家夼村 | 27 | 男 | 1944 年 5 月 |
| 李玉早 | 招远市玲珑镇玲珑沟上村 | 22 | 男 | 1944 年 5 月 |
| 李为香 | 招远市玲珑镇玲珑沟上村 | 17 | 男 | 1944 年 5 月 |
| 栾桂兴 | 招远市玲珑镇冯家村 | 23 | 男 | 1944 年 5 月 |
| 梁洪建 | 招远市玲珑镇玲珑沟上村 | 30 | 男 | 1944 年 5 月 |
| 刘洪业 | 招远市玲珑镇玲珑沟上村 | 18 | 男 | 1944 年 5 月 |
| 刘学友 | 招远市夏甸镇留仙庄村 | 31 | 男 | 1944 年 5 月 |
| 王殿芝 | 招远市夏甸镇新旺庄村 | 18 | 男 | 1944 年 5 月 |
| 巨云成 | 招远市夏甸镇庙前村 | 20 | 男 | 1944 年 5 月 |
| 刘桂欣 | 招远市齐山镇状元头村 | 40 | 男 | 1944 年 5 月 |
| 李同堂 | 招远市齐山镇南李家庄子村 | 25 | 男 | 1944 年 5 月 |
| 庄进法 | 招远市齐山镇庄家坡村 | 43 | 男 | 1944 年 5 月 |
| 王　忠 | 招远市齐山镇铁夼村 | 24 | 男 | 1944 年 5 月 |
| 孙树考 | 招远市开发区姚格庄村 | 25 | 男 | 1944 年 6 月 |
| 史洪梅 | 招远市开发区横掌史家村 | 31 | 男 | 1944 年 6 月 |
| 张好德 | 招远市阜山镇李家庄子村 | 22 | 男 | 1944 年 6 月 |
| 郭　选 | 招远市毕郭镇官地村 | 22 | 男 | 1944 年 6 月 |
| 闫方周 | 招远市毕郭镇朱家庄村 | 30 | 男 | 1944 年 6 月 |
| 王崇文 | 招远市毕郭镇朱家庄村 | 20 | 男 | 1944 年 6 月 |
| 温玉德 | 招远市毕郭镇朱家庄村 | 21 | 男 | 1944 年 6 月 |
| 付书童 | 招远市毕郭镇富裕庄村 | 20 | 男 | 1944 年 6 月 |
| 侯宝章 | 招远市金岭镇山上马家村 | 34 | 男 | 1944 年 6 月 |
| 李　民 | 招远市金岭镇山上赵家村 | — | 男 | 1944 年 6 月 |
| 杨立元 | 招远市金岭镇山上赵家村 | — | 男 | 1944 年 6 月 |
| 盛丕恩 | 招远市玲珑镇盛家村 | 30 | 男 | 1944 年 6 月 |
| 李方明 | 招远市玲珑镇后花园村 | 30 | 男 | 1944 年 6 月 |
| 栾远友 | 招远市玲珑镇冯家村 | 20 | 男 | 1944 年 6 月 |
| 刘家希 | 招远市夏甸镇道北庄子村 | 27 | 男 | 1944 年 6 月 |
| 李玉宽 | 招远市夏甸镇时家村 | 30 | 男 | 1944 年 7 月 |
| 王希臣 | 招远市张星镇上院村 | 25 | 男 | 1944 年 7 月 |
| 宋福林 | 招远市张星镇年头宋家村 | 23 | 男 | 1944 年 7 月 |

| 姓 名 | 籍 贯 | 年 龄 | 性 别 | 死难时间 |
|---|---|---|---|---|
| 王云瑞 | 招远市阜山镇泮王家村 | 27 | 男 | 1944 年 7 月 |
| 高子亭 | 招远市阜山镇下连庄村 | 24 | 男 | 1944 年 7 月 |
| 徐世仁 | 招远市阜山镇下连庄村 | 23 | 男 | 1944 年 7 月 |
| 高得胜 | 招远市阜山镇下连庄村 | 22 | 男 | 1944 年 7 月 |
| 张士英 | 招远市阜山镇九曲蒋家村 | 40 | 男 | 1944 年 7 月 |
| 李志本 | 招远市阜山镇李家庄子村 | 28 | 男 | 1944 年 7 月 |
| 孙敏哲 | 招远市毕郭镇埠上村 | 31 | 男 | 1944 年 7 月 |
| 秦为本 | 招远市大秦家镇大秦家村 | 23 | 男 | 1944 年 7 月 |
| 丁桂南 | 招远市蚕庄镇丁家村 | 40 | 男 | 1944 年 7 月 |
| 张中学 | 招远市玲珑镇欧家夼村 | 22 | 男 | 1944 年 7 月 |
| 刘登敖 | 招远市泉山街道张石埠村 | 22 | 男 | 1944 年 7 月 |
| 杨锡山 | 招远市夏甸镇东丁家村 | 32 | 男 | 1944 年 7 月 |
| 赵瑞盛 | 招远市夏甸镇官里庄村 | 33 | 男 | 1944 年 7 月 |
| 张国兴 | 招远市夏甸镇下东庄村 | 31 | 男 | 1944 年 7 月 |
| 杨增高 | 招远市齐山镇后疃村 | 46 | 男 | 1944 年 7 月 |
| 柳运升 | 招远市辛庄镇小东庄村 | 40 | 男 | 1944 年 7 月 |
| 杨进华 | 招远市齐山镇半壁店村 | 20 | 男 | 1944 年 7 月 |
| 杨锡荣 | 招远市齐山镇半壁店村 | 46 | 男 | 1944 年 7 月 |
| 李炳永 | 招远市开发区单家村 | 20 | 男 | 1944 年 8 月 |
| 温会英 | 招远市开发区温家村 | 17 | 男 | 1944 年 8 月 |
| 王连义 | 招远市开发区中五里村 | 32 | 男 | 1944 年 8 月 |
| 杨玉令 | 招远市张星镇圈里杨家村 | 23 | 男 | 1944 年 8 月 |
| 陈孟述 | 招远市大秦家镇滕家沟村 | 20 | 男 | 1944 年 8 月 |
| 张福成 | 招远市金岭镇山上张家村 | 24 | 男 | 1944 年 8 月 |
| 隋德训 | 招远市金岭镇山上隋家村 | 25 | 男 | 1944 年 8 月 |
| 隋志贤 | 招远市金岭镇山上隋家村 | 27 | 男 | 1944 年 8 月 |
| 隋志民 | 招远市金岭镇山上隋家村 | 17 | 男 | 1944 年 8 月 |
| 张风成 | 招远市玲珑镇小民庄村 | 20 | 男 | 1944 年 8 月 |
| 郑吉祥 | 招远市玲珑镇龙泉庄村 | 18 | 男 | 1944 年 8 月 |
| 刘银章 | 招远市玲珑镇鲁格庄村 | 21 | 男 | 1944 年 8 月 |
| 王玉敬 | 招远市齐山镇道头东村 | 21 | 男 | 1944 年 8 月 |
| 张 刚 | 招远市齐山镇东沟子村 | 39 | 男 | 1944 年 8 月 |
| 王言佐 | 招远市齐山镇铁夼村 | 27 | 男 | 1944 年 8 月 |
| 张立俭 | 招远市齐山镇银庄村 | 17 | 男 | 1944 年 8 月 |

| 姓 名 | 籍 贯 | 年 龄 | 性 别 | 死难时间 |
|---|---|---|---|---|
| 温明山 | 招远市开发区西秦家村 | 20 | 男 | 1944 年 9 月 |
| 武占元 | 招远市张星镇东北冲村 | 31 | 男 | 1944 年 9 月 |
| 姜耀廷 | 招远市张星镇馆前姜家村 | 37 | 男 | 1944 年 9 月 |
| 刘振玉 | 招远市毕郭镇西庄村 | 23 | 男 | 1944 年 9 月 |
| 徐日新 | 招远市毕郭镇岭上村 | 29 | 男 | 1944 年 9 月 |
| 孙宗书 | 招远市蚕庄镇柳杭村 | 20 | 男 | 1944 年 9 月 |
| 孙京书 | 招远市蚕庄镇南孙家村 | 20 | 男 | 1944 年 9 月 |
| 康岗山 | 招远市辛庄镇前康家村 | 32 | 男 | 1944 年 9 月 |
| 康学孟 | 招远市辛庄镇前康家村 | 22 | 男 | 1944 年 9 月 |
| 王金生 | 招远市张星镇小瞳村 | 42 | 男 | 1944 年秋 |
| 王增元 | 招远市蚕庄镇大诸流村 | 40 | 男 | 1944 年秋 |
| 路丕升 | 招远市玲珑镇磨山夼路家 | 33 | 男 | 1944 年秋 |
| 王月德 | 招远市张星镇上院村 | 24 | 男 | 1944 年 10 月 |
| 王振胜 | 招远市张星镇大岚村 | 24 | 男 | 1944 年 10 月 |
| 王希轮 | 招远市张星镇虎龙斗村 | 32 | 男 | 1944 年 10 月 |
| 王希仁 | 招远市张星镇虎龙斗村 | 16 | 男 | 1944 年 10 月 |
| 徐濯 | 招远市张星镇徐家村 | 22 | 男 | 1944 年 10 月 |
| 吕振方 | 招远市阜山镇庙后吕家村 | 30 | 男 | 1944 年 10 月 |
| 陈天福 | 招远市阜山镇栾家店村 | — | 男 | 1944 年 10 月 |
| 李烦增 | 招远市大秦家镇孙家村 | 44 | 男 | 1944 年 10 月 |
| 曹洪昌 | 招远市夏甸镇陡崖曹家村 | 31 | 男 | 1944 年 10 月 |
| 马纯德 | 招远市夏甸镇新马家村 | 25 | 男 | 1944 年 10 月 |
| 吕长山 | 招远市夏甸镇大罗家村 | 25 | 男 | 1944 年 10 月 |
| 杨锡聚 | 招远市齐山镇后瞳村 | 25 | 男 | 1944 年 10 月 |
| 刁宾南 | 招远市齐山镇南李家庄村 | 25 | 男 | 1944 年 10 月 |
| 郑学敏 | 招远市齐山镇于夼村 | 23 | 男 | 1944 年 10 月 |
| 郭瑞敬 | 招远市辛庄镇大董家村 | 19 | 男 | 1944 年 10 月 |
| 张殿更 | 招远市张星镇石棚村 | 27 | 男 | 1944 年 11 月 |
| 徐周仕 | 招远市张星镇徐家村 | 34 | 男 | 1944 年 11 月 |
| 王志有之叔 | 招远市张星镇石棚村 | 44 | 男 | 1944 年 11 月 |
| 王春山 | 招远市金岭镇黄泥沟村 | 34 | 男 | 1944 年 11 月 |
| 刘忠 | 招远市金岭镇中华山村 | 20 | 男 | 1944 年 11 月 |
| 王景春 | 招远市玲珑镇西瞳埠庄村 | 20 | 男 | 1944 年 11 月 |
| 刘洪祥 | 招远市夏甸镇西宅科村 | 32 | 男 | 1944 年 11 月 |

| 姓 名 | 籍 贯 | 年 龄 | 性 别 | 死难时间 |
|---|---|---|---|---|
| 李明岐 | 招远市夏甸镇西河北村 | 26 | 男 | 1944 年 11 月 |
| 庄高田 | 招远市夏甸镇上东庄村 | 39 | 男 | 1944 年 11 月 |
| 刘志广 | 招远市齐山镇后仓村 | 24 | 男 | 1944 年 11 月 |
| 刘和文 | 招远市齐山镇后仓村 | 71 | 男 | 1944 年 11 月 |
| 刘克德 | 招远市夏甸镇后路家村 | 25 | 男 | 1944 年 12 月 |
| 刘甲臣 | 招远市夏甸镇后路家村 | 28 | 男 | 1944 年 12 月 |
| 杨丰文 | 招远市夏甸镇后路家村 | 28 | 男 | 1944 年 12 月 |
| 王桂金 | 招远市张星镇曹家庄子村 | 39 | 男 | 1944 年 12 月 |
| 徐康有 | 招远市张星镇徐家村 | 38 | 男 | 1944 年 12 月 |
| 张学俭 | 招远市毕郭镇岭上村 | 31 | 男 | 1944 年 12 月 |
| 刘万财 | 招远市金岭镇北水口村 | 19 | 男 | 1944 年 12 月 |
| 张德吉 | 招远市玲珑镇西庄头村 | 22 | 男 | 1944 年 12 月 |
| 王修贵 | 招远市阜山镇九曲村 | 27 | 男 | 1944 年 |
| 张殿尧 | 招远市开发区芮里村 | 29 | 男 | 1944 年 |
| 李玉玺 | 招远市开发区汤东沟村 | — | 男 | 1944 年 |
| 彩　仙 | 招远市开发区汤东沟村 | — | 男 | 1944 年 |
| 孙保荣 | 招远市开发区姚格庄村 | 44 | 男 | 1944 年 |
| 王心太 | 招远市开发区姚格庄村 | 30 | 男 | 1944 年 |
| 王培青之兄 | 招远市开发区姚格庄村 | 30 | 男 | 1944 年 |
| 孙保荣之弟 | 招远市开发区姚格庄村 | 20 | 男 | 1944 年 |
| 王乐山 | 招远市罗峰街道石门孙家村 | 23 | 男 | 1944 年 |
| 谢寿法 | 招远市罗峰街道谢家庄村 | 25 | 男 | 1944 年 |
| 李德进 | 招远市张星镇石对头耩上李家村 | 26 | 男 | 1944 年 |
| 曲江水 | 招远市张星镇圈子村 | 35 | 男 | 1944 年 |
| 庞子良 | 招远市张星镇圈子村 | 23 | 男 | 1944 年 |
| 曲日春 | 招远市张星镇圈子村 | 24 | 男 | 1944 年 |
| 郝世才 | 招远市张星镇小郝家村 | 25 | 男 | 1944 年 |
| 付德美 | 招远市张星镇付家村 | 20 | 男 | 1944 年 |
| 高长永 | 招远市张星镇高家村 | 26 | 男 | 1944 年 |
| 徐学尧 | 招远市张星镇北崔家村 | 19 | 男 | 1944 年 |
| 黄春山 | 招远市张星镇黄家村 | 25 | 男 | 1944 年 |
| 赵月桂 | 招远市张星镇赵家村 | 22 | 男 | 1944 年 |
| 蒋春才 | 招远市张星镇蒋家村 | 23 | 男 | 1944 年 |
| 王吉聚 | 招远市张星镇北曹家庄村 | 25 | 男 | 1944 年 |

| 姓　名 | 籍　贯 | 年　龄 | 性　别 | 死难时间 |
|---|---|---|---|---|
| 王吉良 | 招远市张星镇北曹家庄村 | 24 | 男 | 1944 年 |
| 路智德 | 招远市张星镇小高家村 | 34 | 男 | 1944 年 |
| 王殿玉 | 招远市张星镇大岚村 | 27 | 男 | 1944 年 |
| 段洪江 | 招远市张星镇段家洼村 | 24 | 男 | 1944 年 |
| 丛修令 | 招远市张星镇丛家村 | 50 | 男 | 1944 年 |
| 丛平友之妻 | 招远市张星镇丛家村 | 26 | 女 | 1944 年 |
| 王玉阶 | 招远市张星镇小贾家村 | — | 男 | 1944 年 |
| 王福成 | 招远市张星镇河埃村 | 26 | 男 | 1944 年 |
| 王洪山 | 招远市张星镇沙沟马家村 | 31 | 男 | 1944 年 |
| 孙洪盛 | 招远市张星镇山西孙家村 | 42 | 男 | 1944 年 |
| 吕英春 | 招远市阜山镇庙后吕家村 | 30 | 男 | 1944 年 |
| 吕　浦 | 招远市阜山镇庙后吕家村 | 30 | 男 | 1944 年 |
| 王　氏 | 招远市阜山镇林家埃子村 | — | 女 | 1944 年 |
| 慕兆升 | 招远市阜山镇林家埃子村 | — | 男 | 1944 年 |
| 栾运昌 | 招远市阜山镇林家埃子村 | — | 男 | 1944 年 |
| 栾作祥 | 招远市阜山镇林家埃子村 | — | 男 | 1944 年 |
| 栾孝志 | 招远市阜山镇林家埃子村 | — | 男 | 1944 年 |
| 栾作选 | 招远市阜山镇林家埃子村 | — | 男 | 1944 年 |
| 张士宾 | 招远市阜山九曲蒋家村 | — | 男 | 1944 年 |
| 王正孔 | 招远市阜山镇九曲村 | 26 | 男 | 1944 年 |
| 刘　泰 | 招远市阜山镇九曲村 | 25 | 男 | 1944 年 |
| 宋子元 | 招远市阜山镇九曲村 | 30 | 男 | 1944 年 |
| 王修福 | 招远市阜山镇九曲村 | 26 | 男 | 1944 年 |
| 秦学敏 | 招远市阜山镇秦家沟村 | 23 | 男 | 1944 年 |
| 闫木顺 | 招远市阜山镇西罗家村 | 49 | 男 | 1944 年 |
| 闫明善 | 招远市阜山镇西罗家村 | 44 | 男 | 1944 年 |
| 董坤玉 | 招远市毕郭镇东杨格庄村 | 33 | 男 | 1944 年 |
| 杨天恩 | 招远市毕郭镇陈家庄村 | 16 | 男 | 1944 年 |
| 刘其昌 | 招远市毕郭镇崤山后村 | 18 | 男 | 1944 年 |
| 张学合 | 招远市毕郭镇岭上村 | 27 | 男 | 1944 年 |
| 滕新孝 | 招远市毕郭镇滕家村 | 24 | 男 | 1944 年 |
| 滕宗家 | 招远市毕郭镇滕家村 | 33 | 男 | 1944 年 |
| 王维义 | 招远市毕郭镇南泊子村 | 42 | 男 | 1944 年 |
| 孙长福 | 招远市毕郭镇庙子夼村 | 20 | 男 | 1944 年 |

| 姓　名 | 籍　贯 | 年　龄 | 性　别 | 死难时间 |
|---|---|---|---|---|
| 王洪彩 | 招远市大秦家镇大转山堡村 | 28 | 男 | 1944 年 |
| 孙聚武 | 招远市大秦家镇东于家村 | 35 | 男 | 1944 年 |
| 吴俊宝 | 招远市金岭镇吴家村 | 33 | 男 | 1944 年 |
| 于廷杰 | 招远市金岭镇西店村 | 29 | 男 | 1944 年 |
| 邵国庆 | 招远市金岭镇邵家村 | 31 | 男 | 1944 年 |
| 刘洪彬 | 招远市金岭镇台上村 | 32 | 男 | 1944 年 |
| 杨永臣 | 招远市金岭镇大河头村 | 21 | 男 | 1944 年 |
| 李士林 | 招远市金岭镇山上姜家村 | 30 | 男 | 1944 年 |
| 于全正 | 招远市蚕庄镇诸流王家村 | 52 | 男 | 1944 年 |
| 孙洪奎 | 招远市蚕庄镇小河刘家村 | — | 男 | 1944 年 |
| 王善昌 | 招远市蚕庄镇诸流隋家村 | — | 男 | 1944 年 |
| 孙维贞 | 招远市蚕庄镇山后冯家村 | 17 | 男 | 1944 年 |
| 郑　满 | 招远市玲珑镇虎王庄村 | 10 | 女 | 1944 年 |
| 孙希亮 | 招远市梦芝街道张华孙家村 | 20 | 男 | 1944 年 |
| 孙良策 | 招远市梦芝街道张华孙家村 | 41 | 男 | 1944 年 |
| 温增启 | 招远市梦芝街道十里铺村 | 29 | 男 | 1944 年 |
| 杨小四 | 招远市梦芝街道十里铺村 | 24 | 男 | 1944 年 |
| 温秋本 | 招远市梦芝街道十里铺村 | 52 | 男 | 1944 年 |
| 温希和之父 | 招远市梦芝街道十里铺村 | 44 | 男 | 1944 年 |
| 李进新 | 招远市梦芝街道十里铺村 | 40 | 男 | 1944 年 |
| 李成玉 | 招远市梦芝街道十里铺村 | 13 | 男 | 1944 年 |
| 温国富 | 招远市梦芝街道十里铺村 | 27 | 男 | 1944 年 |
| 温镇坤 | 招远市梦芝街道十里铺村 | 26 | 男 | 1944 年 |
| 温增法 | 招远市芝梦街道十里铺村 | 28 | 男 | 1944 年 |
| 闫松云 | 招远市梦芝街道黄土崖村 | 34 | 男 | 1944 年 |
| 孙匡民 | 招远市梦芝街道瓦里村 | 28 | 男 | 1944 年 |
| 王勤佐 | 招远市梦芝街道张华王家村 | 23 | 男 | 1944 年 |
| 徐克俊 | 招远市泉山街道北坞党村 | — | 男 | 1944 年 |
| 付维仪 | 招远市泉山街道北坞党村 | 30 | 男 | 1944 年 |
| 范桂荣 | 招远市泉山街道范家疃村 | 22 | 男 | 1944 年 |
| 臧　伍 | 招远市夏甸镇山榇沟村 | — | 男 | 1944 年 |
| 杨全清 | 招远市夏甸镇巨岩村 | — | 男 | 1944 年 |
| 于寿同 | 招远市夏甸镇小李家沟村 | 18 | 男 | 1944 年 |
| 邢东恩之母 | 招远市夏甸镇邢家村 | — | 女 | 1944 年 |

| 姓 名 | 籍 贯 | 年 龄 | 性 别 | 死难时间 |
|---|---|---|---|---|
| 林振美 | 招远市夏甸镇安沟村 | — | 男 | 1944 年 |
| 孙成玉 | 招远市夏甸镇大龙夼村 | — | 男 | 1944 年 |
| 王顺义 | 招远市夏甸镇新旺庄村 | 29 | 男 | 1944 年 |
| 林风爱 | 招远市夏甸镇青龙夼村 | — | 男 | 1944 年 |
| 张文香 | 招远市夏甸镇后路家村 | 24 | 男 | 1944 年 |
| 李臻之 | 招远市夏甸镇大庄子村 | 19 | 男 | 1944 年 |
| 盛文忠 | 招远市夏甸镇青龙夼村 | 26 | 男 | 1944 年 |
| 林进生 | 招远市夏甸镇青龙夼村 | 20 | 男 | 1944 年 |
| 杨玉东 | 招远市夏甸镇上旺庄村 | — | 男 | 1944 年 |
| 温占德 | 招远市齐山镇大尹格庄村 | 24 | 男 | 1944 年 |
| 王德盛 | 招远市齐山镇大尹格庄村 | 22 | 男 | 1944 年 |
| 王文全 | 招远市齐山镇大尹格庄村 | 20 | 男 | 1944 年 |
| 张明昌 | 招远市齐山镇大尹格庄村 | 23 | 男 | 1944 年 |
| 赵希善 | 招远市齐山镇于夼村 | 34 | 男 | 1944 年 |
| 李洪进 | 招远市齐山镇车家坡村 | 26 | 男 | 1944 年 |
| 温寿玉 | 招远市齐山镇大尹格庄村 | 24 | 男 | 1944 年 |
| 刘孟栋 | 招远市齐山镇孙家院村 | 25 | 男 | 1944 年 |
| 张丰云 | 招远市齐山镇下林庄村 | 31 | 男 | 1944 年 |
| 夏顺庆 | 招远市齐山镇南寨子村 | 46 | 男 | 1944 年 |
| 王广汉 | 招远市辛庄镇徐家疃村 | 21 | 男 | 1944 年 |
| 孙宝亭 | 招远市辛庄镇洼孙家村 | 25 | 男 | 1944 年 |
| 刘进升 | 招远市辛庄镇磁口村 | 70 | 男 | 1944 年 |
| 周全法 | 招远市辛庄镇大董家村 | 26 | 男 | 1944 年 |
| 路天经 | 招远市玲珑镇山前路家村 | 18 | 男 | 1945 年 1 月 |
| 张青元 | 招远市玲珑镇西庄头村 | 20 | 男 | 1945 年 1 月 |
| 孙聚山 | 招远市开发区后柳行村 | 30 | 男 | 1945 年 2 月 |
| 王克太 | 招远市张星镇北里庄村 | 27 | 男 | 1945 年 2 月 |
| 王君林 | 招远市张星镇下院村 | 28 | 男 | 1945 年 2 月 |
| 丛立才 | 招远市张星镇丛家村 | 25 | 男 | 1945 年 2 月 |
| 韩桂高 | 招远市张星镇口后韩家村 | 25 | 男 | 1945 年 2 月 |
| 阎振江 | 招远市阜山镇栾家店村 | 33 | 男 | 1945 年 2 月 |
| 栾金铎 | 招远市阜山镇栾家沟村 | 24 | 男 | 1945 年 2 月 |
| 刘绍玉 | 招远市阜山镇古山屯村 | 24 | 男 | 1945 年 2 月 |
| 徐上田 | 招远市阜山镇栾家店村 | — | 男 | 1945 年 2 月 |

| 姓 名 | 籍 贯 | 年 龄 | 性 别 | 死难时间 |
|---|---|---|---|---|
| 徐宝香 | 招远市阜山镇栾家店村 | — | 男 | 1945 年 2 月 |
| 于桂复 | 招远市大秦家镇黑顶于家村 | 22 | 男 | 1945 年 2 月 |
| 路元生 | 招远市大秦家镇苇都高家村 | 19 | 男 | 1945 年 2 月 |
| 陈孟彬 | 招远市大秦家镇滕家沟村 | 21 | 男 | 1945 年 2 月 |
| 杨功元 | 招远市金岭镇黄泥沟村 | 26 | 男 | 1945 年 2 月 |
| 贾维勤 | 招远市金岭镇贾家村 | 23 | 男 | 1945 年 2 月 |
| 原英才 | 招远市金岭镇山上原家村 | 38 | 男 | 1945 年 2 月 |
| 冯文学 | 招远市金岭镇上夼村 | 23 | 男 | 1945 年 2 月 |
| 张玉芬 | 招远市夏甸镇后路家村 | 25 | 男 | 1945 年 2 月 |
| 臧 述 | 招远市夏甸镇臧述庄村 | 23 | 男 | 1945 年 2 月 |
| 李丙军 | 招远市夏甸镇高山洼村 | 36 | 男 | 1945 年 2 月 |
| 温玉忠 | 招远市齐山镇大尹格庄村 | 35 | 男 | 1945 年 2 月 |
| 张立峰 | 招远市齐山镇银庄村 | 24 | 男 | 1945 年 2 月 |
| 刘春法 | 招远市罗峰街道西观村 | 34 | 男 | 1945 年 3 月 |
| 李喜云 | 招远市罗峰街道赵家庵村 | 19 | 男 | 1945 年 3 月 |
| 孙万喜 | 招远市张星镇槐树庄村 | 41 | 男 | 1945 年 3 月 |
| 赵金平 | 招远市张星镇馆前姜家村 | 31 | 男 | 1945 年 3 月 |
| 孙云殿 | 招远市张星镇英里村 | 26 | 男 | 1945 年 3 月 |
| 姜天真 | 招远市张星镇馆前姜家村 | 18 | 男 | 1945 年 3 月 |
| 冯春旗 | 招远市蚕庄镇灵山冯家村 | 32 | 男 | 1945 年 3 月 |
| 路维丰 | 招远市梦芝街道城西路家村 | 25 | 男 | 1945 年 3 月 |
| 吕志强 | 招远市夏甸镇西芝下村 | 20 | 男 | 1945 年 3 月 |
| 王启寿 | 招远市齐山镇道头东村 | 21 | 男 | 1945 年 3 月 |
| 孙青山 | 招远市齐山镇孙家庄村 | 45 | 男 | 1945 年 3 月 |
| 刘天成 | 招远市辛庄镇五截村 | 31 | 男 | 1945 年 3 月 |
| 刘同春 | 招远市辛庄镇大刘家村 | 25 | 男 | 1945 年 3 月 |
| 王虎令 | 招远市辛庄镇北截村 | 23 | 男 | 1945 年 3 月 |
| 王永志 | 招远市辛庄镇台上村 | 17 | 男 | 1945 年 3 月 |
| 宋福法 | 招远市辛庄镇小东庄村 | 31 | 男 | 1945 年 3 月 |
| 赵禄彬 | 招远市辛庄镇东庄子村 | 18 | 男 | 1945 年 3 月 |
| 原忠文 | 招远市齐山镇大原家村 | 24 | 男 | 1945 年 3 月 |
| 栾起山 | 招远市张星镇栾家河村 | 50 | 男 | 1945 年春 |
| 张桂淑 | 招远市罗峰街道石星河村 | 25 | 女 | 1945 年 4 月 |
| 王居文 | 招远市张星镇上院村 | 24 | 男 | 1945 年 4 月 |

| 姓 名 | 籍 贯 | 年 龄 | 性 别 | 死难时间 |
|---|---|---|---|---|
| 孙 谦 | 招远市大秦家镇东于家村 | 20 | 男 | 1945 年 4 月 |
| 陈殿朴 | 招远市大秦家镇大转山堡村 | 8 | 男 | 1945 年 4 月 |
| 王学锋 | 招远市金岭镇西埠上村 | 24 | 男 | 1945 年 4 月 |
| 牟殿璞 | 招远市蚕庄镇牟家村 | 41 | 男 | 1945 年 4 月 |
| 温书枝 | 招远市梦芝街道黄土崖村 | 20 | 男 | 1945 年 4 月 |
| 孙建德 | 招远市辛庄镇西南村 | 20 | 男 | 1945 年 4 月 |
| 刘作兴 | 招远市辛庄镇大刘家村 | 23 | 男 | 1945 年 4 月 |
| 王学恕 | 招远市张星镇上院村 | 36 | 男 | 1945 年 5 月 |
| 王学通 | 招远市张星镇上院村 | 33 | 男 | 1945 年 5 月 |
| 杨昌金 | 招远市金岭镇东埠上村 | 29 | 男 | 1945 年 5 月 |
| 贾学江 | 招远市金岭镇贾家村 | 36 | 男 | 1945 年 5 月 |
| 刘文华 | 招远市金岭镇侯家沟村 | 35 | 男 | 1945 年 5 月 |
| 张进高 | 招远市蚕庄镇坡石山村 | 21 | 男 | 1945 年 5 月 |
| 林长茂 | 招远市蚕庄镇林家村 | 25 | 男 | 1945 年 5 月 |
| 杨金顶 | 招远市齐山镇贺甲庄子村 | 23 | 男 | 1945 年 5 月 |
| 徐梅清 | 招远市辛庄镇高家庄子村 | 53 | 男 | 1945 年 6 月 18 日 |
| 徐洪溪 | 招远市辛庄镇高家庄子村 | 55 | 男 | 1945 年 6 月 18 日 |
| 曹世丁 | 招远市开发区孙家大沟村 | 24 | 男 | 1945 年 6 月 |
| 李京贤 | 招远市开发区中五里村 | 26 | 男 | 1945 年 6 月 |
| 王世仁 | 招远市开发区中五里村 | 27 | 男 | 1945 年 6 月 |
| 王文海 | 招远市开发区中五里村 | 21 | 男 | 1945 年 6 月 |
| 曹洪晶 | 招远市开发区孙家大沟村 | 33 | 男 | 1945 年 6 月 |
| 孙振乐 | 招远市开发区王家大沟村 | 17 | 男 | 1945 年 6 月 |
| 康风海 | 招远市张星镇沙沟马家村 | 31 | 男 | 1945 年 6 月 |
| 孙孟经 | 招远市张星镇槐树庄村 | 29 | 男 | 1945 年 6 月 |
| 杜忠传 | 招远市张星镇杜家西村 | 21 | 男 | 1945 年 6 月 |
| 张好言 | 招远市阜山镇李家庄子村 | 27 | 男 | 1945 年 6 月 |
| 原成学 | 招远市阜山镇阎家村 | 19 | 男 | 1945 年 6 月 |
| 阎国顺 | 招远市阜山镇西罗家村 | 22 | 男 | 1945 年 6 月 |
| 吕德训 | 招远市阜山镇吕家村 | 34 | 男 | 1945 年 6 月 |
| 战洪玉 | 招远市大秦家镇苏格庄村 | 21 | 男 | 1945 年 6 月 |
| 刘洪彬 | 招远市大秦家镇东于家村 | 31 | 男 | 1945 年 6 月 |
| 贾 级 | 招远市金岭镇贾家村 | 25 | 男 | 1945 年 6 月 |
| 蒋奎堂 | 招远市蚕庄镇灵山蒋家村 | 16 | 男 | 1945 年 6 月 |

| 姓　名 | 籍　贯 | 年　龄 | 性　别 | 死难时间 |
|---|---|---|---|---|
| 杨宝玉 | 招远市玲珑镇小民庄村 | 27 | 男 | 1945 年 6 月 |
| 刘冠金 | 招远市玲珑镇鲁格庄村 | 35 | 男 | 1945 年 6 月 |
| 王家池 | 招远市梦芝街道黄土崖村 | 29 | 男 | 1945 年 6 月 |
| 孙传章 | 招远市夏甸镇小罗家村 | 26 | 男 | 1945 年 6 月 |
| 董洪德 | 招远市夏甸镇下黄家村 | 33 | 男 | 1945 年 6 月 |
| 巨德岐 | 招远市夏甸镇庙前村 | 24 | 男 | 1945 年 6 月 |
| 李善庆 | 招远市夏甸镇大庄子村 | 24 | 男 | 1945 年 6 月 |
| 姜宝祥 | 招远市夏甸镇官里庄村 | 20 | 男 | 1945 年 6 月 |
| 王丁为 | 招远市齐山镇玉甲村 | 25 | 男 | 1945 年 6 月 |
| 原风德 | 招远市齐山镇贾家沟村 | 27 | 男 | 1945 年 6 月 |
| 刘家起 | 招远市齐山镇后仓村 | 42 | 男 | 1945 年 6 月 |
| 于洪柱 | 招远市齐山镇银庄村 | 24 | 男 | 1945 年 6 月 |
| 李喜杰 | 招远市罗峰街道西观村 | 19 | 男 | 1945 年 7 月 |
| 杜宽功 | 招远市张星镇杜家北村 | 25 | 男 | 1945 年 7 月 |
| 姜学孟 | 招远市张星镇枣林姜家村 | 26 | 男 | 1945 年 7 月 |
| 于焕安 | 招远市张星镇北于家庄子村 | 27 | 男 | 1945 年 7 月 |
| 宋福茂 | 招远市张星镇年头宋家村 | 26 | 男 | 1945 年 7 月 |
| 付振山 | 招远市张星镇沟子村 | 42 | 男 | 1945 年 7 月 |
| 林玉玺 | 招远市阜山镇牟疃村 | 31 | 男 | 1945 年 7 月 |
| 宁咸峰 | 招远市阜山镇宁家村 | 22 | 男 | 1945 年 7 月 |
| 李桂山 | 招远市金岭镇台上村 | 26 | 男 | 1945 年 7 月 |
| 张风其 | 招远市玲珑镇小民庄村 | 22 | 男 | 1945 年 7 月 |
| 高青阳 | 招远市玲珑镇玲珑台上村 | 24 | 男 | 1945 年 7 月 |
| 高殿奎 | 招远市玲珑镇玲珑高家村 | 32 | 男 | 1945 年 7 月 |
| 栾桂胜 | 招远市玲珑镇冯家村 | 22 | 男 | 1945 年 7 月 |
| 王福义 | 招远市夏甸镇臧述庄村 | 17 | 男 | 1945 年 7 月 |
| 臧瑞云 | 招远市夏甸镇隋家村 | 34 | 男 | 1945 年 7 月 |
| 巨云福 | 招远市夏甸镇庙前村 | 25 | 男 | 1945 年 7 月 |
| 杨金廷 | 招远市齐山镇道头西村 | 27 | 男 | 1945 年 7 月 |
| 温甲庆 | 招远市开发区后柳行村 | 25 | 男 | 1945 年 8 月 |
| 郝安修 | 招远市开发区后郝家村 | 37 | 男 | 1945 年 8 月 |
| 王吉信 | 招远市张星镇北孙家庄村 | 24 | 男 | 1945 年 8 月 |
| 杨玉玲 | 招远市张星镇圈里杨家村 | 21 | 男 | 1945 年 8 月 |
| 于朋九 | 招远市张星镇后大里村 | 25 | 男 | 1945 年 8 月 |

| 姓 名 | 籍 贯 | 年 龄 | 性 别 | 死难时间 |
|---|---|---|---|---|
| 孙树根 | 招远市张星镇英里村 | 26 | 男 | 1945 年 8 月 |
| 姜德太 | 招远市张星镇馆前姜家村 | 66 | 男 | 1945 年 8 月 |
| 李笃财 | 招远市张星镇馆前姜家村 | 54 | 男 | 1945 年 8 月 |
| 于金寿 | 招远市张星镇后大里村 | 26 | 男 | 1945 年 8 月 |
| 李永山 | 招远市阜山镇小官里庄村 | 26 | 男 | 1945 年 8 月 |
| 李洪信 | 招远市阜山镇小官里庄村 | 18 | 男 | 1945 年 8 月 |
| 杨永庆 | 招远市阜山镇杨家营村 | 27 | 男 | 1945 年 8 月 |
| 张玉枝 | 招远市阜山镇史家村 | 23 | 男 | 1945 年 8 月 |
| 张德玉 | 招远市阜山镇乐土夼村 | 22 | 男 | 1945 年 8 月 |
| 李道玉 | 招远市阜山镇扒山路家村 | 27 | 男 | 1945 年 8 月 |
| 张士孝 | 招远市阜山镇九曲蒋家村 | 21 | 男 | 1945 年 8 月 |
| 李世修 | 招远市阜山镇东李家庄村 | 25 | 男 | 1945 年 8 月 |
| 王学孔 | 招远市阜山镇大疃村 | 38 | 男 | 1945 年 8 月 |
| 任德木 | 招远市阜山镇大疃村 | 25 | 男 | 1945 年 8 月 |
| 刘云聚 | 招远市阜山镇牟疃村 | 29 | 男 | 1945 年 8 月 |
| 杨学增 | 招远市阜山镇万家村 | 45 | 男 | 1945 年 8 月 |
| 郝起南 | 招远市阜山镇张炳堡村 | 18 | 男 | 1945 年 8 月 |
| 王洪才 | 招远市毕郭镇东杨格庄村 | 29 | 男 | 1945 年 8 月 |
| 张克玉 | 招远市毕郭镇毕郭二村 | 27 | 男 | 1945 年 8 月 |
| 郭作芳 | 招远市毕郭镇毕郭三村 | 22 | 男 | 1945 年 8 月 |
| 滕文诗 | 招远市毕郭镇滕家村 | 22 | 男 | 1945 年 8 月 |
| 张德法 | 招远市毕郭镇泊子村 | 28 | 男 | 1945 年 8 月 |
| 薛德国 | 招远市毕郭镇崤山后村 | — | 男 | 1945 年 8 月 |
| 李忠文 | 招远市大秦家镇孙家村 | 21 | 男 | 1945 年 8 月 |
| 高升美 | 招远市大秦家镇梁家村 | 22 | 男 | 1945 年 8 月 |
| 滕好喜 | 招远市大秦家镇滕家沟村 | 23 | 男 | 1945 年 8 月 |
| 秦日殿 | 招远市大秦家镇水口村 | 24 | 男 | 1945 年 8 月 |
| 李学官 | 招远市金岭镇沟李家村 | 23 | 男 | 1945 年 8 月 |
| 邵大官 | 招远市金岭镇寨里村 | 21 | 男 | 1945 年 8 月 |
| 邵大亭 | 招远市金岭镇寨里村 | 22 | 男 | 1945 年 8 月 |
| 邵尊爵 | 招远市金岭镇东店村 | 20 | 男 | 1945 年 8 月 |
| 隋中信 | 招远市金岭镇山上隋家村 | 24 | 男 | 1945 年 8 月 |
| 吕孟正 | 招远市金岭镇庵里村 | 22 | 男 | 1945 年 8 月 |
| 冯连玉 | 招远市金岭镇南冯家村 | 17 | 男 | 1945 年 8 月 |

| 姓　名 | 籍　贯 | 年　龄 | 性　别 | 死难时间 |
|---|---|---|---|---|
| 张益训 | 招远市金岭镇西梧桐夼村 | 21 | 男 | 1945 年 8 月 |
| 邵桂轩 | 招远市金岭镇埠南村 | 19 | 男 | 1945 年 8 月 |
| 陆忠亭 | 招远市蚕庄镇陆家村 | 19 | 男 | 1945 年 8 月 |
| 张元平 | 招远市蚕庄镇坡石山村 | 21 | 男 | 1945 年 8 月 |
| 牟廷功 | 招远市蚕庄镇牟家村 | 45 | 男 | 1945 年 8 月 |
| 张瑞风 | 招远市玲珑镇西庄头村 | 26 | 男 | 1945 年 8 月 |
| 栾 吉 | 招远市玲珑镇冯家村 | 26 | 男 | 1945 年 8 月 |
| 高书香 | 招远市玲珑镇罗山李家村 | 21 | 男 | 1945 年 8 月 |
| 王承恩 | 招远市梦芝街道张华王家村 | 26 | 男 | 1945 年 8 月 |
| 王春芳 | 招远市夏甸镇东河南村 | 20 | 男 | 1945 年 8 月 |
| 赵克盛 | 招远市夏甸镇官里庄村 | 31 | 男 | 1945 年 8 月 |
| 张立堂 | 招远市夏甸镇小李家沟村 | 22 | 男 | 1945 年 8 月 |
| 王敬庭 | 招远市齐山镇道头东村 | 38 | 男 | 1945 年 8 月 |
| 李 平 | 招远市齐山镇前仓村 | 18 | 男 | 1945 年 8 月 |
| 刘彦春 | 招远市齐山镇迟家沟村 | 23 | 男 | 1945 年 8 月 |
| 汪新才 | 招远市齐山镇汪家院村 | 17 | 男 | 1945 年 8 月 |
| 郭瑞伍 | 招远市辛庄镇大董家村 | 18 | 男 | 1945 年 8 月 |
| 王进朋 | 招远市张星镇小疃村 | 48 | 男 | 1945 年秋 |
| 王言明 | 招远市大秦家镇孙家村 | — | 男 | 1945 年秋 |
| 陈德春 | 招远市齐山镇张秀家村 | 25 | 男 | 1945 年 |
| 刘玉宝 | 招远市金岭镇上刘家村 | 21 | 男 | 1945 年 |
| 臧付耕 | 招远市夏甸镇臧家村 | 22 | 男 | 1945 年 |
| 李炳增 | 招远市开发区单家村 | 20 | 男 | 1945 年 |
| 杨日山 | 招远市罗峰街道石门孟家村 | 18 | 男 | 1945 年 |
| 王寿朋 | 招远市张星镇于家岚村 | 22 | 男 | 1945 年 |
| 孙万乐 | 招远市张星镇槐树庄村 | 21 | 男 | 1945 年 |
| 石美章 | 招远市张星镇北石家村 | 23 | 男 | 1945 年 |
| 田明治 | 招远市张星镇馆前姜家村 | 26 | 男 | 1945 年 |
| 丛茂令 | 招远市张星镇丛家村 | 25 | 男 | 1945 年 |
| 王敬天 | 招远市张星镇大岚村 | 25 | 男 | 1945 年 |
| 王丕吉 | 招远市张星镇大岚村 | 31 | 男 | 1945 年 |
| 王永士 | 招远市张星镇大岚村 | 27 | 男 | 1945 年 |
| 姜维华 | 招远市张星镇北姜家村 | 24 | 男 | 1945 年 |
| 栾美财之妻 | 招远市张星镇栾家河村 | 20 | 女 | 1945 年 |

| 姓 名 | 籍 贯 | 年 龄 | 性 别 | 死难时间 |
|---|---|---|---|---|
| 宋喜臻 | 招远市张星镇年头宋家村 | 35 | 男 | 1945 年 |
| 张启英 | 招远市张星镇馆前张家村 | 30 | 男 | 1945 年 |
| 张孟兰 | 招远市张星镇馆前张家村 | 20 | 男 | 1945 年 |
| 盛万彬 | 招远市张星镇盛家庄村 | — | 男 | 1945 年 |
| 王修桂 | 招远市阜山镇九曲村 | 20 | 男 | 1945 年 |
| 王斗南 | 招远市阜山镇南院庄村 | 23 | 男 | 1945 年 |
| 秦德宾 | 招远市阜山镇秦家沟村 | 33 | 男 | 1945 年 |
| 王风生 | 招远市毕郭镇西霞坞村 | 26 | 男 | 1945 年 |
| 吕德会 | 招远市毕郭镇官地洼村 | 26 | 男 | 1945 年 |
| 王维春 | 招远市大秦家镇东王家庄村 | 19 | 男 | 1945 年 |
| 张日修 | 招远市大秦家镇桥石头村 | 21 | 男 | 1945 年 |
| 路洪元 | 招远市大秦家镇桥石头村 | 20 | 男 | 1945 年 |
| 于芝德 | 招远市金岭镇西店村 | 25 | 男 | 1945 年 |
| 于世方 | 招远市金岭镇中村 | 39 | 男 | 1945 年 |
| 刘云生 | 招远市金岭镇台上村 | 29 | 男 | 1945 年 |
| 李成善 | 招远市金岭镇上夼村 | 35 | 男 | 1945 年 |
| 侯仁处 | 招远市金岭镇山上侯家村 | 23 | 男 | 1945 年 |
| 于志德 | 招远市金岭镇西店村 | 25 | 男 | 1945 年 |
| 刘香云 | 招远市蚕庄镇小河刘家村 | — | 男 | 1945 年 |
| 牟振东 | 招远市蚕庄镇牟家村 | 23 | 男 | 1945 年 |
| 王培招 | 招远市玲珑镇王家村 | 44 | 男 | 1945 年 |
| 高德宝 | 招远市玲珑镇龙泉庄村 | — | 男 | 1945 年 |
| 高德州 | 招远市玲珑镇龙泉庄村 | — | 男 | 1945 年 |
| 吕天升 | 招远市泉山街道北坞党村 | — | 男 | 1945 年 |
| 杨方大 | 招远市夏甸镇巨岩村 | — | 男 | 1945 年 |
| 刘家庆 | 招远市夏甸镇大庄子村 | 29 | 男 | 1945 年 |
| 刘福坤 | 招远市夏甸村西河南村 | 26 | 男 | 1945 年 |
| 董洪信 | 招远市夏甸镇下黄家村 | 30 | 男 | 1945 年 |
| 臧寿仙 | 招远市夏甸镇山榛沟村 | 22 | 男 | 1945 年 |
| 臧寿云 | 招远市夏甸镇山榛沟村 | 17 | 男 | 1945 年 |
| 吕永良 | 招远市夏甸镇大丁家村 | 47 | 男 | 1945 年 |
| 兰廷友 | 招远市夏甸镇山前兰家村 | 21 | 男 | 1945 年 |
| 李 堂 | 招远市齐山镇岔道村 | 26 | 男 | 1945 年 |
| 王 芹 | 招远市齐山镇徐家庄村 | 31 | 男 | 1945 年 |

| 姓 名 | 籍 贯 | 年 龄 | 性 别 | 死难时间 |
|---|---|---|---|---|
| 李 胜 | 招远市齐山镇大洼村 | 32 | 男 | 1945 年 |
| 夏广谦 | 招远市齐山镇车家坡村 | 24 | 男 | 1945 年 |
| 原兆义 | 招远市齐山镇大原家村 | 25 | 男 | 1945 年 |
| 杨振德 | 招远市齐山镇孙家院村 | 35 | 男 | 1945 年 |
| 陈文芳 | 招远市辛庄镇马埠庄子村 | 16 | 男 | 1945 年 |
| 宋清浩 | 招远市辛庄镇界沟村 | 27 | 男 | 1945 年 |
| 郑立功 | 招远市辛庄镇白石夼村 | — | 男 | 1945 年 |
| 冯举山 | 招远市辛庄镇马埠庄子村 | — | 男 | 1945 年 |
| 李树德 | 招远市齐山镇道头西村 | — | 男 | — |
| 路振明 | 招远市罗峰街道丁家庄子村 | 50 | 男 | — |
| 李焕更 | 招远市罗峰街道丁家庄子村 | 50 | 男 | — |
| 杨德元 | 招远市罗峰街道丁家庄子村 | — | 男 | — |
| 李洪庆 | 招远市罗峰街道西观村 | 35 | 男 | — |
| 李洪云 | 招远市罗峰街道西观村 | 26 | 男 | — |
| 张瑞贤之母 | 招远市张星镇埠南张家村 | — | 女 | — |
| 王日芳 | 招远市毕郭镇程家洼村 | 29 | 男 | — |
| 王炳全 | 招远市毕郭镇东杨格庄村 | — | 男 | — |
| 董振升 | 招远市金岭镇南截村 | 30 | 男 | — |
| 董延银 | 招远市金岭镇南截村 | 33 | 男 | — |
| 于春城 | 招远市金岭镇埠南村 | 23 | 男 | — |
| 邵殿祥 | 招远市金岭镇埠南村 | 31 | 男 | — |
| 邵建起 | 招远市金岭镇埠南村 | — | 男 | — |
| 杨发仁之子 | 招远市金岭镇原疃村 | 10 | 男 | — |
| 冯维河 | 招远市蚕庄镇灵山冯家村 | 24 | 男 | — |
| 冯台连 | 招远市蚕庄镇灵山冯家村 | 21 | 男 | — |
| 蒋万生 | 招远市玲珑镇大蒋家村 | — | 男 | — |
| 高书梓 | 招远市玲珑镇高家疃村 | — | 男 | — |
| 李书言 | 招远市玲珑镇高家疃村 | — | 男 | — |
| 高天寿 | 招远市玲珑镇高家疃村 | — | 男 | — |
| 高天锡 | 招远市玲珑镇高家疃村 | — | 男 | — |
| 蒋万滕 | 招远市玲珑镇大蒋家村 | — | 男 | — |
| 闫复安 | 招远市梦芝街道黄土崖村 | 19 | 男 | — |
| 王云寨 | 招远市梦芝街道黄土崖村 | 19 | 男 | — |
| 王保熙 | 招远市梦芝街道黄土崖村 | 20 | 男 | — |

| 姓 名 | 籍 贯 | 年 龄 | 性 别 | 死难时间 |
|---|---|---|---|---|
| 于振络 | 招远市泉山街道南关东村 | — | 男 | — |
| 刘善彦 | 招远市夏甸镇道北庄子村 | — | 男 | — |
| 徐元顺 | 招远市夏甸镇勾下店村 | — | 男 | — |
| 曹洪谟 | 招远市夏甸镇勾下店村 | — | 男 | — |
| 杨龙进 | 招远市夏甸镇勾下店村 | — | 男 | — |
| 高锡宝 | 招远市齐山镇铁夼村 | 32 | 男 | — |
| 宋国文 | 招远市辛庄镇大宋家村 | — | 男 | — |
| 康义山 | 招远市辛庄镇前康家村 | 22 | 男 | — |
| 杨青军 | 招远市齐山镇西肇甲沟村 | — | 男 | — |
| 王焕增 | 招远市张星镇小贾家村 | 30 | 男 | — |
| 张登科 | 招远市梦芝街道城西王家 | 38 | 男 | 1940 年 5 月 |
| 刘建启之婶 | 招远市大秦家镇朱范村 | 49 | 女 | 1942 年 6 月 |
| 张书举 | 招远市齐山镇北周家村 | 30 | 男 | 1942 年 12 月 |
| 王德顺 | 招远市齐山镇北周家村 | — | 男 | 1942 年 12 月 |
| 安振忠 | 招远市张星镇狗山李家村 | 36 | 男 | 1942 年 |
| 李进友 | 招远市齐山镇岔道村 | 41 | 男 | 1942 年 |
| 兰廷发 | 招远市夏甸镇山前兰家村 | 65 | 男 | 1943 年 2 月 |
| 兰茂德 | 招远市夏甸镇山前兰家村 | 40 | 男 | 1943 年 2 月 |
| 兰茂仁 | 招远市夏甸镇山前兰家村 | 34 | 男 | 1943 年 2 月 |
| 温 氏 | 招远市夏甸镇山前兰家村 | 55 | 女 | 1943 年 2 月 |
| 兰 × | 招远市夏甸镇山前兰家村 | 15 | 女 | 1943 年 2 月 |
| 杨排风之女 | 招远市梦芝街道张家庵村 | — | 女 | 1943 年 |
| 曲锡彬 | 招远市张星镇曲家村 | — | 男 | 1944 年 5 月 |
| 合 计 | 2264 | | | |

责任人：李永民　于旭光　　　　核实人：郭　彬　王灵臣　　　　填表人：曲见彰　王灵臣
填报单位（签章）：招远市委党史研究室　　　　　　　　　填报时间：2009 年 4 月 23 日

# 栖霞市抗日战争时期死难者名录

| 姓 名 | 籍 贯 | 年龄 | 性别 | 死难时间 |
|---|---|---|---|---|
| 张以堂 | 栖霞市蛇窝泊乡辛家夼村 | 18 | 男 | 1938 年 |
| 张以堂之母 | 栖霞市蛇窝泊乡辛家夼村 | — | 女 | 1938 年 |
| 慕×× | 龙口市 | — | — | 1938 年 3 月 26 日 |
| 慕×× | 龙口市 | — | — | 1938 年 3 月 26 日 |
| 慕×× | 龙口市 | — | — | 1938 年 3 月 26 日 |
| 李顺亭之母 | 栖霞市蛇窝泊乡蛇窝泊村 | — | 女 | 1938 年 3 月 26 日 |
| 李顺亭之妹 | 栖霞市蛇窝泊乡蛇窝泊村 | — | 女 | 1938 年 3 月 26 日 |
| 刘世云 | 栖霞市桃村镇芋头夼村 | 32 | 男 | 1938 年 9 月 2 日 |
| 刘世云之妻 | 栖霞市桃村镇芋头夼村 | 30 | 女 | 1938 年 9 月 2 日 |
| 刘世云之女 | 栖霞市桃村镇芋头夼村 | — | 女 | 1938 年 9 月 2 日 |
| 刘世福 | 栖霞市桃村镇芋头夼村 | 60 | 男 | 1938 年 9 月 2 日 |
| 刘 卫 | 栖霞市桃村镇芋头夼村 | 60 | 男 | 1938 年 9 月 2 日 |
| 刘玉斋 | 栖霞市桃村镇芋头夼村 | 6 | 男 | 1938 年 9 月 2 日 |
| 唐桂德 | 栖霞市桃村镇唐家沟村 | 12 | 男 | 1938 年 9 月 |
| 唐桂发 | 栖霞市桃村镇唐家沟村 | 32 | 男 | 1938 年 9 月 |
| 唐玉美 | 栖霞市桃村镇唐家沟村 | 28 | 女 | 1938 年 9 月 |
| 唐玉美之母 | 栖霞市桃村镇唐家沟村 | — | 女 | 1938 年 9 月 |
| 史执普 | 栖霞市官道镇大丁家村 | 58 | 男 | 1938 年 11 月 28 日 |
| 张洪我 | 栖霞市经济开发区大潘家村 | 36 | 男 | 1938 年 11 月 |
| 潘云秀 | 栖霞市经济开发区大潘家村 | 18 | 女 | 1938 年 11 月 |
| 潘云丽 | 栖霞市经济开发区大潘家村 | 14 | 女 | 1938 年 11 月 |
| 潘金荣 | 栖霞市经济开发区大潘家村 | 19 | 男 | 1938 年 11 月 |
| 孙耀玉 | 栖霞市蛇窝泊乡段庄村 | 30 | 男 | 1938 年 |
| 孙树宝 | 栖霞市蛇窝泊乡段庄村 | 27 | 男 | 1938 年 |
| 吴忠田 | 栖霞市松山镇上艾口村 | 44 | 男 | 1938 年 |
| 崔英杰 | 栖霞市松山镇新店村 | 24 | 男 | 1938 年 |
| 崔宝尊 | 栖霞市松山镇新店村 | 24 | 男 | 1938 年 |
| 王福天 | 栖霞市苏家店镇苏家店村 | 60 | 男 | 1938 年 |
| 李全武 | 栖霞市寺口镇南邴家村 | 32 | 男 | 1939 年 2 月 |
| 蔡孙氏 | 栖霞市唐家泊镇东野村 | 51 | 女 | 1939 年 3 月 |
| 蔡玉祥 | 栖霞市唐家泊镇东野村 | — | 男 | 1939 年 3 月 |

| 姓 名 | 籍 贯 | 年 龄 | 性 别 | 死难时间 |
|---|---|---|---|---|
| 董刘氏 | 栖霞市翠屏乡城关村 | — | 女 | 1939 年春 |
| 刘德保 | 栖霞市蛇窝泊乡窝乐村 | 58 | 男 | 1939 年春 |
| 李丰江 | 栖霞市臧家庄乡北花园村 | 36 | 男 | 1939 年 5 月 6 日 |
| 隋 爽 | 栖霞市官道镇大花园村 | 45 | 男 | 1939 年 5 月 |
| 隋 芹 | 栖霞市官道镇大花园村 | 48 | 男 | 1939 年 8 月 |
| 王 悦 | 栖霞市观里乡城子沟村 | 21 | 男 | 1939 年 9 月 |
| 于义芝 | 栖霞市翠屏乡城关村 | 20 | 男 | 1939 年秋 |
| 曲英韶 | 栖霞市观里乡曲家村 | — | 男 | 1939 年秋 |
| 邴喜朋之妻 | 栖霞市寺口镇邴家村 | 28 | 女 | 1939 年秋 |
| 邴喜朋之女 | 栖霞市寺口镇邴家村 | 1 | 女 | 1939 年秋 |
| 李勇川 | 栖霞市寺口镇下邴家村 | 23 | 男 | 1939 年秋 |
| 王树学 | 栖霞市亭口镇寨山夼村 | 32 | 男 | 1939 年 10 月 |
| 柳殿奎 | 栖霞市寺口镇下王格子村 | 27 | 男 | 1939 年 11 月 30 日 |
| 柳殿义 | 栖霞市寺口镇下王格子村 | 25 | 男 | 1939 年 11 月 30 日 |
| 徐占民 | 栖霞市官道镇孙家洼村 | 18 | 男 | 1939 年 11 月 |
| 史春玉 | 栖霞市官道镇小花园村 | 21 | 男 | 1939 年 11 月 |
| 史考山 | 栖霞市官道镇小花园村 | 60 | 男 | 1939 年 11 月 |
| 闫王蛋 | 栖霞市寺口镇灵山村 | 8 | 男 | 1939 年 11 月 |
| 柳喜强 | 栖霞市寺口镇西庄子村 | 60 | 男 | 1939 年 11 月 |
| 李 松 | 栖霞市翠屏乡南富源村 | 30 | 男 | 1939 年 |
| 慕保贤 | 栖霞市观里乡东南庄村 | 20 | 男 | 1939 年 |
| 史国春 | 栖霞市观里乡小寨村 | 21 | 男 | 1939 年 |
| 卢明相 | 栖霞市蛇窝泊乡东孙家庄村 | 30 | 男 | 1939 年 |
| 闫 爽 | 栖霞市寺口镇缴沟村 | 26 | 男 | 1939 年 |
| 王宝芹 | 栖霞市松山镇虎龙口村 | 82 | 男 | 1939 年 |
| 郝京胜 | 栖霞市松山镇上艾口村 | 45 | 男 | 1939 年 |
| 崔宝章 | 栖霞市松山镇新店村 | 30 | 男 | 1939 年 |
| 崔金祥 | 栖霞市松山镇新店村 | 30 | 男 | 1939 年 |
| 崔绍民 | 栖霞市松山镇新房村 | 45 | 男 | 1939 年 |
| 崔宝永 | 栖霞市松山镇新房村 | 30 | 男 | 1939 年 |
| 崔福贵 | 栖霞市松山镇新房村 | 30 | 男 | 1939 年 |
| 王永芳 | 栖霞市杨础乡王家庄村 | 33 | 男 | 1939 年 |
| 王金舵 | 栖霞市杨础乡王家庄村 | 45 | 男 | 1939 年 |
| 高文奎 | 栖霞市臧家庄乡百佛院村 | 35 | 男 | 1939 年 |

| 姓 名 | 籍 贯 | 年 龄 | 性 别 | 死难时间 |
|---|---|---|---|---|
| 朱 海 | 栖霞市中桥乡燕地村 | 40 | 男 | 1939 年 |
| 李成俭 | 栖霞市庄园街道北岩子口村 | — | 男 | 1939 年 |
| 牟 瑛 | 栖霞市庄园街道马耳岙村 | 35 | 男 | 1939 年 |
| 林 枝 | 栖霞市中桥乡小夼村 | — | 男 | 1940 年 2 月 8 日 |
| 林培庆 | 栖霞市中桥乡小夼村 | 16 | 男 | 1940 年 2 月 8 日 |
| 林应法 | 栖霞市中桥乡小夼村 | — | 男 | 1940 年 2 月 8 日 |
| 林修本 | 栖霞市中桥乡小夼村 | 16 | 男 | 1940 年 2 月 8 日 |
| 孙秀英 | 栖霞市中桥乡小夼村 | — | 女 | 1940 年 2 月 8 日 |
| 小 店 | 栖霞市中桥乡小夼村 | 16 | 女 | 1940 年 2 月 8 日 |
| 战喜贵 | 栖霞市寺口镇塔山村 | 73 | 男 | 1940 年 2 月 |
| 战 同 | 栖霞市寺口镇塔山村 | 63 | 男 | 1940 年 2 月 |
| 王精丑 | 栖霞市亭口镇占疃村 | 35 | 男 | 1940 年 2 月 |
| 郝正之母 | 栖霞市翠屏乡店西沟村 | 30 | 女 | 1940 年春 |
| 刘春经 | 栖霞市苏家店镇前寨村 | — | 男 | 1940 年 4 月 |
| 张书芹 | 栖霞市官道镇邢家阁村 | 26 | 男 | 1940 年 5 月 6 日 |
| 张书田 | 栖霞市官道镇邢家阁村 | 26 | 男 | 1940 年 5 月 6 日 |
| 张书岐 | 栖霞市官道镇邢家阁村 | 29 | 男 | 1940 年 5 月 6 日 |
| 张书雨 | 栖霞市官道镇邢家阁村 | 26 | 男 | 1940 年 5 月 6 日 |
| 张书明 | 栖霞市官道镇邢家阁村 | 30 | 男 | 1940 年 5 月 6 日 |
| 张京山 | 栖霞市官道镇邢家阁村 | 31 | 男 | 1940 年 5 月 6 日 |
| 葛维恒 | 栖霞市官道镇邢家阁村 | 41 | 男 | 1940 年 5 月 6 日 |
| 郑庆新 | 栖霞市官道镇邢家阁村 | 49 | 男 | 1940 年 5 月 6 日 |
| 郑鸿文 | 栖霞市官道镇邢家阁村 | 30 | 男 | 1940 年 5 月 6 日 |
| 郑寿文 | 栖霞市官道镇邢家阁村 | 30 | 男 | 1940 年 5 月 6 日 |
| 栾朋高 | 栖霞市官道镇邢家阁村 | 35 | 男 | 1940 年 5 月 6 日 |
| 邢志义 | 栖霞市官道镇邢家阁村 | 27 | 男 | 1940 年 5 月 6 日 |
| 史 彬 | 栖霞市官道镇邢家阁村 | 28 | 男 | 1940 年 5 月 6 日 |
| 史德礼 | 栖霞市官道镇邢家阁村 | 35 | 男 | 1940 年 5 月 6 日 |
| 郑松文 | 栖霞市官道镇邢家阁村 | 35 | 男 | 1940 年 5 月 6 日 |
| 衣 江 | 栖霞市官道镇邢家阁村 | 23 | 男 | 1940 年 5 月 6 日 |
| 衣 河 | 栖霞市官道镇邢家阁村 | 12 | 男 | 1940 年 5 月 6 日 |
| 张书金 | 栖霞市官道镇邢家阁村 | 42 | 男 | 1940 年 5 月 6 日 |
| 张书奎 | 栖霞市官道镇邢家阁村 | 29 | 男 | 1940 年 5 月 6 日 |
| 陈李氏 | 栖霞市寺口镇西刘家沟村 | 29 | 女 | 1940 年 5 月 |

| 姓　名 | 籍　贯 | 年　龄 | 性　别 | 死难时间 |
|---|---|---|---|---|
| 陈　× | 栖霞市寺口镇西刘家沟村 | 13 | 女 | 1940 年 5 月 |
| 陈　平 | 栖霞市寺口镇西刘家沟村 | 22 | 男 | 1940 年 5 月 |
| 史学山 | 栖霞市观里乡辛庄村 | 22 | 男 | 1940 年 6 月 3 日 |
| 史宝民 | 栖霞市观里乡辛庄村 | 25 | 男 | 1940 年 6 月 3 日 |
| 刁维轮 | 栖霞市苏家店镇后寨村 | 51 | 男 | 1940 年 6 月 |
| 刁维新 | 栖霞市苏家店镇后寨村 | 48 | 男 | 1940 年 6 月 |
| 刁元吉 | 栖霞市苏家店镇后寨村 | 15 | 男 | 1940 年 6 月 |
| 杨得显 | 栖霞市苏家店镇后寨村 | 45 | 男 | 1940 年 6 月 |
| 杨展春 | 栖霞市苏家店镇后寨村 | 48 | 男 | 1940 年 6 月 |
| 杨展朴 | 栖霞市苏家店镇后寨村 | 42 | 男 | 1940 年 6 月 |
| 杨殿祯 | 栖霞市苏家店镇后寨村 | 40 | 男 | 1940 年 6 月 |
| 杨德基 | 栖霞市苏家店镇后寨村 | 21 | 男 | 1940 年 6 月 |
| 王　氏 | 栖霞市苏家店镇后寨村 | 38 | 女 | 1940 年 6 月 |
| 王建国 | 栖霞市苏家店镇缴格庄村 | — | 男 | 1940 年 6 月 |
| 柳宝安 | 栖霞市桃村镇大庄头村 | 38 | 男 | 1940 年 8 月 2 日 |
| 柳志修 | 栖霞市桃村镇大庄头村 | 23 | 男 | 1940 年 8 月 2 日 |
| 柳见德 | 栖霞市桃村镇大庄头村 | 28 | 男 | 1940 年 8 月 2 日 |
| 柳宝德 | 栖霞市桃村镇大庄头村 | 72 | 男 | 1940 年 8 月 2 日 |
| 柳玉亨 | 栖霞市桃村镇大庄头村 | 22 | 男 | 1940 年 8 月 2 日 |
| 柳宝恒 | 栖霞市桃村镇大庄头村 | 40 | 男 | 1940 年 8 月 2 日 |
| 柳宝征 | 栖霞市桃村镇大庄头村 | 42 | 男 | 1940 年 8 月 2 日 |
| 柳见喜 | 栖霞市桃村镇大庄头村 | 40 | 男 | 1940 年 8 月 2 日 |
| 桑桂花 | 栖霞市桃村镇大庄头村 | 42 | 女 | 1940 年 8 月 2 日 |
| 胡玉花 | 栖霞市桃村镇大庄头村 | 80 | 女 | 1940 年 8 月 2 日 |
| 慕　光 | 栖霞市观里乡慕家泊村 | 40 | 男 | 1940 年 8 月 |
| 赵为信 | 栖霞市桃村镇新庄村 | 45 | 男 | 1940 年 8 月 |
| 李　福 | 栖霞市桃村镇清香崮村 | 52 | 男 | 1940 年 9 月 2 日 |
| 胡德耳 | 栖霞市桃村镇清香崮村 | 57 | 男 | 1940 年 9 月 2 日 |
| 胡万忠 | 栖霞市桃村镇清香崮村 | 50 | 男 | 1940 年 9 月 2 日 |
| 胡玉文 | 栖霞市桃村镇清香崮村 | 50 | 男 | 1940 年 9 月 2 日 |
| 王仁卿 | 栖霞市蛇窝泊乡榆子村 | 28 | 男 | 1940 年 9 月 27 日 |
| 高恩京 | 栖霞市桃村镇桃村夼村 | 61 | 男 | 1940 年 9 月 |
| 孙　氏 | 栖霞市桃村镇虎路夼村 | 37 | 女 | 1940 年 9 月 |
| 高美花 | 栖霞市桃村镇虎路夼村 | 35 | 女 | 1940 年 9 月 |

| 姓 名 | 籍 贯 | 年 龄 | 性 别 | 死难时间 |
|---|---|---|---|---|
| 冯广周 | 栖霞市桃村镇康家村 | 43 | 男 | 1940 年 9 月 |
| 范忠桂 | 栖霞市桃村镇上崖头村 | 50 | 男 | 1940 年 9 月 |
| 胡等花之妻 | 栖霞市桃村镇上郁都村 | 42 | 女 | 1940 年 9 月 |
| 胡等花之女 | 栖霞市桃村镇上郁都村 | 7 | 女 | 1940 年 9 月 |
| 刘典永 | 栖霞市桃村镇西下夼村 | 50 | 男 | 1940 年 9 月 |
| 刘文修 | 栖霞市桃村镇西下夼村 | 26 | 男 | 1940 年 9 月 |
| 王新朋 | 栖霞市寺口镇西刘家庄村 | 22 | 男 | 1940 年秋 |
| 赵福胜 | 栖霞市寺口镇西刘家庄村 | 25 | 男 | 1940 年秋 |
| 于 秋 | 栖霞市寺口镇于家寨村 | 56 | 男 | 1940 年秋 |
| 王忠德 | 栖霞市桃村镇峨山庄村 | 41 | 男 | 1940 年秋 |
| 徐茂德 | 栖霞市桃村镇峨山庄村 | 45 | 男 | 1940 年秋 |
| 王忠喜 | 栖霞市桃村镇峨山庄村 | 52 | 男 | 1940 年秋 |
| 徐占福 | 栖霞市桃村镇峨山庄村 | 41 | 男 | 1940 年秋 |
| 刘永浩之妻 | 栖霞市桃村镇峨山庄村 | 31 | 女 | 1940 年秋 |
| 冯玉美 | 栖霞市苏家店镇杨家桥村 | 30 | 男 | 1940 年 10 月 |
| 王守亭 | 栖霞市寺口镇台前村 | 27 | 男 | 1940 年冬 |
| 史忠智 | 栖霞市官道镇杨树泊村 | 20 | 男 | 1940 年 |
| 陈华元 | 栖霞市庙后镇下郓夼村 | 50 | 男 | 1940 年 |
| 闫湖章 | 栖霞市寺口镇缴沟村 | 31 | 男 | 1940 年 |
| 闫国方 | 栖霞市寺口镇缴沟村 | 27 | 男 | 1940 年 |
| 张 盼 | 栖霞市寺口镇孟家沟村 | 17 | 男 | 1940 年 |
| 孟兆信 | 栖霞市寺口镇孟家沟村 | 29 | 男 | 1940 年 |
| 孟兆民 | 栖霞市寺口镇孟家沟村 | 24 | 男 | 1940 年 |
| 李海棠 | 栖霞市寺口镇山口耩村 | 5 | 女 | 1940 年 |
| 战兴柱 | 栖霞县寺口镇战家村 | 61 | 男 | 1940 年 |
| 战科发 | 栖霞县寺口镇战家村 | 52 | 男 | 1940 年 |
| 柳明昌 | 栖霞县寺口镇战家村 | 20 | 男 | 1940 年 |
| 李文高 | 栖霞县寺口镇战家村 | 15 | 男 | 1940 年 |
| 李忠行之女 | 栖霞县寺口镇战家村 | 7 | 女 | 1940 年 |
| 牟云川 | 栖霞市松山镇代家村 | 84 | 男 | 1940 年 |
| 郝振堂 | 栖霞市松山镇上芝口村 | 33 | 男 | 1940 年 |
| 孙树彬 | 栖霞市松山镇上芝口村 | 24 | 男 | 1940 年 |
| 孙成义 | 栖霞市松山镇上芝口村 | 21 | 男 | 1940 年 |
| 杨振兴 | 栖霞市松山镇上芝口村 | 65 | 男 | 1940 年 |

| 姓 名 | 籍 贯 | 年 龄 | 性 别 | 死难时间 |
|---|---|---|---|---|
| 杨宝奎 | 栖霞市松山镇上艾口村 | 37 | 男 | 1940 年 |
| 姜有全 | 栖霞市苏家店镇姜家村 | 18 | 男 | 1940 年 |
| 姜中芹 | 栖霞市苏家店镇姜家村 | — | 男 | 1940 年 |
| 闫永彩 | 栖霞市苏家店镇曲家沟村 | 26 | 女 | 1940 年 |
| 苏殿文 | 栖霞市苏家店镇苏家店村 | 28 | 男 | 1940 年 |
| 孙中孟 | 栖霞市桃村镇桃村 | 31 | 男 | 1940 年 |
| 孙×× | 栖霞市桃村镇桃村 | 56 | 男 | 1940 年 |
| 孙×× | 栖霞市桃村镇桃村 | 62 | 男 | 1940 年 |
| 孙中玺之妻 | 栖霞市桃村镇桃村 | 60 | 女 | 1940 年 |
| 孙哈谦 | 栖霞市桃村镇桃村 | 29 | 男 | 1940 年 |
| 孙吉兴 | 栖霞市桃村镇桃村 | 20 | 男 | 1940 年 |
| 孙中义 | 栖霞市桃村镇桃村 | 60 | 男 | 1940 年 |
| 孙玉敏 | 栖霞市桃村镇桃村 | 18 | 男 | 1940 年 |
| 孙玉晨 | 栖霞市桃村镇桃村 | 6 | 男 | 1940 年 |
| 孙 氏 | 栖霞市桃村镇桃村 | 48 | 女 | 1940 年 |
| 孙太君 | 栖霞市桃村镇桃村 | 68 | 女 | 1940 年 |
| 宋德福 | 栖霞市西城乡徐家沟村 | 24 | 男 | 1940 年 |
| 孙有信 | 栖霞市杨础乡埠头村 | — | 男 | 1940 年 |
| 刘 落 | 栖霞市杨础乡埠头村 | — | 男 | 1940 年 |
| 李 文 | 栖霞市杨础乡东李家庄村 | 24 | 男 | 1940 年 |
| 李 玉 | 栖霞市杨础乡东李家庄村 | 22 | 男 | 1940 年 |
| 林长安 | 栖霞市杨础乡文口村 | 26 | 男 | 1940 年 |
| 高大儒 | 栖霞市臧家庄乡百佛院村 | 31 | 男 | 1940 年 |
| 李明东 | 栖霞市臧家庄乡丰粟村 | 38 | 男 | 1940 年 |
| 王守正 | 栖霞市松山镇北路沟村 | 25 | 男 | 1940 年 |
| 路仁风 | 栖霞市松山镇北路沟村 | 23 | — | 1940 年 |
| 路光珍 | 栖霞市松山镇北路沟村 | 25 | — | 1940 年 |
| 韩路氏 | 栖霞市松山镇北路沟村 | 35 | 女 | 1940 年 |
| 吕方义 | 栖霞市中桥乡水道观村 | 20 | 男 | 1940 年 |
| 于 颜 | 栖霞市庄园街道大卧龙村 | — | 男 | 1940 年 |
| 李成修 | 栖霞市唐家泊镇上牛蹄夼村 | 25 | 男 | 1941 年 3 月 |
| 王同明 | 栖霞市中桥乡水道观村 | — | 男 | 1941 年春 |
| 韩克荣 | 栖霞市苏家店镇大韩家村 | 42 | 男 | 1941 年春 |
| 韩殿慈 | 栖霞市苏家店镇大韩家村 | 28 | 男 | 1941 年春 |

| 姓　名 | 籍　贯 | 年　龄 | 性　别 | 死难时间 |
|---|---|---|---|---|
| 韩国玺之儿媳 | 栖霞市苏家店镇大韩家村 | 30 | 女 | 1941 年春 |
| 韩延道之姐 | 栖霞市苏家店镇大韩家村 | 18 | 女 | 1941 年春 |
| 韩殿寿 | 栖霞市苏家店镇大韩家村 | 31 | 男 | 1941 年春 |
| 潘文燃 | 栖霞市苏家店镇赵格庄村 | — | 男 | 1941 年 4 月 8 日 |
| 姜　机 | 栖霞市苏家店镇赵格庄村 | — | 男 | 1941 年 4 月 8 日 |
| 王富恕 | 栖霞市苏家店镇前寨村 | 25 | 男 | 1941 年 4 月 |
| 姜　氏 | 栖霞市苏家店镇前寨村 | — | 女 | 1941 年 4 月 |
| 黄启云 | 栖霞市亭口镇黄家沟村 | 52 | 男 | 1941 年 4 月 |
| 王金斗 | 栖霞市西城乡初格庄村 | — | 男 | 1941 年 5 月 19 日 |
| 周天财 | 栖霞市林家村 | — | 男 | 1941 年 5 月 19 日 |
| 潘　芝 | 栖霞市苏家店镇赵格庄村 | — | 男 | 1941 年 6 月 |
| 梁国梅 | 栖霞市苏家店镇赵格庄村 | — | 男 | 1941 年 6 月 |
| 王兴轮 | 栖霞市苏家店镇赵格庄村 | — | 男 | 1941 年 6 月 |
| 周付金 | 栖霞市观里乡宋格庄村 | 7 | 男 | 1941 年 7 月 16 日 |
| 曹德海 | 栖霞市苏家店镇曹高家村 | 38 | 男 | 1941 年 7 月 28 日 |
| 曹太先 | 栖霞市苏家店镇曹高家村 | 37 | 男 | 1941 年 7 月 28 日 |
| 大　关 | 栖霞市苏家店镇曹高家村 | 39 | 男 | 1941 年 7 月 28 日 |
| 吴××　 | 栖霞市苏家店镇曹高家村 | — | 男 | 1941 年 7 月 28 日 |
| 赵××　 | 栖霞市苏家店镇曹高家村 | — | 男 | 1941 年 7 月 28 日 |
| 蔡　氏 | 栖霞市苏家店镇曹高家村 | 60 | 女 | 1941 年 7 月 28 日 |
| 韩寿昌 | 栖霞市苏家店镇马耳岙村 | 21 | 男 | 1941 年 7 月 29 日 |
| 路月南 | 栖霞市松山镇小路家村 | — | 男 | 1941 年 7 月 |
| 王　江 | 栖霞市苏家店镇前寨村 | 23 | 男 | 1941 年 7 月 |
| 郝显玉 | 栖霞市松山镇郝家楼村 | 20 | 男 | 1941 年 9 月 |
| 孙楚醒 | 栖霞市亭口镇洛士相村 | 23 | 男 | 1941 年 9 月 |
| 刘若尧 | 栖霞市臧家庄乡苇夼村 | 45 | 男 | 1941 年 9 月 |
| 王守亭 | 栖霞市寺口镇草沟村 | 30 | 男 | 1941 年秋 |
| 王忠基 | 栖霞市寺口镇草沟村 | 30 | 男 | 1941 年秋 |
| 王京勋之姨奶 | 栖霞市寺口镇草沟村 | 50 | 女 | 1941 年秋 |
| 王忠富 | 栖霞市寺口镇草沟村 | 40 | 男 | 1941 年秋 |
| 马友松 | 栖霞市寺口镇花园泊村 | 40 | 男 | 1941 年秋 |
| 马友松之子 | 栖霞市寺口镇花园泊村 | 21 | 男 | 1941 年秋 |
| 马友松之侄 | 栖霞市寺口镇花园泊村 | 18 | 男 | 1941 年秋 |
| 高凤武 | 栖霞市寺口镇塔山村 | 70 | 男 | 1941 年秋 |

| 姓　名 | 籍　贯 | 年　龄 | 性　别 | 死难时间 |
|---|---|---|---|---|
| 高振南 | 栖霞市寺口镇塔山村 | 45 | 男 | 1941 年秋 |
| 邴上功 | 栖霞市苏家店镇集东沟村 | — | 男 | 1941 年 10 月 |
| 邴玉树 | 栖霞市苏家店镇集东沟村 | — | 男 | 1941 年 10 月 |
| 吴振亭 | 栖霞市苏家店镇集东沟村 | — | 男 | 1941 年 10 月 |
| 吴可选之妻 | 栖霞市苏家店镇集东沟村 | — | 女 | 1941 年 10 月 |
| 吴振富之父 | 栖霞市苏家店镇集东沟村 | — | 男 | 1941 年 10 月 |
| 吴振田 | 栖霞市苏家店镇集东沟村 | — | 女 | 1941 年 10 月 |
| 苏德良 | 栖霞市苏家店镇苏家庄村 | 50 | 男 | 1941 年 11 月 1 日 |
| 苏学国 | 栖霞市苏家店镇苏家庄村 | 70 | 男 | 1941 年 11 月 1 日 |
| 陈　氏 | 栖霞市苏家店镇苏家庄村 | 58 | 女 | 1941 年 11 月 1 日 |
| 王福天 | 栖霞市苏家店镇苏家庄村 | 60 | 男 | 1941 年 11 月 1 日 |
| 庄福录 | 栖霞市苏家店镇苏家庄村 | 50 | 男 | 1941 年 11 月 1 日 |
| 王福树 | 栖霞市苏家店镇苏家庄村 | 40 | 男 | 1941 年 11 月 1 日 |
| 孟庆林 | 栖霞市寺口镇孟家沟村 | 30 | 男 | 1941 年 11 月 10 日 |
| 张典青 | 栖霞市寺口镇孟家沟村 | 64 | 男 | 1941 年 11 月 10 日 |
| 孟大泉 | 栖霞市寺口镇孟家沟村 | 10 | 女 | 1941 年 11 月 10 日 |
| 李丰臣 | 栖霞市唐家泊镇李家庄村 | 40 | 男 | 1941 年 11 月 13 日 |
| 李兹荣 | 栖霞市唐家泊镇李家庄村 | 33 | 男 | 1941 年 11 月 13 日 |
| 李兹荣之子 | 栖霞市唐家泊镇李家庄村 | 4 | 男 | 1941 年 11 月 13 日 |
| 李兹仁 | 栖霞市唐家泊镇李家庄村 | 27 | 男 | 1941 年 11 月 13 日 |
| 李蔡氏 | 栖霞市唐家泊镇李家庄村 | 26 | 女 | 1941 年 11 月 13 日 |
| 李兹起 | 栖霞市唐家泊镇李家庄村 | 34 | 男 | 1941 年 11 月 13 日 |
| 李召法 | 栖霞市唐家泊镇李家庄村 | 28 | 男 | 1941 年 11 月 13 日 |
| 李　瑛 | 栖霞市唐家泊镇李家庄村 | 24 | 女 | 1941 年 11 月 13 日 |
| 李潘氏 | 栖霞市唐家泊镇李家庄村 | 40 | 女 | 1941 年 11 月 13 日 |
| 李兹起之子 | 栖霞市唐家泊镇李家庄村 | 3 | 男 | 1941 年 11 月 13 日 |
| 衣凤君 | 栖霞市唐家泊镇李家庄村 | 33 | 女 | 1941 年 11 月 13 日 |
| 衣凤君之子 | 栖霞市唐家泊镇李家庄村 | 3 | 男 | 1941 年 11 月 13 日 |
| 李张氏 | 栖霞市唐家泊镇李家庄村 | 31 | 女 | 1941 年 11 月 13 日 |
| 李张氏之子 | 栖霞市唐家泊镇李家庄村 | 1 | 男 | 1941 年 11 月 13 日 |
| 刁连汉 | 栖霞市寺口镇大榆庄村 | — | 男 | 1941 年 11 月 |
| 孙官清 | 栖霞市桃村镇白马庄村 | 42 | 男 | 1941 年 11 月 |
| 孙青春 | 栖霞市桃村镇白马庄村 | 38 | 男 | 1941 年 11 月 |
| 张　Ｘ | 栖霞市唐家泊镇下河子村 | 17 | 女 | 1941 年 12 月 |

| 姓　名 | 籍　贯 | 年　龄 | 性　别 | 死难时间 |
|---|---|---|---|---|
| 张文利之母 | 栖霞市唐家泊镇下河子村 | 59 | 女 | 1941 年 12 月 |
| 张云西 | 栖霞市唐家泊镇下河子村 | 58 | 男 | 1941 年 12 月 |
| 张志刚 | 栖霞市唐家泊镇下河子村 | 58 | 男 | 1941 年 12 月 |
| 王　氏 | 栖霞市唐家泊镇下河子村 | 57 | 女 | 1941 年 12 月 |
| 张永亭之母 | 栖霞市唐家泊镇下河子村 | 57 | 女 | 1941 年 12 月 |
| 李　氏 | 栖霞市唐家泊镇下河子村 | 50 | 女 | 1941 年 12 月 |
| 王连山之子 | 栖霞市唐家泊镇下河子村 | 15 | 男 | 1941 年 12 月 |
| 慕德龙 | 栖霞市寺口镇大榆庄村 | — | 男 | 1941 年冬 |
| 慕邴文 | 栖霞市寺口镇大榆庄村 | 30 | 男 | 1941 年冬 |
| 于得新 | 栖霞市寺口镇于家寨村 | 50 | 男 | 1941 年冬 |
| 蛋　蛋 | 栖霞市寺口镇于家寨村 | 12 | 男 | 1941 年冬 |
| 文　章 | 栖霞市寺口镇于家寨村 | 18 | 男 | 1941 年冬 |
| 闫玉亭 | 栖霞市寺口镇于家寨村 | 50 | 男 | 1941 年冬 |
| 闫万田 | 栖霞市寺口镇于家寨村 | 34 | 男 | 1941 年冬 |
| 王　浩 | 栖霞市松山镇西鹿头村 | 28 | 男 | 1941 年冬 |
| 史永活 | 栖霞市观里乡耩后村 | 50 | 男 | 1941 年 |
| 于　安 | 栖霞市观里乡山后泊村 | 34 | 男 | 1941 年 |
| 于宝田 | 栖霞市观里乡山后泊村 | 32 | 男 | 1941 年 |
| 史桂新 | 栖霞市观里乡小寨村 | 27 | 男 | 1941 年 |
| 史国忠 | 栖霞市观里乡小寨村 | 19 | 男 | 1941 年 |
| 张有德 | 栖霞市蛇窝泊镇辛店村 | 40 | 男 | 1941 年 |
| 闫福义 | 栖霞市寺口镇北闫家村 | 22 | 男 | 1941 年 |
| 闫春孝 | 栖霞市寺口镇北闫家村 | 33 | 男 | 1941 年 |
| 崔秋山 | 栖霞市寺口镇院上村 | 26 | 男 | 1941 年 |
| 崔潘武 | 栖霞市寺口镇院上村 | 27 | 男 | 1941 年 |
| 崔梅山 | 栖霞市寺口镇院上村 | 48 | 男 | 1941 年 |
| 崔明山 | 栖霞市寺口镇院上村 | 69 | 男 | 1941 年 |
| 陈宝祥 | 栖霞市寺口镇纸房村 | 52 | 男 | 1941 年 |
| 崔树鼎 | 栖霞市松山镇艾山汤村 | 31 | 男 | 1941 年 |
| 贾云峰 | 栖霞市松山镇赤巷口村 | 21 | 男 | 1941 年 |
| 侯进堂 | 栖霞市松山镇大北庄村 | 20 | 男 | 1941 年 |
| 王桂香 | 栖霞市松山镇公山后村 | 25 | 男 | 1941 年 |
| 王振红 | 栖霞市松山镇公山后村 | 21 | 男 | 1941 年 |
| 邹丰祥 | 栖霞市松山镇客落邹家村 | — | 男 | 1941 年 |

| 姓 名 | 籍 贯 | 年 龄 | 性 别 | 死难时间 |
|---|---|---|---|---|
| 刘×× | 栖霞市松山镇客落邹家村 | — | 男 | 1941 年 |
| 于丰举 | 栖霞市松山镇上艾口村 | 27 | 男 | 1941 年 |
| 吴洪玉 | 栖霞市松山镇上艾口村 | 28 | 男 | 1941 年 |
| 苗中礼 | 栖霞市苏家店镇苗家庄村 | 32 | 男 | 1941 年 |
| 韩太昌 | 栖霞市苏家店镇西店村 | 30 | 男 | 1941 年 |
| 姜农云 | 栖霞市苏家店镇西店村 | 23 | 男 | 1941 年 |
| 蔡世柱 | 栖霞市苏家店镇小蔡家村 | 26 | 男 | 1941 年 |
| 杨学生 | 栖霞市桃村镇灵山夼村 | 30 | 男 | 1941 年 |
| 孙畔兴 | 栖霞市亭口镇复兴村 | 25 | 男 | 1941 年 |
| 崔 公 | 栖霞市西城乡仓上村 | 72 | 男 | 1941 年 |
| 慕德堂 | 栖霞市西城乡大庙后村 | 40 | 男 | 1941 年 |
| 孙 修 | 栖霞市西城乡岭西村 | 30 | 男 | 1941 年 |
| 张进太 | 栖霞市西城乡马瞳村 | 43 | 男 | 1941 年 |
| 孙铭福 | 栖霞市杨础乡东李家庄村 | 25 | 男 | 1941 年 |
| 林 宝 | 栖霞市杨础乡文口村 | — | 男 | 1941 年 |
| 林 祈 | 栖霞市杨础乡文口村 | — | 男 | 1941 年 |
| 巩洪太 | 栖霞市臧家庄乡丰粟村 | 42 | 男 | 1941 年 |
| 盛德全 | 栖霞市庄园街道宫后村 | 35 | 男 | 1941 年 |
| 姜东爱 | 栖霞市官道镇喇叭沟村 | 50 | 男 | 1942 年 1 月 1 日 |
| 姜爱令 | 栖霞市官道镇喇叭沟村 | 42 | 男 | 1942 年 1 月 1 日 |
| 姜丰果 | 栖霞市杨础乡史家瞳村 | — | 男 | 1942 年 1 月 18 日 |
| 牟春廷 | 栖霞市西城乡史家寨村 | 40 | 男 | 1942 年 2 月 2 日 |
| 王 崔 | 栖霞市亭口镇风山村 | 20 | 男 | 1942 年 2 月 |
| 闫宝成 | 栖霞市寺口镇于家寨村 | 20 | 男 | 1942 年 2 月 |
| 柳文明 | 栖霞市寺口镇王格庄村 | 29 | 男 | 1942 年 2 月 |
| 王中章 | 栖霞市寺口镇台前村 | 22 | 男 | 1942 年 2 月 |
| 韩喜良 | 栖霞市寺口镇韩家沟村 | 28 | 男 | 1942 年 2 月 |
| 王 友 | 栖霞市寺口镇西刘庄村 | 21 | 男 | 1942 年 2 月 |
| 杨保堂 | 栖霞市翠屏乡东南店村 | — | 男 | 1942 年 3 月 18 日 |
| 梁志田 | 栖霞市观里乡辛庄村 | 26 | 男 | 1942 年 3 月 |
| 刘福香 | 栖霞市松山镇金山店村 | 31 | 男 | 1942 年 3 月 |
| 姜德星 | 栖霞市庙后镇骂阵口村 | 50 | 男 | 1942 年春 |
| 孙典一 | 栖霞市庙后镇骂阵口村 | 43 | 男 | 1942 年春 |
| 林本清之妹 | 栖霞市庙后镇庙后村 | 20 | 女 | 1942 年春 |

| 姓 名 | 籍 贯 | 年 龄 | 性 别 | 死难时间 |
|---|---|---|---|---|
| 林本清之母 | 栖霞市庙后镇庙后村 | 60 | 女 | 1942 年春 |
| 林文凤之母 | 栖霞市庙后镇庙后村 | 70 | 女 | 1942 年春 |
| 林芳清之妻 | 栖霞市庙后镇庙后村 | — | 女 | 1942 年春 |
| 林芳清之大妹 | 栖霞市庙后镇庙后村 | — | 女 | 1942 年春 |
| 林芳清之二妹 | 栖霞市庙后镇庙后村 | — | 女 | 1942 年春 |
| 林芳清之子 | 栖霞市庙后镇庙后村 | 17 | 男 | 1942 年春 |
| 栾书枝 | 栖霞市蛇窝泊乡下马家河村 | 22 | 男 | 1942 年春 |
| 鲁振民 | 栖霞市蛇窝泊乡朱留村 | 35 | 男 | 1942 年春 |
| 邴柳氏 | 栖霞市寺口镇邴家岭村 | 22 | 女 | 1942 年春 |
| 王新义 | 栖霞市寺口镇南横沟村 | 31 | 男 | 1942 年春 |
| 闫新青 | 栖霞市寺口镇西南瞳村 | 27 | 男 | 1942 年春 |
| 闫新斋 | 栖霞市寺口镇西南瞳村 | 34 | 男 | 1942 年春 |
| 闫瑞云之祖母 | 栖霞市寺口镇西南瞳村 | 47 | 女 | 1942 年春 |
| 柳尧飞 | 栖霞市寺口镇下寺口村 | 20 | 男 | 1942 年春 |
| 王福林 | 栖霞市桃村镇西瓦屋村 | 30 | 男 | 1942 年春 |
| 王××× | 栖霞市臧家庄乡南瓮村 | 14 | 女 | 1942 年春 |
| 姜 荣 | 栖霞市杨础乡史家瞳村 | 23 | 男 | 1942 年 4 月 4 日 |
| 衣桂生 | 栖霞市翠屏乡郭落庄村 | 37 | 男 | 1942 年 4 月 |
| 史桂春 | 栖霞市观里乡大寨村 | 40 | 男 | 1942 年 4 月 |
| 林树平 | 栖霞市庙后镇 | 50 | 男 | 1942 年 4 月 |
| 侯进才 | 栖霞市庙后镇 | 32 | 男 | 1942 年 4 月 |
| 姜胡仕 | 栖霞市庙后镇枣园村 | 41 | 女 | 1942 年 4 月 |
| 黄启升之妻 | 栖霞市庙后镇枣园村 | 50 | 女 | 1942 年 4 月 |
| 王成贤 | 栖霞市庙后镇枣园村 | 5 | 女 | 1942 年 4 月 |
| 王明财 | 栖霞市桃村镇前埠村 | 33 | 男 | 1942 年 4 月 |
| 马进宝 | 栖霞市翠屏乡上曲家村 | 29 | 男 | 1942 年 5 月 |
| 王新兴之姊 | 栖霞市庙后镇高家沟村 | 30 | 女 | 1942 年 5 月 |
| 闫守田之母 | 栖霞市寺口镇西南瞳村 | 43 | 女 | 1942 年 5 月 |
| 孙玉培 | 栖霞市桃村镇班山村 | 32 | 男 | 1942 年 6 月 11 日 |
| 闫春运 | 栖霞市寺口镇北闫家村 | 26 | 男 | 1942 年 6 月 |
| 王喜选 | 栖霞市桃村镇营盘村 | 28 | 男 | 1942 年 6 月 |
| 衣同江 | 栖霞市翠屏乡郭落庄村 | 36 | 男 | 1942 年 6 月 |
| 衣保太 | 栖霞市翠屏乡前阳窝村 | — | 男 | 1942 年 6 月 |
| 柳要南 | 栖霞市桃村镇东草埠村 | 35 | 男 | 1942 年 6 月 |

| 姓　名 | 籍　贯 | 年　龄 | 性　别 | 死难时间 |
|---|---|---|---|---|
| 朱严利 | 栖霞市桃村镇东务家庄村 | 27 | 男 | 1942 年 6 月 |
| 朱文正 | 栖霞市桃村镇西草埠村 | 42 | 男 | 1942 年 6 月 |
| 于红吉 | 栖霞市桃村镇西草埠村 | 56 | 男 | 1942 年 6 月 |
| 崔老二 | 栖霞市杨础乡史家疃村 | 50 | 男 | 1942 年 6 月 |
| 王喜增 | 栖霞市西城乡徐家沟村 | 8 | 男 | 1942 年 7 月 15 日 |
| 路广敏 | 栖霞市西城乡徐家沟村 | 11 | 女 | 1942 年 7 月 15 日 |
| 王洪山 | 栖霞市西城乡徐家沟村 | 30 | 男 | 1942 年 7 月 15 日 |
| 徐福兴 | 栖霞市庙后镇祝家夼村 | 62 | 男 | 1942 年 7 月 |
| 祝德本之前妻 | 栖霞市庙后镇祝家夼村 | — | 女 | 1942 年 7 月 |
| 胡玉闪 | 栖霞市官道镇南召村 | 31 | 男 | 1942 年 8 月 |
| 林建福 | 栖霞市庙后镇虎班石村 | 45 | 男 | 1942 年 8 月 |
| 林玉青 | 栖霞市庙后镇虎班石村 | 50 | 男 | 1942 年 8 月 |
| 张存举之妻 | 栖霞市庙后镇虎班石村 | 30 | 女 | 1942 年 8 月 |
| 衣培京 | 栖霞市庙后镇蒋家村 | 60 | 男 | 1942 年 8 月 |
| 衣培京之孙 | 栖霞市庙后镇蒋家村 | 5 | 男 | 1942 年 8 月 |
| 张茂财之妻 | 栖霞市庙后镇蒋家村 | 60 | 女 | 1942 年 8 月 |
| 张立田 | 栖霞市庙后镇蒋家村 | 70 | 男 | 1942 年 8 月 |
| 衣振选 | 栖霞市庙后镇回龙夼村 | 40 | 男 | 1942 年 8 月 |
| 衣京缘 | 栖霞市庙后镇回龙夼村 | 55 | 男 | 1942 年 8 月 |
| 衣培京 | 栖霞市庙后镇回龙夼村 | 50 | 男 | 1942 年 8 月 |
| 衣振财 | 栖霞市庙后镇回龙夼村 | 40 | 男 | 1942 年 8 月 |
| 张举元 | 栖霞市庙后镇回龙夼村 | 50 | 男 | 1942 年 8 月 |
| 衣振朴 | 栖霞市庙后镇回龙夼村 | 40 | 男 | 1942 年 8 月 |
| 衣培昌 | 栖霞市庙后镇回龙夼村 | 50 | 男 | 1942 年 8 月 |
| 衣培希 | 栖霞市庙后镇回龙夼村 | 50 | 男 | 1942 年 8 月 |
| 衣振光 | 栖霞市庙后镇回龙夼村 | 45 | 男 | 1942 年 8 月 |
| 衣振峰 | 栖霞市庙后镇回龙夼村 | 80 | 男 | 1942 年 8 月 |
| 衣培亲 | 栖霞市庙后镇回龙夼村 | 70 | 男 | 1942 年 8 月 |
| 林　安 | 栖霞市唐家泊镇帽江家村 | 37 | 男 | 1942 年 8 月 |
| 张丰德 | 栖霞市官道镇栾家店村 | 30 | 男 | 1942 年 9 月 |
| 林国庆 | 栖霞市桃村镇原有夼村 | 30 | 男 | 1942 年 9 月 |
| 高德新 | 栖霞市亭口镇上高家村 | 19 | 男 | 1942 年 9 月 |
| 林茂春 | 栖霞市臧家庄乡西泥沟村 | 49 | 男 | 1942 年 9 月 |
| 刘合顺 | 栖霞市庄园街道小石岭村 | 49 | 男 | 1942 年 9 月 |

| 姓 名 | 籍 贯 | 年 龄 | 性 别 | 死难时间 |
|---|---|---|---|---|
| 林　寿 | 栖霞市寺口镇富金夼村 | 25 | 男 | 1942 年秋 |
| 邴兴治 | 栖霞市寺口镇富金夼村 | 63 | 男 | 1942 年秋 |
| 高玉成 | 栖霞市寺口镇富金夼村 | 21 | 男 | 1942 年秋 |
| 唐永欣 | 栖霞市寺口镇唐家店村 | 40 | 男 | 1942 年秋 |
| 唐永铎之母 | 栖霞市寺口镇唐家店村 | 60 | 女 | 1942 年秋 |
| 柳大嫚 | 栖霞市唐家泊镇西上寨村 | 8 | 女 | 1942 年秋 |
| 赵史杰 | 栖霞市唐家泊镇西上寨村 | 17 | 男 | 1942 年秋 |
| 柳文德 | 栖霞市唐家泊镇大泊子村 | 40 | 男 | 1942 年秋 |
| 柳文玉 | 栖霞市唐家泊镇大泊子村 | 37 | 男 | 1942 年秋 |
| 李全玉 | 栖霞市唐家泊镇大泊子村 | 24 | 男 | 1942 年秋 |
| 柳玉奎 | 栖霞市唐家泊镇大泊子村 | 21 | 男 | 1942 年秋 |
| 柳兴泰 | 栖霞市唐家泊镇大泊子村 | 49 | 男 | 1942 年秋 |
| 柳文英 | 栖霞市唐家泊镇大泊子村 | 13 | 女 | 1942 年秋 |
| 胡京忠 | 栖霞市桃村镇元庄村 | 40 | 男 | 1942 年秋 |
| 胡福山 | 栖霞市桃村镇元庄村 | 60 | 男 | 1942 年秋 |
| 王守文 | 栖霞市唐家泊镇后野村 | 27 | 男 | 1942 年 10 月 1 日 |
| 闫春金 | 栖霞市寺口镇北闫家村 | 19 | 男 | 1942 年 10 月 10 日 |
| 孙付田 | 栖霞市桃村镇都沟村 | 44 | 男 | 1942 年 10 月 20 日 |
| 闫　生 | 栖霞市寺口镇北铺村 | 32 | 男 | 1942 年 10 月 25 日 |
| 王凤国 | 栖霞市苏家店镇赵格庄村 | — | 男 | 1942 年 10 月 |
| 刘　悦 | 栖霞市唐家泊镇尹家庄村 | 66 | 男 | 1942 年 10 月 |
| 刘成贵 | 栖霞市唐家泊镇尹家庄村 | 62 | 男 | 1942 年 10 月 |
| 柳　氏 | 栖霞市桃村镇大白马夼村 | 67 | 女 | 1942 年 10 月 |
| 尹喜仙 | 栖霞市桃村镇大庄村 | 36 | 男 | 1942 年 10 月 |
| 尹莘新 | 栖霞市桃村镇大庄村 | 42 | 男 | 1942 年 10 月 |
| 尹莘宣 | 栖霞市桃村镇大庄村 | 36 | 男 | 1942 年 10 月 |
| 林书丹 | 栖霞市桃村镇荆子埠村 | 30 | 男 | 1942 年 10 月 |
| 林云功 | 栖霞市桃村镇荆子埠村 | 53 | 男 | 1942 年 10 月 |
| 林英仙 | 栖霞市桃村镇荆子埠村 | 36 | 男 | 1942 年 10 月 |
| 林世凡 | 栖霞市桃村镇荆子埠村 | 42 | 男 | 1942 年 10 月 |
| 林海啸 | 栖霞市桃村镇荆子埠村 | 36 | 男 | 1942 年 10 月 |
| 林桐春 | 栖霞市桃村镇荆子埠村 | 42 | 男 | 1942 年 10 月 |
| 林丰谱之父 | 栖霞市桃村镇荆子埠村 | 43 | 男 | 1942 年 10 月 |
| 林同人之妹 | 栖霞市桃村镇荆子埠村 | 12 | 女 | 1942 年 10 月 |

| 姓　名 | 籍　贯 | 年　龄 | 性　别 | 死难时间 |
|---|---|---|---|---|
| 林安吉之姑 | 栖霞市桃村镇荆子埠村 | 20 | 女 | 1942 年 10 月 |
| 林安吉之婶 | 栖霞市桃村镇荆子埠村 | 37 | 女 | 1942 年 10 月 |
| 柳云德 | 栖霞市桃村镇巨夼村 | 26 | 男 | 1942 年 10 月 |
| 柳　氏 | 栖霞市桃村镇巨夼村 | 36 | 女 | 1942 年 10 月 |
| 唐丰国 | 栖霞市桃村镇西城村 | 36 | 男 | 1942 年 10 月 |
| 杜忠勤 | 栖霞市桃村镇油家夼村 | 45 | 男 | 1942 年 10 月 |
| 王　敖 | 栖霞市亭口镇上门楼村 | 36 | 男 | 1942 年 10 月 |
| 王求山 | 栖霞市亭口镇上杏家村 | 35 | 男 | 1942 年 10 月 |
| 王克剑 | — | 30 | 男 | 1942 年 10 月 |
| 苗宗江 | 栖霞市苏家店镇苗家村 | 20 | 男 | 1942 年 11 月 5 日 |
| 林群芳 | 栖霞市庙后镇黑夼村 | 61 | 男 | 1942 年 11 月 7 日 |
| 林　秀 | 栖霞市庙后镇黑夼村 | 60 | 男 | 1942 年 11 月 7 日 |
| 林吉芳 | 栖霞市庙后镇黑夼村 | 60 | 男 | 1942 年 11 月 7 日 |
| 林　树 | 栖霞市庙后镇黑夼村 | 70 | 男 | 1942 年 11 月 7 日 |
| 林　录 | 栖霞市庙后镇黑夼村 | 70 | 男 | 1942 年 11 月 7 日 |
| 史　仙 | 栖霞市庙后镇黑夼村 | 30 | 男 | 1942 年 11 月 7 日 |
| 王××× | 栖霞市庙后镇黑夼村 | 50 | 男 | 1942 年 11 月 7 日 |
| 林典芳 | 栖霞市庙后镇黑夼村 | 35 | 男 | 1942 年 11 月 7 日 |
| 林同理 | 栖霞市庙后镇黑夼村 | 35 | 男 | 1942 年 11 月 7 日 |
| 林乐芳 | 栖霞市庙后镇黑夼村 | 27 | 男 | 1942 年 11 月 7 日 |
| 郎　乔 | 栖霞市寺口镇兵山后村 | 6 | 男 | 1942 年 11 月 10 日 |
| 郎现金 | 栖霞市寺口镇兵山后村 | 20 | 男 | 1942 年 11 月 10 日 |
| 邢京通之女 | 栖霞市寺口镇汪家沟村 | 7 | 女 | 1942 年 11 月 10 日 |
| 邢振贵之姐 | 栖霞市寺口镇汪家沟村 | 15 | 女 | 1942 年 11 月 10 日 |
| 崔玉昌 | 栖霞市寺口镇崔家庄村 | 57 | 男 | 1942 年 11 月 10 日 |
| 崔炳文 | 栖霞市寺口镇崔家庄村 | 33 | 男 | 1942 年 11 月 10 日 |
| 慕大龙 | 栖霞市寺口镇崔家庄村 | 51 | 男 | 1942 年 11 月 10 日 |
| 崔进玉 | 栖霞市寺口镇崔家庄村 | 68 | 男 | 1942 年 11 月 10 日 |
| 崔进傲 | 栖霞市寺口镇崔家庄村 | 68 | 男 | 1942 年 11 月 10 日 |
| 苏殿之妻 | 栖霞市苏家店镇苏家店村 | 30 | 女 | 1942 年 11 月 11 日 |
| 苏先文 | 栖霞市苏家店镇苏家店村 | 50 | 男 | 1942 年 11 月 11 日 |
| 崔殿选之姐 | 栖霞市苏家店镇苏家店村 | 18 | 女 | 1942 年 11 月 11 日 |
| 苏礼哥 | 栖霞市苏家店镇苏家店村 | 50 | 男 | 1942 年 11 月 11 日 |
| 李鸿山 | 栖霞市寺口镇山口耩村 | 71 | 男 | 1942 年 11 月 11 日 |

| 姓 名 | 籍 贯 | 年 龄 | 性 别 | 死难时间 |
|---|---|---|---|---|
| 李平庄 | 栖霞市寺口镇山口耩村 | 39 | 男 | 1942 年 11 月 12 日 |
| 柳玉森 | 栖霞市寺口镇下连家夼村 | 57 | 男 | 1942 年 11 月 12 日 |
| 柳中山 | 栖霞市寺口镇下连家夼村 | 28 | 男 | 1942 年 11 月 12 日 |
| 柳玉卿 | 栖霞市寺口镇下连家夼村 | 23 | 女 | 1942 年 11 月 12 日 |
| 史学古 | 栖霞市观里乡辛庄村 | 48 | 男 | 1942 年 11 月 |
| 王典风之子 | 栖霞市庙后镇高家沟村 | 10 | 男 | 1942 年 11 月 |
| 王典风之妹 | 栖霞市庙后镇高家沟村 | 10 | 女 | 1942 年 11 月 |
| 王国精之女 | 栖霞市庙后镇高家沟村 | 10 | 女 | 1942 年 11 月 |
| 林学章 | 栖霞市蛇窝泊乡西凰跳村 | 24 | 男 | 1942 年 11 月 |
| 隋 成 | 栖霞市蛇窝泊乡跃进村 | 41 | 男 | 1942 年 11 月 |
| 隋 更 | 栖霞市蛇窝泊乡跃进村 | 42 | 男 | 1942 年 11 月 |
| 隋 宝 | 栖霞市蛇窝泊乡跃进村 | 49 | 男 | 1942 年 11 月 |
| 隋 军 | 栖霞市蛇窝泊乡跃进村 | 60 | 男 | 1942 年 11 月 |
| 韩殿镜之妻 | 栖霞市苏家店镇大韩家村 | 28 | 女 | 1942 年 11 月 |
| 杨富江之妻 | 栖霞市苏家店镇杨家村 | — | 女 | 1942 年 11 月 |
| 杨贵尧之祖父 | 栖霞市苏家店镇杨家村 | — | 男 | 1942 年 11 月 |
| 姜德成 | 栖霞市苏家店镇赵格庄村 | — | 男 | 1942 年 11 月 |
| 闫永焕 | 栖霞市苏家店镇曲家沟村 | 40 | 男 | 1942 年 11 月 |
| 冯日太 | 栖霞市苏家店镇曲家沟村 | 41 | 男 | 1942 年 11 月 |
| 冯老四 | 栖霞市苏家店镇曲家沟村 | 29 | 男 | 1942 年 11 月 |
| 冯日春 | 栖霞市苏家店镇曲家沟村 | 27 | 男 | 1942 年 11 月 |
| 闫永吉 | 栖霞市苏家店镇曲家沟村 | 28 | 男 | 1942 年 11 月 |
| 孙兰田 | 栖霞市苏家店镇孙家村 | 60 | 男 | 1942 年 11 月 |
| 刘忠堂 | 栖霞市苏家店镇孙家村 | 60 | 男 | 1942 年 11 月 |
| 孙宝昌 | 栖霞市苏家店镇孙家村 | 30 | 男 | 1942 年 11 月 |
| 刘 文 | 栖霞市苏家店镇孙家村 | — | 男 | 1942 年 11 月 |
| 孙振花 | 栖霞市苏家店镇孙家村 | — | 男 | 1942 年 11 月 |
| 大 启 | 栖霞市苏家店镇孙家村 | — | 男 | 1942 年 11 月 |
| 孙省三 | 栖霞市苏家店镇孙家村 | — | 男 | 1942 年 11 月 |
| 大 四 | 栖霞市苏家店镇孙家村 | — | 男 | 1942 年 11 月 |
| 刘同民 | 栖霞市桃村镇柳家庄村 | 22 | 男 | 1942 年 11 月 |
| 徐占山 | 栖霞市亭口镇峨夼村 | 32 | 男 | 1942 年 11 月 |
| 于忠仁 | 栖霞市亭口镇南佛家村 | 20 | 男 | 1942 年 11 月 |
| 任光兴 | 栖霞市亭口镇南佛家村 | 38 | 男 | 1942 年 11 月 |

| 姓 名 | 籍 贯 | 年 龄 | 性 别 | 死难时间 |
|---|---|---|---|---|
| 范于氏 | 栖霞市亭口镇南佛家村 | — | 女 | 1942 年 11 月 |
| 徐 德 | 栖霞市亭口镇生木树岙村 | 25 | 男 | 1942 年 11 月 |
| 王亲元 | 栖霞市西城乡初格庄村 | 51 | 男 | 1942 年 11 月 |
| 牟 云 | 栖霞市西城乡东陡崖村 | 48 | 男 | 1942 年 11 月 |
| 牟风山 | 栖霞市西城乡东陡崖村 | 50 | 男 | 1942 年 11 月 |
| 周殿江 | 栖霞市西城乡东陡崖村 | 37 | 男 | 1942 年 11 月 |
| 郝志英 | 栖霞市西城乡笏山村 | 37 | 男 | 1942 年 11 月 |
| 史 氏 | 栖霞市西城乡笏山村 | 40 | 女 | 1942 年 11 月 |
| 马纪章 | 栖霞市西城乡笏山村 | 72 | 男 | 1942 年 11 月 |
| 崔学英 | 栖霞市西城乡笏山村 | 75 | 男 | 1942 年 11 月 |
| 衣丰柱 | 栖霞市西城乡笏山村 | 63 | 男 | 1942 年 11 月 |
| 李 氏 | 栖霞市西城乡笏山村 | 38 | 女 | 1942 年 11 月 |
| 刘进海 | 栖霞市西城乡回兵崖村 | 41 | 男 | 1942 年 11 月 |
| 刘名合 | 栖霞市西城乡回兵崖村 | 17 | 男 | 1942 年 11 月 |
| 宋 适 | 栖霞市西城乡邹家村 | 52 | 男 | 1942 年 11 月 |
| 王适英 | 栖霞市西城乡邹家村 | 40 | 男 | 1942 年 11 月 |
| 宋宝和 | 栖霞市西城乡邹家村 | 45 | 男 | 1942 年 11 月 |
| 吕秀花 | 栖霞市西城乡邹家村 | 15 | 女 | 1942 年 11 月 |
| 王国洗 | 栖霞市西城乡邹家村 | 33 | 男 | 1942 年 11 月 |
| 崔志花 | 栖霞市西城乡邹家村 | 16 | 女 | 1942 年 11 月 |
| 左党令 | 栖霞市西城乡左家村 | 24 | 男 | 1942 年 11 月 |
| 王 令 | 栖霞市亭口镇杏家庄村 | 63 | 男 | 1942 年 11 月 |
| 王 学 | 栖霞市亭口镇杏家庄村 | 62 | 男 | 1942 年 11 月 |
| 邢立祥 | 栖霞市亭口镇杏家庄村 | 65 | 男 | 1942 年 11 月 |
| 李培枝 | 栖霞市亭口镇杏家庄村 | 60 | 男 | 1942 年 11 月 |
| 丁美枝 | 栖霞市亭口镇杏家庄村 | 61 | 男 | 1942 年 11 月 |
| 孟张氏 | 栖霞市寺口镇孟家沟村 | 30 | 女 | 1942 年 12 月 16 日 |
| 闫青树 | 栖霞市西城乡哨上村 | — | 男 | 1942 年 12 月 16 日 |
| 崔风义 | 栖霞市西城乡哨上村 | — | 男 | 1942 年 12 月 16 日 |
| 崔学法之妻 | 栖霞市西城乡哨上村 | — | 女 | 1942 年 12 月 16 日 |
| 董淑仙 | 栖霞市西城乡哨上村 | — | 女 | 1942 年 12 月 16 日 |
| 衣志花 | 栖霞市西城乡哨上村 | — | 女 | 1942 年 12 月 16 日 |
| 蔡成新 | 栖霞市苏家店镇大蔡家村 | — | 男 | 1942 年 12 月 16 日 |
| 蔡万田之妻 | 栖霞市苏家店镇大蔡家村 | — | 女 | 1942 年 12 月 16 日 |

| 姓　名 | 籍　贯 | 年　龄 | 性　别 | 死难时间 |
|---|---|---|---|---|
| 周京生 | 栖霞市苏家店镇官地村 | — | 男 | 1942 年 12 月 16 日 |
| 马廷恩 | 栖霞市苏家店镇官地村 | — | 男 | 1942 年 12 月 16 日 |
| 韩世文 | 栖霞市苏家店镇刘家庄村 | 24 | 男 | 1942 年 12 月 16 日 |
| 曲学胜 | 栖霞市苏家店镇曲家沟村 | — | 男 | 1942 年 12 月 16 日 |
| 慕日彩 | 栖霞市苏家店镇曲家沟村 | — | 男 | 1942 年 12 月 16 日 |
| 苗守江 | 栖霞市苏家店镇苗家村 | 20 | 男 | 1942 年 12 月 16 日 |
| 张　为 | 栖霞市苏家店镇碾头村 | — | 男 | 1942 年 12 月 16 日 |
| 柳玉政之祖父 | 栖霞市寺口镇下寺口村 | 65 | 男 | 1942 年 12 月 |
| 柳忠才 | 栖霞市寺口镇下寺口村 | 53 | 男 | 1942 年 12 月 |
| 祁坤之子 | 栖霞市官道镇李家沟村 | 8 | 男 | 1942 年 12 月 |
| 祁坤之女 | 栖霞市官道镇李家沟村 | 7 | 女 | 1942 年 12 月 |
| 姜德升 | 栖霞市庙后镇骂阵口村 | 40 | 男 | 1942 年 12 月 |
| 孙殿义 | 栖霞市庙后镇骂阵口村 | 40 | 男 | 1942 年 12 月 |
| 王洪吉 | 栖霞市庙后镇山西夼村 | 41 | 男 | 1942 年 12 月 |
| 刘万进 | 栖霞市庙后镇山西夼村 | 52 | 男 | 1942 年 12 月 |
| 王振南 | 栖霞市庙后镇山西夼村 | 35 | 男 | 1942 年 12 月 |
| 胡学芹 | 栖霞市庙后镇山西夼村 | 42 | 男 | 1942 年 12 月 |
| 胡庆德 | 栖霞市庙后镇山西夼村 | 19 | 男 | 1942 年 12 月 |
| 尹洪路 | 栖霞市庙后镇山西夼村 | 40 | 男 | 1942 年 12 月 |
| 刘万登 | 栖霞市庙后镇山西夼村 | 50 | 男 | 1942 年 12 月 |
| 于淑花 | 栖霞市庙后镇山西夼村 | 34 | 女 | 1942 年 12 月 |
| 王和修 | 栖霞市庙后镇山西夼村 | 11 | 男 | 1942 年 12 月 |
| 王和美 | 栖霞市庙后镇山西夼村 | 16 | 女 | 1942 年 12 月 |
| 刘淑珍 | 栖霞市庙后镇山西夼村 | 42 | 女 | 1942 年 12 月 |
| 孙玉英 | 栖霞市庙后镇山西夼村 | 51 | 女 | 1942 年 12 月 |
| 林秀娟 | 栖霞市庙后镇山西夼村 | 42 | 女 | 1942 年 12 月 |
| 林秀娟之子 | 栖霞市庙后镇山西夼村 | 3 | 男 | 1942 年 12 月 |
| 孙本起 | 栖霞市庙后镇上岠子村 | 40 | 男 | 1942 年 12 月 |
| 于永宽 | 栖霞市庙后镇上岠子村 | 40 | 男 | 1942 年 12 月 |
| 孙月如 | 栖霞市庙后镇上岠子村 | 35 | 男 | 1942 年 12 月 |
| 于永德 | 栖霞市庙后镇上岠子村 | 40 | 男 | 1942 年 12 月 |
| 姜法顺 | 栖霞市亭口镇陡崖村 | 41 | 男 | 1942 年 12 月 |
| 王树昌 | 栖霞市亭口镇下门楼村 | 55 | 男 | 1942 年 12 月 |
| 王兆瑞 | 栖霞市亭口镇下门楼村 | 22 | 男 | 1942 年 12 月 |

| 姓 名 | 籍 贯 | 年 龄 | 性 别 | 死难时间 |
|---|---|---|---|---|
| 于风明 | 栖霞市亭口镇寨里于家村 | 30 | 男 | 1942 年 12 月 |
| 于守海 | 栖霞市亭口镇寨里于家村 | 21 | 男 | 1942 年 12 月 |
| 刘×× | 栖霞市臧家庄乡郝家庄村 | — | 男 | 1942 年 12 月 |
| 于明和 | 栖霞市庙后镇下林家岘村 | 43 | 男 | 1942 年冬 |
| 冯元奎之子 | 栖霞市蛇窝泊乡榆林子村 | 7 | 男 | 1942 年冬 |
| 柳阳清 | 栖霞市寺口镇下王格庄村 | 22 | 男 | 1942 年冬 |
| 柳文斗 | 栖霞市寺口镇下王格庄村 | 21 | 男 | 1942 年冬 |
| 潘 栋 | 栖霞市苏家店镇赵格庄村 | — | 男 | 1942 年冬 |
| 韩永东 | 栖霞市苏家店镇后泊村 | 50 | 男 | 1942 年冬 |
| 王吉傲 | 栖霞市苏家店镇后泊村 | 47 | 男 | 1942 年冬 |
| 王忠达 | 栖霞市苏家店镇后泊村 | 52 | 男 | 1942 年冬 |
| 王韩氏 | 栖霞市苏家店镇后泊村 | 72 | 女 | 1942 年冬 |
| 王尚军 | 栖霞市苏家店镇后泊村 | 30 | 男 | 1942 年冬 |
| 王 福 | 栖霞市西城乡徐家沟村 | — | 男 | 1942 年冬 |
| 王新成 | 栖霞市西城乡徐家沟村 | — | 男 | 1942 年冬 |
| 林 俭 | 栖霞市翠屏乡城东沟村 | 22 | 男 | 1942 年 |
| 谢丰春 | 栖霞市观里乡北谢家村 | 23 | 男 | 1942 年 |
| 谢丰超 | 栖霞市观里乡北谢家村 | 18 | 男 | 1942 年 |
| 宋兆祥 | 栖霞市观里乡大埠村 | 24 | 男 | 1942 年 |
| 周喜路 | 栖霞市观里乡大埠村 | 23 | 男 | 1942 年 |
| 牟合田 | 栖霞市观里乡大刘家村 | 32 | 男 | 1942 年 |
| 董 全 | 栖霞市观里乡郭格庄村 | 56 | 男 | 1942 年 |
| 董小花 | 栖霞市观里乡郭格庄村 | 16 | 女 | 1942 年 |
| 衣 庆 | 栖霞市观里乡乔家村 | — | 男 | 1942 年 |
| 刘京山 | 栖霞市官道镇龙王洼村 | 33 | 男 | 1942 年 |
| 张义林 | 栖霞市官道镇逍遥庄村 | 60 | 男 | 1942 年 |
| 牟积田 | 栖霞市官道镇杨家洼村 | 22 | 男 | 1942 年 |
| 祝朋焕 | 栖霞市庙后镇祝家夼村 | 21 | 男 | 1942 年 |
| 王同照 | 栖霞市庙后镇祝家夼村 | 26 | 男 | 1942 年 |
| 刘文之二姑 | 栖霞市蛇窝泊乡邱格庄村 | 18 | 女 | 1942 年 |
| 王杰毫之伯父 | 栖霞市蛇窝泊乡邱格庄村 | 40 | 男 | 1942 年 |
| 张仁江之岳父 | 栖霞市蛇窝泊乡邱格庄村 | 41 | 男 | 1942 年 |
| 刘文之大姑 | 栖霞市蛇窝泊乡邱格庄村 | 19 | 女 | 1942 年 |
| 闫桂涛 | 栖霞市寺口镇北闫家村 | 34 | 男 | 1942 年 |

| 姓 名 | 籍 贯 | 年 龄 | 性 别 | 死难时间 |
|---|---|---|---|---|
| 梁 仁 | 栖霞市寺口镇刘家村 | 20 | 男 | 1942年 |
| 于芳河 | 栖霞市寺口镇任家庄村 | 29 | 男 | 1942年 |
| 于建晶 | 栖霞市寺口镇任家庄村 | 24 | 男 | 1942年 |
| 于芳兴 | 栖霞市寺口镇任家庄村 | 20 | 男 | 1942年 |
| 于黄春 | 栖霞市寺口镇任家庄村 | 19 | 男 | 1942年 |
| 文 章 | 栖霞市寺口镇西南疃村 | 16 | 男 | 1942年 |
| 张有年 | 栖霞市寺口镇下张家沟村 | 29 | 男 | 1942年 |
| 张殿平 | 栖霞市寺口镇下张家沟村 | 27 | 男 | 1942年 |
| 张仕新 | 栖霞市寺口镇下张家沟村 | 24 | 男 | 1942年 |
| 陈志亭 | 栖霞市寺口镇纸房村 | 31 | 男 | 1942年 |
| 刘风云 | 栖霞市寺口镇纸房村 | 18 | 男 | 1942年 |
| 郭延亭 | 栖霞市寺口镇纸房村 | 35 | 男 | 1942年 |
| 陈 义 | 栖霞市寺口镇纸房村 | 72 | 男 | 1942年 |
| 刘作功 | 栖霞市寺口镇纸房村 | 43 | 男 | 1942年 |
| 周 运 | 栖霞市松山镇艾前夼村 | 25 | 男 | 1942年 |
| 崔洪然 | 栖霞市松山镇赤巷口村 | 75 | 男 | 1942年 |
| 邹希高 | 栖霞市松山镇客落邹家村 | — | 男 | 1942年 |
| 林学裕 | 栖霞市松山镇前铺村 | — | 男 | 1942年 |
| 林学礼 | 栖霞市松山镇前铺村 | — | 男 | 1942年 |
| 刘振招 | 栖霞市松山镇前铺村 | — | 男 | 1942年 |
| 林树仪 | 栖霞市松山镇前铺村 | 82 | 男 | 1942年 |
| 于喜茂 | 栖霞市松山镇上艾口村 | 23 | 男 | 1942年 |
| 蔡成显 | 栖霞市苏家店镇大蔡家村 | — | 男 | 1942年 |
| 蔡林氏 | 栖霞市苏家店镇大蔡家村 | — | 女 | 1942年 |
| 蔡殿礼 | 栖霞市苏家店镇大蔡家村 | — | 男 | 1942年 |
| 蔡殿录 | 栖霞市苏家店镇大蔡家村 | — | 男 | 1942年 |
| 蔡振生 | 栖霞市苏家店镇大蔡家村 | — | 男 | 1942年 |
| 周天长 | 栖霞市苏家店镇官地村 | 45 | 男 | 1942年 |
| 马廷广 | 栖霞市苏家店镇官地村 | 50 | 男 | 1942年 |
| 马喜高之妻 | 栖霞市苏家店镇官地村 | 65 | 女 | 1942年 |
| 马廷香 | 栖霞市苏家店镇官地村 | 38 | 男 | 1942年 |
| 马 东 | 栖霞市苏家店镇官地村 | 43 | 男 | 1942年 |
| 王洪恩 | 栖霞市苏家店镇官地村 | 25 | 男 | 1942年 |
| 王洪山 | 栖霞市苏家店镇官地村 | 33 | 男 | 1942年 |

| 姓 名 | 籍 贯 | 年 龄 | 性 别 | 死难时间 |
|---|---|---|---|---|
| 周卫生 | 栖霞市苏家店镇官地村 | 23 | 男 | 1942 年 |
| 王明恩 | 栖霞市苏家店镇官地村 | 27 | 男 | 1942 年 |
| 朝 友 | 栖霞市苏家店镇荆林埠村 | 40 | 男 | 1942 年 |
| 王京清 | 栖霞市苏家店镇荆林埠村 | 20 | 男 | 1942 年 |
| 王成华 | 栖霞市苏家店镇荆林埠村 | 19 | 男 | 1942 年 |
| 韩进文 | 栖霞市苏家店镇刘家庄村 | 24 | 男 | 1942 年 |
| 刘卫新之外甥 | 栖霞市苏家店镇马蹄夼村 | 2 | 男 | 1942 年 |
| 刘兴举 | 栖霞市苏家店镇碾头村 | — | 男 | 1942 年 |
| 刘 训 | 栖霞市苏家店镇碾头村 | — | 男 | 1942 年 |
| 张加书 | 栖霞市苏家店镇碾头村 | — | 男 | 1942 年 |
| 潘殿财 | 栖霞市苏家店镇前泊村 | 70 | 男 | 1942 年 |
| 潘为训之母 | 栖霞市苏家店镇前泊村 | 76 | 女 | 1942 年 |
| 姜朋云 | 栖霞市苏家店镇前泊村 | 28 | 男 | 1942 年 |
| 盛振国 | 栖霞市苏家店镇盛家沟村 | 36 | 男 | 1942 年 |
| 盛振友 | 栖霞市苏家店镇盛家沟村 | 18 | 男 | 1942 年 |
| 盛振还 | 栖霞市苏家店镇盛家沟村 | 27 | 男 | 1942 年 |
| 吴振贵 | 栖霞市苏家店镇西吴家村 | 60 | 男 | 1942 年 |
| 董风花 | 栖霞市苏家店镇合甲沟村 | 20 | 女 | 1942 年 |
| 董风花之女 | 栖霞市苏家店镇合甲沟村 | 3 | 女 | 1942 年 |
| 刁瑞德 | 栖霞市苏家店镇合甲沟村 | 43 | 男 | 1942 年 |
| 杜大宝 | 栖霞市苏家店镇合甲沟村 | 19 | 男 | 1942 年 |
| 杜春生 | 栖霞市苏家店镇合甲沟村 | 22 | 男 | 1942 年 |
| 刘学海 | 栖霞市苏家店镇马蹄夼村 | 60 | 男 | 1942 年 |
| 宋 贵 | 栖霞市苏家店镇马蹄夼村 | 65 | 男 | 1942 年 |
| 刘洪玉 | 栖霞市苏家店镇马蹄夼村 | 28 | 男 | 1942 年 |
| 刘京龙 | 栖霞市苏家店镇马蹄夼村 | 31 | 男 | 1942 年 |
| 刘明欣 | 栖霞市苏家店镇马蹄夼村 | 8 | 男 | 1942 年 |
| 刘京宝之妻 | 栖霞市苏家店镇马蹄夼村 | 43 | 女 | 1942 年 |
| 刘卫新之女 | 栖霞市苏家店镇马蹄夼村 | 23 | 女 | 1942 年 |
| 刘辅贵 | 栖霞市唐家泊镇尹家庄村 | 55 | 男 | 1942 年 |
| 孙中仁 | 栖霞市桃村镇桃村 | 28 | 男 | 1942 年 |
| 孙中芝 | 栖霞市桃村镇桃村 | 26 | 男 | 1942 年 |
| 孙哈伦 | 栖霞市桃村镇桃村 | 18 | 男 | 1942 年 |
| 毕世序 | 栖霞市桃村镇西宅村 | 40 | 男 | 1942 年 |

| 姓　名 | 籍　贯 | 年　龄 | 性　别 | 死难时间 |
|---|---|---|---|---|
| 林得元 | 栖霞市桃村镇原有夼村 | 70 | 男 | 1942 年 |
| 史大财 | 栖霞市亭口镇大杨家村 | 30 | 男 | 1942 年 |
| 史　先 | 栖霞市亭口镇大杨家村 | 32 | 男 | 1942 年 |
| 谢广牛 | 栖霞市亭口镇刁家村 | 22 | 男 | 1942 年 |
| 邹淑真 | 栖霞市亭口镇刁家村 | 23 | 女 | 1942 年 |
| 小　散 | 栖霞市亭口镇刁家村 | 2 | 女 | 1942 年 |
| 孙　悦 | 栖霞市亭口镇风山村 | 19 | 男 | 1942 年 |
| 王忠堂 | 栖霞市亭口镇风山村 | 50 | 男 | 1942 年 |
| 王忠礼 | 栖霞市亭口镇风山村 | 48 | 男 | 1942 年 |
| 王吉洲 | 栖霞市亭口镇风山村 | 19 | 男 | 1942 年 |
| 王忠公 | 栖霞市亭口镇风山村 | 40 | 男 | 1942 年 |
| 王　同 | 栖霞市亭口镇风山村 | 63 | 男 | 1942 年 |
| 王朝一 | 栖霞市亭口镇蓝蔚夼村 | 37 | 男 | 1942 年 |
| 李玉茂 | 栖霞市亭口镇蓝蔚夼村 | 39 | 男 | 1942 年 |
| 宫风武 | 栖霞市亭口镇蓝蔚夼村 | 41 | 男 | 1942 年 |
| 张　明 | 栖霞市亭口镇蓝蔚夼村 | 42 | 男 | 1942 年 |
| 刘马氏 | 栖霞市亭口镇路住家村 | 57 | 女 | 1942 年 |
| 丁老婆 | 栖霞市亭口镇路住家村 | 65 | 女 | 1942 年 |
| 曲文玉 | 栖霞市亭口镇蓬夼村 | 52 | 男 | 1942 年 |
| 姜国永 | 栖霞市亭口镇蓬夼村 | 38 | 男 | 1942 年 |
| 曲玉喜 | 栖霞市亭口镇蓬夼村 | 16 | 男 | 1942 年 |
| 蔡文忠 | 栖霞市亭口镇泉水夼村 | 22 | 男 | 1942 年 |
| 栾启海 | 栖霞市亭口镇引驾夼村 | 16 | 男 | 1942 年 |
| 蒋吉喜 | 栖霞市亭口镇引驾夼村 | 30 | 男 | 1942 年 |
| 胡云昌 | 栖霞市亭口镇引驾夼村 | 26 | 男 | 1942 年 |
| 刁希祝 | 栖霞市西城乡北沙沟村 | 23 | 男 | 1942 年 |
| 崔龙云 | 栖霞市西城乡仓上村 | 65 | 男 | 1942 年 |
| 孙　氏 | 栖霞市西城乡仓上村 | 55 | 女 | 1942 年 |
| 王　氏 | 栖霞市西城乡仓上村 | 68 | 女 | 1942 年 |
| 贺兰英 | 栖霞市西城乡贾家庄村 | 30 | 女 | 1942 年 |
| 张进玉 | 栖霞市西城乡马疃村 | — | 男 | 1942 年 |
| 张慎勤 | 栖霞市西城乡马疃村 | — | 男 | 1942 年 |
| 苏　氏 | 栖霞市西城乡孟家沟村 | 36 | 女 | 1942 年 |
| 苏氏之子 | 栖霞市西城乡孟家沟村 | 5 | 男 | 1942 年 |

| 姓 名 | 籍 贯 | 年 龄 | 性 别 | 死难时间 |
|---|---|---|---|---|
| 刘本元 | 栖霞市西城乡孟家沟村 | 60 | 男 | 1942 年 |
| 林 顺 | 栖霞市西城乡孟家沟村 | 50 | 男 | 1942 年 |
| 姜宝田 | 栖霞市西城乡庙东夼村 | 43 | 男 | 1942 年 |
| 毛风立 | 栖霞市西城乡南沙沟村 | 41 | 男 | 1942 年 |
| 范洪志 | 栖霞市西城乡十里堡村 | 21 | 男 | 1942 年 |
| 李兴林 | 栖霞市西城乡西楼底村 | — | 男 | 1942 年 |
| 梁 兴 | 栖霞市西城乡西楼底村 | — | 男 | 1942 年 |
| 梁富春 | 栖霞市西城乡西楼底村 | — | 男 | 1942 年 |
| 李 堂 | 栖霞市西城乡西楼底村 | — | 男 | 1942 年 |
| 贾振宝 | 栖霞市西城乡下岘村 | 32 | 男 | 1942 年 |
| 李 财 | 栖霞市杨础乡东李家庄村 | 37 | 男 | 1942 年 |
| 李树川 | 栖霞市杨础乡东李家庄村 | 23 | 男 | 1942 年 |
| 马进声 | 栖霞市杨础乡中马沟村 | — | 男 | 1942 年 |
| 李明文 | 栖霞市臧家庄乡丰粟村 | 50 | 男 | 1942 年 |
| 林等基 | 栖霞市中桥乡董家沟村 | 19 | 男 | 1942 年 |
| 于文林 | 栖霞市庄园街道大卧龙村 | — | 男 | 1942 年 |
| 刘文庄 | 栖霞市中桥乡董家沟村 | 36 | 男 | 1943 年 1 月 6 日 |
| 王学温 | 栖霞市中桥乡中桥村 | 21 | 男 | 1943 年 1 月 6 日 |
| 王学喜 | 栖霞市中桥乡中桥村 | 36 | 男 | 1943 年 1 月 6 日 |
| 刘作龙之母 | 栖霞市寺口镇纸房村 | 32 | 女 | 1943 年 1 月 |
| 林成军 | 栖霞市观里乡小刘家村 | 26 | 男 | 1943 年 1 月 |
| 张 氏 | 栖霞市西城乡史家寨村 | 26 | 女 | 1943 年 2 月 1 日 |
| 慕日信 | 栖霞市观里乡慕家庄村 | 63 | 男 | 1943 年 3 月 |
| 蔡 宽 | 栖霞市唐家泊镇台下村 | 50 | 男 | 1943 年 3 月 |
| 徐中合 | 栖霞市唐家泊镇芋东汪村 | 56 | 男 | 1943 年 3 月 |
| 李洪友 | 栖霞市唐家泊镇唐家泊村 | 78 | 男 | 1943 年 3 月 |
| 李振德 | 栖霞市唐家泊镇唐家泊村 | 60 | 男 | 1943 年 3 月 |
| 栾杨氏 | 栖霞市唐家泊镇唐家泊村 | 72 | 女 | 1943 年 3 月 |
| 李 德 | 栖霞市唐家泊镇唐家泊村 | 20 | 男 | 1943 年 3 月 |
| 李佩仙 | 栖霞市唐家泊镇唐家泊村 | 40 | 男 | 1943 年 3 月 |
| 黄石匠 | 栖霞市唐家泊镇唐家泊村 | 25 | 男 | 1943 年 3 月 |
| 林敬民 | 栖霞市观里乡慕家店村 | 30 | 男 | 1943 年春 |
| 王喜考 | 栖霞市桃村镇营盘村 | 36 | 男 | 1943 年 4 月 |
| 王喜秋 | 栖霞市桃村镇营盘村 | 27 | 男 | 1943 年 4 月 |

| 姓　名 | 籍　贯 | 年龄 | 性别 | 死难时间 |
|---|---|---|---|---|
| 林桂友 | 栖霞市桃村镇营盘村 | 51 | 男 | 1943 年 4 月 |
| 左××　 | 莱阳市官道镇 | — | — | 1943 年 4 月 |
| 史良田 | 栖霞市官道镇小花园村 | 32 | 男 | 1943 年 4 月 |
| 林德华 | 栖霞市蛇窝泊乡蛇窝泊村 | 24 | 男 | 1943 年 4 月 |
| 张京书 | 栖霞市寺口镇汪家沟村 | 25 | 男 | 1943 年 4 月 |
| 邢守军 | 栖霞市寺口镇汪家沟村 | 26 | 男 | 1943 年 4 月 |
| 孙文明 | 栖霞市桃村镇南涝都村 | 39 | 男 | 1943 年 4 月 |
| 姜　胜 | 栖霞市杨础乡史家疃村 | 23 | 男 | 1943 年 4 月 |
| 史德祥 | 栖霞市杨础乡史家疃村 | 23 | 男 | 1943 年 4 月 |
| 娄　文 | 栖霞市庄园街道娄家村 | 58 | 男 | 1943 年 4 月 |
| 王同海 | 栖霞市观里乡小刘家村 | 20 | 男 | 1943 年 5 月 |
| 崔士杰 | 栖霞市中桥乡西杏山村 | 28 | 男 | 1943 年 5 月 |
| 衣志信 | 栖霞市观里乡城子沟村 | 36 | 男 | 1943 年 6 月 |
| 衣万恒 | 栖霞市观里乡城子沟村 | 36 | 男 | 1943 年 6 月 |
| 衣　芳 | 栖霞市观里乡城子沟村 | 36 | 男 | 1943 年 6 月 |
| 林泉川 | 栖霞市蛇窝泊乡唐东村 | 54 | 男 | 1943 年 6 月 |
| 李玉鑫 | 栖霞市寺口镇北横沟村 | 15 | 女 | 1943 年 6 月 |
| 李桂香 | 栖霞市寺口镇北横沟村 | 33 | 男 | 1943 年 6 月 |
| 李　芹 | 栖霞市寺口镇北横沟村 | 19 | 女 | 1943 年 6 月 |
| 王敬德 | 栖霞市亭口镇上杏家村 | 29 | 男 | 1943 年 6 月 |
| 李殿喜 | 栖霞市亭口镇李家圈村 | 70 | 男 | 1943 年 6 月 |
| 李成福 | 栖霞市亭口镇李家圈村 | 70 | 男 | 1943 年 6 月 |
| 李润玉 | 栖霞市亭口镇李家圈村 | 71 | 男 | 1943 年 6 月 |
| 李润典 | 栖霞市亭口镇李家圈村 | 71 | 男 | 1943 年 6 月 |
| 李卫山 | 栖霞市亭口镇李家圈村 | 70 | 男 | 1943 年 6 月 |
| 李华祥 | 栖霞市亭口镇李家圈村 | 70 | 男 | 1943 年 6 月 |
| 李殿喜之女 | 栖霞市亭口镇李家圈村 | 22 | 女 | 1943 年 6 月 |
| 范财德 | 栖霞市臧家庄乡义庄范家村 | 27 | 男 | 1943 年夏 |
| 刘兰芳之子 | 栖霞市松山镇下马家村 | 1 | 男 | 1943 年 7 月 |
| 马　铎 | 栖霞市松山镇下马家村 | — | 男 | 1943 年 7 月 |
| 史宝江 | 栖霞市杨础乡史家疃村 | 32 | 男 | 1943 年 7 月 |
| 迟永福 | 栖霞市观里乡宋格庄村 | 31 | 男 | 1943 年 8 月 |
| 史福忠 | 栖霞市观里乡辛庄村 | 20 | 男 | 1943 年 8 月 |
| 史尚吉 | 栖霞市官道镇北照村 | 20 | 男 | 1943 年 8 月 |

| 姓　名 | 籍　贯 | 年　龄 | 性　别 | 死难时间 |
|---|---|---|---|---|
| 衣学文 | 栖霞市官道镇北照村 | 30 | 男 | 1943 年 8 月 |
| 王守南 | 栖霞市官道镇北照村 | 32 | 男 | 1943 年 8 月 |
| 高进瑞 | 栖霞市亭口镇野芝口村 | 23 | 男 | 1943 年 9 月 |
| 衣同云 | 栖霞市翠屏乡郭落庄村 | 32 | 男 | 1943 年 9 月 |
| 史学福 | 栖霞市观里乡辛庄村 | 27 | 男 | 1943 年 9 月 |
| 姜春成之妻 | 栖霞市杨础乡史家疃村 | 70 | 女 | 1943 年 9 月 |
| 韩喜先 | 栖霞市寺口镇韩家沟村 | 52 | 男 | 1943 年秋 |
| 韩喜松 | 栖霞市寺口镇韩家沟村 | 49 | 男 | 1943 年秋 |
| 韩兆欣 | 栖霞市寺口镇韩家沟村 | 42 | 男 | 1943 年秋 |
| 韩兆利 | 栖霞市寺口镇韩家沟村 | 21 | 男 | 1943 年秋 |
| 韩丰利 | 栖霞市寺口镇韩家沟村 | 46 | 男 | 1943 年秋 |
| 韩殿安 | 栖霞市寺口镇韩家沟村 | 20 | 男 | 1943 年秋 |
| 潘士先 | 栖霞市杨础乡邢家村 | 48 | 男 | 1943 年秋 |
| 王家顺 | 栖霞市中桥乡中桥村 | 19 | 男 | 1943 年 10 月 6 日 |
| 范上重 | 栖霞市苏家店镇集后村 | — | 男 | 1943 年 10 月 |
| 杨顺青 | 栖霞市亭口镇杨格庄村 | 30 | 男 | 1943 年 10 月 |
| 史洪显 | 栖霞市杨础乡史家疃村 | 20 | 男 | 1943 年 10 月 |
| 姜运枝 | 栖霞市杨础乡史家疃村 | 21 | 男 | 1943 年 10 月 |
| 张万礼 | 栖霞市苏家店镇西山院村 | 50 | 男 | 1943 年 11 月 20 日 |
| 开　新 | 栖霞市苏家店镇西山院村 | 18 | 男 | 1943 年 11 月 20 日 |
| 刘　德 | 栖霞市苏家店镇西山院村 | 60 | 男 | 1943 年 11 月 20 日 |
| 张其利 | 栖霞市苏家店镇西山院村 | 40 | 男 | 1943 年 11 月 20 日 |
| 张树吉 | 栖霞市苏家店镇西山院村 | 60 | 男 | 1943 年 11 月 20 日 |
| 刘马氏 | 栖霞市官道镇沙岭村 | 62 | 女 | 1943 年 11 月 |
| 刘玉勋 | 栖霞市亭口镇上谢家村 | 25 | 男 | 1943 年 11 月 |
| 慕文全 | 栖霞市亭口镇上瑶沟村 | 60 | 男 | 1943 年 11 月 |
| 慕寿铜 | 栖霞市亭口镇上瑶沟村 | 50 | 男 | 1943 年 11 月 |
| 慕田成 | 栖霞市亭口镇上瑶沟村 | 16 | 男 | 1943 年 11 月 |
| 慕王氏 | 栖霞市亭口镇上瑶沟村 | 24 | 女 | 1943 年 11 月 |
| 慕寿朋 | 栖霞市亭口镇上瑶沟村 | 21 | 男 | 1943 年 11 月 |
| 慕绍光 | 栖霞市亭口镇上瑶沟村 | 43 | 男 | 1943 年 11 月 |
| 丁才印 | 栖霞市亭口镇下瑶沟村 | 34 | 男 | 1943 年 11 月 |
| 丁培思 | 栖霞市亭口镇下瑶沟村 | 36 | 男 | 1943 年 11 月 |
| 丁树吉 | 栖霞市亭口镇下瑶沟村 | 45 | 男 | 1943 年 11 月 |

| 姓 名 | 籍 贯 | 年龄 | 性别 | 死难时间 |
|---|---|---|---|---|
| 刘吉宝 | 栖霞市西城乡回兵崖村 | 22 | 男 | 1943 年 11 月 |
| 毛玉堂 | 栖霞市西城乡毛家村 | 65 | 男 | 1943 年 12 月 6 日 |
| 王 胜 | 栖霞市官道镇北照村 | 30 | 男 | 1943 年 12 月 |
| 王 均 | 栖霞市亭口镇石口子村 | 47 | 男 | 1943 年 12 月 |
| 王钦云 | 栖霞市亭口镇石口子村 | 49 | 男 | 1943 年 12 月 |
| 王喜芳 | 栖霞市蛇窝泊乡安子夼村 | 73 | 男 | 1943 年冬 |
| 王德本之妻 | 栖霞市蛇窝泊乡安子夼村 | 60 | 女 | 1943 年冬 |
| 王中富 | 栖霞市寺口镇台前村 | 32 | 男 | 1943 年冬 |
| 王中基 | 栖霞市寺口镇台前村 | 29 | 男 | 1943 年冬 |
| 高世德 | 栖霞市翠屏乡南富源村 | 30 | 男 | 1943 年 |
| 衣京田 | 栖霞市翠屏乡衣家泊村 | 28 | 男 | 1943 年 |
| 谢丰合 | 栖霞市观里乡北谢家村 | 21 | 男 | 1943 年 |
| 周太昌 | 栖霞市观里乡大埠村 | 24 | 男 | 1943 年 |
| 周明堂 | 栖霞市观里乡大埠村 | 30 | 男 | 1943 年 |
| 于忠法 | 栖霞市观里乡山后泊村 | 39 | 男 | 1943 年 |
| 郑福恩 | 栖霞市观里乡田庄头村 | 10 | 男 | 1943 年 |
| 马洪玉 | 栖霞市官道镇霞泊村 | 38 | 男 | 1943 年 |
| 左×× | 栖霞市蛇窝泊乡健犄山村 | 30 | 男 | 1943 年 |
| 王 忠 | 栖霞市寺口镇北铺村 | 24 | 男 | 1943 年 |
| 王 龙 | 栖霞市寺口镇北铺村 | 22 | 男 | 1943 年 |
| 闫吉春 | 栖霞市寺口镇北铺村 | 21 | 男 | 1943 年 |
| 孙云祥 | 栖霞市寺口镇西刘家沟村 | 20 | 男 | 1943 年 |
| 崔尧山 | 栖霞市寺口镇院上村 | 19 | 男 | 1943 年 |
| 衣树彬 | 栖霞市松山镇北衣家庄村 | 57 | 男 | 1943 年 |
| 刘进义 | 栖霞市松山镇大北庄村 | 21 | 男 | 1943 年 |
| 陈培菊 | 栖霞市松山镇大北庄村 | 23 | 男 | 1943 年 |
| 陈培真 | 栖霞市松山镇大北庄村 | 24 | 男 | 1943 年 |
| 孙典进 | 栖霞市松山镇郝家楼村 | 20 | 男 | 1943 年 |
| 高 喜 | 栖霞市松山镇郝家楼村 | 23 | 男 | 1943 年 |
| 林树琪 | 栖霞市松山镇母山后村 | 19 | 男 | 1943 年 |
| 杨乃峰 | 栖霞市松山镇南寨村 | 40 | 男 | 1943 年 |
| 林树财 | 栖霞市松山镇前铺村 | — | 男 | 1943 年 |
| 康春堂 | 栖霞市松山镇上紫岘头村 | — | 男 | 1943 年 |
| 刘元富 | 栖霞市松山镇史家村 | 50 | 男 | 1943 年 |

| 姓 名 | 籍 贯 | 年 龄 | 性 别 | 死难时间 |
|---|---|---|---|---|
| 李德和 | 栖霞市松山镇史家村 | 30 | 男 | 1943 年 |
| 王世卿 | 栖霞市松山镇史家村 | 18 | 男 | 1943 年 |
| 刘正日 | 栖霞市松山镇史家村 | 24 | 男 | 1943 年 |
| 王顺昌之子 | 栖霞市松山镇下艾口村 | — | 男 | 1943 年 |
| 盛克典 | 栖霞市松山镇下艾口村 | — | 男 | 1943 年 |
| 范孟举 | 栖霞市松山镇下艾口村 | — | 男 | 1943 年 |
| 范孟举之女 | 栖霞市松山镇下艾口村 | — | 女 | 1943 年 |
| 王宝田 | 栖霞市松山镇裕富庄村 | 22 | 男 | 1943 年 |
| 马庆丰 | 栖霞市松山镇裕富庄村 | 20 | 男 | 1943 年 |
| 吕洪运 | 栖霞市苏家店镇东山院村 | 40 | 男 | 1943 年 |
| 林凤东 | 栖霞市苏家店镇林家村 | 24 | 男 | 1943 年 |
| 苏殿军 | 栖霞市苏家店镇苏家店村 | 24 | 男 | 1943 年 |
| 逗 子 | 栖霞市苏家店镇榆林头村 | 14 | 男 | 1943 年 |
| 陈天朴 | 栖霞市苏家店镇榆林头村 | 60 | 男 | 1943 年 |
| 大结实 | 栖霞市苏家店镇榆林头村 | 44 | 男 | 1943 年 |
| 杨孟文 | 栖霞市桃村镇灵山夼村 | 61 | 男 | 1943 年 |
| 尚玉尊 | 栖霞市桃村镇尚家庄村 | 20 | 男 | 1943 年 |
| 孙泮湖 | 栖霞市亭口镇风山村 | 33 | 男 | 1943 年 |
| 孙泮兴 | 栖霞市亭口镇风山村 | 27 | 男 | 1943 年 |
| 王忠贤 | 栖霞市亭口镇风山村 | 30 | 男 | 1943 年 |
| 李玉芳 | 栖霞市亭口镇李家圈村 | 20 | 男 | 1943 年 |
| 李玉成 | 栖霞市亭口镇李家圈村 | 20 | 男 | 1943 年 |
| 李玉珍 | 栖霞市亭口镇李家圈村 | 20 | 男 | 1943 年 |
| 李心英 | 栖霞市亭口镇李家圈村 | 13 | 男 | 1943 年 |
| 姜 春 | 栖霞市亭口镇上刘家村 | 29 | 男 | 1943 年 |
| 徐 松 | 栖霞市亭口镇下石佛村 | 65 | 男 | 1943 年 |
| 徐德合 | 栖霞市亭口镇下石佛村 | 66 | 男 | 1943 年 |
| 徐成玉 | 栖霞市亭口镇下石佛村 | 70 | 男 | 1943 年 |
| 徐春运 | 栖霞市亭口镇下石佛村 | 66 | 男 | 1943 年 |
| 徐春周 | 栖霞市亭口镇下石佛村 | 68 | 男 | 1943 年 |
| 徐成忠 | 栖霞市亭口镇下石佛村 | 65 | 男 | 1943 年 |
| 徐林氏 | 栖霞市亭口镇下石佛村 | 68 | 女 | 1943 年 |
| 衣丰齐 | 栖霞市西城乡马士庄村 | — | 男 | 1943 年 |
| 徐成志 | 栖霞市杨础乡岔河村 | — | 男 | 1943 年 |

| 姓　名 | 籍　贯 | 年　龄 | 性　别 | 死难时间 |
|---|---|---|---|---|
| 王保训 | 栖霞市杨础乡芦子泊村 | 27 | 男 | 1943 年 |
| 林　福 | 栖霞市杨础乡阳谷村 | 55 | 男 | 1943 年 |
| 杨宝川 | 栖霞市臧家庄乡丰粟村 | 53 | 男 | 1943 年 |
| 李洪祥之婶 | 栖霞市臧家庄乡丰粟村 | 50 | 女 | 1943 年 |
| 于铁林 | 栖霞市庄园街道大卧龙村 | — | 男 | 1943 年 |
| 李光义 | 栖霞市观里乡巨屋村 | 52 | 男 | 1944 年 3 月 31 日 |
| 李光耀 | 栖霞市观里乡巨屋村 | 28 | 男 | 1944 年 3 月 31 日 |
| 林宝山 | 栖霞市观里乡巨屋村 | 26 | 男 | 1944 年 3 月 31 日 |
| 梁　武 | 栖霞市观里乡巨屋村 | 36 | 男 | 1944 年 3 月 31 日 |
| 史日发 | 栖霞市观里乡大寨村 | 35 | 男 | 1944 年 3 月 |
| 史德风 | 栖霞市观里乡大寨村 | 20 | 男 | 1944 年 3 月 |
| 史文光 | 栖霞市观里乡大寨村 | 20 | 男 | 1944 年 3 月 |
| 刘文齐 | 栖霞市杨础乡史家疃村 | 23 | 男 | 1944 年 3 月 |
| 吕铭芳 | 栖霞市中桥乡东泊子村 | 68 | 男 | 1944 年 3 月 |
| 刘世忠 | 栖霞市中桥乡东北桥村 | 16 | 男 | 1944 年春 |
| 林作织 | 栖霞市臧家庄乡西泥沟村 | 30 | 男 | 1944 年 4 月 |
| 衣万桃 | 栖霞市观里乡城子沟村 | 35 | 男 | 1944 年 5 月 |
| 衣华仁 | 栖霞市翠屏街道前阳窝村 | — | 男 | 1944 年 6 月 |
| 王宝之子 | 栖霞市观里乡观里村 | 10 | 男 | 1944 年 6 月 |
| 周进龙之子 | 栖霞市观里乡观里村 | 11 | 男 | 1944 年 6 月 |
| 曲德善 | 栖霞市观里乡曲家村 | 50 | 男 | 1944 年 6 月 |
| 衣德全 | 栖霞市翠屏街道前阳窝村 | — | 男 | 1944 年 8 月 |
| 范炳爱 | 栖霞市唐家泊镇下牛蹄夼村 | 24 | 男 | 1944 年 8 月 |
| 毛凤林 | 栖霞市亭口镇后亭口村 | 34 | 男 | 1944 年 8 月 |
| 徐　× | 栖霞市亭口镇后亭口村 | 34 | 男 | 1944 年 8 月 |
| 李文香 | 栖霞市桃村镇石字线村 | 19 | 男 | 1944 年 9 月 29 日 |
| 李庆奎 | 栖霞市桃村镇石字线村 | 28 | 男 | 1944 年 9 月 29 日 |
| 李文修 | 栖霞市桃村镇石字线村 | 20 | 男 | 1944 年 9 月 29 日 |
| 衣志祥 | 栖霞市观里乡城子沟村 | 35 | 男 | 1944 年 9 月 |
| 史宝埠 | 栖霞市观里乡观里村 | 40 | 男 | 1944 年 9 月 |
| 郝　富 | 栖霞市翠屏街道东南店村 | — | 男 | 1944 年秋 |
| 孙秀军 | 栖霞市观里乡慕家店村 | 17 | 男 | 1944 年秋 |
| 张旭东 | 栖霞市蛇窝泊乡柳林庄村 | — | 男 | 1944 年秋 |
| 王连法 | 栖霞市蛇窝泊乡下苇城村 | 20 | 男 | 1944 年秋 |

| 姓 名 | 籍 贯 | 年 龄 | 性 别 | 死难时间 |
|---|---|---|---|---|
| 邴科贤 | 栖霞市寺口镇下战家村 | 41 | 男 | 1944 年秋 |
| 李文秀 | 栖霞市寺口镇下战家村 | 17 | 女 | 1944 年秋 |
| 柳　丁 | 栖霞市寺口镇下战家村 | 12 | 男 | 1944 年秋 |
| 孙克庆 | 栖霞市臧家庄乡北花园村 | 27 | 男 | 1944 年秋 |
| 胡德庆 | 栖霞市桃村镇李老铺村 | 40 | 男 | 1944 年秋 |
| 胡义花 | 栖霞市桃村镇李老铺村 | 9 | 女 | 1944 年秋 |
| 孙宝德 | 栖霞市桃村镇石剑铺村 | 45 | 男 | 1944 年秋 |
| 孙朋令 | 栖霞市桃村镇石剑铺村 | 54 | 男 | 1944 年秋 |
| 高丰刚 | 栖霞市西城乡蓬夼窑村 | 72 | 男 | 1944 年 10 月 |
| 崔广希 | 栖霞市杨础乡史家疃村 | 52 | 男 | 1944 年 10 月 |
| 李恒洛 | 栖霞市臧家庄乡南尹家村 | 23 | 男 | 1944 年 10 月 |
| 衣宝瑞 | 栖霞市翠屏街道丁家沟村 | 36 | 男 | 1944 年 11 月 14 日 |
| 衣德纯 | 栖霞市翠屏街道丁家沟村 | 12 | 男 | 1944 年 11 月 14 日 |
| 石金章 | 栖霞市翠屏街道石家庄村 | 64 | 男 | 1944 年 11 月 14 日 |
| 王宝训 | 栖霞市翠屏街道石家庄村 | 30 | 男 | 1944 年 11 月 14 日 |
| 姜　春 | 栖霞市翠屏街道石家庄村 | 70 | 男 | 1944 年 11 月 14 日 |
| 林书堂 | 栖霞市翠屏街道石家庄村 | 50 | 男 | 1944 年 11 月 14 日 |
| 牟培仁 | 栖霞市翠屏街道石家庄村 | — | 男 | 1944 年 11 月 14 日 |
| 黄兆勋 | 栖霞市翠屏街道黄家庄村 | 19 | 男 | 1944 年 11 月 |
| 孙守训 | 栖霞市官道镇大闫家村 | 23 | 男 | 1944 年 11 月 |
| 郝培法 | 栖霞市官道镇沙岭村 | 18 | 男 | 1944 年 11 月 |
| 于德新 | 栖霞市寺口镇南玉山村 | 43 | 男 | 1944 年 11 月 |
| 张福增之子 | 栖霞市寺口镇南玉山村 | 10 | 男 | 1944 年 11 月 |
| 刘进兴 | 栖霞市唐家泊镇西三叫村 | 69 | 男 | 1944 年 11 月 |
| 刘福成 | 栖霞市唐家泊镇西三叫村 | 65 | 男 | 1944 年 11 月 |
| 卢喜文 | 栖霞市唐家泊镇迎门口村 | 48 | 男 | 1944 年 11 月 |
| 路学善 | 栖霞市西城乡上岘村 | 23 | 男 | 1944 年 11 月 |
| 周　太 | 栖霞市官道镇北照村 | 22 | 男 | 1944 年 12 月 |
| 高丰祥 | 栖霞市西城乡蓬夼窑村 | 40 | 男 | 1944 年 12 月 |
| 陈华仁 | 栖霞市翠屏街道城关村 | 25 | 男 | 1944 年冬 |
| 林守恒 | 栖霞市翠屏街道林家亭村 | 29 | 男 | 1944 年冬 |
| 刘进福 | 栖霞市寺口镇刘家村 | 40 | 男 | 1944 年冬 |
| 周日堂 | 栖霞市翠屏街道南富源村 | 60 | 男 | 1944 年 |
| 门同庆 | 栖霞市观里乡观里村 | 35 | 男 | 1944 年 |

| 姓　名 | 籍　贯 | 年　龄 | 性　别 | 死难时间 |
|---|---|---|---|---|
| 史孝孟 | 栖霞市观里乡耩后村 | 26 | 男 | 1944 年 |
| 史书林 | 栖霞市观里乡耩后村 | 12 | 男 | 1944 年 |
| 李春胜 | 栖霞市观里乡小姜家村 | 42 | 男 | 1944 年 |
| 史国民 | 栖霞市观里乡小寨村 | 24 | 男 | 1944 年 |
| 史国治 | 栖霞市观里乡小寨村 | 19 | 男 | 1944 年 |
| 杨小福 | 栖霞市官道镇大解家村 | 13 | 女 | 1944 年 |
| 李树英 | 栖霞市松山镇艾山汤村 | 28 | 男 | 1944 年 |
| 王培章 | 栖霞市松山镇大北庄村 | 23 | 男 | 1944 年 |
| 王培仁 | 栖霞市松山镇大北庄村 | 24 | 男 | 1944 年 |
| 曲学东 | 栖霞市松山镇南寨村 | 18 | 男 | 1944 年 |
| 王大尊 | 栖霞市松山镇裕富庄村 | 24 | 男 | 1944 年 |
| 王作庆 | 栖霞市苏家店镇小徐家村 | 22 | 男 | 1944 年 |
| 王作民 | 栖霞市苏家店镇小徐家村 | 18 | 男 | 1944 年 |
| 张作敏 | 栖霞市唐家泊镇北马家村 | 16 | 男 | 1944 年 |
| 尚福基 | 栖霞市桃村镇尚家庄村 | 80 | 男 | 1944 年 |
| 孙喜龄 | 栖霞市桃村镇卧龙村 | — | 男 | 1944 年 |
| 孙守恺 | 栖霞市桃村镇卧龙村 | — | 男 | 1944 年 |
| 刘春花 | 栖霞市桃村镇卧龙村 | — | 女 | 1944 年 |
| 王京科 | 栖霞市亭口镇南埠村 | 19 | 男 | 1944 年 |
| 王吉花 | 栖霞市亭口镇石口子村 | 24 | 女 | 1944 年 |
| 王洪先 | 栖霞市亭口镇石口子村 | 14 | 男 | 1944 年 |
| 马德兴 | 栖霞市西城乡林家寨村 | 44 | 男 | 1944 年 |
| 刘玉娥 | 栖霞市杨础乡丁家寨村 | 34 | 女 | 1944 年 |
| 李进爱 | 栖霞市杨础乡东柳村 | 20 | 男 | 1944 年 |
| 蔡　氏 | 栖霞市杨础乡杜家黄口村 | 60 | 女 | 1944 年 |
| 杜世杰 | 栖霞市杨础乡杜家黄口村 | 40 | 男 | 1944 年 |
| 丁流强 | 栖霞市杨础乡杜家黄口村 | 6 | 男 | 1944 年 |
| 高文选 | 栖霞市杨础乡吉格庄村 | 50 | 男 | 1944 年 |
| 王兴奎 | 栖霞市杨础乡芦子泊村 | 32 | 男 | 1944 年 |
| 林春卿 | 栖霞市中桥乡董家沟村 | 22 | 男 | 1944 年 |
| 林树松 | 栖霞市中桥乡董家沟村 | 24 | 男 | 1944 年 |
| 邢玉臻 | 栖霞市庄园街道莒家村 | 29 | 男 | 1944 年 |
| 范上青 | 栖霞市庄园街道十里铺村 | — | 男 | 1944 年 |
| 陈贵章 | 栖霞市翠屏街道大河北村 | — | 男 | 1945 年春 |

| 姓　名 | 籍　贯 | 年龄 | 性别 | 死难时间 |
|---|---|---|---|---|
| 李全书 | 栖霞市官道镇栾格庄村 | 36 | 男 | 1945 年 5 月 |
| 徐　勤 | 栖霞市臧家庄乡南尹家村 | 25 | 男 | 1945 年 5 月 |
| 林全德 | 栖霞市翠屏街道大务夼村 | 51 | 男 | 1945 年 7 月 |
| 李志林 | 栖霞市臧家庄乡南尹家村 | 22 | 男 | 1945 年 8 月 |
| 李福堂 | 栖霞市臧家庄乡南尹家村 | 56 | 男 | 1945 年 8 月 |
| 李　民 | 栖霞市观里乡潘庄村 | 19 | 男 | 1945 年 |
| 张贻武 | 栖霞市观里乡东南庄村 | 34 | 男 | 1945 年 |
| 于　伦 | 栖霞市观里乡山后泊村 | 39 | 男 | 1945 年 |
| 王　友 | 栖霞市寺口镇西刘家庄村 | 24 | 男 | 1945 年 |
| 郝召庚 | 栖霞市松山镇郝家楼村 | 20 | 男 | 1945 年 |
| 王忠汉 | 栖霞市松山镇金山台村 | —— | 男 | 1945 年 |
| 杨元树 | 栖霞市桃村镇灵山夼村 | 25 | 男 | 1945 年 |
| 崔重安 | 栖霞市西城乡仓上村 | 64 | 男 | 1945 年 |
| 郭长经 | 栖霞市中桥乡东山村 | 15 | 男 | 1945 年 |
| 林树奎 | 栖霞市中桥乡东山村 | 16 | 男 | 1945 年 |
| 范万长 | 栖霞市庄园街道十里铺村 | 19 | 男 | 1945 年 |
| 大　菊 | 栖霞市松山镇盘子涧村 | 17 | 男 | —— |
| 钱　福 | 栖霞市松山镇盘子涧村 | 19 | 男 | —— |
| 刘玉海 | 栖霞市松山镇史家村 | 24 | 男 | —— |
| 刘文尧 | 栖霞市松山镇史家村 | 25 | 男 | —— |
| 王传达 | 栖霞市中桥乡中桥村 | —— | 男 | —— |
| 林　氏 | 栖霞市庄园街道马耳夼村 | —— | 女 | —— |
| 牟邦英 | 栖霞市庄园街道邢家疃村 | —— | 男 | —— |
| 牟邦信 | 栖霞市庄园街道邢家疃村 | —— | 男 | —— |
| 牟大存 | 栖霞市庄园街道邢家疃村 | —— | 男 | —— |
| 马占奎 | 栖霞市翠屏乡小霞址村 | 26 | 男 | —— |
| 李华彩 | 栖霞市观里乡潘家洼村 | 26 | 男 | —— |
| 蔡　连 | 栖霞市官道镇杨家洼村 | 23 | 男 | —— |
| 郝恩林 | 栖霞市臧家庄乡北埠村 | 30 | 男 | —— |
| 王其兴 | 栖霞市臧家庄乡泊子村 | 46 | 男 | —— |
| 郝忠贤 | 栖霞市臧家庄乡草格庄村 | 25 | 男 | —— |
| 王云才 | 栖霞市臧家庄乡后姜格庄村 | 20 | 男 | —— |
| 吴宝恒 | 栖霞市臧家庄乡刘家疃村 | 25 | 男 | —— |
| 吴宝德 | 栖霞市臧家庄乡刘家疃村 | 23 | 男 | —— |

| 姓　名 | 籍　贯 | 年　龄 | 性　别 | 死难时间 |
|---|---|---|---|---|
| 迟瑞义 | 栖霞市臧家庄乡龙回头村 | 28 | 男 | — |
| 刘学军 | 栖霞市臧家庄乡栾家沟村 | 28 | 男 | — |
| 宋守学 | 栖霞市臧家庄乡栾家沟村 | 36 | 男 | — |
| 张振福 | 栖霞市臧家庄乡蒙家村 | 60 | 男 | — |
| 宫兰芳 | 栖霞市臧家庄乡蒙家村 | 70 | 男 | — |
| 李京同 | 栖霞市臧家庄乡寨里村 | 23 | 男 | — |
| 徐于海 | 栖霞市中桥乡南桥村 | 42 | 男 | — |
| 徐子敬 | 栖霞市中桥乡南桥村 | 43 | 男 | — |
| 王金亭之母 | 栖霞市中桥乡水道观村 | — | 女 | — |
| 吕忠和之父 | 栖霞市中桥乡水道观村 | — | 男 | — |
| 王志尧之父 | 栖霞市中桥乡水道观村 | — | 男 | — |
| 吕文香 | 栖霞市中桥乡水道观村 | — | 男 | — |
| 王金本 | 栖霞市中桥乡水道观村 | — | 男 | — |
| 董学志 | 栖霞市观里乡郭格庄村 | 28 | 男 | 1940 年 |
| 付世昌 | 栖霞市唐家泊镇东五叫山村 | 30 | 男 | 1942 年 2 月 |
| 张存杰 | 栖霞市庙后镇虎班石村 | 30 | 男 | 1942 年 8 月 |
| 林建高 | 栖霞市庙后镇虎班石村 | 40 | 男 | 1942 年 8 月 |
| 崔振铎 | 栖霞市西城乡笏山村 | 16 | 男 | 1942 年 11 月 |
| 牟　兰 | 栖霞市西城乡东陡崖村 | 22 | 男 | 1942 年 11 月 |
| 孙廷义 | 栖霞市庙后镇骂阵口村 | 50 | 男 | 1942 年 12 月 |
| 林敬斋 | 栖霞市蛇窝泊乡西山村 | 26 | 男 | 1942 年 |
| 王连基 | 栖霞市桃村镇老树夼村 | 35 | 男 | 1942 年 |
| 林有举 | 栖霞市庙后镇骂阵口村 | 23 | 男 | 1942 年 |
| 王汉林 | 栖霞市西城乡蔡沟村 | 20 | 男 | 1942 年 |
| 蔡洪德 | 栖霞市唐家泊镇台下村 | 34 | 男 | 1943 年 3 月 |
| 王春升 | 栖霞市桃村镇营盘村 | 29 | 男 | 1943 年 4 月 |
| 毛主期 | 栖霞市西城乡毛家村 | 28 | 男 | 1943 年 12 月 6 日 |
| 赵宝山 | 栖霞市西城乡班山口村 | 36 | 男 | 1944 年 8 月 |
| 合　计 | **1045** | | | |

责任人：刘明久　周明义　　　　核实人：张维欣　谢志成　　　　填表人：谢志成

填报单位（签章）：栖霞市委党史研究室　　　　　　填报时间：2009 年 4 月 20 日

# 海阳市抗日战争时期死难者名录

| 姓　名 | 籍　贯 | 年　龄 | 性　别 | 死难时间 |
|---|---|---|---|---|
| 孟昭勤 | 海阳市小纪镇南孟格庄村 | 27 | 男 | 1938 年 |
| 姜风山 | 海阳市发城镇上上都村 | 36 | 男 | 1938 年 3 月 4 日 |
| 姜成保 | 海阳市发城镇上上都村 | 20 | 男 | 1938 年 3 月 4 日 |
| 姜风全 | 海阳市发城镇上上都村 | 20 | 男 | 1938 年 3 月 4 日 |
| 姜茂兴 | 海阳市发城镇上上都村 | 39 | 男 | 1938 年 3 月 4 日 |
| 辛敬芝 | 海阳市小纪镇黄崖村 | 25 | 男 | 1938 年 3 月 |
| 王孝忠 | 海阳市盘石店镇东杨格庄村 | 17 | 男 | 1938 年 5 月 |
| 李作纯 | 海阳市行村镇庶村 | 31 | 男 | 1938 年 9 月 |
| 于连生 | 海阳市旅游度假区先锋村 | 23 | 男 | 1938 年 10 月 |
| 任洪山 | 海阳市旅游度假区先锋村 | 23 | 男 | 1938 年 10 月 |
| 李风武 | 海阳市旅游度假区先锋村 | 19 | 男 | 1938 年 10 月 |
| 杨学思之妻 | 海阳市郭城镇战场泊村 | 48 | 女 | 1938 年 11 月 14 日 |
| 刘云典 | 海阳市徐家店镇刘家庄村 | 59 | 男 | 1938 年 11 月 |
| 林香英 | 海阳市徐家店镇刘家庄村 | 60 | 女 | 1938 年 11 月 |
| 王　理 | 海阳市小纪镇下虎龙头村 | — | 男 | 1938 年 12 月 |
| 高登仁 | 海阳市盘石店镇朱兰夼村 | 27 | 男 | 1938 年 |
| 孙俊东 | 海阳市小纪镇夏泽村 | 48 | 男 | 1938 年 |
| 杨占奎 | 海阳市东村街道石剑村 | 31 | 男 | 1938 年 |
| 准　子 | 海阳市东村街道石剑村 | 30 | 男 | 1938 年 |
| 杨　生 | 海阳市东村街道石剑村 | 22 | 男 | 1938 年 |
| 刘长发 | 海阳市留格庄镇峙家村 | 55 | 男 | 1938 年 |
| 刘竹平 | 海阳市留格庄镇峙家村 | 58 | 男 | 1938 年 |
| 杜树福 | 海阳市留格庄镇杜家村 | 22 | 男 | 1938 年 |
| 于开存 | 海阳市留格庄镇杜家村 | 30 | 男 | 1938 年 |
| 王　全 | 海阳市盘石店镇盘石店村 | 20 | 男 | 1938 年 |
| 赵延正 | 海阳市小纪镇北索格庄村 | 28 | 男 | 1938 年 |
| 孙际明 | 海阳市小纪镇夏泽村 | 17 | 男 | 1938 年 |
| 王鹤卿 | 海阳市徐家店镇岚店村 | 21 | 男 | 1938 年 |
| 周方林 | 海阳市徐家店镇周疃村 | 75 | 男 | 1938 年 |
| 李绍伍 | 海阳市徐家店镇南野夼村 | 21 | 男 | 1938 年 |
| 周悦贵 | 海阳市徐家店镇南野夼村 | 16 | 男 | 1938 年 |

| 姓　名 | 籍　贯 | 年　龄 | 性　别 | 死难时间 |
|---|---|---|---|---|
| 范常宝 | 海阳市发城镇北姜格庄村 | 34 | 男 | 1939年1月4日 |
| 陆拾贰 | 海阳市发城镇北姜格庄村 | 34 | 男 | 1939年1月5日 |
| 辛胜言 | 海阳市留格庄镇大沟店村 | 26 | 男 | 1939年2月4日 |
| 王元胜 | 海阳市朱吴镇崖南头村 | 60 | 男 | 1939年2月16日 |
| 王元财 | 海阳市朱吴镇崖南头村 | 50 | 男 | 1939年2月16日 |
| 叶老十 | 海阳市旅游度假区先锋村 | 58 | 男 | 1939年2月21日 |
| 贾连基之父 | 海阳市旅游度假区胜利村 | 55 | 男 | 1939年2月21日 |
| 张丰辉 | 海阳市发城镇西坊坞村 | 39 | 男 | 1939年2月 |
| 董　云 | 海阳市留格庄镇姜格庄村 | 36 | 男 | 1939年2月 |
| 李景福 | 海阳市行村镇行二村 | 42 | 男 | 1939年2月 |
| 吕战先 | 海阳市行村镇田村 | 40 | 男 | 1939年2月 |
| 王炳坚 | 海阳市行村镇行三村 | 40 | 男 | 1939年2月 |
| 刘焕照 | 海阳市东村街道羊角沟村 | 17 | 男 | 1939年2月 |
| 高春照 | 海阳市朱吴镇高家村 | 25 | 男 | 1939年2月 |
| 张承绪 | 海阳市旅游度假区胜利村 | 40 | 男 | 1939年2月 |
| 孙志修 | 海阳市发城镇北卧龙村 | 31 | 男 | 1939年3月 |
| 袁秀英 | 海阳市方圆街道南城阳村 | 39 | 女 | 1939年3月 |
| 王洪美 | 海阳市方圆街道南城阳村 | 19 | 女 | 1939年3月 |
| 辛化开 | 海阳市小纪镇书院村 | 31 | 男 | 1939年3月 |
| 宋　欣 | 海阳市东村街道前辛治村 | 42 | 男 | 1939年4月14日 |
| 丛　顺 | 海阳市大阎家镇廒上村 | 22 | 男 | 1939年4月 |
| 姜乃成 | 海阳经济开发区台子上村 | 24 | 男 | 1939年4月 |
| 姜日照 | 海阳经济开发区台子上村 | 26 | 男 | 1939年4月 |
| 姜礼当 | 海阳市行村镇卧龙村 | 19 | 男 | 1939年4月 |
| 孙永兴 | 海阳市凤城街道北河沟村 | — | 男 | 1939年4月 |
| 刘日鸿 | 海阳市大阎家镇鲁古埠村 | 61 | 男 | 1939年5月 |
| 孙×× | 海阳市小纪镇佘格村 | 29 | 男 | 1939年5月 |
| 孙衍风 | 海阳市小纪镇南洪沟村 | 29 | 男 | 1939年5月 |
| 高富义 | 海阳市朱吴镇高家村 | 19 | 男 | 1939年5月 |
| 于进明 | 海阳市行村镇文山后村 | 39 | 男 | 1939年6月 |
| 赵　璞 | 海阳市行村镇文山后村 | 32 | 男 | 1939年6月 |
| 赵芳柏 | 海阳市行村镇文山后村 | 45 | 男 | 1939年6月 |
| 崔淑梅之母 | 海阳市旅游度假区胜利村 | 32 | 女 | 1939年6月 |
| 姜桂玉 | 海阳市行村镇西村庄村 | 29 | 男 | 1939年8月 |

| 姓　名 | 籍　贯 | 年　龄 | 性　别 | 死难时间 |
|---|---|---|---|---|
| 辛化朴 | 海阳市小纪镇辛家夼村 | 23 | 男 | 1939 年 9 月 |
| 张　文 | 海阳市朱吴镇莱格庄村 | 28 | 男 | 1939 年 9 月 |
| 迟　财 | 海阳市郭城镇台城村 | 50 | 男 | 1939 年 11 月 14 日 |
| 王　氏 | 海阳市郭城镇台城村 | 38 | 女 | 1939 年 11 月 14 日 |
| 王氏之子 | 海阳市郭城镇台城村 | 4 | 男 | 1939 年 11 月 14 日 |
| 王氏之幼子 | 海阳市郭城镇台城村 | 1 | 男 | 1939 年 11 月 14 日 |
| 于　氏 | 海阳市郭城镇台城村 | 60 | 女 | 1939 年 11 月 14 日 |
| 于逢良 | 海阳市行村镇桃林村 | 21 | 男 | 1939 年 11 月 |
| 于崇信 | 海阳市行村镇桃林村 | 21 | 男 | 1939 年 11 月 |
| 刘德润 | 海阳市辛安镇北马家村 | 34 | 男 | 1939 年 12 月 |
| 张腾岐 | 海阳市发城镇后儒林庄村 | 28 | 男 | 1939 年 |
| 刘作令 | 海阳市凤城街道东迟格庄村 | 25 | 男 | 1939 年 |
| 王桂昌 | 海阳市盘石店镇嘴子前村 | 24 | 男 | 1939 年 |
| 王子龙 | 海阳市盘石店镇嘴子后村 | 26 | 男 | 1939 年 |
| 赵延平 | 海阳市小纪镇北索格庄村 | 25 | 男 | 1939 年 |
| 孙明全 | 海阳市小纪镇辛家夼村 | — | 男 | 1939 年 |
| 辛洪阳 | 海阳市小纪镇小杨格庄村 | 20 | 男 | 1939 年 |
| 孙元福 | 海阳市朱吴镇东刘家疃村 | 22 | 男 | 1939 年 |
| 赵仲奎 | 海阳市行村镇上夼村 | 42 | 男 | 1939 年 |
| 王和礼 | 海阳市留格庄镇留格庄村 | 31 | 男 | 1940 年 1 月 4 日 |
| 王和春 | 海阳市留格庄镇留格庄村 | 29 | 男 | 1940 年 1 月 4 日 |
| 王芳田 | 海阳市留格庄镇留格庄村 | 55 | 男 | 1940 年 1 月 4 日 |
| 刘兆福 | 海阳市留格庄镇留格庄村 | — | 男 | 1940 年 1 月 4 日 |
| 王增溪 | 海阳市留格庄镇留格庄村 | — | 男 | 1940 年 1 月 4 日 |
| 王笃宝 | 海阳市留格庄镇留格庄村 | 20 | 男 | 1940 年 1 月 4 日 |
| 姜作星 | 海阳市郭城镇港里村 | 53 | 男 | 1940 年 1 月 4 日 |
| 姜洪德 | 海阳市郭城镇港里村 | 51 | 男 | 1940 年 1 月 4 日 |
| 老　东 | 海阳市郭城镇港里村 | 16 | 男 | 1940 年 1 月 4 日 |
| 姜庆寿 | 海阳市郭城镇港里村 | 16 | 男 | 1940 年 1 月 4 日 |
| 孙典禄之父 | 海阳市郭城镇西楼子村 | 50 | 男 | 1940 年 1 月 4 日 |
| 孙福清 | 海阳市郭城镇西楼子村 | 40 | 男 | 1940 年 1 月 4 日 |
| 孙宝征 | 海阳市郭城镇西楼子村 | 25 | 男 | 1940 年 1 月 4 日 |
| 孙俊南 | 海阳市郭城镇西楼子村 | 25 | 男 | 1940 年 1 月 4 日 |
| 李孟彬 | 海阳市郭城镇西楼子村 | 24 | 男 | 1940 年 1 月 4 日 |

| 姓 名 | 籍 贯 | 年 龄 | 性 别 | 死难时间 |
|---|---|---|---|---|
| 孙洪奎 | 海阳市郭城镇西楼子村 | 30 | 男 | 1940 年 1 月 4 日 |
| 孙吉方 | 海阳市郭城镇西楼子村 | 30 | 男 | 1940 年 1 月 4 日 |
| 孙考明 | 海阳市郭城镇西楼子村 | 25 | 男 | 1940 年 1 月 4 日 |
| 杨仁堂 | 海阳市郭城镇东楼子村 | 46 | 男 | 1940 年 1 月 4 日 |
| 杨从政 | 海阳市郭城镇东楼子村 | 32 | 男 | 1940 年 1 月 4 日 |
| 杨奎臣 | 海阳市郭城镇东楼子村 | 19 | 男 | 1940 年 1 月 4 日 |
| 王忠俭之叔 | 海阳市郭城镇东楼子村 | 41 | 男 | 1940 年 1 月 4 日 |
| 举 亭 | 海阳市郭城镇东楼子村 | 21 | 男 | 1940 年 1 月 4 日 |
| 潘喜台 | 海阳市郭城镇东楼子村 | 50 | 男 | 1940 年 1 月 4 日 |
| 杨奎仙之弟 | 海阳市郭城镇东楼子村 | 1 | 男 | 1940 年 1 月 4 日 |
| 杨德龙之兄 | 海阳市郭城镇东楼子村 | 1 | 男 | 1940 年 1 月 4 日 |
| 隋连宁 | 海阳市留格庄镇山口村 | 29 | 男 | 1940 年 1 月 5 日 |
| 孙 氏 | 海阳市留格庄镇山口村 | 51 | 女 | 1940 年 1 月 5 日 |
| 高云南 | 海阳市盘石店镇松岩庄村 | 19 | 男 | 1940 年 1 月 5 日 |
| 于在明 | 海阳市留格庄镇前杨台村 | 40 | 男 | 1940 年 1 月 15 日 |
| 于在洋 | 海阳市留格庄镇前杨台村 | 39 | 男 | 1940 年 1 月 15 日 |
| 孙 基 | 海阳市留格庄镇前杨台村 | 60 | 男 | 1940 年 1 月 15 日 |
| 孙基之妻 | 海阳市留格庄镇前杨台村 | 58 | 女 | 1940 年 1 月 15 日 |
| 孙 殿 | 海阳市留格庄镇前杨台村 | 61 | 男 | 1940 年 1 月 15 日 |
| 孙衍伯 | 海阳市留格庄镇前杨台村 | 22 | 男 | 1940 年 1 月 15 日 |
| 孙衍都 | 海阳市留格庄镇前杨台村 | 38 | 男 | 1940 年 1 月 15 日 |
| 孙宝林 | 海阳市留格庄镇前杨台村 | 38 | 男 | 1940 年 1 月 15 日 |
| 孙宝英 | 海阳市留格庄镇前杨台村 | 36 | 男 | 1940 年 1 月 15 日 |
| 孙长英 | 海阳市留格庄镇前杨台村 | 39 | 男 | 1940 年 1 月 15 日 |
| 杨玉喜 | 海阳市东村街道石剑村 | 40 | 男 | 1940 年 1 月 |
| 杨成德 | 海阳市东村街道石剑村 | 35 | 男 | 1940 年 1 月 |
| 杨成顺 | 海阳市东村街道石剑村 | 40 | 男 | 1940 年 1 月 |
| 李京泰 | 海阳市留格庄镇前望海村 | 22 | 男 | 1940 年 1 月 |
| 王戒之 | 海阳市留格庄镇王家泊村 | 18 | 男 | 1940 年 1 月 |
| 王纪氏 | 海阳市行村镇行二村 | 32 | 女 | 1940 年 1 月 |
| 骆衍进 | 海阳市旅游度假区黄家村 | 42 | 男 | 1940 年 2 月 10 日 |
| 黄川靖之母 | 海阳市旅游度假区黄家村 | 50 | 女 | 1940 年 2 月 10 日 |
| 黄川兰之母 | 海阳市旅游度假区黄家村 | 35 | 女 | 1940 年 2 月 10 日 |
| 骆本治之母 | 海阳市旅游度假区黄家村 | 45 | 女 | 1940 年 2 月 10 日 |

| 姓　名 | 籍　贯 | 年　龄 | 性　别 | 死难时间 |
|---|---|---|---|---|
| 黄学忠 | 海阳市旅游度假区黄家村 | 33 | 男 | 1940 年 2 月 10 日 |
| 周本昌 | 海阳市留格庄镇周格庄村 | 23 | 男 | 1940 年 2 月 11 日 |
| 周乾元 | 海阳市留格庄镇周格庄村 | 25 | 男 | 1940 年 2 月 11 日 |
| 周游林 | 海阳市留格庄镇周格庄村 | 18 | 男 | 1940 年 2 月 11 日 |
| 周钦昌 | 海阳市留格庄镇周格庄村 | 48 | 男 | 1940 年 2 月 11 日 |
| 周彩林 | 海阳市留格庄镇周格庄村 | 30 | 男 | 1940 年 2 月 11 日 |
| 周廷江 | 海阳市留格庄镇周格庄村 | 46 | 男 | 1940 年 2 月 11 日 |
| 高良库 | 海阳市留格庄镇周格庄村 | 52 | 男 | 1940 年 2 月 11 日 |
| 李　友 | 海阳市留格庄镇周格庄村 | 60 | 男 | 1940 年 2 月 11 日 |
| 高可清 | 海阳市留格庄镇周格庄村 | 28 | 男 | 1940 年 2 月 11 日 |
| 高八石 | 海阳市留格庄镇周格庄村 | 19 | 男 | 1940 年 2 月 11 日 |
| 周欣德 | 海阳市留格庄镇周格庄村 | 53 | 男 | 1940 年 2 月 11 日 |
| 周卫德 | 海阳市留格庄镇周格庄村 | 51 | 男 | 1940 年 2 月 11 日 |
| 骆廷芳 | 海阳市旅游度假区黄家村 | 32 | 男 | 1940 年 2 月 11 日 |
| 高　法 | 海阳市留格庄镇彩春泊村 | 22 | 男 | 1940 年 2 月 11 日 |
| 杨日臣 | 海阳市郭城镇战场泊村 | 65 | 男 | 1940 年 2 月 11 日 |
| 杨日臣之妻 | 海阳市郭城镇战场泊村 | 60 | 女 | 1940 年 2 月 11 日 |
| 杨日恒 | 海阳市郭城镇战场泊村 | 53 | 男 | 1940 年 2 月 11 日 |
| 杨可友 | 海阳市郭城镇战场泊村 | 55 | 男 | 1940 年 2 月 11 日 |
| 杨吉顺之妻 | 海阳市郭城镇战场泊村 | 48 | 女 | 1940 年 2 月 11 日 |
| 潘喜庆 | 海阳市郭城镇战场泊村 | 56 | 男 | 1940 年 2 月 11 日 |
| 杨日祥之妻 | 海阳市郭城镇战场泊村 | 49 | 女 | 1940 年 2 月 11 日 |
| 杨日伦 | 海阳市郭城镇战场泊村 | 43 | 男 | 1940 年 2 月 11 日 |
| 杨日康 | 海阳市郭城镇战场泊村 | 48 | 男 | 1940 年 2 月 11 日 |
| 杨日恩 | 海阳市郭城镇战场泊村 | 50 | 男 | 1940 年 2 月 11 日 |
| 杨可地 | 海阳市郭城镇战场泊村 | 59 | 男 | 1940 年 2 月 11 日 |
| 杨可地之妻 | 海阳市郭城镇战场泊村 | 55 | 女 | 1940 年 2 月 11 日 |
| 杨日增 | 海阳市郭城镇战场泊村 | 63 | 男 | 1940 年 2 月 11 日 |
| 杨洪吉之长孙 | 海阳市郭城镇战场泊村 | 6 | 男 | 1940 年 2 月 11 日 |
| 杨洪吉之三孙 | 海阳市郭城镇战场泊村 | 2 | 男 | 1940 年 2 月 11 日 |
| 杨洪喜 | 海阳市郭城镇战场泊村 | 56 | 男 | 1940 年 2 月 11 日 |
| 杨日成 | 海阳市郭城镇战场泊村 | 49 | 男 | 1940 年 2 月 11 日 |
| 杨可山 | 海阳市郭城镇战场泊村 | 48 | 男 | 1940 年 2 月 11 日 |
| 杨陆基 | 海阳市郭城镇战场泊村 | 27 | 男 | 1940 年 2 月 11 日 |

| 姓　名 | 籍　贯 | 年龄 | 性别 | 死难时间 |
|---|---|---|---|---|
| 潘喜坤 | 海阳市郭城镇战场泊村 | 45 | 男 | 1940 年 2 月 11 日 |
| 潘喜坤之母 | 海阳市郭城镇战场泊村 | 64 | 女 | 1940 年 2 月 11 日 |
| 杨日凤 | 海阳市郭城镇战场泊村 | 47 | 男 | 1940 年 2 月 11 日 |
| 杨日晓 | 海阳市郭城镇战场泊村 | 50 | 男 | 1940 年 2 月 11 日 |
| 杨洪青 | 海阳市郭城镇战场泊村 | 28 | 男 | 1940 年 2 月 11 日 |
| 杨翠英之二叔 | 海阳市郭城镇战场泊村 | 49 | 男 | 1940 年 2 月 11 日 |
| 杨翠英之父 | 海阳市郭城镇战场泊村 | 58 | 男 | 1940 年 2 月 11 日 |
| 潘庆云 | 海阳市郭城镇战场泊村 | 48 | 男 | 1940 年 2 月 11 日 |
| 杨亭年 | 海阳市郭城镇战场泊村 | 56 | 男 | 1940 年 2 月 11 日 |
| 杨亭思 | 海阳市郭城镇战场泊村 | 53 | 男 | 1940 年 2 月 11 日 |
| 杨日凤 | 海阳市郭城镇战场泊村 | 45 | 男 | 1940 年 2 月 11 日 |
| 杨洪美之父 | 海阳市郭城镇战场泊村 | 45 | 男 | 1940 年 2 月 11 日 |
| 杨洪美之祖父 | 海阳市郭城镇战场泊村 | 65 | 男 | 1940 年 2 月 11 日 |
| 潘喜泰 | 海阳市郭城镇战场泊村 | 50 | 男 | 1940 年 2 月 11 日 |
| 潘朝明 | 海阳市郭城镇战场泊村 | 58 | 男 | 1940 年 2 月 11 日 |
| 潘朝义 | 海阳市郭城镇战场泊村 | 60 | 男 | 1940 年 2 月 11 日 |
| 潘朝禄 | 海阳市郭城镇战场泊村 | 56 | 男 | 1940 年 2 月 11 日 |
| 潘喜保 | 海阳市郭城镇战场泊村 | 38 | 男 | 1940 年 2 月 11 日 |
| 潘朝仁 | 海阳市郭城镇战场泊村 | 57 | 男 | 1940 年 2 月 11 日 |
| 杨洪美之祖母 | 海阳市郭城镇战场泊村 | 63 | 女 | 1940 年 2 月 11 日 |
| 潘朝祥 | 海阳市郭城镇战场泊村 | 63 | 男 | 1940 年 2 月 11 日 |
| 杨亭昌 | 海阳市郭城镇战场泊村 | 64 | 男 | 1940 年 2 月 11 日 |
| 杨可洪 | 海阳市郭城镇战场泊村 | 58 | 男 | 1940 年 2 月 11 日 |
| 杨树芹 | 海阳市郭城镇战场泊村 | 28 | 男 | 1940 年 2 月 11 日 |
| 杨可勋之母 | 海阳市郭城镇战场泊村 | 60 | 女 | 1940 年 2 月 11 日 |
| 杨洪君之妻 | 海阳市郭城镇战场泊村 | 58 | 女 | 1940 年 2 月 11 日 |
| 杨可喜 | 海阳市郭城镇战场泊村 | 55 | 男 | 1940 年 2 月 11 日 |
| 杨可安 | 海阳市郭城镇战场泊村 | 54 | 男 | 1940 年 2 月 11 日 |
| 王作州之妻 | 海阳市郭城镇战场泊村 | 60 | 女 | 1940 年 2 月 11 日 |
| 杨日增之妻 | 海阳市郭城镇战场泊村 | 58 | 女 | 1940 年 2 月 11 日 |
| 杨日云之长女 | 海阳市郭城镇战场泊村 | 32 | 女 | 1940 年 2 月 11 日 |
| 邹培国 | 海阳市郭城镇战场泊村 | 55 | 男 | 1940 年 2 月 11 日 |
| 杨可平 | 海阳市郭城镇战场泊村 | 48 | 男 | 1940 年 2 月 11 日 |
| 潘中汉 | 海阳市郭城镇战场泊村 | 60 | 男 | 1940 年 2 月 11 日 |

| 姓 名 | 籍 贯 | 年 龄 | 性 别 | 死难时间 |
|---|---|---|---|---|
| 杨洪吉 | 海阳市郭城镇战场泊村 | 65 | 男 | 1940 年 2 月 11 日 |
| 杨洪吉之妻 | 海阳市郭城镇战场泊村 | 38 | 女 | 1940 年 2 月 11 日 |
| 杨洪举 | 海阳市郭城镇战场泊村 | 40 | 男 | 1940 年 2 月 11 日 |
| 邹丰带 | 海阳市郭城镇战场泊村 | 19 | 男 | 1940 年 2 月 11 日 |
| 杨日生之父 | 海阳市郭城镇战场泊村 | 62 | 男 | 1940 年 2 月 11 日 |
| 杨日生之兄 | 海阳市郭城镇战场泊村 | 35 | 男 | 1940 年 2 月 11 日 |
| 杨日丛 | 海阳市郭城镇战场泊村 | 25 | 男 | 1940 年 2 月 11 日 |
| 杨日丛之父 | 海阳市郭城镇战场泊村 | 43 | 男 | 1940 年 2 月 11 日 |
| 杨日丛之母 | 海阳市郭城镇战场泊村 | 40 | 女 | 1940 年 2 月 11 日 |
| 杨日云之二女 | 海阳市郭城镇战场泊村 | 21 | 女 | 1940 年 2 月 11 日 |
| 杨洪吉之儿媳 | 海阳市郭城镇战场泊村 | 24 | 女 | 1940 年 2 月 11 日 |
| 邹月申之子 | 海阳市郭城镇战场泊村 | 14 | 男 | 1940 年 2 月 11 日 |
| 邹月申之父 | 海阳市郭城镇战场泊村 | 44 | 男 | 1940 年 2 月 11 日 |
| 于永俊 | 海阳市郭城镇璋夼村 | 53 | 男 | 1940 年 2 月 11 日 |
| 于幸奎 | 海阳市郭城镇璋夼村 | 23 | 男 | 1940 年 2 月 11 日 |
| 于作长 | 海阳市郭城镇璋夼村 | 54 | 男 | 1940 年 2 月 11 日 |
| 于增征之母 | 海阳市郭城镇璋夼村 | 60 | 女 | 1940 年 2 月 11 日 |
| 于相云 | 海阳市留格庄镇窑头村 | 42 | 男 | 1940 年 2 月 12 日 |
| 李绪福 | 海阳市留格庄镇窑头村 | 32 | 男 | 1940 年 2 月 12 日 |
| 张卓利 | 海阳市留格庄镇霞河头村 | 29 | 男 | 1940 年 2 月 12 日 |
| 张炳芹 | 海阳市留格庄镇霞河头村 | 23 | 男 | 1940 年 2 月 12 日 |
| 张志杰之子 | 海阳市留格庄镇霞河头村 | 18 | 男 | 1940 年 2 月 12 日 |
| 于正全 | 海阳市留格庄镇霞河头村 | 30 | 男 | 1940 年 2 月 12 日 |
| 张志维 | 海阳市留格庄镇霞河头村 | 52 | 男 | 1940 年 2 月 12 日 |
| 张志连 | 海阳市留格庄镇霞河头村 | 49 | 男 | 1940 年 2 月 12 日 |
| 于清桓 | 海阳市留格庄镇霞河头村 | 50 | 男 | 1940 年 2 月 12 日 |
| 张书堂 | 海阳市留格庄镇霞河头村 | 18 | 男 | 1940 年 2 月 12 日 |
| 王桂俊 | 海阳市留格庄镇霞河头村 | 17 | 男 | 1940 年 2 月 12 日 |
| 张志爽 | 海阳市留格庄镇霞河头村 | 40 | 男 | 1940 年 2 月 12 日 |
| 张京湖 | 海阳市留格庄镇霞河头村 | 18 | 男 | 1940 年 2 月 12 日 |
| 宋世仁 | 海阳市留格庄镇霞河头村 | 55 | 男 | 1940 年 2 月 12 日 |
| 薛少福 | 海阳市留格庄镇霞河头村 | 18 | 男 | 1940 年 2 月 12 日 |
| 李明义 | 海阳市留格庄镇霞河头村 | 20 | 男 | 1940 年 2 月 12 日 |
| 于清渭之弟 | 海阳市留格庄镇霞河头村 | 20 | 男 | 1940 年 2 月 12 日 |

| 姓　名 | 籍　贯 | 年　龄 | 性　别 | 死难时间 |
|---|---|---|---|---|
| 张维杰之子 | 海阳市留格庄镇霞河头村 | 20 | 男 | 1940 年 2 月 12 日 |
| 张克京之子 | 海阳市留格庄镇霞河头村 | 18 | 男 | 1940 年 2 月 12 日 |
| 张庆祥 | 海阳市留格庄镇霞河头村 | 22 | 男 | 1940 年 2 月 12 日 |
| 张举德 | 海阳市留格庄镇霞河头村 | 45 | 男 | 1940 年 2 月 12 日 |
| 张子铅 | 海阳市留格庄镇霞河头村 | 52 | 男 | 1940 年 2 月 12 日 |
| 于克登 | 海阳市朱吴镇宝玉石村 | 50 | 男 | 1940 年 2 月 20 日 |
| 于孟全 | 海阳市朱吴镇宝玉石村 | 30 | 男 | 1940 年 2 月 20 日 |
| 于崇京之妻 | 海阳市留格庄镇河崖村 | 70 | 女 | 1940 年 2 月 11 日 |
| 于镜秀 | 海阳市留格庄镇河崖村 | 66 | 男 | 1940 年 2 月 11 日 |
| 成　春 | 海阳市旅游度假区成家村 | 35 | 男 | 1940 年 2 月 |
| 张　× | 海阳市发城镇西坊坞村 | 30 | 男 | 1940 年 2 月 |
| 于崇为 | 海阳市留格庄镇河崖村 | 60 | 男 | 1940 年 2 月 11 日 |
| 吕振江 | 海阳市留格庄镇郭格庄村 | 47 | 男 | 1940 年 2 月 |
| 董兆顺 | 海阳市留格庄镇姜格庄村 | 29 | 男 | 1940 年 2 月 |
| 王清科 | 海阳市方圆街道北城阳村 | 22 | 男 | 1940 年 2 月 |
| 孙洪章 | 海阳市行村镇祥东村 | 52 | 男 | 1940 年 2 月 |
| 郭宣胜 | 海阳市行村镇英武店村 | 28 | 男 | 1940 年 2 月 |
| 于树梅 | 海阳市留格庄镇河崖村 | 38 | 男 | 1940 年 2 月 11 日 |
| 吕洋洋 | 海阳市留格庄镇郭格庄村 | 22 | 女 | 1940 年 2 月 |
| 董国宾 | 海阳市留格庄镇姜格庄村 | 12 | 男 | 1940 年 2 月 |
| 于镜舵 | 海阳市留格庄镇河崖村 | 58 | 男 | 1940 年 2 月 11 日 |
| 于在纯 | 海阳市留格庄镇河崖村 | 70 | 男 | 1940 年 2 月 11 日 |
| 于文秀 | 海阳市留格庄镇河崖村 | 52 | 男 | 1940 年 2 月 11 日 |
| 于茂桂 | 海阳市留格庄镇河崖村 | 64 | 男 | 1940 年 2 月 11 日 |
| 于绍仁 | 海阳市留格庄镇河崖村 | 60 | 男 | 1940 年 2 月 11 日 |
| 于在义 | 海阳市留格庄镇河崖村 | 55 | 男 | 1940 年 2 月 11 日 |
| 于崇京 | 海阳市留格庄镇河崖村 | 72 | 男 | 1940 年 2 月 11 日 |
| 赵文涛 | 海阳市旅游度假区胜利村 | 28 | 男 | 1940 年 3 月 |
| 孙吉斌 | 海阳市二十里店镇西上庄村 | 30 | 男 | 1940 年 3 月 |
| 孙纯章 | 海阳市行村镇西小滩村 | 31 | 男 | 1940 年 3 月 |
| 姜伯意 | 海阳市朱吴镇黑崮村 | 29 | 男 | 1940 年 3 月 |
| 陈家治 | 海阳市旅游度假区成家村 | 34 | 男 | 1940 年 4 月 |
| 成吉增之妻 | 海阳经济开发区石人泊村 | — | 女 | 1940 年 5 月 |
| 刘值军 | 海阳市行村镇后寨头村 | 27 | 男 | 1940 年 5 月 |

| 姓 名 | 籍 贯 | 年 龄 | 性 别 | 死难时间 |
|---|---|---|---|---|
| 孙俊新 | 海阳市小纪镇夏泽村 | 35 | 男 | 1940 年 5 月 |
| 林德功 | 海阳市小纪镇夏泽村 | 22 | 男 | 1940 年 5 月 |
| 杨春海 | 海阳市朱吴镇莱格庄村 | 40 | 男 | 1940 年 5 月 |
| 初九贤 | 海阳市小纪镇夹格庄村 | 21 | 男 | 1940 年 6 月 |
| 刘玉春 | 海阳市徐家店镇刘家庄村 | 18 | 男 | 1940 年 7 月 |
| 刘 英 | 海阳市徐家店镇刘家庄村 | 32 | 男 | 1940 年 7 月 |
| 姜殿文 | 海阳市朱吴镇上院口村 | 25 | 男 | 1940 年 8 月 1 日 |
| 臧佩级 | 海阳市旅游度假区臧家村 | 40 | 男 | 1940 年 8 月 |
| 王殿军 | 海阳市小纪镇东苇园头村 | 25 | 男 | 1940 年 8 月 |
| 孙明顺 | 海阳市小纪镇夏泽村 | 29 | 男 | 1940 年 8 月 |
| 姜成合 | 海阳市发城镇上上都村 | 28 | 男 | 1940 年 11 月 |
| 姜敬喜 | 海阳市行村镇石人夼村 | 34 | 男 | 1940 年 12 月 |
| 孙彦春 | 海阳市小纪镇夏泽村 | 20 | 男 | 1940 年 12 月 |
| 高林海 | 海阳市朱吴镇高家村 | 19 | 男 | 1940 年 12 月 |
| 李杰泉 | 海阳市东村街道和平村 | 60 | 男 | 1940 年 |
| 范春璞 | 海阳市发城镇姜格庄村 | 25 | 男 | 1940 年 |
| 孙开玉 | 海阳市发城镇八夼村 | 23 | 男 | 1940 年 |
| 周仁皋 | 海阳市发城镇大山东夼村 | — | 男 | 1940 年 |
| 周京水 | 海阳市发城镇大山东夼村 | — | 男 | 1940 年 |
| 张瑞民 | 海阳市发城镇铁口村 | 17 | 男 | 1940 年 |
| 孙洪紫 | 海阳市留格庄镇前杨台村 | 40 | 男 | 1940 年 |
| 江吕氏 | 海阳市留格庄镇江家村 | 58 | 女 | 1940 年 |
| 江世正 | 海阳市留格庄镇江家村 | 62 | 男 | 1940 年 |
| 付修成 | 海阳市留格庄镇江家村 | 64 | 男 | 1940 年 |
| 于保江 | 海阳市留格庄镇后杨台村 | 21 | 男 | 1940 年 |
| 王延富 | 海阳市辛安镇海头村 | 18 | 男 | 1940 年 |
| 祁连敬 | 海阳市二十里店镇下于朋村 | 26 | 男 | 1940 年 |
| 于盘根 | 海阳市朱吴镇上碾头村 | 25 | 男 | 1940 年 |
| 鞠长太 | 海阳市方圆街道牟家村 | 27 | 男 | 1940 年 |
| 姜桂圃 | 海阳市行村镇杜格庄村 | 40 | 男 | 1940 年 |
| 姜桂亭 | 海阳市行村镇杜格庄村 | 42 | 男 | 1940 年 |
| 王焕惠 | 海阳市行村镇寺头村 | 25 | 男 | 1940 年 |
| 李明和 | 海阳市东村街道城北村 | 28 | 男 | 1941 年 1 月 |
| 李维朴 | 海阳市东村街道城北村 | 31 | 男 | 1941 年 1 月 |

| 姓 名 | 籍 贯 | 年 龄 | 性 别 | 死难时间 |
|---|---|---|---|---|
| 李维或 | 海阳市东村街道城北村 | 33 | 男 | 1941 年 1 月 |
| 李维藩 | 海阳市东村街道城北村 | 38 | 男 | 1941 年 1 月 |
| 徐常佐 | 海阳市小纪镇西苇园头村 | 21 | 男 | 1941 年 1 月 |
| 王永义 | 海阳市小纪镇南埠村 | 22 | 男 | 1941 年 1 月 |
| 纪宗欣 | 海阳市小纪镇大杨格庄村 | 28 | 男 | 1941 年 1 月 |
| 纪自云 | 海阳市小纪镇大杨格庄村 | 22 | 男 | 1941 年 1 月 |
| 于树兰 | 海阳市留格庄镇河崖村 | 26 | 男 | 1941 年 1 月 |
| 于顺法 | 海阳市留格庄镇河崖村 | 24 | 男 | 1941 年 1 月 |
| 于良道 | 海阳市留格庄镇小寨子村 | 25 | 男 | 1941 年 1 月 |
| 马家祥 | 海阳市徐家店镇东芦头村 | 25 | 男 | 1941 年 1 月 |
| 迟 馨 | 海阳市方圆街道迟家村 | 40 | 男 | 1941 年 1 月 |
| 于九报 | 海阳市小纪镇东董格庄村 | 21 | 男 | 1941 年 2 月 |
| 孙俊南 | 海阳市小纪镇夏泽村 | 30 | 男 | 1941 年 2 月 |
| 王士清 | 海阳市小纪镇石马疃头村 | 35 | 男 | 1941 年 2 月 |
| 王 平 | 海阳市小纪镇石马疃头村 | 26 | 男 | 1941 年 2 月 |
| 王德山 | 海阳市小纪镇石马疃头村 | 29 | 男 | 1941 年 2 月 |
| 王元公 | 海阳市小纪镇石马疃头村 | 31 | 男 | 1941 年 2 月 |
| 王永清 | 海阳市小纪镇石马疃头村 | 40 | 男 | 1941 年 2 月 |
| 王京文 | 海阳市小纪镇石马疃头村 | 41 | 男 | 1941 年 2 月 |
| 王德崇 | 海阳市小纪镇石马疃头村 | 40 | 男 | 1941 年 2 月 |
| 王全三 | 海阳市小纪镇石马疃头村 | 31 | 男 | 1941 年 2 月 |
| 王全学 | 海阳市小纪镇石马疃头村 | 37 | 男 | 1941 年 2 月 |
| 王天民 | 海阳市小纪镇石马疃头村 | 40 | 男 | 1941 年 2 月 |
| 王富国 | 海阳市小纪镇石马疃头村 | 34 | 男 | 1941 年 2 月 |
| 王祝庆 | 海阳市小纪镇石马疃头村 | 36 | 男 | 1941 年 2 月 |
| 王典恩 | 海阳市小纪镇石马疃头村 | 37 | 男 | 1941 年 2 月 |
| 王 庆 | 海阳市旅游度假区庙头村 | 37 | 男 | 1941 年 2 月 |
| 张 × | 海阳市发城镇西坊坞村 | 32 | 男 | 1941 年 2 月 |
| 姜云彩 | 海阳市发城镇现子口村 | — | 男 | 1941 年 2 月 |
| 石 勇 | 海阳市留格庄镇东邵家村 | 33 | 男 | 1941 年 2 月 |
| 谭兴哲 | 海阳市方圆街道西石兰沟村 | 20 | 男 | 1941 年 2 月 |
| 葛进礼 | 海阳市郭城镇葛家村 | 24 | 男 | 1941 年 2 月 |
| 葛世美 | 海阳市郭城镇葛家村 | 20 | 男 | 1941 年 2 月 |
| 葛世庆 | 海阳市郭城镇葛家村 | 22 | 男 | 1941 年 2 月 |

| 姓　名 | 籍　贯 | 年　龄 | 性　别 | 死难时间 |
|---|---|---|---|---|
| 姜万富 | 海阳市郭城镇山角村 | — | 男 | 1941 年 2 月 |
| 姜振章 | 海阳市郭城镇山角村 | 73 | 男 | 1941 年 2 月 |
| 姜玉兰 | 海阳市郭城镇山角村 | 71 | 男 | 1941 年 2 月 |
| 姜洪波之岳父 | 海阳市郭城镇山角村 | 68 | 男 | 1941 年 2 月 |
| 陈潘早 | 海阳市行村镇南廒子村 | 60 | 男 | 1941 年 2 月 |
| 孙善蕾 | 海阳市行村镇石人夼村 | 33 | 男 | 1941 年 2 月 |
| 赵学典 | 海阳市行村镇石人夼村 | 52 | 男 | 1941 年 2 月 |
| 曲凤瑞 | 海阳市行村镇石人夼村 | 48 | 男 | 1941 年 2 月 |
| 陈方策 | 海阳市行村镇南廒子村 | 61 | 男 | 1941 年 2 月 |
| 范东洋 | 海阳市发城镇姜格庄村 | 39 | 男 | 1941 年 3 月 |
| 孙治中 | 海阳市发城镇八夼村 | 24 | 男 | 1941 年 3 月 |
| 孙扶河 | 海阳市发城镇吉林村 | 24 | 男 | 1941 年 3 月 |
| 宋吉善 | 海阳市盘石店镇虎山村 | — | 男 | 1941 年 3 月 |
| 王义德 | 海阳市徐家店镇东芦头村 | — | 男 | 1941 年 3 月 |
| 杨京明 | 海阳市方圆街道车村 | 48 | 男 | 1941 年 3 月 |
| 刘国民 | 海阳市郭城镇东刘家村 | 21 | 男 | 1941 年 3 月 |
| 程义斌 | 海阳市行村镇程家庄村 | 38 | 男 | 1941 年 3 月 |
| 王　氏 | 海阳市徐家店镇山水庄村 | 20 | 女 | 1941 年 3 月 |
| 牟绍孟 | 海阳市徐家店镇山水庄村 | 30 | 男 | 1941 年 3 月 |
| 杨玉堂 | 海阳市东村街道石剑村 | 25 | 男 | 1941 年 3 月 |
| 纪绍海 | 海阳市小纪镇牛根树村 | 27 | 男 | 1941 年 3 月 |
| 孙克安 | 海阳市小纪镇夏泽村 | 27 | 男 | 1941 年 3 月 |
| 冷立本 | 海阳市小纪镇鲁疃村 | 36 | 男 | 1941 年 3 月 |
| 梁丕木 | 海阳市小纪镇鲁疃村 | 46 | 男 | 1941 年 3 月 |
| 梁维屋 | 海阳市小纪镇鲁疃村 | 45 | 男 | 1941 年 3 月 |
| 冷立超 | 海阳市小纪镇鲁疃村 | 28 | 男 | 1941 年 3 月 |
| 兰忠元 | 海阳市小纪镇鲁疃村 | — | 男 | 1941 年 3 月 |
| 李克风 | 海阳市朱吴镇九岭夼村 | 22 | 男 | 1941 年 3 月 |
| 姜　氏 | 海阳市发城镇榆山后村 | 60 | 女 | 1941 年春 |
| 王成风 | 海阳市郭城镇簸箕掌村 | 28 | 女 | 1941 年春 |
| 曲　Ⅹ | 海阳市发城镇吉格庄村 | 7 | 男 | 1941 年 4 月 6 日 |
| 曲忠彬 | 海阳市发城镇吉格庄村 | 26 | 男 | 1941 年 4 月 6 日 |
| 曲吉臣 | 海阳市发城镇吉格庄村 | 43 | 男 | 1941 年 4 月 6 日 |
| 曲吉南 | 海阳市发城镇吉格庄村 | 20 | 男 | 1941 年 4 月 6 日 |

| 姓 名 | 籍 贯 | 年 龄 | 性 别 | 死难时间 |
|---|---|---|---|---|
| 曲常发 | 海阳市发城镇吉格庄村 | 22 | 男 | 1941 年 4 月 6 日 |
| 曲常德 | 海阳市发城镇吉格庄村 | 21 | 男 | 1941 年 4 月 6 日 |
| 邢孟仁 | 海阳市小纪镇安夼村 | 27 | 男 | 1941 年 4 月 |
| 宋立庄 | 海阳市小纪镇司马官庄村 | 24 | 男 | 1941 年 4 月 |
| 姜扶冲 | 海阳市小纪镇望宿村 | 84 | 男 | 1941 年 4 月 |
| 张寿斋 | 海阳市朱吴镇丁家夼村 | 21 | 男 | 1941 年 4 月 |
| 王振福 | 海阳市朱吴镇南河东村 | 25 | 男 | 1941 年 4 月 |
| 刘学山 | 海阳市朱吴镇前寨山村 | 18 | 男 | 1941 年 4 月 |
| 王延广 | 海阳市朱吴镇桑园村 | 38 | 男 | 1941 年 4 月 |
| 张德太 | 海阳市发城镇北埠后村 | 43 | 男 | 1941 年 4 月 |
| 孙化北 | 海阳市发城镇八夼村 | 17 | 男 | 1941 年 4 月 |
| 邹太好 | 海阳市发城镇前儒林庄村 | 25 | 男 | 1941 年 4 月 |
| 栾良梅 | 海阳市发城镇栾家村 | 32 | 男 | 1941 年 4 月 |
| 张振清 | 海阳市发城镇南柳村 | 31 | 男 | 1941 年 4 月 |
| 张林化 | 海阳市发城镇南柳村 | 36 | 男 | 1941 年 4 月 |
| 于国民 | 海阳市发城镇榆山夼村 | 22 | 男 | 1941 年 4 月 |
| 孙振保 | 海阳市徐家店镇孙家秋口村 | 27 | 男 | 1941 年 4 月 |
| 牟老二 | 海阳市徐家店镇求格庄村 | 32 | 男 | 1941 年 4 月 |
| 邵常恩 | 海阳市辛安镇南邵家村 | 27 | 男 | 1941 年 4 月 |
| 马汝松 | 海阳市辛安镇梁家村 | 23 | 男 | 1941 年 4 月 |
| 程义雪 | 海阳市方圆街道里口村 | 28 | 男 | 1941 年 4 月 |
| 王风训 | 海阳市郭城镇当道村 | 20 | 男 | 1941 年 4 月 |
| 徐先爱 | 海阳市行村镇北廒子村 | 23 | 男 | 1941 年 4 月 |
| 郭自明 | 海阳市行村镇英武店村 | 17 | 男 | 1941 年 4 月 |
| 刘 新 | 海阳市行村镇后寨头村 | 20 | 男 | 1941 年 4 月 |
| 陈树信 | 海阳市行村镇牟格庄村 | 37 | 男 | 1941 年 5 月 1 日 |
| 陈树宽 | 海阳市行村镇牟格庄村 | 40 | 男 | 1941 年 5 月 1 日 |
| 张放兹 | 海阳市留格庄镇南庄村 | 26 | 男 | 1941 年 5 月 |
| 张兴兹 | 海阳市留格庄镇南庄村 | 23 | 男 | 1941 年 5 月 |
| 张作学 | 海阳市留格庄镇霞河头村 | 28 | 男 | 1941 年 5 月 |
| 黄正文 | 海阳市盘石店镇大榆村 | 26 | 男 | 1941 年 5 月 |
| 石全德 | 海阳市盘石店镇龙头村 | 22 | 男 | 1941 年 5 月 |
| 王希丹 | 海阳市辛安镇向阳村 | 22 | 男 | 1941 年 5 月 |
| 辛宝善 | 海阳市行村镇石人夼村 | 18 | 男 | 1941 年 5 月 |

| 姓 名 | 籍 贯 | 年 龄 | 性 别 | 死难时间 |
|---|---|---|---|---|
| 赵永欣 | 海阳市行村镇石人夼村 | 21 | 男 | 1941 年 5 月 |
| 孙仁连 | 海阳市行村镇西小滩村 | 40 | 男 | 1941 年 5 月 |
| 张文芹 | 海阳市留格庄镇霞河头村 | 39 | 男 | 1941 年 5 月 |
| 孙平早 | 海阳市行村镇西小滩村 | 58 | 男 | 1941 年 5 月 |
| 于连存 | 海阳市小纪镇秀家疃村 | 33 | 男 | 1941 年 6 月 |
| 孙春福 | 海阳市小纪镇陈家疃村 | 24 | 男 | 1941 年 6 月 |
| 姜玉政 | 海阳市小纪镇北斗山村 | 17 | 男 | 1941 年 6 月 |
| 姜振举 | 海阳市小纪镇北斗山村 | 34 | 男 | 1941 年 6 月 |
| 刁绍昌 | 海阳市小纪镇小纪村 | 24 | 男 | 1941 年 6 月 |
| 孙日有 | 海阳市发城镇吉林村 | 22 | 男 | 1941 年 6 月 |
| 邹兆瑞 | 海阳市发城镇前儒林庄村 | 25 | 男 | 1941 年 6 月 |
| 邵泽洲 | 海阳市辛安镇南邵家村 | 48 | 男 | 1941 年 6 月 |
| 孙贵云 | 海阳市郭城镇西楼子村 | 16 | 男 | 1941 年 6 月 |
| 刘振忠 | 海阳市行村镇丁格庄村 | 22 | 男 | 1941 年 6 月 |
| 姜永泰 | 海阳市行村镇西村庄村 | 50 | 男 | 1941 年 6 月 |
| 赵新成 | 海阳市行村镇赵疃村 | 18 | 男 | 1941 年 6 月 |
| 王贵元 | 海阳市发城镇东夏屋庄村 | 31 | 男 | 1941 年夏 |
| 孙明浩 | 海阳市小纪镇西野口村 | 38 | 男 | 1941 年 7 月 |
| 赵本君 | 海阳市小纪镇北索格庄村 | 25 | 男 | 1941 年 7 月 |
| 辛吉民 | 海阳市小纪镇书院村 | 17 | 男 | 1941 年 7 月 |
| 辛　公 | 海阳市小纪镇书院村 | 36 | 男 | 1941 年 7 月 |
| 张永臣 | 海阳市朱吴镇后寨后村 | 43 | 男 | 1941 年 7 月 |
| 李克正 | 海阳市朱吴镇九岭夼村 | 31 | 男 | 1941 年 7 月 |
| 张元柱 | 海阳市朱吴镇莱格庄村 | 23 | 男 | 1941 年 7 月 |
| 孙福祯 | 海阳市朱吴镇西乐畎村 | 17 | 男 | 1941 年 7 月 |
| 孙乐令 | 海阳市朱吴镇清泉夼村 | 31 | 男 | 1941 年 7 月 |
| 姜洪明 | 海阳市朱吴镇上院口村 | 32 | 男 | 1941 年 7 月 |
| 阎南熙 | 海阳市大阎家镇大阎家村 | 20 | 男 | 1941 年 7 月 |
| 孙仁安 | 海阳市发城镇八夼村 | 19 | 男 | 1941 年 7 月 |
| 谭德胜 | 海阳市发城镇铁口村 | 60 | 男 | 1941 年 7 月 |
| 杨国典 | 海阳市徐家店镇万家夼村 | 32 | 男 | 1941 年 7 月 |
| 王京占 | 海阳市方圆街道北城阳村 | 25 | 男 | 1941 年 7 月 |
| 王文明 | 海阳市方圆街道北城阳村 | 19 | 男 | 1941 年 7 月 |
| 刘吉升 | 海阳市郭城镇宅家夼村 | 22 | 男 | 1941 年 7 月 |

| 姓 名 | 籍 贯 | 年 龄 | 性 别 | 死难时间 |
|---|---|---|---|---|
| 姜洪友 | 海阳市郭城镇山角村 | 15 | 男 | 1941 年 7 月 |
| 陈桂茂 | 海阳市行村镇南厫子村 | 13 | 女 | 1941 年 7 月 |
| 赵盘桂 | 海阳市行村镇西村庄村 | 34 | 男 | 1941 年 7 月 |
| 赵大女 | 海阳市行村镇南厫子村 | 12 | 女 | 1941 年 7 月 |
| 林月平 | 海阳市小纪镇桑梓口村 | 35 | 男 | 1941 年 8 月 |
| 孙树高 | 海阳市小纪镇崖后村 | 15 | 男 | 1941 年 8 月 |
| 孙显福 | 海阳市小纪镇夏泽村 | 20 | 男 | 1941 年 8 月 |
| 孙明国 | 海阳市小纪镇夏泽村 | 27 | 男 | 1941 年 8 月 |
| 王本岐 | 海阳市朱吴镇牛岭山村 | 18 | 男 | 1941 年 8 月 |
| 王立平 | 海阳市朱吴镇牛岭山村 | 34 | 男 | 1941 年 8 月 |
| 夏鸿斌 | 海阳市旅游度假区先锋村 | 15 | 男 | 1941 年 8 月 |
| 张云纯 | 海阳市旅游度假区先锋村 | 17 | 男 | 1941 年 8 月 |
| 张振恒 | 海阳市发城镇南柳村 | 20 | 男 | 1941 年 8 月 |
| 郭玉法 | 海阳市盘石店镇马格庄村 | 22 | 男 | 1941 年 8 月 |
| 黄有元 | 海阳市二十里店镇西花崖村 | 36 | 男 | 1941 年 8 月 |
| 张平花 | 海阳市行村镇丁格庄村 | 23 | 男 | 1941 年 8 月 |
| 张升太 | 海阳市行村镇丁格庄村 | 22 | 男 | 1941 年 8 月 |
| 陈德义 | 海阳市行村镇牟格庄村 | 60 | 男 | 1941 年 9 月 10 日 |
| 辛元昌 | 海阳市小纪镇南洪沟村 | 20 | 男 | 1941 年 9 月 |
| 邹兆义 | 海阳市发城镇中儒林庄村 | 20 | 男 | 1941 年 9 月 |
| 辛悦更 | 海阳市行村镇石人夼村 | 32 | 男 | 1941 年 9 月 |
| 孙纯林 | 海阳市行村镇西小滩村 | 35 | 男 | 1941 年 9 月 |
| 孙万朋 | 海阳市发城镇黄连夼村 | 20 | 男 | 1941 年 10 月 15 日 |
| 黄有库 | 海阳市二十里店镇西花崖村 | 26 | 男 | 1941 年 10 月 |
| 王典瑞 | 海阳市朱吴镇西拴马岛村 | 38 | 男 | 1941 年 10 月 |
| 姜洪全 | 海阳市郭城镇桂山村 | 17 | 男 | 1941 年 10 月 |
| 于全有 | 海阳市郭城镇于家庄村 | 44 | 男 | 1941 年 10 月 |
| 徐先训 | 海阳市行村镇北厫子村 | 61 | 男 | 1941 年 10 月 |
| 于学东 | 海阳市朱吴镇西拴马岛村 | 70 | 男 | 1941 年 10 月 |
| 纪振国 | 海阳市小纪镇纪家店村 | 26 | 男 | 1941 年 10 月 |
| 于明福 | 海阳市小纪镇下碾头村 | 26 | 男 | 1941 年 10 月 |
| 赵明忠 | 海阳市小纪镇榆疃庄村 | 30 | 男 | 1941 年 10 月 |
| 赵义显 | 海阳市小纪镇榆疃庄村 | 49 | 男 | 1941 年 10 月 |
| 郑树德 | 海阳市小纪镇榆疃庄村 | 25 | 男 | 1941 年 10 月 |

| 姓　名 | 籍　贯 | 年　龄 | 性　别 | 死难时间 |
|---|---|---|---|---|
| 赵国达 | 海阳市小纪镇榆疃庄村 | 31 | 男 | 1941 年 10 月 |
| 赵国栋 | 海阳市小纪镇榆疃庄村 | 30 | 男 | 1941 年 10 月 |
| 赵志昌 | 海阳市小纪镇榆疃庄村 | 28 | 男 | 1941 年 10 月 |
| 刘俊昌 | 海阳市小纪镇榆疃庄村 | 21 | 男 | 1941 年 10 月 |
| 刘乃胜 | 海阳市小纪镇新庄头村 | 32 | 男 | 1941 年 10 月 |
| 刘长义 | 海阳市小纪镇新庄头村 | 28 | 男 | 1941 年 10 月 |
| 刘明真 | 海阳市小纪镇新庄头村 | 25 | 男 | 1941 年 10 月 |
| 王士元 | 海阳市小纪镇石马疃头村 | 19 | 男 | 1941 年 10 月 |
| 王树三 | 海阳市小纪镇石马疃头村 | 22 | 男 | 1941 年 10 月 |
| 于希月 | 海阳市东村街道大磊石村 | 25 | 男 | 1941 年 11 月 |
| 杨振锡 | 海阳市凤城街道北河沟村 | — | 男 | 1941 年 11 月 |
| 范金成 | 海阳市发城镇河南村 | 25 | 男 | 1941 年 11 月 |
| 姜深海 | 海阳市行村镇石人夼村 | 30 | 男 | 1941 年 11 月 |
| 姜和志 | 海阳市行村镇石人夼村 | 28 | 男 | 1941 年 11 月 |
| 王竹善 | 海阳市行村镇行二村 | 38 | 男 | 1941 年 11 月 |
| 鲁进德 | 海阳市行村镇行二村 | 38 | 男 | 1941 年 11 月 |
| 任虎恩 | 海阳市凤城街道寨后村 | 23 | 男 | 1941 年 12 月 |
| 姜福荣 | 海阳市发城镇北槐树底村 | 21 | 男 | 1941 年 12 月 |
| 姜炳伍 | 海阳市发城镇姜家山后村 | 15 | 男 | 1941 年 12 月 |
| 李世秀 | 海阳市留格庄镇东远牛庄村 | 22 | 男 | 1941 年 12 月 |
| 孙智令 | 海阳市徐家店镇北水头村 | 14 | 男 | 1941 年 12 月 |
| 祁永全 | 海阳市二十里店镇上于朋村 | 21 | 男 | 1941 年 12 月 |
| 王桂顺 | 海阳市方圆街道北城阳村 | 18 | 男 | 1941 年 12 月 |
| 王典文 | 海阳市郭城镇当道村 | 50 | 男 | 1941 年 12 月 |
| 王志玉 | 海阳市郭城镇当道村 | 46 | 男 | 1941 年 12 月 |
| 姜　衍 | 海阳市行村镇西村庄村 | 30 | 男 | 1941 年 12 月 |
| 李广琛 | 海阳市留格庄镇东远牛庄村 | 29 | 男 | 1941 年 12 月 |
| 李荣花 | 海阳市留格庄镇东远牛庄村 | 18 | 女 | 1941 年 12 月 |
| 李克明 | 海阳市留格庄镇东远牛庄村 | 18 | 男 | 1941 年 12 月 |
| 王振华 | 海阳市留格庄镇前望海村 | 17 | 男 | 1941 年 |
| 辛康基 | 海阳市留格庄镇大辛家村 | 22 | 男 | 1941 年 |
| 徐兆玉 | 海阳市盘石店镇徐家泊村 | — | 男 | 1941 年 |
| 徐国少 | 海阳市盘石店镇徐家泊村 | — | 男 | 1941 年 |
| 徐振国 | 海阳市盘石店镇徐家泊村 | — | 男 | 1941 年 |

| 姓 名 | 籍 贯 | 年 龄 | 性 别 | 死难时间 |
|---|---|---|---|---|
| 徐国民 | 海阳市盘石店镇徐家泊村 | — | 男 | 1941 年 |
| 董相中 | 海阳市盘石店镇徐家泊村 | — | 男 | 1941 年 |
| 董绪中 | 海阳市盘石店镇徐家泊村 | — | 男 | 1941 年 |
| 董元中 | 海阳市盘石店镇徐家泊村 | — | 男 | 1941 年 |
| 董加中 | 海阳市盘石店镇徐家泊村 | — | 男 | 1941 年 |
| 董胡中 | 海阳市盘石店镇徐家泊村 | — | 男 | 1941 年 |
| 董本秦 | 海阳市盘石店镇徐家泊村 | — | 男 | 1941 年 |
| 董本露 | 海阳市盘石店镇徐家泊村 | — | 男 | 1941 年 |
| 董正娥 | 海阳市盘石店镇徐家泊村 | — | 女 | 1941 年 |
| 董正玉 | 海阳市盘石店镇徐家泊村 | — | 男 | 1941 年 |
| 董正桥 | 海阳市盘石店镇徐家泊村 | — | 男 | 1941 年 |
| 董正月 | 海阳市盘石店镇徐家泊村 | — | 男 | 1941 年 |
| 董任芳 | 海阳市盘石店镇徐家泊村 | — | 男 | 1941 年 |
| 王经义 | 海阳市盘石店镇徐家泊村 | — | 男 | 1941 年 |
| 薛成汉 | 海阳市盘石店镇大薛家村 | — | 男 | 1941 年 |
| 辛富芝 | 海阳市小纪镇佘格庄村 | 30 | 男 | 1941 年 |
| 于长青 | 海阳市小纪镇西董格庄村 | 23 | 男 | 1941 年 |
| 邢世纯 | 海阳市小纪镇安卉村 | 26 | 男 | 1941 年 |
| 于树忠 | 海阳市小纪镇下碾头村 | 40 | 男 | 1941 年 |
| 辛殿仕 | 海阳市小纪镇南洪沟村 | 21 | 男 | 1941 年 |
| 刘长军 | 海阳市小纪镇新庄头村 | 35 | 男 | 1941 年 |
| 刘振文 | 海阳市小纪镇新庄头村 | 40 | 男 | 1941 年 |
| 于洪禄 | 海阳市徐家店镇南野卉村 | 20 | 男 | 1941 年 |
| 刘玉爱 | 海阳市徐家店镇刘家窑村 | 24 | 男 | 1941 年 |
| 李承春 | 海阳市辛安镇槐家泊村 | 27 | 男 | 1941 年 |
| 张树本 | 海阳市二十里店镇埠峰村 | 45 | 男 | 1941 年 |
| 杨玉成 | 海阳市朱吴镇后山中涧村 | 34 | 男 | 1941 年 |
| 姜国本 | 海阳市郭城镇桂山村 | 20 | 男 | 1941 年 |
| 姜从品 | 海阳市郭城镇龙口村 | 60 | 男 | 1941 年 |
| 姜修法之妹 | 海阳市郭城镇龙口村 | 14 | 女 | 1941 年 |
| 姜从桂 | 海阳市郭城镇龙口村 | 50 | 男 | 1941 年 |
| 姜万建 | 海阳市郭城镇龙口村 | 25 | 男 | 1941 年 |
| 姜从格之女 | 海阳市郭城镇龙口村 | 12 | 女 | 1941 年 |
| 陈京林 | 海阳市行村镇牟格庄村 | 60 | 男 | 1941 年 |

| 姓　名 | 籍　贯 | 年　龄 | 性　别 | 死难时间 |
|---|---|---|---|---|
| 徐先龙 | 海阳市行村镇榆林村 | 41 | 男 | 1941 年 |
| 孙纯孟 | 海阳市行村镇西小滩村 | 38 | 男 | 1941 年 |
| 赵玉坦 | 海阳市行村镇赵疃村 | 54 | 男 | 1941 年 |
| 迟志欣 | 海阳市辛安镇海头村 | 26 | 男 | 1941 年 |
| 徐尧曼 | 海阳经济开发区西大滩村 | 20 | 女 | 1942 年 1 月 2 日 |
| 曲京财 | 海阳市发城镇吉格庄村 | 23 | 男 | 1942 年 1 月 |
| 曲本茂 | 海阳市发城镇吉格庄村 | 19 | 男 | 1942 年 1 月 |
| 姜茂清 | 海阳市发城镇南埠后村 | 40 | 男 | 1942 年 1 月 |
| 初学凤 | 海阳市发城镇榆山夼村 | 15 | 男 | 1942 年 1 月 |
| 王菊生 | 海阳市发城镇铁口村 | 18 | 男 | 1942 年 1 月 |
| 杨恒桂 | 海阳市发城镇北楼底村 | 17 | 男 | 1942 年 1 月 |
| 姜喜会 | 海阳市发城镇长宇村 | — | 男 | 1942 年 1 月 |
| 范国球 | 海阳市发城镇北姜格庄村 | 31 | 男 | 1942 年 1 月 |
| 姜　氏 | 海阳市发城镇倪格庄村 | 32 | 女 | 1942 年 1 月 |
| 林宝庆 | 海阳市发城镇南埠后村 | 20 | 男 | 1942 年 1 月 |
| 张林茂 | 海阳市发城镇苍山村 | 25 | 男 | 1942 年 1 月 |
| 高子臣 | 海阳市留格庄镇建平村 | 17 | 男 | 1942 年 1 月 |
| 高忠堂 | 海阳市留格庄镇彩春泊村 | 18 | 男 | 1942 年 1 月 |
| 张吉傲 | 海阳市留格庄镇草家泊村 | 20 | 男 | 1942 年 1 月 |
| 李景祥 | 海阳市留格庄镇草家泊村 | 17 | 男 | 1942 年 1 月 |
| 王守恩 | 海阳市留格庄镇王家泊村 | 36 | 男 | 1942 年 1 月 |
| 隋前春 | 海阳市留格庄镇桃源村 | 50 | 男 | 1942 年 1 月 |
| 高德路 | 海阳市盘石店镇于家河村 | 27 | 男 | 1942 年 1 月 |
| 董天顺 | 海阳市盘石店镇朱兰夼村 | 31 | 男 | 1942 年 1 月 |
| 姜绍俭 | 海阳市盘石店镇崖下村 | 20 | 男 | 1942 年 1 月 |
| 王明礼 | 海阳市盘石店镇桃李村 | 24 | 男 | 1942 年 1 月 |
| 王德宝 | 海阳市盘石店镇嘴子前村 | 17 | 男 | 1942 年 1 月 |
| 吴振隆 | 海阳市徐家店镇古堆山村 | 26 | 男 | 1942 年 1 月 |
| 周树庆 | 海阳市辛安镇夏疃村 | 24 | 男 | 1942 年 1 月 |
| 于元佐 | 海阳市辛安镇茂梓集村 | 29 | 男 | 1942 年 1 月 |
| 刘仁宽 | 海阳市朱吴镇峨山后村 | 53 | 男 | 1942 年 1 月 |
| 于全叶 | 海阳市朱吴镇峨山后村 | 52 | 男 | 1942 年 1 月 |
| 刘　学 | 海阳市朱吴镇峨山后村 | 22 | 女 | 1942 年 1 月 |
| 孙守忠 | 海阳市朱吴镇清泉夼村 | 20 | 男 | 1942 年 1 月 |

| 姓　名 | 籍　贯 | 年　龄 | 性　别 | 死难时间 |
|---|---|---|---|---|
| 孙广善 | 海阳市朱吴镇锁子前村 | 41 | 男 | 1942 年 1 月 |
| 孙立太 | 海阳市朱吴镇锁子前村 | 19 | 男 | 1942 年 1 月 |
| 刘兆起 | 海阳市方圆街道南城阳村 | 36 | 男 | 1942 年 1 月 |
| 迟在运 | 海阳市方圆街道迟家村 | 21 | 男 | 1942 年 1 月 |
| 赵希芝 | 海阳市方圆街道车村 | 26 | 男 | 1942 年 1 月 |
| 李德恩 | 海阳市方圆街道新兴村 | 19 | 男 | 1942 年 1 月 |
| 孙　宽 | 海阳市方圆街道车村 | 31 | 男 | 1942 年 1 月 |
| 张培贞 | 海阳市方圆街道李家庄村 | 46 | 男 | 1942 年 1 月 |
| 郑惠善 | 海阳市碧城工业区山口村 | 22 | 男 | 1942 年 1 月 |
| 崔月岐 | 海阳市行村镇庶村 | 21 | 男 | 1942 年 1 月 |
| 崔岳歧 | 海阳市行村镇庶村 | 23 | 男 | 1942 年 1 月 |
| 李孔松 | 海阳市行村镇赵疃村 | 18 | 男 | 1942 年 1 月 |
| 曲占恩 | 海阳市发城镇吉格庄村 | 27 | 男 | 1942 年 1 月 |
| 姜维军 | 海阳市发城镇南埠后村 | 30 | 男 | 1942 年 1 月 |
| 张增日 | 海阳市发城镇苍山村 | 25 | 男 | 1942 年 1 月 |
| 王宗元 | 海阳市徐家店镇古堆山村 | 18 | 男 | 1942 年 1 月 |
| 曲扶基 | 海阳市发城镇吉格庄村 | 17 | 男 | 1942 年 1 月 |
| 孙开登 | 海阳市发城镇八夼村 | 80 | 男 | 1942 年 1 月 |
| 朱振军 | 海阳市徐家店镇前槐山村 | 31 | 男 | 1942 年 1 月 |
| 曲占善 | 海阳市发城镇吉格庄村 | 24 | 男 | 1942 年 1 月 |
| 孙开星 | 海阳市发城镇八夼村 | 75 | 男 | 1942 年 1 月 |
| 曲京官 | 海阳市发城镇吉格庄村 | 25 | 男 | 1942 年 1 月 |
| 周胜本 | 海阳市留格庄镇周格庄村 | 30 | 男 | 1942 年 1 月 |
| 周廷福 | 海阳市留格庄镇周格庄村 | 34 | 男 | 1942 年 1 月 |
| 于连元 | 海阳市小纪镇秀家疃村 | 26 | 男 | 1942 年 1 月 |
| 于连德 | 海阳市小纪镇秀家疃村 | 24 | 男 | 1942 年 1 月 |
| 孙子京 | 海阳市小纪镇秀家疃村 | 16 | 男 | 1942 年 1 月 |
| 刁红山 | 海阳市小纪镇小纪村 | 42 | 男 | 1942 年 1 月 |
| 王永明之二姐 | 海阳市小纪镇小纪村 | 20 | 女 | 1942 年 1 月 |
| 刁绍殿之姑 | 海阳市小纪镇小纪村 | 20 | 女 | 1942 年 1 月 |
| 孙吉功 | 海阳市小纪镇小纪村 | 30 | 男 | 1942 年 1 月 |
| 刁玉祥之父 | 海阳市小纪镇小纪村 | 30 | 男 | 1942 年 1 月 |
| 孙维刚 | 海阳市小纪镇小纪村 | 30 | 男 | 1942 年 1 月 |
| 刁永龙 | 海阳市小纪镇小纪村 | 20 | 男 | 1942 年 1 月 |

| 姓 名 | 籍 贯 | 年 龄 | 性 别 | 死难时间 |
|---|---|---|---|---|
| 刁永福之妹 | 海阳市小纪镇小纪村 | 20 | 女 | 1942 年 1 月 |
| 小 菊 | 海阳市小纪镇小纪村 | 20 | 男 | 1942 年 1 月 |
| 孙成道 | 海阳市小纪镇小纪村 | 21 | 男 | 1942 年 1 月 |
| 孙明俭 | 海阳市小纪镇西野口村 | 27 | 男 | 1942 年 1 月 |
| 孙树海 | 海阳市小纪镇西野口村 | 27 | 男 | 1942 年 1 月 |
| 盖义花 | 海阳市小纪镇西野口村 | 25 | 女 | 1942 年 1 月 |
| 盖义花之女 | 海阳市小纪镇西野口村 | 1 | 女 | 1942 年 1 月 |
| 张吉春 | 海阳市小纪镇大泊子村 | 25 | 男 | 1942 年 1 月 |
| 张作恩 | 海阳市小纪镇大泊子村 | 20 | 男 | 1942 年 1 月 |
| 王克臣 | 海阳市小纪镇大泊子村 | 24 | 男 | 1942 年 1 月 |
| 徐庆福 | 海阳市小纪镇子推后村 | 38 | 男 | 1942 年 1 月 |
| 辛殿胜 | 海阳市小纪镇南洪沟村 | 22 | 男 | 1942 年 1 月 |
| 蒋立福 | 海阳市朱吴镇大桃口村 | 19 | 男 | 1942 年 1 月 |
| 张明仙 | 海阳市朱吴镇七寨村 | 20 | 男 | 1942 年 1 月 |
| 王福仁 | 海阳市朱吴镇三王家村 | 44 | 男 | 1942 年 1 月 |
| 王保全 | 海阳市朱吴镇上碾头村 | 28 | 男 | 1942 年 1 月 |
| 王保臣 | 海阳市朱吴镇上碾头村 | 23 | 男 | 1942 年 1 月 |
| 孙学玉 | 海阳市朱吴镇孙家村 | 13 | 男 | 1942 年 1 月 |
| 于腾希 | 海阳市朱吴镇西拴马岛村 | 27 | 男 | 1942 年 1 月 |
| 孙永水 | 海阳市朱吴镇下涝泊村 | 24 | 男 | 1942 年 1 月 |
| 元 胜 | 海阳市东村街道南倪家村 | 25 | 男 | 1942 年 1 月 |
| 小八字 | 海阳市东村街道南倪家村 | 23 | 男 | 1942 年 1 月 |
| 刘德俊 | 海阳市行村镇西寨头村 | 24 | 男 | 1942 年 2 月 15 日 |
| 刘洪江 | 海阳市行村镇西寨头村 | 23 | 男 | 1942 年 2 月 15 日 |
| 修显亭 | 海阳市徐家店镇修家苇夼村 | 18 | 男 | 1942 年 2 月 22 日 |
| 安中国 | 海阳市徐家店镇安家楼底村 | 22 | 男 | 1942 年 2 月 22 日 |
| 安风集 | 海阳市徐家店镇安家楼底村 | 65 | 男 | 1942 年 2 月 22 日 |
| 华文山 | 海阳市徐家店镇宫家苇夼村 | 18 | 男 | 1942 年 2 月 22 日 |
| 韩玉信 | 海阳市徐家店镇宫家苇夼村 | 33 | 男 | 1942 年 2 月 22 日 |
| 赵 景 | 海阳市徐家店镇徐家店村 | 38 | 男 | 1942 年 2 月 22 日 |
| 华令发 | 海阳市徐家店镇徐家店村 | 18 | 男 | 1942 年 2 月 24 日 |
| 华永翠 | 海阳市徐家店镇华家庄村 | 16 | 女 | 1942 年 2 月 24 日 |
| 华令栓 | 海阳市徐家店镇华家庄村 | 19 | 男 | 1942 年 2 月 24 日 |
| 杨成春 | 海阳市东村街道石剑村 | 30 | 男 | 1942 年 2 月 |

| 姓 名 | 籍 贯 | 年 龄 | 性 别 | 死难时间 |
|---|---|---|---|---|
| 杨成田 | 海阳市东村街道石剑村 | 28 | 男 | 1942 年 2 月 |
| 修子英 | 海阳市东村街道和平村 | 30 | 男 | 1942 年 2 月 |
| 宋 信 | 海阳市东村街道和平村 | 19 | 男 | 1942 年 2 月 |
| 修芝太 | 海阳市东村街道和平村 | 17 | 男 | 1942 年 2 月 |
| 徐奎元 | 海阳市东村街道和平村 | 14 | 男 | 1942 年 2 月 |
| 孙同径 | 海阳市小纪镇小纪村 | 24 | 男 | 1942 年 2 月 |
| 纪绍诚 | 海阳市小纪镇牛根树村 | 28 | 男 | 1942 年 2 月 |
| 韩元文 | 海阳市小纪镇子推后村 | 24 | 男 | 1942 年 2 月 |
| 孙作礼 | 海阳市小纪镇夏泽村 | 28 | 男 | 1942 年 2 月 |
| 薛维武 | 海阳市朱吴镇河西村 | 18 | 男 | 1942 年 2 月 |
| 孙京瑞 | 海阳市朱吴镇杨格庄村 | 18 | 男 | 1942 年 2 月 |
| 张士培 | 海阳市发城镇北埠后村 | 21 | 男 | 1942 年 2 月 |
| 栾良辉 | 海阳市发城镇栾家村 | 24 | 男 | 1942 年 2 月 |
| 王福国 | 海阳市发城镇王家山后村 | — | 男 | 1942 年 2 月 |
| 张钦仙 | 海阳市留格庄镇南庄村 | 28 | 男 | 1942 年 2 月 |
| 高禄章 | 海阳市留格庄镇冷家庄村 | 25 | 男 | 1942 年 2 月 |
| 高顺章 | 海阳市留格庄镇董家庄村 | 25 | 男 | 1942 年 2 月 |
| 刘奇禄 | 海阳市留格庄镇窑家庄村 | 24 | 男 | 1942 年 2 月 |
| 宋吉善 | 海阳市盘石店镇虎山村 | 29 | 男 | 1942 年 2 月 |
| 朱志舟 | 海阳市徐家店镇前槐山村 | 20 | 男 | 1942 年 2 月 |
| 宋瑞林 | 海阳市二十里店镇邵伯村 | 21 | 男 | 1942 年 2 月 |
| 姜永花 | 海阳市方圆街道西石兰沟村 | 20 | 男 | 1942 年 2 月 |
| 马振西 | 海阳市行村镇石人夼村 | 34 | 男 | 1942 年 2 月 |
| 赵 玉 | 海阳市行村镇文山后村 | 70 | 男 | 1942 年 2 月 |
| 姜桐玉 | 海阳市行村镇西村庄村 | 18 | 男 | 1942 年 2 月 |
| 赵自芳 | 海阳市行村镇赵疃村 | 26 | 男 | 1942 年 2 月 |
| 许甫兰 | 海阳市行村镇鹏化庄村 | 19 | 男 | 1942 年 2 月 |
| 王华松 | 海阳市发城镇王家山后村 | — | 男 | 1942 年 2 月 |
| 刘德义 | 海阳市徐家店镇野夼堡村 | 30 | 男 | 1942 年 2 月 |
| 宋 运 | 海阳市二十里店镇邵伯村 | 27 | 男 | 1942 年 2 月 |
| 刘瑞国 | 海阳市行村镇后寨头村 | 51 | 男 | 1942 年 2 月 |
| 于奎基 | 海阳市徐家店镇野夼堡村 | 38 | 男 | 1942 年 2 月 |
| 华玉臣 | 海阳市徐家店镇华家庄村 | 21 | 男 | 1942 年 3 月 1 日 |
| 丛玉玺 | 海阳市东村街道大丛家村 | 18 | 男 | 1942 年 3 月 |

| 姓　名 | 籍　贯 | 年　龄 | 性　别 | 死难时间 |
|---|---|---|---|---|
| 丛玉河 | 海阳市东村街道大丛家村 | 17 | 男 | 1942 年 3 月 |
| 纪华德 | 海阳市小纪镇纪家店村 | 26 | 男 | 1942 年 3 月 |
| 王兆祥 | 海阳市小纪镇西董格庄村 | 26 | 男 | 1942 年 3 月 |
| 于庆凤 | 海阳市小纪镇西董格庄村 | 29 | 男 | 1942 年 3 月 |
| 孙世珍 | 海阳市小纪镇李家疃村 | 18 | 男 | 1942 年 3 月 |
| 杨永太 | 海阳市小纪镇李家疃村 | 44 | 男 | 1942 年 3 月 |
| 孙际秋 | 海阳市小纪镇夏泽村 | 55 | 男 | 1942 年 3 月 |
| 辛洪田 | 海阳市小纪镇南洪沟村 | 18 | 男 | 1942 年 3 月 |
| 高连同 | 海阳市朱吴镇高家村 | 30 | 男 | 1942 年 3 月 |
| 孙九卿 | 海阳市朱吴镇七寨村 | 22 | 男 | 1942 年 3 月 |
| 翟英寿 | 海阳市大阎家镇东荆家村 | 25 | 男 | 1942 年 3 月 |
| 刘常清 | 海阳市大阎家镇斜山村 | 23 | 男 | 1942 年 3 月 |
| 臧庆惠 | 海阳市旅游度假区臧家村 | 38 | 男 | 1942 年 3 月 |
| 于春堂 | 海阳市发城镇前埠前村 | 22 | 男 | 1942 年 3 月 |
| 于忠保 | 海阳市发城镇多英村 | 18 | 男 | 1942 年 3 月 |
| 范相良 | 海阳市发城镇姜格庄村 | 29 | 男 | 1942 年 3 月 |
| 范永伦 | 海阳市发城镇姜格庄村 | 26 | 男 | 1942 年 3 月 |
| 曲万顺 | 海阳市发城镇吉格庄村 | 20 | 男 | 1942 年 3 月 |
| 张增随 | 海阳市发城镇苍山村 | 25 | 男 | 1942 年 3 月 |
| 栾晋基 | 海阳市发城镇栾家村 | 39 | 男 | 1942 年 3 月 |
| 范培林 | 海阳市发城镇河南村 | 19 | 男 | 1942 年 3 月 |
| 邹兆瑞 | 海阳市发城镇中儒林庄村 | 21 | 男 | 1942 年 3 月 |
| 薛琴书 | 海阳市盘石店镇大薛家村 | 30 | 男 | 1942 年 3 月 |
| 高忠先 | 海阳市方圆街道儒家村 | 34 | 男 | 1942 年 3 月 |
| 董风早 | 海阳市郭城镇桂山村 | 40 | 男 | 1942 年 3 月 |
| 孙　义 | 海阳市郭城镇桂山村 | 40 | 男 | 1942 年 3 月 |
| 董　焕 | 海阳市郭城镇桂山村 | 24 | 男 | 1942 年 3 月 |
| 董　代 | 海阳市郭城镇桂山村 | 23 | 男 | 1942 年 3 月 |
| 董　录 | 海阳市郭城镇桂山村 | 30 | 男 | 1942 年 3 月 |
| 董　祥 | 海阳市郭城镇桂山村 | 17 | 男 | 1942 年 3 月 |
| 李　× | 海阳市郭城镇桂山村 | 36 | 男 | 1942 年 3 月 |
| 张　× | 海阳市发城镇南柳村 | 18 | 男 | 1942 年 3 月 |
| 佟树亭 | 海阳市郭城镇桂山村 | 22 | 男 | 1942 年 3 月 |
| 佟树尊 | 海阳市郭城镇桂山村 | 19 | 男 | 1942 年 3 月 |

| 姓　名 | 籍　贯 | 年　龄 | 性　别 | 死难时间 |
|---|---|---|---|---|
| 姜洪玉 | 海阳市郭城镇桂山村 | 27 | 男 | 1942 年 3 月 |
| 旺　慢 | 海阳市郭城镇桂山村 | 20 | 女 | 1942 年 3 月 |
| 宫淑芹 | 海阳市郭城镇桂山村 | 25 | 女 | 1942 年 3 月 |
| 葛进介 | 海阳市郭城镇葛家村 | 30 | 男 | 1942 年 3 月 |
| 蒋京山 | 海阳市郭城镇宅家夼村 | 50 | 男 | 1942 年 3 月 |
| 刘明德 | 海阳市郭城镇宅家夼村 | 43 | 男 | 1942 年 3 月 |
| 李希顺 | 海阳市行村镇卧龙村 | 24 | 男 | 1942 年 3 月 |
| 孙忠臣 | 海阳市行村镇西村庄村 | 30 | 男 | 1942 年 3 月 |
| 孙言信 | 海阳市行村镇西村庄村 | 21 | 男 | 1942 年 3 月 |
| 李超兴 | 海阳市行村镇鹏化庄村 | 23 | 男 | 1942 年 3 月 |
| 王兰寿 | 海阳市行村镇行四村 | 41 | 男 | 1942 年 3 月 |
| 程绍仁 | 海阳市行村镇东山村 | 35 | 男 | 1942 年 3 月 |
| 程绍欣 | 海阳市行村镇东山村 | 24 | 男 | 1942 年 3 月 |
| 王同玉 | 海阳市徐家店镇蒿夼村 | 32 | 男 | 1942 年 3 月 |
| 王振坤 | 海阳市发城镇王家山后村 | 36 | 男 | 1942 年 3 月 |
| 王月桓 | 海阳市徐家店镇蒿夼村 | 21 | 男 | 1942 年 3 月 |
| 姜兰英 | 海阳市发城镇上山东夼村 | — | 女 | 1942 年春 |
| 宋显忠 | 海阳市二十里店镇邵伯村 | 30 | 男 | 1942 年春 |
| 宋显进 | 海阳市二十里店镇邵伯村 | 31 | 男 | 1942 年春 |
| 程王氏 | 海阳市朱吴镇河北村 | 62 | 女 | 1942 年春 |
| 程义财 | 海阳市朱吴镇河北村 | 61 | 男 | 1942 年春 |
| 程义全 | 海阳市朱吴镇河北村 | 40 | 男 | 1942 年春 |
| 程广运 | 海阳市朱吴镇河北村 | 43 | 男 | 1942 年春 |
| 程义平 | 海阳市朱吴镇河北村 | 41 | 男 | 1942 年春 |
| 程义山 | 海阳市朱吴镇河北村 | 34 | 男 | 1942 年春 |
| 徐开芳 | 海阳市二十里店镇孙格庄村 | — | 女 | 1942 年 4 月 12 日 |
| 刘焕吉 | 海阳市凤城街道东迟格庄村 | 18 | 男 | 1942 年 4 月 |
| 辛衍福 | 海阳市小纪镇黄崖村 | 19 | 男 | 1942 年 4 月 |
| 纪玉照 | 海阳市小纪镇五虎岭村 | — | 男 | 1942 年 4 月 |
| 辛常聪 | 海阳市小纪镇笤帚夼村 | 21 | 男 | 1942 年 4 月 |
| 张作芝 | 海阳市小纪镇大泊子村 | 14 | 男 | 1942 年 4 月 |
| 张震声 | 海阳市小纪镇大泊子村 | 23 | 男 | 1942 年 4 月 |
| 兰树山 | 海阳市小纪镇东董格庄村 | 35 | 男 | 1942 年 4 月 |
| 邢学彦 | 海阳市小纪镇安夼村 | 26 | 男 | 1942 年 4 月 |

| 姓　名 | 籍　贯 | 年　龄 | 性　别 | 死难时间 |
|---|---|---|---|---|
| 孙克贤 | 海阳市小纪镇夏泽村 | 20 | 男 | 1942 年 4 月 |
| 王祝吉 | 海阳市小纪镇石马疃头村 | 19 | 男 | 1942 年 4 月 |
| 王爱仁 | 海阳市小纪镇石马疃头村 | 18 | 男 | 1942 年 4 月 |
| 王士章 | 海阳市小纪镇石马疃头村 | 19 | 男 | 1942 年 4 月 |
| 王延明 | 海阳市朱吴镇桑园村 | 32 | 男 | 1942 年 4 月 |
| 陶万相 | 海阳市朱吴镇陶家沟村 | 23 | 男 | 1942 年 4 月 |
| 于　寿 | 海阳市发城镇前埠前村 | 40 | 男 | 1942 年 4 月 |
| 张述基 | 海阳市留格庄镇南庄村 | 28 | 男 | 1942 年 4 月 |
| 李奎海 | 海阳市留格庄镇西远牛庄村 | 25 | 男 | 1942 年 4 月 |
| 李洪详 | 海阳市盘石店镇朱兰夼村 | 32 | 男 | 1942 年 4 月 |
| 张仁才 | 海阳市盘石店镇东杨格庄村 | 22 | 男 | 1942 年 4 月 |
| 宋显才 | 海阳市二十里店镇邵伯村 | 17 | 男 | 1942 年 4 月 |
| 苏绍智 | 海阳市行村镇东寨头村 | 24 | 男 | 1942 年 4 月 |
| 刘明显 | 海阳市行村镇前寨头村 | 17 | 男 | 1942 年 4 月 |
| 于　氏 | 海阳市行村镇杜格庄村 | 38 | 女 | 1942 年 4 月 |
| 刘堂吉 | 海阳市行村镇西寨头村 | 21 | 男 | 1942 年 4 月 |
| 程广伦 | 海阳市行村镇东山村 | 32 | 男 | 1942 年 4 月 |
| 张志起 | 海阳市发城镇苍山村 | 22 | 男 | 1942 年 4 月 |
| 王学初 | 海阳市行村镇东寨头村 | 21 | 男 | 1942 年 4 月 |
| 刘明新 | 海阳市行村镇前寨头村 | 20 | 男 | 1942 年 4 月 |
| 刘作义 | 海阳市行村镇西寨头村 | 23 | 男 | 1942 年 4 月 |
| 刘作君 | 海阳市行村镇西寨头村 | 25 | 男 | 1942 年 4 月 |
| 张　氏 | 海阳市徐家店镇柳林堡村 | 25 | 女 | 1942 年 5 月 18 日 |
| 赵　金 | 海阳市徐家店镇柳林堡村 | 30 | 男 | 1942 年 5 月 18 日 |
| 张兵祥 | 海阳市徐家店镇柳林堡村 | 18 | 男 | 1942 年 5 月 18 日 |
| 华文江 | 海阳市徐家店镇曲水村 | 24 | 男 | 1942 年 5 月 18 日 |
| 李文山 | 海阳市徐家店镇李新庄村 | 26 | 男 | 1942 年 5 月 18 日 |
| 程光明 | 海阳市徐家店镇程家沟村 | 17 | 男 | 1942 年 5 月 18 日 |
| 程绍波 | 海阳市徐家店镇程家沟村 | 17 | 男 | 1942 年 5 月 18 日 |
| 孙凤起 | 海阳市徐家店镇孙家秋口村 | 29 | 男 | 1942 年 5 月 18 日 |
| 孙天宝 | 海阳市徐家店镇孙家秋口村 | 25 | 男 | 1942 年 5 月 18 日 |
| 孙德功 | 海阳市徐家店镇孙家秋口村 | 33 | 男 | 1942 年 5 月 18 日 |
| 丛　焕 | 海阳市东村街道大丛家村 | 20 | 男 | 1942 年 5 月 |
| 刁中俊 | 海阳市小纪镇大刁家村 | 21 | 男 | 1942 年 5 月 |

| 姓 名 | 籍 贯 | 年 龄 | 性 别 | 死难时间 |
|---|---|---|---|---|
| 赵延松 | 海阳市小纪镇北索格庄村 | 20 | 男 | 1942 年 5 月 |
| 辛洪升 | 海阳市小纪镇佘格庄村 | 36 | 男 | 1942 年 5 月 |
| 孙小三 | 海阳市小纪镇崖后村 | 8 | 男 | 1942 年 5 月 |
| 孙振友 | 海阳市小纪镇崖后村 | 19 | 男 | 1942 年 5 月 |
| 董玉德 | 海阳市小纪镇北三官村 | 85 | 男 | 1942 年 5 月 |
| 纪正云 | 海阳市小纪镇大杨格庄村 | 23 | 男 | 1942 年 5 月 |
| 纪全义 | 海阳市小纪镇大杨格庄村 | 19 | 男 | 1942 年 5 月 |
| 刘乃书 | 海阳市小纪镇新庄头村 | 21 | 男 | 1942 年 5 月 |
| 姜洪凯 | 海阳市朱吴镇上院口村 | 29 | 男 | 1942 年 5 月 |
| 孙永希 | 海阳市朱吴镇下涝泊村 | 34 | 男 | 1942 年 5 月 |
| 范永通 | 海阳市发城镇姜格庄村 | 20 | 男 | 1942 年 5 月 |
| 邹和臣 | 海阳市发城镇前儒林庄村 | 18 | 男 | 1942 年 5 月 |
| 孙长发 | 海阳市发城镇铁口村 | 18 | 男 | 1942 年 5 月 |
| 张永华 | 海阳市发城镇西车格庄村 | 28 | 男 | 1942 年 5 月 |
| 邹水熙 | 海阳市发城镇中儒林庄村 | 19 | 男 | 1942 年 5 月 |
| 王月行 | 海阳市盘石店镇嘴子后村 | 26 | 男 | 1942 年 5 月 |
| 薛兆义 | 海阳市盘石店镇大薛家村 | — | 男 | 1942 年 5 月 |
| 薛仁成 | 海阳市盘石店镇大薛家村 | 22 | 男 | 1942 年 5 月 |
| 叶洪礼 | 海阳市辛安镇叶家村 | 33 | 男 | 1942 年 5 月 |
| 王荣斌 | 海阳市方圆街道北城阳村 | 33 | 男 | 1942 年 5 月 |
| 王文波 | 海阳市方圆街道北城阳村 | 25 | 男 | 1942 年 5 月 |
| 孙德田 | 海阳市方圆街道楼庵村 | 21 | 男 | 1942 年 5 月 |
| 王振生 | 海阳经济开发区埠南村 | 19 | 男 | 1942 年 5 月 |
| 姜作君 | 海阳市郭城镇桂山村 | 18 | 男 | 1942 年 5 月 |
| 姜士品 | 海阳市郭城镇龙口村 | 46 | 男 | 1942 年 5 月 |
| 黄家焕 | 海阳市行村镇卧龙村 | 33 | 男 | 1942 年 5 月 |
| 尹孟德 | 海阳市行村镇泊子村 | 27 | 男 | 1942 年 5 月 |
| 刘德文 | 海阳市行村镇西寨头村 | 21 | 男 | 1942 年 5 月 |
| 刘同海 | 海阳市行村镇后寨头村 | 23 | 男 | 1942 年 5 月 |
| 孙纯罡 | 海阳市行村镇西小滩村 | 24 | 男 | 1942 年 5 月 |
| 孙纯远 | 海阳市行村镇西小滩村 | 23 | 男 | 1942 年 5 月 |
| 邹风高 | 海阳市发城镇中儒林庄村 | 19 | 男 | 1942 年 5 月 |
| 王少强 | 海阳市盘石店镇嘴子后村 | 16 | 男 | 1942 年 5 月 |
| 薛玉增 | 海阳市盘石店镇大薛家村 | 30 | 男 | 1942 年 5 月 |

| 姓 名 | 籍 贯 | 年 龄 | 性 别 | 死难时间 |
|---|---|---|---|---|
| 王明恩 | 海阳市徐家店镇前槐山村 | 18 | 男 | 1942 年 5 月 |
| 黄金邦 | 海阳市行村镇卧龙村 | 21 | 男 | 1942 年 5 月 |
| 刘寿汉 | 海阳市行村镇西寨头村 | 20 | 男 | 1942 年 5 月 |
| 张洪喜 | 海阳市发城镇苍山村 | 32 | 男 | 1942 年 5 月 |
| 薛玉廷 | 海阳市盘石店镇大薛家村 | 35 | 男 | 1942 年 5 月 |
| 王永亮 | 海阳市徐家店镇下吼山村 | 22 | 男 | 1942 年 5 月 |
| 薛玉绍 | 海阳市盘石店镇大薛家村 | 25 | 男 | 1942 年 5 月 |
| 修 法 | 海阳市徐家店镇下吼山村 | 31 | 男 | 1942 年 5 月 |
| 薛成敬 | 海阳市盘石店镇大薛家村 | 34 | 男 | 1942 年 5 月 |
| 杨寿军 | 海阳市徐家店镇下吼山村 | 43 | 男 | 1942 年 5 月 |
| 薛成安 | 海阳市盘石店镇大薛家村 | 50 | 男 | 1942 年 5 月 |
| 薛玉征 | 海阳市盘石店镇大薛家村 | 30 | 男 | 1942 年 5 月 |
| 薛成乐 | 海阳市盘石店镇大薛家村 | 49 | 男 | 1942 年 5 月 |
| 薛玉言 | 海阳市盘石店镇大薛家村 | 25 | 男 | 1942 年 5 月 |
| 冷风生 | 海阳市发城镇西夏屋庄村 | 49 | 男 | 1942 年 6 月 12 日 |
| 冷勤生 | 海阳市发城镇西夏屋庄村 | 39 | 男 | 1942 年 6 月 12 日 |
| 于春花 | 海阳市发城镇西夏屋庄村 | 47 | 男 | 1942 年 6 月 12 日 |
| 纪云章 | 海阳市小纪镇五虎岭村 | — | 男 | 1942 年 6 月 |
| 纪云三 | 海阳市小纪镇五虎岭村 | — | 男 | 1942 年 6 月 |
| 纪玉全 | 海阳市小纪镇五虎岭村 | 41 | 男 | 1942 年 6 月 |
| 纪 氏 | 海阳市小纪镇五虎岭村 | 20 | 女 | 1942 年 6 月 |
| 宋乐更 | 海阳市小纪镇司马官庄村 | 30 | 男 | 1942 年 6 月 |
| 孙世忠 | 海阳市小纪镇夏泽村 | 21 | 男 | 1942 年 6 月 |
| 孙明生 | 海阳市小纪镇夏泽村 | 22 | 男 | 1942 年 6 月 |
| 于永仁 | 海阳市朱吴镇上碾头村 | 29 | 男 | 1942 年 6 月 |
| 初坤山 | 海阳市发城镇榆山夼村 | 38 | 男 | 1942 年 6 月 |
| 姜树同 | 海阳市发城镇黄龙夼村 | 56 | 男 | 1942 年 6 月 |
| 姜在友 | 海阳市留格庄镇冷家庄村 | 28 | 男 | 1942 年 6 月 |
| 李洪申 | 海阳市留格庄镇塔儿庄村 | 46 | 男 | 1942 年 6 月 |
| 董喜朴 | 海阳市留格庄镇姜格庄村 | 23 | 男 | 1942 年 6 月 |
| 辛勤桂 | 海阳市盘石店镇周家村 | 28 | 男 | 1942 年 6 月 |
| 林明章 | 海阳市盘石店镇上垒子村 | 34 | 男 | 1942 年 6 月 |
| 毕兆寿 | 海阳市盘石店镇金银崮村 | 28 | 男 | 1942 年 6 月 |
| 戴洪江 | 海阳市徐家店镇于家长沙村 | 31 | 男 | 1942 年 6 月 |

| 姓 名 | 籍 贯 | 年 龄 | 性 别 | 死难时间 |
|---|---|---|---|---|
| 杨寿臣 | 海阳市徐家店镇下吼山村 | 46 | 男 | 1942 年 6 月 |
| 苏凤泰 | 海阳市行村镇后寨头村 | 21 | 男 | 1942 年 6 月 |
| 赵志法 | 海阳市行村镇赵疃村 | 33 | 男 | 1942 年 6 月 |
| 贺大奎 | 海阳市徐家店镇下吼山村 | 38 | 男 | 1942 年 6 月 |
| 张瑞龙 | 海阳市发城镇苍山村 | 30 | 男 | 1942 年 6 月 |
| 李 宽 | 海阳市凤城街道八里孙家村 | 27 | 男 | 1942 年 7 月 |
| 孙芳令 | 海阳市凤城街道八里孙家村 | 27 | 男 | 1942 年 7 月 |
| 李 臣 | 海阳市凤城街道八里孙家村 | 21 | 男 | 1942 年 7 月 |
| 辛吉升 | 海阳市小纪镇书院村 | 22 | 男 | 1942 年 7 月 |
| 王永法 | 海阳市小纪镇西董格庄村 | 26 | 男 | 1942 年 7 月 |
| 宋立店 | 海阳市小纪镇司马官庄村 | 52 | 男 | 1942 年 7 月 |
| 王洪德 | 海阳市小纪镇石马疃头村 | 18 | 男 | 1942 年 7 月 |
| 李喜之 | 海阳市凤城街道八里孙家村 | 30 | 男 | 1942 年 7 月 |
| 迟文焕 | 海阳市大阎家镇迟家庄村 | 18 | 男 | 1942 年 7 月 |
| 王金海 | 海阳市发城镇忠厚村 | 19 | 男 | 1942 年 7 月 |
| 王心同 | 海阳市留格庄镇王家泊村 | 48 | 男 | 1942 年 7 月 |
| 宋绍森 | 海阳市辛安镇南丁村 | 17 | 男 | 1942 年 7 月 |
| 赵洪聚 | 海阳市辛安镇茂梓集村 | 24 | 男 | 1942 年 7 月 |
| 祁贵善 | 海阳市二十里店镇中于朋村 | 33 | 男 | 1942 年 7 月 |
| 由受礼 | 海阳市二十里店镇齐沟崖村 | 21 | 男 | 1942 年 7 月 |
| 王文起 | 海阳市方圆街道北城阳村 | 40 | 男 | 1942 年 7 月 |
| 姜书文 | 海阳市郭城镇后洽河村 | 20 | 男 | 1942 年 7 月 |
| 刘明全 | 海阳市郭城镇路南村 | 30 | 男 | 1942 年 7 月 |
| 孙全洪 | 海阳市郭城镇西楼子村 | 20 | 男 | 1942 年 7 月 |
| 苏绍玉 | 海阳市行村镇东寨头村 | 22 | 男 | 1942 年 7 月 |
| 辛悦友 | 海阳市行村镇石人夼村 | 31 | 男 | 1942 年 7 月 |
| 张明福 | 海阳市发城镇前寨后村 | 63 | 男 | 1942 年 8 月 4 日 |
| 赵连仲 | 海阳市行村镇上夼村 | 20 | 男 | 1942 年 8 月 10 日 |
| 姜敬宾 | 海阳市行村镇石人夼村 | 26 | 男 | 1942 年 8 月 21 日 |
| 纪俊堂 | 海阳市小纪镇大孟格庄村 | 22 | 男 | 1942 年 8 月 |
| 张吉福 | 海阳市小纪镇纪家店村 | 26 | 男 | 1942 年 8 月 |
| 纪 青 | 海阳市小纪镇中山夼村 | 20 | 男 | 1942 年 8 月 |
| 纪玉林 | 海阳市小纪镇中山夼村 | 25 | 男 | 1942 年 8 月 |
| 孙殿友 | 海阳市小纪镇崖后村 | 27 | 男 | 1942 年 8 月 |

| 姓　名 | 籍　贯 | 年　龄 | 性　别 | 死难时间 |
|---|---|---|---|---|
| 宋立刚 | 海阳市小纪镇司马官庄村 | 43 | 男 | 1942 年 8 月 |
| 孙彦立 | 海阳市小纪镇夏泽村 | 22 | 男 | 1942 年 8 月 |
| 刘桂馥 | 海阳市小纪镇新庄头村 | 35 | 男 | 1942 年 8 月 |
| 王家美 | 海阳市朱吴镇二王家村 | 18 | 男 | 1942 年 8 月 |
| 王本彦 | 海阳市朱吴镇牛岭山村 | 18 | 男 | 1942 年 8 月 |
| 刘树兆 | 海阳市大阎家镇斜山村 | 24 | 男 | 1942 年 8 月 |
| 于明奎 | 海阳市发城镇后埠前村 | 28 | 男 | 1942 年 8 月 |
| 姜福堂 | 海阳市发城镇大山东夼村 | 27 | 男 | 1942 年 8 月 |
| 于瑞周 | 海阳市留格庄镇河崖村 | 27 | 男 | 1942 年 8 月 |
| 于水洲 | 海阳市留格庄镇河崖村 | 27 | 男 | 1942 年 8 月 |
| 王殿甲 | 海阳市盘石店镇盘石店村 | 19 | 男 | 1942 年 8 月 |
| 徐文德 | 海阳市盘石店镇徐家泊村 | 22 | 男 | 1942 年 8 月 |
| 王甲奎 | 海阳市盘石店镇下垒子村 | 16 | 男 | 1942 年 8 月 |
| 王文宝 | 海阳市盘石店镇嘴子后村 | 18 | 男 | 1942 年 8 月 |
| 辛守佳 | 海阳市小纪镇笤帚夼村 | 29 | 男 | 1942 年 8 月 |
| 孙寿通 | 海阳市方圆街道镐地村 | 20 | 男 | 1942 年 8 月 |
| 蒋永堂 | 海阳市郭城镇宅家夼村 | 21 | 男 | 1942 年 8 月 |
| 徐希尧 | 海阳市行村镇北廒子村 | 22 | 男 | 1942 年 8 月 |
| 由明日 | 海阳市行村镇石人夼村 | 23 | 男 | 1942 年 8 月 |
| 由明月 | 海阳市行村镇石人夼村 | 19 | 男 | 1942 年 8 月 |
| 孙绳泽 | 海阳市行村镇孙家夼村 | 18 | 男 | 1942 年 8 月 |
| 邵长桢 | 海阳市行村镇齐格庄村 | 26 | 男 | 1942 年 8 月 |
| 邵长功 | 海阳市行村镇齐格庄村 | 24 | 男 | 1942 年 8 月 |
| 徐维金 | 海阳市行村镇东村庄村 | 20 | 男 | 1942 年 8 月 |
| 孙　景 | 海阳市徐家店镇孙家秋口村 | 32 | 男 | 1942 年 9 月 17 日 |
| 孙胜法 | 海阳市徐家店镇孙家秋口村 | 26 | 男 | 1942 年 9 月 17 日 |
| 孙德后 | 海阳市徐家店镇孙家秋口村 | 28 | 男 | 1942 年 9 月 17 日 |
| 孙奎元 | 海阳市徐家店镇孙家秋口村 | 25 | 男 | 1942 年 9 月 17 日 |
| 姜家远 | 海阳市徐家店镇姜家秋口村 | 21 | 男 | 1942 年 9 月 17 日 |
| 宋庆先 | 海阳市徐家店镇姜家秋口村 | 20 | 男 | 1942 年 9 月 17 日 |
| 蒋忠国 | 海阳市徐家店镇姜家秋口村 | 19 | 男 | 1942 年 9 月 17 日 |
| 姜仞九 | 海阳市徐家店镇姜家秋口村 | 35 | 男 | 1942 年 9 月 17 日 |
| 辛青山 | 海阳市小纪镇辛家夼村 | 52 | 男 | 1942 年 9 月 |
| 纪传英 | 海阳市小纪镇槐树底村 | 24 | 男 | 1942 年 9 月 |

| 姓　名 | 籍　贯 | 年　龄 | 性　别 | 死难时间 |
|---|---|---|---|---|
| 纪传才 | 海阳市小纪镇槐树底村 | 23 | 男 | 1942 年 9 月 |
| 宋德玉 | 海阳市小纪镇司马官庄村 | 31 | 男 | 1942 年 9 月 |
| 孙明红 | 海阳市小纪镇夏泽村 | 23 | 男 | 1942 年 9 月 |
| 刘常训 | 海阳市小纪镇新庄头村 | 30 | 男 | 1942 年 9 月 |
| 于京玉 | 海阳市朱吴镇东石现村 | 25 | 男 | 1942 年 9 月 |
| 臧佩文 | 海阳市旅游度假区臧家村 | 42 | 男 | 1942 年 9 月 |
| 于方国 | 海阳市发城镇后埠前村 | 27 | 男 | 1942 年 9 月 |
| 李俊堂 | 海阳市留格庄镇南庄村 | 28 | 男 | 1942 年 9 月 |
| 王玉森 | 海阳市留格庄镇前望海村 | 24 | 男 | 1942 年 9 月 |
| 辛尧林 | 海阳市留格庄镇草家泊村 | 35 | 男 | 1942 年 9 月 |
| 贺大员 | 海阳市徐家店镇下吼山村 | 34 | 男 | 1942 年 9 月 |
| 赵明悦 | 海阳市二十里店镇炉上村 | 50 | 男 | 1942 年 9 月 |
| 高孟泉 | 海阳市朱吴镇高家村 | 35 | 男 | 1942 年 9 月 |
| 于振宝 | 海阳市朱吴镇西石现村 | — | 男 | 1942 年 9 月 |
| 于良香 | 海阳市朱吴镇西石现村 | — | 男 | 1942 年 9 月 |
| 于良田 | 海阳市朱吴镇西石现村 | — | 男 | 1942 年 9 月 |
| 于振五 | 海阳市朱吴镇西石现村 | — | 男 | 1942 年 9 月 |
| 于良起 | 海阳市朱吴镇西石现村 | — | 男 | 1942 年 9 月 |
| 于　乐 | 海阳市朱吴镇西石现村 | — | 男 | 1942 年 9 月 |
| 于日升 | 海阳市朱吴镇西石现村 | 40 | 男 | 1942 年 9 月 |
| 于　氏 | 海阳市朱吴镇西石现村 | 30 | 女 | 1942 年 9 月 |
| 姜殿福 | 海阳市行村镇卧龙村 | 32 | 男 | 1942 年 9 月 |
| 于登曾 | 海阳市行村镇鲁疃村 | 60 | 男 | 1942 年 9 月 |
| 姜兆春 | 海阳市行村镇东村庄村 | 19 | 男 | 1942 年 9 月 |
| 姜菊芳 | 海阳市行村镇西村庄村 | 20 | 男 | 1942 年 9 月 |
| 孙桂卿 | 海阳市行村镇孙家夼村 | 29 | 男 | 1942 年 9 月 |
| 董　氏 | 海阳市留格庄镇前望海村 | 28 | 女 | 1942 年 9 月 |
| 高崇月 | 海阳市留格庄镇草家泊村 | 17 | 男 | 1942 年 9 月 |
| 张敬公 | 海阳市徐家店镇台上村 | 40 | 男 | 1942 年 9 月 |
| 于连希 | 海阳市朱吴镇西石现村 | 31 | 男 | 1942 年 9 月 |
| 于良言 | 海阳市朱吴镇西石现村 | 31 | 男 | 1942 年 9 月 |
| 于良璞 | 海阳市朱吴镇西石现村 | 31 | 男 | 1942 年 9 月 |
| 于良云 | 海阳市朱吴镇西石现村 | 30 | 男 | 1942 年 9 月 |
| 张吉凯 | 海阳市留格庄镇草家泊村 | 39 | 男 | 1942 年 9 月 |

| 姓 名 | 籍 贯 | 年 龄 | 性 别 | 死难时间 |
|---|---|---|---|---|
| 于良云之妻 | 海阳市朱吴镇西石现村 | 30 | 女 | 1942 年 9 月 |
| 姜善吉 | 海阳市发城镇姜家涝泊村 | 42 | 男 | 1942 年秋 |
| 张承万 | 海阳市发城镇上屋庄村 | 34 | 男 | 1942 年秋 |
| 张续春 | 海阳市发城镇上屋庄村 | 60 | 男 | 1942 年秋 |
| 王永会 | 海阳市发城镇上屋庄村 | 35 | 男 | 1942 年秋 |
| 王天俊 | 海阳市发城镇上屋庄村 | 30 | 男 | 1942 年秋 |
| 邹合春 | 海阳市发城镇上屋庄村 | 30 | 男 | 1942 年秋 |
| 张承珠 | 海阳市发城镇上屋庄村 | 24 | 男 | 1942 年秋 |
| 王复南 | 海阳市发城镇上屋庄村 | 25 | 男 | 1942 年秋 |
| 张承洋 | 海阳市发城镇上屋庄村 | 20 | 男 | 1942 年秋 |
| 张承波 | 海阳市发城镇上屋庄村 | 30 | 男 | 1942 年秋 |
| 姜福玺 | 海阳市发城镇北槐树底村 | 48 | 男 | 1942 年秋 |
| 宋 × | 海阳市发城镇榆山后村 | 8 | 女 | 1942 年秋 |
| 葛进林 | 海阳市郭城镇葛家村 | 28 | 男 | 1942 年秋 |
| 车中选 | 海阳市郭城镇迎驾山村 | 60 | 男 | 1942 年秋 |
| 车忠庆 | 海阳市郭城镇迎驾山村 | 55 | 男 | 1942 年秋 |
| 安成义 | 海阳市郭城镇迎驾山村 | 24 | 男 | 1942 年秋 |
| 车廷全 | 海阳市郭城镇迎驾山村 | 40 | 男 | 1942 年秋 |
| 车忠良 | 海阳市郭城镇迎驾山村 | 55 | 男 | 1942 年秋 |
| 姜寿凯 | 海阳市郭城镇后沿河村 | 20 | 男 | 1942 年秋 |
| 张学国 | 海阳市郭城镇埠山后村 | 23 | 男 | 1942 年秋 |
| 刘汝照 | 海阳市郭城镇山东村 | 22 | 男 | 1942 年秋 |
| 刘汝银 | 海阳市郭城镇山东村 | 25 | 男 | 1942 年秋 |
| 刘汝华 | 海阳市郭城镇山东村 | 23 | 男 | 1942 年秋 |
| 于德军 | 海阳市郭城镇山东村 | 22 | 男 | 1942 年秋 |
| 刘安胜 | 海阳市郭城镇西山村 | 31 | 男 | 1942 年秋 |
| 徐立敏 | 海阳市行村镇榆林村 | — | 男 | 1942 年秋 |
| 高 霜 | 海阳市盘石店镇周家村 | 26 | 男 | 1942 年 10 月 10 日 |
| 周富亭 | 海阳市盘石店镇周家村 | 46 | 男 | 1942 年 10 月 10 日 |
| 刘成之母 | 海阳市大阎家镇鲁古埠村 | 41 | 女 | 1942 年 10 月 10 日 |
| 刘作生之妻 | 海阳市大阎家镇鲁古埠村 | 26 | 女 | 1942 年 10 月 10 日 |
| 刘作生之长子 | 海阳市大阎家镇鲁古埠村 | 5 | 男 | 1942 年 10 月 10 日 |
| 刘作生之次子 | 海阳市大阎家镇鲁古埠村 | 2 | 男 | 1942 年 10 月 10 日 |
| 于贵之妻 | 海阳市郭城镇建明村 | 51 | 女 | 1942 年 10 月 10 日 |

| 姓名 | 籍贯 | 年龄 | 性别 | 死难时间 |
|---|---|---|---|---|
| 杨　氏 | 海阳市郭城镇建明村 | 29 | 女 | 1942 年 10 月 10 日 |
| 英　海 | 海阳市郭城镇建明村 | 12 | 男 | 1942 年 10 月 10 日 |
| 玲　海 | 海阳市郭城镇建明村 | 11 | 男 | 1942 年 10 月 10 日 |
| 于新贵 | 海阳市郭城镇郭城一村 | 62 | 男 | 1942 年 10 月 14 日 |
| 于相玉 | 海阳市郭城镇郭城一村 | 33 | 男 | 1942 年 10 月 14 日 |
| 于云高 | 海阳市郭城镇郭城一村 | 44 | 男 | 1942 年 10 月 14 日 |
| 于　革 | 海阳市郭城镇郭城一村 | 53 | 男 | 1942 年 10 月 14 日 |
| 潘学藻 | 海阳市二十里店镇潘家村 | 39 | 男 | 1942 年 10 月 15 日 |
| 孙克照 | 海阳市留格庄镇后杨台村 | — | 男 | 1942 年 10 月 15 日 |
| 赵有茂 | 海阳市东村街道凉山后村 | 34 | 男 | 1942 年 10 月 15 日 |
| 赵忠远 | 海阳市东村街道凉山后村 | 35 | 男 | 1942 年 10 月 15 日 |
| 修　欣 | 海阳市东村街道薛家庄村 | 18 | 男 | 1942 年 10 月 15 日 |
| 李吉龙 | 海阳市东村街道西八里庄村 | 27 | 男 | 1942 年 10 月 15 日 |
| 曲丕喜 | 海阳市发城镇吉格庄村 | 8 | 男 | 1942 年 10 月 15 日 |
| 谭炳合 | 海阳市发城镇铁口村 | 18 | 男 | 1942 年 10 月 15 日 |
| 张永海 | 海阳市发城镇北楼底村 | 25 | 男 | 1942 年 10 月 15 日 |
| 张永臣 | 海阳市发城镇北楼底村 | 27 | 男 | 1942 年 10 月 15 日 |
| 杨风亭 | 海阳市发城镇北楼底村 | 20 | 男 | 1942 年 10 月 15 日 |
| 杨正信 | 海阳市发城镇北楼底村 | 39 | 男 | 1942 年 10 月 15 日 |
| 张同义 | 海阳市发城镇北楼底村 | — | 男 | 1942 年 10 月 15 日 |
| 张　英 | 海阳市发城镇北楼底村 | — | 女 | 1942 年 10 月 15 日 |
| 王顺德 | 海阳市发城镇东车格庄村 | — | 男 | 1942 年 10 月 15 日 |
| 姜元志 | 海阳市发城镇东车格庄村 | — | 男 | 1942 年 10 月 15 日 |
| 赵保臣 | 海阳市徐家店镇赵家秋口村 | 37 | 男 | 1942 年 10 月 15 日 |
| 朱克宾 | 海阳市徐家店镇赵家秋口村 | 36 | 男 | 1942 年 10 月 15 日 |
| 孙必彦 | 海阳市徐家店镇孙家油坊村 | 16 | 男 | 1942 年 10 月 15 日 |
| 祝　喜 | 海阳市徐家店镇韩家窑村 | 36 | 男 | 1942 年 10 月 15 日 |
| 杨学志 | 海阳市徐家店镇韩家窑村 | 21 | 男 | 1942 年 10 月 15 日 |
| 吕荣光 | 海阳市徐家店镇北水头村 | 18 | 男 | 1942 年 10 月 15 日 |
| 唐守德 | 海阳市徐家店镇北水头村 | 21 | 男 | 1942 年 10 月 15 日 |
| 王耿清 | 海阳市徐家店镇取水崖村 | 30 | 男 | 1942 年 10 月 15 日 |
| 王芳朴 | 海阳市徐家店镇取水崖村 | 36 | 男 | 1942 年 10 月 15 日 |
| 王　木 | 海阳市徐家店镇取水崖村 | 40 | 男 | 1942 年 10 月 15 日 |
| 王京莱 | 海阳市徐家店镇取水崖村 | 40 | 男 | 1942 年 10 月 15 日 |

| 姓　名 | 籍　贯 | 年　龄 | 性　别 | 死难时间 |
|---|---|---|---|---|
| 林　珠 | 海阳市徐家店镇郝家庄村 | 70 | 男 | 1942 年 10 月 15 日 |
| 林方英 | 海阳市徐家店镇郝家庄村 | 50 | 男 | 1942 年 10 月 15 日 |
| 林洪洋 | 海阳市徐家店镇郝家庄村 | 40 | 男 | 1942 年 10 月 15 日 |
| 郝志敏 | 海阳市徐家店镇郝家庄村 | 21 | 男 | 1942 年 10 月 15 日 |
| 尚兆禄 | 海阳市徐家店镇长沙堡村 | 29 | 男 | 1942 年 10 月 15 日 |
| 李永军 | 海阳市徐家店镇高家长沙村 | 49 | 男 | 1942 年 10 月 15 日 |
| 高永发 | 海阳市徐家店镇高家长沙村 | 39 | 男 | 1942 年 10 月 15 日 |
| 高　新 | 海阳市徐家店镇高家长沙村 | 39 | 男 | 1942 年 10 月 15 日 |
| 高　品 | 海阳市徐家店镇高家长沙村 | 37 | 男 | 1942 年 10 月 15 日 |
| 高　云 | 海阳市徐家店镇高家长沙村 | 14 | 男 | 1942 年 10 月 15 日 |
| 吕洪春 | 海阳市徐家店镇油坊村 | 32 | 男 | 1942 年 10 月 15 日 |
| 刘玉亭 | 海阳市徐家店镇山西头村 | 23 | 男 | 1942 年 10 月 15 日 |
| 高照和 | 海阳市徐家店镇矮槐树村 | 17 | 男 | 1942 年 10 月 15 日 |
| 高兆云 | 海阳市徐家店镇矮槐树村 | 60 | 男 | 1942 年 10 月 15 日 |
| 高兆允 | 海阳市徐家店镇矮槐树村 | 61 | 男 | 1942 年 10 月 15 日 |
| 侯华章 | 海阳市徐家店镇西芦头村 | 52 | 男 | 1942 年 10 月 15 日 |
| 孙福卿 | 海阳市徐家店镇南留村 | 21 | 男 | 1942 年 10 月 15 日 |
| 于喜桂 | 海阳市徐家店镇南水头村 | 24 | 男 | 1942 年 10 月 15 日 |
| 嵇洪三 | 海阳市徐家店镇田水夼村 | 52 | 男 | 1942 年 10 月 15 日 |
| 陈洪令 | 海阳市徐家店镇田水夼村 | 22 | 男 | 1942 年 10 月 15 日 |
| 付作卿 | 海阳市徐家店镇山水庄村 | 40 | 男 | 1942 年 10 月 15 日 |
| 付进卿 | 海阳市徐家店镇山水庄村 | 34 | 男 | 1942 年 10 月 15 日 |
| 刘玉寿 | 海阳市徐家店镇刘家窑村 | 38 | 男 | 1942 年 10 月 15 日 |
| 刘　苏 | 海阳市徐家店镇刘家窑村 | 40 | 男 | 1942 年 10 月 15 日 |
| 刘玉勤 | 海阳市徐家店镇刘家窑村 | 41 | 男 | 1942 年 10 月 15 日 |
| 刘元照 | 海阳市二十里店镇刘家村 | 18 | 男 | 1942 年 10 月 15 日 |
| 刘庆顺 | 海阳市二十里店镇刘家村 | 34 | 男 | 1942 年 10 月 15 日 |
| 李开见 | 海阳市二十里店镇西马格庄村 | 22 | 男 | 1942 年 10 月 15 日 |
| 李希见 | 海阳市二十里店镇西马格庄村 | 19 | 男 | 1942 年 10 月 15 日 |
| 宋仁同 | 海阳市二十里店镇西马格庄村 | 24 | 男 | 1942 年 10 月 15 日 |
| 宋克忠 | 海阳市二十里店镇西马格庄村 | 25 | 男 | 1942 年 10 月 15 日 |
| 潘学义 | 海阳市二十里店镇潘家村 | 13 | 男 | 1942 年 10 月 15 日 |
| 赵　盘 | 海阳市二十里店镇潘家村 | 27 | 男 | 1942 年 10 月 15 日 |
| 潘元武 | 海阳市二十里店镇潘家村 | 31 | 男 | 1942 年 10 月 15 日 |

| 姓　名 | 籍　贯 | 年　龄 | 性　别 | 死难时间 |
|---|---|---|---|---|
| 潘进芝 | 海阳市二十里店镇潘家村 | 31 | 男 | 1942 年 10 月 15 日 |
| 潘会芝 | 海阳市二十里店镇潘家村 | 32 | 男 | 1942 年 10 月 15 日 |
| 张京武 | 海阳市二十里店镇潘家村 | 28 | 男 | 1942 年 10 月 15 日 |
| 张学茂 | 海阳市二十里店镇潘家村 | 30 | 男 | 1942 年 10 月 15 日 |
| 刘　经 | 海阳市二十里店镇潘家村 | 60 | 男 | 1942 年 10 月 15 日 |
| 修吉德 | 海阳市二十里店镇潘家村 | 42 | 男 | 1942 年 10 月 15 日 |
| 修　英 | 海阳市二十里店镇潘家村 | 16 | 男 | 1942 年 10 月 15 日 |
| 于云河 | 海阳市二十里店镇潘家村 | 37 | 男 | 1942 年 10 月 15 日 |
| 辛世德之妻 | 海阳市二十里店镇靠山村 | 26 | 女 | 1942 年 10 月 15 日 |
| 于学良之母 | 海阳市二十里店镇靠山村 | 38 | 女 | 1942 年 10 月 15 日 |
| 于成财之妻 | 海阳市二十里店镇靠山村 | 24 | 女 | 1942 年 10 月 15 日 |
| 徐德春 | 海阳市二十里店镇沙子埠村 | 28 | 男 | 1942 年 10 月 15 日 |
| 祁同春 | 海阳市二十里店镇下于朋村 | 60 | 男 | 1942 年 10 月 15 日 |
| 孙正焕 | 海阳市二十里店镇西上庄村 | 34 | 男 | 1942 年 10 月 15 日 |
| 孙利革 | 海阳市二十里店镇西上庄村 | 33 | 男 | 1942 年 10 月 15 日 |
| 姜洪浩 | 海阳市朱吴镇上院口村 | 15 | 男 | 1942 年 10 月 15 日 |
| 姜殿仁 | 海阳市朱吴镇上院口村 | 25 | 男 | 1942 年 10 月 15 日 |
| 姜淑美 | 海阳市朱吴镇上院口村 | 13 | 女 | 1942 年 10 月 15 日 |
| 姜淑娥 | 海阳市朱吴镇上院口村 | 17 | 女 | 1942 年 10 月 15 日 |
| 张仁俭 | 海阳市朱吴镇刘家疃村 | 20 | 男 | 1942 年 10 月 15 日 |
| 孙吉海 | 海阳市朱吴镇刘家疃村 | 30 | 男 | 1942 年 10 月 15 日 |
| 孙显足 | 海阳市朱吴镇刘家疃村 | 31 | 男 | 1942 年 10 月 15 日 |
| 孙显芹 | 海阳市朱吴镇刘家疃村 | 31 | 男 | 1942 年 10 月 15 日 |
| 姜德顺 | 海阳市郭城镇北朱村 | 64 | 男 | 1942 年 10 月 15 日 |
| 王新章 | 海阳市盘石店镇盘石店村 | 29 | 男 | 1942 年 10 月 16 日 |
| 王洪梦 | 海阳市盘石店镇盘石店村 | 30 | 男 | 1942 年 10 月 16 日 |
| 王长生 | 海阳市盘石店镇盘石店村 | 8 | 男 | 1942 年 10 月 16 日 |
| 徐培仁 | 海阳市盘石店镇小榆村 | 60 | 男 | 1942 年 10 月 16 日 |
| 徐京顺 | 海阳市盘石店镇小榆村 | 23 | 男 | 1942 年 10 月 16 日 |
| 王玉光 | 海阳市盘石店镇下垒子村 | 40 | 男 | 1942 年 10 月 16 日 |
| 王小燕 | 海阳市盘石店镇下垒子村 | 6 | 男 | 1942 年 10 月 16 日 |
| 董长仁 | 海阳市盘石店镇北山后村 | — | 男 | 1942 年 10 月 16 日 |
| 高德录 | 海阳市盘石店镇北山后村 | — | 男 | 1942 年 10 月 16 日 |
| 刘兆俊 | 海阳市盘石店镇崖下村 | 30 | 男 | 1942 年 10 月 16 日 |

| 姓 名 | 籍 贯 | 年龄 | 性别 | 死难时间 |
|---|---|---|---|---|
| 纪寿宾 | 海阳市盘石店镇崖下村 | 32 | 男 | 1942 年 10 月 16 日 |
| 姜绍建 | 海阳市盘石店镇崖下村 | 40 | 男 | 1942 年 10 月 16 日 |
| 黄龙甲 | 海阳市盘石店镇大榆村 | — | 男 | 1942 年 10 月 16 日 |
| 黄廷胡 | 海阳市盘石店镇大榆村 | — | 男 | 1942 年 10 月 16 日 |
| 黄保胜 | 海阳市盘石店镇大榆村 | 50 | 男 | 1942 年 10 月 16 日 |
| 于仁政 | 海阳市盘石店镇大榆村 | — | 男 | 1942 年 10 月 16 日 |
| 李吁曼 | 海阳市盘石店镇龙头村 | 23 | 女 | 1942 年 10 月 16 日 |
| 董秀花 | 海阳市盘石店镇龙头村 | 22 | 女 | 1942 年 10 月 16 日 |
| 石芬芬 | 海阳市盘石店镇龙头村 | 12 | 女 | 1942 年 10 月 16 日 |
| 李会得 | 海阳市盘石店镇霞石村 | 60 | 男 | 1942 年 10 月 16 日 |
| 姜玉尊之母 | 海阳市郭城镇上十字夼村 | 30 | 女 | 1942 年 10 月 16 日 |
| 姜玉尊之弟 | 海阳市郭城镇上十字夼村 | 4 | 男 | 1942 年 10 月 16 日 |
| 孙日南之弟 | 海阳市郭城镇择善村 | 7 | 男 | 1942 年 10 月 16 日 |
| 刘月忠之女 | 海阳市郭城镇上十字夼村 | 5 | 女 | 1942 年 10 月 16 日 |
| 于天荣 | 海阳市郭城镇上十字夼村 | 52 | 男 | 1942 年 10 月 16 日 |
| 刘月斌之妹 | 海阳市郭城镇上十字夼村 | 3 | 女 | 1942 年 10 月 16 日 |
| 孙长寿之父 | 海阳市郭城镇上十字夼村 | 50 | 男 | 1942 年 10 月 16 日 |
| 赵安敏之祖父 | 海阳市郭城镇上十字夼村 | 51 | 男 | 1942 年 10 月 16 日 |
| 刘春祥 | 海阳市郭城镇上十字夼村 | 30 | 男 | 1942 年 10 月 16 日 |
| 于庆全 | 海阳市郭城镇郭城五村 | 43 | 男 | 1942 年 10 月 16 日 |
| 于寿武 | 海阳市郭城镇郭城五村 | 40 | 男 | 1942 年 10 月 16 日 |
| 于 革 | 海阳市郭城镇郭城五村 | 41 | 男 | 1942 年 10 月 16 日 |
| 于新桂 | 海阳市郭城镇郭城五村 | 60 | 男 | 1942 年 10 月 16 日 |
| 刘学太 | 海阳市郭城镇郭城五村 | 42 | 男 | 1942 年 10 月 16 日 |
| 于亭河 | 海阳市郭城镇郭城五村 | 34 | 男 | 1942 年 10 月 16 日 |
| 于集云 | 海阳市郭城镇郭城五村 | 62 | 男 | 1942 年 10 月 16 日 |
| 刘学顺 | 海阳市郭城镇郭城五村 | 43 | 男 | 1942 年 10 月 16 日 |
| 刘学顺之二儿 | 海阳市郭城镇郭城五村 | 11 | 男 | 1942 年 10 月 16 日 |
| 刘学顺之四儿 | 海阳市郭城镇郭城五村 | 8 | 男 | 1942 年 10 月 16 日 |
| 于水川之二弟 | 海阳市郭城镇郭城五村 | 52 | 男 | 1942 年 10 月 16 日 |
| 徐传理 | 海阳市郭城镇郭城四村 | 25 | 男 | 1942 年 10 月 16 日 |
| 刘长胜 | 海阳市郭城镇郭城四村 | 25 | 男 | 1942 年 10 月 16 日 |
| 王祥全之三哥 | 海阳市郭城镇郭城四村 | 27 | 男 | 1942 年 10 月 16 日 |
| 于亭合 | 海阳市郭城镇郭城四村 | 31 | 男 | 1942 年 10 月 16 日 |

| 姓 名 | 籍 贯 | 年 龄 | 性 别 | 死难时间 |
|---|---|---|---|---|
| 姜 × | 海阳市郭城镇郭城三村 | 35 | 男 | 1942 年 10 月 16 日 |
| 孙日北 | 海阳市郭城镇择善村 | 13 | 男 | 1942 年 10 月 16 日 |
| 车吉凤 | 海阳市郭城镇窦家疃村 | 61 | 女 | 1942 年 10 月 16 日 |
| 于庆仁 | 海阳市郭城镇窦家疃村 | 59 | 男 | 1942 年 10 月 16 日 |
| 姜孟玉 | 海阳市郭城镇窦家疃村 | 63 | 男 | 1942 年 10 月 16 日 |
| 于成连 | 海阳市郭城镇窦家疃村 | 70 | 男 | 1942 年 10 月 16 日 |
| 姜 氏 | 海阳市郭城镇窦家疃村 | 25 | 女 | 1942 年 10 月 16 日 |
| 姜成风之母 | 海阳市郭城镇晶泉村 | 62 | 女 | 1942 年 11 月 23 日 |
| 姜成风之妹 | 海阳市郭城镇晶泉村 | 30 | 女 | 1942 年 11 月 23 日 |
| 姜成振 | 海阳市郭城镇晶泉村 | 40 | 男 | 1942 年 11 月 23 日 |
| 姜成振之妻 | 海阳市郭城镇晶泉村 | 30 | 女 | 1942 年 11 月 23 日 |
| 姜成振之女 | 海阳市郭城镇晶泉村 | 4 | 女 | 1942 年 11 月 23 日 |
| 姜典科之妻 | 海阳市郭城镇晶泉村 | 25 | 女 | 1942 年 11 月 23 日 |
| 姜喜荣 | 海阳市郭城镇晶泉村 | 49 | 男 | 1942 年 11 月 23 日 |
| 姜喜荣之妻 | 海阳市郭城镇晶泉村 | 48 | 女 | 1942 年 11 月 23 日 |
| 姜典科之女 | 海阳市郭城镇晶泉村 | 2 | 女 | 1942 年 11 月 23 日 |
| 姜典旭之母 | 海阳市郭城镇晶泉村 | 35 | 女 | 1942 年 11 月 23 日 |
| 姜典旭之妹 | 海阳市郭城镇晶泉村 | 10 | 女 | 1942 年 11 月 23 日 |
| 姜 同 | 海阳市郭城镇晶泉村 | 49 | 男 | 1942 年 11 月 23 日 |
| 姜同之妻 | 海阳市郭城镇晶泉村 | 47 | 女 | 1942 年 11 月 23 日 |
| 姜典义之母 | 海阳市郭城镇晶泉村 | 52 | 女 | 1942 年 11 月 23 日 |
| 姜典义之姐 | 海阳市郭城镇晶泉村 | 18 | 女 | 1942 年 11 月 23 日 |
| 姜成纪 | 海阳市郭城镇晶泉村 | 24 | 男 | 1942 年 11 月 23 日 |
| 姜成胜 | 海阳市郭城镇晶泉村 | 18 | 男 | 1942 年 11 月 23 日 |
| 姜树本之婶 | 海阳市郭城镇晶泉村 | 42 | 女 | 1942 年 11 月 23 日 |
| 姜成同之嫂 | 海阳市郭城镇晶泉村 | 30 | 女 | 1942 年 11 月 23 日 |
| 姜成同之侄女 | 海阳市郭城镇晶泉村 | 4 | 女 | 1942 年 11 月 23 日 |
| 姜志全之婶 | 海阳市郭城镇晶泉村 | 35 | 女 | 1942 年 11 月 23 日 |
| 姜成双 | 海阳市郭城镇晶泉村 | 38 | 男 | 1942 年 11 月 23 日 |
| 姜成功 | 海阳市郭城镇晶泉村 | 45 | 男 | 1942 年 11 月 23 日 |
| 姜成功之妻 | 海阳市郭城镇晶泉村 | 43 | 女 | 1942 年 11 月 23 日 |
| 姜志强之母 | 海阳市郭城镇晶泉村 | 24 | 女 | 1942 年 11 月 23 日 |
| 姜志强之姐 | 海阳市郭城镇晶泉村 | 8 | 女 | 1942 年 11 月 23 日 |
| 姜成勋 | 海阳市郭城镇晶泉村 | 31 | 男 | 1942 年 11 月 23 日 |

| 姓 名 | 籍 贯 | 年 龄 | 性 别 | 死难时间 |
|---|---|---|---|---|
| 姜成勋之妻 | 海阳市郭城镇晶泉村 | 32 | 女 | 1942 年 11 月 23 日 |
| 姜喜山之母 | 海阳市郭城镇晶泉村 | 40 | 女 | 1942 年 11 月 23 日 |
| 姜作年之姑 | 海阳市郭城镇晶泉村 | 26 | 女 | 1942 年 11 月 23 日 |
| 刘 吉 | 海阳市郭城镇港里村 | 67 | 男 | 1942 年 10 月 16 日 |
| 姜云章 | 海阳市郭城镇港里村 | 56 | 男 | 1942 年 10 月 16 日 |
| 姜庆祝 | 海阳市郭城镇港里村 | 18 | 女 | 1942 年 10 月 16 日 |
| 姜新仕之母 | 海阳市郭城镇港里村 | 70 | 女 | 1942 年 10 月 16 日 |
| 张同仁 | 海阳市郭城镇东楼子村 | 22 | 男 | 1942 年 10 月 16 日 |
| 姜全仁 | 海阳市郭城镇柳树村 | 20 | 男 | 1942 年 10 月 17 日 |
| 姜全斌之母 | 海阳市郭城镇柳树村 | 27 | 女 | 1942 年 10 月 17 日 |
| 姜学成之妻 | 海阳市郭城镇柳树村 | 32 | 女 | 1942 年 10 月 17 日 |
| 姜学成之母 | 海阳市郭城镇柳树村 | 46 | 女 | 1942 年 10 月 17 日 |
| 姜全文 | 海阳市郭城镇柳树村 | 28 | 男 | 1942 年 10 月 17 日 |
| 姜丰春之母 | 海阳市郭城镇柳树村 | 30 | 女 | 1942 年 10 月 17 日 |
| 姜德增 | 海阳市郭城镇柳树村 | 20 | 男 | 1942 年 10 月 17 日 |
| 东 | 海阳市郭城镇柳树村 | 15 | 男 | 1942 年 10 月 17 日 |
| 锁 奎 | 海阳市郭城镇柳树村 | 18 | 男 | 1942 年 10 月 17 日 |
| 高长花 | 海阳市盘石店镇桃李村 | 42 | 女 | 1942 年 10 月 17 日 |
| 王绪瑞 | 海阳市盘石店镇桃李村 | 32 | 男 | 1942 年 10 月 17 日 |
| 李志英 | 海阳市盘石店镇桃李村 | 40 | 女 | 1942 年 10 月 17 日 |
| 姜喜元 | 海阳市盘石店镇桃李村 | 30 | 男 | 1942 年 10 月 17 日 |
| 荣京宝 | 海阳市盘石店镇周家沟村 | 23 | 男 | 1942 年 10 月 17 日 |
| 薛明兰 | 海阳市盘石店镇周家沟村 | 21 | 女 | 1942 年 10 月 17 日 |
| 董长花 | 海阳市盘石店镇周家沟村 | 25 | 女 | 1942 年 10 月 17 日 |
| 任淑芳 | 海阳市盘石店镇周家沟村 | 58 | 女 | 1942 年 10 月 17 日 |
| 张寰旭 | — | — | 男 | 1942 年 10 月 17 日 |
| 陈子英 | — | — | 男 | 1942 年 10 月 17 日 |
| 年文蔚 | — | — | 男 | 1942 年 10 月 17 日 |
| 周文彬 | — | — | 男 | 1942 年 10 月 17 日 |
| 姜良之妻 | 海阳市郭城镇黄草场村 | 50 | 女 | 1942 年 10 月 17 日 |
| 姜孟环之雇工 | 海阳市发城镇八夼村 | 40 | 男 | 1942 年 11 月 23 日 |
| 姜云朋 | 海阳市郭城镇松树夼村 | 50 | 男 | 1942 年 11 月 23 日 |
| 姜云道 | 海阳市郭城镇松树夼村 | 41 | 男 | 1942 年 11 月 23 日 |
| 姜孟达 | 海阳市郭城镇松树夼村 | 15 | 男 | 1942 年 11 月 23 日 |

| 姓名 | 籍贯 | 年龄 | 性别 | 死难时间 |
|---|---|---|---|---|
| 姜 全 | 海阳市郭城镇松树夼村 | 52 | 男 | 1942 年 11 月 23 日 |
| 姜全之妻 | 海阳市郭城镇松树夼村 | 52 | 女 | 1942 年 11 月 23 日 |
| 宫本成之女 | 海阳市郭城镇松树夼村 | 18 | 女 | 1942 年 11 月 23 日 |
| 姜 兴 | 海阳市郭城镇松树夼村 | 42 | 男 | 1942 年 11 月 23 日 |
| 徐直德 | 海阳市郭城镇松树夼村 | 27 | 男 | 1942 年 11 月 23 日 |
| 宫振庄之女 | 海阳市郭城镇松树夼村 | 18 | 女 | 1942 年 11 月 23 日 |
| 姜 洪 | 海阳市郭城镇松树夼村 | 37 | 男 | 1942 年 11 月 23 日 |
| 宫本成之妻 | 海阳市郭城镇松树夼村 | — | 女 | 1942 年 11 月 23 日 |
| 姜 合 | 海阳市郭城镇松树夼村 | 23 | 男 | 1942 年 11 月 23 日 |
| 姜文山之母 | 海阳市郭城镇下十字夼村 | 37 | 女 | 1942 年 10 月 17 日 |
| 姜文山之妹 | 海阳市郭城镇下十字夼村 | 16 | 女 | 1942 年 10 月 17 日 |
| 姜文山之弟 | 海阳市郭城镇下十字夼村 | 3 | 男 | 1942 年 10 月 17 日 |
| 姜振河之母 | 海阳市郭城镇下十字夼村 | 45 | 女 | 1942 年 10 月 17 日 |
| 姜德之妻 | 海阳市郭城镇下十字夼村 | 44 | 女 | 1942 年 10 月 17 日 |
| 姜作春 | 海阳市郭城镇下十字夼村 | 47 | 男 | 1942 年 10 月 17 日 |
| 姜春仁 | 海阳市郭城镇下十字夼村 | 43 | 男 | 1942 年 10 月 17 日 |
| 姜新奎 | 海阳市郭城镇下十字夼村 | 53 | 男 | 1942 年 10 月 17 日 |
| 姜振凯 | 海阳市郭城镇下十字夼村 | 41 | 男 | 1942 年 10 月 17 日 |
| 姜振河之嫂 | 海阳市郭城镇下十字夼村 | 36 | 女 | 1942 年 10 月 17 日 |
| 姜 氏 | 海阳市郭城镇北申家村 | 41 | 女 | 1942 年 10 月 17 日 |
| 申克南 | 海阳市郭城镇北申家村 | 26 | 男 | 1942 年 10 月 17 日 |
| 姜 氏 | 海阳市郭城镇前夼村 | 65 | 女 | 1942 年 10 月 17 日 |
| 姜 氏 | 海阳市郭城镇前夼村 | 55 | 女 | 1942 年 10 月 17 日 |
| 姜 氏 | 海阳市郭城镇前夼村 | 50 | 女 | 1942 年 10 月 17 日 |
| 姜 氏 | 海阳市郭城镇前夼村 | 39 | 女 | 1942 年 10 月 17 日 |
| 于永禄 | 海阳市郭城镇前夼村 | 65 | 男 | 1942 年 10 月 17 日 |
| 兰金典 | 海阳市郭城镇前夼村 | 22 | 男 | 1942 年 10 月 17 日 |
| 于五一 | 海阳市郭城镇前夼村 | 10 | 男 | 1942 年 10 月 17 日 |
| 王喜花 | 海阳市郭城镇前夼村 | 61 | 女 | 1942 年 10 月 17 日 |
| 于化彬 | 海阳市郭城镇前夼村 | 4 | 男 | 1942 年 10 月 17 日 |
| 宋本合 | 海阳市郭城镇前夼村 | 54 | 女 | 1942 年 10 月 17 日 |
| 姜 氏 | 海阳市郭城镇前夼村 | 32 | 女 | 1942 年 10 月 17 日 |
| 于桂召 | 海阳市郭城镇前夼村 | 32 | 女 | 1942 年 10 月 17 日 |
| 于桂之女 | 海阳市郭城镇前夼村 | 7 | 女 | 1942 年 10 月 17 日 |

| 姓 名 | 籍 贯 | 年 龄 | 性 别 | 死难时间 |
|---|---|---|---|---|
| 于为泮 | 海阳市郭城镇前夼村 | 16 | 男 | 1942 年 10 月 17 日 |
| 邹培友 | 海阳市郭城镇前夼村 | 23 | 男 | 1942 年 10 月 17 日 |
| 于长海 | 海阳市郭城镇前夼村 | 25 | 男 | 1942 年 10 月 17 日 |
| 于林贞 | 海阳市郭城镇前夼村 | — | 男 | 1942 年 10 月 17 日 |
| 刘 氏 | 海阳市郭城镇前夼村 | 30 | 女 | 1942 年 10 月 17 日 |
| 于 义 | 海阳市郭城镇前夼村 | 4 | 男 | 1942 年 10 月 17 日 |
| 姜 氏 | 海阳市郭城镇前夼村 | 32 | 女 | 1942 年 10 月 17 日 |
| 孙基顺 | 海阳市郭城镇前夼村 | 4 | 男 | 1942 年 10 月 17 日 |
| 宫 氏 | 海阳市郭城镇前夼村 | 32 | 女 | 1942 年 10 月 17 日 |
| 于二曼 | 海阳市郭城镇前夼村 | 5 | 女 | 1942 年 10 月 17 日 |
| 刘培美 | 海阳市郭城镇前夼村 | 30 | 女 | 1942 年 10 月 17 日 |
| 姜春花 | 海阳市郭城镇前夼村 | 39 | 女 | 1942 年 10 月 17 日 |
| 于 龙 | 海阳市郭城镇前夼村 | 22 | 男 | 1942 年 10 月 17 日 |
| 于文章 | 海阳市郭城镇前夼村 | 72 | 男 | 1942 年 10 月 17 日 |
| 于培芳 | 海阳市郭城镇前夼村 | 23 | 女 | 1942 年 10 月 17 日 |
| 孙玉桂 | 海阳市郭城镇前夼村 | 45 | 男 | 1942 年 10 月 17 日 |
| 于永祥 | 海阳市郭城镇前夼村 | 49 | 男 | 1942 年 10 月 17 日 |
| 于为庆 | 海阳市郭城镇前夼村 | 58 | 男 | 1942 年 10 月 17 日 |
| 于进一 | 海阳市郭城镇前夼村 | 8 | 男 | 1942 年 10 月 17 日 |
| 于更曼 | 海阳市郭城镇前夼村 | 13 | 女 | 1942 年 10 月 17 日 |
| 姜 氏 | 海阳市郭城镇前夼村 | 60 | 女 | 1942 年 10 月 17 日 |
| 于可荣 | 海阳市郭城镇前夼村 | 28 | 男 | 1942 年 10 月 17 日 |
| 于得敏 | 海阳市郭城镇前夼村 | 26 | 男 | 1942 年 10 月 17 日 |
| 姜吉清 | 海阳市郭城镇港里村 | 70 | 男 | 1942 年 10 月 17 日 |
| 刘氏之子 | 海阳市郭城镇东刘家村 | 2 | 男 | 1942 年 10 月 18 日 |
| 刘云堂 | 海阳市郭城镇东刘家村 | 35 | 男 | 1942 年 10 月 18 日 |
| 刘进喜 | 海阳市郭城镇东刘家村 | 40 | 男 | 1942 年 10 月 18 日 |
| 刘云合 | 海阳市郭城镇东刘家村 | 51 | 男 | 1942 年 10 月 18 日 |
| 刘国敏 | 海阳市郭城镇东刘家村 | 33 | 男 | 1942 年 10 月 18 日 |
| 刘丰仙 | 海阳市郭城镇东刘家村 | 7 | 男 | 1942 年 10 月 18 日 |
| 刘丕文 | 海阳市郭城镇东刘家村 | 60 | 男 | 1942 年 10 月 18 日 |
| 刘进涛 | 海阳市郭城镇东刘家村 | 34 | 男 | 1942 年 10 月 18 日 |
| 于召文 | 海阳市郭城镇沙旺村 | 31 | 男 | 1942 年 10 月 18 日 |
| 于原进 | 海阳市郭城镇沙旺村 | 41 | 男 | 1942 年 10 月 18 日 |

| 姓　名 | 籍　贯 | 年　龄 | 性　别 | 死难时间 |
|---|---|---|---|---|
| 于化文 | 海阳市郭城镇沙旺村 | 20 | 男 | 1942 年 10 月 18 日 |
| 于建茂 | 海阳市郭城镇沙旺村 | 21 | 男 | 1942 年 10 月 18 日 |
| 王吉龙 | 海阳经济开发区埠南村 | 30 | 男 | 1942 年 10 月 19 日 |
| 姜延仁 | 海阳市郭城镇港里村 | 80 | 男 | 1942 年 10 月 20 日 |
| 姜新科 | 海阳市郭城镇港里村 | 70 | 男 | 1942 年 10 月 20 日 |
| 刘丰胜 | 海阳市郭城镇港里村 | 67 | 男 | 1942 年 10 月 20 日 |
| 姜文奎 | 海阳市发城镇古家兰村 | 40 | 男 | 1942 年 10 月 22 日 |
| 姜玉斌 | 海阳市发城镇古家兰村 | 38 | 男 | 1942 年 10 月 22 日 |
| 姜启德 | 海阳市发城镇古家兰村 | 43 | 男 | 1942 年 10 月 22 日 |
| 陈丰财 | 海阳市徐家店镇山水庄村 | 29 | 男 | 1942 年 10 月 22 日 |
| 王　氏 | 海阳市徐家店镇晶山夼村 | 24 | 女 | 1942 年 10 月 22 日 |
| 王世瑜 | 海阳市徐家店镇下吼山村 | 22 | 男 | 1942 年 10 月 22 日 |
| 王学本 | 海阳市徐家店镇下吼山村 | 23 | 男 | 1942 年 10 月 22 日 |
| 安维山 | 海阳市徐家店镇下吼山村 | 24 | 男 | 1942 年 10 月 22 日 |
| 刘敬道 | 海阳市大阎家镇大阎家村 | 37 | 男 | 1942 年 10 月 |
| 薛玉学 | 海阳市盘石店镇大薛家村 | 50 | 男 | 1942 年 10 月 |
| 李永阳 | 海阳市徐家店镇前槐山村 | 38 | 男 | 1942 年 10 月 |
| 李保亭 | 海阳市二十里店镇西马格庄村 | — | 男 | 1942 年 10 月 |
| 宋仁义 | 海阳市二十里店镇西马格庄村 | 21 | 男 | 1942 年 10 月 |
| 宫玉梅 | 海阳市朱吴镇黑崮村 | 25 | 女 | 1942 年 10 月 |
| 姜兆红 | 海阳市朱吴镇黑崮村 | 26 | 男 | 1942 年 10 月 |
| 周玉贞 | 海阳市郭城镇东鲁家夼村 | 33 | 男 | 1942 年 10 月 |
| 孙进忠 | 海阳市郭城镇东鲁家夼村 | 31 | 男 | 1942 年 10 月 |
| 周玉芬 | 海阳市郭城镇东鲁家夼村 | 23 | 女 | 1942 年 10 月 |
| 周　卫 | 海阳市郭城镇东鲁家夼村 | 70 | 男 | 1942 年 10 月 |
| 徐同德 | 海阳市郭城镇东鲁家夼村 | 26 | 男 | 1942 年 10 月 |
| 沈培芝 | 海阳市郭城镇东鲁家夼村 | 32 | 男 | 1942 年 10 月 |
| 车栾廷 | 海阳市郭城镇迎驾山村 | 26 | 男 | 1942 年 10 月 |
| 姜立崇 | 海阳市郭城镇后泊河村 | 27 | 男 | 1942 年 10 月 |
| 董福元 | 海阳市郭城镇后泊河村 | 69 | 男 | 1942 年 10 月 |
| 姜书贵 | 海阳市郭城镇后泊河村 | 70 | 男 | 1942 年 10 月 |
| 姜树山 | 海阳市郭城镇山前村 | 50 | 男 | 1942 年 10 月 |
| 姜学彦 | 海阳市郭城镇山前村 | 23 | 男 | 1942 年 10 月 |
| 姜学良 | 海阳市郭城镇大侯家村 | 21 | 男 | 1942 年 10 月 |

| 姓　名 | 籍　贯 | 年　龄 | 性　别 | 死难时间 |
|---|---|---|---|---|
| 史泽乐 | 海阳市郭城镇史家村 | 42 | 男 | 1942 年 10 月 |
| 史泽浩 | 海阳市郭城镇史家村 | 25 | 男 | 1942 年 10 月 |
| 刘桂兰 | 海阳市郭城镇山东村 | 19 | 女 | 1942 年 10 月 |
| 姜德芹 | 海阳市郭城镇姜家村 | 19 | 男 | 1942 年 10 月 |
| 姜成训 | 海阳市郭城镇姜家村 | 22 | 男 | 1942 年 10 月 |
| 姜永德 | 海阳市郭城镇姜家村 | 19 | 男 | 1942 年 10 月 |
| 姜永国 | 海阳市郭城镇姜家村 | 26 | 男 | 1942 年 10 月 |
| 姜德柱 | 海阳市郭城镇姜家村 | 24 | 男 | 1942 年 10 月 |
| 姜吉志 | 海阳市郭城镇阵胜村 | 60 | 男 | 1942 年 10 月 |
| 姜福贵 | 海阳市郭城镇阵胜村 | 19 | 男 | 1942 年 10 月 |
| 姜作文之妻 | 海阳市郭城镇阵胜村 | 20 | 女 | 1942 年 10 月 |
| 周洪义 | 海阳市郭城镇西鲁家夼村 | 18 | 男 | 1942 年 10 月 |
| 于桂兰 | 海阳市郭城镇南申家村 | 52 | 女 | 1942 年 10 月 |
| 刘振璞 | 海阳市郭城镇晶泉村 | 17 | 男 | 1942 年 10 月 |
| 刘元华 | 海阳市郭城镇官庄村 | 56 | 男 | 1942 年 10 月 |
| 刘元德 | 海阳市郭城镇官庄村 | 53 | 男 | 1942 年 10 月 |
| 刘元尚 | 海阳市郭城镇官庄村 | 50 | 男 | 1942 年 10 月 |
| 刘　四 | 海阳市郭城镇官庄村 | 45 | 男 | 1942 年 10 月 |
| 姜成花 | 海阳市郭城镇官庄村 | 29 | 女 | 1942 年 10 月 |
| 刘志丹 | 海阳市郭城镇官庄村 | 20 | 男 | 1942 年 10 月 |
| 姜万福 | 海阳市郭城镇官庄村 | 61 | 男 | 1942 年 10 月 |
| 姜洪吉 | 海阳市郭城镇港里村 | 59 | 男 | 1942 年 10 月 |
| 申洪德 | 海阳市郭城镇建新村 | 68 | 男 | 1942 年 10 月 |
| 申明显 | 海阳市郭城镇建新村 | 59 | 男 | 1942 年 10 月 |
| 姜顺芳 | 海阳市郭城镇建新村 | 42 | 女 | 1942 年 10 月 |
| 申瑞杰 | 海阳市郭城镇建新村 | 20 | 女 | 1942 年 10 月 |
| 申淑云 | 海阳市郭城镇建新村 | 17 | 女 | 1942 年 10 月 |
| 申明合 | 海阳市郭城镇建新村 | 64 | 男 | 1942 年 10 月 |
| 申胡妻 | 海阳市郭城镇建新村 | 51 | 女 | 1942 年 10 月 |
| 刘德顺 | 海阳市郭城镇建新村 | 19 | 女 | 1942 年 10 月 |
| 申丰德之妻 | 海阳市郭城镇建新村 | 29 | 女 | 1942 年 10 月 |
| 申丰德之子 | 海阳市郭城镇建新村 | 5 | 男 | 1942 年 10 月 |
| 申丰德之女 | 海阳市郭城镇建新村 | 1 | 女 | 1942 年 10 月 |
| 孙克早 | 海阳市郭城镇西楼子村 | 50 | 男 | 1942 年 10 月 |

| 姓 名 | 籍 贯 | 年 龄 | 性 别 | 死难时间 |
|---|---|---|---|---|
| 孙喜南 | 海阳市郭城镇西楼子村 | 53 | 男 | 1942 年 10 月 |
| 申德松 | 海阳市郭城镇南申家村 | 60 | 男 | 1942 年 10 月 |
| 申德军 | 海阳市郭城镇南申家村 | 31 | 男 | 1942 年 10 月 |
| 于桂花 | 海阳市郭城镇南申家村 | 28 | 女 | 1942 年 10 月 |
| 于建美 | 海阳市郭城镇沙旺村 | 21 | 男 | 1942 年 10 月 |
| 于连祥 | 海阳市郭城镇后夼村 | 38 | 男 | 1942 年 10 月 |
| 于会书 | 海阳市郭城镇后夼村 | 57 | 男 | 1942 年 10 月 |
| 孙俊峰 | 海阳市郭城镇后夼村 | 61 | 男 | 1942 年 10 月 |
| 于德祥 | 海阳市郭城镇后夼村 | 32 | 男 | 1942 年 10 月 |
| 张可武 | 海阳市郭城镇后夼村 | 17 | 男 | 1942 年 10 月 |
| 于德福 | 海阳市郭城镇后夼村 | 62 | 男 | 1942 年 10 月 |
| 刘方同 | 海阳市行村镇前寨头村 | 26 | 男 | 1942 年 10 月 |
| 张洪国 | 海阳市行村镇石人夼村 | 34 | 男 | 1942 年 10 月 |
| 于丕恒 | 海阳市行村镇文山后村 | 29 | 男 | 1942 年 10 月 |
| 于春胜 | 海阳市行村镇英武店村 | 22 | 男 | 1942 年 10 月 |
| 薛桂红 | 海阳市盘石店镇大薛家村 | 19 | 男 | 1942 年 10 月 |
| 周作禄 | 海阳市徐家店镇东季家庄村 | 41 | 男 | 1942 年 10 月 |
| 李永法 | 海阳市徐家店镇前槐山村 | 58 | 男 | 1942 年 10 月 |
| 姜作卿 | 海阳市郭城镇港里村 | 17 | 男 | 1942 年 10 月 |
| 刘明顶 | 海阳市行村镇前寨头村 | 21 | 男 | 1942 年 10 月 |
| 杨本山 | 海阳市盘石店镇仙人盆村 | 22 | 男 | 1942 年 10 月 |
| 周言庆 | 海阳市徐家店镇东季家庄村 | 21 | 男 | 1942 年 10 月 |
| 修殿争 | 海阳市徐家店镇前槐山村 | 55 | 男 | 1942 年 10 月 |
| 姜蒙德 | 海阳市郭城镇港里村 | 70 | 男 | 1942 年 10 月 |
| 蒋成号 | 海阳市盘石店镇仙人盆村 | 40 | 男 | 1942 年 10 月 |
| 李中辉 | 海阳市徐家店镇东季家庄村 | 24 | 男 | 1942 年 10 月 |
| 李全忠 | 海阳市徐家店镇前槐山村 | 36 | 男 | 1942 年 10 月 |
| 鲁兆洋 | 海阳市盘石店镇北鲁家村 | 25 | 男 | 1942 年 10 月 |
| 王延智 | 海阳市徐家店镇核桃树村 | 47 | 男 | 1942 年 10 月 |
| 修奎元 | 海阳市徐家店镇前槐山村 | 27 | 男 | 1942 年 10 月 |
| 鲁保迁 | 海阳市盘石店镇北鲁家村 | 23 | 男 | 1942 年 10 月 |
| 修永茂 | 海阳市徐家店镇前槐山村 | 58 | 男 | 1942 年 10 月 |
| 葛仁贤 | 海阳市徐家店镇晶山后村 | 21 | 男 | 1942 年 10 月 |
| 修永春 | 海阳市徐家店镇前槐山村 | 41 | 男 | 1942 年 10 月 |

| 姓 名 | 籍 贯 | 年 龄 | 性 别 | 死难时间 |
|---|---|---|---|---|
| 王常喜 | 海阳市徐家店镇南泊子村 | 17 | 男 | 1942 年 10 月 |
| 李德全 | 海阳市徐家店镇前槐山村 | 56 | 男 | 1942 年 10 月 |
| 李厚敏 | 海阳市徐家店镇李家苇夼村 | 18 | 男 | 1942 年 10 月 |
| 李道法 | 海阳市徐家店镇前槐山村 | 25 | 男 | 1942 年 10 月 |
| 刘明元之妻 | 海阳市徐家店镇刘家窑村 | 50 | 女 | 1942 年 10 月 |
| 刘彦田 | 海阳市徐家店镇刘家窑村 | 52 | 男 | 1942 年 10 月 |
| 姜进武 | 海阳市徐家店镇前槐山村 | 31 | 男 | 1942 年 10 月 |
| 隋仁礼 | 海阳市徐家店镇韩家苇夼村 | 20 | 男 | 1942 年 10 月 |
| 李殿英 | 海阳市徐家店镇李家苇夼村 | 35 | 男 | 1942 年 10 月 |
| 米文理 | 海阳市徐家店镇前槐山村 | 36 | 男 | 1942 年 10 月 |
| 李厚信 | 海阳市徐家店镇李家苇夼村 | 25 | 男 | 1942 年 10 月 |
| 米 风 | 海阳市徐家店镇前槐山村 | 28 | 男 | 1942 年 10 月 |
| 隋京德 | 海阳市徐家店镇前槐山村 | 26 | 男 | 1942 年 10 月 |
| 李保才 | 海阳市徐家店镇韩家苇夼村 | 20 | 男 | 1942 年 10 月 |
| 董全利 | 海阳市徐家店镇前槐山村 | 27 | 男 | 1942 年 10 月 |
| 李坤才 | 海阳市徐家店镇李家苇夼村 | 18 | 男 | 1942 年 10 月 |
| 刘吉平 | 海阳市徐家店镇前槐山村 | 43 | 男 | 1942 年 10 月 |
| 李和兴 | 海阳市凤城街道荣家庄村 | 21 | 男 | 1942 年 10 月 |
| 荣振清 | 海阳市凤城街道荣家庄村 | 42 | 男 | 1942 年 10 月 |
| 杨孟兴 | 海阳市东村街道石剑村 | 55 | 男 | 1942 年 10 月 |
| 杨玉山 | 海阳市东村街道石剑村 | 40 | 男 | 1942 年 10 月 |
| 杨尚山 | 海阳市东村街道石剑村 | 39 | 男 | 1942 年 10 月 |
| 杨明山 | 海阳市东村街道石剑村 | 40 | 男 | 1942 年 10 月 |
| 杨庆云之妹 | 海阳市东村街道石剑村 | 18 | 女 | 1942 年 10 月 |
| 杨庆太之母 | 海阳市东村街道石剑村 | 60 | 女 | 1942 年 10 月 |
| 杨庆山之女 | 海阳市东村街道石剑村 | 12 | 女 | 1942 年 10 月 |
| 倪兆和 | 海阳市东村街道南倪家村 | 30 | 男 | 1942 年 10 月 |
| 倪兆新 | 海阳市东村街道南倪家村 | 35 | 男 | 1942 年 10 月 |
| 于希臣 | 海阳市东村街道大磊石村 | 43 | 男 | 1942 年 10 月 |
| 李维昌 | 海阳市东村街道城北村 | 33 | 男 | 1942 年 10 月 |
| 李德欣 | 海阳市东村街道城北村 | 28 | 男 | 1942 年 10 月 |
| 倪兆和 | 海阳市东村街道北倪家村 | 43 | 男 | 1942 年 10 月 |
| 倪兆信 | 海阳市东村街道北倪家村 | 44 | 男 | 1942 年 10 月 |
| 丛洪斌 | 海阳市东村街道大丛家村 | 36 | 男 | 1942 年 10 月 |

| 姓 名 | 籍 贯 | 年 龄 | 性 别 | 死难时间 |
|---|---|---|---|---|
| 陈 氏 | 海阳市凤城街道邵兴庄村 | — | 女 | 1942 年 10 月 |
| 辛希奎 | 海阳市小纪镇书院村 | — | 男 | 1942 年 10 月 |
| 辛吉文 | 海阳市小纪镇书院村 | — | 男 | 1942 年 10 月 |
| 辛桂年 | 海阳市小纪镇书院村 | — | 男 | 1942 年 10 月 |
| 辛家言 | 海阳市小纪镇书院村 | — | 男 | 1942 年 10 月 |
| 辛昌青 | 海阳市小纪镇笤帚夼村 | — | 男 | 1942 年 10 月 |
| 纪顺祥 | 海阳市小纪镇纪家店村 | 34 | 男 | 1942 年 10 月 |
| 姜 顺 | 海阳市小纪镇中山夼村 | 24 | 男 | 1942 年 10 月 |
| 纪风俊 | 海阳市小纪镇中山夼村 | 22 | 男 | 1942 年 10 月 |
| 宋立更之妻 | 海阳市小纪镇司马官庄村 | 62 | 女 | 1942 年 10 月 |
| 于忠剑 | 海阳市小纪镇下虎龙头村 | 56 | 男 | 1942 年 10 月 |
| 于东阳 | 海阳市小纪镇荷叶山后村 | 23 | 男 | 1942 年 10 月 |
| 马晓恩 | 海阳市小纪镇荷叶山后村 | 37 | 男 | 1942 年 10 月 |
| 孙学金 | 海阳市小纪镇李家疃村 | 27 | 男 | 1942 年 10 月 |
| 辛吉智 | 海阳市小纪镇上虎龙头村 | 17 | 男 | 1942 年 10 月 |
| 董士宽 | 海阳市小纪镇西三官村 | 71 | 男 | 1942 年 10 月 |
| 董吉起 | 海阳市小纪镇东三官村 | 40 | 男 | 1942 年 10 月 |
| 于仁水 | 海阳市小纪镇下碾头村 | 26 | 男 | 1942 年 10 月 |
| 李永寿 | 海阳市小纪镇下碾头村 | 32 | 男 | 1942 年 10 月 |
| 孙明起 | 海阳市小纪镇夏泽村 | 39 | 男 | 1942 年 10 月 |
| 梁作云 | 海阳市小纪镇鲁疃村 | 26 | 男 | 1942 年 10 月 |
| 修明元 | 海阳市小纪镇后沙埠前村 | 27 | 男 | 1942 年 10 月 |
| 刘作信 | 海阳市小纪镇前沙埠前村 | 26 | 男 | 1942 年 10 月 |
| 王吉善 | 海阳市盘石店镇嘴子前村 | 52 | 男 | 1942 年 10 月 |
| 王存疃 | 海阳市盘石店镇嘴子前村 | 50 | 男 | 1942 年 10 月 |
| 王进法 | 海阳市盘石店镇嘴子前村 | 50 | 男 | 1942 年 10 月 |
| 王习阳 | 海阳市盘石店镇嘴子前村 | 43 | 男 | 1942 年 10 月 |
| 王在明 | 海阳市盘石店镇嘴子前村 | 51 | 男 | 1942 年 10 月 |
| 纪仁海之妻 | 海阳市小纪镇纪家店村 | — | 女 | 1942 年 10 月 |
| 王花卿 | 海阳市徐家店镇下吼山村 | 22 | 男 | 1942 年 11 月 1 日 |
| 杨日冲 | 海阳市郭城镇战场泊村 | 45 | 男 | 1942 年 11 月 6 日 |
| 杨洪吉之父 | 海阳市郭城镇战场泊村 | 45 | 男 | 1942 年 11 月 6 日 |
| 杨日欣之哥 | 海阳市郭城镇战场泊村 | 43 | 男 | 1942 年 11 月 6 日 |
| 张 氏 | 海阳市留格庄镇大辛家村 | 73 | 女 | 1942 年 11 月 15 日 |

| 姓 名 | 籍 贯 | 年 龄 | 性 别 | 死难时间 |
|---|---|---|---|---|
| 胡　氏 | 海阳市留格庄镇大辛家村 | 84 | 女 | 1942 年 11 月 15 日 |
| 刘　经 | 海阳市二十里店镇孙格庄村 | 60 | 男 | 1942 年 11 月 15 日 |
| 刘　× | 海阳市二十里店镇纪疃村 | 60 | 男 | 1942 年 11 月 15 日 |
| 孙吉发 | 海阳市朱吴镇杨格庄村 | 33 | 男 | 1942 年 11 月 20 日 |
| 张永花 | 海阳市发城镇前寨后村 | 27 | 男 | 1942 年 11 月 22 日 |
| 王本法 | 海阳市朱吴镇牛岭山村 | 22 | 男 | 1942 年 11 月 22 日 |
| 王秀勤 | 海阳市朱吴镇牛岭山村 | 16 | 男 | 1942 年 11 月 22 日 |
| 宫基殿 | 海阳县徐家店镇宫家苧夼村 | 43 | 男 | 1942 年 11 月 22 日 |
| 宫基殿之妻 | 海阳县徐家店镇宫家苧夼村 | 44 | 女 | 1942 年 11 月 22 日 |
| 宫基殿之儿媳 | 海阳县徐家店镇宫家苧夼村 | 23 | 女 | 1942 年 11 月 22 日 |
| 宫基殿之二媳 | 海阳县徐家店镇宫家苧夼村 | 20 | 女 | 1942 年 11 月 22 日 |
| 宫基殿之大女 | 海阳县徐家店镇宫家苧夼村 | 19 | 女 | 1942 年 11 月 22 日 |
| 宫基殿之二女 | 海阳县徐家店镇宫家苧夼村 | 16 | 女 | 1942 年 11 月 22 日 |
| 宫林桢 | 海阳县徐家店镇宫家苧夼村 | 47 | 男 | 1942 年 11 月 22 日 |
| 宫林桢之女 | 海阳县徐家店镇宫家苧夼村 | 23 | 女 | 1942 年 11 月 22 日 |
| 宫焕培 | 海阳县徐家店镇宫家苧夼村 | 30 | 男 | 1942 年 11 月 22 日 |
| 宫焕芳 | 海阳县徐家店镇宫家苧夼村 | 39 | 男 | 1942 年 11 月 22 日 |
| 宫焕俊 | 海阳县徐家店镇宫家苧夼村 | 41 | 男 | 1942 年 11 月 22 日 |
| 宫焕俊之子 | 海阳县徐家店镇宫家苧夼村 | 16 | 男 | 1942 年 11 月 22 日 |
| 宫同基 | 海阳县徐家店镇宫家苧夼村 | 33 | 男 | 1942 年 11 月 22 日 |
| 宫日桢 | 海阳县徐家店镇宫家苧夼村 | 42 | 男 | 1942 年 11 月 22 日 |
| 宫焕志 | 海阳县徐家店镇宫家苧夼村 | 14 | 男 | 1942 年 11 月 22 日 |
| 宫林桢之妻 | 海阳县徐家店镇宫家苧夼村 | 45 | 女 | 1942 年 11 月 22 日 |
| 宫焕礼之祖母 | 海阳县徐家店镇宫家苧夼村 | 52 | 女 | 1942 年 11 月 22 日 |
| 宫焕礼之姑 | 海阳县徐家店镇宫家苧夼村 | 30 | 女 | 1942 年 11 月 22 日 |
| 宫焕良之母 | 海阳县徐家店镇宫家苧夼村 | 58 | 女 | 1942 年 11 月 22 日 |
| 宫风武之祖母 | 海阳县徐家店镇宫家苧夼村 | 55 | 女 | 1942 年 11 月 22 日 |
| 宫焕成之女 | 海阳县徐家店镇宫家苧夼村 | 16 | 女 | 1942 年 11 月 22 日 |
| 宫基文 | 海阳县徐家店镇宫家苧夼村 | 59 | 男 | 1942 年 11 月 22 日 |
| 孙明山 | 海阳市发城镇西菜园村 | 37 | 男 | 1942 年 11 月 |
| 范振彬 | 海阳市发城镇姜格庄村 | 20 | 男 | 1942 年 11 月 |
| 张仁堂 | 海阳市发城镇北埠后村 | 24 | 男 | 1942 年 11 月 |
| 栾良民 | 海阳市发城镇栾家村 | 21 | 男 | 1942 年 11 月 |
| 栾良品 | 海阳市发城镇栾家村 | 34 | 男 | 1942 年 11 月 |

| 姓 名 | 籍 贯 | 年 龄 | 性 别 | 死难时间 |
|---|---|---|---|---|
| 张振林 | 海阳市发城镇南柳村 | 38 | 男 | 1942 年 11 月 |
| 韩明福 | 海阳市发城镇洪沟村 | 30 | 男 | 1942 年 11 月 |
| 张成珠 | 海阳市发城镇西土堆头村 | 16 | 男 | 1942 年 11 月 |
| 谭炳木 | 海阳市发城镇铁口村 | 21 | 男 | 1942 年 11 月 |
| 于 氏 | 海阳市发城镇榆山夼村 | 17 | 女 | 1942 年 11 月 |
| 于连善 | 海阳市发城镇西土堆头村 | 31 | 男 | 1942 年 11 月 |
| 刘海林 | 海阳市留格庄镇院下村 | 22 | 男 | 1942 年 11 月 |
| 林武芳 | 海阳市留格庄镇西远牛庄村 | 31 | 男 | 1942 年 11 月 |
| 任奎保 | 海阳市留格庄镇小滩村 | 29 | 男 | 1942 年 11 月 |
| 李荣富 | 海阳市留格庄镇北远牛庄村 | 22 | 男 | 1942 年 11 月 |
| 高宗泽 | 海阳市留格庄镇民生村 | 22 | 男 | 1942 年 11 月 |
| 刘炳方 | 海阳市盘石店镇虎山村 | 20 | 男 | 1942 年 11 月 |
| 于天武 | 海阳市盘石店镇平岚村 | 30 | 男 | 1942 年 11 月 |
| 姜世文 | 海阳市徐家店镇晶山后村 | 23 | 男 | 1942 年 11 月 |
| 王森增 | 海阳市辛安镇瓦罐窑村 | 33 | 男 | 1942 年 11 月 |
| 王世滨 | 海阳市辛安镇瓦罐窑村 | 34 | 男 | 1942 年 11 月 |
| 王殿志 | 海阳市辛安镇瓦罐窑村 | 19 | 男 | 1942 年 11 月 |
| 孙丰喜 | 海阳市辛安镇南丁村 | 23 | 男 | 1942 年 11 月 |
| 于作永 | 海阳市辛安镇木桥夼村 | 20 | 男 | 1942 年 11 月 |
| 于文年 | 海阳市辛安镇木桥夼村 | 20 | 男 | 1942 年 11 月 |
| 于丰信 | 海阳市辛安镇木桥夼村 | 27 | 男 | 1942 年 11 月 |
| 刘丕贤 | 海阳市辛安镇北马家村 | 19 | 男 | 1942 年 11 月 |
| 马腾芳 | 海阳市辛安镇茂梓集村 | 20 | 男 | 1942 年 11 月 |
| 叶永辉 | 海阳市辛安镇叶家村 | 17 | 男 | 1942 年 11 月 |
| 修 民 | 海阳市二十里店镇岚前坡村 | 24 | 男 | 1942 年 11 月 |
| 修元志 | 海阳市二十里店镇岚前坡村 | 22 | 男 | 1942 年 11 月 |
| 李有道 | 海阳市二十里店镇南姜格庄村 | 33 | 男 | 1942 年 11 月 |
| 李京文 | 海阳市二十里店镇窦疃村 | 19 | 男 | 1942 年 11 月 |
| 毛贵俭 | 海阳市二十里店镇窦疃村 | 22 | 男 | 1942 年 11 月 |
| 于积义 | 海阳市二十里店镇河南庄村 | 28 | 男 | 1942 年 11 月 |
| 于才义 | 海阳市二十里店镇河南庄村 | 27 | 男 | 1942 年 11 月 |
| 张克行 | 海阳市二十里店镇埠峰村 | 22 | 男 | 1942 年 11 月 |
| 刘永臣 | 海阳市二十里店镇纪疃村 | 19 | 男 | 1942 年 11 月 |
| 石永寿 | 海阳市二十里店镇吴家埠村 | 26 | 男 | 1942 年 11 月 |

| 姓 名 | 籍 贯 | 年 龄 | 性 别 | 死难时间 |
|---|---|---|---|---|
| 孙 桂 | 海阳市二十里店镇朱坞村 | 23 | 男 | 1942 年 11 月 |
| 姜 禄 | 海阳市二十里店镇修家夼村 | 20 | 男 | 1942 年 11 月 |
| 刘宗书 | 海阳市二十里店镇崖底村 | 22 | 男 | 1942 年 11 月 |
| 由文菊 | 海阳市二十里店镇南野口村 | 30 | 男 | 1942 年 11 月 |
| 张梅武 | 海阳市方圆街道宅子头村 | 28 | 男 | 1942 年 11 月 |
| 修同智 | 海阳市方圆街道北城阳村 | 24 | 男 | 1942 年 11 月 |
| 程义江 | 海阳市方圆街道里口村 | 20 | 男 | 1942 年 11 月 |
| 程义秋 | 海阳市方圆街道里口村 | 20 | 男 | 1942 年 11 月 |
| 程义乡 | 海阳市方圆街道里口村 | 18 | 男 | 1942 年 11 月 |
| 程义会 | 海阳市方圆街道里口村 | 18 | 男 | 1942 年 11 月 |
| 程元斌 | 海阳市方圆街道里口村 | 37 | 男 | 1942 年 11 月 |
| 程义普 | 海阳市方圆街道里口村 | 34 | 男 | 1942 年 11 月 |
| 修吉卿 | 海阳市方圆街道团结村 | 17 | 男 | 1942 年 11 月 |
| 李玉寿 | 海阳市方圆街道新兴村 | 17 | 男 | 1942 年 11 月 |
| 刘荣山 | 海阳市方圆街道新兴村 | 38 | 男 | 1942 年 11 月 |
| 臧俊才 | 海阳市碧城工业区肋埠村 | 23 | 男 | 1942 年 11 月 |
| 郑长广 | 海阳市碧城工业区山口村 | 21 | 男 | 1942 年 11 月 |
| 于孟吉 | 海阳市碧城工业区岱格庄村 | 50 | 男 | 1942 年 11 月 |
| 姜德仁 | 海阳市郭城镇下十字夼村 | 24 | 男 | 1942 年 11 月 |
| 姜丕欣 | 海阳市郭城镇桂山村 | 18 | 男 | 1942 年 11 月 |
| 姜洪君 | 海阳市郭城镇桂山村 | 21 | 男 | 1942 年 11 月 |
| 于典化 | 海阳市郭城镇三宝沙村 | 20 | 男 | 1942 年 11 月 |
| 于典省 | 海阳市郭城镇三宝沙村 | 50 | 男 | 1942 年 11 月 |
| 王元桂 | 海阳市郭城镇林山村 | 45 | 男 | 1942 年 11 月 |
| 王成川 | 海阳市郭城镇林山村 | 46 | 男 | 1942 年 11 月 |
| 王文京 | 海阳市郭城镇林山村 | 51 | 男 | 1942 年 11 月 |
| 王文祥 | 海阳市郭城镇林山村 | 43 | 男 | 1942 年 11 月 |
| 王文先 | 海阳市郭城镇林山村 | 37 | 男 | 1942 年 11 月 |
| 王洪会 | 海阳市郭城镇林山村 | 39 | 男 | 1942 年 11 月 |
| 王洪彩 | 海阳市郭城镇林山村 | 50 | 男 | 1942 年 11 月 |
| 王成汉 | 海阳市郭城镇林山村 | 52 | 男 | 1942 年 11 月 |
| 于长灵 | 海阳市郭城镇河南村 | 51 | 男 | 1942 年 11 月 |
| 孙士学 | 海阳市郭城镇河南村 | 60 | 男 | 1942 年 11 月 |
| 于启增 | 海阳市郭城镇河南村 | 20 | 男 | 1942 年 11 月 |

| 姓 名 | 籍 贯 | 年龄 | 性别 | 死难时间 |
|---|---|---|---|---|
| 于 氏 | 海阳市郭城镇河南村 | 20 | 女 | 1942 年 11 月 |
| 王 氏 | 海阳市郭城镇河南村 | 49 | 女 | 1942 年 11 月 |
| 于杰先 | 海阳市郭城镇河南村 | 60 | 男 | 1942 年 11 月 |
| 刘进德 | 海阳市郭城镇东刘家村 | 34 | 男 | 1942 年 11 月 |
| 姜修本 | 海阳市郭城镇东刘家村 | 33 | 男 | 1942 年 11 月 |
| 姜显玉 | 海阳市郭城镇晶泉村 | 25 | 男 | 1942 年 11 月 |
| 于 京 | 海阳市郭城镇建明村 | 32 | 男 | 1942 年 11 月 |
| 孙玉学 | 海阳市郭城镇西楼子村 | 18 | 男 | 1942 年 11 月 |
| 陈显铭 | 海阳市行村镇牟格庄村 | 16 | 男 | 1942 年 11 月 |
| 刘芳胜 | 海阳市行村镇庙河村 | 21 | 男 | 1942 年 11 月 |
| 于春江 | 海阳市行村镇文山后村 | 20 | 男 | 1942 年 11 月 |
| 邢东哲 | 海阳市行村镇英武店村 | 22 | 男 | 1942 年 11 月 |
| 张邵氏 | 海阳市行村镇齐格庄村 | 18 | 女 | 1942 年 11 月 |
| 邹德岭 | 海阳市行村镇丁格庄村 | 24 | 男 | 1942 年 11 月 |
| 吕德青 | 海阳市行村镇田村 | 16 | 男 | 1942 年 11 月 |
| 姜炳政 | 海阳市行村镇西村庄村 | 20 | 男 | 1942 年 11 月 |
| 李作厚 | 海阳市行村镇李家庄村 | 23 | 男 | 1942 年 11 月 |
| 于宣章 | 海阳市行村镇桃林村 | 16 | 男 | 1942 年 11 月 |
| 程绍聪 | 海阳市行村镇东山村 | 19 | 男 | 1942 年 11 月 |
| 初 氏 | 海阳市发城镇榆山夼村 | 16 | 女 | 1942 年 11 月 |
| 任从凤 | 海阳市留格庄镇小滩村 | 18 | 男 | 1942 年 11 月 |
| 盖以红 | 海阳市二十里店镇南姜格庄村 | 26 | 男 | 1942 年 11 月 |
| 孙盛武 | 海阳市二十里店镇朱坞村 | 32 | 男 | 1942 年 11 月 |
| 初 氏 | 海阳市发城镇榆山夼村 | 17 | 女 | 1942 年 11 月 |
| 李维信 | 海阳市二十里店镇南姜格庄村 | 37 | 男 | 1942 年 11 月 |
| 初学风 | 海阳市发城镇榆山夼村 | 21 | 男 | 1942 年 11 月 |
| 刘作本 | 海阳市凤城街道东迟格庄村 | 18 | 男 | 1942 年 11 月 |
| 杨庆山 | 海阳市东村街道石剑村 | 24 | 男 | 1942 年 11 月 |
| 杨福智 | 海阳市东村街道石剑村 | 19 | 男 | 1942 年 11 月 |
| 李忠俭 | 海阳市东村街道西八里庄村 | 35 | 男 | 1942 年 11 月 |
| 丛永安 | 海阳市东村街道小丛家村 | 21 | 男 | 1942 年 11 月 |
| 王 祥 | 海阳市凤城街道西迟格庄村 | 29 | 男 | 1942 年 11 月 |
| 丛华林 | 海阳市小纪镇瓦塘埠村 | 18 | 男 | 1942 年 11 月 |
| 丛年伦 | 海阳市小纪镇山水夼村 | 17 | 男 | 1942 年 11 月 |

| 姓 名 | 籍 贯 | 年 龄 | 性 别 | 死难时间 |
|---|---|---|---|---|
| 丛伦田 | 海阳市小纪镇山水夼村 | 25 | 男 | 1942 年 11 月 |
| 徐常藻 | 海阳市小纪镇西苇园头村 | 28 | 男 | 1942 年 11 月 |
| 徐德俊 | 海阳市小纪镇西苇园头村 | 25 | 男 | 1942 年 11 月 |
| 徐殿全 | 海阳市小纪镇东梨园村 | 24 | 男 | 1942 年 11 月 |
| 徐常周 | 海阳市小纪镇东苇园头村 | 27 | 男 | 1942 年 11 月 |
| 王学亮 | 海阳市小纪镇东苇园头村 | 17 | 男 | 1942 年 11 月 |
| 刁永虎 | 海阳市小纪镇小纪村 | 20 | 男 | 1942 年 11 月 |
| 孙纯芝 | 海阳市小纪镇小纪村 | 35 | 男 | 1942 年 11 月 |
| 刁永叶 | 海阳市小纪镇小纪村 | 19 | 男 | 1942 年 11 月 |
| 徐春治 | 海阳市小纪镇东索格村 | 23 | 男 | 1942 年 11 月 |
| 梁国学 | 海阳市小纪镇东野口村 | 30 | 男 | 1942 年 11 月 |
| 纪寿兰 | 海阳市小纪镇牛根树村 | 17 | 男 | 1942 年 11 月 |
| 孟昭奎 | 海阳市小纪镇南孟格庄村 | 27 | 男 | 1942 年 11 月 |
| 辛学良 | 海阳市小纪镇佘格庄村 | 32 | 男 | 1942 年 11 月 |
| 纪连秋 | 海阳市小纪镇亭儿崖村 | 24 | 男 | 1942 年 11 月 |
| 纪俊武 | 海阳市小纪镇亭儿崖村 | 18 | 男 | 1942 年 11 月 |
| 纪忠训 | 海阳市小纪镇槐树底村 | 20 | 男 | 1942 年 11 月 |
| 纪忠海 | 海阳市小纪镇槐树底村 | — | 男 | 1942 年 11 月 |
| 纪仁昌 | 海阳市小纪镇纪家店村 | 17 | 男 | 1942 年 11 月 |
| 孙振高 | 海阳市小纪镇崖后村 | 22 | 男 | 1942 年 11 月 |
| 孙太顺 | 海阳市小纪镇崖后村 | 31 | 男 | 1942 年 11 月 |
| 姜同山 | 海阳市小纪镇李家疃村 | 18 | 男 | 1942 年 11 月 |
| 田世庆 | 海阳市小纪镇老古山村 | 37 | 男 | 1942 年 11 月 |
| 孙彦松 | 海阳市小纪镇夏泽村 | 32 | 男 | 1942 年 11 月 |
| 孙世谋 | 海阳市小纪镇夏泽村 | 34 | 男 | 1942 年 11 月 |
| 孙世昌 | 海阳市小纪镇夏泽村 | 34 | 男 | 1942 年 11 月 |
| 姜扶尧 | 海阳市小纪镇望宿村 | 27 | 男 | 1942 年 11 月 |
| 姜振喜 | 海阳市小纪镇望宿村 | 26 | 男 | 1942 年 11 月 |
| 姜连亭 | 海阳市小纪镇望宿村 | 27 | 男 | 1942 年 11 月 |
| 姜扶亭 | 海阳市小纪镇望宿村 | 54 | 男 | 1942 年 11 月 |
| 姜 诺 | 海阳市小纪镇望宿村 | 26 | 男 | 1942 年 11 月 |
| 姜子正 | 海阳市小纪镇望宿村 | 19 | 男 | 1942 年 11 月 |
| 辛殿学 | 海阳市小纪镇南洪沟村 | 19 | 男 | 1942 年 11 月 |
| 辛元海 | 海阳市小纪镇南洪沟村 | 17 | 男 | 1942 年 11 月 |

| 姓 名 | 籍 贯 | 年 龄 | 性 别 | 死难时间 |
|---|---|---|---|---|
| 初炳新 | 海阳市小纪镇泉水头村 | 24 | 男 | 1942 年 11 月 |
| 初炳东 | 海阳市小纪镇泉水头村 | 20 | 男 | 1942 年 11 月 |
| 初和南 | 海阳市小纪镇泉水头村 | 20 | 男 | 1942 年 11 月 |
| 初开南 | 海阳市小纪镇夹格庄村 | 20 | 男 | 1942 年 11 月 |
| 初九儒 | 海阳市小纪镇夹格庄村 | 22 | 男 | 1942 年 11 月 |
| 王 凤 | 海阳市小纪镇石马疃头村 | 34 | 男 | 1942 年 11 月 |
| 王本初 | 海阳市小纪镇石马疃头村 | 38 | 男 | 1942 年 11 月 |
| 王成武 | 海阳市小纪镇石马疃头村 | 30 | 男 | 1942 年 11 月 |
| 杨志祥 | 海阳市朱吴镇后山中涧村 | 34 | 男 | 1942 年 11 月 |
| 杨风进 | 海阳市朱吴镇后山中涧村 | 24 | 男 | 1942 年 11 月 |
| 董 德 | 海阳市朱吴镇后寨山村 | 18 | 男 | 1942 年 11 月 |
| 张文全 | 海阳市朱吴镇莱格庄村 | 29 | 男 | 1942 年 11 月 |
| 张景湖 | 海阳市朱吴镇莱格庄村 | 28 | 男 | 1942 年 11 月 |
| 冷学芝 | 海阳市朱吴镇冷家村 | 21 | 男 | 1942 年 11 月 |
| 尹学仙 | 海阳市朱吴镇上尹家村 | 28 | 男 | 1942 年 11 月 |
| 孙常进 | 海阳市朱吴镇下涝泊村 | 15 | 男 | 1942 年 11 月 |
| 孙常乐 | 海阳市朱吴镇下涝泊村 | 20 | 男 | 1942 年 11 月 |
| 任寿章 | 海阳市朱吴镇下院口村 | 32 | 男 | 1942 年 11 月 |
| 姜仁恕 | 海阳市朱吴镇崖南头村 | 18 | 男 | 1942 年 11 月 |
| 于乃成 | 海阳市行村镇桃林村 | 24 | 男 | 1942 年 12 月 1 日 |
| 辛克胡 | 海阳市小纪镇黄崖村 | 20 | 男 | 1942 年 12 月 |
| 冷吉海 | 海阳市小纪镇苗家沟村 | — | 男 | 1942 年 12 月 |
| 纪顺云 | 海阳市小纪镇大杨格庄村 | 36 | 男 | 1942 年 12 月 |
| 刘树格 | 海阳市大阎家镇鲁古埠村 | 25 | 男 | 1942 年 12 月 |
| 姜寿本 | 海阳市发城镇上上都村 | 29 | 男 | 1942 年 12 月 |
| 于斋凤 | 海阳市发城镇西土堆头村 | 18 | 男 | 1942 年 12 月 |
| 栾绪应 | 海阳市发城镇栾家村 | 31 | 男 | 1942 年 12 月 |
| 张钦刚 | 海阳市留格庄镇南庄村 | 29 | 男 | 1942 年 12 月 |
| 王明国 | 海阳市盘石店镇桃李村 | 27 | 男 | 1942 年 12 月 |
| 聂开瑞 | 海阳市辛安镇瓦罐窑村 | 30 | 男 | 1942 年 12 月 |
| 孙 岗 | 海阳市辛安镇茂梓集村 | 25 | 男 | 1942 年 12 月 |
| 高清云 | 海阳市方圆街道宅子头村 | 18 | 男 | 1942 年 12 月 |
| 白孟文 | 海阳市方圆街道儒家村 | 30 | 男 | 1942 年 12 月 |
| 徐延年 | 海阳经济开发区中房村 | 21 | 男 | 1942 年 12 月 |

| 姓 名 | 籍 贯 | 年 龄 | 性 别 | 死难时间 |
|---|---|---|---|---|
| 郑恒新 | 海阳经济开发区中村 | — | 男 | 1942 年 12 月 |
| 刘树格 | 海阳市大阁家镇鲁古埠村 | 19 | 男 | 1942 年 12 月 |
| 王忠民 | 海阳市郭城镇郭城四村 | 21 | 男 | 1942 年 12 月 |
| 邹德胜 | 海阳市行村镇丁格庄村 | 22 | 男 | 1942 年 12 月 |
| 栾绪方 | 海阳市发城镇栾家村 | 40 | 男 | 1942 年 12 月 |
| 栾京花 | 海阳市发城镇栾家村 | 32 | 男 | 1942 年 12 月 |
| 栾晋顺 | 海阳市发城镇栾家村 | 23 | 男 | 1942 年 12 月 |
| 栾美燕 | 海阳市发城镇栾家村 | 19 | 男 | 1942 年 12 月 |
| 范玉春 | 海阳市二十里店镇孙格庄村 | 60 | 男 | 1942 年冬 |
| 孙吉文 | 海阳市二十里店镇孙格庄村 | 30 | 男 | 1942 年冬 |
| 孙×× | 海阳市二十里店镇前店村 | 30 | 男 | 1942 年冬 |
| 姜克顺 | 海阳市朱吴镇中石现村 | 80 | 男 | 1942 年冬 |
| 薛维吉 | 海阳市朱吴镇河西村 | — | 男 | 1942 年冬 |
| 孙洪仙 | 海阳市郭城镇西楼子村 | 20 | 男 | 1942 年冬 |
| 杨进三 | 海阳市东村街道石剑村 | 20 | 男 | 1942 年 |
| 杨海明 | 海阳市东村街道石剑村 | 21 | 男 | 1942 年 |
| 杨全仁 | 海阳市东村街道五间屋村 | — | 男 | 1942 年 |
| 杨全仁之妻 | 海阳市东村街道五间屋村 | — | 女 | 1942 年 |
| 马凤奎 | 海阳市东村街道榆林涧村 | 31 | 男 | 1942 年 |
| 马凤寿 | 海阳市东村街道榆林涧村 | 29 | 男 | 1942 年 |
| 马仁礼 | 海阳市东村街道榆林涧村 | 21 | 男 | 1942 年 |
| 李永秋 | 海阳市东村街道地北头村 | — | 男 | 1942 年 |
| 姜兆云 | 海阳市东村街道姜家疃村 | 29 | 男 | 1942 年 |
| 王殿才 | 海阳市发城镇下上都村 | 27 | 男 | 1942 年 |
| 姜日安 | 海阳市发城镇黄龙夼村 | 20 | 男 | 1942 年 |
| 姜志胜 | 海阳市发城镇黄龙夼村 | 22 | 男 | 1942 年 |
| 姜洪财 | 海阳市发城镇黄龙夼村 | 22 | 男 | 1942 年 |
| 姜树好 | 海阳市发城镇黄龙夼村 | 20 | 男 | 1942 年 |
| 冷喜安 | 海阳市发城镇中夏屋庄村 | 25 | 男 | 1942 年 |
| 任维令 | 海阳市凤城街道寨后村 | 68 | 男 | 1942 年 |
| 张克东 | 海阳市凤城街道西迟格庄村 | 16 | 男 | 1942 年 |
| 赵日旭 | 海阳市凤城街道建设村 | 21 | 男 | 1942 年 |
| 唐在禄 | 海阳市凤城街道唐家洼村 | 38 | 男 | 1942 年 |
| 孙成安 | 海阳市凤城街道八里孙家村 | 22 | 男 | 1942 年 |

| 姓 名 | 籍 贯 | 年 龄 | 性 别 | 死难时间 |
|---|---|---|---|---|
| 王 录 | 海阳市凤城街道西迟格庄村 | 32 | 男 | 1942 年 |
| 严世昆 | 海阳市留格庄镇三甲村 | 16 | 男 | 1942 年 |
| 李沛贞 | 海阳市留格庄镇西远牛庄村 | 29 | 男 | 1942 年 |
| 李文福 | 海阳市留格庄镇西远牛庄村 | 25 | 男 | 1942 年 |
| 李奎成 | 海阳市留格庄镇西远牛庄村 | 19 | 男 | 1942 年 |
| 杨文秀 | 海阳市留格庄镇方里村 | 20 | 男 | 1942 年 |
| 于保河 | 海阳市留格庄镇后杨台村 | 24 | 男 | 1942 年 |
| 于保海 | 海阳市留格庄镇后杨台村 | 28 | 男 | 1942 年 |
| 刘述贤 | 海阳市留格庄镇刘家泊村 | 25 | 男 | 1942 年 |
| 刘 义 | 海阳市留格庄镇塔儿庄村 | 29 | 男 | 1942 年 |
| 李春浦 | 海阳市留格庄镇江家村 | 24 | 男 | 1942 年 |
| 黄 氏 | 海阳市留格庄镇荪疃村 | 28 | 女 | 1942 年 |
| 于林祥 | 海阳市留格庄镇王家泊村 | 20 | 男 | 1942 年 |
| 隋子臣 | 海阳市留格庄镇大沟店村 | 23 | 男 | 1942 年 |
| 董京元 | 海阳市盘石店镇大柴村 | 25 | 男 | 1942 年 |
| 王旭珍 | 海阳市盘石店镇马格庄村 | 20 | 男 | 1942 年 |
| 王德义 | 海阳市盘石店镇嘴子前村 | 21 | 男 | 1942 年 |
| 董文财 | 海阳市盘石店镇潘家沟村 | 22 | 男 | 1942 年 |
| 潘学德 | 海阳市盘石店镇潘家沟村 | 24 | 男 | 1942 年 |
| 潘秀德 | 海阳市盘石店镇潘家沟村 | 19 | 男 | 1942 年 |
| 王 丰 | 海阳市盘石店镇嘴子后村 | 67 | 男 | 1942 年 |
| 王树京 | 海阳市盘石店镇嘴子后村 | 32 | 男 | 1942 年 |
| 王京田 | 海阳市盘石店镇嘴子后村 | 38 | 男 | 1942 年 |
| 王文举 | 海阳市盘石店镇栾家疃村 | 18 | 男 | 1942 年 |
| 于在云之妻 | 海阳市盘石店镇栾家疃村 | 36 | 女 | 1942 年 |
| 于在云之女 | 海阳市盘石店镇栾家疃村 | 14 | 女 | 1942 年 |
| 于坤之妻 | 海阳市盘石店镇栾家疃村 | 65 | 女 | 1942 年 |
| 王连兴 | 海阳市盘石店镇栾家疃村 | 56 | 男 | 1942 年 |
| 刘德善 | 海阳市盘石店镇野口村 | 30 | 男 | 1942 年 |
| 刘殿惠 | 海阳市盘石店镇野口村 | 35 | 男 | 1942 年 |
| 缪松武 | 海阳市盘石店镇缪家村 | 18 | 男 | 1942 年 |
| 缪玉武 | 海阳市盘石店镇缪家村 | 18 | 男 | 1942 年 |
| 孙中卿 | 海阳市盘石店镇缪家村 | 20 | 男 | 1942 年 |
| 卢洪才 | 海阳市盘石店镇井家沟村 | 22 | 男 | 1942 年 |

| 姓 名 | 籍 贯 | 年 龄 | 性 别 | 死难时间 |
|---|---|---|---|---|
| 卢照泉 | 海阳市盘石店镇井家沟村 | 24 | 男 | 1942 年 |
| 于维卿 | 海阳市小纪镇秀家疃村 | 18 | 男 | 1942 年 |
| 王殿英 | 海阳市小纪镇东苇园头村 | 20 | 男 | 1942 年 |
| 刁永金之祖父 | 海阳市小纪镇小纪村 | 60 | 男 | 1942 年 |
| 徐春莲 | 海阳市小纪镇东索格村 | 23 | 男 | 1942 年 |
| 赵洪汉 | 海阳市小纪镇北索格庄村 | 22 | 男 | 1942 年 |
| 纪云芳 | 海阳市小纪镇大孟格庄村 | 21 | 男 | 1942 年 |
| 辛孟金 | 海阳市小纪镇牛根树村 | 18 | 男 | 1942 年 |
| 辛敬善 | 海阳市小纪镇黄崖村 | 28 | 男 | 1942 年 |
| 刘文忠 | 海阳市小纪镇后河山村 | 37 | 男 | 1942 年 |
| 王学培 | 海阳市小纪镇西董格庄村 | 29 | 男 | 1942 年 |
| 姜元德 | 海阳市小纪镇李家疃村 | 32 | 男 | 1942 年 |
| 郑德同 | 海阳市小纪镇子推后村 | 22 | 男 | 1942 年 |
| 张国恩 | 海阳市小纪镇子推后村 | 23 | 男 | 1942 年 |
| 苗常芝 | 海阳市小纪镇苗家沟村 | — | 男 | 1942 年 |
| 张兰英 | 海阳市小纪镇大杨格庄村 | 21 | 男 | 1942 年 |
| 于振全 | 海阳市小纪镇驹凤头村 | 16 | 男 | 1942 年 |
| 刘亭玉之妻 | 海阳市小纪镇驹凤头村 | 18 | 女 | 1942 年 |
| 刘亭玉之女 | 海阳市小纪镇驹凤头村 | 4 | 女 | 1942 年 |
| 刘亭玉次女 | 海阳市小纪镇驹凤头村 | 2 | 女 | 1942 年 |
| 冷立庆 | 海阳市小纪镇鲁疃村 | 24 | 男 | 1942 年 |
| 于东兴 | 海阳市小纪镇东土堆头村 | 32 | 男 | 1942 年 |
| 初建华 | 海阳市小纪镇泉水头村 | 25 | 男 | 1942 年 |
| 夏玉照 | 海阳市小纪镇新庄头村 | 29 | 男 | 1942 年 |
| 于乐田 | 海阳市小纪镇钓泮村 | 43 | 男 | 1942 年 |
| 于乐翠 | 海阳市小纪镇钓泮村 | 39 | 男 | 1942 年 |
| 于风国 | 海阳市小纪镇钓泮村 | 56 | 男 | 1942 年 |
| 刘忠民 | 海阳市徐家店镇南野夼村 | 22 | 男 | 1942 年 |
| 王吉南 | 海阳市徐家店镇求格庄村 | 37 | 男 | 1942 年 |
| 柳 进 | 海阳市徐家店镇求格庄村 | 34 | 男 | 1942 年 |
| 于文海 | 海阳市徐家店镇燕翅山村 | 19 | 男 | 1942 年 |
| 张士爱 | 海阳市徐家店镇坛山村 | 26 | 男 | 1942 年 |
| 张风义 | 海阳市徐家店镇坛山村 | 20 | 男 | 1942 年 |
| 黄日红 | 海阳市二十里店镇西花崖村 | 38 | 男 | 1942 年 |

| 姓　名 | 籍　贯 | 年龄 | 性别 | 死难时间 |
|---|---|---|---|---|
| 黄杰昌 | 海阳市二十里店镇西花崖村 | 29 | 男 | 1942 年 |
| 刘昌吉 | 海阳市二十里店镇纪疃村 | 21 | 男 | 1942 年 |
| 程仁集 | 海阳市朱吴镇吴家沟村 | 57 | 男 | 1942 年 |
| 程义周 | 海阳市朱吴镇吴家沟村 | 42 | 男 | 1942 年 |
| 姜志汉之女 | 海阳市朱吴镇朱吴村 | 14 | 女 | 1942 年 |
| 栾良善 | 海阳市朱吴镇后庄村 | 23 | 男 | 1942 年 |
| 王庆玉 | 海阳市朱吴镇后庄村 | 32 | 男 | 1942 年 |
| 冷云堂 | 海阳市朱吴镇冷家村 | 41 | 男 | 1942 年 |
| 冷其南 | 海阳市朱吴镇冷家村 | 42 | 男 | 1942 年 |
| 王学文 | 海阳市朱吴镇北河东村 | 25 | 男 | 1942 年 |
| 王文智 | 海阳市朱吴镇北河东村 | 27 | 男 | 1942 年 |
| 于全润 | 海阳市朱吴镇北河东村 | 20 | 男 | 1942 年 |
| 王永增 | 海阳市朱吴镇北河东村 | 19 | 男 | 1942 年 |
| 王学顺 | 海阳市朱吴镇北河东村 | 23 | 男 | 1942 年 |
| 王成文 | 海阳市朱吴镇北河东村 | 30 | 男 | 1942 年 |
| 王树亭 | 海阳市朱吴镇北河东村 | 28 | 男 | 1942 年 |
| 王学普 | 海阳市朱吴镇北河东村 | 29 | 男 | 1942 年 |
| 王树轻 | 海阳市朱吴镇北河东村 | 31 | 男 | 1942 年 |
| 王小虎 | 海阳市朱吴镇北河东村 | 30 | 男 | 1942 年 |
| 王启训 | 海阳市朱吴镇北河东村 | 18 | 男 | 1942 年 |
| 王言增 | 海阳市朱吴镇北河东村 | 24 | 男 | 1942 年 |
| 王民增 | 海阳市朱吴镇北河东村 | 28 | 男 | 1942 年 |
| 王育平 | 海阳市朱吴镇北河东村 | 32 | 男 | 1942 年 |
| 王洪才 | 海阳市朱吴镇北河东村 | 28 | 男 | 1942 年 |
| 于洪甲 | 海阳市朱吴镇西乐畎村 | 74 | 男 | 1942 年 |
| 于世甲 | 海阳市朱吴镇西乐畎村 | 62 | 男 | 1942 年 |
| 孙元祯 | 海阳市朱吴镇锁子前村 | 26 | 男 | 1942 年 |
| 高术田 | 海阳市朱吴镇大桃口村 | 44 | 男 | 1942 年 |
| 高富英 | 海阳市朱吴镇高家村 | 26 | 男 | 1942 年 |
| 高卓亭 | 海阳市朱吴镇高家村 | 30 | 男 | 1942 年 |
| 杨兆修 | 海阳市朱吴镇沟杨家村 | 24 | 男 | 1942 年 |
| 杨兆江 | 海阳市朱吴镇沟杨家村 | 28 | 男 | 1942 年 |
| 张义忠 | 海阳市朱吴镇后寨后村 | 35 | 男 | 1942 年 |
| 张明功 | 海阳市朱吴镇七寨村 | 36 | 男 | 1942 年 |

| 姓 名 | 籍 贯 | 年 龄 | 性 别 | 死难时间 |
|---|---|---|---|---|
| 孙丕智 | 海阳市朱吴镇锁子前村 | 25 | 男 | 1942 年 |
| 郭台璞 | 海阳市朱吴镇下尹家村 | 20 | 男 | 1942 年 |
| 王学风 | 海阳市方圆街道北城阳村 | 17 | 男 | 1942 年 |
| 盛 全 | 海阳市方圆街道儒家村 | 20 | 男 | 1942 年 |
| 李树论 | 海阳市方圆街道秋林头村 | 33 | 男 | 1942 年 |
| 杨同仕 | 海阳市方圆街道秋林头村 | 29 | 男 | 1942 年 |
| 程义龙 | 海阳市方圆街道牟家村 | 27 | 男 | 1942 年 |
| 郑恒春 | 海阳经济开发区中村 | 41 | 男 | 1942 年 |
| 葛思升 | 海阳市郭城镇葛家村 | 22 | 男 | 1942 年 |
| 于家基 | 海阳市郭城镇西古现村 | 26 | 男 | 1942 年 |
| 安成兴 | 海阳市郭城镇迎驾山村 | 24 | 男 | 1942 年 |
| 赵启文 | 海阳市郭城镇史家村 | 19 | 男 | 1942 年 |
| 马占礼 | 海阳市郭城镇马家沟村 | 28 | 男 | 1942 年 |
| 姜培告 | 海阳市郭城镇晶泉村 | 22 | 男 | 1942 年 |
| 姜培兴 | 海阳市郭城镇晶泉村 | 23 | 男 | 1942 年 |
| 徐先文 | 海阳市行村镇北廒子村 | 72 | 男 | 1942 年 |
| 何浦原 | 海阳市行村镇汪格庄村 | 28 | 男 | 1942 年 |
| 王才彬 | 海阳市行村镇夼里村 | 17 | 男 | 1942 年 |
| 邵长清 | 海阳市行村镇齐格庄村 | 38 | 男 | 1942 年 |
| 姜洪海 | 海阳市行村镇杜格庄村 | 20 | 男 | 1942 年 |
| 姜瑞云 | 海阳市行村镇杜格庄村 | 42 | 男 | 1942 年 |
| 项才成 | 海阳市行村镇项家村 | 29 | 男 | 1942 年 |
| 赵居贵 | 海阳市行村镇赵疃村 | 25 | 男 | 1942 年 |
| 赵守军 | 海阳市行村镇赵疃村 | 20 | 男 | 1942 年 |
| 刘明和 | 海阳市行村镇西寨头村 | 21 | 男 | 1942 年 |
| 孙纯玉 | 海阳市行村镇西小滩村 | 50 | 男 | 1942 年 |
| 孙纯连 | 海阳市行村镇西小滩村 | 42 | 男 | 1942 年 |
| 孙欢早 | 海阳市行村镇西小滩村 | 52 | 男 | 1942 年 |
| 王 氏 | 海阳市行村镇程家庄村 | 77 | 女 | 1942 年 |
| 李超奎 | 海阳市行村镇鹏化庄村 | 31 | 男 | 1942 年 |
| 李 氏 | 海阳市行村镇赵疃村 | 50 | 女 | 1942 年 |
| 孙绍正 | 海阳市行村镇孙家夼村 | 20 | 男 | 1942 年 |
| 孙学钦 | 海阳市行村镇孙家夼村 | 22 | 男 | 1942 年 |
| 孙恒芹 | 海阳市行村镇孙家夼村 | 21 | 男 | 1942 年 |

| 姓 名 | 籍 贯 | 年龄 | 性别 | 死难时间 |
|---|---|---|---|---|
| 孙世修 | 海阳市行村镇孙家夼村 | 19 | 男 | 1942 年 |
| 赵路青 | 海阳市行村镇赵疃村 | 25 | 男 | 1942 年 |
| 于洪乐 | 海阳市发城镇多英村 | 20 | 男 | 1943 年 1 月 |
| 王占云 | 海阳市发城镇铁口村 | 24 | 男 | 1943 年 1 月 |
| 邵广兴 | 海阳市留格庄镇东邵家村 | 20 | 男 | 1943 年 1 月 |
| 任义勤 | 海阳市留格庄镇小滩村 | 20 | 男 | 1943 年 1 月 |
| 辛开先 | 海阳市留格庄镇大辛家村 | 28 | 男 | 1943 年 1 月 |
| 于川通 | 海阳市留格庄镇小寨子村 | 26 | 男 | 1943 年 1 月 |
| 李玉河 | 海阳市留格庄镇北远牛庄村 | 22 | 男 | 1943 年 1 月 |
| 王洪楠 | 海阳市留格庄镇望格庄村 | 29 | 男 | 1943 年 1 月 |
| 王仁花 | 海阳市盘石店镇盘石店村 | 25 | 女 | 1943 年 1 月 |
| 王京限 | 海阳市盘石店镇盘石店村 | 20 | 男 | 1943 年 1 月 |
| 马仁彩 | 海阳市辛安镇北马家村 | 20 | 男 | 1943 年 1 月 |
| 修乐太 | 海阳市辛安镇茂梓集村 | 21 | 男 | 1943 年 1 月 |
| 张志斌 | 海阳市东村街道宅科村 | 20 | 男 | 1943 年 1 月 |
| 孟兆福 | 海阳市小纪镇南孟格庄村 | 25 | 男 | 1943 年 1 月 |
| 邢世禄 | 海阳市小纪镇安夼村 | 30 | 男 | 1943 年 1 月 |
| 孙万顺 | 海阳市朱吴镇七寨村 | 24 | 男 | 1943 年 1 月 |
| 于 璞 | 海阳市朱吴镇下尹家村 | 22 | 男 | 1943 年 1 月 |
| 姜学武 | 海阳市盘石店镇姜家庄村 | 50 | 男 | 1943 年 2 月 18 日 |
| 张景新 | 海阳市凤城街道西迟格庄村 | 31 | 男 | 1943 年 2 月 |
| 孙宝奎 | 海阳市小纪镇大夫疃村 | 20 | 男 | 1943 年 2 月 |
| 姜玉和 | 海阳市小纪镇望宿村 | 20 | 男 | 1943 年 2 月 |
| 姜万会 | 海阳市朱吴镇崖南头村 | 31 | 男 | 1943 年 2 月 |
| 张德成 | 海阳市朱吴镇杨格庄村 | 32 | 男 | 1943 年 2 月 |
| 姜福亭 | 海阳市发城镇大山东夼村 | 28 | 男 | 1943 年 2 月 |
| 姜喜纯 | 海阳市盘石店镇桃李村 | 32 | 男 | 1943 年 2 月 |
| 杨庄子 | 海阳市方圆街道生产村 | 20 | 男 | 1943 年 2 月 |
| 赵永有 | 海阳市行村镇石人夼村 | 22 | 男 | 1943 年 2 月 |
| 姜和木 | 海阳市行村镇石人夼村 | 28 | 男 | 1943 年 2 月 |
| 邵福友 | 海阳市行村镇齐格庄村 | 37 | 男 | 1943 年 2 月 |
| 程元申 | 海阳市行村镇东山村 | 20 | 男 | 1943 年 2 月 |
| 于殿福 | 海阳市发城镇西土堆头村 | 38 | 男 | 1943 年 2 月 |
| 张忠帮 | 海阳市发城镇 | 42 | 男 | 1943 年 3 月 |

| 姓　名 | 籍　贯 | 年　龄 | 性　别 | 死难时间 |
|---|---|---|---|---|
| 栾绍勋 | 海阳市发城镇栾家村 | 23 | 男 | 1943 年 3 月 |
| 王进书 | 海阳市盘石店镇桃李村 | 18 | 男 | 1943 年 3 月 |
| 叶洪仁 | 海阳市辛安镇叶家村 | 20 | 男 | 1943 年 3 月 |
| 徐凤英 | 海阳经济开发区台子上村 | 78 | 女 | 1943 年 3 月 |
| 刘学顺之三弟 | 海阳市郭城镇郭城五村 | 40 | 男 | 1943 年 3 月 |
| 刘学顺之儿媳 | 海阳市郭城镇郭城五村 | 24 | 女 | 1943 年 3 月 |
| 刘学顺之孙 | 海阳市郭城镇郭城五村 | — | 男 | 1943 年 3 月 |
| 姜国芹 | 海阳市郭城镇姜家村 | 18 | 男 | 1943 年 3 月 |
| 姜　松 | 海阳市行村镇西村庄村 | 29 | 男 | 1943 年 3 月 |
| 赵再河 | 海阳市行村镇东山村 | 60 | 男 | 1943 年 3 月 |
| 赵延庆 | 海阳市小纪镇北索格庄村 | 40 | 男 | 1943 年 3 月 |
| 王洪树 | 海阳市小纪镇大泊子村 | 27 | 男 | 1943 年 3 月 |
| 任殿基 | 海阳市朱吴镇下院口村 | 25 | 男 | 1943 年 3 月 |
| 王瑞英 | 海阳市发城镇上山东夼村 | — | 女 | 1943 年春 |
| 宋希林 | 海阳市二十里店镇邵伯村 | 21 | 男 | 1943 年春 |
| 孙福林 | 海阳市朱吴镇西乐畎村 | 41 | 男 | 1943 年春 |
| 孙福开 | 海阳市朱吴镇西乐畎村 | 40 | 男 | 1943 年春 |
| 李爱曼 | 海阳市朱吴镇西乐畎村 | 12 | 女 | 1943 年春 |
| 孙小曼 | 海阳市朱吴镇西乐畎村 | 9 | 女 | 1943 年春 |
| 李　树 | 海阳市东村街道朱家庄村 | 34 | 男 | 1943 年 4 月 28 日 |
| 修泮氏 | 海阳市徐家店镇修家苇夼村 | 50 | 女 | 1943 年 4 月 16 日 |
| 修　氏 | 海阳市徐家店镇修家苇夼村 | 24 | 女 | 1943 年 4 月 16 日 |
| 修王氏 | 海阳市徐家店镇修家苇夼村 | 30 | 女 | 1943 年 4 月 16 日 |
| 王振虎 | 海阳市凤城街道西迟格庄村 | 27 | 男 | 1943 年 4 月 |
| 于学福 | 海阳市凤城街道南河沟村 | 20 | 男 | 1943 年 4 月 |
| 盼 | 海阳市小纪镇佘格庄村 | 18 | 男 | 1943 年 4 月 |
| 宋科禄 | 海阳市小纪镇司马官庄村 | 18 | 男 | 1943 年 4 月 |
| 李元德 | 海阳市小纪镇下碾头村 | 27 | 男 | 1943 年 4 月 |
| 李元德之妻 | 海阳市小纪镇下碾头村 | 27 | 女 | 1943 年 4 月 |
| 王福亭 | 海阳市发城镇忠厚村 | 22 | 男 | 1943 年 4 月 |
| 姜世财 | 海阳市发城镇长宇村 | 17 | 男 | 1943 年 4 月 |
| 于全运 | 海阳市发城镇湖西村 | 16 | 男 | 1943 年 4 月 |
| 李玉珂 | 海阳市留格庄镇北远牛庄村 | 22 | 男 | 1943 年 4 月 |
| 李丕模 | 海阳市徐家店镇李家苇夼村 | 41 | 男 | 1943 年 4 月 |

| 姓　名 | 籍　贯 | 年　龄 | 性　别 | 死难时间 |
|---|---|---|---|---|
| 由玉伦 | 海阳市辛安镇草泊村 | 21 | 男 | 1943 年 4 月 |
| 周洪喜 | 海阳市郭城镇西鲁家夼村 | 19 | 男 | 1943 年 4 月 |
| 周振功 | 海阳市郭城镇西鲁家夼村 | 18 | 男 | 1943 年 4 月 |
| 周洪顺 | 海阳市郭城镇西鲁家夼村 | 17 | 男 | 1943 年 4 月 |
| 刘全福 | 海阳市郭城镇西山村 | 30 | 男 | 1943 年 4 月 |
| 刘全生之妻 | 海阳市郭城镇西山村 | 58 | 女 | 1943 年 4 月 |
| 邵长柏 | 海阳市行村镇齐格庄村 | 23 | 男 | 1943 年 4 月 |
| 吕永青 | 海阳市行村镇田村 | 16 | 男 | 1943 年 4 月 |
| 姜兆和 | 海阳市行村镇东村庄村 | 20 | 男 | 1943 年 4 月 |
| 徐希明 | 海阳市行村镇东村庄村 | 20 | 男 | 1943 年 4 月 |
| 杨世连 | 海阳市行村镇东村庄村 | 38 | 男 | 1943 年 4 月 |
| 徐希平 | 海阳市行村镇东村庄村 | 24 | 男 | 1943 年 4 月 |
| 王福南 | 海阳市行村镇东村庄村 | 22 | 男 | 1943 年 5 月 |
| 江　杰 | 海阳市留格庄镇江家村 | 33 | 男 | 1943 年 5 月 |
| 高永起 | 海阳市盘石店镇朱兰夼村 | 30 | 男 | 1943 年 5 月 |
| 于　臣 | 海阳市二十里店镇朱坞村 | 23 | 男 | 1943 年 5 月 |
| 王学东 | 海阳市行村镇东寨头村 | 23 | 男 | 1943 年 5 月 |
| 赵洪同 | 海阳市行村镇石人夼村 | 38 | 男 | 1943 年 5 月 |
| 崔岳来 | 海阳市行村镇庶村 | 22 | 男 | 1943 年 5 月 |
| 赵　太 | 海阳市行村镇文山后村 | 78 | 男 | 1943 年 5 月 |
| 修　× | 海阳市徐家店镇修家苇夼村 | 8 | 男 | 1943 年 5 月 |
| 于进先 | 海阳市行村镇文山后村 | 35 | 男 | 1943 年 5 月 |
| 修　× | 海阳市徐家店镇修家苇夼村 | — | 女 | 1943 年 5 月 |
| 于进光 | 海阳市行村镇文山后村 | 31 | 男 | 1943 年 5 月 |
| 修祝氏 | 海阳市徐家店镇修家苇夼村 | 40 | 女 | 1943 年 5 月 |
| 于学增 | 海阳市小纪镇东董格庄村 | 20 | 男 | 1943 年 5 月 |
| 孙世安 | 海阳市小纪镇夏泽村 | 22 | 男 | 1943 年 5 月 |
| 于连吉 | 海阳市小纪镇前沙埠前村 | 19 | 男 | 1943 年 5 月 |
| 刘佩礼 | 海阳市朱吴镇峨山后村 | 27 | 男 | 1943 年 5 月 |
| 姜茂发 | 海阳市发城镇南埠后村 | 19 | 男 | 1943 年 6 月 |
| 初常× | 海阳市发城镇榆山夼村 | 21 | 男 | 1943 年 6 月 |
| 隋学太 | 海阳市留格庄镇桃源村 | 28 | 男 | 1943 年 6 月 |
| 王先龙 | 海阳市辛安镇瓦罐窑村 | 24 | 男 | 1943 年 6 月 |
| 黄丕臻 | 海阳市二十里店镇东花崖村 | 30 | 男 | 1943 年 6 月 |

| 姓 名 | 籍 贯 | 年 龄 | 性 别 | 死难时间 |
|---|---|---|---|---|
| 刘春茂 | 海阳市二十里店镇下于朋村 | 23 | 男 | 1943 年 6 月 |
| 姜振玉 | 海阳市二十里店镇姜格庄村 | 21 | 男 | 1943 年 6 月 |
| 郑明章 | 海阳市碧城工业区山口村 | 24 | 男 | 1943 年 6 月 |
| 周希财 | 海阳市郭城镇前洽河村 | 42 | 男 | 1943 年 6 月 |
| 徐德福 | 海阳市行村镇迎春村 | 37 | 男 | 1943 年 6 月 |
| 辛丕奎 | 海阳市行村镇石人夼村 | 23 | 男 | 1943 年 6 月 |
| 姜跃升 | 海阳市行村镇石人夼村 | 34 | 男 | 1943 年 6 月 |
| 辛丕贤 | 海阳市行村镇石人夼村 | 28 | 男 | 1943 年 6 月 |
| 赵四嫚 | 海阳市行村镇石人夼村 | 36 | 女 | 1943 年 6 月 |
| 于敬德 | 海阳市行村镇文山后村 | 21 | 男 | 1943 年 6 月 |
| 盖文珍 | 海阳市行村镇夼里村 | 20 | 男 | 1943 年 6 月 |
| 盖文禄 | 海阳市行村镇夼里村 | 20 | 男 | 1943 年 6 月 |
| 乔维友 | 海阳市行村镇英武店村 | 20 | 男 | 1943 年 6 月 |
| 梁成臻 | 海阳市行村镇杜格庄村 | 24 | 男 | 1943 年 6 月 |
| 赵福初 | 海阳市行村镇赵疃村 | 34 | 男 | 1943 年 6 月 |
| 赵志成 | 海阳市行村镇赵疃村 | 18 | 男 | 1943 年 6 月 |
| 孙德明 | 海阳市东村街道垛兰村 | 35 | 男 | 1943 年 6 月 |
| 孙绍田 | 海阳市小纪镇瓦塘埠村 | 17 | 男 | 1943 年 6 月 |
| 于 有 | 海阳市小纪镇秀家疃村 | 21 | 男 | 1943 年 6 月 |
| 辛化山 | 海阳市小纪镇牛根树村 | 25 | 男 | 1943 年 6 月 |
| 辛永侦 | 海阳市小纪镇佘格庄村 | 26 | 男 | 1943 年 6 月 |
| 姜国祥 | 海阳市朱吴镇黑崮村 | 39 | 男 | 1943 年 6 月 |
| 吕凤祥 | 海阳市小纪镇大刁家村 | 25 | 男 | 1943 年 7 月 |
| 辛宣公 | 海阳市小纪镇书院村 | 35 | 男 | 1943 年 7 月 |
| 于海忠 | 海阳市朱吴镇蜜蜂涧村 | 22 | 男 | 1943 年 7 月 |
| 刘振坤 | 海阳市朱吴镇前寨山村 | 35 | 男 | 1943 年 7 月 |
| 王兆勋 | 海阳市发城镇忠厚村 | 17 | 男 | 1943 年 7 月 |
| 刘殿伦 | 海阳市盘石店镇野口村 | 19 | 男 | 1943 年 7 月 |
| 于在泮 | 海阳市辛安镇修家村 | 47 | 男 | 1943 年 7 月 |
| 姜忠山 | 海阳市郭城镇台城村 | 20 | 男 | 1943 年 7 月 |
| 吕桂香 | 海阳市行村镇祥东村 | 21 | 男 | 1943 年 7 月 |
| 隋永臣 | 海阳市留格庄镇前山村 | 25 | 男 | 1943 年 8 月 1 日 |
| 隋才庆 | 海阳市留格庄镇前山村 | 21 | 男 | 1943 年 8 月 1 日 |
| 孙永俊 | 海阳市大阎家镇海丰村 | 21 | 男 | 1943 年 8 月 |

| 姓 名 | 籍 贯 | 年 龄 | 性 别 | 死难时间 |
|---|---|---|---|---|
| 姜寿勋 | 海阳市发城镇上上都村 | 21 | 男 | 1943 年 8 月 |
| 徐先英 | 海阳市行村镇北廒子村 | 68 | 男 | 1943 年 8 月 |
| 冯作生 | 海阳市行村镇行五村 | 31 | 男 | 1943 年 8 月 |
| 邵泽田 | 海阳市行村镇齐格庄村 | 22 | 男 | 1943 年 8 月 |
| 姜朝阳 | 海阳市行村镇西村庄村 | 23 | 男 | 1943 年 8 月 |
| 姜炳勋 | 海阳市行村镇西村庄村 | 34 | 男 | 1943 年 8 月 |
| 郭光庆 | 海阳市行村镇英武店村 | 23 | 男 | 1943 年 8 月 |
| 郭兆安 | 海阳市行村镇英武店村 | 32 | 男 | 1943 年 8 月 |
| 孙殿维 | 海阳市小纪镇大夫疃村 | 23 | 男 | 1943 年 8 月 |
| 孙丕温 | 海阳市小纪镇大夫疃村 | 28 | 男 | 1943 年 8 月 |
| 姜扶家 | 海阳市小纪镇望宿村 | 22 | 男 | 1943 年 9 月 |
| 于德芹 | 海阳市留格庄镇小寨子村 | 30 | 男 | 1943 年 9 月 |
| 于德彬 | 海阳市留格庄镇小寨子村 | 28 | 男 | 1943 年 9 月 |
| 陈开仁 | 海阳市行村镇南廒子村 | 19 | 男 | 1943 年 9 月 |
| 王日璞 | 海阳市行村镇东寨头村 | 18 | 男 | 1943 年 9 月 |
| 徐维双 | 海阳市行村镇东村庄村 | 20 | 男 | 1943 年 9 月 |
| 由福善 | 海阳市大阎家镇西沽头村 | 21 | 男 | 1943 年秋 |
| 李富春 | 海阳市二十里店镇姜家庄村 | 38 | 男 | 1943 年秋 |
| 李兆义 | 海阳市二十里店镇西马格庄村 | 20 | 男 | 1943 年 10 月 |
| 宋作茂 | 海阳市二十里店镇南野口村 | 26 | 男 | 1943 年 10 月 |
| 孙景禄 | 海阳市郭城镇簸箕掌村 | 30 | 男 | 1943 年 10 月 |
| 李树梓 | 海阳市行村镇文山后村 | 21 | 男 | 1943 年 10 月 |
| 吕升龙 | 海阳市行村镇田村 | 21 | 男 | 1943 年 10 月 |
| 徐成山 | 海阳市行村镇东村庄村 | 21 | 男 | 1943 年 10 月 |
| 徐希达 | 海阳市行村镇东村庄村 | 22 | 男 | 1943 年 10 月 |
| 李界奎 | 海阳市行村镇文山后村 | 66 | 男 | 1943 年 10 月 |
| 李丰林 | 海阳市东村街道西八里庄村 | 22 | 男 | 1943 年 10 月 |
| 刘明月 | 海阳市小纪镇新庄头村 | 18 | 男 | 1943 年 10 月 |
| 王守梅 | 海阳市朱吴镇三王家村 | 30 | 男 | 1943 年 11 月 22 日 |
| 王言亭 | 海阳市朱吴镇三王家村 | 30 | 男 | 1943 年 11 月 22 日 |
| 王志奎 | 海阳市发城镇下上都村 | 28 | 男 | 1943 年 11 月 |
| 孙日山 | 海阳市发城镇吉林村 | 24 | 男 | 1943 年 11 月 |
| 姜志军 | 海阳市发城镇黄龙夼村 | 48 | 男 | 1943 年 11 月 |
| 于进线 | 海阳市郭城镇前夼村 | 23 | 男 | 1943 年 11 月 |

| 姓 名 | 籍 贯 | 年 龄 | 性 别 | 死难时间 |
|---|---|---|---|---|
| 邵长祥 | 海阳市行村镇齐格庄村 | 31 | 男 | 1943 年 11 月 |
| 姜明玲 | 海阳市发城镇长宇村 | — | 男 | 1943 年 11 月 |
| 姜常兴 | 海阳市发城镇长宇村 | — | 男 | 1943 年 11 月 |
| 姜凤义 | 海阳市发城镇上上都村 | 21 | 男 | 1943 年 12 月 |
| 孙元恒 | 海阳市留格庄镇望格庄村 | 26 | 男 | 1943 年 12 月 |
| 刘岩聪 | 海阳市郭城镇黄草场村 | 32 | 男 | 1943 年 12 月 |
| 刘常杰 | 海阳市小纪镇新庄头村 | 27 | 男 | 1943 年 12 月 |
| 于奎军 | 海阳市朱吴镇中石现村 | 24 | 男 | 1943 年冬 |
| 张玉青 | 海阳市郭城镇簸箕掌村 | 62 | 男 | 1943 年冬 |
| 阎振智 | 海阳市大阎家镇大阎家村 | 20 | 男 | 1943 年 |
| 杨守会 | 海阳市东村街道石剑村 | 21 | 男 | 1943 年 |
| 杨智助 | 海阳市东村街道石剑村 | 23 | 男 | 1943 年 |
| 杨恕兴 | 海阳市东村街道石剑村 | 23 | 男 | 1943 年 |
| 杨同山 | 海阳市东村街道石剑村 | 23 | 男 | 1943 年 |
| 乔 铎 | 海阳市东村街道垛兰村 | 40 | 男 | 1943 年 |
| 孙桂芝 | 海阳市发城镇北卧龙村 | 31 | 男 | 1943 年 |
| 鞠洪基 | 海阳市凤城街道鞠家庵村 | 40 | 男 | 1943 年 |
| 鞠洪训 | 海阳市凤城街道鞠家庵村 | 41 | 男 | 1943 年 |
| 鞠 秋 | 海阳市凤城街道鞠家庵村 | 42 | 男 | 1943 年 |
| 李兴林 | 海阳市凤城街道陂子头村 | 22 | 男 | 1943 年 |
| 周世义 | 海阳市凤城街道西迟格庄村 | 19 | 男 | 1943 年 |
| 邵 珊 | 海阳市凤城街道邵兴庄村 | 19 | 男 | 1943 年 |
| 于兆宗 | 海阳市凤城街道邵兴庄村 | 20 | 男 | 1943 年 |
| 严修朋 | 海阳市留格庄镇三甲村 | 17 | 男 | 1943 年 |
| 李海山 | 海阳市留格庄镇三甲村 | 18 | 男 | 1943 年 |
| 李奎晓 | 海阳市留格庄镇西远牛庄村 | 28 | 男 | 1943 年 |
| 辛等初 | 海阳市留格庄镇大辛家村 | 21 | 男 | 1943 年 |
| 杜树江 | 海阳市留格庄镇杜家村 | 25 | 男 | 1943 年 |
| 隋仕玉 | 海阳市留格庄镇梁家村 | 20 | 男 | 1943 年 |
| 王增山 | 海阳市留格庄镇梁家村 | 19 | 男 | 1943 年 |
| 王志盛 | 海阳市留格庄镇梁家村 | 21 | 男 | 1943 年 |
| 隋完恒 | 海阳市留格庄镇梁家村 | 19 | 男 | 1943 年 |
| 孙淑义 | 海阳市留格庄镇后杨台村 | 19 | 男 | 1943 年 |
| 刘忠政 | 海阳市留格庄镇埠落村 | 17 | 男 | 1943 年 |

| 姓 名 | 籍 贯 | 年 龄 | 性 别 | 死难时间 |
|---|---|---|---|---|
| 徐振福 | 海阳市留格庄镇姜格庄村 | 24 | 男 | 1943 年 |
| 高殿朴 | 海阳市盘石店镇松岩庄村 | 20 | 男 | 1943 年 |
| 王玉兰 | 海阳市盘石店镇上垒子村 | 20 | 男 | 1943 年 |
| 黄廷竹 | 海阳市盘石店镇大榆村 | 16 | 男 | 1943 年 |
| 王连贵 | 海阳市盘石店镇嘴子前村 | 23 | 男 | 1943 年 |
| 王宝礼 | 海阳市盘石店镇嘴子前村 | 22 | 男 | 1943 年 |
| 薛志环 | 海阳市盘石店镇大庄村 | 19 | 男 | 1943 年 |
| 姜德奎 | 海阳市小纪镇北斗山村 | 39 | 男 | 1943 年 |
| 孙成金 | 海阳市小纪镇小纪村 | 25 | 男 | 1943 年 |
| 孙明书 | 海阳市小纪镇西野口村 | 27 | 男 | 1943 年 |
| 孙明清 | 海阳市小纪镇西野口村 | 26 | 男 | 1943 年 |
| 鲁文更 | 海阳市小纪镇鲁家沟村 | 41 | 男 | 1943 年 |
| 鲁仲伦 | 海阳市小纪镇鲁家沟村 | 41 | 男 | 1943 年 |
| 鲁学文 | 海阳市小纪镇鲁家沟村 | 25 | 男 | 1943 年 |
| 张 氏 | 海阳市小纪镇鲁家沟村 | 39 | 女 | 1943 年 |
| 辛百岁 | 海阳市小纪镇黄崖村 | — | 男 | 1943 年 |
| 辛甲子 | 海阳市小纪镇黄崖村 | — | 男 | 1943 年 |
| 辛香亭 | 海阳市小纪镇黄崖村 | — | 男 | 1943 年 |
| 辛衍春 | 海阳市小纪镇黄崖村 | — | 男 | 1943 年 |
| 孟昭厚 | 海阳市小纪镇南孟格庄村 | 20 | 男 | 1943 年 |
| 纪福文 | 海阳市小纪镇槐树底村 | 32 | 男 | 1943 年 |
| 纪克勋 | 海阳市小纪镇五虎岭村 | 30 | 男 | 1943 年 |
| 张忠财 | 海阳市小纪镇小泊子村 | 18 | 男 | 1943 年 |
| 张元忠 | 海阳市小纪镇小泊子村 | 21 | 男 | 1943 年 |
| 纪孟山 | 海阳市小纪镇小泊子村 | 20 | 男 | 1943 年 |
| 张忠学 | 海阳市小纪镇小泊子村 | 19 | 男 | 1943 年 |
| 张志冈 | 海阳市小纪镇小泊子村 | 22 | 男 | 1943 年 |
| 纪作勤 | 海阳市小纪镇苗家沟村 | 22 | 男 | 1943 年 |
| 姜炳义 | 海阳市小纪镇苗家沟村 | — | 男 | 1943 年 |
| 孙永喜 | 海阳市小纪镇大夫疃村 | 25 | 男 | 1943 年 |
| 孙学海 | 海阳市小纪镇南台村 | 53 | 男 | 1943 年 |
| 董世福 | 海阳市小纪镇北三官村 | — | 男 | 1943 年 |
| 修兆民 | 海阳市小纪镇后沙埠前村 | 21 | 男 | 1943 年 |
| 于风爱 | 海阳市小纪镇钓泮村 | 29 | 男 | 1943 年 |

| 姓 名 | 籍 贯 | 年 龄 | 性 别 | 死难时间 |
|---|---|---|---|---|
| 徐希松 | 海阳市小纪镇前沙埠前村 | 20 | 男 | 1943 年 |
| 周洪树 | 海阳市徐家店镇南野夼村 | 19 | 男 | 1943 年 |
| 周福国 | 海阳市徐家店镇南野夼村 | 21 | 男 | 1943 年 |
| 隋淑香 | 海阳市徐家店镇台上村 | 32 | 女 | 1943 年 |
| 姜志兰 | 海阳市徐家店镇台上村 | 30 | 女 | 1943 年 |
| 张明生 | 海阳市徐家店镇台上村 | 22 | 男 | 1943 年 |
| 孙秀岐 | 海阳市辛安镇南丁村 | 22 | 男 | 1943 年 |
| 于成礼 | 海阳市二十里店镇河南庄村 | 18 | 男 | 1943 年 |
| 刘元鹏 | 海阳市朱吴镇前寨山沟村 | 72 | 男 | 1943 年 |
| 刘元重 | 海阳市朱吴镇前寨山沟村 | 55 | 男 | 1943 年 |
| 刘元乐 | 海阳市朱吴镇前寨山沟村 | 46 | 男 | 1943 年 |
| 刘元进 | 海阳市朱吴镇前寨山沟村 | 78 | 男 | 1943 年 |
| 高民章 | 海阳市朱吴镇高家村 | 27 | 男 | 1943 年 |
| 张永智 | 海阳市朱吴镇后寨后村 | 20 | 男 | 1943 年 |
| 张寿先 | 海阳市朱吴镇后寨后村 | 28 | 男 | 1943 年 |
| 王永成 | 海阳市方圆街道北城阳村 | 31 | 男 | 1943 年 |
| 孙成明 | 海阳市方圆街道团结村 | 26 | 男 | 1943 年 |
| 李风阳 | 海阳市方圆街道道南村 | 21 | 男 | 1943 年 |
| 李世才 | 海阳经济开发区西大滩村 | 30 | 男 | 1943 年 |
| 矫克桂 | 海阳市郭城镇葛家村 | 24 | 男 | 1943 年 |
| 于家凤 | 海阳市郭城镇西古现村 | 21 | 女 | 1943 年 |
| 于宋南 | 海阳市郭城镇西古现村 | 28 | 男 | 1943 年 |
| 于淑河 | 海阳市郭城镇郭城三村 | 21 | 男 | 1943 年 |
| 李寿昌 | 海阳市行村镇迎春村 | 35 | 男 | 1943 年 |
| 赵洪芳 | 海阳市行村镇石人夼村 | 26 | 男 | 1943 年 |
| 于之臻 | 海阳市行村镇瑞宇村 | 27 | 男 | 1943 年 |
| 于庆瑞 | 海阳市行村镇英武店村 | 22 | 男 | 1943 年 |
| 王玉琢 | 海阳市行村镇英武店村 | 22 | 男 | 1943 年 |
| 赵歧昌 | 海阳市行村镇赵疃村 | 42 | 男 | 1943 年 |
| 姜合田 | 海阳市行村镇杜格庄村 | 25 | 男 | 1943 年 |
| 李新民 | 海阳市行村镇杜格庄村 | 8 | 男 | 1943 年 |
| 李树桃 | 海阳市行村镇杜格庄村 | 17 | 男 | 1943 年 |
| 于 氏 | 海阳市行村镇杜格庄村 | 28 | 女 | 1943 年 |
| 吕×× | 海阳市行村镇杜格庄村 | 38 | 男 | 1943 年 |

| 姓　名 | 籍　贯 | 年　龄 | 性　别 | 死难时间 |
|---|---|---|---|---|
| 吕小兰 | 海阳市行村镇杜格庄村 | 6 | 女 | 1943 年 |
| 吕小子 | 海阳市行村镇杜格庄村 | 3 | 男 | 1943 年 |
| 邢　氏 | 海阳市行村镇杜格庄村 | 28 | 女 | 1943 年 |
| 李作江 | 海阳市行村镇李家庄村 | 23 | 男 | 1943 年 |
| 赵增新 | 海阳市行村镇赵疃村 | 50 | 男 | 1943 年 |
| 冷进佑 | 海阳市留格庄镇蒲莱河村 | 25 | 男 | 1944 年 1 月 |
| 于永欣 | 海阳市辛安镇台子头村 | 19 | 男 | 1944 年 1 月 |
| 高寿阳 | 海阳市方圆街道西哲阳村 | 23 | 男 | 1944 年 1 月 |
| 刘世忠 | 海阳市行村镇前寨头村 | 21 | 男 | 1944 年 1 月 |
| 赵良银 | 海阳市行村镇赵疃村 | 21 | 男 | 1944 年 1 月 |
| 张顺祥 | 海阳市徐家店镇柳林堡村 | 17 | 男 | 1944 年 2 月 1 日 |
| 贺庆福 | 海阳市大阎家镇迟家庄村 | 18 | 男 | 1944 年 2 月 |
| 张永思 | 海阳市发城镇苍山村 | 21 | 男 | 1944 年 2 月 |
| 徐京本 | 海阳市盘石店镇马格庄村 | 21 | 男 | 1944 年 2 月 |
| 韩玉伦 | 海阳市徐家店镇韩家苇夼村 | 33 | 男 | 1944 年 2 月 |
| 姜春丰 | 海阳市郭城镇下十字夼村 | 32 | 男 | 1944 年 2 月 |
| 戴丰德 | 海阳市郭城镇戴家村 | 18 | 男 | 1944 年 2 月 |
| 戴洪连 | 海阳市郭城镇戴家村 | 20 | 男 | 1944 年 2 月 |
| 徐玉斌 | 海阳市盘石店镇马格庄村 | 22 | 男 | 1944 年 2 月 |
| 张京远 | 海阳市发城镇北埠后村 | 21 | 男 | 1944 年 3 月 |
| 栾晋令 | 海阳市发城镇栾家村 | 19 | 男 | 1944 年 3 月 |
| 冷进海 | 海阳市留格庄镇蒲莱河村 | 26 | 男 | 1944 年 3 月 |
| 鲁兆璞 | 海阳市盘石店镇北鲁家村 | 21 | 男 | 1944 年 3 月 |
| 杨连芳 | 海阳市辛安镇沟里村 | 25 | 男 | 1944 年 3 月 |
| 孙祥云 | 海阳市二十里店镇孙格庄村 | 27 | 男 | 1944 年 3 月 |
| 高修亮 | 海阳市方圆街道儒家村 | 21 | 男 | 1944 年 3 月 |
| 徐吉来 | 海阳市行村镇北廒子村 | 30 | 男 | 1944 年 3 月 |
| 王德惠 | 海阳市行村镇文山后村 | 25 | 男 | 1944 年 3 月 |
| 杨镇秋之三子 | 海阳市行村镇东村庄村 | 1 | 男 | 1944 年 3 月 |
| 徐维正 | 海阳市行村镇东村庄村 | 18 | 男 | 1944 年 3 月 |
| 许甫广 | 海阳市行村镇鹏化庄村 | 24 | 男 | 1944 年 3 月 |
| 臧庆玉 | 海阳市旅游度假区臧家村 | 23 | 男 | 1944 年 3 月 |
| 鲁仲太 | 海阳市小纪镇鲁家沟村 | 18 | 男 | 1944 年 3 月 |
| 纪风西 | 海阳市小纪镇中山夼村 | 28 | 男 | 1944 年 3 月 |

| 姓 名 | 籍 贯 | 年 龄 | 性 别 | 死难时间 |
|---|---|---|---|---|
| 孙明贤 | 海阳市小纪镇夏泽村 | 25 | 男 | 1944 年 3 月 |
| 刘常烈 | 海阳市小纪镇新庄头村 | 27 | 男 | 1944 年 3 月 |
| 任恒运 | 海阳市朱吴镇下院口村 | 19 | 男 | 1944 年 3 月 |
| 姜仁凯 | 海阳市朱吴镇崖南头村 | 17 | 男 | 1944 年 3 月 |
| 于思礼 | 海阳市朱吴镇中石现村 | 34 | 男 | 1944 年 3 月 |
| 王京太 | 海阳市发城镇榆山后村 | 25 | 男 | 1944 年春 |
| 徐光武 | 海阳市行村镇榆林村 | 36 | 男 | 1944 年春 |
| 张士洪 | 海阳市发城镇北埠后村 | 22 | 男 | 1944 年 4 月 |
| 赵日章 | 海阳市辛安镇赵家村 | 20 | 男 | 1944 年 4 月 |
| 包树香 | 海阳市辛安镇沟里村 | 30 | 男 | 1944 年 4 月 |
| 刘显芝 | 海阳市行村镇前寨头村 | 41 | 男 | 1944 年 4 月 |
| 姜合亭 | 海阳市行村镇杜格庄村 | 40 | 男 | 1944 年 4 月 |
| 姜 勋 | 海阳市行村镇西村庄村 | 35 | 男 | 1944 年 4 月 |
| 吕建恩之母 | 海阳市行村镇田村 | 62 | 女 | 1944 年 4 月 |
| 王书章 | 海阳市行村镇行四村 | 30 | 男 | 1944 年 4 月 |
| 吕作清 | 海阳市行村镇田村 | 33 | 男 | 1944 年 4 月 |
| 刘云更 | 海阳市行村镇前寨头村 | 39 | 男 | 1944 年 4 月 |
| 赵 氏 | 海阳市行村镇前寨头村 | 38 | 女 | 1944 年 4 月 |
| 张朋九 | 海阳市东村街道阎家庄村 | 27 | 男 | 1944 年 4 月 |
| 李伯厚 | 海阳市东村街道民主村 | 30 | 男 | 1944 年 4 月 |
| 徐常彬 | 海阳市小纪镇东苇园头村 | 32 | 男 | 1944 年 4 月 |
| 辛殿祥 | 海阳市小纪镇余格庄村 | 25 | 男 | 1944 年 4 月 |
| 孙德禄 | 海阳市小纪镇西宅子头村 | 26 | 男 | 1944 年 4 月 |
| 丛孙氏 | 海阳市小纪镇西宅子头村 | — | 女 | 1944 年 4 月 |
| 于海治 | 海阳市朱吴镇蜜蜂涧村 | 36 | 男 | 1944 年 4 月 |
| 孙乐田 | 海阳市朱吴镇清泉夼村 | 30 | 男 | 1944 年 4 月 |
| 刘吉美 | 海阳市郭城镇东刘家村 | 23 | 男 | 1944 年 4 月 |
| 刘宝善 | 海阳市郭城镇东刘家村 | 21 | 男 | 1944 年 4 月 |
| 丛玉奎 | 海阳市东村街道大丛家村 | 25 | 男 | 1944 年 5 月 |
| 辛克学 | 海阳市小纪镇黄崖村 | 25 | 男 | 1944 年 5 月 |
| 辛衍文 | 海阳市小纪镇黄崖村 | 22 | 男 | 1944 年 5 月 |
| 孙维鼎 | 海阳市小纪镇崖后村 | 17 | 男 | 1944 年 5 月 |
| 孙元祥 | 海阳市小纪镇崖后村 | 19 | 男 | 1944 年 5 月 |
| 张志花 | 海阳市小纪镇小泊子村 | 28 | 男 | 1944 年 5 月 |

| 姓 名 | 籍 贯 | 年龄 | 性别 | 死难时间 |
|---|---|---|---|---|
| 宋永庄 | 海阳市小纪镇司马官庄村 | 24 | 男 | 1944 年 5 月 |
| 宋永田 | 海阳市小纪镇司马官庄村 | 23 | 男 | 1944 年 5 月 |
| 冷吉法 | 海阳市小纪镇苗家沟村 | 17 | 男 | 1944 年 5 月 |
| 孙丕瑞 | 海阳市小纪镇大夫瞳村 | 20 | 男 | 1944 年 5 月 |
| 赵元吉 | 海阳市小纪镇榆瞳庄村 | 19 | 男 | 1944 年 5 月 |
| 张新民 | 海阳市小纪镇石马瞳头村 | 24 | 男 | 1944 年 5 月 |
| 冷绍福 | 海阳市朱吴镇冷家村 | 19 | 男 | 1944 年 5 月 |
| 冷洪兴 | 海阳市朱吴镇冷家村 | 19 | 男 | 1944 年 5 月 |
| 孙常南 | 海阳市朱吴镇下涝泊村 | 26 | 男 | 1944 年 5 月 |
| 阎锡升 | 海阳市大阎家镇大阎家村 | 26 | 男 | 1944 年 5 月 |
| 杨明德 | 海阳市辛安镇沟里村 | 19 | 男 | 1944 年 5 月 |
| 吕仁杰 | 海阳市辛安镇吕家村 | 24 | 男 | 1944 年 5 月 |
| 黄明国 | 海阳市二十里店镇东花崖村 | 19 | 男 | 1944 年 5 月 |
| 孙少胜 | 海阳市二十里店镇梨园后村 | 29 | 男 | 1944 年 5 月 |
| 潘希禄 | 海阳市二十里店镇潘家村 | 20 | 男 | 1944 年 5 月 |
| 祁 彬 | 海阳市二十里店镇邵伯村 | 18 | 男 | 1944 年 5 月 |
| 宋作寿 | 海阳市二十里店镇邵伯村 | 21 | 男 | 1944 年 5 月 |
| 李忠道 | 海阳市二十里店镇姜格庄村 | 21 | 男 | 1944 年 5 月 |
| 姜延俊 | 海阳市方圆街道西石兰沟村 | 22 | 男 | 1944 年 5 月 |
| 迟德开 | 海阳市方圆街道东石兰沟村 | 24 | 男 | 1944 年 5 月 |
| 位国良 | 海阳市行村镇南廒子村 | 40 | 男 | 1944 年 5 月 |
| 尹树家 | 海阳市行村镇泊子村 | 28 | 男 | 1944 年 5 月 |
| 崔长山 | 海阳市行村镇庶村 | 21 | 男 | 1944 年 5 月 |
| 于昌兴 | 海阳市行村镇杜格庄村 | 20 | 男 | 1944 年 5 月 |
| 辛庄国 | 海阳市行村镇马家庄村 | 25 | 男 | 1944 年 5 月 |
| 翟仪温 | 海阳市大阎家镇东荆家村 | 51 | 男 | 1944 年 6 月 |
| 韩明书 | 海阳市发城镇洪沟村 | 23 | 男 | 1944 年 6 月 |
| 邢桂兰 | 海阳市辛安镇南丁村 | 24 | 男 | 1944 年 6 月 |
| 于化三 | 海阳市辛安镇木桥夼村 | 28 | 男 | 1944 年 6 月 |
| 修忠太 | 海阳市二十里店镇石家泊村 | 32 | 男 | 1944 年 6 月 |
| 王宗礼 | 海阳市方圆街道牟家村 | 17 | 男 | 1944 年 6 月 |
| 陈凤金 | 海阳市行村镇牟格庄村 | 21 | 男 | 1944 年 6 月 |
| 陈希凤 | 海阳市行村镇牟格庄村 | 24 | 男 | 1944 年 6 月 |
| 李守臻 | 海阳市行村镇迎春村 | 27 | 男 | 1944 年 6 月 |

| 姓 名 | 籍 贯 | 年 龄 | 性 别 | 死难时间 |
|---|---|---|---|---|
| 张林祥 | 海阳市发城镇洪沟村 | 19 | 男 | 1944 年 6 月 |
| 李 田 | 海阳市小纪镇北三官村 | 22 | 男 | 1944 年 6 月 |
| 孙际恩 | 海阳市小纪镇夏泽村 | 22 | 男 | 1944 年 6 月 |
| 荆振春 | 海阳市大阎家镇东荆家村 | 24 | 男 | 1944 年 7 月 |
| 刘敬训 | 海阳市大阎家镇胡格庄村 | 20 | 男 | 1944 年 7 月 |
| 姜守业 | 海阳市发城镇东坊坞村 | 20 | 男 | 1944 年 7 月 |
| 姜太月 | 海阳市发城镇西坊坞村 | 21 | 男 | 1944 年 7 月 |
| 于成才 | 海阳市发城镇上屋庄村 | 22 | 男 | 1944 年 7 月 |
| 于风林 | 海阳市发城镇西土堆头村 | 35 | 男 | 1944 年 7 月 |
| 王进喜 | 海阳市留格庄镇彩春泊村 | 21 | 男 | 1944 年 7 月 |
| 赵书堂 | 海阳市徐家店镇赵家秋口村 | 30 | 男 | 1944 年 7 月 |
| 张克安 | 海阳市二十里店镇埠峰村 | 21 | 男 | 1944 年 7 月 |
| 孙贞运 | 海阳市二十里店镇西上庄村 | 33 | 男 | 1944 年 7 月 |
| 王 力 | 海阳市方圆街道南城阳村 | 22 | 男 | 1944 年 7 月 |
| 董希彬 | 海阳市郭城镇河南村 | 29 | 男 | 1944 年 7 月 |
| 孙世战 | 海阳市行村镇孙家夼村 | 19 | 男 | 1944 年 7 月 |
| 张吉清 | 海阳市小纪镇牛根树村 | 20 | 男 | 1944 年 7 月 |
| 鲁学瑞 | 海阳市小纪镇鲁家沟村 | 49 | 男 | 1944 年 7 月 |
| 纪中考 | 海阳市小纪镇亭儿崖村 | 23 | 男 | 1944 年 7 月 |
| 纪仙云 | 海阳市小纪镇大杨格庄村 | 31 | 男 | 1944 年 7 月 |
| 辛显亭 | 海阳市小纪镇小杨格庄村 | 22 | 男 | 1944 年 7 月 |
| 高孟真 | 海阳市朱吴镇高家村 | 20 | 男 | 1944 年 7 月 |
| 荆存峰 | 海阳市大阎家镇大荆家村 | 19 | 男 | 1944 年 8 月 |
| 王瑞斌 | 海阳市大阎家镇王家庄村 | 23 | 男 | 1944 年 8 月 |
| 包鸣香 | 海阳市大阎家镇潮里村 | 20 | 男 | 1944 年 8 月 |
| 张殿臣 | 海阳市大阎家镇大闫家村 | 17 | 男 | 1944 年 8 月 |
| 张友海 | 海阳市发城镇西坊坞村 | 33 | 男 | 1944 年 8 月 |
| 初常军 | 海阳市发城镇榆山夼村 | 22 | 男 | 1944 年 8 月 |
| 辛焕成 | 海阳市留格庄镇大辛家村 | 18 | 男 | 1944 年 8 月 |
| 李玉德 | 海阳市留格庄镇民生村 | 24 | 男 | 1944 年 8 月 |
| 刘德茂 | 海阳市盘石店镇野口村 | 25 | 男 | 1944 年 8 月 |
| 刘克高 | 海阳市辛安镇木桥夼村 | 28 | 男 | 1944 年 8 月 |
| 于德纯 | 海阳市辛安镇辛安村 | 21 | 男 | 1944 年 8 月 |
| 赵明山 | 海阳市辛安镇茂梓集村 | 22 | 男 | 1944 年 8 月 |

| 姓　名 | 籍　贯 | 年　龄 | 性　别 | 死难时间 |
|---|---|---|---|---|
| 黄利昌 | 海阳市二十里店镇西花崖村 | 25 | 男 | 1944 年 8 月 |
| 修洋春 | 海阳市二十里店镇梨园后村 | 27 | 男 | 1944 年 8 月 |
| 宋丕天 | 海阳市二十里店镇邵伯村 | 27 | 男 | 1944 年 8 月 |
| 王兆国 | 海阳市二十里店镇修家夼村 | 26 | 男 | 1944 年 8 月 |
| 梁仁安 | 海阳市方圆街道北城阳村 | 20 | 男 | 1944 年 8 月 |
| 申　兴 | 海阳市郭城镇建新村 | 24 | 男 | 1944 年 8 月 |
| 苏世军 | 海阳市行村镇东寨头村 | 25 | 男 | 1944 年 8 月 |
| 黄殿治 | 海阳市行村镇卧龙村 | 24 | 男 | 1944 年 8 月 |
| 周德田 | 海阳市行村镇泊子村 | 40 | 男 | 1944 年 8 月 |
| 崔岳华 | 海阳市行村镇泊子村 | 36 | 男 | 1944 年 8 月 |
| 刘兆杰 | 海阳市行村镇前寨头村 | 22 | 男 | 1944 年 8 月 |
| 张京德 | 海阳市行村镇英武店村 | 24 | 男 | 1944 年 8 月 |
| 吕岱云 | 海阳市行村镇田村 | 22 | 男 | 1944 年 8 月 |
| 姜振玉 | 海阳市行村镇西村庄村 | 26 | 男 | 1944 年 8 月 |
| 孙纯环 | 海阳市行村镇西小滩村 | 21 | 男 | 1944 年 8 月 |
| 孙纯贞 | 海阳市行村镇西小滩村 | 17 | 男 | 1944 年 8 月 |
| 刘　氏 | 海阳市行村镇西小滩村 | 50 | 女 | 1944 年 8 月 |
| 孙长在 | 海阳市行村镇孙家夼村 | 22 | 男 | 1944 年 8 月 |
| 孙纯安之母 | 海阳市行村镇西小滩村 | 58 | 女 | 1944 年 8 月 |
| 杨吉安 | 海阳市东村街道北八里庄村 | 17 | 男 | 1944 年 8 月 |
| 杨锡仁 | 海阳市凤城街道东迟格庄村 | 18 | 男 | 1944 年 8 月 |
| 徐志山 | 海阳市小纪镇东梨园村 | 28 | 男 | 1944 年 8 月 |
| 孙太文 | 海阳市小纪镇崖后村 | 17 | 男 | 1944 年 8 月 |
| 李元贵 | 海阳市小纪镇下碾头村 | 24 | 男 | 1944 年 8 月 |
| 李元海 | 海阳市小纪镇下碾头村 | 21 | 男 | 1944 年 8 月 |
| 于从福 | 海阳市朱吴镇峨山后村 | 24 | 男 | 1944 年 8 月 |
| 吕月南 | 海阳市朱吴镇朱吴村 | 25 | 男 | 1944 年 8 月 |
| 包安俊 | 海阳市大阎家镇潮外村 | 32 | 男 | 1944 年 9 月 |
| 包恩银 | 海阳市大阎家镇潮外村 | 54 | 男 | 1944 年 9 月 |
| 姜琢卿 | 海阳市盘石店镇姜家庄村 | 20 | 男 | 1944 年 9 月 |
| 孙作礼 | 海阳市徐家店镇孙家秋口村 | 32 | 男 | 1944 年 9 月 |
| 李元发 | 海阳市二十里店镇西马格庄村 | 19 | 男 | 1944 年 9 月 |
| 王占顺 | 海阳市方圆街道北城阳村 | 18 | 男 | 1944 年 9 月 |
| 于树德 | 海阳市行村镇瑞宇村 | 31 | 男 | 1944 年 9 月 |

| 姓　名 | 籍　贯 | 年　龄 | 性　别 | 死难时间 |
|---|---|---|---|---|
| 辛典文 | 海阳市行村镇程家庄村 | 67 | 男 | 1944 年 9 月 |
| 孙桂芳 | 海阳市行村镇孙家夼村 | 22 | 男 | 1944 年 9 月 |
| 肖德翠 | 海阳市郭城镇西古现村 | 22 | 男 | 1944 年秋 |
| 于秀田 | 海阳市郭城镇西古现村 | 23 | 男 | 1944 年秋 |
| 侯云水 | 海阳市郭城镇大侯家村 | 24 | 男 | 1944 年秋 |
| 侯天斗 | 海阳市郭城镇大侯家村 | 44 | 男 | 1944 年秋 |
| 侯天运 | 海阳市郭城镇大侯家村 | 40 | 男 | 1944 年秋 |
| 姜义海 | 海阳市郭城镇山前村 | 18 | 男 | 1944 年秋 |
| 张远志 | 海阳市东村街道凉山后村 | 25 | 男 | 1944 年秋 |
| 徐盛田 | 海阳市留格庄镇六甲村 | 23 | 男 | 1944 年秋 |
| 吕俊杰 | 海阳市留格庄镇郭格庄村 | 24 | 男 | 1944 年 10 月 25 日 |
| 刘玉受 | 海阳市徐家店镇刘家窑村 | 24 | 男 | 1944 年 10 月 |
| 于世欣 | 海阳市辛安镇台子头村 | 19 | 男 | 1944 年 10 月 |
| 姜以起 | 海阳市二十里店镇姜格庄村 | 21 | 男 | 1944 年 10 月 |
| 姜奎里 | 海阳市郭城镇姜家村 | 24 | 男 | 1944 年 10 月 |
| 姜瑞卿 | 海阳市郭城镇姜家村 | 17 | 女 | 1944 年 10 月 |
| 姜奎学之妻 | 海阳市郭城镇姜家村 | 40 | 女 | 1944 年 10 月 |
| 姜永山之姐 | 海阳市郭城镇姜家村 | 12 | 女 | 1944 年 10 月 |
| 李干奎 | 海阳市行村镇文山后村 | 64 | 男 | 1944 年 10 月 |
| 赵乾亨 | 海阳市行村镇赵疃村 | 37 | 男 | 1944 年 10 月 |
| 王祥风 | 海阳市朱吴镇楼底村 | 65 | 男 | 1944 年 10 月 |
| 于风仪 | 海阳市小纪镇东董格庄村 | 34 | 男 | 1944 年 10 月 |
| 孙世瑞 | 海阳市小纪镇夏泽村 | 22 | 男 | 1944 年 10 月 |
| 王明福 | 海阳市小纪镇石马疃头村 | 21 | 男 | 1944 年 10 月 |
| 孙　贵 | 海阳市发城镇铁口村 | 34 | 男 | 1944 年 11 月 |
| 王丰茂 | 海阳市留格庄镇前望海村 | 23 | 男 | 1944 年 11 月 |
| 董长海 | 海阳市留格庄镇姜格庄村 | 23 | 男 | 1944 年 11 月 |
| 王本宾 | 海阳市盘石店镇上垒子村 | 21 | 男 | 1944 年 11 月 |
| 刘太东 | 海阳市徐家店镇求格庄村 | 22 | 男 | 1944 年 11 月 |
| 张　志 | 海阳市辛安镇修家村 | 22 | 男 | 1944 年 11 月 |
| 于明斋 | 海阳市辛安镇修家村 | 28 | 男 | 1944 年 11 月 |
| 孙少均 | 海阳市二十里店镇梨园后村 | 31 | 男 | 1944 年 11 月 |
| 刘华芝 | 海阳市郭城镇土堆村 | 24 | 男 | 1944 年 11 月 |
| 孙玉敏 | 海阳市郭城镇河南村 | 25 | 男 | 1944 年 11 月 |

| 姓 名 | 籍 贯 | 年 龄 | 性 别 | 死难时间 |
|---|---|---|---|---|
| 刘吉德 | 海阳市郭城镇宅家夼村 | 30 | 男 | 1944 年 11 月 |
| 胡连齐 | 海阳市郭城镇西鲁家夼村 | 30 | 男 | 1944 年 11 月 |
| 徐显文 | 海阳市行村镇文山后村 | 25 | 男 | 1944 年 11 月 |
| 纪克俭 | 海阳市小纪镇东梨园村 | 23 | 男 | 1944 年 11 月 |
| 刘文成 | 海阳市小纪镇东苇园头村 | 30 | 男 | 1944 年 11 月 |
| 纪绍新 | 海阳市小纪镇凤凰村 | 33 | 男 | 1944 年 11 月 |
| 郑文山 | 海阳市小纪镇子推后村 | 29 | 男 | 1944 年 11 月 |
| 孙喜武 | 海阳市朱吴镇西乐畎村 | 20 | 男 | 1944 年 11 月 |
| 姜太义 | 海阳市发城镇东坊坞村 | 27 | 男 | 1944 年 12 月 |
| 宣德春 | 海阳市辛安镇大山所村 | 27 | 男 | 1944 年 12 月 |
| 李文寿 | 海阳市辛安镇鲁口村 | 23 | 男 | 1944 年 12 月 |
| 徐先梅 | 海阳市行村镇北廒子村 | 17 | 男 | 1944 年 12 月 |
| 徐德民 | 海阳市小纪镇西苇园头村 | 28 | 男 | 1944 年 12 月 |
| 孙吉明 | 海阳市朱吴镇杨格庄村 | 18 | 男 | 1944 年 12 月 |
| 由明德 | 海阳市大阎家镇西沽头村 | 18 | 男 | 1944 年 |
| 李殿喜 | 海阳市东村街道南才苑村 | 23 | 男 | 1944 年 |
| 姜政福 | 海阳市发城镇上山东夼村 | — | 男 | 1944 年 |
| 姜 平 | 海阳市发城镇上山东夼村 | — | 男 | 1944 年 |
| 姜志亭 | 海阳市发城镇上山东夼村 | — | 男 | 1944 年 |
| 王守斌 | 海阳市凤城街道李王庄村 | 21 | 男 | 1944 年 |
| 李吉禄 | 海阳市留格庄镇八甲村 | 24 | 男 | 1944 年 |
| 王凤茂 | 海阳市留格庄镇前望海村 | 22 | 男 | 1944 年 |
| 冷洪家 | 海阳市留格庄镇蒲莱河村 | 20 | 男 | 1944 年 |
| 林玉芳 | 海阳市留格庄镇杜家村 | 25 | 男 | 1944 年 |
| 李学江 | 海阳市留格庄镇步鹤村 | 24 | 男 | 1944 年 |
| 孙永福 | 海阳市留格庄镇望格庄村 | 24 | 男 | 1944 年 |
| 高长福 | 海阳市盘石店镇松岩庄村 | 20 | 男 | 1944 年 |
| 王奎忠 | 海阳市盘石店镇嘴子前村 | 26 | 男 | 1944 年 |
| 张起胜 | 海阳市小纪镇桑梓口村 | 31 | 男 | 1944 年 |
| 纪守光 | 海阳市小纪镇大孟格庄村 | 19 | 男 | 1944 年 |
| 纪克功 | 海阳市小纪镇大孟格庄村 | 24 | 男 | 1944 年 |
| 纪宝山 | 海阳市小纪镇大孟格庄村 | 43 | 男 | 1944 年 |
| 纪风智 | 海阳市小纪镇大孟格庄村 | 24 | 男 | 1944 年 |
| 纪克书 | 海阳市小纪镇五虎岭村 | 21 | 男 | 1944 年 |

| 姓　名 | 籍　贯 | 年　龄 | 性　别 | 死难时间 |
|---|---|---|---|---|
| 纪学义 | 海阳市小纪镇五虎岭村 | 43 | 男 | 1944 年 |
| 张希贤 | 海阳市小纪镇小泊子村 | 23 | 男 | 1944 年 |
| 纪绍亭 | 海阳市小纪镇小泊子村 | 26 | 男 | 1944 年 |
| 董吉年 | 海阳市小纪镇北三官村 | — | 男 | 1944 年 |
| 孙居仁 | 海阳市小纪镇夏泽村 | 52 | 男 | 1944 年 |
| 孙明高 | 海阳市小纪镇夏泽村 | 20 | 男 | 1944 年 |
| 姜元泰 | 海阳市小纪镇望宿村 | 19 | 男 | 1944 年 |
| 于振亭 | 海阳市小纪镇东土堆头村 | 18 | 男 | 1944 年 |
| 张全才 | 海阳市小纪镇东土堆头村 | 16 | 男 | 1944 年 |
| 于维福 | 海阳市徐家店镇南野疥村 | 27 | 男 | 1944 年 |
| 杨在春 | 海阳市二十里店镇前店村 | 20 | 男 | 1944 年 |
| 王云发 | 海阳市朱吴镇下尹家村 | 30 | 男 | 1944 年 |
| 王云升 | 海阳市朱吴镇下尹家村 | — | 男 | 1944 年 |
| 王云利 | 海阳市朱吴镇下尹家村 | 50 | 男 | 1944 年 |
| 王喜红 | 海阳市朱吴镇下尹家村 | 50 | 男 | 1944 年 |
| 郭太义 | 海阳市朱吴镇下尹家村 | 20 | 男 | 1944 年 |
| 尹桂海 | 海阳市朱吴镇下尹家村 | 30 | 男 | 1944 年 |
| 王进阳 | 海阳市朱吴镇下尹家村 | 19 | 男 | 1944 年 |
| 王进英 | 海阳市朱吴镇下尹家村 | 19 | 男 | 1944 年 |
| 尹廷胜 | 海阳市朱吴镇下尹家村 | 44 | 男 | 1944 年 |
| 赵言秋 | 海阳市方圆街道西哲阳村 | 28 | 男 | 1944 年 |
| 高真斌 | 海阳市方圆街道西哲阳村 | 38 | 男 | 1944 年 |
| 孙振云 | 海阳经济开发区台子上村 | 17 | 男 | 1944 年 |
| 于 明 | 海阳市碧城工业区肋埠村 | 28 | 男 | 1944 年 |
| 车保玉 | 海阳市郭城镇西古现村 | 20 | 女 | 1944 年 |
| 于寿见 | 海阳市郭城镇择善村 | 27 | 男 | 1944 年 |
| 谢德胜 | 海阳市郭城镇择善村 | 34 | 男 | 1944 年 |
| 史泽俊 | 海阳市郭城镇史家村 | 26 | 男 | 1944 年 |
| 张锡栓 | 海阳市行村镇庙河前村 | 21 | 男 | 1944 年 |
| 姜展治 | 海阳市行村镇卧龙村 | 24 | 男 | 1944 年 |
| 刘兴凤 | 海阳市行村镇杏家庄村 | 24 | 男 | 1944 年 |
| 于云岫 | 海阳市行村镇瑞宇村 | 25 | 男 | 1944 年 |
| 赵仁南 | 海阳市行村镇赵疃村 | 42 | 男 | 1944 年 |
| 赵学祥 | 海阳市行村镇赵疃村 | 32 | 男 | 1944 年 |

| 姓 名 | 籍 贯 | 年 龄 | 性 别 | 死难时间 |
|---|---|---|---|---|
| 吕建运 | 海阳市行村镇田村 | 19 | 男 | 1944 年 |
| 吕风升 | 海阳市行村镇田村 | 19 | 男 | 1944 年 |
| 徐光伍 | 海阳市行村镇榆林村 | 23 | 男 | 1944 年 |
| 程绍年 | 海阳市行村镇东山村 | 33 | 男 | 1944 年 |
| 赵金坚 | 海阳市行村镇赵疃村 | 23 | 男 | 1944 年 |
| 包鸣准 | 海阳市大阎家镇新建村 | 33 | 男 | 1945 年 1 月 |
| 谭忠芝 | 海阳市大阎家镇路疃村 | 37 | 男 | 1945 年 1 月 |
| 李振梅 | 海阳市大阎家镇石前庄村 | 30 | 男 | 1945 年 1 月 |
| 宋占基 | 海阳市留格庄镇潘格庄村 | 17 | 男 | 1945 年 1 月 |
| 孙吉永 | 海阳市徐家店镇南留村 | 30 | 男 | 1945 年 1 月 |
| 杨成坤 | 海阳市方圆街道生产村 | 21 | 男 | 1945 年 1 月 |
| 王志顶 | 海阳市行村镇东寨头村 | 21 | 男 | 1945 年 1 月 |
| 吕孟全 | 海阳市行村镇英武店村 | 58 | 男 | 1945 年 1 月 |
| 郭成松 | 海阳市行村镇英武店村 | 21 | 男 | 1945 年 1 月 |
| 邹太田 | 海阳市行村镇丁格庄村 | 25 | 男 | 1945 年 1 月 |
| 孙福来 | 海阳市徐家店镇南留村 | 53 | 男 | 1945 年 1 月 |
| 王志乃 | 海阳市行村镇东寨头村 | 18 | 男 | 1945 年 1 月 |
| 吕小仁 | 海阳市行村镇英武店村 | — | 男 | 1945 年 1 月 |
| 孙吉保 | 海阳市徐家店镇南留村 | 40 | 男 | 1945 年 1 月 |
| 孙洪胜 | 海阳市徐家店镇南留村 | 20 | 男 | 1945 年 1 月 |
| 孙中竹 | 海阳市徐家店镇南留村 | 17 | 男 | 1945 年 1 月 |
| 纪兆岗 | 海阳市小纪镇凤凰村 | 23 | 男 | 1945 年 1 月 |
| 纪瑞地 | 海阳市小纪镇凤凰村 | 29 | — | 1945 年 1 月 |
| 孙仕忠 | 海阳市小纪镇小纪村 | 50 | 男 | 1945 年 1 月 |
| 崔刁氏 | 海阳市小纪镇小纪村 | 50 | 女 | 1945 年 1 月 |
| 邢孟民 | 海阳市小纪镇安乔村 | 26 | 男 | 1945 年 1 月 |
| 董世常 | 海阳市小纪镇西三官村 | 23 | 男 | 1945 年 1 月 |
| 姜玉立 | 海阳市朱吴镇黑崮村 | 24 | 男 | 1945 年 1 月 |
| 姜殿臣 | 海阳市朱吴镇上院口村 | 27 | 男 | 1945 年 1 月 |
| 王晋寿 | 海阳市旅游度假区庙头村 | 24 | 男 | 1945 年 2 月 |
| 于春发 | 海阳市发城镇前埠前村 | 33 | 男 | 1945 年 2 月 |
| 王全增 | 海阳市发城镇忠厚村 | 40 | 男 | 1945 年 2 月 |
| 周绍南 | 海阳市发城镇黄龙乔村 | 20 | 男 | 1945 年 2 月 |
| 倪 珍 | 海阳市发城镇倪格庄村 | 19 | 男 | 1945 年 2 月 |

| 姓　名 | 籍　贯 | 年　龄 | 性　别 | 死难时间 |
|---|---|---|---|---|
| 姜殿德 | 海阳市发城镇北槐树底村 | 33 | 男 | 1945 年 2 月 |
| 栾晋义 | 海阳市发城镇栾家村 | 24 | 男 | 1945 年 2 月 |
| 刘奎芬 | 海阳市发城镇亭子口村 | 19 | 男 | 1945 年 2 月 |
| 刘奎南 | 海阳市发城镇亭子口村 | 18 | 男 | 1945 年 2 月 |
| 周忠桥 | 海阳市发城镇大山东夼村 | 28 | 男 | 1945 年 2 月 |
| 孙常龙 | 海阳市发城镇西车格庄村 | 22 | 男 | 1945 年 2 月 |
| 李会民 | 海阳市留格庄镇院下村 | 32 | 男 | 1945 年 2 月 |
| 刘文汉 | 海阳市留格庄镇塔儿庄村 | 20 | 男 | 1945 年 2 月 |
| 王彩春 | 海阳市留格庄镇彩春泊村 | 24 | 男 | 1945 年 2 月 |
| 王志成 | 海阳市留格庄镇彩春泊村 | 25 | 男 | 1945 年 2 月 |
| 高　山 | 海阳市留格庄镇荪疃村 | 18 | 男 | 1945 年 2 月 |
| 高进治 | 海阳市留格庄镇民生村 | 23 | 男 | 1945 年 2 月 |
| 王连明 | 海阳市盘石店镇盘石店村 | 36 | 男 | 1945 年 2 月 |
| 高竹三 | 海阳市盘石店镇松岩庄村 | 26 | 男 | 1945 年 2 月 |
| 孙中凯 | 海阳市徐家店镇南留村 | 35 | 男 | 1945 年 2 月 |
| 宣振洪 | 海阳市辛安镇大山所村 | 21 | 男 | 1945 年 2 月 |
| 张世福 | 海阳市辛安镇大山所村 | 20 | 男 | 1945 年 2 月 |
| 纪振文 | 海阳市辛安镇埠后村 | 26 | 男 | 1945 年 2 月 |
| 聂开正 | 海阳市辛安镇瓦罐窑村 | 30 | 男 | 1945 年 2 月 |
| 于永坤 | 海阳市辛安镇瓦罐窑村 | 22 | 男 | 1945 年 2 月 |
| 聂忠玉 | 海阳市辛安镇瓦罐窑村 | 26 | 男 | 1945 年 2 月 |
| 宋春发 | 海阳市辛安镇南丁村 | 23 | 男 | 1945 年 2 月 |
| 李永熙 | 海阳市辛安镇北马家村 | 26 | 男 | 1945 年 2 月 |
| 王洪庆 | 海阳市辛安镇辛安村 | 22 | 男 | 1945 年 2 月 |
| 刘德茂 | 海阳市辛安镇北茂梓村 | 17 | 男 | 1945 年 2 月 |
| 王文林 | 海阳市辛安镇赵家村 | 26 | 男 | 1945 年 2 月 |
| 李国庆 | 海阳市辛安镇鲁口村 | 29 | 男 | 1945 年 2 月 |
| 王希硕 | 海阳市辛安镇向阳村 | 19 | 男 | 1945 年 2 月 |
| 宋德祥 | 海阳市二十里店镇半社乡村 | 33 | 男 | 1945 年 2 月 |
| 王焕亭 | 海阳市二十里店镇窦疃村 | 23 | 男 | 1945 年 2 月 |
| 祁锡恩 | 海阳市二十里店镇下于朋村 | 20 | 男 | 1945 年 2 月 |
| 赵明太 | 海阳市二十里店镇炉上村 | 22 | 男 | 1945 年 2 月 |
| 祁忠善 | 海阳市二十里店镇中于朋村 | 25 | 男 | 1945 年 2 月 |
| 于保礼 | 海阳市二十里店镇河南庄村 | 24 | 男 | 1945 年 2 月 |

| 姓　名 | 籍　贯 | 年龄 | 性别 | 死难时间 |
|---|---|---|---|---|
| 张仁高 | 海阳市二十里店镇埠峰村 | 19 | 男 | 1945 年 2 月 |
| 张京梓 | 海阳市二十里店镇埠峰村 | 24 | 男 | 1945 年 2 月 |
| 张京俊 | 海阳市二十里店镇埠峰村 | 20 | 男 | 1945 年 2 月 |
| 于天章 | 海阳市二十里店镇祁家庄村 | 22 | 男 | 1945 年 2 月 |
| 姜绍珠 | 海阳市二十里店镇修家夼村 | 24 | 男 | 1945 年 2 月 |
| 孙作献 | 海阳市二十里店镇孙格庄村 | 24 | 男 | 1945 年 2 月 |
| 孙吉东 | 海阳市二十里店镇西上庄村 | 25 | 男 | 1945 年 2 月 |
| 由文起 | 海阳市二十里店镇南野口村 | 21 | 男 | 1945 年 2 月 |
| 高修礼 | 海阳市方圆街道儒家村 | 22 | 男 | 1945 年 2 月 |
| 张立岗 | 海阳市方圆街道西石兰沟村 | 26 | 男 | 1945 年 2 月 |
| 程元学 | 海阳市方圆街道里口村 | 20 | 男 | 1945 年 2 月 |
| 孙　悦 | 海阳市方圆街道南修家村 | — | 男 | 1945 年 2 月 |
| 杨庆财 | 海阳市碧城工业区杨家泊村 | 19 | 男 | 1945 年 2 月 |
| 杨顺仁 | 海阳市碧城工业区杨家泊村 | 22 | 男 | 1945 年 2 月 |
| 于同考 | 海阳市郭城镇林东村 | 26 | 男 | 1945 年 2 月 |
| 于同英 | 海阳市郭城镇林东村 | 27 | 男 | 1945 年 2 月 |
| 杨洪利 | 海阳市郭城镇战场泊村 | 26 | 男 | 1945 年 2 月 |
| 刘培红 | 海阳市郭城镇东刘家村 | 24 | 男 | 1945 年 2 月 |
| 马天仁 | 海阳市郭城镇前夼村 | 25 | 男 | 1945 年 2 月 |
| 姜吉胜 | 海阳市郭城镇港里村 | 19 | 男 | 1945 年 2 月 |
| 徐希成 | 海阳市行村镇迎春村 | 34 | 男 | 1945 年 2 月 |
| 徐希奎 | 海阳市行村镇北廒子村 | 20 | 男 | 1945 年 2 月 |
| 吕学东 | 海阳市行村镇石人夼村 | 19 | 男 | 1945 年 2 月 |
| 李作臣 | 海阳市行村镇庶村 | 21 | 男 | 1945 年 2 月 |
| 于青见 | 海阳市行村镇行二村 | 18 | 男 | 1945 年 2 月 |
| 刘明顺 | 海阳市行村镇西寨头村 | 25 | 男 | 1945 年 2 月 |
| 孙早江 | 海阳市行村镇西小滩村 | 22 | 男 | 1945 年 2 月 |
| 于清见 | 海阳市行村镇行二村 | 18 | 男 | 1945 年 2 月 |
| 程江义 | 海阳市行村镇东山村 | 22 | 男 | 1945 年 2 月 |
| 姜自君 | 海阳市行村镇行一村 | 24 | 男 | 1945 年 2 月 |
| 王洪彦 | 海阳市盘石店镇盘石店村 | 23 | 男 | 1945 年 2 月 |
| 孙中直 | 海阳市徐家店镇南留村 | 29 | 男 | 1945 年 2 月 |
| 李庆红 | 海阳市二十里店镇修家夼村 | 25 | 男 | 1945 年 2 月 |
| 孙先卿 | 海阳市徐家店镇南留村 | 18 | 男 | 1945 年 2 月 |

| 姓 名 | 籍 贯 | 年 龄 | 性 别 | 死难时间 |
|---|---|---|---|---|
| 孙洪寿 | 海阳市徐家店镇南留村 | 20 | 男 | 1945 年 2 月 |
| 孙月理 | 海阳市徐家店镇南留村 | 20 | 男 | 1945 年 2 月 |
| 刘殿财 | 海阳市发城镇亭子口村 | 23 | 男 | 1945 年 2 月 |
| 李锡南 | 海阳市东村街道南才苑村 | 28 | 男 | 1945 年 2 月 |
| 于希湖 | 海阳市东村街道大磊石村 | 25 | 男 | 1945 年 2 月 |
| 于瑞云 | 海阳市东村街道大磊石村 | 25 | 男 | 1945 年 2 月 |
| 刘希和 | 海阳市东村街道地北头村 | 23 | 男 | 1945 年 2 月 |
| 刘希昌 | 海阳市东村街道地北头村 | 23 | 男 | 1945 年 2 月 |
| 姜兆炳 | 海阳市东村街道姜家疃村 | 21 | 男 | 1945 年 2 月 |
| 张宝祥 | 海阳市旅游度假区先锋村 | 20 | 男 | 1945 年 2 月 |
| 徐德财 | 海阳市小纪镇西苇园头村 | 29 | 男 | 1945 年 2 月 |
| 徐德山 | 海阳市小纪镇西苇园头村 | 26 | 男 | 1945 年 2 月 |
| 姜玉瑞 | 海阳市小纪镇北斗山村 | 22 | 男 | 1945 年 2 月 |
| 刁学禄 | 海阳市小纪镇大刁家村 | 22 | 男 | 1945 年 2 月 |
| 纪瑞斋 | 海阳市小纪镇凤凰村 | 27 | 男 | 1945 年 2 月 |
| 纪瑞富 | 海阳市小纪镇凤凰村 | 27 | 男 | 1945 年 2 月 |
| 孙永贵 | 海阳市小纪镇小纪村 | 28 | 男 | 1945 年 2 月 |
| 徐炳先 | 海阳市小纪镇西索格庄村 | 30 | 男 | 1945 年 2 月 |
| 刘　氏 | 海阳市小纪镇五虎岭村 | — | 女 | 1945 年 2 月 |
| 王友花 | 海阳市小纪镇大泊子村 | 43 | 男 | 1945 年 2 月 |
| 郑德玉 | 海阳市小纪镇子推后村 | 20 | 男 | 1945 年 2 月 |
| 辛德义 | 海阳市小纪镇老古山村 | 21 | 男 | 1945 年 2 月 |
| 纪在云 | 海阳市小纪镇大杨格庄村 | 23 | 男 | 1945 年 2 月 |
| 纪学云 | 海阳市小纪镇大杨格庄村 | 18 | 男 | 1945 年 2 月 |
| 纪从云 | 海阳市小纪镇大杨格庄村 | 22 | 男 | 1945 年 2 月 |
| 任先礼 | 海阳市小纪镇小杨格庄村 | 20 | 男 | 1945 年 2 月 |
| 孙宝奎 | 海阳市小纪镇夏泽村 | 25 | 男 | 1945 年 2 月 |
| 姜元山 | 海阳市小纪镇望宿村 | 22 | 男 | 1945 年 2 月 |
| 蒋文庆 | 海阳市朱吴镇大桃口村 | 21 | 男 | 1945 年 2 月 |
| 姜树友 | 海阳市朱吴镇黑崮村 | 38 | 男 | 1945 年 2 月 |
| 冷湖春 | 海阳市朱吴镇冷家村 | 23 | 男 | 1945 年 2 月 |
| 孙永庆 | 海阳市朱吴镇七寨村 | 22 | 男 | 1945 年 2 月 |
| 于腾汉 | 海阳市朱吴镇西拴马岛村 | 28 | 男 | 1945 年 2 月 |
| 任殿腾 | 海阳市朱吴镇下院口村 | 20 | 男 | 1945 年 2 月 |

| 姓 名 | 籍 贯 | 年 龄 | 性 别 | 死难时间 |
|---|---|---|---|---|
| 孙吉岭 | 海阳市朱吴镇杨格庄村 | 25 | 男 | 1945 年 2 月 |
| 王可纯 | 海阳市朱吴镇朱吴村 | 30 | 男 | 1945 年 2 月 |
| 孙瑞莲 | 海阳市二十里店镇孙格庄村 | — | 女 | 1945 年 3 月 25 日 |
| 孙京山之母 | 海阳市二十里店镇孙格庄村 | — | 女 | 1945 年 3 月 25 日 |
| 李延勋 | 海阳市东村街道南才苑村 | 23 | 男 | 1945 年 3 月 |
| 邢奎河 | 海阳市东村街道邢家村 | 23 | 男 | 1945 年 3 月 |
| 杨延勋 | 海阳市东村街道北才苑村 | 23 | 男 | 1945 年 3 月 |
| 王忠正 | 海阳市凤城街道窑上村 | 21 | 男 | 1945 年 3 月 |
| 王有庆 | 海阳市凤城街道窑上村 | 58 | 男 | 1945 年 3 月 |
| 来相元 | 海阳市凤城街道八里孙家村 | 17 | 男 | 1945 年 3 月 |
| 李正兴 | 海阳市凤城街道八里孙家村 | 28 | 男 | 1945 年 3 月 |
| 耒增元 | 海阳市凤城街道八里孙家村 | 22 | 男 | 1945 年 3 月 |
| 赵延永 | 海阳市小纪镇北索格庄村 | 72 | 男 | 1945 年 3 月 |
| 赵世昌 | 海阳市小纪镇北索格庄村 | 71 | 男 | 1945 年 3 月 |
| 孙兆海 | 海阳市小纪镇西宅子头村 | — | 男 | 1945 年 3 月 |
| 初之宝 | 海阳市小纪镇夹格庄村 | 65 | 男 | 1945 年 3 月 |
| 董树喜 | 海阳市朱吴镇后寨山沟村 | 21 | 男 | 1945 年 3 月 |
| 杨同金 | 海阳市朱吴镇九岭夼村 | 19 | 男 | 1945 年 3 月 |
| 李正财 | 海阳市东村街道北才苑村 | 59 | 男 | 1945 年 3 月 |
| 王金祥 | 海阳市发城镇忠厚村 | 50 | 男 | 1945 年 3 月 |
| 王德春 | 海阳市发城镇龙庄沟村 | 22 | 男 | 1945 年 3 月 |
| 于同义 | 海阳市发城镇现子口村 | 22 | 男 | 1945 年 3 月 |
| 范忠钦 | 海阳市发城镇姜格庄村 | 27 | 男 | 1945 年 3 月 |
| 姜全财 | 海阳市发城镇古家兰村 | 25 | 男 | 1945 年 3 月 |
| 董 国 | 海阳市盘石店镇北山后村 | 21 | 男 | 1945 年 3 月 |
| 祁国英 | 海阳市二十里店镇上于朋村 | 25 | 男 | 1945 年 3 月 |
| 陶希安 | 海阳市朱吴镇陶家沟村 | 32 | 男 | 1945 年 3 月 |
| 于善堂 | 海阳市郭城镇黄草场村 | 35 | 男 | 1945 年 3 月 |
| 孙洪才 | 海阳市郭城镇西楼子村 | 20 | 男 | 1945 年 3 月 |
| 李仁兆 | 海阳市行村镇何家村 | 29 | 男 | 1945 年 3 月 |
| 于长庆 | 海阳市行村镇英武店村 | 36 | 男 | 1945 年 3 月 |
| 车仁喜 | 海阳市行村镇行二村 | 22 | 男 | 1945 年 3 月 |
| 李超刚 | 海阳市行村镇三里庄村 | 26 | 男 | 1945 年 3 月 |
| 项乐田 | 海阳市行村镇项家村 | 56 | 男 | 1945 年 3 月 |

| 姓 名 | 籍 贯 | 年 龄 | 性 别 | 死难时间 |
|---|---|---|---|---|
| 吴丰云 | 海阳市行村镇何家村 | 29 | 男 | 1945 年 3 月 |
| 韩明玉 | 海阳市发城镇洪沟村 | 18 | 男 | 1945 年春 |
| 修吉德 | 海阳市二十里店镇孙格庄村 | 42 | 男 | 1945 年春 |
| 修吉德 | 海阳市二十里店镇后店村 | 42 | 男 | 1945 年春 |
| 姜吉学之子 | 海阳市郭城镇港里村 | 21 | 男 | 1945 年春 |
| 蓝守田之子 | 海阳市郭城镇港里村 | 24 | 男 | 1945 年春 |
| 徐立基 | 海阳市行村镇榆林村 | 40 | 男 | 1945 年春 |
| 徐姜氏 | 海阳市行村镇榆林村 | 41 | 女 | 1945 年春 |
| 赵金平 | 海阳市行村镇榆林村 | 23 | 女 | 1945 年春 |
| 黄金菊之妻 | 海阳市二十里店镇西花崖村 | 45 | 女 | 1945 年 4 月 12 日 |
| 黄同升 | 海阳市二十里店镇西花崖村 | 28 | 男 | 1945 年 4 月 12 日 |
| 韩孔士 | 海阳市行村镇上夼村 | — | 男 | 1945 年 4 月 12 日 |
| 赵福玉 | 海阳市行村镇上夼村 | 62 | 男 | 1945 年 4 月 12 日 |
| 韩祥云 | 海阳市行村镇上夼村 | 61 | 男 | 1945 年 4 月 12 日 |
| 赵华堂 | 海阳市行村镇上夼村 | 67 | 男 | 1945 年 4 月 12 日 |
| 盖见年之母 | 海阳市行村镇夼里村 | — | 女 | 1945 年 4 月 20 日 |
| 纪大嫚 | 海阳市行村镇庶村 | — | 女 | 1945 年 4 月 27 日 |
| 张书云 | 海阳市东村街道后辛治村 | 22 | 男 | 1945 年 4 月 |
| 倪龙田 | 海阳市东村街道北倪家村 | 24 | 男 | 1945 年 4 月 |
| 于锡仁 | 海阳市凤城街道新安村 | 23 | 男 | 1945 年 4 月 |
| 孙绍义 | 海阳市小纪镇瓦塘埠村 | 48 | 男 | 1945 年 4 月 |
| 孙仕仁 | 海阳市小纪镇瓦塘埠村 | 70 | 男 | 1945 年 4 月 |
| 赵洪敬 | 海阳市小纪镇北索格庄村 | 50 | 男 | 1945 年 4 月 |
| 赵玉光 | 海阳市小纪镇北索格庄村 | 54 | 男 | 1945 年 4 月 |
| 赵玉堂 | 海阳市小纪镇北索格庄村 | 53 | 男 | 1945 年 4 月 |
| 赵本起 | 海阳市小纪镇北索格庄村 | 51 | 男 | 1945 年 4 月 |
| 赵本贵 | 海阳市小纪镇北索格庄村 | 50 | 男 | 1945 年 4 月 |
| 纪兆进 | 海阳市小纪镇凤凰村 | 72 | 男 | 1945 年 4 月 |
| 纪显耀 | 海阳市小纪镇凤凰村 | 70 | 男 | 1945 年 4 月 |
| 刁永云之兄 | 海阳市小纪镇小纪村 | 30 | 男 | 1945 年 4 月 |
| 杜 氏 | 海阳市小纪镇大刁家村 | 21 | 女 | 1945 年 4 月 |
| 刁 氏 | 海阳市小纪镇大刁家村 | 30 | 女 | 1945 年 4 月 |
| 刁文贤 | 海阳市小纪镇大刁家村 | 21 | 男 | 1945 年 4 月 |
| 孙明通 | 海阳市小纪镇西野口村 | 19 | 男 | 1945 年 4 月 |

| 姓　名 | 籍　贯 | 年　龄 | 性　别 | 死难时间 |
|---|---|---|---|---|
| 徐春虎 | 海阳市小纪镇东索格村 | 35 | 男 | 1945 年 4 月 |
| 朱　氏 | 海阳市小纪镇东索格村 | 78 | 女 | 1945 年 4 月 |
| 梁国仁 | 海阳市小纪镇东野口村 | 20 | 男 | 1945 年 4 月 |
| 赵延作 | 海阳市小纪镇东索格村 | 50 | 男 | 1945 年 4 月 |
| 孟昭法 | 海阳市小纪镇南孟格庄村 | 24 | 男 | 1945 年 4 月 |
| 辛吉岗 | 海阳市小纪镇书院村 | 22 | 男 | 1945 年 4 月 |
| 纪仁乐 | 海阳市小纪镇纪家店村 | 20 | 男 | 1945 年 4 月 |
| 纪球之母 | 海阳市小纪镇纪家店村 | — | 女 | 1945 年 4 月 |
| 孙义发之母 | 海阳市小纪镇纪家店村 | — | 女 | 1945 年 4 月 |
| 于九江 | 海阳市小纪镇东董格庄村 | 30 | 男 | 1945 年 4 月 |
| 张日兴 | 海阳市小纪镇小泊子村 | 31 | 男 | 1945 年 4 月 |
| 董吉花 | 海阳市小纪镇西三官村 | 40 | 男 | 1945 年 4 月 |
| 初连瑞 | 海阳市小纪镇夹格庄村 | 23 | 男 | 1945 年 4 月 |
| 刘常俭 | 海阳市小纪镇新庄头村 | 23 | 男 | 1945 年 4 月 |
| 刘乃起 | 海阳市小纪镇新庄头村 | 23 | 男 | 1945 年 4 月 |
| 刘体仁 | 海阳市小纪镇新庄头村 | 39 | 男 | 1945 年 4 月 |
| 包丕宗 | 海阳市大阎家镇新建村 | 23 | 男 | 1945 年 4 月 |
| 谭囤芝 | 海阳市大阎家镇路疃村 | 22 | 男 | 1945 年 4 月 |
| 宋永林 | 海阳市东村街道前辛治村 | 26 | 男 | 1945 年 4 月 |
| 臧占元 | 海阳市旅游度假区臧家村 | 18 | 男 | 1945 年 4 月 |
| 王天俊 | 海阳市发城镇矿山村 | 23 | 男 | 1945 年 4 月 |
| 李世宗 | 海阳市留格庄镇院下村 | 19 | 男 | 1945 年 4 月 |
| 胡占昌 | 海阳市留格庄镇前望海村 | 23 | 男 | 1945 年 4 月 |
| 王治丹 | 海阳市盘石店镇盘石店村 | 19 | 男 | 1945 年 4 月 |
| 赵希增 | 海阳市辛安镇台子头村 | 21 | 男 | 1945 年 4 月 |
| 姜命胜 | 海阳市辛安镇姜家庄村 | 28 | 男 | 1945 年 4 月 |
| 宋绍太 | 海阳市辛安镇南丁村 | 23 | 男 | 1945 年 4 月 |
| 刘德孔 | 海阳市辛安镇北马家村 | 31 | 男 | 1945 年 4 月 |
| 刘德楷 | 海阳市辛安镇北马家村 | 19 | 男 | 1945 年 4 月 |
| 刘德传 | 海阳市辛安镇北马家村 | 30 | 男 | 1945 年 4 月 |
| 宋仁三 | 海阳市辛安镇代格庄村 | 22 | 男 | 1945 年 4 月 |
| 姜明胜 | 海阳市辛安镇南姜家村 | 28 | 男 | 1945 年 4 月 |
| 祁玉英 | 海阳市二十里店镇中于朋村 | 27 | 男 | 1945 年 4 月 |
| 赵明发 | 海阳市二十里店镇南野口村 | 21 | 男 | 1945 年 4 月 |

| 姓　名 | 籍　贯 | 年龄 | 性别 | 死难时间 |
|---|---|---|---|---|
| 臧京连 | 海阳经济开发区联合村 | 61 | 男 | 1945 年 4 月 |
| 陈国云 | 海阳经济开发区柳树庄村 | 34 | 男 | 1945 年 4 月 |
| 马寿全 | 海阳市郭城镇马家沟村 | 23 | 男 | 1945 年 4 月 |
| 黄家胜 | 海阳市行村镇卧龙村 | 25 | 男 | 1945 年 4 月 |
| 赵培镇 | 海阳市行村镇文山后村 | 12 | 男 | 1945 年 4 月 |
| 于敬利 | 海阳市行村镇文山后村 | 62 | 男 | 1945 年 4 月 |
| 姜吉功 | 海阳市行村镇杜格庄村 | 28 | 男 | 1945 年 4 月 |
| 姜德勋 | 海阳市行村镇杜格庄村 | 60 | 男 | 1945 年 4 月 |
| 徐维春 | 海阳市行村镇东村庄村 | 18 | 男 | 1945 年 4 月 |
| 邵益民 | 海阳市行村镇齐格庄村 | 24 | 男 | 1945 年 4 月 |
| 姜吉胜 | 海阳市行村镇西村庄村 | 21 | 男 | 1945 年 4 月 |
| 陈小九 | 海阳市行村镇后寨头村 | — | 男 | 1945 年 4 月 |
| 吕纯正 | 海阳市行村镇田村 | — | 男 | 1945 年 4 月 |
| 姜自绥 | 海阳市行村镇行一村 | 38 | 男 | 1945 年 4 月 |
| 于相伞 | 海阳市行村镇文山后村 | 58 | 男 | 1945 年 4 月 |
| 于振兴 | 海阳市行村镇文山后村 | 56 | 男 | 1945 年 4 月 |
| 吕元庆 | 海阳市徐家店镇油坊村 | 67 | 男 | 1945 年 4 月 |
| 赵　显 | 海阳市行村镇文山后村 | 62 | 男 | 1945 年 4 月 |
| 张　氏 | 海阳市行村镇文山后村 | 71 | 女 | 1945 年 4 月 |
| 李　氏 | 海阳市行村镇文山后村 | 70 | 女 | 1945 年 4 月 |
| 于春胜之妻 | 海阳市行村镇文山后村 | 72 | 女 | 1945 年 4 月 |
| 赵子珍 | 海阳市行村镇上夼村 | 22 | 男 | 1945 年 5 月 12 日 |
| 李仁宁 | 海阳市东村街道羊角沟村 | 58 | 男 | 1945 年 5 月 |
| 于希南 | 海阳市东村街道大磊石村 | 21 | 男 | 1945 年 5 月 |
| 于　伦 | 海阳市东村街道大磊石村 | 24 | 男 | 1945 年 5 月 |
| 于存虎 | 海阳市东村街道大磊石村 | 20 | 男 | 1945 年 5 月 |
| 于希德 | 海阳市东村街道大磊石村 | 22 | 男 | 1945 年 5 月 |
| 于希尧 | 海阳市东村街道大磊石村 | 36 | 男 | 1945 年 5 月 |
| 高奎定 | 海阳市凤城街道北河沟村 | 24 | 男 | 1945 年 5 月 |
| 周教师 | — | — | 男 | 1945 年 5 月 |
| 于干部 | — | — | 男 | 1945 年 5 月 |
| 徐景岳 | 海阳市小纪镇西苇园头村 | 24 | 男 | 1945 年 5 月 |
| 徐德臻 | 海阳市小纪镇西苇园头村 | 20 | 男 | 1945 年 5 月 |
| 徐常臻 | 海阳市小纪镇西苇园头村 | 26 | 男 | 1945 年 5 月 |

| 姓 名 | 籍 贯 | 年龄 | 性别 | 死难时间 |
|---|---|---|---|---|
| 姜振文 | 海阳市小纪镇北斗山村 | 20 | 男 | 1945 年 5 月 |
| 姜振忠 | 海阳市小纪镇北斗山村 | 34 | 男 | 1945 年 5 月 |
| 刁岁年 | 海阳市小纪镇小刁家村 | 46 | 男 | 1945 年 5 月 |
| 刁福祥 | 海阳市小纪镇小刁家村 | 22 | 男 | 1945 年 5 月 |
| 刁梅年 | 海阳市小纪镇小刁家村 | 35 | 男 | 1945 年 5 月 |
| 姜学治 | 海阳市小纪镇大刁家村 | 35 | 男 | 1945 年 5 月 |
| 刁敬贤 | 海阳市小纪镇大刁家村 | 30 | 男 | 1945 年 5 月 |
| 刁洪祥 | 海阳市小纪镇大刁家村 | 40 | 男 | 1945 年 5 月 |
| 刁中志 | 海阳市小纪镇大刁家村 | 32 | 男 | 1945 年 5 月 |
| 刁中汉 | 海阳市小纪镇大刁家村 | 30 | 男 | 1945 年 5 月 |
| 刁中善 | 海阳市小纪镇大刁家村 | 28 | 男 | 1945 年 5 月 |
| 王桂义 | 海阳市小纪镇大刁家村 | 20 | 男 | 1945 年 5 月 |
| 刁中年 | 海阳市小纪镇大刁家村 | 26 | 男 | 1945 年 5 月 |
| 崔盛德 | 海阳市小纪镇大刁家村 | 32 | 男 | 1945 年 5 月 |
| 梁兆宏 | 海阳市小纪镇东野口村 | 58 | 男 | 1945 年 5 月 |
| 纪忠甫 | 海阳市小纪镇亭儿崖村 | 29 | 男 | 1945 年 5 月 |
| 孙 氏 | 海阳市小纪镇荷叶山后村 | 27 | 女 | 1945 年 5 月 |
| 田世帮 | 海阳市小纪镇老古山村 | 23 | 男 | 1945 年 5 月 |
| 田世玉 | 海阳市小纪镇老古山村 | 20 | 男 | 1945 年 5 月 |
| 于学臣 | 海阳市小纪镇下碾头村 | 35 | 男 | 1945 年 5 月 |
| 李元财 | 海阳市小纪镇下碾头村 | 26 | 男 | 1945 年 5 月 |
| 刘常年 | 海阳市小纪镇新庄头村 | 19 | 男 | 1945 年 5 月 |
| 刘玉成 | 海阳市小纪镇后沙埠前村 | 20 | 男 | 1945 年 5 月 |
| 盖见荣 | 海阳市小纪镇石马瞳头村 | 40 | 男 | 1945 年 5 月 |
| 项才田 | 海阳市小纪镇石马瞳头村 | 35 | 男 | 1945 年 5 月 |
| 王欣华之兄 | 海阳市小纪镇石马瞳头村 | 31 | 男 | 1945 年 5 月 |
| 王志祥 | 海阳市小纪镇石马瞳头村 | 20 | 女 | 1945 年 5 月 |
| 王女美 | 海阳市小纪镇石马瞳头村 | 29 | 男 | 1945 年 5 月 |
| 由玉海 | 海阳市大阎家镇大阎家村 | 25 | 男 | 1945 年 5 月 |
| 张文吉 | 海阳市大阎家镇大阎家村 | 24 | 男 | 1945 年 5 月 |
| 孙盛吉 | 海阳市大阎家镇岭上村 | 23 | 男 | 1945 年 5 月 |
| 姜太绍 | 海阳市发城镇东坊坞村 | 32 | 男 | 1945 年 5 月 |
| 曲学敬 | 海阳市发城镇吉格庄村 | 19 | 男 | 1945 年 5 月 |
| 孙春卿 | 海阳市发城镇长宇村 | 24 | 男 | 1945 年 5 月 |

| 姓 名 | 籍 贯 | 年 龄 | 性 别 | 死难时间 |
|---|---|---|---|---|
| 梁凤尧 | 海阳市发城镇榆山夼村 | 12 | 男 | 1945 年 5 月 |
| 王德国 | 海阳市小纪镇石马疃头村 | 20 | 男 | 1945 年 5 月 |
| 于胜年 | 海阳市辛安镇木桥夼村 | 21 | 男 | 1945 年 5 月 |
| 于进修 | 海阳市二十里店镇靠山村 | 25 | 男 | 1945 年 5 月 |
| 黄桂月 | 海阳市二十里店镇西岚口村 | 22 | 男 | 1945 年 5 月 |
| 孙凤顺 | 海阳市二十里店镇东上庄村 | 22 | 男 | 1945 年 5 月 |
| 孙桂胜 | 海阳市二十里店镇东上庄村 | 22 | 男 | 1945 年 5 月 |
| 颜战意 | 海阳市方圆街道东石兰沟村 | 47 | 男 | 1945 年 5 月 |
| 高忠刚 | 海阳市方圆街道西哲阳村 | 18 | 男 | 1945 年 5 月 |
| 成日彬之妻 | 海阳经济开发区石人泊村 | — | 女 | 1945 年 5 月 |
| 李连坤 | 海阳经济开发区石人泊村 | — | 男 | 1945 年 5 月 |
| 于永军 | 海阳市郭城镇林东村 | 24 | 男 | 1945 年 5 月 |
| 刘宾杰 | 海阳市行村镇杏家庄村 | 60 | 男 | 1945 年 5 月 |
| 刘同国 | 海阳市行村镇前寨头村 | 27 | 男 | 1945 年 5 月 |
| 项才福 | 海阳市行村镇项家村 | 42 | 男 | 1945 年 5 月 |
| 项才进 | 海阳市行村镇项家村 | 22 | 男 | 1945 年 5 月 |
| 赵学文 | 海阳市行村镇赵疃村 | 45 | 男 | 1945 年 5 月 |
| 刁 氏 | 海阳市行村镇赵疃村 | 51 | 女 | 1945 年 5 月 |
| 李孔奎 | 海阳市行村镇鹏化庄村 | 20 | 男 | 1945 年 5 月 |
| 于绪年 | 海阳市行村镇何家村 | 29 | 男 | 1945 年 5 月 |
| 黄学寿 | 海阳市行村镇何家村 | 34 | 男 | 1945 年 5 月 |
| 于立训 | 海阳市行村镇桃林村 | 40 | 男 | 1945 年 5 月 |
| 程显振 | 海阳市行村镇东山村 | 23 | 男 | 1945 年 5 月 |
| 赵明功 | 海阳市行村镇赵疃村 | 54 | 男 | 1945 年 5 月 |
| 赵炳章 | 海阳市行村镇赵疃村 | 40 | 男 | 1945 年 5 月 |
| 赵敬贤 | 海阳市行村镇赵疃村 | 27 | 男 | 1945 年 5 月 |
| 赵志章 | 海阳市行村镇赵疃村 | 25 | 男 | 1945 年 5 月 |
| 黄德科 | 海阳市盘石店镇小榆村 | 16 | 男 | 1945 年 6 月 1 日 |
| 盖文洪 | 海阳市行村镇夼里村 | 27 | 男 | 1945 年 6 月 3 日 |
| 祁善伦 | 海阳市二十里店镇中于朋村 | 56 | 男 | 1945 年 6 月 6 日 |
| 祁成训 | 海阳市二十里店镇中于朋村 | 40 | 男 | 1945 年 6 月 6 日 |
| 黄令法 | 海阳市二十里店镇西花崖村 | 30 | 男 | 1945 年 6 月 20 日 |
| 黄德边 | 海阳市二十里店镇西花崖村 | 40 | 男 | 1945 年 6 月 20 日 |
| 李克江 | 海阳市东村街道凉山后村 | 20 | 男 | 1945 年 6 月 |

| 姓　名 | 籍　贯 | 年龄 | 性别 | 死难时间 |
|---|---|---|---|---|
| 马凤斌 | 海阳市东村街道榆林涧村 | 18 | 男 | 1945 年 6 月 |
| 马凤举 | 海阳市东村街道榆林涧村 | 24 | 男 | 1945 年 6 月 |
| 于开年 | 海阳市东村街道大磊石村 | 20 | 男 | 1945 年 6 月 |
| 姜荣茂 | 海阳市东村街道姜家疃村 | 20 | 男 | 1945 年 6 月 |
| 丛振升 | 海阳市东村街道大丛家村 | 20 | 男 | 1945 年 6 月 |
| 王世昌 | 海阳市凤城街道窑上村 | 19 | 男 | 1945 年 6 月 |
| 姜天训 | 海阳市凤城街道东洼村 | 25 | 男 | 1945 年 6 月 |
| 王京芳 | 海阳市凤城街道东迟格庄村 | 27 | 男 | 1945 年 6 月 |
| 高可英 | 海阳市旅游度假区先锋村 | 24 | 男 | 1945 年 6 月 |
| 周兆英 | 海阳市凤城街道邓家村 | 21 | — | 1945 年 6 月 |
| 姜振安 | 海阳市小纪镇北斗山村 | 39 | 男 | 1945 年 6 月 |
| 孙　云 | 海阳市小纪镇小纪村 | 29 | 男 | 1945 年 6 月 |
| 宋老五 | 海阳市小纪镇小纪村 | 30 | 男 | 1945 年 6 月 |
| 徐春满 | 海阳市小纪镇东索格村 | 23 | 男 | 1945 年 6 月 |
| 梁　庆 | 海阳市小纪镇东野口村 | 50 | 男 | 1945 年 6 月 |
| 辛洪运 | 海阳市小纪镇佘格庄村 | 29 | 男 | 1945 年 6 月 |
| 辛吉臣 | 海阳市小纪镇书院村 | 24 | 男 | 1945 年 6 月 |
| 辛同登 | 海阳市小纪镇笤帚夼村 | 39 | 男 | 1945 年 6 月 |
| 于风贵 | 海阳市小纪镇东董格庄村 | 24 | 男 | 1945 年 6 月 |
| 孙维芳 | 海阳市小纪镇崖后村 | 22 | 男 | 1945 年 6 月 |
| 孙维兰 | 海阳市小纪镇崖后村 | 24 | 男 | 1945 年 6 月 |
| 董士喜 | 海阳市小纪镇西三官村 | 23 | 男 | 1945 年 6 月 |
| 初炳顺 | 海阳市小纪镇泉水头村 | 20 | 男 | 1945 年 6 月 |
| 刘树斌 | 海阳市小纪镇前沙埠前村 | 19 | 男 | 1945 年 6 月 |
| 蒋立言 | 海阳市朱吴镇大桃口村 | 21 | 男 | 1945 年 6 月 |
| 杨玉升 | 海阳市朱吴镇丁家夼村 | 22 | 男 | 1945 年 6 月 |
| 王文财 | 海阳市朱吴镇二王家村 | 28 | 男 | 1945 年 6 月 |
| 张太合 | 海阳市朱吴镇后寨后村 | 20 | 男 | 1945 年 6 月 |
| 王树基 | 海阳市朱吴镇后庄村 | 18 | 男 | 1945 年 6 月 |
| 张永柱 | 海阳市朱吴镇莱格庄村 | 23 | 男 | 1945 年 6 月 |
| 王庆波 | 海阳市朱吴镇崖南头村 | 24 | 男 | 1945 年 6 月 |
| 张启新 | 海阳市朱吴镇朱吴村 | 24 | 男 | 1945 年 6 月 |
| 李明高 | 海阳市二十里店镇南姜格庄村 | 69 | 男 | 1945 年 6 月 |
| 李维庚 | 海阳市二十里店镇南姜格庄村 | 40 | 男 | 1945 年 6 月 |

| 姓　名 | 籍　贯 | 年　龄 | 性　别 | 死难时间 |
|---|---|---|---|---|
| 盖先令 | 海阳市二十里店镇南姜格庄村 | 62 | 男 | 1945 年 6 月 |
| 盖福之妹 | 海阳市二十里店镇南姜格庄村 | 18 | 女 | 1945 年 6 月 |
| 盖光成之次女 | 海阳市二十里店镇南姜格庄村 | — | 女 | 1945 年 6 月 |
| 李维胜 | 海阳市二十里店镇南姜格庄村 | 53 | 男 | 1945 年 6 月 |
| 李维胜之妻 | 海阳市二十里店镇南姜格庄村 | 53 | 女 | 1945 年 6 月 |
| 李维胜之女 | 海阳市二十里店镇南姜格庄村 | 16 | 女 | 1945 年 6 月 |
| 李维胜之子 | 海阳市二十里店镇南姜格庄村 | 15 | 男 | 1945 年 6 月 |
| 李维胜之小女 | 海阳市二十里店镇南姜格庄村 | 13 | 女 | 1945 年 6 月 |
| 由维举 | 海阳市大阎家镇西沽头村 | 24 | 男 | 1945 年 6 月 |
| 包作读 | 海阳市大阎家镇庄上村 | 20 | 男 | 1945 年 6 月 |
| 谭环芝 | 海阳市大阎家镇路瞳村 | 19 | 男 | 1945 年 6 月 |
| 谭存芝 | 海阳市大阎家镇路瞳村 | 22 | 男 | 1945 年 6 月 |
| 阎锡竹 | 海阳市大阎家镇大阎家村 | 23 | 男 | 1945 年 6 月 |
| 冷春发 | 海阳市发城镇中夏屋庄村 | 16 | 男 | 1945 年 6 月 |
| 宋世山 | 海阳市发城镇榆山后村 | 29 | 男 | 1945 年 6 月 |
| 张丕勇 | 海阳市发城镇北楼底村 | 19 | 男 | 1945 年 6 月 |
| 李维本 | 海阳市留格庄镇院下村 | 22 | 男 | 1945 年 6 月 |
| 高振清 | 海阳市留格庄镇姜格庄村 | 23 | 男 | 1945 年 6 月 |
| 张　凯 | 海阳市盘石店镇小柴村 | 20 | 男 | 1945 年 6 月 |
| 董仁中 | 海阳市盘石店镇徐家泊村 | 23 | 男 | 1945 年 6 月 |
| 董全周 | 海阳市盘石店镇望山村 | 18 | 男 | 1945 年 6 月 |
| 董学敏 | 海阳市盘石店镇朱兰夼村 | 22 | 男 | 1945 年 6 月 |
| 黄伟科 | 海阳市盘石店镇小榆村 | 16 | 男 | 1945 年 6 月 |
| 石增光 | 海阳市盘石店镇龙头村 | 22 | 男 | 1945 年 6 月 |
| 马进行 | 海阳市盘石店镇霞石村 | 19 | 男 | 1945 年 6 月 |
| 马永君 | 海阳市盘石店镇霞石村 | 26 | 男 | 1945 年 6 月 |
| 鲁自兴 | 海阳市盘石店镇北鲁家村 | 22 | 男 | 1945 年 6 月 |
| 牟　文 | 海阳市盘石店镇东杨格庄村 | 20 | 男 | 1945 年 6 月 |
| 董奎周 | 海阳市盘石店镇望山村 | 24 | 男 | 1945 年 6 月 |
| 张福起 | 海阳市辛安镇大山所村 | 25 | 男 | 1945 年 6 月 |
| 宣振安 | 海阳市辛安镇大山所村 | 19 | 男 | 1945 年 6 月 |
| 宣进林 | 海阳市辛安镇大山所村 | 19 | 男 | 1945 年 6 月 |
| 于清连 | 海阳市辛安镇辛安村 | 20 | 男 | 1945 年 6 月 |
| 薛孟臻 | 海阳市辛安镇辛安村 | 31 | 男 | 1945 年 6 月 |

| 姓　名 | 籍　贯 | 年　龄 | 性　别 | 死难时间 |
|---|---|---|---|---|
| 隋永松 | 海阳市辛安镇修家村 | 23 | 男 | 1945 年 6 月 |
| 修　瑞 | 海阳市辛安镇修家村 | 26 | 男 | 1945 年 6 月 |
| 王连英 | 海阳市二十里店镇半社乡村 | 20 | 男 | 1945 年 6 月 |
| 祁在平 | 海阳市二十里店镇上于朋村 | 40 | 男 | 1945 年 6 月 |
| 祁兆集 | 海阳市二十里店镇下于朋村 | 45 | 男 | 1945 年 6 月 |
| 黄日斋 | 海阳市二十里店镇西花崖村 | 34 | 男 | 1945 年 6 月 |
| 盖光成 | 海阳市二十里店镇南姜格庄村 | 52 | 男 | 1945 年 6 月 |
| 祁连花 | 海阳市二十里店镇下于朋村 | 28 | 男 | 1945 年 6 月 |
| 祁学桂 | 海阳市二十里店镇上于朋村 | 31 | 男 | 1945 年 6 月 |
| 孙绍信 | 海阳市二十里店镇孙格庄村 | 27 | 男 | 1945 年 6 月 |
| 孙仁胜 | 海阳市二十里店镇东上庄村 | 20 | 男 | 1945 年 6 月 |
| 孙京武 | 海阳市二十里店镇东上庄村 | 24 | 男 | 1945 年 6 月 |
| 孙吉高 | 海阳市二十里店镇西上庄村 | 25 | 男 | 1945 年 6 月 |
| 迟炳智 | 海阳市方圆街道迟家村 | 22 | 男 | 1945 年 6 月 |
| 刘宝立 | 海阳市大阎家镇鲁古埠村 | 22 | 男 | 1945 年 6 月 |
| 杨振河 | 海阳市碧城工业区杨家泊村 | 20 | 男 | 1945 年 6 月 |
| 于同周 | 海阳市郭城镇林东村 | 20 | 男 | 1945 年 6 月 |
| 姜洪兰 | 海阳市郭城镇北朱村 | 31 | 男 | 1945 年 6 月 |
| 于铭九 | 海阳市行村镇何家村 | 27 | 男 | 1945 年 6 月 |
| 孙学贤 | 海阳市行村镇祥东村 | 26 | 男 | 1945 年 6 月 |
| 吕泽军 | 海阳市行村镇祥东村 | 21 | 男 | 1945 年 6 月 |
| 苏永成 | 海阳市行村镇东寨头村 | 28 | 男 | 1945 年 6 月 |
| 曲好武 | 海阳市行村镇石人夼村 | 28 | 男 | 1945 年 6 月 |
| 刘德进 | 海阳市行村镇杏家庄村 | 21 | 男 | 1945 年 6 月 |
| 刘国廷 | 海阳市行村镇杏家庄村 | 52 | 男 | 1945 年 6 月 |
| 刘宾善 | 海阳市行村镇杏家庄村 | 56 | 男 | 1945 年 6 月 |
| 刘国昌 | 海阳市行村镇杏家庄村 | 47 | 男 | 1945 年 6 月 |
| 刘明义 | 海阳市行村镇杏家庄村 | 62 | 男 | 1945 年 6 月 |
| 赵锡良 | 海阳市行村镇文山后村 | 31 | 男 | 1945 年 6 月 |
| 乔振山 | 海阳市行村镇英武店村 | 24 | 男 | 1945 年 6 月 |
| 许甫江 | 海阳市行村镇英武店村 | 21 | 男 | 1945 年 6 月 |
| 郭宣田 | 海阳市行村镇英武店村 | 18 | 男 | 1945 年 6 月 |
| 刘德彦 | 海阳市行村镇后寨头村 | 24 | 男 | 1945 年 6 月 |
| 李学仁 | 海阳市行村镇行三村 | 55 | 男 | 1945 年 6 月 |

| 姓 名 | 籍 贯 | 年 龄 | 性 别 | 死难时间 |
|---|---|---|---|---|
| 王有善 | 海阳市行村镇行三村 | 50 | 男 | 1945 年 6 月 |
| 程元连 | 海阳市行村镇东山村 | 23 | 男 | 1945 年 6 月 |
| 程元会 | 海阳市行村镇东山村 | 27 | 男 | 1945 年 6 月 |
| 姜自坤 | 海阳市行村镇行一村 | 61 | 男 | 1945 年 6 月 |
| 孙世林 | 海阳市行村镇孙家夼村 | 20 | 男 | 1945 年 6 月 |
| 盖光成之妻 | 海阳市二十里店镇南姜格庄村 | 50 | 女 | 1945 年 6 月 |
| 刘洪宾 | 海阳市二十里店镇下于朋村 | 29 | 男 | 1945 年 6 月 |
| 祁连宾 | 海阳市二十里店镇下于朋村 | 25 | 男 | 1945 年 6 月 |
| 刘值良 | 海阳市行村镇后寨头村 | 21 | 男 | 1945 年 6 月 |
| 盖光成之女 | 海阳市二十里店镇南姜格庄村 | 23 | 女 | 1945 年 6 月 |
| 刘奎远 | 海阳市行村镇后寨头村 | 22 | 男 | 1945 年 6 月 |
| 李 发 | 海阳市二十里店镇南姜格庄村 | 56 | 男 | 1945 年 6 月 |
| 盖清东 | 海阳市二十里店镇南姜格庄村 | 75 | 男 | 1945 年 6 月 |
| 丛世钧 | 海阳市东村街道大丛家村 | 42 | 男 | 1945 年夏 |
| 刘云升 | 海阳市行村镇汪格庄村 | 60 | 男 | 1945 年夏 |
| 姜一忠 | 海阳市行村镇汪格庄村 | 40 | 男 | 1945 年夏 |
| 孙 铅 | 海阳市二十里店镇东上庄村 | — | 男 | 1945 年 7 月 8 日 |
| 孙有德 | 海阳市二十里店镇东上庄村 | 65 | 男 | 1945 年 7 月 8 日 |
| 孙桂清 | 海阳市二十里店镇东上庄村 | 45 | 男 | 1945 年 7 月 8 日 |
| 刁 氏 | 海阳市二十里店镇东上庄村 | 50 | 女 | 1945 年 7 月 8 日 |
| 孙利章 | 海阳市二十里店镇西上庄村 | 70 | 男 | 1945 年 7 月 8 日 |
| 孙圈子 | 海阳市二十里店镇西上庄村 | 11 | 男 | 1945 年 7 月 8 日 |
| 孙利风 | 海阳市二十里店镇西上庄村 | 62 | 男 | 1945 年 7 月 8 日 |
| 刘忠钦 | 海阳市二十里店镇崖底村 | 50 | 男 | 1945 年 7 月 15 日 |
| 刘维禄 | 海阳市二十里店镇崖底村 | 30 | 男 | 1945 年 7 月 15 日 |
| 刘维胜 | 海阳市二十里店镇崖底村 | 26 | 男 | 1945 年 7 月 15 日 |
| 刘忠新 | 海阳市二十里店镇崖底村 | 33 | 男 | 1945 年 7 月 15 日 |
| 隋 喜 | 海阳市行村镇庶村 | 45 | 男 | 1945 年 7 月 26 日 |
| 李树芳 | 海阳市行村镇庶村 | 20 | 女 | 1945 年 7 月 27 日 |
| 李树训 | 海阳市行村镇庶村 | 45 | 男 | 1945 年 7 月 30 日 |
| 祁忠臣 | 海阳市行村镇龙门口村 | 30 | 男 | 1945 年 7 月 |
| 姜瑞宝 | 海阳市郭城镇柳树村 | 25 | 男 | 1945 年 7 月 |
| 刘忠义 | 海阳市郭城镇西古现村 | 28 | 男 | 1945 年 7 月 |
| 迟中达 | 海阳市郭城镇台城村 | 27 | 男 | 1945 年 7 月 |

| 姓　名 | 籍　贯 | 年　龄 | 性　别 | 死难时间 |
|---|---|---|---|---|
| 位国侯 | 海阳市行村镇南厫子村 | 26 | 男 | 1945 年 7 月 |
| 于书永 | 海阳市行村镇何家村 | 37 | 男 | 1945 年 7 月 |
| 辛悦喜 | 海阳市行村镇石人夼村 | 31 | 男 | 1945 年 7 月 |
| 赵　氏 | 海阳市行村镇杏家庄村 | 45 | 女 | 1945 年 7 月 |
| 赵氏之女 | 海阳市行村镇杏家庄村 | 9 | 女 | 1945 年 7 月 |
| 赵光吉 | 海阳市行村镇赵疃村 | 25 | 男 | 1945 年 7 月 |
| 吕建宝 | 海阳市行村镇田村 | 20 | 男 | 1945 年 7 月 |
| 于乃俭 | 海阳市行村镇桃林村 | 30 | 男 | 1945 年 7 月 |
| 赵德芳 | 海阳市行村镇桃林村 | 24 | 女 | 1945 年 7 月 |
| 张　浩 | 海阳市盘石店镇小柴村 | 19 | 男 | 1945 年 7 月 |
| 侯方才 | 海阳市徐家店镇小侯家村 | 67 | 男 | 1945 年 7 月 |
| 赵成喜 | 海阳市行村镇龙门口村 | 37 | 男 | 1945 年 7 月 |
| 赵光第 | 海阳市行村镇赵疃村 | 25 | 男 | 1945 年 7 月 |
| 于　氏 | 海阳市行村镇龙门口村 | 64 | 女 | 1945 年 7 月 |
| 于孟贤 | 海阳市徐家店镇于家长沙村 | 34 | 男 | 1945 年 7 月 |
| 赵凤藻 | 海阳市行村镇龙门口村 | 68 | 男 | 1945 年 7 月 |
| 祁振江 | 海阳市行村镇龙门口村 | 40 | 男 | 1945 年 7 月 |
| 祁长瑞 | 海阳市行村镇龙门口村 | 33 | 男 | 1945 年 7 月 |
| 杨占兴 | 海阳市东村街道石剑村 | 20 | 男 | 1945 年 7 月 |
| 李维语 | 海阳市东村街道城北村 | 32 | 男 | 1945 年 7 月 |
| 李思明 | 海阳市东村街道和平村 | 21 | 男 | 1945 年 7 月 |
| 修好勤 | 海阳市东村街道鞋西沟村 | 19 | 男 | 1945 年 7 月 |
| 傅作学 | 海阳市凤城街道东迟格庄村 | 26 | 男 | 1945 年 7 月 |
| 张　氏 | 海阳市小纪镇西野口村 | 51 | 女 | 1945 年 7 月 |
| 孙树华 | 海阳市小纪镇西野口村 | 19 | 男 | 1945 年 7 月 |
| 孙　氏 | 海阳市小纪镇西索格庄村 | — | 女 | 1945 年 7 月 |
| 徐申清 | 海阳市小纪镇西索格庄村 | 60 | 男 | 1945 年 7 月 |
| 孙　氏 | 海阳市小纪镇西索格庄村 | 70 | 女 | 1945 年 7 月 |
| 王　氏 | 海阳市小纪镇西索格庄村 | 72 | 女 | 1945 年 7 月 |
| 辛丕华 | 海阳市小纪镇笤帚夼村 | — | 男 | 1945 年 7 月 |
| 辛守堂 | 海阳市小纪镇笤帚夼村 | — | 男 | 1945 年 7 月 |
| 王　氏 | 海阳市小纪镇槐树底村 | 60 | 女 | 1945 年 7 月 |
| 张元太 | 海阳市小纪镇下虎龙头村 | — | 男 | 1945 年 7 月 |
| 董世山 | 海阳市小纪镇北三官村 | — | 男 | 1945 年 7 月 |

| 姓 名 | 籍 贯 | 年 龄 | 性 别 | 死难时间 |
|---|---|---|---|---|
| 刘元顺 | 海阳市小纪镇后沙埠前村 | 28 | 男 | 1945 年 7 月 |
| 徐力家 | 海阳市小纪镇后沙埠前村 | 57 | 男 | 1945 年 7 月 |
| 王全文 | 海阳市小纪镇石马疃头村 | 40 | 男 | 1945 年 7 月 |
| 王风瑞 | 海阳市小纪镇石马疃头村 | 33 | 男 | 1945 年 7 月 |
| 王文德 | 海阳市小纪镇石马疃头村 | 46 | 男 | 1945 年 7 月 |
| 王志义 | 海阳市小纪镇石马疃头村 | 34 | 男 | 1945 年 7 月 |
| 王国华 | 海阳市小纪镇石马疃头村 | 35 | 男 | 1945 年 7 月 |
| 王本福 | 海阳市小纪镇石马疃头村 | 40 | 男 | 1945 年 7 月 |
| 王财英 | 海阳市小纪镇石马疃头村 | 50 | 男 | 1945 年 7 月 |
| 王有燕 | 海阳市小纪镇石马疃头村 | 51 | 男 | 1945 年 7 月 |
| 王 全 | 海阳市小纪镇石马疃头村 | 56 | 男 | 1945 年 7 月 |
| 王学俊 | 海阳市小纪镇石马疃头村 | 61 | 男 | 1945 年 7 月 |
| 王德梦 | 海阳市小纪镇石马疃头村 | 35 | 男 | 1945 年 7 月 |
| 王香山之妻 | 海阳市小纪镇石马疃头村 | 30 | 女 | 1945 年 7 月 |
| 王有忠 | 海阳市小纪镇石马疃头村 | 46 | 男 | 1945 年 7 月 |
| 王富仁 | 海阳市小纪镇石马疃头村 | 30 | 男 | 1945 年 7 月 |
| 王元新 | 海阳市小纪镇石马疃头村 | 40 | 男 | 1945 年 7 月 |
| 王典士 | 海阳市小纪镇石马疃头村 | 56 | 男 | 1945 年 7 月 |
| 王文昌 | 海阳市小纪镇石马疃头村 | 57 | 男 | 1945 年 7 月 |
| 王志莲 | 海阳市小纪镇石马疃头村 | 43 | 男 | 1945 年 7 月 |
| 王祝全 | 海阳市小纪镇石马疃头村 | 25 | 男 | 1945 年 7 月 |
| 王蓝田 | 海阳市小纪镇石马疃头村 | — | 男 | 1945 年 7 月 |
| 王义华 | 海阳市小纪镇石马疃头村 | 22 | 男 | 1945 年 7 月 |
| 王明友 | 海阳市小纪镇石马疃头村 | 71 | 男 | 1945 年 7 月 |
| 王俊山 | 海阳市小纪镇石马疃头村 | 33 | 男 | 1945 年 7 月 |
| 王孟仁 | 海阳市小纪镇石马疃头村 | 50 | 男 | 1945 年 7 月 |
| 王 喜 | 海阳市小纪镇石马疃头村 | 50 | 男 | 1945 年 7 月 |
| 王祝英 | 海阳市小纪镇石马疃头村 | — | 男 | 1945 年 7 月 |
| 王明山 | 海阳市小纪镇石马疃头村 | 60 | 男 | 1945 年 7 月 |
| 冷江云 | 海阳市朱吴镇冷家村 | 31 | 男 | 1945 年 7 月 |
| 王兆登 | 海阳市朱吴镇桑园村 | 45 | 男 | 1945 年 7 月 |
| 姜德奎 | 海阳市朱吴镇台子村 | 18 | 男 | 1945 年 7 月 |
| 于洪恺 | 海阳市朱吴镇西石现村 | 15 | 男 | 1945 年 7 月 |
| 包从福 | 海阳市大阎家镇新生村 | 22 | 男 | 1945 年 7 月 |

| 姓 名 | 籍 贯 | 年 龄 | 性 别 | 死难时间 |
|---|---|---|---|---|
| 包鸣政 | 海阳市大阎家镇新平村 | 19 | 男 | 1945 年 7 月 |
| 谭维腾 | 海阳市大阎家镇路疃村 | 27 | 男 | 1945 年 7 月 |
| 由文正 | 海阳市大阎家镇大沽头村 | 19 | 男 | 1945 年 7 月 |
| 张士德 | 海阳市发城镇苍山村 | 19 | 男 | 1945 年 7 月 |
| 王成敬 | 海阳市发城镇东车格庄村 | 43 | 男 | 1945 年 7 月 |
| 周泮林 | 海阳市留格庄镇周格庄村 | 61 | 男 | 1945 年 7 月 |
| 李永江 | 海阳市留格庄镇塔儿庄村 | 25 | 男 | 1945 年 7 月 |
| 王丕升 | 海阳市留格庄镇王家泊村 | 21 | 男 | 1945 年 7 月 |
| 徐增春 | 海阳市盘石店镇马格庄村 | 20 | 男 | 1945 年 7 月 |
| 黄振宝 | 海阳市盘石店镇小榆村 | 22 | 男 | 1945 年 7 月 |
| 张吉顺 | 海阳市盘石店镇小榆村 | 26 | 男 | 1945 年 7 月 |
| 王文太 | 海阳市盘石店镇东杨格庄村 | 22 | 男 | 1945 年 7 月 |
| 薛在玺 | 海阳市盘石店镇井家沟村 | 23 | 男 | 1945 年 7 月 |
| 宫庆恒 | 海阳市辛安镇瓦罐窑村 | 20 | 男 | 1945 年 7 月 |
| 刘长修 | 海阳市辛安镇北马家村 | 19 | 男 | 1945 年 7 月 |
| 唐生有 | 海阳市辛安镇茂梓集村 | 32 | 男 | 1945 年 7 月 |
| 迟作纯 | 海阳市辛安镇卓格庄村 | 23 | 男 | 1945 年 7 月 |
| 吕占菊 | 海阳市辛安镇吕家村 | 25 | 男 | 1945 年 7 月 |
| 祁立香 | 海阳市二十里店镇野鸡夼村 | 32 | 男 | 1945 年 7 月 |
| 黄丕尧之母 | 海阳市二十里店镇东花崖村 | 62 | 女 | 1945 年 7 月 |
| 黄同道之妻 | 海阳市二十里店镇东花崖村 | 26 | 女 | 1945 年 7 月 |
| 毛方泽 | 海阳市二十里店镇窦疃村 | 32 | 男 | 1945 年 7 月 |
| 张万竹 | 海阳市二十里店镇潘家村 | 37 | 男 | 1945 年 7 月 |
| 宋希南 | 海阳市二十里店镇邵伯村 | 20 | 男 | 1945 年 7 月 |
| 孙吉兴 | 海阳市二十里店镇西上庄村 | 20 | 男 | 1945 年 7 月 |
| 孙立摇 | 海阳市二十里店镇西上庄村 | 25 | 男 | 1945 年 7 月 |
| 高文德 | 海阳市方圆街道宅子头村 | 27 | 男 | 1945 年 7 月 |
| 陈树京 | 海阳市行村镇牟格庄村 | 19 | 男 | 1945 年 8 月 4 日 |
| 于崇金 | 海阳市行村镇桃林村 | 18 | 男 | 1945 年 8 月 6 日 |
| 于兆福 | 海阳市行村镇桃林村 | 18 | 男 | 1945 年 8 月 6 日 |
| 于喜全 | 海阳市徐家店镇于家长沙村 | 34 | 男 | 1945 年 8 月 |
| 于洪升 | 海阳市徐家店镇于家长沙村 | 30 | 男 | 1945 年 8 月 |
| 由在杰 | 海阳市大阎家镇大沽头村 | 29 | 男 | 1945 年 8 月 |
| 由彦秀 | 海阳市大阎家镇西沽头村 | 21 | 男 | 1945 年 8 月 |

| 姓　名 | 籍　贯 | 年龄 | 性别 | 死难时间 |
|---|---|---|---|---|
| 包金田 | 海阳市大阎家镇大阎家村 | 35 | 男 | 1945 年 8 月 |
| 姜家义 | 海阳市发城镇 | 23 | 男 | 1945 年 8 月 |
| 邹兆义 | 海阳市发城镇前儒林庄村 | 18 | 男 | 1945 年 8 月 |
| 范永和 | 海阳市发城镇姜格庄村 | 24 | 男 | 1945 年 8 月 |
| 张廷沼 | 海阳市发城镇西坊坞村 | 26 | 男 | 1945 年 8 月 |
| 石敬斋 | 海阳市留格庄镇东邵家村 | 20 | 男 | 1945 年 8 月 |
| 姜德福 | 海阳市盘石店镇野口村 | 21 | 男 | 1945 年 8 月 |
| 于兆连 | 海阳市盘石店镇仙人盆村 | 22 | 男 | 1945 年 8 月 |
| 董　福 | 海阳市盘石店镇金银崮村 | 22 | 男 | 1945 年 8 月 |
| 王书言 | 海阳市盘石店镇大庄村 | 22 | 男 | 1945 年 8 月 |
| 于孟春 | 海阳市徐家店镇于家长沙村 | 32 | 男 | 1945 年 8 月 |
| 王焕竹 | 海阳市二十里店镇窦疃村 | 30 | 男 | 1945 年 8 月 |
| 孙吉见 | 海阳市二十里店镇西上庄村 | 23 | 男 | 1945 年 8 月 |
| 于可宽 | 海阳市郭城镇前夼村 | 17 | 男 | 1945 年 8 月 |
| 于喜庆 | 海阳市郭城镇阵胜村 | 31 | 男 | 1945 年 8 月 |
| 苏绍春 | 海阳市行村镇东寨头村 | 26 | 男 | 1945 年 8 月 |
| 徐相顺 | 海阳市行村镇北廒子村 | 20 | 男 | 1945 年 8 月 |
| 苏桂婵 | 海阳市行村镇瑞宇村 | 17 | 男 | 1945 年 8 月 |
| 赵洪香 | 海阳市行村镇石人夼村 | 23 | 男 | 1945 年 8 月 |
| 于文德 | 海阳市行村镇瑞宇村 | 22 | 男 | 1945 年 8 月 |
| 孙忠奎 | 海阳市行村镇西村庄村 | 25 | 男 | 1945 年 8 月 |
| 赵炳熙 | 海阳市行村镇赵疃村 | 23 | 男 | 1945 年 8 月 |
| 于永赞 | 海阳市徐家店镇于家长沙村 | 31 | 男 | 1945 年 8 月 |
| 于胜海 | 海阳市徐家店镇于家长沙村 | 34 | 女 | 1945 年 8 月 |
| 于喜礼 | 海阳市徐家店镇于家长沙村 | 32 | 男 | 1945 年 8 月 |
| 于孟洲 | 海阳市徐家店镇于家长沙村 | 36 | 男 | 1945 年 8 月 |
| 李才林 | 海阳市凤城街道陇子头村 | 19 | 男 | 1945 年 8 月 |
| 孙吉竹 | 海阳市小纪镇秀家疃村 | 42 | 男 | 1945 年 8 月 |
| 徐春芝 | 海阳市小纪镇西苇园头村 | — | 女 | 1945 年 8 月 |
| 徐德荣 | 海阳市小纪镇西苇园头村 | 30 | 男 | 1945 年 8 月 |
| 徐仁高 | 海阳市小纪镇西苇园头村 | 40 | 男 | 1945 年 8 月 |
| 徐常善之子 | 海阳市小纪镇西苇园头村 | 10 | 男 | 1945 年 8 月 |
| 徐京玉 | 海阳市小纪镇西苇园头村 | 40 | 男 | 1945 年 8 月 |
| 孙洪利 | 海阳市小纪镇陈家疃村 | 30 | 男 | 1945 年 8 月 |

| 姓 名 | 籍 贯 | 年 龄 | 性 别 | 死难时间 |
|---|---|---|---|---|
| 孙世河 | 海阳市小纪镇南埠村 | 25 | 男 | 1945 年 8 月 |
| 孙洪术 | 海阳市小纪镇南埠村 | 40 | 男 | 1945 年 8 月 |
| 于富喜 | 海阳市小纪镇南埠村 | 28 | 男 | 1945 年 8 月 |
| 孙言花 | 海阳市小纪镇南埠村 | 36 | 男 | 1945 年 8 月 |
| 王全仁 | 海阳市小纪镇南埠村 | 30 | 男 | 1945 年 8 月 |
| 孙世平之妻 | 海阳市小纪镇南埠村 | 40 | 女 | 1945 年 8 月 |
| 刘通才 | 海阳市小纪镇东苇园头村 | 20 | 男 | 1945 年 8 月 |
| 王天宝 | 海阳市小纪镇东苇园头村 | 22 | 男 | 1945 年 8 月 |
| 徐文海 | 海阳市小纪镇东苇园头村 | 30 | 男 | 1945 年 8 月 |
| 王喜祥之母 | 海阳市小纪镇东苇园头村 | 82 | 女 | 1945 年 8 月 |
| 姜德信 | 海阳市小纪镇北斗山村 | 26 | 男 | 1945 年 8 月 |
| 姜振太 | 海阳市小纪镇北斗山村 | 20 | 男 | 1945 年 8 月 |
| 姜振先 | 海阳市小纪镇北斗山村 | 36 | 男 | 1945 年 8 月 |
| 姜德清 | 海阳市小纪镇北斗山村 | 42 | 男 | 1945 年 8 月 |
| 姜玉崔之母 | 海阳市小纪镇北斗山村 | 70 | 女 | 1945 年 8 月 |
| 姜德胜 | 海阳市小纪镇北斗山村 | 25 | 男 | 1945 年 8 月 |
| 姜德平 | 海阳市小纪镇北斗山村 | 36 | 男 | 1945 年 8 月 |
| 姜德合 | 海阳市小纪镇北斗山村 | 29 | 男 | 1945 年 8 月 |
| 姜振洋 | 海阳市小纪镇北斗山村 | 37 | 男 | 1945 年 8 月 |
| 赵本荣 | 海阳市小纪镇北索村 | 21 | 男 | 1945 年 8 月 |
| 赵本莱 | 海阳市小纪镇北索村 | 21 | 男 | 1945 年 8 月 |
| 纪德全 | 海阳市小纪镇纪家店村 | 19 | 男 | 1945 年 8 月 |
| 纪绍经 | 海阳市小纪镇中山夼村 | 33 | 男 | 1945 年 8 月 |
| 纪玉芳 | 海阳市小纪镇中山夼村 | 33 | 男 | 1945 年 8 月 |
| 杨振起 | 海阳市小纪镇李家疃村 | 26 | 男 | 1945 年 8 月 |
| 于振芳 | 海阳市小纪镇北三官村 | — | 男 | 1945 年 8 月 |
| 姜元章 | 海阳市小纪望宿村 | 16 | 男 | 1945 年 8 月 |
| 姜会成 | 海阳市朱吴镇台子村 | 21 | 男 | 1945 年 8 月 |
| 陶万发 | 海阳市朱吴镇陶家沟村 | 23 | 男 | 1945 年 8 月 |
| 程元丰 | 海阳市朱吴镇吴家沟村 | 51 | 男 | 1945 年 8 月 |
| 由维新 | 海阳市大阎家镇西沽头村 | 21 | 男 | 1945 年 |
| 于学鉴 | 海阳市发城镇湖西村 | 19 | 男 | 1945 年 |
| 李志寿 | 海阳市留格庄镇八甲村 | 22 | 男 | 1945 年 |
| 姜瑞帮 | 海阳市郭城镇窦家疃村 | 19 | 男 | 1945 年 |

| 姓 名 | 籍 贯 | 年 龄 | 性 别 | 死难时间 |
|---|---|---|---|---|
| 于希正 | 海阳市东村街道大磊石村 | 18 | 男 | 1945 年 |
| 于希玲 | 海阳市东村街道大磊石村 | 17 | 男 | 1945 年 |
| 于新年 | 海阳市东村街道大磊石村 | 17 | 男 | 1945 年 |
| 于庆志 | 海阳市东村街道大磊石村 | 17 | 男 | 1945 年 |
| 于勤升 | 海阳市东村街道大磊石村 | 17 | 男 | 1945 年 |
| 于存固 | 海阳市东村街道大磊石村 | 28 | 男 | 1945 年 |
| 丛惠滋 | 海阳市小纪镇山水夼村 | 20 | 男 | 1945 年 |
| 徐常俊 | 海阳市小纪镇西苇园头村 | 28 | 男 | 1945 年 |
| 孙彦德 | 海阳市小纪镇小纪村 | 25 | 男 | 1945 年 |
| 姜德春 | 海阳市小纪镇大刁家村 | 34 | 男 | 1945 年 |
| 刁忠礼 | 海阳市小纪镇山汪家村 | 29 | 男 | 1945 年 |
| 纪瑞浦 | 海阳市小纪镇凤凰村 | 21 | 男 | 1945 年 |
| 纪兆好 | 海阳市小纪镇凤凰村 | 24 | 男 | 1945 年 |
| 赵玉亭 | 海阳市小纪镇北索格庄村 | 20 | 男 | 1945 年 |
| 纪元国 | 海阳市小纪镇槐树底村 | 24 | 男 | 1945 年 |
| 孙太胜 | 海阳市小纪镇崖后村 | 18 | 男 | 1945 年 |
| 于殿瑞 | 海阳市小纪镇下碾头村 | 23 | 男 | 1945 年 |
| 孙洪玉 | 海阳市小纪镇小杨格庄村 | 23 | 男 | 1945 年 |
| 孙喜亭 | 海阳市朱吴镇西乐畎村 | 23 | 男 | 1945 年 |
| 张贤善 | 海阳市郭城镇郭城一村 | 22 | 男 | 1945 年 |
| 孙田忠 | 海阳市大阎家镇海丰村 | 30 | 男 | 1945 年 |
| 杨民兴 | 海阳市东村街道石剑村 | 22 | 男 | 1945 年 |
| 刘年海 | 海阳市东村街道羊角沟村 | 27 | 男 | 1945 年 |
| 刘通芳 | 海阳市东村街道羊角沟村 | 21 | 男 | 1945 年 |
| 李 氏 | 海阳市东村街道羊角沟村 | 40 | 女 | 1945 年 |
| 刘希进 | 海阳市东村街道地北头村 | 23 | 男 | 1945 年 |
| 刘希军 | 海阳市东村街道地北头村 | 24 | 男 | 1945 年 |
| 刘文开 | 海阳市东村街道地北头村 | 23 | 男 | 1945 年 |
| 刘希兴 | 海阳市东村街道地北头村 | 30 | 男 | 1945 年 |
| 刘 忠 | 海阳市东村街道地北头村 | 24 | 男 | 1945 年 |
| 李世平 | 海阳市东村街道地北头村 | 18 | 男 | 1945 年 |
| 李永福 | 海阳市东村街道北八里庄村 | 17 | 男 | 1945 年 |
| 李维坤 | 海阳市东村街道城北村 | 47 | 男 | 1945 年 |
| 学 | 海阳市发城镇南柳村 | 24 | 男 | 1945 年 |

| 姓　名 | 籍　贯 | 年　龄 | 性　别 | 死难时间 |
|---|---|---|---|---|
| 韩明水 | 海阳市发城镇洪沟村 | 18 | 男 | 1945 年 |
| 王天贵 | 海阳市发城镇上屋庄村 | 40 | 男 | 1945 年 |
| 周　民 | 海阳市凤城街道两甲村 | 22 | 男 | 1945 年 |
| 于秀仁 | 海阳市凤城街道两甲村 | 20 | 男 | 1945 年 |
| 于书富 | 海阳市凤城街道新安村 | 17 | 男 | 1945 年 |
| 于兴堂 | 海阳市凤城街道新安村 | 33 | 男 | 1945 年 |
| 于兆亭 | 海阳市凤城街道新安村 | 24 | 男 | 1945 年 |
| 于孟云 | 海阳市凤城街道新安村 | 21 | 男 | 1945 年 |
| 于从智 | 海阳市凤城街道寨前村 | 24 | 男 | 1945 年 |
| 赵良海 | 海阳市凤城街道寨前村 | 24 | 男 | 1945 年 |
| 李树禄 | 海阳市凤城街道李王庄村 | 24 | 男 | 1945 年 |
| 周兆鹏 | 海阳市凤城街道邓家村 | 22 | 男 | 1945 年 |
| 李廷友 | 海阳市留格庄镇六甲村 | 24 | 男 | 1945 年 |
| 李洪敏 | 海阳市留格庄镇西远牛庄村 | 30 | 男 | 1945 年 |
| 李和贵 | 海阳市留格庄镇周格庄村 | 61 | 男 | 1945 年 |
| 董　义 | 海阳市留格庄镇建平村 | 23 | 男 | 1945 年 |
| 王登山 | 海阳市留格庄镇留格庄村 | 21 | 男 | 1945 年 |
| 高云朴 | 海阳市盘石店镇盘石店村 | 21 | 男 | 1945 年 |
| 王　杰 | 海阳市盘石店镇盘石店村 | 26 | 男 | 1945 年 |
| 徐进法 | 海阳市盘石店镇马格庄村 | 24 | 男 | 1945 年 |
| 高　俊 | 海阳市盘石店镇周家村 | 28 | 男 | 1945 年 |
| 刘洪义 | 海阳市盘石店镇野口村 | 24 | 男 | 1945 年 |
| 陈洪昌 | 海阳市小纪镇陈家疃村 | 27 | 男 | 1945 年 |
| 徐振明 | 海阳市小纪镇南埠村 | 24 | 男 | 1945 年 |
| 于连柱 | 海阳市小纪镇东梨园村 | 30 | 男 | 1945 年 |
| 王恒福 | 海阳市小纪镇东苇园头村 | 20 | 男 | 1945 年 |
| 辛化南 | 海阳市小纪镇佘格庄村 | 33 | 男 | 1945 年 |
| 于风玺 | 海阳市小纪镇下虎龙头村 | 43 | 男 | 1945 年 |
| 孙永奎 | 海阳市小纪镇大夫疃村 | 26 | 男 | 1945 年 |
| 孙连仁 | 海阳市小纪镇南台村 | 50 | 男 | 1945 年 |
| 孙连振 | 海阳市小纪镇南台村 | 30 | 男 | 1945 年 |
| 孙炳臣 | 海阳市小纪镇南台村 | 16 | 男 | 1945 年 |
| 孙明轮 | 海阳市小纪镇南台村 | 60 | 男 | 1945 年 |
| 孙彦杰 | 海阳市小纪镇夏泽村 | 22 | 男 | 1945 年 |

| 姓　名 | 籍　贯 | 年　龄 | 性　别 | 死难时间 |
|---|---|---|---|---|
| 姜维仁 | 海阳市小纪镇东土堆头村 | 34 | 男 | 1945 年 |
| 于振荣 | 海阳市小纪镇东土堆头村 | 35 | 男 | 1945 年 |
| 刘建树 | 海阳市小纪镇新庄头村 | 60 | 男 | 1945 年 |
| 刘兴治 | 海阳市小纪镇新庄头村 | 45 | 男 | 1945 年 |
| 刘瑞谦 | 海阳市小纪镇前沙埠前村 | 27 | 男 | 1945 年 |
| 刘瑞太 | 海阳市小纪镇前沙埠前村 | 30 | 男 | 1945 年 |
| 刘　晴 | 海阳市小纪镇前沙埠前村 | 53 | 男 | 1945 年 |
| 刘瑞相 | 海阳市小纪镇前沙埠前村 | 40 | 男 | 1945 年 |
| 刘明焕 | 海阳市小纪镇新庄头村 | 20 | 男 | 1945 年 |
| 刘学仁之妻 | 海阳市小纪镇新庄头村 | 60 | 女 | 1945 年 |
| 刘建瑞 | 海阳市小纪镇新庄头村 | 60 | 男 | 1945 年 |
| 刘学红 | 海阳市小纪镇新庄头村 | 42 | 男 | 1945 年 |
| 王天成 | 海阳市小纪镇石马疃头村 | 35 | 男 | 1945 年 |
| 王桂英 | 海阳市徐家店镇蒿夼村 | — | 女 | 1945 年 |
| 王仁心 | 海阳市徐家店镇蒿夼村 | 47 | 男 | 1945 年 |
| 王增礼 | 海阳市徐家店镇蒿夼村 | 17 | 男 | 1945 年 |
| 于洪洋 | 海阳市徐家店镇于家长沙村 | 36 | 男 | 1945 年 |
| 孙吉连 | 海阳市徐家店镇南留村 | 50 | 男 | 1945 年 |
| 孙吉禄 | 海阳市徐家店镇南留村 | 52 | 男 | 1945 年 |
| 姜万华 | 海阳市朱吴镇北长仙村 | 19 | 男 | 1945 年 |
| 于倬周 | 海阳市朱吴镇东石现村 | 23 | 男 | 1945 年 |
| 王奎杰 | 海阳市朱吴镇桑园村 | 22 | 男 | 1945 年 |
| 于洪弟 | 海阳市朱吴镇西石现村 | 19 | 男 | 1945 年 |
| 于　顺 | 海阳市朱吴镇中石现村 | 25 | 男 | 1945 年 |
| 王洪义 | 海阳经济开发区石人泊村 | 41 | 男 | 1945 年 |
| 张　合 | 海阳经济开发区西大滩村 | 32 | 男 | 1945 年 |
| 姜　氏 | 海阳市郭城镇西古现村 | 23 | 女 | 1945 年 |
| 史泽太 | 海阳市郭城镇史家村 | 21 | 男 | 1945 年 |
| 于在哲 | 海阳市行村镇瑞宇村 | 19 | 男 | 1945 年 |
| 于华德 | 海阳市行村镇瑞宇村 | 21 | 男 | 1945 年 |
| 刘国虎之曾祖母 | 海阳市行村镇汪格庄村 | — | 女 | 1945 年 |
| 姜日新 | 海阳市行村镇汪格庄村 | 30 | 男 | 1945 年 |
| 邵文田 | 海阳市行村镇齐格庄村 | 27 | 男 | 1945 年 |
| 项才连 | 海阳市行村镇项家村 | 40 | 男 | 1945 年 |

| 姓 名 | 籍 贯 | 年 龄 | 性 别 | 死难时间 |
|---|---|---|---|---|
| 项立明 | 海阳市行村镇项家村 | 22 | 男 | 1945 年 |
| 赵同祥 | 海阳市行村镇赵疃村 | 47 | 男 | 1945 年 |
| 徐先金 | 海阳市行村镇榆林村 | 20 | 男 | 1945 年 |
| 陈 氏 | 海阳市行村镇周家庄村 | 40 | 女 | 1945 年 |
| 孙昌琢 | 海阳市行村镇孙家夼村 | 24 | 男 | 1945 年 |
| 孙昌理 | 海阳市行村镇孙家夼村 | 22 | 男 | 1945 年 |
| 孙胜南 | 海阳市行村镇孙家夼村 | 60 | 男 | 1945 年 |
| 孙玉川 | 海阳市行村镇孙家夼村 | 62 | 男 | 1945 年 |
| 何志胜 | 海阳市行村镇孙家夼村 | 42 | 男 | 1945 年 |
| 孙文东 | 海阳市行村镇孙家夼村 | 60 | 男 | 1945 年 |
| 孙学远 | 海阳市行村镇孙家夼村 | 63 | 男 | 1945 年 |
| 孙胜谦 | 海阳市行村镇孙家夼村 | 58 | 男 | 1945 年 |
| 孙志海 | 海阳市行村镇孙家夼村 | 62 | 男 | 1945 年 |
| 孙振喜 | 海阳市行村镇孙家夼村 | 60 | 男 | 1945 年 |
| 陈洪合 | 海阳市徐家店镇田水夼村 | — | 男 | — |
| 迟守欣 | 海阳市辛安镇卓格庄村 | 40 | 男 | 1938 年 4 月 2 日 |
| 迟守训 | 海阳市辛安镇卓格庄村 | 38 | 男 | 1938 年 4 月 2 日 |
| 黄子强 | 海阳市旅游度假区胜利村 | 24 | 男 | 1939 年 2 月 21 日 |
| 于长年 | 海阳市辛安镇木桥夼村 | 40 | 男 | 1939 年春 |
| 于长清 | 海阳市辛安镇木桥夼村 | 23 | 男 | 1939 年春 |
| 于丰明 | 海阳市辛安镇木桥夼村 | 28 | 男 | 1939 年春 |
| 于丰年 | 海阳市辛安镇木桥夼村 | 35 | 男 | 1939 年春 |
| 于祥年 | 海阳市辛安镇木桥夼村 | 50 | 男 | 1939 年春 |
| 于兆文 | 海阳市辛安镇木桥夼村 | 18 | 男 | 1939 年春 |
| 姜从运 | 海阳市行村镇杜格村 | 38 | 男 | 1939 年 6 月 |
| 相吉芳 | 海阳市辛安镇大山所村 | 46 | 男 | 1940 年 2 月 |
| 赵明亮 | 海阳市辛安镇大山所村 | — | 男 | 1940 年 2 月 |
| 赵明玉 | 海阳市辛安镇大山所村 | 13 | 男 | 1940 年 2 月 |
| 李 喔 | 海阳市辛安镇鲁口村 | 18 | 男 | 1940 年 3 月 |
| 李京道 | 海阳市辛安镇鲁口村 | 22 | 男 | 1940 年 |
| 李学华 | 海阳市辛安镇鲁口村 | 19 | 男 | 1940 年 |
| 李永俭 | 海阳市辛安镇鲁口村 | 20 | 男 | 1940 年 |
| 三 子 | 海阳市小纪镇桑梓口村 | 15 | 男 | 1940 年 |
| 王延福 | 海阳市辛安镇海头村 | 18 | 男 | 1940 年 |

| 姓　名 | 籍　贯 | 年　龄 | 性　别 | 死难时间 |
|---|---|---|---|---|
| 于洪年 | 海阳市行村镇杜格村 | 30 | 男 | 1940 年 |
| 刘大进 | 海阳市小纪镇新庄头村 | 28 | 男 | 1941 年 1 月 |
| 刘小进 | 海阳市小纪镇新庄头村 | 25 | 男 | 1941 年 1 月 |
| 黄二成 | 海阳市二十里店镇西岚口村 | 31 | 男 | 1941 年 2 月 |
| 黄桂安 | 海阳市二十里店镇西岚口村 | 40 | 男 | 1941 年 2 月 |
| 黄三成 | 海阳市二十里店镇西岚口村 | 29 | 男 | 1941 年 2 月 |
| 吕腾云 | 海阳市行村镇田村 | 33 | 男 | 1941 年 2 月 |
| 孙义显 | 海阳市二十里店镇西岚口村 | 30 | 男 | 1941 年 2 月 |
| 赵树文 | 海阳市二十里店镇西岚口村 | 22 | 男 | 1941 年 2 月 |
| 孙寿松 | 海阳市二十里店镇西岚口村 | 20 | 男 | 1941 年 2 月 |
| 孙云胜 | 海阳市二十里店镇西岚口村 | 40 | 男 | 1941 年 2 月 |
| 赵明善 | 海阳市二十里店镇西岚口村 | 19 | 男 | 1941 年 2 月 |
| 黄桂章 | 海阳市二十里店镇西岚口村 | 31 | 男 | 1941 年 2 月 |
| 孙宋升 | 海阳市二十里店镇西岚口村 | 28 | 男 | 1941 年 2 月 |
| 黄玉强 | 海阳市二十里店镇西岚口村 | 23 | 男 | 1941 年 2 月 |
| 孙宋运 | 海阳市二十里店镇西岚口村 | 26 | 男 | 1941 年 2 月 |
| 赵凤鸣 | 海阳市行村镇东山村 | 61 | 男 | 1941 年 3 月 |
| 赵兰田 | 海阳市行村镇东山村 | 33 | 男 | 1941 年 3 月 |
| 王日彬 | 海阳市辛安镇西赵家庄村 | 40 | 男 | 1941 年 4 月 2 日 |
| 王日良 | 海阳市辛安镇西赵家庄村 | 41 | 男 | 1941 年 4 月 2 日 |
| 王日旭 | 海阳市辛安镇西赵家庄村 | 33 | 男 | 1941 年 4 月 2 日 |
| 王文炳 | 海阳市辛安镇西赵家庄村 | 29 | 男 | 1941 年 4 月 2 日 |
| 王作保 | 海阳市辛安镇西赵家庄村 | 30 | 男 | 1941 年 4 月 3 日 |
| 张树芝 | 海阳市小纪镇桑梓口村 | 35 | 男 | 1941 年 8 月 |
| 邹化旗 | 海阳市发城镇中儒林庄村 | 21 | 男 | 1941 年 8 月 |
| 王启昌 | 海阳市行村镇行二村 | 32 | 男 | 1941 年 9 月 |
| 程元臻 | 海阳市行村镇东山村 | 46 | 男 | 1941 年 12 月 |
| 王殿贞 | 海阳市辛安镇瓦罐窑村 | 28 | 男 | 1941 年 |
| 倪根福 | 海阳市发城镇倪格庄村 | 35 | 男 | 1942 年 1 月 |
| 孙永福 | 海阳市方圆街道道南村 | 30 | 男 | 1942 年 1 月 |
| 张恩周 | 海阳市发城镇苍山村 | 25 | 男 | 1942 年 1 月 |
| 程禄义 | 海阳市行村镇东山村 | 36 | 男 | 1942 年 3 月 |
| 王德福 | 海阳市行村镇行四村 | 40 | 男 | 1942 年 3 月 |
| 李　华 | 海阳市行村镇行四村 | 22 | 男 | 1942 年 3 月 |

| 姓　名 | 籍　贯 | 年　龄 | 性　别 | 死难时间 |
|---|---|---|---|---|
| 于贤德 | 海阳市行村镇行四村 | 25 | 男 | 1942 年 3 月 |
| 孙洪田 | 海阳市行村镇行四村 | 32 | 男 | 1942 年 3 月 |
| 刁华林 | 海阳市二十里店镇孙格庄村 | 23 | 男 | 1942 年 4 月 12 日 |
| 年　子 | 海阳市二十里店镇孙格庄村 | 14 | 男 | 1942 年 4 月 12 日 |
| 孙树坤 | 海阳市二十里店镇孙格庄村 | 26 | 男 | 1942 年 4 月 12 日 |
| 孙树坦 | 海阳市二十里店镇孙格庄村 | 40 | 男 | 1942 年 4 月 12 日 |
| 孙小芹 | 海阳市二十里店镇孙格庄村 | 25 | 男 | 1942 年 4 月 12 日 |
| 李进仁 | 海阳市辛安镇鲁口村 | 21 | 男 | 1942 年 5 月 |
| 叶洪九 | 海阳市辛安镇叶家村 | 33 | 男 | 1942 年 5 月 |
| 张志明 | 海阳市辛安镇鲁口村 | 38 | 男 | 1942 年 7 月 |
| 乔得成 | 海阳市朱吴镇乔家村 | 28 | 男 | 1942 年 8 月 |
| 隋　光 | 海阳市辛安镇谢家村 | 35 | 男 | 1942 年 8 月 |
| 刘德明 | 海阳市辛安镇茂梓集村 | 39 | 男 | 1942 年 9 月 |
| 赵洪书 | 海阳市二十里店镇西岚口村 | 33 | 男 | 1942 年 10 月 12 日 |
| 李　傲 | 海阳市二十里店镇窦疃村 | 24 | 男 | 1942 年 10 月 15 日 |
| 李　全 | 海阳市二十里店镇窦疃村 | 34 | 男 | 1942 年 10 月 15 日 |
| 李维汉 | 海阳市二十里店镇窦疃村 | 26 | 男 | 1942 年 10 月 15 日 |
| 李早见 | 海阳市二十里店镇西马格庄村 | 32 | 男 | 1942 年 10 月 15 日 |
| 刘利香 | 海阳市二十里店镇西上庄村 | 35 | 男 | 1942 年 10 月 15 日 |
| 鲁清道 | 海阳市二十里店镇鲁家村 | 26 | 男 | 1942 年 10 月 15 日 |
| 鲁清明 | 海阳市二十里店镇鲁家村 | 28 | 男 | 1942 年 10 月 15 日 |
| 鲁清学 | 海阳市二十里店镇鲁家村 | 30 | 男 | 1942 年 10 月 15 日 |
| 毛方祥 | 海阳市二十里店镇豆疃村 | 27 | 男 | 1942 年 10 月 15 日 |
| 毛可冲 | 海阳市二十里店镇豆疃村 | 18 | 男 | 1942 年 10 月 15 日 |
| 毛可通 | 海阳市二十里店镇豆疃村 | 22 | 男 | 1942 年 10 月 15 日 |
| 毛　顺 | 海阳市二十里店镇豆疃村 | 31 | 男 | 1942 年 10 月 15 日 |
| 毛小芝 | 海阳市二十里店镇豆疃村 | 25 | 男 | 1942 年 10 月 15 日 |
| 毛新贵 | 海阳市二十里店镇窦疃村 | 24 | 男 | 1942 年 10 月 15 日 |
| 潘春藻 | 海阳市二十里店镇潘家村 | 37 | 男 | 1942 年 10 月 15 日 |
| 潘九信 | 海阳市二十里店镇潘家村 | 25 | 男 | 1942 年 10 月 15 日 |
| 潘九义 | 海阳市二十里店镇潘家村 | 30 | 男 | 1942 年 10 月 15 日 |
| 潘树芝 | 海阳市二十里店镇潘家村 | 30 | 男 | 1942 年 10 月 15 日 |
| 潘喜芝 | 海阳市二十里店镇潘家村 | 29 | 男 | 1942 年 10 月 15 日 |
| 潘元河 | 海阳市二十里店镇潘家村 | 32 | 男 | 1942 年 10 月 15 日 |

| 姓　名 | 籍　贯 | 年　龄 | 性　别 | 死难时间 |
|---|---|---|---|---|
| 祁书财 | 海阳市二十里店镇下于朋村 | 51 | 男 | 1942 年 10 月 15 日 |
| 祁正武 | 海阳市二十里店镇野鸡夼村 | — | 男 | 1942 年 10 月 15 日 |
| 宋显庆 | 海阳市二十里店镇邵伯村 | 38 | 男 | 1942 年 10 月 15 日 |
| 孙长梅 | 海阳市发城镇铁口村 | 19 | 男 | 1942 年 10 月 15 日 |
| 孙风琢 | 海阳市二十里店镇梨园后村 | 27 | 男 | 1942 年 10 月 15 日 |
| 孙绍河 | 海阳市二十里店镇梨园后村 | 29 | 男 | 1942 年 10 月 15 日 |
| 修付友 | 海阳市二十里店镇梨园后村 | 25 | 男 | 1942 年 10 月 15 日 |
| 修国喜 | 海阳市二十里店镇修家夼村 | — | 男 | 1942 年 10 月 15 日 |
| 于连恩 | 海阳市二十里店镇潘家村 | 23 | 男 | 1942 年 10 月 15 日 |
| 张京书 | 海阳市二十里店镇沙子埠村 | 24 | 男 | 1942 年 10 月 15 日 |
| 张克元 | 海阳市二十里店镇梨园后村 | 23 | 男 | 1942 年 10 月 15 日 |
| 张学祥 | 海阳市二十里店镇潘家村 | 26 | 男 | 1942 年 10 月 15 日 |
| 张忠厚 | 海阳市二十里店镇沙子埠村 | 26 | 男 | 1942 年 10 月 15 日 |
| 赵　波 | 海阳市二十里店镇西岚口村 | — | 男 | 1942 年 10 月 15 日 |
| 马进科 | 海阳市盘石店镇霞石村 | 32 | 男 | 1942 年 10 月 16 日 |
| 王树吉 | 海阳市盘石店镇桃李村 | 30 | 男 | 1942 年 10 月 17 日 |
| 姜元信 | 海阳市发城镇南埠后村 | 23 | 男 | 1942 年 10 月 |
| 李　信 | 海阳市盘石店镇霞石村 | 23 | 男 | 1942 年 10 月 |
| 孙永太 | 海阳市二十里店镇东上庄村 | 21 | 男 | 1942 年 10 月 |
| 孙桂宝 | 海阳市二十里店镇东上庄村 | 25 | 男 | 1942 年 10 月 |
| 姜学寿 | 海阳市东村街道山后村 | 20 | 男 | 1942 年 10 月 |
| 姜延海 | 海阳市东村街道山后村 | 18 | 男 | 1942 年 10 月 |
| 姜延军 | 海阳市东村街道山后村 | 20 | 男 | 1942 年 10 月 |
| 李承秋 | 海阳市东村街道地北头村 | — | 男 | 1942 年 10 月 |
| 李文通 | 海阳市东村街道西八里庄村 | 40 | 男 | 1942 年 10 月 |
| 于殿正 | 海阳市东村街道南磊石村 | 17 | 男 | 1942 年 10 月 |
| 于忠耕 | 海阳市东村街道大磊石村 | 42 | 男 | 1942 年 10 月 |
| 程元玉 | 海阳市方圆街道里口村 | 20 | 男 | 1942 年 11 月 |
| 李斌道 | 海阳市二十里店镇南姜格庄村 | 32 | 男 | 1942 年 11 月 |
| 修元方 | 海阳市二十里店镇岚前坡村 | 22 | 男 | 1942 年 11 月 |
| 张丰祥 | 海阳市碧城工业区嵩潜村 | 27 | 男 | 1942 年 11 月 |
| 张福牢 | 海阳市碧城工业区嵩潜村 | 30 | 男 | 1942 年 11 月 |
| 吕建花 | 海阳市行村镇田村 | 20 | 女 | 1942 年 12 月 |
| 薛丰海 | 海阳市朱吴镇河西村 | — | 男 | 1942 年冬 |

| 姓 名 | 籍 贯 | 年 龄 | 性 别 | 死难时间 |
|---|---|---|---|---|
| 薛维七 | 海阳市朱吴镇河西村 | — | 男 | 1942 年冬 |
| 薛维象 | 海阳市朱吴镇河西村 | — | 男 | 1942 年冬 |
| 程广佐 | 海阳市行村镇程家庄村 | 60 | 男 | 1942 年 |
| 程义顺 | 海阳市行村镇程家庄村 | 40 | 男 | 1942 年 |
| 姜荣恩 | 海阳市东村街道姜家疃村 | 23 | 男 | 1942 年 |
| 姜维岐 | 海阳市东村街道姜家疃村 | 14 | 男 | 1942 年 |
| 姜兆本 | 海阳市东村街道姜家疃村 | 32 | 男 | 1942 年 |
| 姜兆俭 | 海阳市东村街道姜家疃村 | 38 | 男 | 1942 年 |
| 姜兆平 | 海阳市东村街道姜家疃村 | 36 | 男 | 1942 年 |
| 刘江云 | 海阳市方圆街道秋林头村 | 22 | 男 | 1942 年 |
| 刘树贤 | 海阳市留格庄镇刘家泊村 | 26 | 男 | 1942 年 |
| 刘作迟 | 海阳市方圆街道秋林头村 | 31 | 男 | 1942 年 |
| 孙吉合 | 海阳市辛安镇南马家村 | 35 | 男 | 1942 年 |
| 孙太成 | 海阳市朱吴镇瓮窑头村 | 25 | 男 | 1942 年 |
| 孙兆芳 | 海阳市辛安镇南马家村 | 46 | 男 | 1942 年 |
| 孙兆焕 | 海阳市辛安镇南马家村 | 41 | 男 | 1942 年 |
| 王焕民 | 海阳市行村镇寺头村 | 24 | 男 | 1942 年 |
| 王兆芳 | 海阳市发城镇忠厚村 | 37 | 男 | 1942 年 |
| 于仁祥 | 海阳市辛安镇 | — | 男 | 1942 年 |
| 赵炳进 | 海阳市行村镇赵疃村 | 40 | 男 | 1942 年 |
| 赵德运 | 海阳市行村镇赵疃村 | 38 | 男 | 1942 年 |
| 赵凤丹 | 海阳市辛安镇南马家村 | 40 | 男 | 1942 年 |
| 赵学川 | 海阳市行村镇赵疃村 | 42 | 男 | 1942 年 |
| 赵学勤 | 海阳市辛安镇南马家村 | 42 | 男 | 1942 年 |
| 赵允阶 | 海阳市行村镇赵疃村 | 45 | 男 | 1942 年 |
| 周在田 | 海阳市辛安镇瓦罐窑村 | 50 | 男 | 1942 年 |
| 陈福仁 | 海阳市行村镇南廒子村 | 24 | 男 | 1943 年 2 月 |
| 赵崇新 | 海阳市行村镇赵疃村 | 30 | 男 | 1943 年 2 月 |
| 程元仕 | 海阳市行村镇东山村 | 52 | 男 | 1943 年 5 月 |
| 纪芳义 | 海阳市辛安镇埠后村 | 42 | 男 | 1943 年 5 月 |
| 吕玉山 | 海阳市行村镇田村 | 32 | 男 | 1943 年 5 月 |
| 叶荣曼 | 海阳市辛安镇叶家村 | — | 男 | 1943 年 8 月 |
| 于迟氏 | 海阳市辛安镇前黄塘村 | 40 | 女 | 1943 年 9 月 |
| 王言亭 | 海阳市朱吴镇三王家村 | 38 | 男 | 1943 年 11 月 22 日 |

| 姓 名 | 籍 贯 | 年 龄 | 性 别 | 死难时间 |
|---|---|---|---|---|
| 姜连国 | 海阳市发城镇长宇村 | — | 男 | 1943 年 11 月 |
| 丛玉奎 | 海阳市辛安镇谢家村 | 30 | 男 | 1943 年 |
| 刘学峨 | 海阳市朱吴镇前寨山沟村 | 38 | 男 | 1943 年 |
| 刘学堂 | 海阳市朱吴镇前寨山沟村 | 40 | 男 | 1943 年 |
| 孙永福之妻 | 海阳市方圆街道道南村 | 29 | 女 | 1943 年 |
| 王秉玖 | 海阳市辛安镇滩西村 | 26 | 男 | 1943 年 |
| 王兴洲 | 海阳市辛安镇瓦罐窑村 | 58 | 男 | 1943 年 |
| 赵臣子 | 海阳市行村镇赵疃村 | 23 | 男 | 1943 年 |
| 赵金城 | 海阳市行村镇赵疃村 | 38 | 男 | 1943 年 |
| 赵罗进 | 海阳市行村镇赵疃村 | 25 | 男 | 1943 年 |
| 赵新华 | 海阳市行村镇赵疃村 | 20 | 男 | 1943 年 |
| 李宗道 | 海阳市方圆街道新兴村 | 25 | 男 | 1944 年 1 月 |
| 陆 华 | 海阳市辛安镇大山所村 | 21 | 男 | 1944 年 1 月 |
| 于长湖 | 海阳市留格庄镇小寨子村 | 36 | 男 | 1944 年 1 月 |
| 马义谦 | 海阳市方圆街道西哲阳村 | 48 | 男 | 1944 年 1 月 |
| 姜甫安 | 海阳市行村镇西村庄村 | 30 | 男 | 1944 年 3 月 |
| 孙守太 | 海阳市朱吴镇杨格庄村 | 43 | 男 | 1944 年 3 月 |
| 于 凤 | 海阳市辛安镇修家村 | 63 | 男 | 1944 年 3 月 |
| 邵元治 | 海阳市辛安镇南邵家村 | 25 | 男 | 1944 年 4 月 |
| 徐希宫 | 海阳市辛安镇徐家村 | 35 | 男 | 1944 年 5 月 |
| 王 氏 | 海阳市辛安镇徐家村 | 20 | 女 | 1944 年 6 月 |
| 吕德宾 | 海阳市行村镇田村 | 20 | 男 | 1944 年 9 月 |
| 吕六柱 | 海阳市行村镇田村 | 23 | 男 | 1944 年 9 月 |
| 孙纯大 | 海阳市行村镇西小滩村 | 22 | 男 | 1944 年 11 月 |
| 张维华 | 海阳市辛安镇大山所村 | 32 | 男 | 1944 年 |
| 赵 氏 | 海阳市方圆街道西哲阳村 | 68 | 女 | 1944 年 |
| 邹德贵 | 海阳市行村镇丁格庄村 | 34 | 男 | 1945 年 1 月 |
| 邵长更 | 海阳市行村镇齐格庄村 | 25 | 男 | 1945 年 3 月 |
| 邵振举 | 海阳市行村镇齐格庄村 | 30 | 男 | 1945 年 3 月 |
| 孙永奎 | 海阳市辛安镇海头村 | 38 | 男 | 1945 年 3 月 |
| 孙红日 | 海阳市辛安镇海头村 | 34 | 女 | 1945 年 3 月 |
| 迟 氏 | 海阳市辛安镇海头村 | 22 | 女 | 1945 年 3 月 |
| 李 广 | 海阳市辛安镇北马家村 | 30 | 男 | 1945 年春 |
| 刘德超 | 海阳市辛安镇北马家村 | 28 | 男 | 1945 年春 |

| 姓　名 | 籍　贯 | 年龄 | 性别 | 死难时间 |
|---|---|---|---|---|
| 刘德臻 | 海阳市辛安镇北马家村 | 30 | 男 | 1945 年春 |
| 刘永珍 | 海阳市辛安镇北马家村 | 26 | 男 | 1945 年春 |
| 马　氏 | 海阳市辛安镇北马家村 | 20 | 女 | 1945 年春 |
| 徐海云 | 海阳市辛安镇北马家村 | 45 | 女 | 1945 年春 |
| 于　曼 | 海阳市辛安镇木桥夼村 | 18 | 女 | 1945 年春 |
| 于丰臣 | 海阳市辛安镇木桥夼村 | 30 | 男 | 1945 年春 |
| 于丰川 | 海阳市辛安镇木桥夼村 | 41 | 男 | 1945 年春 |
| 于会春 | 海阳市辛安镇木桥夼村 | 26 | 男 | 1945 年春 |
| 于　纯 | 海阳市辛安镇修家村 | 67 | 男 | 1945 年 4 月 |
| 徐可义 | 海阳市辛安镇台子头村 | 32 | 男 | 1945 年 5 月 |
| 于兴元之母 | 海阳市辛安镇修家村 | 39 | 女 | 1945 年 5 月 |
| 赵平源 | 海阳市行村镇庶村 | 19 | 男 | 1945 年 5 月 |
| 李　氏 | 海阳市辛安镇台子头村 | 32 | 女 | 1945 年 5 月 |
| 孙振家 | 海阳市辛安镇海头村 | 41 | 男 | 1945 年 5 月 |
| 迟建福 | 海阳市辛安镇海头村 | 38 | 男 | 1945 年 5 月 |
| 杨　氏 | 海阳市辛安镇台子头村 | 40 | 女 | 1945 年 5 月 |
| 孙　田 | 海阳市辛安镇海头村 | 63 | 男 | 1945 年 5 月 |
| 于永贞 | 海阳市辛安镇台子头村 | 62 | 男 | 1945 年 5 月 |
| 迟元春 | 海阳市辛安镇海头村 | 55 | 男 | 1945 年 5 月 |
| 徐振海 | 海阳市辛安镇台子头村 | 30 | 男 | 1945 年 5 月 |
| 于贞兰 | 海阳市辛安镇台子头村 | 14 | 男 | 1945 年 5 月 |
| 于德军 | 海阳市东村街道南磊石村 | 24 | 男 | 1945 年 5 月 |
| 韩登梅 | 海阳市辛安镇修家村 | 21 | 女 | 1945 年 6 月 |
| 祁西福 | 海阳市二十里店镇下于朋村 | 32 | 男 | 1945 年 6 月 |
| 时大栓 | 海阳市辛安镇前黄塘村 | 11 | 男 | 1945 年 6 月 |
| 徐希德 | 海阳市行村镇马家庄村 | 73 | 男 | 1945 年 6 月 |
| 张克功 | 海阳市行村镇庙河村 | 20 | 男 | 1945 年 6 月 |
| 祁西安 | 海阳市二十里店镇下于朋村 | 50 | 男 | 1945 年 6 月 |
| 黄水同 | 海阳市二十里店镇东花崖村 | 60 | 男 | 1945 年 7 月 8 日 |
| 宋克元 | 海阳市二十里店镇半社乡村 | 52 | 男 | 1945 年 7 月 8 日 |
| 王有贞 | 海阳市二十里店镇半社乡村 | 23 | 男 | 1945 年 7 月 8 日 |
| 刘维道 | 海阳市二十里店镇崖底村 | 27 | 男 | 1945 年 7 月 15 日 |
| 姜展仁 | 海阳市行村镇汪格庄村 | 40 | 男 | 1945 年 7 月 |
| 李学孟 | 海阳市辛安镇北马家村 | 30 | 男 | 1945 年 7 月 |

| 姓 名 | 籍 贯 | 年 龄 | 性 别 | 死难时间 |
|---|---|---|---|---|
| 刘振宏 | 海阳市辛安镇木桥夼村 | 32 | 男 | 1945 年 7 月 |
| 谢光生 | 海阳市辛安镇谢家村 | 45 | 男 | 1945 年 7 月 |
| 刘学友 | 海阳市辛安镇北马家村 | 28 | 男 | 1945 年 7 月 |
| 刘桂英 | 海阳市辛安镇北马家村 | 26 | 女 | 1945 年 7 月 |
| 孙　卓 | 海阳市辛安镇茂梓集村 | 58 | 男 | 1945 年 8 月 |
| 于凤年 | 海阳市辛安镇木桥夼村 | 32 | 男 | 1945 年 |
| 于乐清 | 海阳市辛安镇木桥夼村 | 50 | 男 | 1945 年 |
| 于胜年 | 海阳市辛安镇木桥夼村 | 38 | 男 | 1945 年 |
| 于忠年 | 海阳市辛安镇木桥夼村 | 21 | 男 | 1945 年 |
| 合　计 | **3338** | | | |

责任人：王希桂　王文强　　　　　核实人：孙德成　刘　明　　　填表人：刁常柏
填表单位（签章）：海阳市党史方志办公室　　　　　　　　　填报时间：2009 年 5 月 12 日

# 后　记

在中央党史研究室组织指导下，山东省于 2006 年开展了抗日战争时期人口伤亡和财产损失大型调研活动（以下简称"抗损调研"）。抗损调研的成果之一，是通过全省普遍的乡村走访调查，广泛收集见证人和知情人的口述资料，如实记录伤亡者的姓名、籍贯、性别、年龄、死难时间等信息，编纂一部《山东省抗日战争时期伤亡人员名录》（以下简称《名录》）。《名录》于 2010 年编纂完成后，共收录抗日战争时期日军造成的山东现行政区域范围内的伤亡人员 46.9 万余名。以《名录》为基础，我们选择信息比较完整、填写比较规范的 100 个县（市、区）抗日战争时期死难人员名录，经省市县三级党史部门进一步整理、编纂，形成了《山东省百县（市、区）抗日战争时期死难者名录》，共收录死难者169173 人。

2005 年，中央党史研究室部署开展《抗日战争时期中国人口伤亡和财产损失》这一重大课题的调研工作。考虑到这项课题是一项艰巨复杂的浩大工程，山东省委党史研究室确定先行试点，在取得经验的基础上全面展开。2006 年 3月，山东省委党史研究室在全省 17 个市选择 30 个县（市、区）作为抗损调研试点单位。在中央党史研究室指导下，山东省委党史研究室按照全国调研工作方案确定的指导思想、组织领导、调研项目、工作步骤、基本要求等，制定下发了《山东省抗日战争时期人口伤亡和财产损失调研试点工作方案》。各试点县（市、区）建立了两支调研队伍：一是县（市、区）建立由党史、档案、史志等单位人员组成的档案与文献资料查阅队伍；二是乡（镇）、村建立走访调查队伍。调查的方式是：以村为单位，以 70 岁以上老人为重点，走访调查见证人和知情人，调查人员根据访问情况填写调查表，被调查人员确认填写的内容准确无误后签字（按手印）；以乡（镇）为单位对调查表记录的人员伤亡和财产损失情况进行汇总统计；以县（市、区）为单位查阅历史档案和文献资料，细致梳理人员伤亡和财产损失情况记录，汇总统计本县（市、区）人口伤亡和财产损失情况。试点工作于 7 月底结束。

试点期间，中央党史研究室不仅从方案规划设计，调研方法步骤确定，以及走访调查和档案查阅等各个环节需要把握的问题，给予我们精心指导，而且一再提出把调研工作做成"基础工程、精品工程、警世工程、传世工程"的标准要求，不断提升我们对这项工作的认识高度。

在中央党史研究室的悉心指导下，试点工作不仅取得重要成果，而且深化了我们对抗损调研工作的认识，增强了我们做好这项工作的责任意识。

一是收集了大量历史档案和文献资料，掌握了历史上山东省对抗损问题的调研情况，对如何深化调研取得了新的认识。

试点期间，30个试点县（市、区）共查阅历史档案2.36万卷，文献资料6859册，收集档案、文献资料3.72万份。主要包括：抗日战争胜利后，山东解放区政府、冀鲁豫解放区政府和国民党山东省政府、国民党青岛市政府对抗日战争时期山东省境内人口伤亡和财产损失所做的调查资料；新中国成立后，为收集日本战犯罪行证据，由山东省人民政府统一组织领导，各级公安、检察机关所做的调查资料；20世纪五六十年代和改革开放以来，各级党史、史志、文史部门，社科研究单位和民间人士对抗日战争时期发生在山东省境内的人口伤亡和财产损失重大事件所做的典型调查资料等。

通过分析这些资料，可以看到，解放区政府和国民党政府所做的调查，调查时间是抗战胜利后至1946年初，调查方法是按照联合国救济总署设定的战争灾害损失调查项目进行的，调查目的在于战后救济与善后，着重于人口伤亡和财产损失的数据统计，其调查覆盖山东全境，统计数据全面、可靠，但缺少伤亡者具体信息的记录。新中国成立后及改革开放新时期的调查，留存了日本战犯和受害人、当事人的大量口供和证词。这些口供和证词记录了伤亡者姓名、被害经过等许多具体信息，但仅限于部分重大事件中的少数伤亡者。据此，我们认识到，虽然通过系统整理散落在各级档案馆、图书馆、博物馆的档案和文献中的历次调查资料，可以在确凿的历史档案、文献资料以及人证、物证等证据的基础上，进一步查明山东省抗日战争时期人口伤亡和财产损失的情况，但还是难以在全省范围内查明伤亡者更多的具体信息。因此，还需要我们做更多的工作。

二是收集了大量见证人、知情人口述资料，掌握了乡村走访调查的样本选择和操作方法，深化了对直接调查重要性的认识。

30个试点县（市、区）走访调查19723个村庄、103.6万人，召开座谈会13.13万人次，收集证人证言22.42万份。这些证言证词记载了当年日军的累累罪行。虽然时间已经过去了六七十年，见证人的有些记忆已很不完整、有些仅是片段式的，但亲眼目睹过同胞亲人惨遭劫难的老人们，仍能清晰讲述出其刻骨铭心的深刻记忆；虽然有些村庄已经消失，有些家族整个被日军杀绝，从而导致一些信息中断，但大多数村庄仍然保留有历史记忆，大量死难者有亲人或后人在世。

基于对证言证词的分析，我们认识到：村落是民族记忆的历史载体、家族生活的社会单元，保留着家族绵延续绝的历史信息；70 岁以上老人在抗日战争胜利时已有十几岁，具备准确记忆的能力。以行政村为调查样本、以全省 609 万在世的 70 岁以上老人为重点人群，采用乡村走访调查的方法，可以收集更多的抗日战争时期伤亡人员信息，以弥补过去历次调查留下的缺憾。

三是查阅了世界其他国家对二战时期死难者调查的文献资料，增强了我们对历史负责、对死难者亡灵负责、对国际社会和人类文明负责的民族担当意识。

试点期间，山东省委党史研究室组织研究人员查阅了世界各国对二战时期死难者调查和纪念的相关资料。"尊重每一个生命，珍惜每一个人的存亡"，在第二次世界大战灾难的调查和纪念中得到充分体现。2004 年，以色列纪念纳粹大屠杀的主题是"直到最后一个犹太人，直到最后一个名字"。在美国建立的珍珠港纪念碑上，死难者有名有姓，十分具体。在泰国、缅甸交界的二战遗址桂河大桥旁，盟军死难者纪念公墓整齐刻写着死难者的名字。铭记死难者的名字，抚平创伤让死难者安息，成为国际社会通行的做法。但是，日本全面侵华战争中造成数百万山东人民伤亡，60 多年来在尘封的历史档案中记录的多是一串串伤亡数字，至今没有一部记录死难者相关信息的大型专著。随着当事人和见证者相继逝去，再不完成这方面的调查，将会成为无法弥补的历史缺憾。推动开展一次乡村普遍调查，尽可能多地查找死难者的名字、记录死难者的相关信息，既可告慰死难者的冤魂亡灵，又可留存日军残酷暴行的铁证。这是我们历史工作者的良心所在，责任所在！

中央党史研究室对山东试点工作及取得的成果给予充分肯定和高度评价，同意山东省委党史研究室对试点成果的分析和对抗损调研工作的认识，提出了开展山东省抗日战争时期人口伤亡和财产损失大型调研活动的指导意见，并要求努力实现以下两个主要目标：

一是在收集整理以往历次抗损调研成果的基础上，准确查明山东省抗日战争时期人口伤亡和财产损失的情况。即由省市县三级党史、史志、档案等部门具有一定研究能力的人员，广泛收集散落在各地档案馆、图书馆、博物馆的抗损资料，在系统整理、深入分析研究 60 多年来各级政府、社会团体、研究机构等调查和研究成果的基础上，准确查明山东省抗日战争时期人口伤亡和财产损失的情况；

二是开展一次普遍的乡村走访调查，尽可能多地调查记录伤亡者的信息，弥补以往历次调查的不足。即按照统一方法步骤，由乡村两级组成走访调查队伍，以行政村为调查样本、以 70 岁以上老人为重点调查人群，通过进村入户走访调查，广泛收集见证人和知情人的口述资料，如实记录死难者的姓名、性别、年龄、籍贯、伤亡时间、伤亡原因等信息。

在中央党史研究室的指导下，山东省委党史研究室研究制定了《山东省抗日战争时期人口伤亡和财产损失课题调研工作方案》，明确了抗损调研的指导思想、目标任务、方法步骤和保障措施等要求。在中央党史研究室的推动下，山东省成立了由党史、财政、史志、档案、民政、文化、出版、统计、司法等单位组成的大型调研活动领导小组，下设课题研究办公室（重大专项课题组）。

2006 年 10 月中旬，山东省抗损调研领导小组研究通过并下发了《山东省抗日战争时期人口伤亡和财产损失课题调研工作方案》及关于录制走访取证声像资料、重大惨案进行司法公证、编写抗损大事记等相关配套方案，统一复制并下发了由中央党史研究室设计制定的"抗日战争时期人口伤亡调查表"、"抗日战争时期财产损失调查表"、"抗日战争时期人口伤亡统计表"、"抗日战争时期财产损失统计表"。

各市、县（市、区）按照方案要求进行了筹备部署：

一是组织调研队伍。各市、县（市、区）成立了抗损调查委员会，从党史、史志、档案、民政、统计、图书馆等单位抽调 10～20 名人员组成抗损课题办公室，主要负责本地调研工作的组织协调，历史档案和文献资料的查阅、收集、分析整理、汇总统计等任务。全省共组织档案文献查阅人员 3910 名。各乡（镇）抽调 5～10 人组成走访调查取证组，具体承担本乡（镇）各村的走访调查取证工作。全省各乡（镇）调查组依托村党支部、村委会共组织走访调查取证人员 32 万余名。

二是培训调研人员。各市培训所属县（市、区）骨干调研队伍，培训主要采取以会代训的形式，重点推广试点县（市、区）调研工作中的成功做法。各县（市、区）培训所属乡（镇）调研队伍，培训采取选择一个典型村或镇进行集中调研、现场观摩的形式。

三是乡（镇）以行政村为单位对辖区内 70 岁以上老人登记造册，统一印制并向 70 岁以上老人发放了"抗日战争时期人口伤亡和财产损失入户调查明白纸"，告知调查的目的和有关事项。

2006 年 10 月 25 日，山东省抗损调研领导小组召开了全省抗损调研动员会议。10 月 26 日，走访取证工作在全省乡村全面展开。各乡（镇）走访调查取证组携带录音、录像设备和"抗日战争时期人口伤亡调查表"、"抗日战争时期财产损失调查表"等深入辖区行政村走访调查。调查人员主要由乡（镇）调查组人员和村党支部、村委会成员以及离退休老干部和退休教师组成。调查对象是各村 70 岁以上老人。

调查人员按照"抗日战争时期人口伤亡调查表"设置的栏目，主要询问被调查人所知道的抗日战争时期伤亡者姓名、年龄，伤亡时间、地点、经过（被日军枪杀、烧杀、活埋、砍杀、奸杀、溺水等情节）、伤亡者人数等情况。被调查人讲述，调查人员如实记录。记录完成后调查人员当场向被调查人宣读记录，被调查人确认无误后签名或盖章、按手印，调查人同时填写调查单位、调查人姓名、调查日期。证人讲述的死难者遇难现场遗址存在或部分存在的，调查组在证人指证的遗址现场（田埂、河沟、大树、坟地、小桥、水井、宅基地等）拍摄照片、录制声像资料。至此，形成一份完整的证言证词。

对于文献资料中记载的一次伤亡 10 人以上的惨案，各县（市、区）课题办公室组织党史、档案、史志等部门专业人员进行了专题调查，调查主要采取召开见证人、知情人座谈会的形式，调查过程全程录音、录像。对证言证词准确完整、具备司法公证条件的惨案，司法公证部门进行了司法公证。

为加强对调研工作的协调和指导，确保乡村走访调查目标的实现，山东省抗损课题研究办公室建立了督导制度、联系点制度、信息通报制度。省市县三级抗损课题研究办公室主任负责本辖区调研工作的督查指导，分别深入市、县（市、区）、乡（镇）检查调研工作开展情况。各市抗损课题研究办公室向所属县（市、区）派出督导员，深入乡（镇）、村检查指导调查取证工作，解决遇到的具体问题。省、市抗损课题研究办公室每位成员确定一个县（市、区）或一个乡（镇）为联系点，各县（市、区）抗损课题研究办公室每位成员联系一个乡（镇）或一个重点村，具体指导调研工作开展。为交流经验，落实措施，山东省抗损课题研究办公室编发课题调研《工作简报》150 多期。

截止到 2006 年 12 月中旬，大规模的乡村走访取证工作结束，全省乡村两级走访调查队伍共走访调查 8 万余个行政村、507 万余名 70 岁以上老人，分别占全省行政村总数和 70 岁以上老人总数的 95% 和 80% 以上，共收集证言证词 79 万余份。录制了包括证人讲述事件过程、事件遗址、有关实物证据等内容的大量影像资料，其中拍摄照片 7376 幅（同一底片者计为一幅），录音录像 49678 分钟，制作光盘 2037 张，并对专题调查的 301 个惨案进行了司法公证。

自 2006 年 12 月中旬开始，调研工作进入回头检查和分类汇总调研材料阶段。各乡（镇）调查组回头检查走访调查取证是否有遗漏的重点村庄和重点人群，收集的证言证词中证人是否签名、盖章、留下指纹，证言是否表述准确，调查人、调查单位、调查日期等是否填写齐全。在回头检查的基础上，将有关事件、伤亡者信息等如实记载下来，填写"抗日战争时期人口伤亡统计表"、"抗日战争时期财产损失统计表"。

12 月 16 日，山东省抗损课题研究办公室印制并下发了《山东省抗日战争时期伤亡人员名录》表格。《名录》包括死难人员和受伤人员的"姓名"、"籍贯"、"年龄"、"性别"、"伤亡时间"、"伤亡地点"、"伤亡原因"等要素。《名录》以乡（镇）为单位填写，以县（市、区）为单位汇总，于 2007 年 7 月完成。

自 2007 年 8 月开始，山东省抗损课题研究办公室对各地上报的调研资料进行分类整理和分析研究，发现《名录》明显存在以下不足：一是《名录》收录的伤亡人员数远远少于档案资料中记载的抗日战争时期全省伤亡人数。山东解放区政府和冀鲁豫解放区政府调查统计的山东省平民伤亡人口为 518 万余人，国民党山东省政府和青岛市政府调查统计的全省平民伤亡人口为 653 万余人，《名录》收录的查清姓名的伤亡人员仅有 46 万余人，不到全省实际伤亡人口数的十分之一。分析其中原因，从见证人、知情人的层面看，主要是此次调研距抗日战争胜利已达 61 年之久，大多数见证人、知情人已经去世，加之部分村庄消失、搬迁，大量人口流动，调研活动中接受调查的 70 岁以上老人仅是当时见证人和知情人中的极少部分，而且他们中有些当时年龄较小、记忆模糊，只能回忆印象深刻的部分。从死难者的层面看，主要是记录伤亡者名字信息的家谱、墓碑在"文化大革命"时期大多已被销毁、损坏，许多名字随着时间流逝难以被后人记住。受农村传统习俗的影响，大多数农村妇女没有具体名字，而许多儿童在名字还没有固定下来时就已遇难。许多家族灭绝的遇难者，因没有留下后人而造成信息中断，难以通过知情人准确回忆姓名等信息。二是各县（市、区）名录收录的查清姓名的伤亡人员在人数的多少上与实际伤亡人数的多少不成正比，其中部分县（市、区）在抗日战争时期遭日军破坏程度接近，但所收录的伤亡人员在数量上存在较大差异。主要原因是调研活动的走访调查阶段，各县（市、区）对此项工作的重视程度、投入力量和走访调查的深入细致程度存在较大差异，有些县（市、区）在走访调查中遗漏见证人和知情人，有的在证言证词的梳理中遗漏伤亡者的填写。三是《名录》确定的各项要素有的填写不全，有些填写不完整、不规范。主要原因是，《名录》所依据的"证言证词"记录的要素有许多本身就不完整、不全面，而《名录》填写者来自乡（镇）调查组的数万名调查人员，在填写规范上也难以达到一致。

根据中央党史研究室关于编纂《抗日战争时期中国人口伤亡和财产损失调研丛书》的要求，针对《名录》中存在的主要问题，山东省抗损课题研究办公室于2009年初制定下发了《关于编纂〈山东省抗日战争时期伤亡人员名录〉有关要求的通知》（以下简称《通知》）。《通知》要求各市、县（市、区）党史部门以对历史高度负责的精神，集中时间、集中力量，对《名录》进行逐一核实和修订，真正把《名录》编纂成经得起历史检验和各方质疑的精品工程、传世工程、警世工程。《通知》明确了各市、县（市、区）的编纂任务和责任要求，各市委党史研究室负责所辖县（市、区）、高新技术开发区、经济开发区伤亡人员名录补充和核实校订工作的具体部署、组织指导、督促检查和汇总上报工作。各市委党史研究室主任为第一责任人，对本市所辖县（市、区）伤亡人员名录核实校订工作质量和完成时限负总责；确定一名科长为具体责任人，协助第一责任人做好工作部署和组织指导工作，具体做好督促检查和汇总上报工作。各县（市、区）委党史研究室具体负责本县（市、区）伤亡人员名录的补充、核实和校订工作。县（市、区）委党史研究室主任为责任人，对伤亡人员名录的真实性、可靠性负总责。各县（市、区）分别确定1至2名填表人和核实人。填表人根据《名录》表格的规范标准认真填写，确保无遗漏、无错误。《名录》正式出版后，责任人和填表人、核实人具体负责对来自各方的质询进行答疑。责任人、核实人、填表人在本县（市、区）伤亡人员名录最后一页页尾签名，并注明填报单位和填报时间。

《通知》下发后，各市委党史研究室确定了本市抗日战争时期伤亡人员名录编纂工作第一责任人和直接责任人。全省140个县（市、区）和16个经济开发区、高新技术开发区共确定了460余名责任人、核实人、填表人，并明确了责任。各县（市、区）党史研究室根据《通知》要求，细致梳理调研资料特别是走访调查资料，认真核实伤亡人员各要素，补充遗漏的伤亡人员。部分县（市、区）还针对调研资料中存在的伤亡人员基本要素表述不清、填写不完整等情况，进行实地回访或电话回访，补充了部分遗漏和填写不完整的要素。各县（市、区）抗日战争时期伤亡人员名录补充、核实工作完成后，各市委党史研究室按照《通知》提出的要求，进行了认真审核把关，对达不到要求的，返回县（市、区）进一步修订。

至 2010 年 10 月，全省 140 个县（市、区）和 16 个经济开发区、高新技术开发区共 156 个区域单位全部完成了《名录》的补充、核实和校订工作，共收录抗日战争时期因战争因素造成的、查清姓名的伤亡人员 46 万余名。此后，中央党史研究室安排中共党史出版社对《名录》进行多次编校，但终因《名录》存在伤亡原因、伤亡地点等要素不规范、不完整和缺失较多等诸多因素，未能正式出版。

2014 年初，中央党史研究室组织展开新一轮抗损课题调研成果审核出版工作，并把《名录》纳入《抗日战争时期中国人口伤亡和财产损失调研丛书》第一批出版。按照中央党史研究室的部署要求，山东省抗损课题研究办公室组织力量对 2010 年整理编纂的《名录》再次进行认真审核，从中选择死难者信息比较完整、规范的 100 个县（市、区）死难者名录，组织力量集中进行编纂。在编纂中，删除了信息缺失较多的死难者死难原因、死难地点等要素，保留了信息比较完整的姓名、籍贯、性别、年龄、死难时间等 5 项要素。2014 年 8 月，《山东省百县（市、区）抗日战争时期死难者名录》编纂完成后，山东省抗损课题研究办公室将其下发各市和相关县（市、区）进行了再次核对。

山东省抗日战争时期人口伤亡和财产损失大型调研活动和《山东省百县（市、区）抗日战争时期死难者名录》的编纂工作是一项极其复杂的系统工程。这项工程自始至终按照中央党史研究室设定的调研项目、方法步骤和基本要求开展，自始至终得到中央党史研究室的精心指导，倾注着中央党史研究室领导和专家的智慧和心血；这项工程得到了全省各级各有关部门和广大基层干部的积极支持和热情参与，包含着全省数十万名调研人员的辛勤奉献和全省各级党史部门数百名编纂人员历时数年的艰辛付出。

在调研活动和《名录》编纂过程中，每位死难者的名字，都激起亲历者、知情人难以言尽的惨痛回忆和血泪控诉，他们的所说令人震颤、催人泪下。我们深知：通过系统、详尽、具体的调查，将当年山东人民的巨大伤亡和损失尽可能完整地记载下来，上可告慰死难者的冤魂亡灵，表达后人的祭奠和怀念，下可教育子孙后代"牢记历史、珍爱和平"。我们深感：对发生在六七十年前的巨大灾难进行调查，由于资料散失、在世证人越来越少，调查和研究的难度难以想象，但良心和责任驱使我们力求使调查更加扎实、有力、具体和准确，给历史、给子孙一个负责任的交代。由于对那场巨大的战争灾难进行调查研究，毕竟是一项复杂的浩大工程，需要经过一个长期的研究过程，我们对许多调研资料的梳理还不够细致全面，对调研资料的研究还需进一步深化，我们目前取得的调研成果和研究编纂成果，都与中央党史研究室的要求存在一定差距。我们将以对历史负责、对人民负责、对死难者负责、对子孙负责的态度，不断深化研究，陆续推出阶段性研究成果，为推动人类和平和文明进步作出应有的贡献。

山东省抗损课题研究办公室
山东省委党史研究室重大专项课题组
2014 年 8 月